Christian Friedrich Sattler

Geschichte des Herzogthums Würtenberg

Unter der Regierung der Graven, Dritter Band

Christian Friedrich Sattler

Geschichte des Herzogthums Würtenberg
Unter der Regierung der Graven, Dritter Band

ISBN/EAN: 9783741172700

Hergestellt in Europa, USA, Kanada, Australien, Japan

Cover: Foto ©Andreas Hilbeck / pixelio.de

Manufactured and distributed by brebook publishing software (www.brebook.com)

Christian Friedrich Sattler

Geschichte des Herzogthums Würtenberg

Christian Friderich Sattlers
Herzogl. Würtenberg. Geheimden Archivarius
Geschichte
des
Herzogthums
Würtenberg
unter der Regierung
der
Graven.

Dritter Band
mit 127. Urkunden und einigen Kupfern bestärket.

Ulm, bey Aug. Leb. Stettin 1767.

Vorrede.

Bey der Ausgabe der zweyten Fortsetzung der Würtenbergischen Geschichte unter der Regierung der Graven ist nichts zu erinnern, als daß man hoffet, dieselbe werde mit noch besserem Beyfall als die bisherige Theile aufgenommen werden. Verschiedene zuvor unerkannte Geschichte legen sich hier dar. Und es verräth sich selbsten bey Kennern, was man für Quellen darzu gebrauchet hat. Je lauterer dise sind, desto angenehmer muß auch seyn, was daraus geflossen ist. Sie erscheinen meistentheils das erstemal in dem Druck, wie sich solches deutlich in den Urkunden zeiget, wo kein Buch benennet ist, woraus man sie hätte nehmen können. Weil die Anzahl derselben beträchtlich ist, so hat man die in andern Büchern schon

Vorrede.

befindliche Urkunden hier mit gutem Bedacht auſſen gelaſſen. Nur hat man einige beybehalten, weilen ſie in ſolchen Büchern ſtehen, welche nicht in vieler Händen ſind.

Zu der dritten Fortſetzung darf man ſich um ſo mehr baldige Hoffnung machen, als dieſelbe völlig ausgearbeitet da ligt. Man wird auch allen Fleiß anwenden dem geneigten Leſer ſolche ſo bald nur immer möglich in die Hände zu liefern.

In der erſtern Fortſetzung hat der Verfaſſer ſich entſchloſſen gehabt zweyerley Nachträge und Erleuterungen mitzutheilen. Die damalige Umſtände haben es aber nicht zugelaſſen. Beede betreffen Sachen, welche in dem erſten Theil diſes Buchs berühret worden. Der einte Nachtrag hätte einen Fehler verbeſſern ſollen, welcher ſich bey der 14ten Figur ſelbigen Theils in der Abzeichnung einer Göttin Veſtæ eingeſchlichen. Man hat mich verſichert, daß ſolche ſehr genau mit dem Urbild überein komme, weil ich verſchiedene Urſachen gehabt daran zu zweifeln. Nun hat ſich gefunden, daß ich in ſolchen Zweifeln nicht geirret habe. Wann die Zeit und Umſtände es erlaubt hätten, ſo hätte ich bey diſer Fortſetzung eine richtigere Abbildung mitgetheilt. Vormals habe ich auch vermuthet, daß diſe Göttin ihre Deos Symbomos auf eben diſem Stein habe. Derſelbe war zu ſolcher Zeit noch in einer Wand eingemauret. Seithero aber haben Seine Churfürſtl. Durchlaucht zu Pfalz diſen Stein nach Manheim führen laſſen, da ſich bey der ſorglichen Herausnehmung deſſelben die Gefährten der Veſtæ entdecket haben. Da ich durch die Gütigkeit des Herrn Rath Kremers einen richtigen Abriß davon erhalten, ſo gedenke ich ſolchen mit der Zeit auch mitzutheilen.

Der

Vorrede.

Der andere Nachtrag betrifft die Lande der ehmaligen Herzogen von Schwaben aus dem Hohen-Stauffischen Geschlecht. Ich habe in bemeldtem erstern Theil geäussert, daß dises mächtige und berühmte Hauß keine Erblande in der nächsten Nachbarschafft der Graven von Würtenberg, nemlich bey Schorndorf, Göppingen ꝛc. gehabt habe. Ferners habe ich da vorgehalten, daß dasjenige Beuren, wovon sich des erstern Herzog Fridrichs Vater geschrieben, das unweit Göppingen ligende Dorf Waschen-Beuren seyn dörfte. Bey weiterm Nachdenken habe ich wargenommen, daß unweit der Reichsstadt Giengen gegen dem sogenannten Hertfeld ein altes Schloß in den Landkarten bemerket werde, welches Alt-Stauffen genennet wird. Weiterhin unfern des Gottshauses Neresheim findet man ein Dorf, Namens Beuren, auf dem bemeldten Hertfelde. In disem Bezürk zwischen der Reichsstadt Aalen und dem Städtlein Abts-Gmünd an dem Kocher-Fluß ist ein Dorf Waiblingen. In Betrachtung diser Umstände läßt es leicht zu gedenken, ob nicht das alte Stauffen das eigentliche alte Stammhauß diser vortrefflichen Herren gewesen. Es bestärkte mich die Stelle des Andreæ Presbyteri in der Schilterischen Sammlung pag. 25. in meinen Gedanken, daß das Ort Waiblingen, wo Herzog Friderich geboren, auf dem Hertfeld ohnweit dem Closter Neresheim und dem Schloß Hochburg gelegen seye. Die Worte dises Geschichtschreibers sind: Fridericus ad confusionem Welphonis præcepit clamari in exercitu suo: Hie Gibelingen. Est autem Gibeling Villa *Augustensis* Diœcesis sita in montibus auf dem Hertfeld infra castrum Hochburg & oppidum Neresheim, in qua villa nutrix ipsum Fridericum infantem lactaverat. Die neueste Annales Bavar. lib. 21. n. 2. schreiben:

In

Vorrede.

In ista Winsbergæ obsidionali pugna (Anno 1140.) quidam aiunt nata esse Guelforum & Gibellinorum perniciosa nomina ex tessera præliari, quæ in Welfonis acie ejus appellationem usurpavit: apud regios vero Giblingam, *Villani Angusteinsis* diœcesis, in qua Dux Fridericus fuit educatus ab incunabulis. Nun ligt weder das Waiblingen in der Pfalz, noch dasjenige in dem Herzogthum Würtenberg in dem Augspurger Bistum, sondern jenes ist dem Wormser- und dises dem Costanzer Bistum einverleibet. Sollte demnach nicht die Gegend des Hertfelds die anfängliche Erblande des Hauses Staufen gewesen seyn? Die Händel und Feindschafft zwischen den Welphen und Gibellinern sind bekandt genug. Wann ich in meiner Meynung nicht irre, so waren beede mächtige Häuser die nächste Nachbarn. Dann das Hertfeld ligt an den Gränzen von Bayern. Herzog Welff fiel mit einem Kriegs-Heer in dise Staufische Lande und verlohr die blutige Schlacht bey Neresheim. vid. Andr. Presbyter d. l. pag. 25. Das Hauß Bayern wurde von seiner Macht und Ansehen herabgesetzt und dagegen das Staufische Hauß empor gebracht. Es hat das Ansehen, daß sich dises auf Kosten des erstern bereichert habe, weil doch noch nicht ausgemacht ist, daß des ersten Herzogs Friderichs von Staufen Vorältern ansehnliche Lande besessen haben. Hingegen ist bekandt, wie die Nachbarn Heinrichs des Löwen bey seiner Achtserklärung zugegriffen und von den Bayrischen Ländern sich groß gemacht haben. Er ware Kayser Heinrichs IV. Tochtermann, welcher ihn zu einem Herzog in Schwaben machte und die Gibellinen in ihren Unternehmungen begünstigte. Um sich noch mächtiger zu machen, suchte er seine Erbländer auch gegen dem Remsfluß weiter herein in Schwaben

Vorrede.

ben auszubreiten. Er baute daselbst ein Schloß, welches er auch Stauffen nennte. Wibaldus Cod. epistol. apud Martene & Durand. in collect. 2. scriptor. & monum. pag. 557. schreibet von unserm Herzog Friderich: Fridericus de Buren genuit Ducem Fridericum, qui Stophen condidit. Und Otto Frising. lib. 1. c. 8. meldet, daß er Leute von seinen anderwertigen Landen zu disem Schloß versetzet habe. Ea tempestate (schreibt er) comes quidam Fridericus nomine ex nobilissimis Sueviæ comitibus originem trahens in castro Stoyphe dicto coloniam posuerat. Er hatte demnach noch andere Lande aus welchen er die Gegend dises neuerbauten Schlosses bevölkern konnte. Denket man nach, wo dise andere Lande gewesen seyen, so gibt sowohl das Schloß Alt Stauffen auf dem Hertfeld und das Zeugniß des obangezogenen Geschichtschreibers, als auch die Stamm-Orte Beuren und Waiblingen einen zimlichen Aufschluß in der Sache. Dann warum sollte jenes Schloß das Alte Stauffen genennt worden seyn, als, weil ein neueres erbauet worden, von welchem wir aus erstbemeldten Schrifften die deutlichste Nachricht haben. Sollte es nicht möglich gewesen seyn, daß er durch die dahin verordnete Colonie auch ein Dorf Beuren gestifftet habe, welches, wie ich in dem ersten Theil bewisen habe, bald schlechthin Beuren, bald von einem des Stauffischen Geschlechts, welcher den Namen Wascher getragen, Waschenbeuren genennet worden. Dises mag Herzog Friderich zum Angedenken des auf dem Hertfeld ligenden Dorfes Beuren, wovon sich sein Vater nach dem Zeugnuß Wibaldi geschrieben, erbauet und ihm den Namen beygelegt haben. Wo seine Vorfahren begraben ligen, ist ein unergründliches Geheimnuß in der Geschichte. Gelehrte haben in dortiger Ge-

gend

Vorrede.

gend des Hertfelds sowohl in dem Closter Nereßheim, als auch sonsten vergeblich nachgesucht. In alten Urkunden und Büchern findet man auch keine Nachricht. Aber von der Zeit an, da Herzog Friedrich die obere Gegend seiner ehmaligen Erblande verlassen zu haben scheinet, weißt man, daß von ihm die Begräbnuß seines Geschlechts in das von ihm im Jahr 1102. gestiftete Closter Lorch versetzet worden. Von den dort begrabenen Personen habe ich in der Historischen Beschreibung des Herzogthums Würtemberg part. II. pag. 272. Nachricht gegeben. Hier muß ich noch nachholen, daß in der Mitten der Closterkirche sich ein hoher Grabstein befinde, auf welchem der Schwäbischen Herzoge Wappen, nemlich die drey schreitende Löwen in dem Schild und auf demselben ein offener mit einer Cron gezierter Helm stehe, aus welchem ein Adler mit offenen Flügeln aufsteiget. Der Schild wird von einem Engel gehalten, welcher auf der Rechten stehet. Die Umschrifft davon ist:

Anno dni MCII. Jar ward diß closter gestift.
  Hie lit begraben,
  Herzog Fridrich von swaben.
  Er vnd sin kind
  diß closters stiffter sind.
  sin nachkimling ligent och hie by,
  Gott in all:n gnadig sy.
Gemacht im 1472.

 Dises Grabmal ligt auf einem zwey Schuh hohen Postemente, an dessen Ecken linkerhand zween Kayser stehen. Oben stehet einer mit

Vorrede.

mit einer Königlichen Krone ein unter sich gekehrtes Schwerd mit der rechten Hand haltend. Ihm gegenüber auf der rechten Seite stehet seine Gemahlin ein Paternoster in der Hand habend. Unten an dem Stein stehet ein Kayser mit der Kayserkron auf dem Haupt, welcher in der Rechten einen Scepter und in der Linken eine Kirche hält. Auf der rechten Seite stehet seine Gemahlin ohne Hauptschmuck, welche ebenmäßig eine Kirche in der linken Hand und in der rechten einen Brief trägt. An den Säulen der Klosterkirche sind die Herzoge und Kayser von disem Hauß in Lebensgröße gemahlt. Ich weiß nicht, was für ein Unglück ihre Angesichte und Hände ganz schwarz gemacht, und welcher Mahler oder Tüncher sich über sie erbarmet und ihnen die Farbe der Europäer wieder hergestellet habe. An der mittlern Säule des Reyhens auf der linken Seite stehet der unglückliche Conradin, ob welchem die Historie seiner Enthauptung in einem besondern Gemählde vorgestellet wird. Auf den beeden letzten Säulen von dem Chor anzurechnen stehet auf der rechten Seite ein Herzog von Schwaben barhäuptig nebst seiner Gemahlin kniend gemahlt, zwischen welchen ein Bergschloß stehet. Dises solle vermuthlich das Closter Lorch vorstellen, welches auf einem Berg, wie ein Schloß, stehet. Oberhalb desselben ist das Wappen des Herzogs, nemlich die drey Löwen und seiner Gemahlin, welches aber nicht mehr recht kenntlich ist. Gegenüber an einer andern Säule kniet ein Kayser und seine Gemahlin, welche einen Brief mit ihren Händen der oben stehenden, das Jesuskind auf dem Arm tragenden Jungfrauen Maria darbieten. Oberhalb derselben sind zwey Wappen, deren aber keines das Herzogl. Schwäbische aufweiset. Dann das zur rechten Hand bey der Kayserin stehende Wappen ist ein getheilter Schild, dessen obere Helfte

X X   weiß

Vorrede.

weiß und ganz von Figuren leer ist: der untere Theil ist mit 6. geraden herabgehenden schwarz und weissen balken abgetheilt. Der zur linken Hand stehende Schild ist ganz gelb und hat in der Mitten ein kleineres schwarzes Schildlein. Vornen über der dem Chor gerad entgegen stehenden Thüre ist das Hohenstauffische Wappen mit den drey Löwen gemahlt. Dises ist in dem Helm-Kleinod von demjenigen, welches auf dem Grabstein ausgehauen ist, darinn unterschieden, daß hier anstatt des Adlers eine Säule und auf derselben ein Pfauenschwanz stehet. In dem Rand dises Gemähldes stehen die Worte: Insignia Baronum de Hohenstaufen. Dises zeigt an, daß, nachdem dises Hauß zur Herzogl. und Kayserlichen Würde gelanget, selbiges das Helm-Kleinod geändert habe. Neben disem Wappen stehet zur Rechten eine Mannsperson mit einer Fahne und darauf die drey Löwen gemahlt. Darüber nimmt man den Namen Gualtherus wahr. Auf der linken Seite ist eine andere Mannsperson mit gleichem Fahnen und dem Namen Ludovicus gemahlt. Die zwischen beeden Personen befindliche Auffschrifft: Fratres fundatoris nostri, erklären, warum dise hier stehen. Man kan indessen aus disem Gemählde abnehmen, daß die drey Löwen nicht der Herzoge von Schwaben oder des Schwabenlandes, sondern des Hohenstauffischen Geschlechts Wappen gewesen, weil auch die beede Brüder des erstern Herzogs solches, wiewohl mit Veränderung des Helm-Kleinods, geführt haben.

Nun ist die Frage, warum sie die altelterliche Erblande gleichsam verlassen und iren Sitz in einer andern Gegend genommen. Sollte etwan die Macht der Guelffen sie darzu gedrungen haben. Es dünket mich nöthig zu seyn auf die Voreltern unsers Herzog Friderichs

ein

Vorrede.

ein Auge zu wenden. Seine Muter war die Hildegard, eine Tochter Gr. Hermanns von Hohenloh und Urenkel Herzog Hermanns II. von Schwaben, eine Stief-Schwester K. Conrads des Saliers, von welchem man in der compilatione chronol. ap. Leibniz script. rer. Brunsw. pag. 65. ad ann. 1022. die Nachricht hat, daß er vor Erlangung diser Würde Cono de Webelingen in Suevia genennet worden. Ich kan nicht glauben, daß das Waiblingen in dem Herzogthum Würtenberg das Ort gewesen, wovon er den Namen geführt und noch weniger das Webelingen bey Ladenburg an dem Neckar, wie Herr Hofrath Scheid in den Göttingischen Anzeigen d. d. 12. Mart. 1753. behauptet. Dann letzteres gehörte nicht zu Schwaben. Dagegen das Waiblingen an dem Kocherfluß, dessen oben gedacht worden, in Schwaben gelegen ist. Weil Gr. Hermanns von Hohenlohe Lande an dise Lande des Cunonis de Waibelingen angränzeten, so ist zu vermuthen, daß diser seinem Schwager von Hohenloh die Lande und Güter auf dem Hertfeld überlassen, nachdem er Kayser worden. Verschiedene Ursachen können ihn darzu veranlasset haben. Von disem Hermann müssen sie an die Herrn von Stauffen gekommen seyn und zwar durch die Heurath der Hildegarden mit Herzog Friderichs Vater dem Friderich von Büren. Villeicht hat er sich gern an einem Ort aufgehalten, welcher seiner Gemahlin gehört. Er war nahe bey dem Stamm-Schloß Alten-Stauffen. Villeicht hat er mehrere Brüder gehabt, welchen dises alte Schloß zu einem Erbtheil worden. Das Büren oder Beuren mag ihm zu einem Wohnsitz anständig gewesen seyn. Weil sein Sohn nicht so nahe bey den Guelfen seinen Sitz haben wollen, um seiner Gemahlin einen sichern Ort

Vorrede.

zu verschaffen, so ist vermuthlich, daß er darauf gedacht das Schloß Hohen-Stauffen an dem Remßfluß zu erbauen. Dann man siehet doch in den Geschichten, daß die Lande auf dem Hertfeld immerzu ein blutiger Schauplatz des Krieges gewesen, wo die Guelffen Einfälle thun können. Die Schlachten bey Neresheim und Hohenstatt sind so bekannt, als die langwürige und unversönliche Feindschafft zwischen den beeden mächtigen Partheyen der Gibellinen und Guelffen. Am wahrscheinlichsten ist, daß die Guelffen den Herrn von Stauffen ihre alte Erblande abgedrungen haben, weil die dortige Lande schon etliche Jahrhunderte unter der Bayrischen Herrschafft stehen. Das Belieben an einem neuerbauten Schloß zog seine Aufmerksamkeit auf desselben Gegend und von hier an weißt man nicht anderst, als daß der Herzoge von Schwaben des Stauffischen Geschlechts Auffenthalt und Lande daselbst gewesen. Man wird mir verhoffentlich nicht mißdeuten so viele Muthmassungen aufzustellen. Ich gebe alles das, was ich bisher von den ältern Erblanden und Gütern dises Hauses vorgelegt habe, nicht als eine vollkommene Warheit, sondern nur mit allerhand wichtigen Umständen begleitete Wahrscheinlichkeit an. Villeicht dörfte sich eine geschicktere Feder in dises Feld wagen, meine Gedanken genauer untersuchen und die ganze Sache in ein besseres Liecht setzen. Liebhaber der Geschichte werden solche Mühe jederzeit mit demjenigen Dank verehren, welchen sie verdienet.

Habe ich auch in disem hier erscheinenden Theil ein oder anders erleutert und deßwegen einen Beyfall erworben, so ist meine Mühe nicht vergeblich gewesen. Ich hoffe wenigstens, daß derselbe geneigt aufgenommen werde, zu welcher Geneigtheit ich mich und meine geringe Arbeit empfehle.

Stuttgard, den 30. Julii 1767.

Christian Friderich Sattler
Herzogl. Würt. Geh. Archivarius.

Vierter Abschnitt.

Von Grav Eberhard dem Milden und dessen Sohn Gr. Eberhard dem Jüngern. vom Jahr 1392. bis 1419.

§. 1.

Grav Eberhard der Milde folgte in der Regierung seinem Grosvater nach, weil offtgedachter massen sein Vater bey Döffingen unweit der Reichsstadt Weyl umgekommen war. Sein erstres war, daß er sich seiner Lehenleute versicherte. Dann er reyßte in den vornehmsten Orten seines Landes herum um vermuthlich sogleich die Huldigung von seinen Beamten und Unterthanen einzunehmen. Fast überall fand er Gelegenheit auch eine Belehnung vorzunehmen. Er verwiese solches Geschäfft nicht an seinen Lehenhof, sondern belehnte seine Vasallen selbst, wo sie ihn antraffen. Am Freytag vor dem Sonntag Oculi starb der alte Gr. Eberhard und am nächstfolgenden Sonntag Lätare hielt sich dessen Nachfolger noch zu Stuttgard auf. Da belehnte er Wernhern von Rosenfeld, seinen Vogt zu Tübingen mit einer jährlichen Gült von zehen Malter Vesen zu Leybringen und andern Einkünfften daselbst. Am nächsten Samstag darauf war er zu Waiblingen, wo er Benzen von Hornstein mit der Vogtey des am Buchauer-See gelegenen Dorfes Bezenweyler belehnte. An dem nemlichen Tag reysete er noch nach Schorndorf, wo Fritz Geißberg, Vogt daselbst, den halben Layenzehenden zu Heyfack und das Dörflein Weyler zu Lehen empfieng. Am Mittwoch vor dem Palmtag finde ich, daß er zu Vayhingen gewesen und Petern von Helmstatt und Gerharden von Talhaim mit dem sogenannten Ottersgut, sodann bemeldten Petern als Trägern seiner Hausfrau, Margrethen von Talheim mit 450. Morgen Aecker, 28. Morgen Wisen und 17. Hofstetten zu Kirchausen, und obgedachten Gerharden mit dem achten und mit dem vierten Theil der Vogtey und einem Viertel an dem Gericht daselbst belehnte. Am Freytag vor dem Palmtag reysete Grav Eberhard nach Leonberg, blieb aber während der Charwoche zu Stuttgard bis auf den Ostermontag, da er nach Tübingen verreysste. Während der Charwoche belehnete er dennoch unterschiedliche Vasallen. So gar am Osterabend gieng eine Belehnung vor. Aber gleich am Osterdienstag, nemlich den 16. April war er schon zu Tübingen um auch dorten der Treue seiner Unterthanen und einiger Lehenleute durch die Belehnung sich zu versichern. Dann selbigen Tag abends belehnete er Benzlin von Winolfsheim, einen Burger von Rotenburg mit dem Layenzehenden zu Herrenberg und Conrad, Heinzen, Aberlin und Conzen Anshelms. Sohn, alle von Hailfingen, Hannsen von Gültlingen, Burkard und Hugen von Ehingen, und Hannß Hertern mit ihren Rechten im Schönbuch, welche zu der Burg Entringen gehören. Ich habe mit Fleiß disem neuen Regenten auf den Fußstapfen nachzufolgen dienlich erachtet, weil man vieles zur Einsicht damaliger Zeiten daraus erlernen kan. Es war dise Vorsicht nöthig, weil er eine Reyse ausser Landes zu thun vorhatte. Da er überall die Huldigung in eigener Person einnehmen wollte, so konnte er nicht fertig werden, ehe er ausser seinem Lande verreyste. Den 26. April finde ich ihn noch zu Brackenheim, und nach diser Zeit scheinet es, daß er die Reyse nach Prag angetretten habe. Dann am Johannis des Täuferstag, oder nach damaliger Redensart zur Sonnenwendin, war er zu Nürnberg, wo er abermals eine Belehnung vornahm, indem er von Simon Vogten von Wendelstein die Lehenpflicht wegen eines Lehenbaren Hofes zu Ober-Aschebach bey Nürnberg abnahm und am Petri Paulitag schon wieder zu Stuttgard war, weil er daselbst gleich folgenden Sonntag Heneln von Kaltenthal mit dem Kirchensatz und dem Dorf Aldingen am Neckar belehnete. Am Donnerstag vor Margrethentag kam er nach Göppingen, wohin ihm Heutel von Sternenfels wegen der Empfangnuß seiner Lehen nacheylete.

§. 2.

Die Reyse nacher Prag war eben so nothwendig. Dann er hatte daselbst bey dem Kayser ebenmäßig die Lehen zu empfangen. Die Reichslehen zwar wurden

Vierter Abschnitt.

den nach damaliger Zeit Gewonheit nur bestetiget und ich wüßte nicht zu behaupten, ob eine Belehnung vorgegangen wäre. Dann nach dem Bestetigungsbrief bathe der Grav den Kayser, daß er ihm alle seine Privilegien, Handvestin und Brief über seine Herr- und Gravschafften, Vestungen, Städte, Schlösser, Mann- und Lehenschafften, Pfandschafften, Vogteyen, Müntzen, Zölle, Land und Leute ꝛc. bestetigen möchte, welches auch am Montag nach Veitstag im Brachmonat geschahe (a). Hingegen wurde er an eben disem Tag mit denen von der Cron Böhmen rührenden Lehen belehnet. Ueber dise Handlung empfieng er einen gewönlichen Lehenbrief. Er hatte aber noch eine Verrichtung zu Prag, welcher auch Hr. Steinhofer (b) gedenket, aber solche nicht recht vorzutragen gewußt hat. Dann die damalige betrübte Kriegszeiten zwischen den Fürsten und Städten hatten nicht allein die Verheerung der Länder zur Folge, sondern es geriethen auch die Fürsten, Graven, Edelleute, Bürger und Bauren in die Noth einer Armuth, und durch dise in einen grossen Schuldenlast, von diser aber in das gäntliche Verderben. Sie konnten sich untereinander nicht helfen, sondern die Juden waren es, welche mit ihrem Geld beysteureten, aber einen unmäßigen Wucher damit trieben. Der Fürst hätte, wie der Baur von Hauß und Hof gehen und solche den Juden überlassen müssen, wann sie ihren Verschreibungen gegen disen eine Genüge thun sollten. Es wurde dem Kayser dise Beträngnuß schon im Jahr 1390. zu Nürnberg vorgetragen und diser wußte aus der allgemeinen Noth einen Vortheil für seine Cammer zu ziehen. Er ließ eine Verordnung ergehen, daß den Juden von niemand nichts bezahlet werden sollte, dagegen dunge er sich aus, daß man ihm für dise Loßsprechung für jede Judenschuld eine Summa Gelds bezahlen sollte. Anfänglich begehrte er nur, daß man ihm und dem Reich einen Dienst thun sollte. Aber gleich den andern oder dritten Tag erklärete er sich, worinn diser Dienst bestehen sollte, nemlich in einer gewissen Taxe, und das mit der angehängten Bedrohung, daß, wer solche Taxe nicht bezahlen würde, von seiner Verbindung gegen die Juden nicht frey wäre, indem die Loßziehung von denselben einen solchen nichts angienge (c). Das Schwabenland gienge dise Verordnung vorzüglich und fast allein an. Die Juden in den Reichsstädten fanden bey ihren Obrigkeiten Beystand, daß sie die Schuldbriefe und Pfande nicht heraus geben durften. Da nun Gr. Eberhard ohnehin zu Prag war, so beklagte er sich über die Reichsstädte, daß dise die Kayserliche Verordnung gegen seine Unterthanen und besonders die Heerschafft Reichenweyher nicht zur Vollziehung bringen wollten. Damit der Kayser aber sich nicht darauf beruhen

(a) vid. Beyl. num. 1.
(b) Würtmb. Chron. p. II. pag. 496.
(c) vid. Beyl. num. 2. und 3.

ruffen könnte, als ob ihm die Tare noch nicht bezahlt worden wäre, so fande sich der Grav überhaupt im Namen seiner Zugehörigen und Unterthanen mit ihm ab und ließ ihm 5000. fl. bezahlen, wofür er die schrifftliche Kayserliche Verordnung erhielte, daß solche Judenschulden sollten abgetilgt seyn und die Brief und Pfande heraus gegeben werden.

§. 3.

Nachdeme Grav Eberhard wenige Zeit nach Johannis des Täufers tag wieder zu Stuttgard angekommen war, so beschwerete sich der Abt und Convent zu Adelberg über die Zölle, die sie in seinen Landen geben müßten. Ihre Bitte hatte auch die erwünschte Würkung, indem er am nächsten Freytag nach gedachtem Feyrtag sie von dem grossen und kleinen Zoll, welchen sie sonsten von ihrem Wein und Korn, so auf ihren eigenen Gütern wächset, zu geben verbunden waren, befreyete (d). Er beschäfftigte sich ferners noch mit Einnahm der Huldigung und Belehnung seiner Lehenleute und verkaufte am Sonntag nach Jacobitag an den Abt und Convent zu Herrenalb sein Hauß und Hofraitin zu Vayhingen, welches vormals eine Mülin gewesen seyn solle und nunmehro das kalte Loch genennet wird. Indessen trachtete obgedachter Vorsiboy oder Worsiboy von Suimar, ein Liebling des Königs Wenzeln, welcher ihn auch zu einem Landvogt in Bayern, Schwaben und Elsaß zu einem unerhörten Beyspiel machte, die Vereinigung einiger Fürsten in Schwaben und Elsaß zum Stand zu bringen, wovon ich zu Ende des vorigen Abschnitts das nöthige berühret habe. Die Veranlassung war, daß Bruno von Rapoltstein einen Englischen Ritter Johann von Harleston gefangen nahm, weil diser auf dessen von Rapoltstein Güter, welche ihm seine Gemahlin zubrachte, viel Schaden solle gethan haben. Als nun der Engelländer einsten nach Rom reysete und den Weeg durch Herzog Leopolds von Oesterreich Lande im Elsaß nahme, bekam der von Rapoltstein Gelegenheit ihn, nach damaliger Sprache, niderzuwerfen. Der König von Engelland, der Kayser und der Papst bemüheten sich den von Rapoltstein zu bewegen, daß er seinen Gefangenen frey lassen möchte. Inzwischen nahm die Stadt Straßburg den von Rapoltstein zum Burger auf. Weil sie auf vieles Ansuchen die Loßlassung des Englischen Ritters nicht bewürkete, so brachte Vorsiboy zuwegen, daß sie zu Eger in die Acht erkläret wurde. Dann diser suchte als ein sehr geiziger Mann Gelegenheit Geld zu schneiden. Er belagerte auch mit Hülf Bischof Fridrichs von Straßburg, Marggrav Bernhards zu Baden, Gr. Eberhards zu Würtenberg, welcher persönlich dabey war und auf der Hinreise die zu der Herrschaft Reichenweyher gehörende Lehenleut zu Northausen belehnete, und anderer obgemeldter Herrn die Stadt Straßburg.

Dise

(d) vid. Beyl num. 4.

Vierter Abschnitt.

Dise fand aber Mittel die Acht und Belagerung bey dem Kayser unmittelbar aufzuheben. Dann sie wußte, daß diser ein grosser Liebhaber von französischem Wein ware. Sie schickte deßwegen einige Vertraute mit solcher Waar, als Weinhändler unbekannter Dingen an den Kayserlichen Hof. Indem der Kayser sich disen Wein, welcher ihn nichts kostete, schmäcken ließ, so gebrauchten sie den Vortheil die Stadt heimlich mit demselben auszusöhnen. Vorsiboo mochte auch einige Faß Wein bekommen haben. Dann er ließ sich zu einem Unterhändler gebrauchen und truge selbst im Kayserlichen Rath darauf an, daß die Stadt am Dienstag nach Liechtmeß 1393. von der Acht und Aberacht loßgesprochen wurde. Ungeacht in der Bündnuß, welches Worsiboy mit Marggrav Bernharden, Gr. Eberharden und andern geschlossen hatte, ausdrücklich versehen war, daß kein Theil ohne den andern Frieden machen sollte, so machte sich doch weder der Kayser noch sein Landvogt ein Bedenken ohne der Mitverbündeten Wissen und Willen mit der Stadt sich in Friedenshandlung einzulassen und dieselbe wieder in die Kayserliche Gnade aufzunehmen. Gleichwohl verordnete der Kayser, daß die zwischen den Fürsten und der Stadt obschwebende Strittigkeiten auf einer Zusammenkunft zu Hagenau gütlich oder rechtlich entschieden werden sollten. Es hat kein Ansehen, daß Gr. Eberhard mit diser Stadt etwas abzuthun gehabt, sondern er war zufrieden, daß einsten der Friede wieder hergestellt wäre (d).

§. 4.

Obwohl nun Gr. Eberhard schon mit Marggrav Bernharden zu Baaden einigermassen in einem Bündnuß stunde, so fanden doch beede Herrn ihren Umständen gemäß unter sich selbsten eine genauere Einung zu machen. Es hatte gedachtermaßen Gr. Eberhard der Greiner schon im Jahr 1388. mit dem Hauß Baaden eine Alliantz getroffen, wobey sie sich beederseits wohl befanden. Da nun Gr. Eberhard der Milde im Anfang des Novembers zu Tübingen war, besuchte ihn der Maragrav dorten und entschlossen sich beede solches Freundschaftsband auf zehen Jahr lang unter sich fest zu setzen, vermög dessen ein Theil dem andern mit aller Treue beystehen und nicht allein ihre, sondern auch ihrer Landsassen und Diener Schlösser gemeinschafftlich die Oeffnung gestatten sollen. Wann sie Strittigkeiten miteinander bekämen, so versprachen sie einander deßhalben keinen Krieg anzufangen, sondern solche durch Austräge abzuthun. Und zwar sollte in dem Fall, wann der Marggrav zu klagen hätte, derselbe einen aus Gr. Eberhards Räthen zu einem Obmann nehmen, welcher schon mehrers darzu gebraucht worden, welcher zu Vayhingen mit zween oder drey zugesetzten Schiedsleuten die Sache

(d) Dise gantze Geschichte erleutert Wenker von den Jnsburgern pag. 168. seqq. Ludwig Reichs-Arch. part. spec. cont. 1.

Sache entscheiden solte. Dagegen, wann Grav Eberhard sich beleydiget befände, derselbe aus des Marggraven Räthen einen Obmann erwählen könnte, welcher zu Pforzheim die Mißhelligkeit abthun solte. Weil sie aber vorher schon einige spännige Sachen unter sich hatten, so wurde verabredet, daß dieselbe, so lang dises Bündnuß währete, unerörtert bleiben solten, doch daß keinem Theil dadurch an seinen Rechten ein Nachtheil zugezogen werde. Wann einer oder der andere die Waffen zu ergreiffen sich genöthiget sähe, so solte der andere Theil inner vierzehen Tagen 25. wohlgewapnete erbare Leute zu Hülfe schicken, welche von dem kriegführenden Theil, so bald sie in seine Schlosse kommen, mit Kost, Futter und Herbergen nebst ihren Knechten versorget werden solten. Dise solten den ganzen Krieg bey ihm bleiben. Wann aber der Krieg gefährlicher würde, so soll einer dem andern noch 55. andere schicken, welche 14. Tage im Felde oder in Besatzung zu bleiben schuldig wären. Wäre hingegen auch dise Hülfe zu einem genugsamen Widerstand nicht hinlänglich, so verpflichteten sich beede Herrn einander mit ihrer ganzen Macht beyzustehen. Was sie miteinander an Vestungen oder Städten oder Schatzungen gewinnen, solle gemeinschafftlich seyn. Wie sie überhaupt wider den Kayser solches Bündnuß nicht verstanden haben wollten, so behielte sich Gr. Eberhard bevor, daß er dem Marggraven wider Bischoff Fridrichen von Straßburg, wider die Herzoge von Lothringen, Oesterreich und Bayern keine Hülfe zu schicken verbunden wäre, dagegen er aber auch disem wider den Marggraven nicht beystehen wollte. Es hätte dise Freundschaft leicht unterbrochen werden können, wann einer, der in des einen Herrn Lande gestrevlt oder die Straffen unsicher gemacht, bey dem andern Schutz gefunden hätte, welches damals sehr gewöhnlich war. Disem vorzukommen unterredeten sich Gr. Eberhard und der Marggrav zu Leonberg den 11. Decembris 1393. daß sie dem Landfrieden gemäß die Straffen sicher halten und solches ihren Amtleuten bey ihrem Eyden befehlen wollten. Wann jemand dawider handelte, so versprache einer dem andern, daß sie einen solchen Straffenräuber nach allem ihrem Vermögen verfolgen und ihme keinen Aufenthalt gestatten wollten. Wann auch jemand von ihren Angehörigen solchem zuwider thäte, solte er selbsten gleich, wie ein Straffenräuber, gestrafft werden. Würde aber einer oder der andere Herr darüber in ein Feindschafft gerathen, so versprachen sie einander getreue Hülfe zu leisten.

§. 5.

Es machte aber die Stadt Gmünd noch allerhand Verdrüßlichkeit. Dann sie führte sich ungeacht des Landfriedens, welchen der Kayser im Jahr 1389. gemacht hatte und unangesehen des zu Mergentheim gemachten Abschiedes, gegen Gr. Eberharden sehr feindselig auf. Spfrid von Zülnhard, ein Würtenbergischer
Die

Vierter Abschnitt.

Diener, hatte an Albuch, die Burg Ravenstein, welche dise Reichsbürger überfielen und ihm und seiner Ehegattin über 2000. fl. werth entwandten, hin und her in die Würtenbergische Lande einfielen und sogar bis nach Gundelfingen an der Donau, welches Gr. Eberhards seiner Frau Muter gehörte, bis Grötingen und Bietigheim streifften und mit ihren Räubereyen unsäglichen Schaden verursachten, wann man sich dessen am wenigsten versahe. Es mag seyn, daß Gr. Eberhard und die seinige auch einige Schuld getragen, und die Bürger zu Gmünd zu solchem Verfahren gereitzet haben. Wenigstens schreibt Gabelkover daß Gr. Eberhard der Gränner ihnen 8000. fl. schuldig gewesen. Es mag seyn, daß es an der Zinnßzahlung gefehlt und noch vielmehr die Bezahlung des Hauptguts angestanden. Dann als Gr. Eberhard der Milde sich mit den Gmündern vertrug, so wurde nach dises Geschichtschreibers Erzehlung (e) abgeredt, daß die Schuldbrief, die sie beederseits gegeneinander aufgericht haben, in ihren Kräfften bleiben und der Grav ihnen nicht allein Sechs von Hundert Zinnß geben, sondern auch das Hauptgut innerhalb sechs Jahren heimbezahlen solle. Kein Wunder wäre es gewesen, wann die Graven von Würtenberg in einem beträchtlichen Schuldenlast gerathen wären, da die Kriege mit den Reichsstädten ihren Landen beynahe den Untergang gedrohet hatten. Wann auch keine Verwüstung die Unterthanen von Hauß und Hof zu entweichen gewesen wäre, so muste doch die immer fortwähernde Unterhaltung eines genugsamen Kriegsvolks die Cassen sehr erschöpfen. Sowohl die Beschützung der eignen Lande, als auch der den Bundsgenossen nöthige Beystand erforderte eine hinlängliche Kriegsmacht auf den Beinen zu haben. Wie dem seye, so fande Gr. Eberhard seinem Nutzen gemäß sich mit den Bürgern der Stadt Gmünd zu vergleichen. Dise verpflichteten sich den 23. April 1393. den Graven fürohin unangefochten zu lassen, es möchten auch die Strittigkeiten von seinem Anherrn, oder Vater oder ihme selbsten herrühren. Uebrigens war der Stadt Gmünd Verschreibung gegen Gr. Eberharden fast von Wort zu Wort einerley Innhalts, wie im Jahr 1391. die Stadt Ulm gegen ihm und seinem Anherren sich verschrieben hatte. Indessen gab deren von Gmünd Verfahren mit denen der verwittibten Gräfin Elisabeth, Gr. Ulrichs Gemahlin, von ihren Brüdern, nemlich den Herzogen von Bayern, verpfändeten Gütern Anlaß, daß die Wittib ihrem Sohn solche übergab. Villeicht hat man sie theils wegen der Entlegenheit, theils auch, weil sie nur Pfandschafften waren, von welchen man nicht wußte, wann man sie wieder einlösen würde, nicht eben sonderlich in Schutz genommen. Obgemeldtermassen waren dise Güter die Herrschafft Gundelfingen und Höchstett. Die Gräfin Elisabeth erbothe sich demnach ihrem Sohn solche zu überlassen. Sie hatte die Stadt Gundelfingen zu einem Wittum.

Si*

(e) Würtemb. Chronik. ad ann. 1393.

Sitz erwählet und auch in diser Betrachtung nahm man sich derselben nicht sonderlich an, weil man nicht vermuthete, daß der Reichsstädtische Pöbel so unbescheiden seyn würde gegen einem Wittumb-Sitz seine Grobheiten auszuüben. Sie übergab deßwegen ihrem Sohn am Montag nach dem Fest der Erscheinung im Jahr 1394. ihre Ansprache auf ihren Erbtheil an dem Herzogthum Bayern und der Herrschafft Bernau, und die Briefe, welche ihre Brüder wegen ihrer Heimsteur derselben gegeben und die Herrschafft Gundelfingen und Höchstett pfandsweise eingeraumet hatten. Dagegen gab ihro Gr. Eberhard die Städte Böblingen und Sindelfingen zu einem Wittumb und raumte ihr die Einkünfte diser Städte und der Dörfer Gärtringen, Oetlingen, Darmsheim, Döffingen, Möchingen, Magstatt und Steinenbronn ein.

§. 6.

Das Closter Maulbronn hatte gemeldtermassen in dem Krieg mit den Städten gleichmäßig sehr vieles gelitten. Weil nun dasselbe an die Herrn Graven von Würtenberg 4000. fl. Hauptguts zu fordern hatte und des Geldes benöthiget ware, so bezeugte es Gr. Eberharden, daß er dem Convent eine Gefälligkeit erwiese, wann er die verpfändete Güter wieder an sich lösen möchte. Dann es hatte schon im Jahr 1371. Grav Eberhard der Grdner und sein Sohn Gr. Ulrich an Abt Johann und an den Convent des gedachten Closters ihre Burg und Vestin Neu-Roßwag und alle darzu gehörige Güter und Rechte in den Dörfern Lientingen, Illingen, Schützingen, Zaisolzwier, Schmie und anderswo, die Vogtey, Vogtrechte, Gerichte, eigene Leute, Bet, Steuren, Gülten, Aecker ec. welche von Recht oder von Gewonheit darzu gehörten, um 4000. fl. verpfändet oder vielmehr auf einen Widerkauf übergeben. Nichts destoweniger aber versprachen sie solche Leute und Güter zu schützen und zu schirmen, wie ihr anderes Gut, wann sie solches an die Graven oder an ihre Amtleute begehren würden. Zu dem Ende sollte die gedachte Burg ihr offen Haus seyn, daß sie im Fall der Noth sich darein flüchten oder aber auch daraus wieder begeben könnten. Doch dunge sich das Closter aus, daß dises Oeffnungsrecht ohne dessen Kosten gebraucht werde und die Graven ihre Feinde oder andere daraus nicht angreifen oder beschädigen möchten, weil dise sonsten berechtiget worden wären das Closter ebenfalls feindlich zu behandlen. Hingegen sollte der Abt die Leute und Güter nicht mit ungewohnlichen Sachen angreifen, sondern von den Leuten nur die gewohnliche Gülten, Dienste, Fälle und Beynutzungen, wie die Art der Gerichte, Fälle und Hauptrechte es mit sich bringen, erfordern, die Wälde aber nicht anderst, als zu Bezimmerung und Beholzung der Burg gebrauchen und denen zu der Burg gehörigen Leuten Holz, so viel sie zu Zimmern, zu Zäunen und zu Brennen nöthig

Vierter Abschnitt.

thig haben, mittheilen. Ferner soll der Abt und Convent besorgt seyn, daß die Burg so Tags als Nachts wohl bewahret werde, und von niemanden einigen Zoll nehmen. Wann aber dem Closter nicht mehr gefällig wäre solche Burg und Güter zu behalten, so solle es den Graven um Liechtmeßzeit aufkünden und diese nachmals auf Georgitag die 4000. fl. bezahlen. Im Anstandsfall gab Gr. Eberhard demselben Bürgen und Tröster, nehmlich Burkarden von Mansperg, seinen Landhofmeister, Hannsen von Sachsenheim, Bertholden von Sachsenheim, Friderich von Nippenburg, allesamt Ritter, nebst Burkarden Sturmfeder, Bernolten von Urbach von Mundolsheim, Fritzen von Urbach zu Lamertsheim, Conrad Glaheimer seinen Schreiber, den Grauen, seinen Vogt und Albrecht von Güglingen seinen Bruder, so, daß, wann Gr. Eberhard und Gr. Ulrich sein Sohn auf die geschehene Aufkündung nicht bezahlten, der Abt und Convent das Recht haben die vorgeschriebene Diener mit Worten oder mit Briefen oder unter die Augen zu mahnen, daß sie acht Tag hernach persönlich gen Gröningen, Vayhingen oder Brackenheim einfahren und so lang rechte Geißelschaft leisten und nicht von dannen kommen sollen, bis entweder die 4000. fl. bezahlt oder die Graven sonsten mit dem Closter übereingekommen wären. In der that aber überließ nun am Mitwoch nach Laurentij 1394. Gr. Eberhard und seine Gemahlin Antonia die bisherige Pfandschaft, nehmlich die Burg Neu-Roßwag mit den zugehörigen Dörfern Lienzingen, Schützingen, Zaisolfsweiler, Schmie und Illingen zu einem ewigen Angedencken und Seelgerät dem Closter. Er behielte sich aber den Wildbann und das Glaitsrecht bevor, wie solches von Altersher seinen Vorfahren gehört habe, und bunge dem Closter an, daß es die Burg sogleich ohne alles verziehen abbrechen und niderreissen und auch solche nimmermehr bauen, noch gegen jemand verkauffen oder auf einige Weise verdussern solle.

§. 7.

Inmittelst wurde Gr. Eberhard in einen neuen Krieg mit der Stadt Rotweil und andern in Ober-Schwaben gelegenen Städten eingeflochten. Sein Großvater hatte die Stadt Rosenfeld einem von Adel, Voltz von Weltingen zu einem Unterpfand eingegeben. Weil aber die Bürger zu Rotweil solches entweder nicht wußten oder nicht wissen wolten oder davor hielten, daß Voltz den Graven zu Hülf stehe, so überfielen sie die Stadt Rosenfeld, plünderten selbige und verursachten ihm und den Burgern daselbst einen Schaden, welchen sie auf ungefähr 10000. fl. schätzten. Dagegen hatte Gr. Eberhard der ältere ihro die Vestung Gößlingen eingenommen und sich auch der Stadt Schiltach bemächtigt, weil er solche im Jahr 1381. von Diemen Schultheissen von Dornstetten und von den Herzogen von Urslingen erkaufft hatte. Hinwiderum machte auch die Stadt Rot-

B weil

weil Anspruch daran, weil ein gewiser Matthis von Signau dise Stadt an Gr. Wolfen von Eberstein und die Stadt Rotweil verpfändet haben solle. Weil nun der von Weitingen auch der Belagerung der gedachten Vestung beygewohnt, so begehrten sie an ihn eine Entschädigung, welche er ihnen verwaigerte, weil er mit disem Krieg nichts zu thun gehabt, sondern nur um Frieden zu stifften in das Würtenbergische Lager gekommen seye. Ingleichem hausete das Würtenbergische Kriegsvolk in dem Rotweilischen Gebiete eben nicht zum besten, als er im Jahr 1375. den Herzogen zu Oesterreich wider die Engelländer und im Jahr 1392. dem Kayser wider die Stadt Strasburg zu Hülf zoge. Darüber beschwerten sich die Burger zu Rotweil gegen Gr. Eberharden, welcher sich aber entschuldigte, daß dises ein Reichskriege und sowohl der Kayser, als auch samtliche Chur- und Fürsten darein verwickelt gewesen, weßwegen er ihnen nichts schuldig seye, weil er in des Reichs Diensten den Zug gethan habe. Die Stadt Rotweil beklagte sich auch, daß des Graven Amtleute ihrem Bürger eine Erbschafft nicht abfolgen liessen. Dise wandten aber ein, daß der verstorbene auch Bruders Söhne hinterlassen hätte, welche in Würtenbergischen Landen seßhafft seyen und Anspruch an die Erbschafft machten. Wann nun der Rotweilische Bürger ein Recht darzu ebenfalls zu haben vermeynte, und vor den Gerichten, wo das Erb verfallen seye, daßelbe suchte, so würde ihm daßelbe nicht verwaigert werden. Als auch Gr. Eberhard der Milde die Stadt Ravensburg zu belagern mit seinem Heer durch das Rotweilische Gebiet zoge, wurden einige Pferde von seinen Leuten hinweg genommen, woran aber derselbe keine Schuld haben wollte. Die Stadt führte noch andere Beschwerden wider den Graven, deren er sich aber gleichmäßig nichts annahme, weil sie ihn nichts angiengen. Indessen machte es zwischen ihnen und der bemeldten Reichsstadt kein gut Geblüte. Es kam zu offentlichem Krieg, welchen aber Herzog Leopold von Oesterreich beyzulegen sich bemühete und es auch dahin brachte, daß beede Theile ihre Strittigkeiten ihm und seinen Räthen Gr. Friderichen von Nellenburg, Gr. Rudolfen von Sulz, Engelharden von Weinsperg, seinem Landvogt, Friderich von Waljee seinem Landhofmeister, Dietrich von Hausen, Probst zu Leutenbach und Burkard München von Landskron zum Ausspruch überliessen. Dise kamen nun im Weinmonat 1394. zu Freyburg im Breysgau zusamen. Beede Theile übergaben ihre Klagen gegeneinander in Schrifften und die Austräge befanden vor allen Dingen nöthig selbigen zu sprechen, daß sie die Feindseligkeiten aufheben und Friede halten sollten. Wegen der beederseits angebrachten Klagen erkannten sie, daß Velz von Weytingen erweisen müßte, daß die Stadt Rosenfeld schon vor dem Städtekrieg ihme verpfändet gewesen und er den Bürgern von Rotweil aus selbiger keinen Schaden gethan habe. In welchem Fall dise ihm wieder zu ersetzen hätten, so viel er

mit

Vierter Abschnitt.

mit zweyen redlichen Wappensgenossen erweisen könnte. Wegen Schiltach wurde erkannt, daß beede Theile mit Kundschaften ihre vermeyntliche Rechte darthun sollten. Wegen der übrigen Puncten aber wurde Gr. Eberhard meistens losgesprochen.

§. 8.

Nun war zwar diser Krieg beygelegt, aber derjenige noch nicht, welchen Gr. Eberhard mit den Reichsstädten am Boden-See, nehmlich Costanz, Ueberlingen, Ravensburg, St. Gallen, Lindau, Wangen und Buchorn geführet hatte. Marggrav Bernhard zu Baden war dabey dessen Bundsverwandter. Was darzu Gelegenheit gegeben, habe ich noch nicht finden können. Aus den Puncten aber, welche die Stadt Rotweil eingeklaget, ist zu ersehen, daß Gr. Eberhard wenigstens die Stadt Ravensburg belagert habe. Endlich legte sich Herzog Leopold von Oesterreich auch hierein und brachte es bey allen Theilen zuwegen, daß sie die ganze Sache demselben zur Entscheidung überliessen. Am Freytag nach Sant Peter und Paulstag 1395. that er den Ausspruch, daß sie beederseits die Waffen niderlegen und sowohl sie, als auch ihre Helfer, Diener und zugewandten miteinander Friede haben sollen. Was einer dem andern mit Todschlägen, Brand, abgenommenen Guth oder Schatzung Schaden gethan, sollte auf sich beruhen, und kein Theil einige Ansprache mehr deßhalben an den andern haben (f). Ingleichem vergliche er sich auch mit seinen Edelleuten, welche an ihne zu fordern hatten. Dann es war ehmals der Gebrauch, daß, wann ein Landesherr sich zu einer Zahlung oder anderwertigen Schuldigkeit verschriebe, die Landsessige Edelleute für solche Verbindung sich ebenmäßig verbürgen und im Anstandsfall zu dem Leistungsrecht für ihn verstehen mußten. Man findet zwar in spätern Zeiten, daß auch die Landstädte für ihren Landesherren sich verschreiben und zur Leistung verbinden müssen. Allein diser Beschwerde wurde gedachtermassen erst in spätern Zeiten den Städten aufgebürdet, da sich der Landadel davon nach und nach zu befreyen suchte. Die Prälaten waren zwar verbunden ihrem Casten- und Schirmvogt in der Noth mit Geldhülfen beyzustehen, aber zu dem Leistungsrecht wollte sich ihr Stand nicht reimen. Mithin war in und vor disen Zeiten nur der Landadel darzu verbunden, weil er allein darzu tüchtig ware. Die Leistung machte grosse Unkosten, weil das Schmaussen auf der Bürgen Kosten in offenen Wirthshäusern so lang währete, bis die Bezahlung oder Erfüllung des versprochenen erfolgte. Dise Kosten mußten aber den Bürgen wieder erstattet werden. Ich denke, daß villeicht darum die Landstädte auch zu den Leistungen nachgehends gezogen worden, weil die Landesherrn schwerlich denselben solche Kosten ersetzet haben. Mancher Fürst wurde aber von den Edelleuten befehdet, wann die Erstattung der von ihnen ausgelegten Leistungsgelder schwer gemacht

(f) vid. Beyl. num. 5.

wurden. Man dörfte nicht wenige Beyspiele davon finden. Auf solche Weise hatten sich auch Ulrich von Sternenfels und Hanß von Sachsenheim für Gr. Eberharden den Gräner und seinen Sohn Gr. Ulrichen verbürget, welche aber ihrem Enkel und Sohn zu bezahlen hinterblieben (g).

§. 9.

Obwohl nun sowohl der Kayser, als die Fürsten und Städte die Ruhe in dem deutschen Reich herzustellen sich bemüheten und den zu Eger gemachten Landfrieden zum Grund legten, vermög dessen kein Bündnuß sonsten sollte gemacht werden, so unterstunde sich doch der Adel in eine Eynung zusamen zu tretten, welche den Fürsten gefährlich zu seyn deuchte. Dann man glaubte in den Puncten dises Bündnusses gefunden zu haben, daß sie der Fürsten Hoheiten und Rechte zu schwächen gesonnen seyen. Sie nennten sich die Schlegel-Gesellschaft, wurden aber auch die Martins-Vögel genennet. Die in dem Landfrieden stehende Fürsten und Stände theileten sich in gewisse Crayße ein. Man findet deßwegen den Landfrieden in Schwaben, den Landfrieden am Rhein ꝛc. Und die in jedem Crayß des Landfriedens begriffene Stände sollten zusamen setzen um den Frieden und Ruhe in demselben zu handhaben (h). Man dörffte in diser Verfassung des Reichs das Vorbild der heutigen Eintheilung desselben in die Crayße wahrnehmen. Die Schlegel-Gesellschaft ahmte disem Beyspiel nach und theilte sich ebenmäßig in gewisse Crayße ein. Der Fürsten Lehen- und Burgmanne, Amtleut und Diener, ja auch ihre Städte begaben sich darein, daß es also mit ihrer Landeshoheit recht mißlich aussahe. Insonderheit drohte dises aufgehende Wetter den Graven von Wirtenberg eine grosse Gefahr. Dann von deren Edelleuten sind bey den Geschichtschreibern Zeugnusse gnug zu finden (i). Und unter ihren Städten finde ich die Stadt Gröningen, den Marktflecken Unter-Riexingen, und die Dörfer Pfullingen, Hausen, Engstingen, Gliedelshausen, Rüdtrichingen und Eningen unter Achalm,

(g) vid. Beyl. num. 6.
(h) Wenker appar. Archiv. p. 257.
(i) *Musius ad ann.* 1395. In toto comitatu Wirtenbergensi nobiles omnes ceperunt conspirationem facta rebellare Principi suo Eberhardo: habebant autem hi nobiles munitiones Comiti vix expugnabiles nec videbantur vinci à comite posse: civitates en. clam juvare ferebantur eos. *Comes* a. vir minime ignavus natura periculo & magnitudine rei etiam excitatus omnem opportunitatem observabat, qua aut eos disjungeret, aut placaret aut vinceret. *Hermann Minor.* ad 1397. Facta fuit quædam confœderatio L. Societas quorundam nobilium in partibus Alamanniæ & principaliter in Suevia, qui appellabant se die von Schlegeln, & habebant inter se capitaneos plures, quos vocabant die Schlegel-König. *Nauclerus* ad 1395. Eodem anno fere omnes nobiles in provincia Comitum de Wirtenberg conspiraverunt contra ipsos & elegarunt ex se quatuor capitaneos, quas appellabant reges. Facta est magna trepidatio in toto territorio Comitum, habebant en. nobiles ipsi multas munitiones & castra.

Vierter Abschnitt.

Achalm, daß sie sich von den Martins-Vögeln zu einer Untreue gegen ihrem Landesherrn verleiten lassen. Gr. Eberhard fand also nöthig disem Unwesen vorzubeugen und durch ein Bündnuß sich in genugsame Verfassung zu setzen. Die Städte Ulm, Nördlingen, Memmingen, Biberach, Gmünd, Kempten, Pfullendorf, Dinkelspül, Kaufbeuren, Isny, Leutkirch, Aalen und Bopfingen entschlossen sich mit ihme in ein Bündnuß einzulassen und verschrieben sich am Freytag nach dem Feyertag Bartholomäi gegen ihm, daß, wann jemand ihn oder seine Diener, sie seyen Graven, Herrn, Ritter oder Knecht, Burger oder andere seine Geist- und Weltliche Zugewandte angrif oder beschädigte oder sie von ihren guten Gewonheiten, Rechten, Freyheiten, Gnaden und Briefen, welche sie von Römischen Kayseren und Königen erlangt haben, dringen wollte, sie demselben mit 30. Spiessen zu Roß, lauter erbaren und wohlerzeugten Leuten zu Hülf kommen und nach Beschaffenheit der Sache auf ihren Kosten noch mehrere schicken wollten. Doch bedungen sie sich aus, daß, wann man Geszeug oder nach unserm heutigen Begriff, Artillerie, und die darzu erforderliche Werkleute nöthig hätte, und daran ein Schade geschähe, solcher von Gr. Eberharden und den Seinigen ersetzt werde. Sie, die Reichsstädte, versprachen ihm und seinen Dienern auch sowohl in ihren eigenen Mauren, als auch in ihren Schlössern und Vestungen das Oeffnungsrecht zu gestatten, und demselben auch nach dem Verfluß der Bündnuszeit beraten und beholffen zu seyn, wann er mit jemand in einen Krieg verwickelt würde. Zu Bevestigung diser Allianz und Erhaltung guter Freundschaft verglichen sie sich mit Gr. Eberharden, daß, wann jemand von ihnen den Reichsstädten an Gr. Eberharden oder die Seinige, es wären Graven, Herrn, Ritter oder Knechte und die ihnen angehörten, sie wären Edel oder Unedel oder Armeleut, welche in alten guten geschwornen und besetzten Gerichten gesessen sind, etwan eine Ansprache oder zu klagen hätten, man ihnen um alle Sachen in die Städte und Gerichte nachfahren solle, worein sie gehören. Wann sie aber an den Graven selbsten oder an seine Diener oder an andere, welche nicht in besetzten geschwornen Gerichten gesessen wären, oder an Gemeinden zu sprechen hätte, so erwählten sie aus Gr. Eberhards Räthen die beede Brüder Gebhard und Albrecht von Rechberg, Beringer den Hälen und Volmar Magern, aus welchen sie einen gemeinen nehmen und jeder Theil zwen oder drey Schiedsrichter darzu setzen solle. Angefallene Güter sollen berechtet werden an den Städten, wo sie gelegen sind, es sey in den Städten oder auf dem Land. Und weil noch immerzu zwischen den Fürsten und Reichsstädten Mißhälligkeiten zu besorgen waren, daß dise der Fürsten Unterthanen und zugewandten das Burgerrecht bey ihnen gaben, so versprachen sie hier zu Vermeydung aller Strittigkeiten, daß sie keinen Würtenbergischen Unterthanen zu Bürgern annehmen wollten. Sie räumten auch

sonst

sonst noch anders aus dem Weeg, was das gute Vernehmen zwischen ihnen unterbrechen könnte.

§. 10.

Der Kayser nahm sich der Sache gleichfalls an und Gebothe die Schlegel-Gesellschaft abzuthun, weil sie gröblich wider ihn und das Heilige Reich errichtet seye. Er befahl zu solchem Ende allen geist- und weltlichen Fürsten, Graven, Freyen, Herren, Rittern, Knechten, Städten und Dörfern, welche sich etwan in solche gefährliche Gesellschafft begeben hätten, daß sie bey Verlust ihrer Lehen, Freyheiten und Rechten solche wiederum verlassen sollen. Dann er machte ihnen sogleich Hoffnung, daß er sich sobald nur immer möglich in Deutschland einfinden wollte um den Frieden und Ruhe darinnen wieder herzustellen und sich darüber mit den Chur-Fürsten und Herren zu berathschlagen, wie solches am füglichsten zu bewürken seye. Würden aber die verbündete ungehorsam seyn, so befahl er allen Ständen und Unterthanen des Reichs, daß sie wenigstens der Gesellschaft auf keine Weise einigen Beystand thun sollten (k). Es veranlaßten demnach Herzog Leopold von Oesterreich und Gr. Eberhard zu Würtenberg unter sich ein Schutz-Bundnuß wider die Schlegeler aufzurichten und noch andere mächtige Fürsten des Reichs darzu einzuladen, daß sie ihnen beytretten möchten. Es kamen auch würklich vor den Weyhnachten des Jahres 1391. der Churfürst zu Maynz, Pfalzgraf Ruprecht, Bischof Niclaus von Speyr und Marggrav Bernhard zu Baden in Pforzheim zusamen, und tratten der Allianz Gr. Eberhardens mit dem Herzog Leopolden und den obgenannten Reichsstädten bey. Sie setzten vorderist zum Grund, daß sie alle ihre Diener, Lehen- und Burgleute, Amtleute und andere zugewandten von diser ihrer Landeshoheit, Rechten und Freyheiten so gefährlichen Gesellschaft abzustehen erinnern wollten mit versprechen, sie ebenfalls bey Recht und Billigkeit zu handhaben und sie in Gnaden zu bedenken. Diejenige aber, welche in ihrem Ungehorsam beharren, sollten sogleich ihrer Dienste entlassen und als Feinde angesehen werden. Die verbündete Fürsten theilten sich in den Obern und Untern Theil. Zu ersterm gehörten Herzog Leupold, Gr. Eberhard zu Würtenberg und die Reichsstädte, welche mit ihnen in der Einung stunden. Zu dem untern aber die beede Churfürsten von Maynz und von der Pfalz, der Bischof zu Speyr und der Marggrave zu Baden. Wann nun jemand von dem Untern Theil angegriffen wurde, so ließ er solches Gr. Eberharden zu Würtenberg als dem nächstgesessenen im Obern Theil wissen, welcher in solchem dann die weitere Anstalten zur Hülfe bey den Herzogen von Oesterreich und den Reichsstädten verfügte. Würde aber einer vom Obern Theil feindlich behandelt, so ließen sie solches an den Marggraven gelangen um die

(k) vid. Beyl. num. 7.

Vierter Abschnitt.

die weitere Anstalten zur Hülfe in seinem Theil zu machen. Weil die Schlegel, Gesellschafft im Untern Theil am mächtigsten war, und wie Gr. Eberhard in einem Schreiben meldete, anfänglich in der Mortenau sich vorzüglich gestärket, so versprachen die im Obern Theil dem andern Hundert zu dem Schildgebornen Reuter zu schicken, welche unter des Untern Theils Hauptleuten stehen sollten. Es wäre dann, daß ihre verordnete Räthe ein anders gut befänden. Schaden und Verlust soll jeder auf sich leyden, welcher die Hülfe schicket, aber der andere Theil dieselbe auf seinen Kosten mit Futter, Herberg und anderm erhalten. Eroberte Schlösser, Vestungen, Gefangene, erbeutete Bauren und Vieh sollen demjenigen Theil gehören, welcher angegriffen worden, reysige Pferde, Harnasch und anders aber gemeinschaftlich seyn. Ferner verpflichteten sich die verbündete die Strassen in ihren Landen und Gebieten sicher zu halten. Niemand soll ein eigen Pferd zu halten befugt seyn, er wäre dann ein Wappensgenosse, oder hätte von seinem Fürsten die besondere Erlaubnuß darzu, welcher in solchem Fall für ihn zu stehen schuldig würde. Ohne dises sollte ein solcher alles Friedens und Geleits unfähig seyn, und als ein Räuber und Landfriedensstörer behandelt werden. Dises Bündnuß solle so lang währen, bis dise gefährliche Gesellschaft der Schlegeler von selbsten aufhören oder mit derselben zu allerseitigem Genügen ein standhafter Friede gemacht würde, und darnach noch ein ganzes Jahr (l).

§. II.

Es erhellet also deutlich, daß die Edelleute etwas gefährliches im Schild geführt, welches sämtliche Fürsten zu dämpfen sich bemüheten. Das Feuer brach nach dem Zeugnuß der meisten Geschichtschreiber (II) in den Würtenbergischen Landen aus und wurde auch daselbst gelöschet. Ich habe zwar oben schon (m) berühret, daß der Abt zu Tritheim und noch ein unbekannter Geschichtschreiber in Schannats Sammlung disen Schlegel-Krieg in das Jahr 1367. setzen. Aber das Zeugnuß der erstangezogenen Geschichtschreiber und die Umstände diser Unruhe machen wahrscheinlicher, daß solche unter die Regierung Gr. Eberhards des Milden gehöre. Es wird ihre Erzehlung durch die beybringende Urkunden bestärket, welche hierinn ein grösseres Liecht geben obschon noch wichtige Zweifel nicht sowohl an der Sache als vielmehr der Umstände übrig bleiben. So viel ist gewiß, daß die Edelleute sich damals in verschiedenen Haufen wider Gr. Eberharden zu Würtenberg und die mit ihm verbündete Reichsstädte zu Feld begeben. Sie sammleten ihre Leute zu Neuenburg, zu Berneg und zu Schenkenfell.

(I) vid. Beyl. num. 8.
(II) *Mutius* libr. XXIII. p. 263. ad ann. 1395. *Neander* Vol. II. gen. 47. fol. 263. ad eund. ann. *Hermann Miner.* crusius. ad ann. 1397.
(m) Erste Fortf. p. 226.

zell. Erſteres Ort gehörete damals ſchon den Graven und es hat das Anſehen, daß ſie ſich diſes Städtleins entweder mit Gewalt oder durch Verführung der Einwohner bemächtiget haben. Dann es zeigt das Beyſpiel der Stadt Gröningen und einiger bey Reutlingen gelegener Dörfer, daß die Schlegeler auch die Würtenbergiſchen Unterthanen zur Untreue verleitet haben. Vernegg gehörte denen Edlen von Gültlingen und liegt unweit der damals noch den Marggraven zu Baden gehörigen Stadt Altenſteig. Schenkenzell aber liegt im Kinzinger Thal und gehörte damals den Graven von Kirchberg zu. Alle diſe Haufen wurden von verſchiedenen Hauptleuten angeführet. Einige derſelben kamen nun zu Heimßheim zuſamen um ſich zu berathſchlagen, wie ſie den Krieg wider Grav Eberharden führen wollten. Diſer erfuhr ſolches und verſammlete ſeine Landmacht. Die Burger zu Eßlingen kamen ihm vermög ihres Bündnußes zu Hülf. Man umringete das Städtlein und die Edelleute machten groſſe Anſtalten zur Gegenwehr, als ein Edelknecht hinzurannte und einen groſſen Haufen Stroh nechſt an dem Städtlein wahrnahm, welches der Feind zu ſeiner Nothturft aufgeſchüttet hatte. Er ſchoß mit ſeiner Armbruſt feurige Pfeile darein und erreichte ſeine Abſicht den Haufen in völligen Brand zu bringen. Das Feuer ergriff die Häuſer in der Stadt und die Hauptleute wurden mit dem Kriegsvolk in die Nothwendigkeit geſetzt ſich entweder zu ergeben oder zu verbrennen. Der Grav nahm ſie als Gefangene an. Unter ihnen befanden ſich drey Hauptleute, nemlich Wolf von Stein, Reinhard und Friderich von Enzberg (mm). Sie nennten ſich Könige. Ein kurzweiliger Bauer hatte bey ſeinen Gedanken, daß ihnen nur noch der Vierte König fehlte, ſo hätten ſie ein ganzes Kartenſpiel. Diſes ſolle nach dem Zeugnus Mutii, Nauclers und des Abts von Tritheim in dem Jahr 1395. den 24. September geſchehen ſeyn. Gr. Eberhard gieng nach diſer Verrichtung gleichbalden nach Löwenberg um die Anſtalten zur Belagerung der Burg zu Höfingen zu machen. Daſelbſt zeigte er, daß er den Namen des Milden verdiente. Dann er ließ den Wolfen von Stein ſeiner Gefangenſchaft los, welcher ſich für ſolche Gnade der ſo baldigen Erlöſung verſchreiben muſte, daß er den ihm von Gr. Eberharden und den ſeinigen empfangenen Schaden auf keine Weiſe rächen wollte (n).

§. 12.

Gleich nach dem Anfang des Jahres 1396. beſannen ſich die Schlegeler eines beſſern. Die Reichsſtände ſuchten ſolche in ihren Gebieten und Landen auf und beſonders kehrte die Stadt Straßburg Anſtalten vor die in daſigem Biſtum ſich hin und wieder aufhaltende Schlegeler fortzuſchaffen. Sie kamen dadurch

(mm) vid. Beyl. num. 9.   (n) vid. Beyl. num. 10.

Vierter Abschnitt.

durch in das Gedränge, indem die Reichsstände sich darauf beruften, daß der Kayser ihre Gesellschaft verbotten hätte. Nur stund ihnen im Weeg, daß sie mit den Reichsstädten Worms und Speyr in einem Bündnuß stunden, ohne dessen Aufhebung die ganze Gesellschaft nicht zertrennt werden konnte. Sie schickten demnach Georgen von Neuneck an Erzbischof Conrad von Maynz, Pfalzgrav Ruprecht den Jüngern, und an den Bischof Niclaus zu Speyr, mit einem Anlaß auf dise Fürsten, daß sie ihre mit Gr. Eberharden habende Stritigkeiten beylegen möchten. Es wurde in demselben zuvorderst anbedungen, daß beede kriegführende Theile ihre Gefangene zwischen Liechtmeß und Georgentag, und zwar, wann es Edelleute wären, auf ihr Gelübde und Ehrenwort, Bürger und Bauren aber gegen genugsame Bürgschaft erlassen sollten. Indessen wurde auch ein Waffenstillstand beliebet und vornehmlich den erstbemeldten Fürsten anheimgestellt zu erkennen, ob die Edelleute ihre Gesellschaft aufgeben müßten? und ob sie das Bündnuß mit den Städten Worms und Speyr zu halten schuldig wären? Dann es wäre wider ihre Ehre gewesen ohne der Städte Willen davon abzugehen. Wider die Ehre aber etwas zu thun ware damals etwas zwar nicht unerhörtes, weil schon damals von hohem und geringerm Stand nidertrachtige Leute waren, welche ohne auf ihre Ehre zu sehen die Convenienz vorzogen, aber rechtschaffene Leute verabscheueten solche und wann man jemand einer solchen Vergehung überzeugen konnte, so konnte eine solche Person in der bürgerlichen Gesellschaft nicht mehr als ehrlich stehen. Sie bathen demnach die unterhandlende Fürsten bey beeden Städten bis auf nächstkünftigen Georgitag bemühet zu seyn, daß dise ihnen ihre Verschreibungen zurückgeben und sie des Bündnusses entlassen möchten. Ferner wurde veranlaßt, daß am Mittwoch vor Halbfasten d. i. vor dem Sonntag Lätare zu Brackenheim von den Fürsten eine Zusamenkunft gehalten und Friede gemacht werden sollte. Es bekannten sich zu disem Anlaß nachstehende Hauptleute und Gesellen für sich und andere ihre Mitverwandten, nemlich Burkart von Neuneck, Heinrich Eckebrecht von Döringheim, aus einem Elsäsischen Adelichen Geschlecht, Heinrich von Bubenhofen, Wilhelm von Halfingen, Ritter, Fritz von Uebach, Huge von Berneck, Friderich von Dormenz, Rotfritz von Sachsenheim, Albrecht von Dormenz der Junge, Reinhard der Enzberger, den man nennte Rix, Heinrich Rämerer, ein Ritter, Hannß von Stein zu Wunnenstein, Hennel Strduff von Lardenburg, Heinrich von Güttlingen, Hannß Truchseß von Höfingen, Heinrich von Dormenz, Wozigmann, Friderich von Enzberg, Fritz Herter, Dyem von Tettingen und Heinrich Reuffelin von Menzheim. Alle dise Edelleute hatten sich also wegen Annehmung des Anlasses zu Pforzheim am Donnerstag nach Liechtmeß verabredet und waren demnach auf freyem Fuß. Sie sollten alle denselben besiglen.

C

Weil

Weil aber nicht alle ihre Pittschafften bey sich führten, so besiglete solches zur Burkart von Neuneck, Heinrich Eckebrecht von Dörinkheim, (Dürckheim) Heinrich von Bubenhofen, Wilhalm von Halfingen, Friz von Urbach, Hug von Berneck, Friderich und Albrecht von Dormenz, Rotfriz von Sachsenheim, und Reinharb von Enzberg.

§. 13.

Solchem Anlaß zufolge schickte der Churfürst von Maynz Engelharten, von Weinsperg, und Niclaus von Cube, Domdechanten zu St. Victor bey Maynz nach Brakkenheim, der Pfalzgrav aber und der Bischof von Speyr kamen in Person dahin. Sie hatten sich über den Ennungsbrief der Schlegel-Gesellschaft bey vielen verständigen Herren, Rittern und Knechten Raths erholet und nach diser Gutachten am Donnerstag nach Ostern d. i. den 6. April den Ausspruch gethan, daß nach dem Befehl des Kaysers die Gesellschaft sollte aufgehoben und nun nimmehr wieder errichtet werden. Sie erkannten, daß die Städte Worms und Speyr sogleich die von den Edelleuten ihnen ausgestellte Briefe zurückgeben und sie ihrer Verpflichtung erlassen und dagegen dise den Städten ebenmäßig ihre Brief und Sigel ausliefern sollen. Weder die Hauptleute, noch ihre Gesellen wären solchemnach befugt an die Städte wegen einigen Dienst- oder Hülfe-Gelds eine Forderung zu machen. Gr. Eberhard sowohl, als die Edelleute sollen ihre Gefangene auf eine schlechte, alte Urpheb loß laßen. Diseriy Urpheden waren nur unter Fürsten, Herrn und Rittermäßigen Personen gewöhnlich und bestunden darinn, daß sie bey ihrem Ehrenwort ohne Eyd versicherten den Frieden treulich zu halten und sich wegen erlittener Gefangenschaft nicht zu rächen (o). Weil auch mancher dieselbe nicht aussehen konnte oder davon in seinem Hauswesen und sonsten allzuvielen Schaden zu befahren hatte, so machten sie sich öffters durch harte Verschreibungen davon loß. Weil nun die andere Gefangne ohne selbige in dem Frieden die Freyheit erhielten, so wurde auch hier für billig erachtet solche schon ausgestellte Verschreibungen aufzuheben. Zugleichem wurden alle Brandschatzungen, Contributionen und andere dergleichen kriegerische Erpreßungen zernichtet und ausgemacht, daß, wann von ein oder den andern Theil einige erhoben worden wären, solche als unrechtmäßig wieder zurückgegeben werden sollten. Alle Städte, Schlößer, Vestungen, Dörfer und Unterthanen sollen demjenigen, welchem sie vorhin gehörten, in demjenigen Stand, wie sie sich damals befanden, eingeraumt werden. Weil auch einige Lehenleute ihrem Lehenherrn die Lehenspflicht aufgesagt und ihre Güter denselben auf solang, bis der Krieg ein Ende nehmen würde, zurückgegeben, damit sie nicht wider ihre Ehre handelten, wann sie Vermög ihrer Gesellschafts-Pflicht

(o) vid. Halthaus Gloss. med. ævi. voce: Urpheb.

Vierter Abſchnitt.

Pflichten wider ihren Lehenherrn handelten, und mithin die Lehen ihnen als verwürkt genommen werden könnten: ſo wurde abgeredt, daß denjenigen Lehenleuten, welche innerhalb 6. Monaten ihre Lehen wieder erfordern würden, ſolche geliehen werden ſollten, wie ſie ſolche vorhin ingehabt haben. Und wann ſeitdem am Liechtmeßtag diſes Jahres zu Pforzheim gemachten Anlaß oder Präliminar-Frieden ein oder der andere Theil denſelben gebrochen hätte, ſo ſoll entweder das abgenommene inner zwey Monaten wieder herbey geſchaft, oder wann es nicht mehr zu haben wäre, ſonſten vergütet werden. Womit dann aller Krieg und Feindſchaft zwiſchen beeden kriegenden Theilen aufgehoben ſeyn ſollte (p).

§. 14.

Bey diſen gemeldeten Umſtänden ſolte man nun gänzlich glauben, daß, da die Schlegel-Geſellſchaft aufzuheben erkennt geweſen, und von den vermittlenden Fürſten gleichſam zwiſchen Gr. Eberharden zu Würtemberg und den Schleglern Friede gemacht worden, der geführte Krieg dadurch ſein Ende erreicht habe. Allein es ſind ſolche Umſtände vorhanden, welche die Vermuthung geben, daß die Unruhe entweder nie aufgehöret, oder das Kriegsfeuer ſich von neuem entzündet habe. Dann ich finde, daß Hug von Berneck, welcher zu Anfang diſes Jahrs 1396. noch frey geweſen, nachmals zu Ende deſſelben in Gr. Eberhards Gefangenſchaft gerathen und im November-Monat ſich durch beſondere Verſchreibungen loß machen müſſen. Die Stadt Gröningen, das Dorf Rieringen, Pfullingen, Hauſen, Engſtlingen, Bliedelshauſen, Rüdrichingen und Eningen unter Achalm ſtellten wegen ihres Abfalls von der Herrſchaft zu Würtenberg gleich nach Michaelis 1396. eine gleichmäßige Verſchreibung von ſich, daß ſie ſich nicht mehr entfremden wollten (q). Alles diſes gibt deutliche Merkmale, daß in diſem Jahr wieder um Michaelis etwas vorgegangen, welches zum Nachdenken dienet. Aus allen Umſtänden erhellet wenigſtens ſoviel, daß die Untreue diſer Stadt und der bemeldten Dörfer unter der Regierung eines Herrn, welchem der Name eines Milden und Gütigen beygelegt worden, eine groſſe Verführung voraus ſetze. Die Geſchichtſchreiber melden hin und her, daß dem Graven ſeine Untherthanen durch die Schlegeler abtrünnig gemacht und diſe Herrſchaft mit einem groſſen Unglück bedrohet worden. Daß ferner die Edelleute und zwar ſolche, welche in der Schlegel-Geſellſchaft geſtanden, dabey in die Gefangenſchaft gerathen, und ſolche Unruhe erſt um Michaelis 1396. glücklich gedämpfet worden, ſind wenigſtens ſolche Umſtände, welche uns belehren, daß die Schlegeler wider ihren Anlaß und wider den Ausſpruch der Fürſten noch nach demſelben mit Gr. Eberharden Krieg geführt haben.

§. 15.

(p) vid. Beyl. num. 11.   (q) vid. Beyl. num. 12.

§. 15.

Man sollte fast auf die Gedancken gerathen, daß alles, was mit dem Städtlein Heimsen und den Edelleuten vorgegangen, erst im Jahr 1396. geschehen wäre. Die obangeführte Verschreibung des Wolfen von Stein belehret uns aber deutlich, daß Heimsen von Gr. Eberharden und den Seinigen im Jahr 1395. schon mit Brand und Verwüstung heimgesucht worden, und der von Stein damals gefangen worden, womit auch der Bericht an die Stadt Straßburg übereinstimmet. Weil Hanns Truchseß von Höfingen auch unter den Schlegelern ware, so ruckte Gr. Eberhard gleich des andern Tags nach der Einnahm des Städtlein Heimßheim für dessen Burg zu Höfingen unweit Leonberg. Er war so glücklich selbige zu erobern und zerstörete sie euch von Grund aus. Die Ruinen derselben sind betrübte Zeugen davon (r). Wie es denen von Enzberg ergangen, habe ich nicht finden können. Hug von Berneck aber welcher erst nach dem Anlaß flüchtig worden und bey denen von Gütlingen verborgenen Unterschlauf suchte mußte durch einen Eyd, und sonderbare Verschreibung sich verpflichten sein Lebtag wider Gr. Eberharden und seine Nachkommen, auch so gar wider seine Diener und Unterthanen weder mit Leib, noch Gut, weder mit Worten noch Wercken, weder mit Rath noch That nichts mehr zu handlen oder zu thun, sondern, wann er an jemand etwas zu sprechen hätte, das Recht vor dem Graven oder seinen Räthen oder Amtleuten zu geben und zu nehmen, wie es dem Graven oder seinen Erben gefällig wäre. Wann auch derselbe seine Ungnade fallen oder dem Hugen seine Verschreibung wieder zuruckgeben ließ, so sollte solche dennoch nicht aufgehoben seyn. Vielmehr konnte er nichts destoweniger für Treu, und Ehrlos und für Meineydig gehalten werden, wann er etwas wider dise Uryhede handelte. Allem Ansehen nach war er nicht bey Heimßheim, sondern erst nachhero auf der Flucht noch gefangen genommen worden und hielte sich bey denen von Gütlingen auf, weil auch dise sich verschreiben mußten, daß sie dem Hugen hinführo keinen heimlichen Auffenthalt mehr geben wollten (s). Dises aber war noch nicht genug, sondern Hug von Berneck mußte zur Strafe seines Verbrechens dem Graven alle seine Güter zu Günsbronn, Nordorf, Simmersfeld und zu Spielberg zu Lehen auftragen, und die Oeffnung in dem Thurn zu Altensteig versprechen. Solchemnach übergab er demselben bemelte Güter als ein rechtes Eigenthum, und der Grav gab sie dem Hugen wieder und belehnete ihn damit.

Nebst

(r) Trithem. ad ann. 1368. & 1395. Inde movens exercitum Comes Eberhardus munitionem illorum de Hæfingen prope Leonberg obsidione vallavit, impugnavit fortiter & cepit, funditusque destraxit. Captis posthac multis tum de nobilibus, quam de vulgaribus suæ ditioni subjectis, capitibusque eorum truncatis castella subvertit.

(s) vid. Bepl. num. 13.

Vierter Abschnitt.

Nebst disem gerieth auch Burkard von Reischach in des Graven Gefangenschaft. Dann er suchte die Schlegeler und die in solcher Geselschaft gestandene Edelleute auf, wo er sie bekommen konnte. Dises Geschlecht war nicht unter dem alten Würtenbergischen Adel, sondern kam erst nachgehends in hiesige Gegenden. Dann es hatte vorher und noch um dise Zeit seine Güter in Ober-Schwaben und an der Donau. Der Burkard muste lang in der Gefangenschaft bleiben, bis er endlich im Junio 1398. derselben entlassen wurde. Seine Verschreibung war eben deswegen nicht so hart, weil er sich nicht wider seinen Landesherrn empöret hatte, sondern der Grav begnügte sich mit dem endlichen Versprechen, daß er die Gefangenschaft nicht rächen wollte (1). Aber auch dises beweiset, daß Gr. Eberhard wider dise Edelleute sehr aufgebracht worden, weil sie wider ihren Anlaß und Frieden gehandelt haben. Dann sonsten hätten sie Vermög desselben ohne Verschreibung loßgelassen werden müssen. Indessen wurde aber gleichwohl dise Geselschaft durch disen Vorgang gänzlich zertrennet, und der Grav konnte sich von der bisherigen Unruhe erholen und seine Lande in gehörige Ordnung bringen.

§. 16.

Eine gewisse Folge des schlechten Zustands in dem deutschen Reich ist eine verdorbene Münz. Die Erfahrung von allen Zeiten lehret, daß, wann eine Verwirrung in demselben sich ereignet, dieselbe sich mit erhöheten Werth des Goldes und Silbers und folglich auch des Geldes verrathen und fast damit den Anfang genommen habe. Die jedesmalige Gefährtin diser Unordnung war die Einführung schlechter und geringhaltiger Münzen. So ergieng es auch bey den Städt-und Schlegelkriegen. So lang dieselbe währeten, hatten die Fürsten nur auf die Erhaltung und Schutz ihrer Lande zu gedenken. So bald aber dise Sorge vorbey war, so gedachten sie auch den Schaden, welchen ihre Cammer-Gefälle und vornehmlich ihre Unterthanen durch die schlechte Münzen litten, abzuwenden. Herzog Leopald von Oesterreich, Bischoff Burkard von Augspurg, Gr. Eberhard von Würtenberg und die Graven Ludwig und Friderich von Oetingen waren zuerst bemühet, solchem Uebel in Schwaben abzuhelfen. Sie vereinten sich am Andres-Abend 1396. miteinander eine neue Münze zu schlagen; nemlich Heller und Schillinge, daß ein Pfund Heller und vier Schillinge für einen Ungrischen Gulden und ein Pfund und drey Schillinge Heller für einen Rheinischen Gulden gelten sollen. Vier und zwanzig Schillinger wurden auf einen Ungrischen und drey und zwanzig auf einen Rheinischen Gulden gerechnet. Sie bemünzeten die Münzstätten. Nemlich Herzog Leopold hatte die Stadt Rotenburg am Nekkar, der Bischof zu Augspurg die Stadt Dillingen, Grav Eberhard die bede Städte Stuttgard und Göppingen und die Graven von Oetingen die Stadt Oettingen darzu bestimmt, doch, daß jedem unbenommen blieb, auch in andern ihren Städten zu prägen. Es wurden kuntliche Zeichen erfordert, daß man eine Münze von der andern eigentlich unterscheiden konnte. Anmerkungswürdig ist, daß weder sämtliche Fürsten, noch ihre Cammern mit diser Münze sich beschäftigten, sondern sie überliessen die Besorgung derselben den obgenannten Städten dergestalt, daß die Vögte, Schultheissen, Richter und Räthe schwören mußten die Heller und Schillinge so zu besorgen, daß sie an Korn und Wsal bleiben, wie die Fürsten solches unter sich verglichen hätten. Ferner waren sie schuldig alle vierzehen Tage die Münz zu beschauen und zu versuchen, daß die Münz-Sorten nicht abgesezt d. i. in geringerem Schrot und Korn gemacht würden. Wann sie fänden, daß darinn eine Gefährde gebraucht worden, so wurde ihnen aufgegeben solche Heller und Schillinge zu zerschneiden, wieder aufzuschlagen und auf der Münzmeister Kosten zu brennen. Es durfte auch kein Stück ausgegeben werden, es wäre dann, daß es vorher eigentlich versucht worden. Den Städten wurde dabey befohlen über einen solchen Münzmeister als einen falschen Münzer zu richten. Sie hatten darinn solche Freyheit, daß ihnen die Fürsten nicht die geringste Hindernuß oder Einhalt thun durften. Das Gepräg diser Münzen sollte bey den Hellern auf der einen Seite ein Creuz und auf der andern das alleinige Wappen desjenigen Herrn seyn, in dessen Stadt sie geschlagen wurden. Die Schillinge hatten gleiches Gepräg nur mit dem Unterschied, daß die Herrn ihren Namen mit Buchstaben darauf umher sezten. Solche Heller und Schillinge mußten alsogleich aufgeworfen, das ist, ausgegeben und in der Herren Landen und in den Reichsstädten Ulm, Eßlingen und Gmünd in gute Währung und Gang gebracht, auch im Kauffen und Verkauffen gebraucht werden. Nicht weniger wurde verbotten solche Münzen zu saigern oder auszulesen. Wer darwider handelte, wider solchen sollten die Städte als wider einen Verfälscher peinlich richten. Dise Strafe hatte auch derjenige zu gewarten, welcher in eine Münz-Stätte oder einem Goldschmid solche Münze brächte, indem die Münzmeister und Goldarbeiter solche Leute bey den Vögten, Burgermeistern und Amtleuten zu rügen verbunden waren. Ueberführ aber ein Münzmeister, Goldarbeiter oder ihre Knechte solches, daß sie dergleichen ganze oder zerschnittene Münzen brennten oder diejenige, welche ihnen solche brachten, nicht rügeten, so wurden sie dafür straffällig erkannt. Wann aber ein Fürst diser gemachten Ordnung selbst nicht nachlebte, so waren die andere nicht mehr verbunden solcherley Münz anzunehmen. Sie verglichen sich ferner, daß sowohl sie, als auch die Reichsstädte Ulm, Eßlingen und Gmünd, welche nachmals in dise Vereinung aufgenommen wurden (a), zu Beförderung dises Münzwesens verhüten wollten, daß kein gemünzt oder ungemünzt Silber aus ihren Landen und Gebieten geführet werde.

(a) vid. Beyl. num. 14.

Dann,

Dann, wo man einen darüber ergreifen würde, so solte sein Leib und Gut demjenigen, i. dessen Land und Gebiet er ergriffen wurde, verfallen seyn. Dem Münzbedienten in jeglicher Münz solle man von einer jeden Mark Heller mehr nicht, als sechzehen Heller und von drey Mark Schillingen nur drey Schillinge zu Lohn geben. Von dreyßig Marken hingegen wurden ihnen zu Fürgewicht und die Münze weiß zu machen Sechzehen Loth vergönnet. Und weil aller gefährlicher Wechsel die Münze unwerth machen könnte und schwächte, so verordnete jeder Fürst und Stadt in ihren Gebieten einen eignen geschwornen Wechsler. und erlaubten ihm einen Ungrischen Gulden für ein Pfund und vier Schillinge und einen Rheinischen Gulden für ein Pfund und drey Schillinge Heller und vier und zwanzig Schilling für einen Ungarischen, so dann drey und zwanzig Schilling für einen Rheinischen Gulden einzunehmen, hingegen aber einen Ungarischen Gulden für ein Pfund, 4. Schilling, 3. Hlr. und einen Rheinischen für ein Pfund, 3. Schilling, 3. Hlr. auszugeben. Endlich verglichen sie sich, daß, wann einiger Fürst, Herr oder Reichsstadt in den Schwäbischen Landen gefreyet wäre Heller zu schlagen, sowohl dise, als auch andere Münzen in ihren Landen in guter Währung seyn sollten, wofern sie sich obiger Ordnung gemäß verhielten.

§. 17.

Die Herzoge von Oesterreich hatten an der Endigung der Schlegel-Gesellschaft ein grosses Belieben. Sie lerneten Gr. Eberhards von Würtenberg Macht und Tapferkeit daraus und aus der Anstalt wegen der Münzen seine Klugheit. Solchemnach verbande sich Herzog Leupold und seine Brüder Wilhelm, Ernst und Friderich nebst ihrem Vetter Herzog Albrechten von Oesterreich mit demselben auf das genaueste. Damals war die Gewohnheit, daß, wann ein geringerer mit einem grössern ein Bündnuß errichtete, so nahm diser jenen als einen Diener an. Wann man aber den Handel nach seiner Beschaffenheit betrachtet, so war es ein wahrhaftes Bündnuß. So ergieng es auch hier, daß die Herzoge von Oesterreich Gr. Eberharden zu einem Rath und Diener von Georgentag des Jahres 1397. auf drey Jahre annahmen, daß er ihnen und den ihrigen sowohl mit seiner Person, als auch seinen Landen, Schlössern, Dienern und Unterthanen wider männiglich beystehen solle, so oft es an ihn begehrt würde. Wann sie in einen nahmhaften Land- oder Haupt-Krieg geriethen, soll er mit einer merklichen Anzahl reyßigen Volks zu Hülfe eylen und die Herzoge dagegen ihm die Unkosten erstatten. Wann er aber ausserhalb eines Kriegs an ihrem Hoflager erschiene, so versprachen sie ihm jedesmals auf Achtzig Pferde Kost und Futter zu geben. So lang auch dises Bündnuß währete bekanneten sich die Herzoge schuldig hinwiederum den Grafen und seine Lande, Diener und Unterthanen bey dem, was ihnen von

Rechtswegen gebührte, zu handhaben und zu schützen und darzu ebenfalls ihre Lande, Leute und Unterthanen zu gebrauchen. Das wesentliche dises Bündnuß bestund aber darinn, daß 1.) kein Theil des andern Feinden in seinen Landen einigen Aufenthalt wissentlich geben, noch ihnen einige Hülf oder Beystand thun solle. 2.) Wann ihre Diener gegeneinander zu sprechen bekommen und der Kläger der Herzogen Zugewandter wäre, so sollte er einen Gemeinen Mann aus Gr. Eberhards Räthen, welcher es nicht verlobt und zuvor auch schon gethan habe, erwählen, welcher innerhalb vierzehen Tagen einen Tag an ein gelegnen Ort bescheiden sollte. Darzu konnte jeder Theil einen oder zween erbare Manne mit ihm bringen und zu dem Gemeinen setzen, welche drey oder fünf alsdann den Stritt mit der Güte oder rechtlich entscheiden sollen. Wann hingegen 3.) der Gr. Eberhards Diener oder zugewandter Kläger wäre, so wurde er angewiesen aus der Herzoge Räthen einen Gemeinen zu nehmen, da dann ebenfalls wieder jeder ein oder zween Zusätze auf den anberaumten Tag mitbringen konnte. Dabey versprachen die Herren einander ihre Räthe anzuhalten, daß, welcher zu einem gemeinen Mann genommen würde, und es nicht durch ein Gelübd verschworen hätte, sich der Sachen anzunehmen nicht weigere. Wo aber 4.) ein Diener wider eines Herrn Bürger oder Bauren zu klagen hätte, so sollte er dem Beklagten nachfahren in die Stadt und in die Gerichte, da sie sitzen und wohin sie gehören. Wann hingegen 5.) beyderseitige Dienere, Leute und Unterthanen in der Zeit, so lange nämlich dise Vereinung währet, um Erbe oder um Eigen gegeneinander zu sprechen hätten, so soll es ausgetragen werden, wie es von Alter und guter Gewohnheit hergekommen sey. Weil auch 6.) die Herzoge von Oesterreich wegen der damals schon ingehabten Graffschaft Hohenberg der Graven von Würtenberg nächste angränzende Nachbarn waren und leicht geschehen konnte, daß einige nachbarliche Strittigkeiten entstünden, wodurch das gute Vernehmen zwischen beyden Theilen aufhören dörfte, so verglichen sie sich, daß jeglicher Theil jährlich zween Räthe nach Rotenburg oder Tübingen Abwechslungsweise schicken, welche die etwan entstandene Zwistigkeiten oder andere gebrechen hinlegen und abwenden sollen. Wann 7.) die Herzoge von Oesterreich, ihre Diener oder die Ihrigen von jemand angegriffen oder beschädigt würden, so soll Gr. Eberhard und seine Diener und die Seinige sogleich beholffen seyn, daß der Schade ihnen wieder ersetzt werde, worzu sich die Herzoge auch gegen dem Graven verbindlich machten. Auf den Fall aber, wann 8.) die Oesterreichische Diener und Unterthanen von den Würtenbergischen, oder dise von jenen wegen einiger Forderung angegriffen würden, daß sie sich selbsten Hülfe schaffen wollten, so soll vor allen Dingen das Abgenommene wieder ersetzt und sodann erst gemeldtermaßen die Strittigkeit entschieden werden. Endlich versprachen sie einander die

Straf

Vierter Abschnitt.

Straſſen zu ſchirmen, damit alle Pfaffen, geiſtliche Leute, Pilgrim und Landfahrer, d. i. reyſende Perſonen überall ſicher ſeyen. Herzog Leupold war damals zu Enſigheim und Grav Eberhard befande ſich bey ihm, als ſie diſes Bündnuß miteinander errichteten. Die Vertraulichkeit war unter ihnen ſo groß, daß erſtetet den Graven erſuchte um eine ziemliche Summe Geldes, welche er der Stadt Straßburg ſchuldig wurde, gegen derſelben als einen Mitſchuldner ſich zu verſchreiben, und diſer ihm auch darinn willfahrete (o).

§. 18.

Es iſt ſchon oben bemerket worden, daß Gr. Eberhard ſich im Jahr 1395. mit den Reichsſtädten Ulm, Nördlingen, Memmingen, Biberach, Gmünd, Kempten, Pfullendorf, Dinkelſpül, Kaufbeuren, Iſny, Leutkirch, Aalen, und Bopfingen in ein Bündnuß wider die Schlegel-Geſellſchafft eingelaſſen. Die Stadt Eßlingen war nicht darunter begriffen, weil ſie ſchon anderwerts mit den Graven von Würtenberg in einem Bündnuß ſtunde. Nun aber wollte ſie auch in dasjenige eintretten, welches die vorgenannte Städte mit ihm gemacht hatten. Diſe nahmen die Reichsſtadt auf und bathen Gr. Eberharden, daß er ein gleiches thun möchte. Weil es zu Erhaltung des Landfriedens gereichte, ſo fand die Bitte ſtatt, doch unter der Bedingung, daß die Stadt auf begehrende Hülfe dem Graven über die von den andern Städten verſprochene dreyßig Reuter mit Spieſſen noch beſonders drey reyſige ſchiken ſollte (y). Es wurde dagegen den 9. Merzen 1397. der Stadt eine Verſchreibung gegeben, daß er gegen ihro eben diejenige Verbindungen erfüllen wollte, welche er den andern Städten verſprochen hätte. Sein Sohn, Gr. Eberhard der Jüngere genannt, lieſſe ſich in ein anderes Bündnuß ein. Es war die dem Haus Würtemberg merkwürdige Verlöbnuß mit Henrietten, Grav Heinrichs von Mömpelgard, Tochter. Ihr Vater wurde in der Schlacht bey Nicopolis von den Türken getödtet um eben die Zeit, da Gr. Eberhard über die Schlegeler ſiegete. Weil ſein Vater Stephan noch bey Leben ware, ſo wurde er damals nur ein Herr von Orba genannt. Als aber auch diſer gar bald hernach das Zeitliche ſegnete, ſo verordnete er ſeinen Enkelin Heinrichen Graven von Kupe zu einem Vormunder, mit deſſen Bewilligung die älteſte Tochter Gr. Heinrichs mit Gr. Eberharden den 13. Novembr. 1397. verlobet wurde. Sie war damals eben ſowohl noch minderjährig, als ihr künftiger Gemahl, Gr. Eberhard der Jüngere, welcher kaum das neunte Jahr zuruck gelegt hatte, aber eine Erbin der Gravſchafft Mömpelgard, weil ſie gedachtermaſſen unter ihren Geſchwiſtrigten die älteſte ware. Sie brachte ihm nebſt diſer

(o) vid. Gabelkofer Würtemb. Chronic. part. II. pag. m. 138. ad ann. 1396.
(x) Beyl. num. 15.

Grafschafft auch die Städt Pruntrutt, (Porrentruy) Grange, Eslobon, Salwer mit den daselbst befindlichen Saltzwerken, Clervall und Passavant mit ihren Castellaneyen, Dörfern, Lehen und Zugehörungen zu. Was die fahrende Haabe belangt. Sie hatte von ihrer Muter Maria von Castilion, welche damals schon verstorben ware, und von ihrem Großvater ein ansehnliches ererbet. Weil aber ihre Stifmuter, Beatrix, eine gebohrne Gräfin von Fürstenberg, noch die Wiederlegung ihres Heyrathguths und ihre Morgengabe zu fordern hatte, wegen welcher sie auf einige Zugehörden der Grafschafft Mömpelgard verwiesen ware, so versprach Graf Eberhard der Milde den dritten Theil davon über sich zu nehmen, und seiner Söhnerin jährlich 5000. Goldgulden zu geben, dagegen ihm sogleich der Besitz der Grafschafft übergeben wurde. Dise Heurath ist auch darum merkwürdig, weil sie die einige ist, wodurch dem Hauß Würtenberg eine Erbschafft zugefallen.

§. 19.

Kaum meynte nun Gr. Eberhard der Ruhe zu geniessen, als sich schon wieder eine gefährliche Unruhe erhub. Die Edelleute gaben auch hier einen neuen Anlaß darzu. Dann es bekam Weiprecht von Heimstätt einige Strittigkeiten mit Gumpolten, Heinrich, Burckard und Conrad Gebrüdern von Gültlingen und ihrem Vettern Schimpfen von Gültlingen. Damals war gewöhnlich, daß sich ein Fürst seines Dieners auf alle Weise annehmen muste. Nun war der von Heimstätt in Pfalzgr. Rudolphs Diensten und zugleich sein Landsaß. Diser muste also seinem Diener beystehen, konte aber wegen Entlegenheit solches nicht wohl thun. Dagegen waren die von Gültlingen dem Marggraven von Baden gelegener sie feindlich zu behandlen und sie auf ihren Gütern, welche dem Marggraven benachbart waren, heimzusuchen. Diser stund in einem genauen Bündnuß mit dem Pfalzgraven und ließ sich vermög desselben bewegen die von Gültlingen anzugreifen. Renhard von Remchingen war es, welcher solches vollzoge, und die von Gültlingen litten grossen Schaden. Damals solle nach Gabelhofers Bericht Gr. Eberhard zu Würtenberg eine Reyse nach Preussen gethan und in seiner Abwesenheit seine Land und Leute dem Marggraven zu beschützen anbefohlen haben. Diser hatte sich über einige Bürger zu Dornstetten und zu Bayersbronn zu beschweren. Anstatt, daß er hätte warten sollen bis Gr. Eberhard wieder nach Hauß käme, da er jederzeit Genugthuung zu gewarten gehabt hätte, so grief er zu und bemächtigte sich gedachter Bürger, welche er sehr hart behandelte. Die von Gültlingen waren Gr. Eberhards Diener und Landsassen. Er war solchemnach schuldig ihnen beyden beyzustehen. Und so gerieth er nach seiner Heimkunft in einen Krieg mit dem Marggraven, über welchen er vieles zu klagen hatte. Nun wurde zwar die Feindseligkeit zwischen dem Pfalzgraven und dem Marggraven einer- und denen von Gültlingen anderseits durch gütliche Mittel beygeleget. Aber letztere wollten sich dennoch nicht zufrieden geben, sondern der Krieg wurde zwischen dem Marggraven und ihm fortgesetzet, weil sie vermeynten, daß durch den Pfälzischen Frieden ihre Forderung an den Marggraven noch nicht aufgehoben wäre. Dise Unruhe währete also, bis Herzog Leupold von Oesterreich sich der Sache im Junio 1398. annahm und beede Theile zum Frieden ermahnete. Solchemnach wurde veranlaßt, daß Gr. Friderich von Zollern, der Schwarzfriz genannt, Gr. Rudolph von Hohenberg, Heinrich von Fleckenstein, Albrecht von Rechberg, Georg von Wöllwart, Reinhard von Windeck, und Werher Nothafft den 30. Julii zu Weyl der Stadt zusammen kommen und die gegeneinander habende Ansprüche untersuchen und entscheiden sollten. Dise thaten auch den 7. Augst am Mittwoch vor Laurentientag 1398. den Ausspruch, daß Marggrav Bernhard und seine Helfer und Gr. Eberhard mit seinen Beyständen hiemit ausgesöhnt und alle Mißhelligkeiten aufgehoben seyn, sodann alle beederseits gemachte Gefangene freygelaßen werden sollten. Die zwischen dem Marggraven und denen von Gültlingen obgeschwebte Strittigkeiten aber wurden meistentheils für unbefugt erkläret, weil sie durch den mit dem Pfalzgraven geschlossenen Frieden schon erörtert seyen. Wegen der übrigen Puncten aber muste mehrerer Beweiß erfordert, oder zu anderwertiger Beylegung ausgesetzt.

§. 20.

Nachdem nun Gr. Eberhard auch hier aus der Unruhe gesetzt war, so bemühete er sich sein Regiment in die behörige Ordnung zu bringen und alles in Richtigkeit zu setzen. Das erste war, daß er sich mit Herzog Reinold von Urslingen und Herzog Stephan von Bayern verglich. Jener hatte noch wegen der Stadt Schiltach, welche er im Jahr 1381. an Gr. Eberhardens Großvater verkauft hatte, eine Forderung, weil der Kauffschilling um der vielen Kriege willen noch nicht ganz bezahlt war. Unsers Gr. Eberhardens Schatzkammer ware auch noch nicht so beschaffen, daß er Herzog Reinolden mit baarem Geld befriedigen konnte. Er traf aber das Mittel, daß er ihm gedachtes Städtlein als eine Pfandschafft einraumte, damit er von deßen Einkünften sich bezahlt machen könnte. Zugleich machte er ihn daselbst zu einem Burgmann, welcher das Städtlein wider Gr. Eberhards Feinde beschützen sollte und versprach ihm jährlich 50. Malter Vesen und 50. Malter Habern zu geben. An Herzog Stephan von Bayern hatte hingegen Gr. Eberhard zu fordern, daß er ihm die Stadt Giengen in Besitz gebe, wie er wegen noch ausstehenden Heurathguths seiner Fr. Mutter versprochen hatte. Dann die Herzoge von Bayern hatten gewisse Rechte in diser Reichsstadt, welche sie jedoch

nicht

nicht bevollmächtigten die Stadt ohne Bewilligung der Einwohner in andere Hände zu geben. Der Herzog gab demnach eine Verschreibung von sich, daß er die Besitznehmung innerhalb Jahresfrist bewerkstelligen wollte. Wann er aber Gewalt darzu gebrauchen müßte, so dunge er sich des Graven Hülfe dabey aus. Ingleichem verglichte er sich im folgenden Jahr 1398. mit Marggr. Hessen von Hochberg, dessen Gemahlin Margaretha Pfalzgr. Conrads von Tübingen Tochter noch wegen der Stadt Herrenberg einigen Anspruch machte, daß er ihm 2000. fl. bezahlen wollte, dagegen aber die Marggrävin aller fernern Ansprach auf die gedachte Stadt, auf die Burg Morau und das Dorf Nufern begeben sollte. Mit den Reichsstädten Heylbronn und Eßlingen machte er gleichmäßige Richtigkeit, damit er von allen Seiten Ruhe haben und seine Unterthanen den Frieden ungestört geniessen möchten. Die beschwerlichste Mißhellungen aber verursachte ihm Marggr. Bernhards von Baaden Nachbarschafft. Beede Herrn hatten viele Dörfer gemeinschafftlich. In einigen Marggrävlichen Waldungen hatten die Bürger und Einwohner eines und des andern benachbarten Würtenbergischen Dorfes gewisse Gerechtigkeiten, welche man ihnen benachmtnitten suchte und hingegen behauptete Gr. Eberhard Rechte in seinen Waldungen, welche die Marggrävliche Unterthanen nicht eingestehen wollen. So gern nun der Grav auch hier Frieden zu schaffen geneigt war, so wollte es ihm doch nicht gelingen. Es wurden verschiedene Zusammenkünften der Räthe veranlasset, welche doch meistens fruchtlos sich zerschlugen, ohne, daß es gleichwohl zu einem öffentlichen Bruch kame.

§. 21.

Seine Regierung führte er demnach klug und er machte sich bey dem ganzen Reich ein Ansehen. Man behält noch eine gemahlte Tafel auf, worauf diser Grav mit seinen Räthen vorgestellet ist. Er selbsten sitzet in der Mitte unter einem Baldachin. Zu seiner Rechten sitzen der Bischoff Friderich von Costanz, Herzog Reinold von Urslingen, Gr. Friderich von Oetingen, Marggrav Heß von Hochberg, Grave Fritz von Zollern, Conrad Grav von Kirchberg, Crafft von Hohenlohe, Gr. Rudolph von Hohenberg, Grav Heinrich von Fürstenberg, Walther Freyherr von Geroltzeck, Brun Freyherr von Lupfen, Gebhard von Rechberg, Stephan von Gundelfingen, Heinrich von Rechberg, Hanns von Bodmen, Sigfrid von Zilnhard, Georg von Wöwart, Ulrich Spet, Conrad von Stammheim, Friderich Sturmfeder und Hanns von Freyberg. Zur linken Hand saße Bischoff Burkard von Augspurg, Herzog Ulrich von Teck, der Abt zu Elwangen, Grav Friderich von Helfenstein, Gr. Eberhard von Nellenburg, Gr. Rudolph von Sulz, Gr. Eberhard von Werdenberg, Gr. Bernhard von

Eber-

Eberstein, Gr. Heinrich von Löwenstein, Hannß Freyherr von Zimmern, Georg von Rechberg, Schweicker von Gundelfingen, Albrecht von Rechberg, Hannß Spet, Wernher Nothafft, Sebastian von Gültlingen, Hannß Sturmfeder, Diepolt Spet, Friderich von Spertwerseck, Ulrich von Stein und Caspar von Clingenberg. Die meiste diser Räthe waren immerzu bey ihm an dem Hof und machten solchen so prächtig, als er hernach bey keinem Herzog gesehen worden. Das ganze Reich war in der grösten Verwirrung, er aber sahe gelassen zu, weil er sich vor niemand zu förchten hatte. Dann er stund gebachtermassen mit den mächtigen Herzogen von Oesterreich, mit dem Marggraven von Baaden, und mit den meisten Reichsstädten in einem Bündnuß, welches ihm auf allen Seiten Sicherheit verschafte. An dem Kayserlichen Hof stund er in grosser Achtung und es ist zu glauben, daß es ihm nicht entgegen gewesen, als K. Wenzel seiner Gemahlin Antonia Vetter um die Gebühr zu einem Herzog von Mayland gemacht hatte, ob es schon den Kayser nachmals selbsten um den Thron und Scepter gebracht hat. Seine Unterthanen liebten ihn und man hat das Angedenken von solcher Liebe gegen ihm, daß er in den Geschichten den Namen des Milden führet. Bey den Fürsten des Reichs gewann er eine gewisse Ergebenheit und Zutrauen, welches sich vornemlich dusserte, als dieselbe bezeugten daß ihnen nicht entgegen wäre, wann Gr. Eberhard nach Absetzung des Kayser Wenzels an dessen Stelle von den Churfürsten erwählt würde. Dann sie sahen daß es ihm weder an Macht, noch Klugheit mangelte. Sie glaubten wenigstens, daß er der Kayserlichen Würde gewachsen und würdig wäre.

§. 22.

Dann es hatte sich diser Kayser theils durch seine Nachläßigkeit in Verwaltung der Kayserlichen Obligenheit, theils durch seine Geldbegierde, da man um das Geld alles von ihm erlangen konnte, theils durch seine schlechte Auffuhrung in dem deutschen Reich so verhaßt gemacht, als bey den Böhmischen Ständen. Bey den letztern hatte er die Crone durch ein Erbrecht erlangt und er war ihr angebohrner Landesherr. Gleichwohl wurde er verschiedemal von ihnen gefangen genommen um sich seiner zu entledigen. Von den deutschen Fürsten aber wurde er gewählet ohne darzu verbunden zu seyn. Es war demnach kein Wunder, daß sie seiner Regierung auch müde wurden, und auf seine Absetzung verfielen. Ich gedenke nicht solches Vorhaben, und noch weniger die Vollziehung desselben zu rechtfertigen. Ich muß aber derselben gedenken, weil sie Gr. Eberharden nicht gleichgültig seyn konnte. Anfangs machten nur den 2. Junij 1399. die Churfürsten zu Maynz, Cölln, Pfalz und Sachsen ein Bündnuß, daß sie dasienige, was der Kayser mit Zertrennung der Reichslande vornahm, nicht bewilligen, übrigens aber auch keinen Reichsverweser annehmen wollten (y). Nachgehends aber giengen sie weiter, als auch andere Reichsfürsten ihren Unmuth wider den Kayser bezeugten. Dann es vereinigten sich Hertzog Stephan von Bayern, die Marggraven Balthasar und Wilhelm von Meissen und Thüringen, Friderich, erstgedachten Marggr. Balthasars Sohn, und die drey Söhne Marggrav Friderichs des Strengen, nemlich Friderich der Streitbare, Wilhelm der reiche und Georg, sodann Landgrav Hermann zu Hessen und Burggrav Friderich von Nürnberg mit den Churfürsten Johannsen zu Mayntz, dem Ertzbischof Friderichen zu Cölln und Ertzbischof Wernern zu Trier, dem Pfaltzgrav Ruprechten und Churfürst Rudolphen zu Sachsen, welche schon unter sich meistens übereingekommen waren, K. Wentzeln abzusetzen und ein anderes tüchtiges Oberhaupt dem deutschen Reich zu geben (z). Sie waren nun durch den Beytritt obgedachter Fürsten desto eher im Stand mit ihrem Vorhaben durchzusetzen. Zwar schrieb K. Wentzlaw einen Reichstag nach Nürnberg aus und versprach nebst dem König Sigmund von Ungarn auch vierzehen Tag nach Michaelstag daselbst zu erscheinen und wegen des Reichs Nothdurft sich mit den Ständen zu berathschlagen. Es wurde aber nichts daraus. Vielmehr kamen ihm die Chur- und Fürsten mit einer Zusammenkunft zu Frankfurt zuvor. Dise blieben einmal dabey, daß der Kayser sich zu ihnen begeben und die Gebrechen, welche durch seine Nachläßigkeit im Reich eingerissen, abthun sollte. Diser hielte es aber seiner Würde für allzu nachtheilig, wann er den Fürsten nachgeben sollte. Es gieng ihnen sehr nahe, daß niemand wußte, wo man die Gerechtigkeit finden sollte, sondern die innerliche Kriege und Plackereyen die Gottshäuser und Länder verheereten. Sonderlich wurden sie betretten, daß der Kayser die Lombardie, oder das Mayländische in ein Hertzogthum verwandelte und es denjenigen eigenthumlich gabe, welche es bisher nur im Namen des Reichs als Amtleute verwaltet hatten. Wann auch wahr wäre, daß er sich so weit vergangen und um das Geld leere, aber mit dem Kayserlichen Insigel bevestigte Pergamentne Briefe verkauft, worauf ein jeder zu seinem Vortheil hätte schreiben können, was er gewollt, so würde es jeder ehrliche Mann, willgeschweigen Fürsten zu verabscheuen Ursach gehabt haben. Sie besorgten, daß noch andere dergleichen Streiche ausgeübt werden dörften, welche eine gäntzliche Zergliederung des deutschen Reichs nach sich ziehen müßten. Allem Ansehen nach hätte er sich auf solche Vorwürfe nicht entschuldigen können, weil man sich nicht vorstellen kan, wie fast alle Churfürsten und viele ansehnliche Reichsfürsten sich erfrechen dörfen, solche Beschuldigungen der ganzen Welt in öffentlichen Schrifften bekannt zu machen, wann sie nicht genugsamen Beweiß in Handen gehabt hätten. Mithin hatte der Kayser in allweg Ursache genug, warum

(y) vid. Beyl. num. 16.   (z) vid. Beyl. num. 17.

Vierter Abschnitt.

am er nicht an den Ort kame, wo man ihm solche Vorwürfe würde gemacht haben. Er gebrauchte demnach nur den Vorwand, daß die ohne ihn vornehmende Handlungen der Fürsten wider das Kayserliche Ansehen und nichtig wären, worinn er auch nicht gar unrecht hatte. Wie dem seye, so hatten die Churfürsten kein Vertrauen mehr zu ihme, sondern kamen nebst den zu ihnen verbündeten Fürsten im Anfang des Jahres 1400. zu Franckfurt nochmals zusammen, wo sie die Abänderung und Absetzung des Kaysers festsetzten. Am ersten Tag des Hornungs vereinigten sich die anwesende Chur- und Fürsten noch genauer wegen Erwählung eines andern Römischen Königs. Die Fürsten thaten hier Vorschläge, wen die Churfürsten allenfalls wählen möchten und versprachen solche ihnen beliebige Wahl zu handhaben. Wofern aber ein anderer ausersehen würde, so bedingeten sie sich aus, daß sie solchem keinen Gehorsam schuldig seyn, sondern von ihrer Verbindung frey bleiben wollten (a). Hier verdienet bemerket zu werden, daß unter den vorgeschlagenen des Kayserlichen Throns würdig geachteten Fürsten auch der Grav von Würtenberg ausdrucklich benennet worden. Die Worte der Verschreibung sind:

Und welend sie dann einen zu eine Römischen Könige uß den Geschlechten vnd Gepurten von den Wapen von Beyern, von Sahsen, von Mißen, von Hessen, von dem Burggrauen von Nuremberg oder dem Grauen von Wurtenberg, so sollen wir vnd iglicher von vns vorgenanten Herrn by der Kure vnd by dem, den sie also nemen, offnemen vnd zu einem Römischen König welen, getrewlich vnd festiclich bliben zc.

Alle hier vorgeschlagene Fürsten und ihre Häuser waren in dem Bündnuß. Nur Grav Eberhard von Würtenberg war darinn unverfangen. Es ist einer Achtung werth. Dann daß die verbündete Fürsten sich und ihre Häuser den Churfürsten ankesohlen haben, ist nicht zu bewundern, weil eintweils jeder sich oder seinem Anhang das Beste gönnte, wann anders nach damaliger Beschaffenheit des Reichs auf solche Weise die Kayserliche Würde zu erhalten für etwas gutes gehalten werden konnte: anderntheils war zu besorgen, daß ein unverfangner wider den bisherigen Kayser sich schwerlich wählen lassen oder die anerbietende Crone und Scepter annehmen würde. Etwas gantz besonders war aber bey solchen Umständen, daß sie Gr. Eberharden von Würtenberg auch in Vorschlag brachten. Villeicht wußten sie vorhin, daß, ob er sich schon nicht offentlich wider den Kayser Wenzeln erklärt, ihr Verhaben ihm dennoch auch nicht zuwider seyn würde. Dann man weißt gleichwohl, daß er unter den Schwäbischen Fürsten nebst dem Marggraven von Baaden, dem Graven von Ottingen, von Helfenstein,

(a) vid. Tegl. num. 18.

stein, von Heiligenberg, von Montfort, von Lupfen und den Herzogen von Teck gleichbalden auf des neuerwählten Kaysers Seiten gewesen (b). Daß aber eben Gr. Eberhard der Milde gemeynet gewesen, ob er schon mit dem Taufnamen nicht benennet worden, ist daraus abzunehmen, weil 1) damals sonst kein anderer Grav von Würtenberg als diser Eberhard und sein im Jahr 1400. noch unmündiger Sohn vorhanden gewesen, und eben darum 2) die Fürsten ihne nur den von Wirtenberg genennet haben. Dann die Meynung der Fürsten gieng nicht dahin, daß sie einen aus dem Geschlechte und von dem Wapen der Graven vorschlagen wollten, wie sie es bey Bayern, Sachsen, Meissen und Hessen gethan, sondern der Verstand ihrer Worte ist, daß ihnen nicht entgegen sey, wann sie aus solchen Familien einen wehlten, und wen mehr? Antwort: den (sc. Graven) von Württemberg, zu einem sichern Anzeigen, daß er zu seiner Zeit der einige gewesen. Wie dann auch in der Verzeichnuß der dem neuen Kayser anhängigen Fürsten ebenfalls nur der Graue von Wirtenberg in der einzelnen Zal stehet.

§. 23.

Der 20. Tag des Augusts wurde demnach aussersehen, daß an selbigem zu Lanstein am Rhein Kayser Wenzlaw des Reichs verlustig erklärt und gleich folgenden Tags Pfalzgrav Ruprecht erwählet wurde. Biß aber solches erfolgte, so suchte Grav Eberhard seinen Landen den Frieden zu bestätigen. Er befand sich sehr wohl dabey, daß er mit den benachbarten Reichsstädten in einem guten Verständnuß ware. Die Zeit der Eynung war noch nicht verflossen, welche er mit ihnen gemacht hatte, als er rathsam zu seyn erachtete, solche mit ihnen zu erneuren. Sie sollte nach dem Verfluß der bisherigen Bundszeit noch siben Jahre fortdauren. Anmerkungswürdig ist, daß der Grav sowohl, als die Reichsstädte ihr Augenmerk bey diser Erneuerung ihres Bundnüsses auch auf die bevorstehende Veränderung im Reich genommen. Dann das Bündnuß wurde vier Wochen vor des Kaysers Absetzung, nemlich am Freytag vor S. Jacobstag erneuret, da man schon wissen konnte, daß ein anderer Kayser erwählet, oder sich aufwerfen würde. Auf dise Fälle beliebten sie sich zuvergleichen, daß, es möchte auch geschehen, welches da wollte, es zwischen ihnen bey der Abrede verbleiben sollte, wie sie es gegen Kayser Wenzlauen zu halten einander versprochen hätten (c). Dann die Reichsstädte in Schwaben wußten sich nicht zu helfen, noch sich zu entschliessen einen neuen Kayser auf solche Weise anzunehmen. Vielmehr glaubten sie, daß ein solcher erwählter sich selbst als ein neues Oberhaupt aufwürfe. Es kostete

---

(b) Die ganze Wahlhandlung siehe in dem anno 1696. zu Straßburg herausgekommenen Apparatu Juris publici. Herrn D. Hoffmanns Beobachtungen part. I. c. 4. pag. 132. seq.
(c) vid. Beyl. num. 19.

Vierter Abschnitt.

stete demnach Pfalzgr. Ruprechten noch viele Mühe sie zu bereden, daß sie ihm den erforderten Gehorsam versprachen. Sie hielten Zusamenkünften und antworteten den Kayserlichen Abgeordneten immerzu, daß sie dem König Wenzlarwen gehuldigt hätten, ohne dessen Beschl sie keinem andern die Treue schwören könnten (d). Dennoch erklärten sich alle diejenige, welche mit Gr. Eberharden in einem Bündnüß stunden, bald hernach für den neuerwählten Kayser (e), worzu allem Ansehen nach diser Grav ein Grosses beytragen konnte, weil er als ein mächtiger Herr in grossem Ansehen stunde. Man hätte denken sollen, daß es ihn verdrossen hätte, da er gleichwohl im Vorschlag gewesen, daß ihm ein anderer vorgezogen worden. Ein kleiner Geist würde sich durch die Eyfersucht oder Neid leicht haben verführen lassen dem neuen Kayser solche Gefälligkeit nicht zu thun, noch weniger nicht allein selbst auf seine Seite zu tretten, sondern auch andere zu gleicher Gesinnung zu bewegen. Villeicht sahe er aber es lieber, daß ein anderer, als er, zu diser Ehre gelangte, welche ihm noch durch den vorigen Kayser und seine Anhänger beschwerlich genug hätte gemacht werden können. Ein geringes Versehen in der damaligen Staatskunst hätte diejenige Fürsten, welche ihn vorgeschlagen, abwendig oder zur Reue bringen und ihm Verdruß genug machen können. K. Ruprecht war wenigstens nie ohne Forcht, die Reichsstände wiederum K. Wenzeln anhängig zu sehen. Ein immerwährendes Mißtrauen plagte ihn bis an sein Ende, da Gr. Eberhard in möglichster Ruhe leben konnte. Man dörffte aber nicht irren, wann man dächte, daß der Churfürst zu Maynz ihm gern die Kayserliche Würde gegönnet und ihn lieber, als Pfalzgrav Ruprechten auf dem Thron gesehen hätte. Dann diser Churfürst war niemals mit disem Kayser zufrieden. Der Verfolg der Geschichte belehret uns, daß beede niemals wohl miteinander gestanden. Hingegen werden wir sehen, daß der Churfürst sich um die Freundschaft Gr. Eberhards beworben und mit ihm in diejenige Spnung sich eingelassen, welche eben den Kayser nachmals zu einem Nachgedenken Gelegenheit gegeben.

§. 24.

Keine Regierung kan aber unter den preißwürdigsten Fürsten so ruhig seyn, daß nicht eine Unruhe sich untermengen sollte. Niemand kan dem gemeinen Sprichwort nach länger Frieden halten, als sein Nachbar will. Marggrav Bernhard von Baaden war noch immer der einzige, mit welchem er zu thun hatte. Die Nachbarschaft gab darzu gnugsame Gelegenheit. So friedfertig auch Gr. Eberhard war, so konnte er doch nicht umhin seine Rechte auch zu beobachten, damit er durch allzuvieles Nachgeben sich in keine Verachtung setzte. Es

C was

(d) Appar. Jur. publ. pag. 92.
(e) ibid. pag. 108.

mag auch seyn, daß er den Grund der Streitigkeiten von seinen Räthen und Amtleuten nicht recht erfahren, sonsten er leicht nachgegeben haben möchte. Die
gröste Streitigkeit war wegen Heinrich Göldslin, welchem Gr. Eberhard am
Dienstag nach Martini 1397. seine Burg und Stadt Beylstein Pfandsweise
überlassen und dabey versprochen hatte, ihn, wie andere seine Leute, zu schirmen.
Nun wurde diser Göldlin des Marggraven Feind und diser erklärte sich am Freytag vor Martini feindlich wider ihn durch einen Absagsbrief, wie es damals gewöhnlich ware. Weil nun dise beede Herrn sich gegeneinander in der im Jahr
1392. miteinander gemachten Eynung verbindlich gemacht, daß keiner des andern
Feinden Schutz oder Auffenthalt in ihren Landen gestatten sollten, so verneynte
der Marggrav, daß Gr. Eberhard wider solch Bündnuß handelte, daß er den
Göldlin in seinem Lande duldete. Diser hingegen wußte nicht, oder wollte wenigstens nicht glauben, daß des Marggraven Absagsbrief älter, als seine Verschreibung gegen desselben abgesagtem Feind wäre. Es war nur uns einige wenige Tage zu thun. Wann der Grav es auch gewußt hätte, so würde er selbsten
allem Vermuthen nach disen Edelmann nicht in seinen Schutz, wie andere seine
Landsäßige Edelleute genommen haben. Der Marggrav beschwerte sich demnach
und der Grav entschuldigte sich mit seinem Schirmsbrief. Es kam also darauf
an, daß dise Strittigkeit nach der Eynung durch Austräge beygelegt werden sollte.
Gr. Rudolph von Hohenberg wurde als Obmann ernennt, welchem der Marggr.
Grav Schwarzfritzen von Zollern und Götzen von Großstein, Grav Eberhard
hingegen Beringer den Hüler und Hannsen von Lußnau als Austräge beygaben.
Sie kamen zu Cronberg zweymal im Jahr 1399. zusamen ohne etwas weiters zu
erkennen, als daß die vorgedachte Eynung, der Absagsbrief und die Schirms-
Versicherung vorgelegt werden sollten. Solches geschahe endlich zu Vayhingen
und es wurde der Ausspruch beliebet, daß Gr. Eberhard in allweg dem Marggraven wider den Göldlin beyzustehen verbunden wäre (f). Die übrige Strittigkeiten betrafen die unweit der Stadt Calw gelegne Burg Hornberg, woran
die Graven von Würtenberg ein Vierten Theil für sich allein eigenthümlich besassen: da hingegen die übrige drey Vierte Theile zwischen beeden Häusern wegen
einer Gemeinschaft strittig waren. Es gehörten Unterthanen und Güter dazu.
Endlich wurde auch diser Grund der Uneinigkeit im Junio 1400. durch andere
Austräge entschieden, daß jedem Theil sein Recht verbleiben sollte. Wollten sie
aber die Gemeinschaft aufheben, so müßte der freye Zug den beederseitigen Unterthanen von eines Herrn in des andern Theil gestattet werden und solche Frieden
unter sich halten, wann schon die brede Herrn in Unfrieden kämen. Damit auch
keinem Theil einiger Verdruß wegen diser Burg aus des andern Schuld entstehen

(f) vid. Sabellov. Chron. Würt. MSCt. ad ann. 1399.

ben måchte, so wurde verglichen, daß kein Theil sich derselben wider jemanden mit Bekriegen oder Ausfällen bedienen sollte. Wann sie wegen solcher dennoch angegriffen würden, wären bede Herrn schuldig einander beyzustehen und so sie ihnen abgenommen würde, treulich zu helfen, daß sie wieder in ihren Gewalt gebracht würde. Die übrige Strittigkeiten betrafen entweder ihre Wäld und Wildbänne, welche zur Untersuchung ausgesetzt wurden, als zu Weyl der Stadt die beederseitige Räthe eine Zusammenkunft hielten: oder waren es Kleinigkeiten, welche hier berühret zu werden nicht verdienen.

§. 25.

Eine andere Strittigkeit hatte Gr. Eberhard mit Endriß Weylern wegen der Gerichtbarkeit oder Vogtey zu Ostheim oder Owenstein, welches jetzo in das Beylsteiner Amt gehöret. Grav Eberhard hatte auch einen Theil an disem Dorf und mit ihm noch Heinrich von Hohen-Rieth, Hanns Sturmfeder und andere seine Dienstleute. Der von Weyler hingegen besaß den grösten Theil daran und vermeynte deßwegen ein Recht über seiner Mitherrn Unterthanen zu haben. Er strafte sie, wann er sie eines Ungehorsams beschuldigte, welchen sie gegen ihm doch nicht begehen konnten. Wollten sie die Strafe nicht erlegen, so beraubte er sie oder nahm ihnen weg, was er konnte. Solchemnach mußte der Grav sich seiner Leute annehmen. Nach damaligem Gebrauch wurden auch hier Austragsrichter erwählet und Schenk Eberhard von Erpach sollte der Obmann seyn. In der Untersuchung befande man, daß der von Weyler die Oberste Vogtey in disem Dorf sich anmassete und sein Gegentheil erwiese, daß niemals einige Vogtey daselbsti gewesen. Dises sollte soviel heissen, daß dises Dorf unter die Landgerichte ehemals gehört habe und kein eigen Gericht daselbst eingeführt gewesen. Von den Landgerichten und Vogtey und deren Beschaffenheit in damaligen Zeiten werde ich unten Gelegenheit haben meine Gedanken zur Prüfung vorzulegen. Hier aber muß ich nur zu Erläuterung vorläufig melden, daß wenige Jahre vorher noch die Landgerichte üblich gewesen. Dise wurden den Stadtgerichten entgegen gesetzt. Die Landgerichte übten demnach ihre Gerichtbarkeit ausser den Städten auf dem Lande, d. i. auf den Dörfern aus. Dann dise waren an die Landgerichte angewiesen. Dise hörten aber um das Jahr 1370. nach und nach in hiesigen Gegenden auf und die Dörfer wurden an die Stadtgerichte gewiesen. Wo man Edelleute ein ganzes Dorf besassen oder doch an einem Dorf Theil hatten, so konnten die Graven und andere Landesherrn solche nicht zu ihren Stadtgerichten ziehen, weil sie keines Eigenthums sich bedienen, noch damit nach Belieben schalten und walten konnten. Die Landgerichte hörten gebachtermassen auf und folglich war kein Gericht in den Dörfern. Man pflegte damals zu sagen, daß keine Vogtey da seye, weil die Vogtey eben das Recht Gerichte zu halten wäre, und nennte solche Dörfer Mundtaten (g). Sie konnten deswegen auch nimmer mit Steuren, Fronen und andern dergleichen Beschwerden beleget werden, weil sie solche nur den Vögten wegen der Landgerichte schuldig waren, welche nunmehro aufhörten. Disem nun abzuhelfen wendete sich Endriß Weyler an Kayser Ruprechten und erhielte von disem die Erlaubnuß in dem Dorf Ostheim, wovon er den gröſten Theil besaſſe, Schultheiſſen, Schöpfen und ein Gericht anzuſtellen, und daſelbſt das Recht in Mangel eines andern Gerichts ſprechen zu laſſen. Obwohl nun der Kayſer allen und jeglichen Fürſten, Graven, Freyen Herren, Dienſtleuten, Rittern und Knechten verbothe den Weyler an ſolcher Freyheit nicht zu hindern, ſo ſcheinet es doch, daß Gr. Eberhard Einwendungen darwider gemacht habe. Dann der Weyler verkauſte bald darauf, vermuthlich aus Verdruß, daß er nicht durchdringen konnte, im Jahr 1407. ſolch ſein Dorf mit der Kayſerlichen Erlaubnuß an Gr. Eberharden, welcher nunmehr vermög ſolcher Freyheit ein eigen Gericht daſelbſt halten und Steuren, Fronen und andere Beſchwerden von den Bürgern fordern konnte.

§. 26.

Nachdem K. Ruprecht gekrönet war, rüſtete er ſich ſeinem Verſprechen ein Genüge zu thun und dem Herzog von Mayland wiederum abzunehmen, was er von K. Wenzeln erkauft hatte. Papſt Bonifacius und die Florentiner lagen ihm auch an, welchen Galeacius gefährlich zu werden anfienge. Er begab ſich deswegen nacher Augſpurg. Weil er ſein Kriegsheer daſelbſt verſammlete, ſo war eine groſſe Anzahl von Fürſten, Graven und andern Vornehmen des deutſchen Reichs alda zuſamen gekommen, theils den Kayſer auf dem Feldzug zu begleiten, theils ihre Lehen von ihm zu empfangen oder ſolche beſtetigen zu laſſen. Dann diſes muſte innerhalb Jahresfriſt geſchehen, und man wuſte nicht, wann der Kayſer wieder aus Welſchland zuruckkommen würde. Die Geiſtliche Churfürſten erinnerten beſonders alle Stände des Reichs hierinn ihre Schuldigkeit zu beobachten. Es erforderte ſolches die Vorſicht, damit alle Fürſten und Stände demſelben verbunden wären und niemand dem abgeſetzten Kayſer einen Anhang machen könnte, welches K. Ruprecht in ſeiner Abweſenheit in allweg zu beförchten hatte. Grav Eberhard kam auch nach Augſpurg und ließ ſich daſelbſt ſeine Herr- und Gravſchaften, Städte, Schlöſſer Geiſt- und Weltliche Lehenſchaften (d. i. das jus patronatus über alle Kirchen in ſeinem Land und die Weltliche Lehen, welche ſeine Vaſallen von ihm zu Lehen trugen) Pfandſchaften, Münzen, Zölle, Gleite, Vogteyen, Bann, Wildbann und Gerichte, welche er mit Landen und Leuten

(g) vid. Lunig Reichs-Arch. part. ſpeck. contin. 3. p. 532. num 146.

Vierter Abschnitt.

Leuten von dem Reich zu Lehen hatte, nebst allen Freyheiten und Handvesten, welche er von vorigen Kaysern und Königen Hof- Land- und andern Gerichten hergebracht, bestetigen. Der Kayser nahm darinn nur diejenige Freyheiten aus, welche K. Wenzel von neuem mochte ertheilt haben. Dann diser wurde bey seiner Absitzung beschuldiget, daß er ungeschriebene Pergamente mit seinem angehängten Siggill verkauft hätte, worauf ein jeder nach eigenem Belieben hätte schreiben und sich Freyheiten zueignen können, was ihn gelüstet hätte. Demnach war es freylich nöthig eine Vorsicht zu gebrauchen, wo auch keine Gefahr vorhanden ware. Gr. Eberhard hingegen konnte solche Behutsamkeit geschehen lassen, weil er sich sicher wußte und von K. Wenzeln keine andere Freyheiten erhielte, als welche seine Vorfahren schon von andern Kaysern auch erlanget hatten. Wie ihm dann Kayser Ruprecht an eben dem Tag, nemlich den 14ten Augstmonats auch besonders die Freyheit vor alle fremde Gerichte für ihne, seine Mannen, Diener und Unterthanen wiederholte wie ihm K. Carl der Vierte und hernachmals eben K. Wenzel solche schon im Jahr 1361. und 1380. ertheilt hatte (h).

§. 27.

Ich kan aber nicht finden, daß Gr. Eberhard mit dem Kayser nach Italien gezogen wäre. Vielmehr schloß er gleich im Anfang des Jahres 1401. nemlich den 10. Febr. mit Bischof Wilhelmen zu Straßburg ein Bündnuß, daß diser ihn und sein Land und Leute wider allen Gewalt oder feindliche Anfälle, welche ihm aus den bischöflichen Landen geschehen könnten, beschirmen wollte, damit ihm von diser Seite kein Leyd geschehen könnte. Und weil vornehmlich die Nachbarschaft von Baaden ihm verdächtig ware, indem durch das bischöfliche Gebiete aus den Baadischen Landen gar leicht eine Streiferey könnte vorgenommen werden, so versprach der Bischof die Strasse von Openau gegen die Würtembergische Gränzen rein zu halten und niemand in seinen Landen zu dulden, welcher wider Grav Eberharden in einer Feindschaft verfangen wäre (i). Dann Marggr. Bernhard von Baaden hatte verschiedene Hauptleute und Rödlinsführer von den Schlegelern, welche bey Heimsheim theils entflohen, theils von Gr. Eberharden gefangen wurden, aber ihre Freyheit wieder bekamen, aufgenommen. Dise lagen dem Marggraven immerzu in den Ohren und suchten Uneinigkeit zwischen beeden Herrn zu stiften. Es wurden aber Ruhe zu erhalten verschiedene Tagleistungen gehalten. Bey der ersten unterstund sich der Marggrav neben dem Obmann auch Fridrichen von Enzberg und Heinrich Truchsessen von Höfingen, welche auch bey Heimsheim in die G. fangenschaft gerathen waren und sich sonderlich feindselig erwiesen hatten, als Zusätze zu ernennen. Es wurden aber die Strittigkeiten nicht aus dem Grund gebo-

(h) Bu.lards Kleyblatt dreyer Würtemb. Privilegien. pag. 146. num. IX.
(i) vid. Beyl. num. 20.

gehoben. Die vornehmste war wegen der Waldungen und Wildbänne, worinn der Marggrav über Eingriffe sich beschwerete und einige gar ansprach. Die übrige Strittigkeiten waren Forderungen von Baadischen Dienern und Unterthanen wider den Graven oder an seine Diener und Zugehörige. Man suchte Baadischer seits alles hervor und ich kan nicht finden, daß Gr. Eberhard einige Klage wider den Marggraven oder die Seinige geführt hätte. Es wurde demnach im Julio abermals eine Zusamenkunst zu Weyl der Stadt veranlaßt, wo der Marggrav Gr. Rudolphen von Sulz und Gr. Eberhard Reinharden von Remchingen, einen Ritter als Obleute und als Zusätze Gr. Conrad von Tübingen, Götzen von Großheim, Wernhern von Rosenfeld und Beringer Hälen ernannten. Viele Strittigkeiten wurden hier abgethan. Dennoch blieben immerzu einige übrig, welcher Entscheidung entweder nicht vollzogen, oder neuerdings auf die Bahn gebracht wurden. Weßwegen noch in disem Jahr 1402. die dritte Tagleistung gehalten wurde, zu welcher beede Herrn wegen der Späne, welche sie unter sich selbsten gehabt, Marggrav Rudolphen von Röteln, Johann von Lupfen, Friderich Graven von Oetingen, des Marggraven leiblichen Schwager und Gr. Rudolphen von Sulz als Schiedrichter ernennten. Und weil Grav Eberhard solcher vielen Tagsatzungen, welche doch keine Freundschaft erzielten, müde wurde, so mußte sich Marggrav Bernhard verschreiben, daß er bey demjenigen, was gedachte vier Austräge erkennen würden, verbleiben und solches vollziehen wollte, doch, daß es keinem Theil an seine Schlosse, Städte, Leut oder Gut gehen sollte. Wann auch der Marggrav oder seine Erben über kurz oder lang, jetzo oder in das künftige einige Briefe wider Gr. Eberharden finden würde, welche vor diser Verschreibung ausgestellt worden, und der Marggrav solche nicht auf der nächstbevorstehenden Tagsatzung vorlegen würde, so machte er sich verbindlich, daß solche alsdann ungültig seyn sollten. Wegen der Strittigkeiten aber, welche der beyden Herrn Diener und Unterthanen betraffen, verglichen sie sich, daß ihre Amtleute nicht schlechterdings selbsten zugreifen, sondern einer des andern Zugehörigen das Recht verschaffen solle. Sie machten einen Unterschied unter Edelleuten, Geistlichen, Bürgern und Bauren. Bey den beeden erstern Gattungen Leute wurde der Weeg der Austräge, bey den letztern aber das Recht vor den ordentlichen Stadt- und Dorf-Gerichten beliebet. Es verdienet angemerket zu werden, daß sowohl die von Adel, als auch die Geistliche vor den Räthen eines jeden Herrn, dem sie angehörten, Recht geben mußten. Es ist solches ein unstrittiger Beweiß ihrer Landsäßigkeit, weil sonsten die Edelleute als unmittelbare Leute vor die Kayserliche Hof- und Landgerichte, die Geistliche aber vor ihre Vorsteher hätten müssen verwiesen werden (k). Solchem Anlaß zufolge erkannten

(k) vid. Brol. num. jv.

die

Vierter Abschnitt.

die obgemeldte vier Schiedsrichter, daß 1.) beyde Herrn wegen aller ihrer Spänne, Stöß und Mißhellung keine Feindschaft gegen einander tragen, sondern gute
Freunde verbleiben und 2.) alle alte Brief, welche sie ihnen vorgelegt, hinführo
tod und unkräftig seyn sollten. Weil auch 3.) Grav Eberhard von dem Kayserlichen Hof-Gericht und von dem Landgericht zu Nürnberg wegen der Burg Neu-
Eberstein, Muckensturm und Innerspach wider den Marggraven günstige Briefe
erhalten hatten, so wurde verglichen, daß er sich solchen Vortheils begeben und
die Briefe dem Marggraven ausantworten solle, dagegen 4.) diser eine Schuld
von 3000. Gulden seinen Unterthanen zu bezahlen von Gr. Eberharden auf sich
nehmen solle. 5.) Wegen der strittigen Wildbänne aber wurde erkannt, daß
solche auf nächstkünftige Pfingsten untersucht und beygelegt werden sollten. Man
sollte denken, daß der Marggrav seiner Verschreibung nachgelebet hätte. Aber
er bekümmerte sich wenig solche Aussprüche zu vollziehen.

§. 18.

Endlich gerieth der Marggrav auch mit Kayser Ruprechten in allerhand
Händel, welche zu einem öffentlichen Krieg ausbrachen. Dann der Marggrav
legte allerhand Fälle an, worüber sich die Nachbarn und unter denselben der Kayser als ein Pfalzgrav am Rhein sich beschwerten. Er glaubte, daß er auch vermög seiner Kayserlichen Würde solches nicht gestatten könnte, weil er in den Gedanken gestanden, daß ein Reichsfürst ohne Kayserliche Erlaubnuß keine neue
Zölle anlegen dörfte. Es kam noch darzu, daß der Marggrav mit dem Herzog
Ludwig von Orleans in ein Bündnuß sich eingelassen, und Lehen von ihm empfangen hatte. Diser Herzog hatte Valentinen, des Herzogs Johanns von Mayland Tochter zur Gemahlin, welchen K. Wenzlaw um die Gebühr zu der Herzoglichen Würde erhoben und Kayser Ruprecht demselben solche nebst Land und
Leuten wieder zu entziehen gesucht hatte. Dann daß Kayser Ruprecht disen Ga-
leacier mit Gewalt der Waffen, wiewohl mit unglücklichem Erfolg, zu verdrän-
gen sich unternommen, ist bey allen Geschichtschreibern zu finden. Der Herzog
von Orleans konnte demnach dem Kayser nicht hold seyn und diser hatte gerechte
Ursach zu glauben, daß er die Reichsfürsten an sich ziehen und durch selbige K.
Wenzeln wieder auf den Kayserlichen Thron setzen würde (kk). Diser Verdacht
fiel auch auf Marggrav Bernharden, zumahl er dem Herzog Hülfsvölker bey
der Einnahme des Herzogthums Lutzenburg zugeschickt haben solle (l). Dann
hierdurch hätte er sich wider das Reich selbsten feindseelig bezeuget. Es beschwerten

(kk) Eberh. Windeck hist. Sigism. c. 13. ibi: Wenn König Wenzlaw und der von Orleans
waren wohl miteinander dran. conf. Martens Tom. I. p. 1653. & p. 1657.
(l) vid. Wenkar appar. Archiv. pag. 394. Struv. Corp. hist. Germ. Period. IX. sect. 8. §. 8.

ten sich auch andere Fürsten und neben diesen das Closter Herrenalb, daß der Marggraf ihnen so vielen Verdruß verursachte. Der Kayser verlangte von ihm, daß er die neue Zölle abschaffen und ihne und das Reich sicher stellen sollte, daß er nichts feindseliges wider sie vornehmen wollte. Der Margrav antwortete aber, daß er mit der Lehnbarkeit dem Kayser und Reich keinen Nachtheil zuzuziehen gedächte und berufte sich auf den Ausspruch der Churfürsten und Stände. Der Kayser war damit nicht zufriden, sondern bewarb sich um Bundsgenossen. Er schickte auch zu Anfang des Jahres 1403. seine Völker in des Marggraven Land um solchen feindlich anzugreifen und ihn mit Gewalt zu nöthigen, daß er der Lehnbarkeit entsagen und die Zölle abschaffen solte. Der Marggrav beharrete aber solche und vermeynte durch Bitten den Kayser auf andere Gedanken zu bringen. Diser hingegen ware auch nicht zu bewegen, sondern begehrte ein für allemal den Gehorsam. Es wurde zwar im Monat Mertzen eine Tagsatzung zu Bruchsal veranlaßt, aber sie lief ohne Frucht ab. Dann des Marggrafen Muter Bruder, Grav Johann von Spanheim legte sich in das Mittel und veranlaßte solche Tagsatzung mit der Versicherung, daß er hierinn von dem Marggraven Vollmacht hätte. Er gab dem Kayser deßwegen Brief und Sigel um den Ausbruch der Feindseligkeiten zu verhindern. Sowohl die Kayserliche Räthe als auch der Grav von Spanheim und der Marggraf kamen nach Bruchsal um nach den entworfenen Präliminar-Artikeln einen gäntzlichen Frieden zu bewürken. Der Marggrav widersprach aber allem und gieng davon. Solchemnach brachen alle seine Feinde wieder loß. Gr. Eberhard war auch unter solchen begriffen, und da der Kayser in des Marggraven obere Lande, der Bischof von Strasburg, der Reichsvogt im Elsaß, und die Herrn von Liechtenberg an einem andern Ort, und die Stadt Basel und die Reichsstädte im Elsaß auch auf einer andern Seite dessen Lande mit Feur und Schwerd ängsteten, so fiel ihn Gr. Eberhard auf der Seite seines Landes an. Die Stadt Mülberg und noch eine im Elsaß wurden erobert, das Closter Frauenalb verheeret und endlich der Marggrav dahin gebracht, daß er den Friedensvorschlägen Gehör gab (m). Der Churfürst von Cölln und die Reichsstädte Maynz, Strasburg, Worms und Speyr stellten sich als Unterhändler auf (n). Endlich wurde den 5. Maj. Frieden gemacht und beede kriegende Theile versprachen einander alle Feindseligkeiten aufzuheben (o). Die Strittigkeiten, welche

(m) vid. Beyl. num. 22. und 23. conf. Scherpflin Hist Bad. T. II. p. 86. & Tom. VI. pag. 15. (n) vid. Beyl. num. 24.
(o) vid. Beyl. num. 25. conf. Trithem. Chron. Hirf. ad 1402. Anno prænotato Rupertus Rex de Italia in Germaniam reversus contra Marchionem Badensem sibi inobedientem & rebellem perduxit exercitum & inprim: Malberg castellum ejus obsidione vallavit, Carolus Marchio, quod tantæ multitudini nullatenus posset resistere humilius petivit veniam & præstitit Regi omnimodam satisfactionem.

Vierter Abschnitt. 41

welche der Kayser und einige Reichsstände mit dem Marggraven hatten, wurden durch den Churfürsten von Cölln entschieden, und die Mißhelligkeiten zwischen demselben und Grav Eberharden wurden dem Kayser zur Beylegung überlassen. Weil der Kayser aber dem Marggraven nicht trauete, sondern in Sorgen stunde, daß er nach seiner Gewonheit wieder zuruck gehen würde und mithin der Krieg wieder anfangen dörfte, so befahl er dem Abt des Closters Herrenalb, daß er selbiges mit Mauren und Gräben bevestigen solte, damit der Marggrav seine Feindschafft nicht an ihm ausüben könnte (p). Erst im Junio folgenden Jahres wurden die Strittigkeiten zwischen dem Marggraven und Grav Eberharden entschieden, die zwistige Wildbänne zur weitern Untersuchung ausgesetzt, und in Ansehung des gedachten Closters Räthe von dem Kayser ernennet, welche desselben Beschwerden genauer erforschen sollten, wobey sowohl dem Marggraven als dem Graven freygestellt wurde ihre Räthe beyzuordnen. Endlich entschiede der Churfürst, daß der Marggrav das Closter an seinen Gütern und Rechten unbekümmert lassen solle (q).

§. 29.

Entzwischen säumete Gr. Eberhard doch nicht nach dem Beyspiel seiner Vorfahren seine Land und Leute zu vermehren. Dann im Jahr 1402. erkaufte er von Herrmann von Sachsenheim dem ältern und von seiner Ehegattin Elisabeth von Stöffeln einen vierten Theil des Dorfs Bonlanden auf den Fildern und alle ihre Leut und Güter, welche dise Eheleute zu Sielmingen und oberhalb der Staig bey Stuttgard gehabt. Die Helfte des erstern Dorfs trugen in vorigen Zeiten die Edle von Stammheim von der Gravschafft Würtenberg zu Lehen und es scheinet eines der ältesten Würtenbergischen Lehen zu seyn. Gr. Eberhard aber lösete solches im Jahr 1395. an sich und gab seinen Lehenleuten das halbe Dorf Beyhlingen dafür. Die übrige Helfte gehörte also denen von Sachsenheim und Catharinen Spetin von dem Neuhauß. Es scheinet, daß obige Elisabeth von Stöffeln solchen ihren Antheil ihrem Ehgemahl zugebracht habe, indem Conrad, Ernst und Eberhard von Stöffeln sich im Jahr 1334. mit ihres verstorbenen Bruders Söhnen Eberharden und Struben sich verglichen hatten ihre Burg zu Bonlanden und andere ihre Güter gegen niemand, als einer gegen dem andern zu versetzen oder zu verkaufen (r). Die von Sachsenheim haben allem Ansehen nach solchem Beyspiel gefolget, weil bey disem Verkauf an Gr. Eberharden des alten Herrmanns Sohn, nebst Burkarden und Hannsen von Sachsenheim, welche des

F Ver-

(p) vid. Beyl. num. 25.
(q) vid. Beyl. num. 26.
(r) Siehe Histor. Beschreib. des Herzogth. Würtenb. part. I. c. 25. §. 29. pag. 44.

Verkäufers Bruders Söhne waren, die Bewilligung dazu geben mußten. Im folgenden Jahr 1403. überließ obgedachte Spetin ihren Antheil difes Dorfs und alles, was sie zu Aich und Neuhausen hatte, an Gr. Eberharden gleichmäßig um 300. Pfund Heller. Beträchtlicher aber war der Zuwachs durch die Erkaufung der Vestin Schalzburg und der Stadt Balingen mit den Dörfern Onschmettingen, Erzingen, Endingen, Engschlatt, Burgfelden, Frommern, Ober-Digißheim, dem Kirchensaz zu Roßwangen, Talfingen, Truchtelfingen, Pfeffingen, Zilnhausen, Streichen, Heselwangen, Dürwangen, Lauffen, Waldstetten und Weilheim, dem Hof zu Stockhausen, dem Zehenden zu Melchingen und einigen Korn- und Hellergülten zu Wannental und Thieringen, welche von Gr. Fridrichen von Zollern, genannt Mully, und seiner Gemahlin Verena, der lezten Graven von Aychburg Schwester den 3. Nov. 1403. um 28000. fl. an Grav Eberharden verkauft wurde. Dann er hatte nur eine Tochter, welche sich nachgehends Sophia von Fronhoven nennte. Die übrige Graven von Zollern aber lebten in gröster Uneinigkeit und dise machte, daß dise Herrschafft dem Hauß Würtenberg zu Theil wurde. Weil die Gräfin Verena wegen ihrer Morgengab und Widdums auf die Vestin Schalzburg und die Dörfer Onschmettingen und Lauffen verwiesen ware, so mußte sie mit Beystand Grav Friderichs von Zollern, genannt Tägly vor dem Hofgericht zu Rotweil aller Anspruch sich verzeyhen und die Verkäufer die Herrschafft mit Mund und Hand, mit Zepf und Brust (s) Gr. Eberhards Gewalthabern und Obervogten zu Herrenberg, Heinrichen von Gültlingen übergeben. (ss)

§. 30.

Indessen kam K. Ruprecht in den Verdacht, als ob er von der seinem Hauß zugewandten Würde eines Oberhaupts im deutschen Reich seinen Nuzen ziehen wollte.

(s) ibid. cap. 36. §. 2. pag. 125.
(ss) Zu bemerken ist, daß die meiste mit der Burg Schalzburg erkaufte Dörfer ehmals den Herzogen von Zäringen sollen gehört haben. Dann Herr Prof. Sachs schreibt in seiner Einleit. in die Geschichte der Marggravsch. Baden I. Th. pag. 115. daß vermög einer Urkunde vom Jahr 794. diser Herzoge Vorfahren gehört hätten Dagolovinge (Talfingen) Zilinkuhr (Zilnhousen) rauto, (Lausen) Frimara (Frimern) Mahloset, (Waldstetten) Endetinga (Entingen) Heselivone (Heselwangen) Truhlinga. (Trichingen). Wie nun dise an die Graven von Zollern gekommen, wird wohl nicht zu erforschen seyn. Wann der Grund richtig ist, daß die von ihm angeführte Bertilonen oder Berchtolden Voreltern dises Herzogl. Hauses gewesen, so könnte man auch mutmassen, daß die ganze sogenannte Baar, welche an das Brenßgau gränzet, demselben zugehöret, ja gar den Namen von ihnen bekommen, indem nach dem Zeugnuß Walafridi diser grosse Gr. u Perroldesbara genennet worden. Villeicht könnte man eine Stammens-Verwandschafft der Graven von Zollern mit den Herzogen von Zäringen finden. In gedachter Urkunde bemerket man auch Rautlingen, welches noch dem Hause Zollern gehört und die Stadt Ebingen, welche von den Graven von Hohenberg an das Hauß Würtenberg gekommen.

wollte. Es wird von ihm gemeldet, daß er seine Kinder sehr geliebt und des Reichs Gut ihnen zugewandt habe, welches ihm doch nicht gebühret hätte (t). Man bezüchtigte ihn, daß er der Fürsten Rechte und Herkommen ihnen benehmen wollte. Insbesondere war der Churfürst zu Maynz mit demselben nicht zufrieden. Er veranlaßte deßwegen eine Zusamenkunft zu Marpach bey Grav Eberharden zu Würtenberg um ein enges Bündnuß mit demselben, mit Marggr. Bernharden von Baden, der Stadt Straßburg, und den Reichsstädten in Schwaben, Ulm, Reutlingen, Überlingen, Memmingen, Rabenspurg, Bibrach, Gmünd, Dinkelspül, Kaufbeuren, Pfullendorf, Isny, Leutkirch, Giengen, Aalen, Bopfingen, Buchorn und Kempten zu schliessen. Der Vorwand ware den Frieden in ihren Landen und Gebieten zu handhaben. Sie verwahrten sich gleich im Anfang, daß solche Eynung durchaus nicht die Absicht habe wider Kayser Ruprechten etwas vorzunehmen, hängten aber solchem sogleich an, daß sie sich gegen diejenigen, wer sie auch wären, welche sie an ihren Freyheiten, Briefen, Rechten, guten Gewohnheiten oder an ihren Herrschafften, Landen und Leuten beleydigen würden, zur Gegenwehr setzen wollten. Sie versprachen einander Hülfe sowohl zu täglichem Krieg, als zu frischer That. Difes letztere geschabe, wann eine feindliche Parthey entweder einen Einfall drohete, oder mit Mord, Brand, Raub und Plünderung Schaden gethan hatte. In welchem Fall man Lermen machte. Die Verbündete waren dann schuldig den Feinden nachzueylen und entweder sich zu rächen oder das Geraubte wiederum abzujagen. Der tägliche Krieg aber bestund in einem ordentlichen Feldzug, da man die Hülfsvölker entweder in offenem Feld gebrauchte, oder in die Städte und Burgen legte und mit täglichen Ausfällen den Feinden Abbruch und Schaden zufügte. In dem letztern Fall war ein Absag- oder Feindsbrief nöthig. Grav Eberharden von Würtenberg wurden Acht Spiesse oder Gleven, dem Marggraven Sechs, der Stadt Straßburg Neun und den Schwäbischen Städten 16. Spiesse auferlegt. Weil der Erzbischoff zu weit von seinen Verbündetern entlegen, so wurde ihm nur eine freywillige Hülfe zugemuthet. Der übrige Innhalt des Bündnusses hatte nichts besonders, sondern war aufgesetzt, wie es damals bey andern dergleichen Eynungen gewöhnlich war (u). Nichts desto weniger faßte der Kayser widrige Gedanken davon, weil ihm beygebracht wurde, daß diser wichtige Bund wider ihn gemacht worden. Es mag seyn, daß er auch besorchtet, es möchten sich die Fürsten und Städte wieder an K. Wenzeln hängen. Insonderheit war ihm zuwider

F 2

(t) Königshoven Elsäß. Chronik c. 2. pag. 1.13. ibi: Difer König hette seine Kinder lieb und gab ihn das Reichsgut zu eigen, daß er doch nicht Recht hat, das was Oppenheim und viel andere Stette und Schloß und vesten Stat und Dörffer.

(u) vid. Beyl. num. 27.

wider, daß die Fürsten und Städte sich so deutlich erklärt hatten, wie sie gegen jederman ihre Rechte, Freyheiten und gute Gewonheiten behaupten wollten. Auch diejenige, welche sie außgenommen hatten, nahmen sie nicht anderst aus, als in sofern sie ihnen an solchen ihren Rechten keinen Eintrag thun würden. Der Kanser stunde zuerst unter denjenigen, welche sie außgenommen hatten, aber unter bemeldter Verwahrung. Sie verkündeten ihm solche Vereynung selbsten und bathen ihn sich dieselbe gefallen zu lassen (w). Dises war dem Kanser unterdenlich, zumahl man ihm beygebracht hatte, daß man ihn als einen harten Herrn hielte, welcher sich unterstehe die Stände des Reichs um ihre Herrlichkeiten, Freyheiten und Rechte zu bringen. Er suchte deßwegen den ihm so förchterlich anscheinenden Bund, welchen man nur den Marpacherbund nannte, zu vernichten.

§. 31.

Ihm solches zu bewürken, schrieb er einen Reichstag nach Maynz auf den 21. Octobr. 1405. aus in der Meynung, daß die Zusamenverbündete auch daselbst erscheinen sollten. Dann er wollte von ihnen vernehmen, was sie samtlich oder jeder besonders wider ihn vorzubringen hätten, um sich vor dem ganzen Reich verantworten und seine Unschuld darlegen zu können. Es kam aber weder der Erzbischoff, noch der Marggrav oder Gr. Eberhard. Gleichwohl schickten sie ihre Räthe. Mit disem war aber der Kanser nicht zufrieden, sondern beklagte sich deßhalb bey den anwesenden Fürsten und Herrn. Er benennte ihnen einen andern Tag, nemlich auf das Fest der Erscheinung Christi 1406. zu Maynz in Person sich einzufinden, wo er selbsten auch persönlich eintreffen würde. Vermuthlich haben sie miteinander solch Begehren des Kansers überlegt, was zu thun seye. Dann es verflossen etliche Wochen, ehe sie gegen demselben sich erklärten, ob sie kommen wollten. Die Zeit wurde ihm darüber lang und er ließ das zwenre Schreiben an sie ergehen. Sie konnten sich aber nicht darzu entschließen, sondern schickten einige ihrer Räthe zu ihm nach Heydelberg mit dem Auftrag ihm nochmalen zu melden, daß sie dises Bündnuß zu Beschützung ihrer Diener und Unterfassen, wie auch zu Sicherheit der Strassen untereinander und gar nicht wider ihne errichtet hätten. Vielmehr würden sie dadurch in den Stand gesetzt dem Kanser und Reich nur desto besser zu dienen. Sie bathen ihn deßwegen, daß er sie daben handhaben wollte. Uebrigens hätten sie nicht noth zu ihm nach Maynz auf die bestimmte Zeit zu kommen, indem sie nichts wider ihn hätten, sondern alles Gute von ihm rühmen könnten. Sie wären dem Reich zwar verwandt: Wann aber einer oder der andere über den Kanser sich zu beschweren wüste, so würden sie entweder selbst zu ihm an seine Hoflatt kommen oder ihre Räthe dahin abschi-
den,

(w) vid. Beyl. num. 28.

Vierter Abschnitt.

cken, so, daß überflüßig wäre auf öffentlichem Reichstag es mit ihm auszumachen. Wann er demnach solches Bündnuß sich gefallen lasse, so seyen sie erböthig ihm mit Leib und Gut zu dienen. Es stünde also nur bey ihm, ob er Frieden oder Unfrieden haben wollte. Dises war eine runde Erklärung, welche aber den Kayser noch nicht aus der Unruhe sezte. Gleichwohl erinnerte sie denselben, daß es nicht rathsam seye mit der Schärfe in die verbündete Fürsten und Städte zu sezen. Er gab sehr gute Worte und bathe sie auf das freundlichste, daß sie ihm zu Liebe und Freundschafft auf den angesezten Tag kommen möchten von ihrem Bündnuß und andern die Wohlfart des Reichs betreffenden Sachen mit andern Fürsten und Ständen sich zu berathschlagen. Allein die Fürsten und Städte sahen wohl ein, daß er nur darauf dringen würde das Bündnuß aufzuheben. Demnach blieben sie dabey nicht zu erscheinen, wann er von solchem etwas in den Vertrag bringen würde. Sie hätten sich gleichwohl mit einem Eyde zusamen verbunden und es würde ihrer Ehre zuwider seyn davon abzugehen. Wofern er aber auf dem Reichstag nichts davon gedenken würde, so wären sie erböthig dem Kayser zur Gefälligkeit zu erscheinen. Dises stund ihm aber nicht an. Er versuchte es nochmals und versprach ihnen, daß er mit aller Güte wegen diser Bündnuß, und wie er es für nöthig befinden würde, mit ihnen handlen würde ohne, daß sie einer Bethädigung oder rechtlichen Verfahrens auf solchem Tag gewärtig seyn dörften. Endlich erbothe er sich, wann einer oder der andere von den Herrn oder Städten ihn beschuldigen wollte, daß er ihnen Unrecht gethan oder von ihren Rechten und Freyheiten verdrungen hätte, so möchten sie es ihm sagen und er behalte sich bevor auf das glimpflichste seine Unschuld darzulegen. Nur wollte er sie erinnert haben, daß sie das Bündnuß ihm und dem Reich zu Ehren und Nuzen abthun möchten. Uebrigens sollten sie doch wissen, daß, wann die Fürsten und Städte nicht ausdrücklich die Gütlichkeit ausbedungen hätten, er seine Forderung wohl anderst an sie gethan haben würde. Nach vielem Wortwechsel, als der Kayser darauf beharrete ihm zu melden, warum sie ihn für einen harten Herrn halten, welcher sie von ihren Herrlichkeiten und Rechten zu verträngen suche, brachte der Erzbischoff und Marggrav Bernhard einige Klagen vor. Etliche waren ganz neu, andere schon vor etlichen Jahren beygelegt und einige auf einen Auftrag veranlaßt. Gr. Eberhard aber und die Reichsstädte thaten keine Ansprach an den Kayser. Weil diser nun versprochen hatte auf dem gedachten Reichstag nicht rechtlich wider sie zu handlen, so beraumte er ihnen einen andern Rechtstag an, wo die von ihm vorgeschlagene Fürsten und Graven, worunter selbsten auch Grav Eberhard von Württemberg ausdrücklich benannt war, über solche Klagen nach dem Recht erkennen sollten. Nur dises dunge sich der Kayser aus, daß alle schon vor einigen Jahren verglichene Sachen dabey verbleiben sollen ten. Was auch anderwärtig veranlaßt wäre, dem müßte also nachgelebt werden. Der Ertzbischoff und der Marggrav hingegen waren nicht gesonnen solches Verfahren anzunehmen, sondern schlugen es dem Kayser rund ab.

§. 32.

Bey solcher Beschaffenheit sahe es gefährlich aus und der Kayser vermuthete, daß dise Verwirrung nicht ohne Krieg beygelegt werden dörfte. Der Ertzbischoff rüstete sich wenigstens zu einem Krieg, warb Leute und versahe seine Vestungen, auch mitten in des Kaysers Erblanden. Diser säumte sich solchemnach auch nicht und bewarb sich bey den Fürsten um ihren Beystand. An die unverfangene Reichsstädte aber sandte er seine Räthe und ersuchte sie auf solchen Fall ihm und dem Reich beyständig und getreu zu verbleiben: dagegen er sie ebenfalls zu schützen und Leib und Gut daran zu setzen sich verbindlich machte (x). Das in der Asche glimmende Feur kam jedoch zu keiner Flamme, indem der Kayser den übrigen Verbündeten sehr gute Worte austheilete, weil er König Wenzeln nicht trauen durfte. Er versuchte es bey den Reichsstädten in Schwaben und ließ ihnen durch seine Gesandte verweisen, daß sie ohne sein Wissen und Willen sich in dises so verhaßte Bündnuß eingelassen hätten mit Begehren davon abzustehen, indem er gedenke sich mit ihnen, wie mit andern Fürsten und Ständen, zu vergleichen, wie der Friede und Ruhe in dem Reich und jeder Stand bey seinen Rechten und Freyheiten erhalten werden könnte. Der Kayser gab sich dabey so genau, daß es in der Schwäbischen Reichsstädte Belieben stellte, wie und wann ein Reichstag gehalten werden sollte. Er ersuchte sie solches ihm zu wissen zu thun, damit er die Fürsten, Herren und andere Städte auch darzu beschreiben könnte. Er ließ ihnen aber dabey vorhalten, daß sie villeicht durch ein irriges Vorgeben, als ob er eine Ungnade auf sie hätte, zu disem Bündnuß verleitet worden. Sie sollten aber solches nicht glauben, indem er jederzeit gegen ihnen als seinen und des Reichs Lieben Getreuen zu handeln gemeynet wäre. Die Städte aber blieben dabey, daß sie befugt seyen, sowohl unter sich selbsten, als auch mit Fürsten und Herrn Bündnuße aufzurichten. Sie bezogen sich auf die Verjährung solcher Rechten, indem sie schon zu K. Carls IV. und Wenzels Regierungen dergleichen gemacht und auf die Vereynungen, welche sie mit ihme K. Ruprechten selbsten als Pfalzgraven und seinem Vater und Vettern, wie auch mit allen Herzogen in Bayern errichtet hätten. Das Reich und sie hätten sich wohl dabey befunden, indem sie jederzeit des Reichs Wohlfart zu einem Augenmerk dabey genommen und wider dasselbe sich niemals eingelassen hätten. Dises seye auch noch ihr Vorhaben und könnten sie nicht sehen, wie der Kayser sie von disem

Bünd-

(x) vid. Wencker Appar. & Instruct. Archiv. pag. 276. seqq. Schœpflin Histor. Bad. p. 90.

Vierter Abschnitt.

Bündnuß abwendig machen könnte. Ehe er von den Städten in Schwaben die se Antwort erhielte, so that er auch einen Versuch an die Rheinische Städte, welche mit jenen ebenfalls in diße Eynung getretten waren, und spiegelte ihnen vor, daß die mit ihnen im Bund stehende Fürsten davon abzutretten nicht ungeneigt wären. Diße Vorstellung konnte aber die Städte nicht irre machen, sondern sie beharrten darauf, wie sie den Bund eydlich beschworen hätten, dabey zu verbleiben (y). Der Kayser richtete demnach nichts aus. Vielmehr vermehrte sich dißer Bund, indem noch in eben dißem Jahr 1406. die Reichsstadt Speyr (z) und zu Anfang des folgenden Jahres Pfaltzgrav Ludwig (a) und zu Ende desselben die Reichsstadt Augspurg (b) darein aufgenommen wurden. Bey solchen Umständen machte sich derselbe als Pfaltzgrav am Rhein auch kein Bedenken mehr mit Marggrav Bernharden sich in ein Bündnuß einzulassen. Wie er dann aus eben dißer Ursache in der mit der Stadt Speyr im Jahr 1403. gemachten Eynung dißen Marggraven nebst dem Erzbischoff zu Maynz, wie auch Graven Eberharden zu Würtenberg und andern Fürsten ausnahme, daß sie einander gegen diße Herrn keine Hülfe schuldig seyn sollten und der Kayser des mit dem Marggraven errichteten Bündnußes ausdrücklich gedenket (c).

§. 33.

Daß aber K. Ruprecht nicht ohne Ursach wegen seines Vorfahren im Reich besorgt gewesen, ist daraus abzunehmen, weil dißer von demjenigen, was zwischen den gedachten Fürsten und Städten vorgegangen, gute Nachricht gehabt und auch die Hoffnung gefasset sich dasselbe zu Nutzen zu machen. Keine geringe Muthmassungen sind vorhanten, daß zwischen K. Wenzeln und dem Erzbischoff Johann von Maynz im Jahr 1406. würkliche Unterhandlungen gepflegen werden. Dißer Churfürst schmeichelte dem König, daß er die andere Churfürsten dahin bereden wollte zu Maynz zusamen zu kommen und K. Ruprechten das Kayserthums unwürdig zu erklären. Und der König versprach mit einer genugsamen Kriegsmacht dißes Vorhaben zu unterstützen. Man suchte zu dißem Ende Gr. Eberharden von Würtenberg ebenfalls zu gewinnen. Demselben war den 25. Merzen, am Donnerstag nach Mariäverkündigung 1405. seine Gemahlin Antonia durch den Tod entrissen werden. Das Hauß Würtenberg hatte damals schlechte Hoffnung zur Fortpflanzung. Dann es war nur der einzige Grav Eberhard der Jüngere, ein schwächlicher Herr vorhanden, welcher mit seiner Gemahlin Henrietta von Mömpelgard noch keinen Leibeserben erzeugt hatte. Villeicht war die Ehe

mit

(y) vid. Wencker d. l. pag. 297.
(z) vid. Lehmann. Chron. Spir. lib. VII. c. 74. pag. 775. seqq.
(a) vid. Beyl. num. 29.   (b) vid. Beyl. num. 30.
(c) Lehmann. d. l. cap. 75. pag. 782. Schœpflin Hist. Bad. T. II. p. 93.

mit derselben noch nicht einmahl vollzogen, weil er erst 17. Jahr alt war. Gr. Eberhard entschloß sich demnach wieder eine Gemahlin zu suchen. Dises war für König Wenzeln eine erwünschte Gelegenheit denselben auf seine Seite zu bringen. Burggrav Johann von Nürnberg hatte mit Margrethen, Kayser Carls IV. Tochter und mithin K. Wenzels Schwester, eine Tochter, Elisabeth, erzeuget. Sie hielte sich an dem Hof König Sigmunds in Ungarn auf, welcher seinem Bruder K. Wenzeln wieder zur Kayserlichen Crone zu helfen suchte. Man schlug demnach Gr. Eberharden dise Elisabeth zur Gemahlin für. Er liesse sich solches gefallen und schickte im Merzen des Jahres 1406. mithin zu eben der Zeit, als K. Ruprecht eine grosse Ungnade gegen Gr. Eberharden wegen des Marpacher Bündnusses blicken liesse, seine Räthe, den Abt Syfrid von Elwangen, Conrad Herrn zu Gerolzeck und Hanns Truchsessen von Höfingen nach Neustadt an der Aosch, wohin sich indessen die Elisabeth begeben hatte, um dise Vermählung zu vollziehen. Die Trauung geschahe den 27. Merzen 1406. in Abwesenheit des Graven und der Abt zu Elwangen vertratt die Stelle des Bräutigams. Er beobachtete alle bey solchen Vorfallenheiten üblichen Landesgebräuche, und darunter vermuthlich auch die Beschlagung der Deckin, und verlobete seinem Herrn die künftige Gemahlin vermittelst Überreichung eines Rings und dise erwiederte solches mit einem gleichmäßigen Geschenk. Elisabeth und ihr Vater Burggrav Johann bezeugten hierauf vor einem Notarius, daß dise Vermählung, so viel an ihnen sey, auch mit Werken vollbracht werden solle und sie dieselbe handhaben wollten. Des Graven Gevollmächtigte hingegen legten einen Eyd in dessen Seele ab, daß alles Versprochene von ihm getreulich gehalten werden solle (d). So bald dise Heurath vollzogen war, so begehrte K. Wenzel ein Zeichen der freundschafftlichen Gesinnung von dem Graven, daß er ihm wider K. Ruprechten, welchen er schlechthin Ruprechten von Bayern nennte, mit aller seiner Macht beystehen solle. Dieweil er sich aber leicht vorstellen konnte, daß Gr. Eberhard wider K. Ruprechten, so lang er in dem Besitz der Kayserlichen Würde wäre, sich zu nichts verstehen würde, so setzte er die Bedingung darzu voraus, wann obgedachtermassen der Churfürst zu Maynz mit Bewilligung der übrigen Churfürsten disen Kayser der Krone und Würde verlustig erkläret hätte. Zu Bestreitung der Unkosten versprach er dem Graven 16000. Gulden und verpfändete ihm die Steur von allen Reichsstädten in Ober- und Nider-Schwaben. Dises Anerbiethen war aber nicht hinlänglich den Graven zu bewegen. Er muste deßwegen ein grösseres versprechen und machte sich verbündlich die Reichsstädte Heylbronn, Weyl und Eßlingen demselben zu verpfänden, bis sie um 50000. fl. von ihm oder seinen Nachfolgern am Reich wieder ausgelöst würden. Jedoch auch dises wollte dem Graven nicht gefallen,

(d) vid. Beyl. num. 31.

Vierter Abschnitt.   49

fallen, weil er sich erinnerte, daß das Reich wegen solcher Verpfändungen übel auf den König zu sprechen gewesen. Diser erkannte es selbsten daß die Churfürsten und die Reichsstädte darüber schwürig werden dörften. Solchemnach erboth er sich all sein Ansehen dahin anzuwenden, daß gedachte Städte ihm solche Summe Gelds bezahlen sollten und der ihm anhängigen Churfürsten Genehmigung zu verschaffen (e). Jedoch K. Ruprecht war so klug alle solche Absichten des Königs zu vereitelen, indem er den Churfürsten zu Maynz so behandelte, daß er keinen tüchtigen Vorwand zur Abänderung finden konnte, den übrigen Churfürsten aber gute Worte gab und sie bey ihren erworbenen Freyheiten unangefochten ließ.

§. 34.

Inzwischen wurde Gr. Eberhard in einen Krieg verwickelt, welcher ihm vermuthlich wegen erlittenen Verlusts an Leuten nachtheilig war. Der Abt zu St. Gallen hatte die Appenzeller durch unmäßige Auflagen zur Aufruhr gebracht, welche er durch eigne Kräften anfänglich zu stillen suchte. Allein er war jedesmals so unglücklich, daß seine Leute mit grossem Verlust von den Aufrührern abgewiesen wurden. Endlich sahe er sich genöthiget bey den Herzogen von Oesterreich und andern Reichsfürsten Hülfe zu suchen. Dann es griffe dise Aufruhr weiter in anderer Fürsten Landen um sich, indem ihre Unterthanen sich über dem glücklichen Vorgang der Appenzeller gereizet ebenmäßig die schuldigen Steuren und Abgaben zu weigern anfiengen und sich zu jenen geselleten. Sie waren nicht vergnügt sich und ihre Thäler zu vertheydigen, sondern fielen dem Abt, und andern, welche ihm beystunden, in ihre Lande. Endlich ließ sich Herzog Friderich von Oesterreich bewegen dem Abt zu Hülf zu kommen. Die Städte am Bodensee, der Bischoff von Costanz, Gr. Eberhard zu Würtemberg und viele andere Graven und Herren schickten ihm auch ihre Völker zu. Ob es eben geschehen, da die Appenzeller und ihre Bundsgenossen die Stadt Bregenz belagerten und dort wichtige Schläge bekamen, oder ob die Würtembergische Völker auch dabey gewesen, als der Abt und seine Hülfsvölker zerschickdenen malen von den Aufrührern in den Gebürgen sehr übel empfangen wurden, läßt sich nicht so genau bestimmen. Mir ist genug zu Ergänzung der Würtembergischen Geschichte zu melden, daß Gr. Eberhard an disem Krieg auch Antheil gehabt (f). Bey diser Gelegenheit wurde die Stadt Lindau genüßiget mit den übrigen Reichsstädten, welche mit disem Graven

(e) Gabelkofer Würtenb. Chronik. ad ann. 1406.
(f) Etraler vom Regim. der Eydgen. p. 108. Siben Jahr habend sie krieget mit Abt Cunen von Staufen und seinen Helfern, als da warend erstlich die Stett am Bodensee, Herzog Friderych von Oesterrych, der Bischoff von Costanz, der Graaff von Würtenberg, und vil andere Graaffen und Herren vom Adel ꝛc.

den in Bündnuß stunden, sich in eine Einung einzulaßen und solche auch auf disen zu erstrecken. Er stellte ihr auch einen Revers aus, daß er alle die Puncten, welche er den ReichsStädten versprochen hätte, auch gegen diser Reichsstadt genau beobachten wollte (g). Dann dieselbe mußte beförchten, daß die Appenzeller sie ebenfalls angreiffen dörften, weil sie dem Abt zu Sanct Gallen beystunde. Diser Umstand macht aber wahrscheinlich, daß die Würtenbergische Völker wenigstens auch dabey gewesen, als die Appenzeller durch eine erlittene Niederlage die Belagerung der Stadt Bregentz aufzuheben gedrungen wurden. Dann das Bündnuß der Stadt Lindau ward vor Ostern 1408. errichtet, da man noch keine Belagerung vornehmen konnte. Als sie die Stadt Bregentz belagerten, konnte jedermann leicht gedenken, daß die Reyhe auch die Stadt Lindau treffen müßte. Mithin wurde Gr. Eberhard genöthiget derselben zu Hülf zu kommen und ihre Feinde abzutreiben, ehe sie ihro zu nahe kämen. Da sie vorher von keinem Frieden hören wollten, so wurden die Appenzeller durch disen erlittenen Verlust anders Sinnes und nunmehr froh, daß K. Ruprecht zu Costantz im Spat-Jahr 1408. Frieden machte.

§. 31.

Auf dise Weise wurde Gr. Eberhard zwar von disen Kriegsbeschwerden befreyet, welche ihm viele Unkosten verursachten. Allein er wurde im Jahr 1409. in einen neuen Krieg mit Hertzog Friderichen von Oesterreich, wider welchen er dem Marggr. Bernhard zu Baaden vermög des Marbacher Bündnußes beyzustehen mußte verwickelt. Doch versuchte Gr. Eberhard nichts destoweniger unter der Hand beede kriegende Theile gegeneinander auszusöhnen und war auch so glücklich im Jahr 1410. solchen Frieden herzustellen (gg). Er verglichte sich in solcher Zeit auch mit einem andern Feind, nemlich dem Alten Wolfen von Wunnenstein. Bemeldter Wolf war lange Zeit des Hauses Würtenberg abgesagter Feind, nun aber bey ziemlichem Alter, daß man seinen Hingang aus dem Zeitlichen bald vermuthen konnte. Grav Eberhard war ihm 16000. fl. schuldig, ohne, daß ich finden kan, woher solche zu damahligen Zeiten sehr wichtige Schuld herrührte. Es hatte sich aber der von Wunnenstein mit dem Graven wegen seiner gehabten Anforderungen verglichen. Dann diser hatte ihm sein Schloß zu Vayhingen zur Versicherung eingegeben. Daneben hatte ihm Gr. Eberhard jährlich 100. fl. Dienstgeld versprochen. Er war solchemnach mit einem grossen Reichthum begabt, worauf der Fürderer von Wunnenstein nebst seinem Sohn und Tochtermann, Eyfer von Denkingen, als seine nächste Anverwandten und vermuthli-

(g) vid. Beyl. num. 31.
(gg) vid. Schœpflin Histor. Bad. T. II. p. 93. seq.

Vierter Abschnitt.

che Erben sich freueten. Gleichwohl stunden sie in Sorgen, daß der alte Wolf, als ein seltsamer Kopf, ihnen solche Erbschaft entziehen und andern zuwenden möchte. Sie wendeten sich deßwegen nachmals im Jahr 1409. an Gr. Eberharden, daß er geruhen möchte auf erfolgenden Todesfall des Wolfen sie bey ihrer Hofnung zu schützen. Er versprach ihnen auch den Wolfen sein Lebtag bey dem Besitz des Schlosses zu Vayhingen bleiben zu lassen und wegen der Schulden und Gülten sich in keinen weitern Vergleich einzulassen. Würde aber diser einigen Vergleich mit andern Herren oder sonsten eingehen, so sollte Gr. Eberhard sie als die rechtmäßige Erben bey ihrem Recht handhaben. Dagegen aber sollte nach des Wolfen tödlichem Abgang das jährliche Dienstgeld gefallen seyn, und machten sich dise Erben erbietig an dem Capital und Gülten einen merklichen Nachlaß zu thun. Es gehet ganz vernünftig zu, wann man gedenket, daß Grav Eberhards Schatzkammer in schlechtem Stand gewesen, wozu entweder seine neue Gemahlin vieles beygetragen, oder die damalige verwirrte Zeiten, oder die kostbare Hofhaltung mehrere Kosten erfordert, als seines Landes Kräften und ordentliche Einkünften ertragen haben. Dann man weißt, daß seine Gemahlin Elisabeth, weil sie an einem Königlichen und wollüstigen Hof des nachmaligen Kayser Sigmunds auferzogen worden, von einer Sparungskunst wenig gelernt. Sie war in der Gesellschaft seiner Gemahlin, von welcher alle Geschichtschreiber das Zeugnuß ablegen, daß sie aus der Religion nur ein Gespötte gemacht und der einigen Wollust ergeben gewesen. Sie liebte die Gräfin, weil sie allem Vermuthen nach gleicher Gesinnung war. Dann Leute von ihrer Gemüthsneigung können nicht leicht andere Leute vertragen, als welche ebenmäßig so, wie sie, gedenken. Daß aber die Kayserin ihre Baase gern um sich gehabt, bezeuget der Umstand, daß sie auf der Kirchenversammlung zu Costanz fast immerzu eine der vertrautesten derselben gewesen, wie die Folge der Geschichte zeigen wird. Man findet auch noch Nachrichten, daß sie ziemliche Schulden gemacht habe und Gr. Eberhard solche bezahlen müssen. Eine richtige Anzeige einer ziemlichen Leichtsinnigkeit, wo man mehrere Ausgaben sich aufbürdet, als die Einkünfte ertragen. Dabey kostete der unglückliche Appenzeller Krieg ebenfalls nicht wenig und die Plackereyen erforderten immerzu Anstalten solchen Widerstand zu thun und Land und Leute für Einfällen und Raubereyen zu schützen. Ich habe seiner kostbaren Hofhaltung und vieler vornehmen Räthe schon gedacht. Dise erforderten grosse Dienstgelder und leereten die Schatzkammer, da er mit wenigern Räthen eben sowohl seine Lande hätte regieren können.

§. 36.

Bey solchen Umständen darf man sich nicht verwundern, wann Gr. Eberhard viele Güter an andere verpfändet hat. Zwar erkaufte er in diser Zeit auch etwas

etwas zu seinem Lande: aber es war ein weniges gegen dem, was er versetzte. Dann im Jahr 1405. erkaufte er von Hannsen von Gültlingen das halbe Dorf Ober-Eßlingen, wovon die andere Helfte die Bombasten von Hohenheim, des Theophrasti Paracelsi Voreltern, von der Herrschaft Würtenberg von alters her zu Lehen trugen, um 270. Rheinische Gulden. Deßgleichen erkaufte er damals von Anna von Velberg, Hannsen von Uffenloch Tochter, ihre zu Laichingen habende Güter um ein jährlich Leibgeding von 2. Aymern Wein aus dem Keller zu Urach. Wobey die Verkäuferin bezeugte, daß sie solche Güter zu einemmal, zu dem andernmal und zu dem drittenmal übergeben habe. In dem folgenden Jahr 1406. erkaufte er von Wolfen von Echterdingen und von Wölflin von Möringen ihren noch übrigen Antheil an dem Gericht zu Echterdingen, an der Burg und an dem Thurn. Diser Kauff aber war eben so wenig wichtig als die vorigen, indem der Graf nicht mehr als vier Rheinische Gulden dafür gab. Daß er im Jahr 1407. von Endrißen von Weyler seinen Antheil des Dorfs Ostheim oder Owenstein an sich gebracht, ist schon oben gemeldet worden. Ingleichem löste er damals einige in dem Schorndorfer-Amt gelegene Dörfer und Weyler von Wernher Nothafften ein, welche sein Groß-Vatter um 1600. fl. an ihn verpfändet hatte. Und von Hugen von Venningen erkaufte er im Jahr 1408. seinen noch übrigen Theil an der neu erbauten Stadt und Burg Bietigheim, wodurch er soviel gewann, daß selbige nun ganz sein Eigenthum ware. Wolf von Stein hatte zwey Vestinen unweit Zwifalten an der Donau, welche beede den Namen Rechtenstein führten. Die eine hatte er von seiner Baase, Hiltrauten, im Jahr 1407. erkauft. Und dise überließ derselbe nachmals im Jahr 1411. an Grav Eberharden zu Würtenberg um 870. fl. dessen Enkel Gr. Ulrich solche im Jahr 1451. an Albrecht Speten verpfändete. Dagegen aber gab er Rudolfen von Valbeck im Jahr 1409. seine Dörfer Jungingen und Strazzeln nebst dem Weyler Killer in dem Killerthal auf Lebenslang gegen Erlegung 600. fl. zu geniessen und Gr. Conraden von Kirchberg verkaufte er auf eine Widerlosung die Vestin Schilzburg an der Lauter mit ihrer Zugehörung, nemlich dem darunter gelegenen Weyler Ahausen, den Höfen zu Altmanshausen, und den Gütern zu Merstetten. Es wurden ferner in disem Kauff begriffen die zwey Dörfer Hunberfingen und Apfelstetten, doch, daß er sich die Burg zu seiner Sicherheit und den Kirchensatz an dem erstern Ort vorbehielte. Nach damaliger Art den Krieg zu führen, da man aus den Vestungen in des Feindes Lande streifte, Schatzungen und Beuten hohlte, den Feinden ihre Dörfer verbrannte und sowohl Bauren und Bürger, als Edelleute zu Gefangnen machte, war das Oeffnungsrecht sehr nutzlich. Weßwegen Gr. Eberhard sich solches gleichmäßig vorbehielte. Man dörfte nicht zweifeln, daß solche Pfandschaft von einer Wichtigkeit gewesen seye, worin

Vierter Abschnitt.

wann man nicht aus dem Pfandschilling von 4000. fl. solche abnehmen könnte. Fast zu gleicher Zeit verpfändete er Gr. Eberharden von Werdenberg gegen Erlegung 2000. Pfund Heller die Dörfer Enßlingen und Bylafingen, welche in die damals noch den Graven zu Würtenberg zuständige Herrschaft Sigmaringen gehörten. Endlich verkaufte er und sein Sohn gleiches Namens den 4. April. 1411. an Abt Albrechten und den Convent zu Maulbronn eines rechten steten ewigen Kaufs die Burg und das Dorf zu Mönßheim und alle die Güter, Zinnse, Gülten, Herkommen, Rechte und Gewonheiten, Vogtey, Vogtrecht, Hohe und Nidere Gerichte (h), einen Schultheissen und Gericht zu setzen und zu entsetzen, die eigne Leut, Bet, Steur, Zinß, Gült, Nuz, Fälle, Frondienste, Manudienste, Häuser ꝛc. um 3300. fl. an Gold, wobey sie sich gleichwohlen den Wildbann, das Gelaitterecht und alle Geist- und Weltliche Lehen vorbehielten. Der Abt mußte auch versprechen, daß er und der Convent mit der Burg daselbst nicht wider die Herrschaft Würtenberg seyn wolten. Weil aber die Graven denselben aus Gnaden disen Kauf vor andern gegönnet hatten, so gestatten die Käufer denselben hinwiederum aus Dankbarkeit einen Widerkauf, wann und so oft es ihnen beliebte, doch, daß sie es wieder zurück geben dörften, wie es zur Zeit des Widerkaufs im Stand wäre.

§. 37.

Gegen seinem Landadel machte er sich nachmals sehr gefällig, wodurch er erlangte, daß ihm viele ihre eigenthumliche Güter zu Lehen auftrugen oder ihm die Oeffnung in ihren Vestungen und Burgen verschrieben. Dann zu Anfang des Jahres 1406. erließ er zwar Ulrichen von Ahelfingen die Beschwerde des Oeffnungsrecht auf seiner Vestin Hohen-Ahelfingen, welche ihm Jahr 1384. Ulrich und Götz von Ahelfingen nebst der Burg Wasser-Ahelfingen bey Aalen der Herrschaft Würtenberg zu offenen Häusern gemacht hatte. Diser Ulrich aber verschriebe sich daß seine halbe Vestin Rechberghausen hinführo zu ewigen Zeiten solche Beschwerung tragen, und die Graven oder ihre Amtleute und Angehörige jederzeit in ihren Angelegenheiten aus- und eingelassen werden sollten, doch, daß die jedesmalige Besitzer keine Unkosten davon haben. Den beeden Edelknechten Bertholden und Hannsen von Hofen, genannt Schwänzlin, gab er aus einer unbekandten Ursach seine zwischen Kircheim und Göppingen gelegene Vestin Unter-Diepoltsburg, welche aber aus Erkanntnuß solcher Gnade ihm dieselbe mit allen Gülten, Steu-

ren,

(h) Ich habe die Zugehörden diser Burg wohlbedächtlich hier benennet, weil in disem Kaufbrief der Hohen und Nidern Gerichte ausdrücklich gedacht wird, welches in damaliger Zeit sehr wohl zu merken. Dann man wird disen Ausdruck in Urkunden selbiger Zeit nicht oft finden, da er erst zu Ende dises Jahrhundert recht gäng und gebräuchlich worden.

ren und Gewaltſamen als ein freyes eigenes Gut aufgaben, daß er ſie damit zu einem rechten Mannlehen belehnen möchte. Den beeden Volkarten von Ow ließ er ſeine Hülfe in einer Angelegenheit angedeyhen, wofür ſie ihm im Jahr 1409. aus Dankbarkeit ihre Burg und Dorf Bodelshauſen und die Dörfer Ober‑ hauſen, Stainrain, Stain, Sickingen und Weyler zu Lehen auftrugen. Un‑ geacht aber im Lehenbrief ſolche Mannlehen genennet wurden, ſo meldeten doch die von Ow, daß ſie Mannen und Frauen, Knaben und Töchtern geliehen werden ſollten. Nur die Burg Bodelshauſen wurde den Mannen und Knaben vorbe‑ halten, ſo lang einige vorhanden wären, in deren Abgang ſelbige erſt den Frau‑ ens‑Perſonen geliehen werden konnte. Zugleich aber verſchrieben ſich die beede von Ow, daß ſelbige Burg der Herrſchaft Würtenberg zu einem offenen Hauß ewiglich, doch ohne ihren Koſten, verbleiben ſollte. Rüdiger von Hägnach trug den 9. Octobr. 1410. dem Graven ſein Dorf Groſſen‑Hägnach mit der Vogtey, Gericht und aller Zugehörde ebenfalls zu Lehen auf. Diſer hatte an Conrad von Freyberg ſeine in dem Lenninger Thal liegende Veſtin Wielandſtein verpfändet. Unweit derſelben ligt das Dorf Schopfloch, allwo die Vogtey zur gedachten Veſtin gehörte. Das Gottshauß Rot hatte daſelbſt viele Güter, welche dem Graven mit Dienſten verwandt waren. Solche erkaufte der von Freyberg zuerſt im Jahr 1411. an ſich, ließ aber nachmals dem Graven den Vorkauf darzu, doch, daß der von Freyberg das Dorf um 870. Pfund Heller ſo lang Pfands‑ weiſe haben ſolle, bis Gr. Eberhard oder ſeine Erben die Veſtin Wielandſtein einlöſen würden. Im folgenden Jahr nöthigten Kun von Brandeck, Hannß von Brandeck, genannt Lamparter, Klein Hannß und Vollmar von Brandeck Grav Eberharden die Veſtin Sterneck, welche ihnen zum Theil gehörte zu bela‑ gern. Die Urſache davon iſt unbekandt. Nur ſo viel weißt man davon, daß die Stadt Rotweil dem Graven ihre Hülfsvölker zugeſchickt habe, und daß die von Brandeck endlich die Gnade und Hülfe des Graven mit Dankbarkeit erken‑ nen müſſen, und beßwegen ihren Antheil an der Veſtin Sterneck, ſo viel in dem daſelbſt gemachten Burgfrieden begriffen, demſelben auf‑ und eingegeben. Er gabe ihnen aber ſolchen Antheil hinwiederum aus Betracht ihrer bisherigen getreuen Dienſte zu einem rechten Mannlehen, jedoch unter der Bedingnuß, daß die drey Häuſer, welche diſen Antheil ausmachten, der Herrſchaft Würtenberg offenes Hauß ſeyn ſollten (i). Zugleich muſten ſie ſich verſchreiben, daß ſie gegen der Stadt Rotweil alles Anſpruchs wegen der dem Graven gethanen Hülfe begeben hätten (k). Man dörfte ſich wundern, daß Gr. Eberhard die Veſtin Sterneck belagert und gleichwohl die von Brandeck wegen genoſſener Gnade und Hülfe ſich dankbar bezeuget haben. Dann es iſt eben ſowohl widerſprechend, als daß der

Grav

(i) vid. Beyl. num. 33. (k) vid. Beyl. num. 34.

Vierter Abschnitt. 55

Grav ihre getreue Dienste in der Verglichsurkunde anerkannt hat. Und gleichwohl sind dises die ausdrückliche Worte, deren sich beede Theile bedienet haben. Man wird sich ferner nicht darein finden können, daß nur ein Theil diser Vestin das offene Hauß seyn sollen, da man doch mehrere Beyspiele antrift, daß das Oeffnungsrecht vielmahlen nur auf einem Theil einer Burg gehaftet habe. Ein merkliches werden wir unten von der Burg Staufenberg beybringen, welches ziemliche Erleuterung davon geben kan. In dem Jahr 1413. verschrieben sich Heinrich von Burstetten und sein Sohn Rudolph gleichmäßig der Herrschaft Würtenberg die Oefnung auf ihrer an der Lauter unweit des Gottshauses Zwifalten gelegenen Vestin Maysenburg, daß sie die Graven, ihre Diener, Amtleute und Zugehörigen mit wenig oder viel Volk in allen ihren Kriegen, Nöthen und Sachen ein- und auslassen, und beyständig seyn sollen wider männiglich, doch, daß sie deßwegen keinen Kosten und Schaden davon tragen. Es meldet zwar Herr Steinhofer, daß auch Wilhelm Schenk von Staufenberg Gr. Eberharden das Oefnungsrecht auf seinem Theil der Vestin Hölnstein auf der Alb versprochen hätte. Allein er machte sich nur zu Ende des Jahres 1413. gegen demselben verbindlich, daß er mit solchem seinem Theil nicht wider die Graven von Würtenberg seyn, noch ihren Feinden darinn Unterschlauf gestatten wollte. Wann auch er oder seine Erben selbigen Theil verpfänden, verkauffen oder sonst in andere Hände bringen wollte, solle solches nicht anderst geschehen, als daß die Nachfolger in dem Besitze ebenmäßig geschworen hätten solcher Verschreibung nachzuleben. Endlich aber übergab am Nicolai-Abend 1415. Swygger Sturmfeder Grav Eberharden wegen genossener Gnade, Hülf, Schirms und Fürderung seinen Theil an der Burg zu Talheim zu einem rechten Eigenthum. Der Grav aber gab sie dem Sturmfeder wieder zuruck als ein rechtes Mannlehen mit Vorbehalt der Oefnung wieder männiglich zu allen Zeiten und Nöthen, so oft der Lehenmann oder seine Erben dessen durch offne Briefe oder geschworne Räthe und Amtleute erinnert werde.

§. 38.

Machte sich nun Gr. Eberhard durch die Anzahl seiner Lehenleute und der offenen Häuser mächtig, so befand er auch vorträglich mit Bündnussen solches zu bewerkstelligen. Da seine Vorfahren immerzu von den Reichsstädten und sonderlich der ihnen so nahe gelegenen Reichsstadt Eßlingen geplagt wurden, so verbande er sich mit diser durch Eynungen, und fand sich wohl dabey. Dise Erfahrung gab ihm an die Hand die bisher nuzliche Freundschaft den 5ten November 1410. zu erneuren. Er nahm sie in seinen vollkommenen Schuz auf und versprach derselben ihren Feinden nirgends in seinem Lande Außenthalt zu gestatten. Im Fall,

Fall, wann sie oder ihre Bürger und Angehörigen widerrechtlich behandelt würden, machte er sich verbindlich ihnen beyzustehen. Auch zutheuerst in seinen Vestungen gestattete er ihnen das Oefnungsrecht. Bey einem Angrif versprach er 200. gewapneter Mann zu Hülf zu schicken und solche auf seinen Kosten zu unterhalten. Was sie sodann erobern, soll der Stadt gehören, doch, daß der Grav keinen Schaden davon habe. So wurde auch verglichen, wie es mit den Gefangenen, täglichen Kriegen, Friede machen und Zusprüchen, welche sie und die Ihrigen gegeneinander bekämen, gehalten werden solle.. Kein Theil sollte sich selbsten Recht schaffen ausser wegen verbriefter Schulden, unläugbarer Gülten, Hubgelder, Vogtrechten, Steur und Zinsen. In welchen Fällen ein Theil dem andern Pfande zur Sicherheit mit eigner Gewalt abnehmen könnte. Und nahme Gr. Eberhard in disem Bündnuß aus den Römischen König, Pfaltzgrav Stephan am Rhein und die Pfaltzgraven Ludwig, Johann, Stephan und Otten, sodann die Hertzoge Carln und Friderichen von Lotringen, und Johannsen und Friderichen die Burggraven von Nürnberg, daß er wider dieselbe der Stadt keinen Beystand zu thun schuldig wäre (1). Weil auch entzwischen Kayser Ruprecht das Zeitliche gesegnet hatte, so erneuerte sein Sohn das im Jahr 1407. gemachte Bündnuß mit Gr. Eberharden dergestalten, daß beede Herrn solches in ihrem und ihrer Geistlichen und Weltlichen Zugewandten Namen schlossen. Anmerkungswürdig ist, daß sie einander, wie in dem Marbacher Bund, wider alle diejenige, welche sie an ihren Freyheiten, Rechten, Gnaden, guten Gewohnheiten und von Kaysern und Königen erhaltenen Briefen Eintrag zu thun sich unterstünden, beyzustehen versprachen. Dann eben dises ware der Punct, welcher K. Ruprechten so anstößig schiene. Jeder Theil bekannte sich schuldig im Fall der Noth zwantzig Eleven zuzuschicken, deren jeglicher zum wenigsten einen gewapneten Knecht und drey Pferde mit ihm bringen solle. Wo aber dise Anzahl nicht zureichen wollte, so machten sie sich verbindlich nach befundenen Dingen mehrere Hülfe zu thun. Die Gefangene versprachen sie nach eines erbarn Krieges Gewohnheit zu halten. Gleichwohl waren sie befugt solche zu tödten, wann der Bundsgenosse solches bewilligte. So sollen auch die eroberte Schlösser ohne beederseitige Einverständnuß nicht zerstöret werden. Das Oefnungsrecht sagten sie einander in allen ihren Vestungen zu, und daß keiner des andern Feinde in seinen Landen dulden, noch vielweniger einige Hülfe gestatten wollte. Wann sie untereinander Strittigkeiten bekommen, so verpflichteten sie sich, daß sie solche zu keinem Krieg oder Feindschaft kommen lassen, sondern durch Austräge beylegen sollten. Es wäre dann, daß des einen Herrn Unterthanen an des andern Diener etwas, das Erb und Eigen betraffe, oder beederseitige Unterthanen aneinander zu sprechen hätten, in welch

(1) Beyl. num. 35.

Vierter Abschnitt.

welchen Fällen solche Strittigkeiten vor den Gerichten, worinn die Güter gelegen oder die Unterthanen gesessen, erörtert werden mußten (m).

§. 39.

Indessen waren die Strittigkeiten mit Marggr. Bernharden von Baden wegen ihrer Wildbänne und beederseitiger Unterthanen noch nicht beygelegt. Weßwegen beede Herrn eine Richtigkeit zu machen auf beede Graven, Ludwig und Friderich von Oetingen, Herzog Ullrichen von Teck, Grav Eberharden von Nellenburg und Gr. Emichen von Leiningen einen Anlaß gemacht, welche auch im Jahr 1413. die meiste Händel durch einen Spruch entschieden, wegen einiger aber eine Zeugenverhör erkannten. Es zeigten sich auch nunmehr in seiner Regierung andere Vortheile, weil K. Sigmund den Kayserlichen Scepter und Thron behauptete. Es ist oben schon erinnert worden, daß seine zweyte Gemahlin Elisabeth des Kaysers Schwester Tochter gewesen und bey dem Kayserlichen Hof in grossem Ansehen gestanden. Wie nun diser zuwegen gebracht, daß die Kirchenversamlung zu Costanz zu stande gekommen, ist eine bekannte Sache. Kaum war der Papst Johannes XXIII. daselbst angelangt, so wollte der Kayser selbsten auch dahin kommen. Er erreichte am Tag vor dem Christtag 1414. die Stadt Überlingen. Seine Gemahlin Barbara kam mit ihm und führte eine ansehnliche Gefürtschafft mit sich, worunter Elisabeth Königin von Bosnien und eben Grav Eberhards Gemahlin begriffen ware (n). Der Grav begleitete nebst seinem Sohn Gr. Eberharden, dem jüngern, den Kayser und hatte bey sich Johann, Freyherrn von Zimmern, Albrechten von Rechberg, Heinrich und Veiten von Rechberg, Friderichen von Freyberg, Walther von Stein, Conraden von Rechberg, Conrad und Volzen von Wertingen, welche alle Ritter waren, und aus dem gemeinen Adel Rudolphen von Westerstetten, Conrad von Westerstetten, Wilhelm von Hirnheim, Hannsen von Hornstein, Burkarden von Ellerbach, Hannß und Märklin von Hailfingen, Wolfen von Bubenhofen, Conrad von Hohenriet, Wilhelm von Gültlingen, Hannsen von Sachsenheim, genannt Dannzapf, Haugen von Beringen, Stephan von Gundelfingen, Heinrichen von Geroldeck, Hannß von Stöfeln, Freyherrn, Berchtolden von Mörsperg, Volmarn von Mansperg, Rudolphen von Baldeck, Hannsen Nothafft, Heinrichen von Werbnau, Conrad Schenken von Talheim, Heinrich, Otten und Friderich von Knöringen, Seitzen Güssen, Diepold Güssen, Haunsen von Helmstatt, Jörgen von Wellwart, Hannsen von Liechtenstein, Rudolph von Dachenhausen, Albrecht von Dachenhausen, sodann Burkart Görung und Wilhelm Berger (o).

Dise

(m) vid. Beyl. num. 36.
(n) vid. Reichenthal Act. Concil. Constant. fol. 10. & 23.
(o) ibid. pag. 224.

Dise Gesärtschafft brachte dem Graven viele Ehre. Der Papst versprach am folgenden Christtag drey Messen zu lesen, welchen der Kayser mit seinem Gefolge gern beywohnen möchte (p). Solchemnach entschloß er sich in der Nacht über den See zu fahren. Grav Eberhard und sein Sohn folgten ihm (q). Diser wird in Reichenthald und andern Beschreibungen diser Kirchenversamlung Ulrich genennt, wie auch Naucler und der Abt von Tritheim Grav Eberhards Gemahlin den Namen Annen beylegen. In beedem fehlen dise Geschichtschreiber, weil der Grav keinen andern Sohn als Eberharden den Jüngern hatte. Und daß seine Gemahlin Elisabeth geheissen, ist aus der Vermählungs-Urkunde zu erlernen. Es gieng aber Gr. Eberhard bald wieder nach Hauß um seiner Regierung obzuliegen. Dann er erliesse den 7. Februarii der Stadt Dornstetten, welche kurz zuvor schwerlich abgebrennen ware, auf 20. Jahr aller Steur und Schazung und erlaubte den Burgern daselbst auf ewige Zeiten den freyen Zug (qq). Hatte nun auf diser berühmten Versamlung die Geistlichkeit mit den Irrungen der Päpste und der so vielen in die Lehre der damaligen Christlichen Kirche eingeschlichenen Fehler vieles zu thun, so beschäfftigte sich der Kayser und weltliche Fürsten gleichmäßig neben der Aufsicht über die Handlungen der Kirchenväter mit wichtigen weltlichen Handlungen. Dann der Kayser nahm Belehnungen vor, er that die ungehorsame Fürsten in die Acht und erhöhete Gravschafften zur Würde der Herzogthümer. Dann die Gravschafft Cleve wurde in ein Herzogthum erhöhet. Maria, Herzog Johanns von Burgund Tochter und Gemahlin des damaligen Graven Adolphen von Cleve war auch in dem Gefolge und eine Lieblingin der Kayserin, wie die Grävin Elisabeth von Würtenberg. Der sonst durch seine vortreffliche Schrifften bekannte Datt (r) meldet, daß es im Werk gewesen, auch die Gravschafft Würtenberg zu einem Herzogthum zu erhöhen, und berufet sich auf ein bey dem Gotteshauß Ottenbeuren befindliches geschriebenes Tagbuch diser Kirchen-

(p) Musius lib. XXVII. p. 274. Postes cum Pontifice in die nativitatis Christi tres missas celebraturus esset, quibus Sigismundus interesse cupiebat, nec posset in vigilia nativitatis Constantiam pervenire, navigavit ex Uberlingen per lacum noctu comitantibus cum praeter alios Principes comite de Wirtenberg, Ludovico Duce Saxoniae &c.

(q) Naucler ad ann. 1414. Sigismundus Roman. Rex nondum aderat. Is v. in vigilia nativitatis domini venit in Uberlingen, quod oppidum distat milliari Allemannicum à Constantia. Sequebatur Regem Ragina. Inde Rex certiorem fecit papam de Adventu suo... noctu itaque ascendentem navet Constantiam circa mediam noctem adveni sunt rex ipse cum Barbara regina, Ciliae Comitissa, sequebatur eum Regina Bohemiae Elizabeth & Anna comitissa de Wittenberg-en Burggravia Norimbergen. nata. conf. Trithem. ad dict. ann.

(qq) vid. Beyl. num. 37.

(r) Tr. de Pace publ. c. XII. pag. 611. n. 84.

Vierter Abschnitt.

chenverſamlung (1). Es haben aber des Herrn Prälaten daſelbſt Hochwürden mich verſichern laſſen, daß in ſolchem Tagbuch nicht das geringſte davon befindlich ſeye, und nur unter den Graven auch Gr. Eberhard und ſein Sohn Ulrich von Würtenberg mit ihrem Gefolg benamſet werde. Daß ferner am Fronleichnamstag das Concilium einen groſſen Creutzgang mit den zwey Patriarchen, mit allen Cardinälen, Erzbiſchöffen, Biſchöffen und aller Pfaffheit um die Stadt zu Coſtanz gehalten, wobey gemeldet wird:

Und giengen damit unſer Herr der König, die zwo Königinen, die Herzogin von Baigern, von Clewen, die von Württenberg, all weltlich Fürſten, Herzogen, Graven, Freyen, Ritter und Knecht und alle gemeine Volk und blieſſende ſtattlich umb und umb nün Puſiuner.

Obwohl nun dem Datum hier inn etwas menſchliches begegnet und aus dem Tagbuch das Vorhaben des Kayſers die anſehnliche Gravſchafft Würtenberg zu einem Herzogthum zu erhöhen nicht erwieſen werden kan, ſo iſt doch diſes gewiß, daß verſchiedene Kayſer vor der würklichen von K. Maximilian vorgenommenen Erhöhung die Abſicht gehabt, ſolches in das Werk zu ſetzen. Kayſer Friderich III. berufte ſich auf ſolche Geſinnung ſeiner Vorfahren am Reich, als er Gr. Ulrichen den Vielgeliebten zur Ergötzlichkeit für die im Jahr 1462. von dem Pfalzgrav Fridrichen erlittene Geſängnuß und Verluſt gleiches Vorhaben hatte, darauf. Es iſt demnach nichts unwahrſcheinliches, daß Kayſer Sigmund die Gravſchafft Würtenberg zu einem Herzogthum zu machen geſucht. Nach Oſtern diſes Jahrs reyſete der Grav mit ſeiner Gemahlin wiederum nach Coſtentz. Dann es erneuerte der Kayſer dem Graven nicht allein zu Coſtentz den 12. Junii 1415. die Freyheit, daß man ihne und ſeine Diener, Mannen, Unterthanen und Schirmsverwandte für ſein Kayſerliches Hofgericht, Landgericht oder andere Gerichte laden dörffe (†), ſondern er gab auch ihm und ſeinen Erben die Erlaubnuß, offenen Aechtern in ihren Landen Auffenthalt zu geben, doch, daß ſie denen, welche ſie daſelbſt angreifen würden, das Recht nicht verſagen, ſondern darzu behülflich ſeyn ſollten,

H 2 §. 40.

(1) Der Titul diſes Tagbuchs iſt: Diarium MS. Concilii Conſtantienſis ab a. 1414. usque ad annum 1419. ob S. S. Pontificum, Cardinalium, Epiſcoporum &c. Imperatorum, Regum, &c. ſcuta gentilis coloribus adumbrata nobiliſſimum. Weil diſes allem Vermuthen nach nichts anders, als des Reichenthals Arbeit iſt, welche anno 1433. Antoni Sorg zu Augſpurg gedruckt heraus gegeben, ſo läßt ſich leicht erachten, daß Herr von der Hardt diſes Orientbeuriſchen Tagbuchs mit keinem Wort gedenke.

(†) Siehe Würtenb. Archival-Urkunden in Ritterſchafftl. cauſ. Sect. III. c. 1. num. 5. pag. 193. Burcard Württenb. Kleeblatt. pag. 148.

§. 40.

Auf eben disem Aufenthalt zu Coſtnitz wurden auch Wilhelm und Jörg von Enden mit Gr. Eberharden ausgeſöhnet. Sie hatten mit Gr. Rudolphen von Hohenberg und ſeiner Gemahlin Margrethen, einer gebohrnen Gräfin von Thierſtein einige Strittigkeiten. Allem Anſehen nach machten diſe Edelleute eine Forderung an diſen Graven, welcher ihnen nichts daſür eingeſtehen wollte. Sie griffen alſo nach damaliger Zeiten Gewonheit ſelbſten zu und verſchafften ſich mit dem Degen eine Genugthuung und fielen in die Hohenbergiſche Lande. Weil diſe an die Gravſchafft Würtenberg angräntzte, ſo griffen ſie auch in den darzugehörigen Dörfern zu, ſengten, brennten und raubten was ſie kunnten. Als die Würtenbergiſche Amtleute Einhalt thun wollten, erfrechten ſich diſe Edelleute gegen Grav Eberharden ehrenrührige Worte zu gebrauchen, und es kam auch hier zu einer offentlichen Feindſchafft, welche aber dahin vermittelt wurde, daß beede Theile ihre Strittigkeiten Pfaltzgrav Ludwigen am Rhein zur Entſcheidung überlieſſen. Diſer war auch zu Coſtanz und nahm zwen ſeiner Räthe zu ſich, welche dann den 11. Julii 1415. den Ausſpruch thaten, daß die von Ende dem Graven den Schaden erſetzen und an deſſen Statt demſelben in der nächſten Jaresfriſt einen Ritt und Dienſt mit zehen Perſonen und Pferden wohl gerüſtet zwantzig Meilen Weegs von ihrer Wohnung zu thun ſchuldig ſeyn ſollten, wohin ſie der Grav begehrte, doch, daß ſolcher Dienſt auf deſſen Koſten geſchehe. Sonſt war es gebräuchlich, daß, wann ein Diener in Verrichtung ſolcherley Dienſte einen Schaden gelitten, der Herr ſolchen zu erſetzen verbunden ware. Hier aber verſprachen die von Ende ſolchen Schaden auf ſich zu leyden. Nach diſer Verrichtung gieng Gr. Eberhard mit ſeinem Geſolge nach Hauß, nachdem ihm zuvor von dem Kayſer der Schutz und Schirm über das Cloſter Herrenalb aufgetragen worden. Es beſchwehrte ſich daſſelbe, daß es ſeiner Lage halb vielen Gefahren unterworfen ſeye, weßwegen er dem Cloſter alle ſeine Freyheiten, Rechte und Briefe, welche es von ſeinen Vorfahren erlangt hatte, beſtetigte. Inſonderheit widerholte er die Erlaubnuß das Cloſter beveſtigen zu dörfen, damit es nicht ſo leicht überfallen werden könnte. Wiewohl erſt im folgenden Jahr der Grav daſſelbe in ſeinen Schutz nahme, da Abt Conrad und der Convent gegen Grav Eberharden und ſeinen Sohn gleichen Namens ſich verſchrieben, daß ſie ſolche zu ihren Schirmern angenommen und keinen andern, ſo lang ſie lebten, erwöhlten, noch nehmen wollten (u). Dagegen er noch in eben diſem Jahr 1415. von Grav Fridrichen von Zollern, welcher nur zum Unterſchied ſeiner Brüder der ältere oder Oetinger genennet wurde, die Dörfer Meſſingen im Steinlacher Thal, Beſſan, Eſchingen, Weilheim, Dunhau und die Helfte an Hauſen und Urſingen, wie
auch

(u) vid. Beſold docum. rediv. ſub: Alba Dominorum. n. 21. pag. 175.

Vierter Abschnitt.

auch einige Theile an den Dörfern Wesingen, Sembach und Boll mit Bewilligung seines Bruders Friderichs, Domherrn zu Straßburg um 2690. fl. jedoch auf einen Widerkauf erkaufte, welches aber hernach zu vielen Strittigkeiten Anlaß gab. Dann obschon solcher Kauf den 30. Jenner 1416. vor dem Hofgericht zu Rotweil bestetiget wurde und Grav Friderich die Güter an Gr. Eberharden würklich zum Besitz übergab, so wachten doch desselben Gläubiger nur dadurch auf. Burkard von Reischach und Wolfart von Ow, der Wirtfuß genannt, machten den grösten Lermen. Sein Bruder Grav Eitelfritz von Zollern war eben so wenig damit zufrieden, so, daß es endlich zu einem Krieg kam, von welchem wir hernach Meldung thun wollen, weil unsers Grav Eberhards Enkel oder vielmehr derselben Vormundschafft damit beschäfftiget wurde.

§. 41.

Zugleich besorgte er im Jahr 1416. dasjenige, was Gr. Eberhard von Werdenberg ihm zu thun aufgetragen hatte. Die beede Gräfliche Häuser Werdenberg und Würtenberg stunden miteinander in naher Anverwandtschafft und gutem Vernehmen. Grav Eberhard von Werdenberg hatte auch das gute Vertrauen zu dem Graven von Würtenberg, daß er ihm die Vormundschafft über seine Söhne Heinrich, Hannsen, Eberhard und Ulrichen auftrug. Er verordnete in seinem letzten Willen, daß in der Kirche zu Trochtelfingen eine neue Meß sollte gestifftet werden. Diß bewerkstelligte Grav Eberhard von Würtenberg ihm selbsten und des Graven von Werdenberg Seele zu gutem. Er hatte im Jahr 1399. disem seinem Vetter die Burg und Stadt Sigmaringen mit ihrer Zugehörung, und die Dörfer Laiz, Unzlosen, Boll, Zielfingen, Sigmaringen, Ostrach, Lußheim, Limpach, Hausen, Galgreutin, Magenbuch, Kappenweiler, Hülfhofen, Talheim und Bucheim nebst den Keinhöfen Geckingen, Gemmingen, Kestler und Regnetsweiler, wie auch die Vogtey über die Clöster Heiligen-Creutzthal, Habstal, Wald und Hebingen, über die Burg und Stadt Veringen und die Dörfer Veringen, Benzingen und Harthausen um 7212. fl. verpfändet. Weil nun die Burg Sigmaringen hin und her Schaden genommen hatte, so bewilligte im Jahr 1416. Grav Eberhard von Würtenberg, daß seine Vormunds-Söhne selbige in guten Stand setzten und versprach die darauf gewandte Kosten mit 1482. fl. wiederum zu ersitzen, wann er oder die Seinige die Pfandschafft wieder einlösen würden. Wobey sich derselbe alle geist- und weltliche Lehen, es seyen Kirchen- oder Edler Leut Mannslehen, welche von den vorgenannten Herrschafften rühren, wie auch den Wildbann, ein Hülfgeld, wann er oder seine Land und Leute angegriffen würden und das Oeffnungsrecht in der Burg und Stadt Sigmaringen sich vorbehielte. In eben disem Jahr 1416. erkaufte er von Ursula Kaybin, Burkard Schillings von Canstatt Wittib und von ihren Söhnen Hannsen, Conrad, Burkart, Wilhelm und Jörgen den Schillingen das Dorf Dörnach mit den darzugehörigen Vogteyen, Gerichten, Leuten und Gütern um 1080. Pfund Heller.

§. 42.

In dem folgenden Jahr 1417. schien es, als ob er in einen Krieg verwickelt werden dörfte, womit seine Nachbarschafft bedrohet wurde, indem Pfalzgrav Otto mit Gr. Fridrichen von Zollern in Mißhelligkeiten gerieth und Gr. Eberhard selbsten auch mit dem Pfalzgraven, welchem die Städte Wildperg und Bulach damals noch gehörten, nicht in dem besten Vernehmen stunde. Er wurde aber vor dem Ausbruch diser Feindseligkeiten den 16. Maji aus der Zeitlichkeit abgefordert. In einem alten Lehenbuch finde ich von seinem Absterben folgende glaubwürdige Nachricht, wodurch die Zeit seines Hinscheidens erwiesen wird:

Anno dñi MCCCCXVII. do gieng min gnediger Herre Her Eberhart Graf zu Wirtemberg von Todeswegen ab und starb zu Geppingen an suntag vor unsers Heren Uffertag zwischen Siben und acht Uren vormittag und ward also gen Stutgard gefüret und da begraben.

Gabelkofer meldet von disem Absterben einige Umstände aus Joh. Niders Predigerordens Vicarii Buch, welches der Verfasser Formicarius betitult. Diser versichert, daß der Burgvogt zu Stuttgard dieselbe dem Provincial Prediger-Ordens in Beywesen vieler glaubwürdiger Leute erzehlet habe. Ich lasse es zwar dahin gestellet seyn, kan aber gleichwohl selbige nicht ganz unberührt lassen. Gedachter Nider erzehlet, daß Grav Eberhard zwar einigermassen unpäßlich, jedoch nicht so krank gewesen, wenigstens dem äusserlichen Ansehen nach, daß man seinen Hintritt in die Ewigkeit hätte so bald vermuthen können. Er gebrauchte das Saurwasser zu Göppingen, dessen er sich munter bediente, als einmals sein Leibarzt, welcher allem Vermuthen nach Niclaus von Schwerdt hiesse, zu ihm sagte: Gnädiger Herr, bestellen Sie dero Hauß und sorgen für dero Seele, dann Sie werden inner fünf Stunden abgefordert werden. Der Grav fragte ihn, wie das seyn könne, da doch weder er, noch der Arzt einiges Anzeigen von Todesgefahr wahrnehme. Er setzte hinzu, daß ihm einmals prophezeyet worden, daß in der nächsten Stadt ein Weibsbild zu eben der Zeit sterben würde, von welcher ihm nicht einmal bekannt seye, daß sie sich übel befinde. Der Leibarzt versicherte, daß, so viel er Nachricht hätte, eben dise Person albereits mit den Sacramenten versehen in den letzten Zügen liege. Der Grav erwiederte, daß noch ein Merkmal vor seinem Tod sich zeigen müßte, indem ein ihm und dem Leibarzt bekann-

Vierter Abschnitt.

kannter Baum zuvor umfallen würde. Auch difes ist erfüllt, sagte der Arzt, weil er heute gefallen. Worauf der Grav sich zu seinem Ende so viel möglich bereitete und wenige Stunden hernach verschiede (w). Der Leichnam wurde sodann nach Stuttgard geführet und Standesmäßig in die dasige Stiffskirche beygesetzt. Seine Sigillen, deren er sich sowohl vor dem Antritt seiner Regierung (Fig. 1.) als auch währender derselben bedienet, sind (Fig. 2. u. 3.) zu sehen. Fig. 1. 2. u. 3.

§. 43.

Es erschienen dabey sehr viele Fürsten geistlichen und weltlichen Standes, Graven, Herrn und Edelleute und besonders auch vieles Frauenzimmer, welchen meistens im Schloß und zwar jedesmals zwoen ein Zimmer angewiesen wurde, worinn auch zwey Better für sie und eines für eine Cammerfrau angerichtet waren. Die Anstellung der Wachen unter den Thoren und die Besorgung der Messen von der Geistlichkeit bekümmert mich nicht. Nur difes bemerke ich, daß bey dem Leichenconduct acht Pferde aufgeführet und das Angedenken der Graviichen Würde dem Verstorbenen zu Ehren erneuret oder nach damaliger Sprache geopfert wurden. Das erste war demjenigen gewidmet, welcher das Würtenbergische Panier führte. Auf dem andern saß ein Gewapneter, welcher das mit der Spitze unter sich gekehrte Schwerd in der Hand hatte. Das dritte Pferd ward von einem geritten, welcher mit ganzem Thurnierzeug bekleidet ware und eine Thurnierhaube und Helm auf dem Haupt hatte, worauf das Würtenbergische Wappen-Kleinod angeheftet hienge. Das vierte Pferd führte einen mit dem Stechzeug bewaffneten Mann, auf dessen Helm das Würtenbergische Wappen herabhangend sich befande, und auf dem Schild solches gemahlet war. Difer hatte eine schwarze Stange, woran eine kleine Krone herab hienge. Das fünfte war ein sogenannt Straß-Roß mit schwarzem Geräth, Trabgeschirr, Panzer und eisernen Hut. Der Knecht, welcher es führte, hatte einen untersich gekehrten Spieß mit einem schwarzen Klagfähnlein. Das sechste, ein zeltend Pferd worauf ein Knecht in schwarzem Kleid ohne einiges Zeichen ritte. Das siebende und achte Pferd wurden von Stallknechten geritten, deren jeder ein Handpferd führte, worauf die Wayd-Säcke und zwoen kreuzweise gelegte güldene Gürtel gebunden waren. In dem Zug aus der Kirche gieng zuerst das Frauenzimmer, darnach die Fürsten, Herrn, Ritter und Edelknechte. Difen folgte der Probst zu Stuttgard mit der vorhandenen Geistlichkeit und den Beschluß machten die Abgeordnete von den Städten und übrige Burgerschafft. Nach diesem gab man den anwesenden Fürsten, Herren, Bischöffen und Vorstehern der Gotteshäusern wie auch dem Frauenzimmer eine Mahlzeit. Ich habe angestanden

(w) Cruf. Part. III. lib. VI. c. 11.

den die Speisen zu benennen, deren man sich bey den Frauenzimmer- und Herren-Tafeln bedienet hat. Wer aber heut zu Tag die Hofsuppen auch bey geringen Graulichen Höfen geschmecket hat, wird sich über dem Tractament, welches bey der Beysetzung eines Graven gegeben worden, verwundern, welcher einen so prächtigen Hofstaat erhalten, daß zween Bischöffe, dreyzehen Graven und 25. Ritter und Edelknechte in seinen Diensten gestanden. Die Verwunderung wird sich vergrössern, daß geist- und weltliche Fürsten hier an den Tafeln mit andern Speisen, als das Frauenzimmer bedienet worden. Villeicht würde man mir keinen Glauben zustellen, wann ich nicht versichern könnte, daß ich hier die Speiszettel aus der Urschrifft vorlege. Dann das Tractament auf die Nacht nach der Beysetzung bestunde in folgenden Trachten:

Item des ersten ein gelb Wildprett und eine Krebssuppen.
Item das andere Essen Fisch und gesottene Hüner.
Item das dritte Essen Brates und ein Gemüeß von Ayern.
Item darnach den Herrn kleine Vögel und Milchfladen.
Item den Herrn ein schwarz Mueß von Weinbeeren.

Auf den folgenden Tag wurde abermals eine Mahlzeit gehalten. Die Frauenzimmer- und Herrentafeln wurden folgendergestalten bedient:

Item des ersten Wildpret und Kalbfleisch in einer gelben Brüh und den Herren angelettene und gesottene Hüner.
Item das ander Essen Milch-Schweinlen in einer süssen Brüh und Fisch und Reiß mit Zucker besäet und den Herren Zagelbein (d. i. Schnittlauch.)
Item das dritt essen Brates und Fladen von Ayern und von Zucker und ein Braun Mueß. Den Herren aber vergulbte essen.

So gering aber dise Speisen anscheinen, so habe ich dennoch aus den Anstalten zu solchen Tractamenten bemerket, daß nur an Hünern 3150. Stück verzehret worden. Auch zu Costanz wurde disem Herrn zu Ehren ein Leichenbegängnuß gehalten, indem Reichenthal und das in dem Closter Ottenbeuren befindliche Tagbuch melden:

Item am Mittwochen vorm Pfingstag am 26. Tag im Maigen, do begiengen die von Costenz Graff Eberhards von Würtenberg sälgen Opfer zu dem Thum und giengen die Räth zu allen Altären.

§. 44.

Daß er zwo Gemahlinen gehabt, ist schon oben gemeldet worden. Die erste ware Antonia, eine Prinzeßin von Mayland. Die Italiänische Geschichtschreiber (x) mel-

(x) Annales Mediolanenses T. XVI. scriptor. var. Ital. Muratorii.

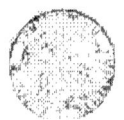

Tab. II.

ILLVSTRIS PRINCEPS ET DOMINVS DOMINVS
EBERHARDVS COMES WIRTEMBERGENSIS
DEFVNCTVS VI. NON. IVLII
MCCCCXIX.

Vierter Abschnitt.

melden von derselben, daß sie mit ungemeinem Pracht an Procopen, Marggraven von Mähren, Kayser Carls IV. Bruders Sohn vermählet worden. Solches zu widerlegen kan nichts besser dienen, als das Sigill, welches dise Gräfin Fig. 4. gebrauchet hat. Auf der Umschrifft stehet: Sigillum Antonie con itisse de Wirtenberg. Und in dem Schild führet sie auf der rechten Seite das Württembergische Wappen mit den drey Hirschgewichten, und auf der linken Hand das Mayländische Wappen, nemlich die Schlange, welche einen Menschen verschlingt. Sie gebahr ihrem Gemahl den einzigen Sohn Eberharden den jüngern und zwar nach dem Zeugnuß der Geschichtschreiber an demjenigen Tag, woran im Jahr 1388. Grav Ulrich in dem Treffen bey Weil umkam. Sie starb obgedachtermassen den 16. Mart. 1405. und wurde in der Stifftekirche zu Stuttgard beygesetzt. Der andern Gemahlin Elisabeth, einer gebohrnen Burggrävin von Nürnberg, habe ich auch schon Meldung gethan. Sie wird hin und her bey den Geschichtschreibern und in Reichenthals Tagbuch des Costnitzischen Concilii Anna genennet. Aber auch disen Irrthum widerlegt ihr noch im Jahr 1421. gebrauchtes Sigill, wo die Umschrifft sie Elisabeth, Burggrävin zu Nürnberg und Grä- Fig. 5. vin zu Würtenberg nennet. Aus disem Umstand kan man auch erweisen, wie sehr diejenige gefehlet haben, welche Grav Eberharden noch eine Gemahlin, nemlich Agnes oder Beatrix, eine Herzogin von Teck, andichten. Dann ausser dem, daß die Beatrix an einen Herrn von Heydeck und die Agnes an Grav Heinrichen von Werdenberg vermählet worden, so lebte die Elisabeth gemeldtermassen noch etliche Jahre nach ihres Gemahls Absterben. Sie erzeugte mit Gr. Eberharden eine einzige Tochter, Elisabeth, welche im Jahr 1430. mit Grav Hannsen von Werdenberg vermählet und eine Stamm-Muter der Gräflichen Häuser Hohenzollern und Fürstenberg wurde. Uebrigens aber machte sie mit ihren vielen Schulden nachmals vielen Verdruß, wodurch die Graven Ludwig und Ulrich zu einem schweren Krieg kamen.

§. 45.

Es übernahm demnach der einzige Erb, Grav Eberhard der Jüngere, die Regierung, welche gleichbalden sehr unruhig wurde. Dann er verfiel gleich nach solchem Antritt in Mühseligkeit mit Otten Herzogen von Bayern und Pfalzgraven am Rhein, welchem damals noch die Herrschafft Wildberg gehörte. Eine viersache Gelegenheit erbothe sich dazu. Die eine war, daß Grav Eberhard in dem Dorf Gültlingen den Staab zu führen sich anmaßte, weil er der oberste Schirmherr daselbst zu seyn meynte, so lang als das Dorf stunde, und zugleich den Kirchensatz da habe. Dieß Recht war in damaligen Zeiten etwas sehr beträchtliches, mithin glaubte er und seine Räthe, daß er das meiste da zu sagen habe

habe und aus disem Grund den Staab zu führen befugt seye. Pfalzgrav Ott hingegen behauptete, daß das bemeldte Dorf in seiner Landesherrlichen Obrigkeit liege und folglich ihm als dem Landesherrn der Staab gebühre. Es ist hier wohl zu bemerken, daß man auf die Landesherrliche Obrigkeit damals so gebauet, wie der welchen Grundsatz in neuern Zeiten so viele Staatslehrer und Räthe aus vorgefaßten Vorurtheilen angestoßen haben. Die andere Ursache zu einem Mißverständnuß gaben des Pfalzgraven Diener, welche zu Derdingen, einem dem Closter Herrenalb gehörigen und folglich den Graven von Würtenberg schirmverwandten Dorf eingefallen waren und nicht allein vielen Schaden gethan, sondern auch 20. Pferde weggenommen und nach Moßbach geführt hatten. Dises Moßbach gehörte zu Pfalzgrav Ottens Theil. Andreas von Weyler war Gr. Eberhards Hauptmann in diser Gegend, welcher die in seinem Kriegs-Sprengel gelegene Unterthanen wider allen Gewalt schützen sollte. Er beschwehrte sich anfänglich bey des Pfalzgraven Räthen, konnte aber keine Genugthuung erhalten. Mithin grief er auch zu und nahm dem Stifft zu Moßbach seine Einkünfte zu Sulzbach weg. Pfalzgr. Ott beschwehrte sich deßwegen bey Gr. Eberharden. Als aber diser erfuhr, warum es geschehen, so rechtfertigte er die That seines Dieners und begehrte von dem Pfalzgraven, daß dem Closter Herrenalb und dessen Unterthanen ein Ersatz gethan werden sollte. Jeder Theil wollte also Recht haben. Die dritte Ursache war, daß Albrecht von Ast, Herzog Ottens Diener, zu Bergselden mit Grobheiten gegen Conrad von Haisfingen, Grav Eberhards Diener vergienge. Die Bauren nahmen also den von Ast gefangen. Der Pfalzgrav begehrte, der Grav sollte ihn zur Gefälligkeit loß lassen und diser beharrte, daß ihm Albrecht von Ast wegen seines Verbrechens durch Urthel mit Leib und Gut verfallen seye, doch erbothe er sich gegen demselben Rechts zu seyn, wo er wolle und schlug wegen der übrigen Strittigkeiten eine Conferenz oder Tagsatzung vor. Die vierte und grösseste Strittigkeit aber war, daß Pfalzgr. Ott an Grav Friderichen den ältern von Zollern, Oettinger genannt, 2500. fl. zu fordern hatte und nichts erlangen konnte. Er griff deßwegen disen Graven mit seinem Volk feindlich an um sich selbsten Recht zu schaffen. Grav Friderichen stund Heinrich von Geroltzeck bey und dise beede waren in Grav Eberhards von Würtenberg Diensten. Es grief demnach die Feindschafft zwischen Pfalzgr. Otten und Gr. Eberharden immer weiter. Dann des erstern Diener schickten disem Feindsbriefe zu, worüber sich der Grav sehr beschwerte und an den Pfalzgraven eine Genugthuung verlangte. Diser erbothe sich zwar ihre Strittigkeiten vor Marggr. Bernharden als einem Gemeinen rechtlich oder gütlich abzuthun. Gr. Eberhard gab ihm aber keine Antwort. Indessen hatten des Pfalzgraven Diener einen Würtenbergischen Unterthanen von Sindelfingen gefangen, auf dessen

Loß-

Vierter Abschnitt.

Loßlaffung Gr. Eberhard drunge, der Pfaltzgr. aber solches nicht thun wollte, biß derselbe den von Ast loß gegeben hätte, doch schlug der Grav Churfürst Ludwigen, als einen Mittler vor. Otten war diser Vorschlag nicht anständig, ungeacht der angebottene Gemeine sein Bruder war, sondern wollte die Sache vor dessen Räthen lieber entscheiden lassen. Er beschwerte sich, daß schon Gr. Eberhards Vater und seine Diener ihm und den Seinigen Haab und Gut genommen und dem Pfaltzgraven selbst nachgestellt hätten. Als auch Gr. Fritz von Zollern ohne Verwahrung seiner Ehre d. i. ohne vorgängige Kriegsankündung am Donnerstag vor dem Christtag seine Dörfer um Wildberg und Bulach abgebrennt hätte, seyen Grav Eberhards Leute ebenmäßig dabey gewesen. Zwar bewegte Pfaltzgrav Ludwig seinen Bruder Pfaltzgr. Otten und Grav Eberharden den 7. Jan. 1418. zu einem Stillstand und Vorbereitung zur Gütlichkeit, worinn sie einander versprachen, daß von dem Sonnenaufgang am nächsten Sonntag nach Epiphaniä bis zur Sonnenaufgang des Sonntags Quasimodogeniti keine Feindseligkeiten zwischen ihnen und ihren Dienern ausgeübt werden und entzwischen sowohl Albrecht von Ast, als auch der Burger von Sindelfingen, jedoch unter Bürgschafft sich auf den Sonntag Quasimodogeniti wieder in die Gefangenschafft zu stellen, frey seyn sollen. Gr. Friderich von Zollern war in disem Waffenstillstand nicht eingeschlossen, sondern er brachte vielmehr als ein Würtenbergischer Diener andere Würtenbergische Diener auf seine Seite, daß sie dem Pfaltzgraven sogenannte Absagsbriefe zuschickten. Unter disen war Menloch von Tettlingen. Er hatte aber auch das Unglück von Pfaltzgrav Otten gefangen zu werden. Ob dise Edelleute geglaubt, daß, weil noch kein würklicher Friede geschlossen, sie indessen wohl zu Gunsten des Graven von Zollern, welchen der Stillstand nichts angienge, des Pfaltzgravens Feinde werden dörfen, weiß ich nicht. Grav Eberhard beschwerte sich über des Menlochs von Tettlingen Gefangennehmung, weil er glaubte, daß dadurch wider den Stillstand gehandelt worden wäre. Damit nun die Kriegsgefahr nicht wieder aufleben möchte, kam Churfürst Ludwig von der Pfaltz im Hornung zu Gr. Eberharden nach Tübingen. Er war von dem Kayser aufgestellt den Frieden und Ruhe in Franken, Schwaben und den Rheinlanden zu handhaben, weßwegen er sich viele Mühe gab dise Unruhe zu stillen. Er brachte auch den 25. Febr. einen neuen Stillstand zuwegen, worinn festgesetzt wurde, daß des Pfaltzgrav Ottens Diener die Würtenbergische bis 3. Wochen nach Ostern nicht mehr angreifen, Grav Eberhard hingegen des Pfaltzgravens Feinden in seinen Schlössern, Städten und Dörfern keinen Auffenthalt, Speiß, Tranck oder andere Hülfe widerfahren lassen solle. Nur Gr. Fritz von Zollern wurde ausgenommen, welchem erlaubt wurde als ein Würtenbergischer Diener auf Erfordern zu seinem Herrn zu kommen. Jedoch wurde die Bedingung hinzu gesetzt, daß er vier Tag vor und vier Tag hernach aus den Würtenbergischen Landen dem Graven keinen Schaden thun sollte. Dann die ganze Art Krieg zu führen bestunde in Streifereyen und Plackereyen. Kein Theil hatte das Herz dem andern unter die Augen zu tretten und in der Kleinigkeit eine Schlacht zu liefern. Uebrigens sollten die beederseitige Gefangne bis zu Ende des Stillstands frey seyn. Dadurch schiene wieder eine Freundschafft unter beeden Herrn hergestellt zu seyn. Pfalzgr. Ott bewunderte seinen bisherigen Feind und war begierig ihn von Person kennen zu lernen. Er ließ Gr. Eberharden einladen auf den 16. Mai, zu ihm nach Sinßheim zu kommen, damit er sich mit ihm ergötzen könnte, so wollte er ihn nachmals bis nach Brakenheim begleiten. Diser entschuldigte sich mit der Unmöglichkeit und der Pfalzgrav entschloß sich zu dem Graven zu kommen. Diser Besuch war auch von der Würkung, daß beede Herrn gute Freunde wurden. Dann Pfalzgr. Ott wollte die Stadt Sutz belagern, welche damals den Herrn von Gerolzeck gehörte, weil Jörg von Gerolzeck dem Pfalzgraven den grösten Schaden zufügte. Weil aber die übrige Herrn dises Geschlechts in Gr. Eberhardens Diensten stunden und das Hauß Würtenberg das Oeffnungsrecht in solcher Stadt hatten, so bath der Grav derselbe mit der Belagerung zu verschonen. Der Pfalzgrav ließ sich solches gefallen und dem Graven den Gruß zuentbieten: Wir wollen um Euer Liebe willen uer dann einchem Freunde, den wir haben, tun und auch volgen. Doch begehrte er, daß Jörg von Gerolzeck sich mit ihm aussöhnen solle. Die Burger zu Sulz aber verderbten die Sache. Dann sie bezeigten sich gegen dem Pfalzgraven als die abgesagteste Feinde und diser wurde dennoch gedrungen dieselbe zu belagern. Man warnete zwar die Würtenbergische Unterthanen den Sulzern keine Zufuhr noch Hülfe zu thun, weil es sonst leicht geschehen könnte, daß sie zu Schaden kämen: Nichts destoweniger wurden selbige von des Pfalzgraven Hauptleuten und Dienern sehr hart mitgenommen. Sie mußten ihre Häuser und Dörfer im Brand sehen aufgehen. Man beraubte und plünderte sie. Pfalzgrav Ludwig suchte noch dises Feuer zu dämpfen. Er veranlaßte eine Zusamenkunft zu Bretheim, wo den 4. September, 1418. ein Friede sowohl zwischen Pfalzgraven Otten und dem Graven von Würtenberg als auch dem Graven von Zollern gestiftet wurde, in welchem die Partheyen einander versprachen von allen Feindseligkeiten abzustehen und den Entscheid ihrer Strittigkeiten Austrags-Richtern zu überlassen. Schenk Eberhard von Erpach, als ein Churpfälzischer Rath wurde zu einem Obmann beliebet, zu welchem Pfalzgr. Ott Schenk Conraden von Erpach und Joß München von Rosenberg, Grav Eberhard aber Stephan von Gundelfingen einen Freyherrn und Rudolfen von Fridingen als Schiedsleute setzten. Doch verzoge sich solches bis auf den Mittwoch vor Pfingsten (den 1. Junii) 1419. Der Grav von Zollern wurde schuldig erkannt

Vierter Abschnitt.

erkannt dem Pfalzgraven auf gewisse Maas die 2500. fl. zu bezahlen und sonst dem Graven von Würtenberg den mit Brand, Raub und andern zugefügten Schaden zu ersetzen. Alle Gefangene wurden nochmals losgelassen. Wegen des Dorfs Göltlingen wurde demjenigen der Staab zugesprochen, welchem die Stadt Wildberg zugehörte und mithin die Landesherrliche Obrigkeit zum Grund geleget. Wegen des Geleits und des Hauses Nordorf sollte Kundschafft erhört und von jedem Herrn sieben edle Leute mitgebracht werden, welche die Kundschafft sagen könnten. Zu welchem Ende eine Tagsatzung zu Heylbronn auf den 26. Julii 1419. gehalten und daselbst die Strittigkeiten der beederseitigen Diener beygeleget werden sollten. Es währete demnach diser Krieg durch die gantze Regierung Grav Eberhards, welcher auch das Ende desselben nicht einmal erlebte, weil er den 2. Julii vor diser Tagsatzung das Zeitliche segnete.

§. 46.

Nebst diser Unruhe war eines seiner ersten Geschäfften, daß er sich der Treue seiner Lehenleute versicherte, welche in den ersten Monaten ihre Lehen empfiengen und dabey ihm huldigten. Nachdem dises geschehen, so verfügte er sich selbsten zu dem Kayser nach Costanz, um auch daselbst seine vom Reich rührende Lehen zu empfangen. Welche Belehnung deßwegen anmerkungswürdig ist, weil bisher die Kayser gewohnt waren den Graven von Würtenberg ihre habende Lande, sie mochten Lehen oder eigen seyn, und zugleich auch ihre Rechte, Freyheiten und Gewonheiten zu bestätigen. Diesmal aber gieng eine förmliche Belehnung vor, daß Gr. Eberhard nur die vom Reich rührende Lehen und die damit verknüpfte Rechte und Regalien empfienge ohne der eigenthumlichen Herrschafften und Güter mit einem Wort in dem Lehenbrief zu gedenken, oder sich seine Freyheiten erneuren zu lassen. Nur bathe er sich von dem Kayser eine Erklärung über die von demselben den Graven von Würtenberg gegebene Freyheit für ausländische Gerichte aus. Dann es wollten einige Kayserliche Hof- und Landgerichte das vor zwey Jahren gegebene Privilegium dahin ausdeuten, daß zwar die Graven von Würtenberg und ihre Diener, Mannen, Schirmsverwandte und andere, welche sie zu versprechen hatten, von dem Gerichtszwang der Hof- und Landgerichte befreyet seyen, solches aber nicht von ihren Leuten, Haab und Gütern verstanden werden könne. Der Kayser erklärte also diese Freyheit dahin, daß seine Meynung niemals anders gewesen, als daß auch die Leute, Haab und Güter der Graven und seiner Diener, Mannen und Zugewandten darunter begriffen seyn sollten (y). Und in disem Brief nahm der Kayser erst Gelegenheit dem Graven alle von seinen

(y) Siehe Burkards Würtenb. Kleeblatt. pag. 151. n. XI. Würtenb. Archival-Urkunden. Sect. III. c. 2. num. 6. pag. 195.

Vorfahren am Reich gegebene Freyheiten, Privilegien, Gnaden, Briefe und Handvesten zu bestetigen. Auch der Gewonheiten und des guten Herkommens wird darinn gedacht zum bedencklichen Beweiß, daß Fürsten und Graven nicht alle ihre Landesherrliche Rechte und Regalien durch Kayserliche Vergönnungen, sondern auch durch das alte Herkommen und Gebrauch derselben erlanget haben (z). Zu gleicher Zeit schickte Gr. Eberhard die beede Ritter Wernher Nothafften und Hannß Stadion nach Prag um auch die von der Cron Böheim rührende Lehen in seinem Namen zu empfangen. Was die Belehnung aufgehalten, ist unbekandt. Sie geschahe erst am 4. Merzen des Jahres 1418. Aus dem Lehenbrief ist aber abzunehmen, daß sich K. Wenzlau der Kayserlichen Würde nicht begeben, indem er sich noch einen Römischen König und Mehrer des Reichs in dem Lehenbrief nennte, und nichts destoweniger, ob ihn schon sein Vasall nicht dafür erkannte, ihn belehnete.

§. 47.

Uebrigens folgte auch diser Grav dem Vorgang seiner Vorfahren mit Vermehrung seiner Lande. Den Anfang machte er im Jahr 1417. als Heinrich Truchseß von Waldeck, genannt von Altpur an denselben alle seine Korn- Heller- Wein- und Hünergülten zu Dachtel, Wimberg, Entsingen, Lengenfeld- oder Leinfelden und an andern Orten nebst seinen eignen Leuten auf dem Wald verkaufte. Worauf ein anderer Heinrich Truchseß und Conrad seines Bruders-Sohn alle ihre Rechte an Leuten und Gütern, welche zu der Burg Waldeck gehören, nebst den Kirchensätzen zu Gechingen und Dachtel und ihren geist- und weltlichen Lehen an den Graven überließen, dabey aber dennoch die Vestin Waldeck und den Weyler Liebelsperg sich vorbehielten. Disen folgten ihre Vettern Heinrich der junge und Tristram von Waldeck, welche auch einige Gefälle in vorbemeldten Orten hatten. Rafan Hofwart verkaufte damals seinen Antheil an dem Dorf Dachtel, wie solcher von Reinhard Truchsessen von Waldeck ihm angefallen ware. Hannßen und Ulrichen von Altheim mochte beschwerlich gefallen seyn mit einem grössern in einer Gemeinschafft zu stehen. Sie entschlossen sich deßwegen alle ihre Rechte, Gewaltsame und Nutzung an dem Dorf Dachtel im Jahr 1418. an Gr. Eberharden zu verkaufen. In dem nemlichen Jahr übergab Wernher Schenk demselben die Kirche und den Kirchensatz zu Erpfingen, ohne daß man weißt, ob solche Uebergab durch einen Kauf oder auf andere Weise geschehen seye. Von Abt Conrad und dem Convent zu Bebenhausen erhandelte Gr. Eberhard in disem Jahr den sechsten Theil an der Vogtey zu Taisfingen im Herrenberger-Amt, wofür er ihnen einige Scheffel Rocken- und Habern-steuren

(z) Halthans Glossar. Germ. pag. 896. & 898.

Vierter Abschnitt.

steuren aus ihren Höfen zu Kornwestheim und Zuffenhausen und einige Beschwerden aus ihren Gütern zu Stuttgard nachliesse. Nicht weniger erkaufte er von Gumpolten von Gültlingen alle seine Antheile an dem Dorf Ottenhausen um 873. fl. und von Conrad von Höllnstein das Dorf Thieringen mit dem Kirchensatz, Zehenden und Widumben, wie auch die beede Dörfer Hosingen und Messtetten mit Leuten, Gütern, Diensten, Fällen, Vogteyen, Vogtrechten und allen Zugehörden um 2000. Pf. Hlr. Anmerkungswürdig aber ist, daß Schultheiß, Richter und die Gemeinde zu Gruibingen an Gr. Eberharden das halbe Gericht über solches Dorf, welches sie für eigen gehabt, übergeben haben unter der Bedingung, daß der Grav dieselbe bey ihren Rügungen, Einungen und Gewohnheiten bleiben lassen solle. Im folgenden Jahr 1419. verkaufte Eberhard von Neuhausen seinen Theil an dem Dorf Aderspach an Gr. Eberharden, wobey er des Ausdrucks sich bediente, daß es zu einer Zeit geschehe, da er noch wohl reuten vnd gehen mochte, welches zu der alten teutschen Rechtslehre gehöret. An dem Dorf Böringen auf der Alb hatten die Graven von Würtenberg schon von vielen Jahrenher einigen Theil. Aber im Jahr 1419. überliessen an Grav Eberharden Heinrich Spät von Frickenhausen und Heinrich Pfeler ihren achten Theil am Gericht daselbst und die drey Gebrüder Hanß, Conrad und Heinrich von Hofen ebenfalls einen achten Theil. Man kan aus dem Kauffschilling ersehen, daß beede Antheile von geringer Wichtigkeit gewesen, indem erstere nicht mehr als 20. und letztere nur 40. Pfund Heller dafür erhielten. Ich weiß nicht, ob hieher auch zu rechnen, daß er Elisabethen, Schenck Friderichs von Limpurg Wittib und ihrem Sohn Schenk Conraden erlaubt die halbe Vestin Lorbach, welche von der Graffschaft Würtenberg zu Lehen rührte, zu verkauffen: dagegen dise Lehenleute die halbe Vestin Ober-Leinbach und das halbe Dorf Welzheim dem Lehen-Hof einverleibten. Es ist demnach dardurch das Land nicht vermehret worden. Noch weniger kan man disen Ersatz für ein aufgetragen Lehen gelten lassen, indem nur ein Tausch damit vorgegangen. Wie dem aber seye, so verdienet die Handlung darum bemerket zu werden, weil dises Lehen nunmehr zu Anfang dises Jahrhunderts heimgefallen und ein Theil des Herzogthums Würtenberg worden.

§. 48.

Nach dem Beyspiel seines Herrn Vaters suchte er die Ruhe und Sicherheit seiner Lande durch Bündnuße zu bevestigen, und zwar vornehmlich mit den Reichsstädten. Dann mit dem Churfürsten zu Maynz, mit Pfalzgrav Ludwigen, den Herzogen von Bayern und Oesterreich stund er ohnehin in guter Freundschaft. Solchemnach machte er zu End des Jahrs 1417. eine sogenannte Eynung mit den

den Reichsstädten Ulm, Memmingen, Gmünd, Biberach, Kaufbeuren, Kempten, Weyl, Leutkirch, Giengen und Aalen, sodann auch besonders mit der Stadt Strasburg und Reutlingen. Ich habe zwar von derselben nirgends eine gründliche Nachricht finden können, als in Herr Steinhofers Würtenbergischen Chronik, wo ein Auszug von den darinn enthaltenen Puncten mitgetheilet worden. Und auch an dessen Glaubwürdigkeit hätte sich erhebliche Ursachen zu zweifelen, wann nicht Grav Eberhard in dem Bündnuß, welches er im Jahr 1418. zu Kirchheim mit der Reichsstadt Eßlingen gemacht, die Stadt Ulm und andere Reichsstädte in Schwaben ausdrücklich ausgenommen hätte, daß er wider dieselbe der Stadt Eßlingen keinen Beystand zu thun vorbehielte, und dabey die Ursach anführte, daß solche Städte zu ihm gehörten, d. i. mit ihm verbündet wären. Dise Allianz war nur eine Erneurung von derjenigen, welche schon im Jahr 1410. von seinem Herrn Vater errichtet worden (a). Der Neben Abschied hingegen verdienet bemerket zu werden, weil daraus abzunehmen, daß Kayser Sigmund der Stadt Eßlingen und vielleicht auch andern Reichsstädten einige Freyheiten und Rechte, von welchen sie keinen andern Grund als das Herkommen anzeigen konnten, benehmen wollen. Ich habe schon gezeiget, daß diejenige sehr irren, welche sich die Gedanken machen, als ob die Reichsfürsten und Stände ihre Gerechtsamen alleinig den Kayserlichen Gnadenbriefen zu danken hätten, da sie sich solche meistens durch den Gebrauch erworben haben, weil die Umstände ihrer Regierung selbige einzuführen oder derer sich zu bedienen erforderten. Stiffter und Reichsstädte mußten schon den Kayern mehrers in die Hande sehen und bald dise, bald eine andere Freyheit von denselben erbitten. Nichts destoweniger maßten sie sich selbsten nach und nach Gerechtsamen an und folgten dem Beyspiel der Fürsten. Sonderlich waren die Umstände des vierzehenden Jahrhunderts ihnen hierinn günstig. Niemals waren sie mächtiger, als damals. Kayser Ruprecht scheinet die Absicht geführet zu haben, sowohl die Fürsten, als auch die Städte deßfalls zur Rechenschafft zu ziehen. Kayser Sigmund mag solches ebenmäßig ersprießlich erachtet haben. Gr. Eberhard deutet ziemlichermaßen darauf, als ob der Kayser vorgehabt sie darum zu Rede zu stellen und mit Gewalt dasjenige ihnen wieder abzunehmen, was sie sich eigennützig angemaßt haben. Er thut aber nur der Freyheiten und Rechte Meldung, welche die Stadt Eßlingen mit guter Gewonheit hergebracht hat. In deem Fall nun versprach der Grav, wann sie der Kayser deßwegen bekriegen, angreifen oder beschädigen wollte, demselben nicht beyzustehen, sondern ihnen freyen Handel und Wandel in seinem Land zu gestatten. Was sich auch in seinen Städten und Schlössern von ihrem Haab und Gut befinden würde, das sollte in guter Sicherheit bleiben,

(a) vid. Beyl. num. 38.

Vierter Abschnitt.

Wollte aber der Kayser solches ansprechen und die Herausgabe verlangen, so versprach er solches nicht eher zu thun, biß es die Churfürsten billigten. Und wann auch diße erkennten, daß er als ein Reichsfürst dem Kayser Hülfe zu thun schuldig wäre, so machte er sich verbindlich solches einen Monatlang anstehen zu laßen, biß sie ihr Gut aus seinen Städten in ihre Gewahrsame gebracht hätten. Unerachtet auch alles dessen sollte dennoch das Bündnuß nicht aufgehoben seyn sondern in seinen Kräften verbleiben (b). Wie dann auch Gr. Eberhard gleichmäßige Verschreibung gegen den vorgedachten Reichsstädten in Schwaben ausgestellet hatte (c).

§. 49.

So gut aber diße Regierung eingerichtet ware, so kurz baurete sie. Dann als Gr. Eberhard sich zu Ende des Brachmonats zu Waiblingen aufhielte, wurde er von einer damals einreissenden Kranckheit ergriffen, welche ihn den 2. Julii 1419. in die Ewigkeit versetzte. Wann er derjenige Grav ist, welcher an dem Tag da sein Großvater Gr. Ulrich in der Schlacht bey Weyl um das Leben gekommen, gebohren worden, wie es sehr glaublich ist, so müste er nicht länger als 31. Jahr gelebet haben. Daß er im Jahr 1397. mit des letzten Graven von Mömpelgard Tochter Henrietten verlobet worden, ist schon oben angezeiget worden. Wann diese würkliche Vermählung geschehen seye, ist unbekandt, so viel aber gewiß, daß es noch etliche Jahre angestanden. Er erzeugte mit derselben zween Söhne, Ludwigen und Ulrichen und eine Tochter, welche allem Ansehen nach älter als ihre Brüder gewesen. Sie wurde im Jahr 1420. an Grav Philippsen, einen Sohn Grav Johannsen von Katzenelnbogen vermählet, da beede gedachte Graven Ludwig und Ulrich noch sehr minderjährig waren. Aber sie lebte sehr mißvergnügt in diser Ehe, daß Gr. Philipps sie endlich nach Hauß zu schiken dienlich erachtete, und Gr. Ulrich ihro das Schloß zu Waiblingen einraumete, wo sie auch ohne mit ihrem Gemahl ausgesöhnet zu werden das Zeitliche verließ. Es hat aber das Ansehen, daß diße Tochter von ihrer Muter eine Unart abgelernet den Ehgemahlen mit einer Sprödigkeit zu begegnen. Eine unanständige Herrschsucht plagte beedes Frauenzimmer. Daraus entstunden bey beeden mißvergnügte Ehen. Dann aus einem Schreiben, welches Pfalzgr. Ludwig an Gr. Eberharden und an einige seiner Räthe, nemlich an den Würtenbergischen Hofmeister Hannsen Sturmfeder, Ulrichen von Liechtenstein und Hannsen von Sachsenheim den 5. Martii 1418. abgehen ließ, kan man abnehmen, daß Gr. Eberhard seine Gemahlin von sich gelassen, weil sie sich nicht nach seinem Willen und mit gebührender Freundlichkeit richten wollen. Der Churfürst erbothe

(b) Bayl. num. 39.
(c) Steinhofer Würtemb. Chronik. part. II. pag. 665.

bothe sich zur Vermittelung, und hatte es bey der Heuriette schon so weit gebracht, daß sie ihm Hoffnung machte ihre Sprödigkeit hintanzusetzen. Nur war Gr. Eberhard so aufgebracht, daß er sie nun seine Ungnade auch wollte empfinden lassen, und so leicht nicht nachzugeben sich entschloß. Er antwortete auch dem Churfürsten nicht auf seine Anmuthung. Diser wollte seine Vermittelung dem Graven gwar nicht auftringen, schrieb aber doch an die obgedachte drey Räthe. Darum so wöllend daran seyn, daß unser Oheim die vorgenannte unsere Muhmen zu seinen Hulden uffnehme. Wann wir auch hoffen, daß sie sich nach seinem Willen freundlich richten solle, das dunke uns fast gut und für den egenanten unsern Oheim seyn, Wann mancherley Reden davon gehen, die Wir nicht gern hören, und was wir auch hierinnen suchen oder thun, das thun wir dem egenannten unserm Oheim zu Willen und Liebe. Hätte aber unser Oheym hiran einen Mißfallen, das wir doch nicht getrauwen, so wollten wir es lieber unterwegen lassen rc. Daß sie einen unruhigen Geist gehabt, wird man aus der Folge diser Geschichte erlernen, daß auch ihre Söhne genöthiget wurden sie in eine Verwahrung zu setzen. Töchtern, welche gleiche Gesinnungen mit ihren Eltern haben, werden von disen zärtlicher geliebet. Henriette wollte ihren Söhnen alles entziehen und ihrer Tochter Annen zuwenden, weil sie der Muter Lehren und Beyspiel wohl gefasset hatte. Uebrigens führte sie ein artiges Sigill, worinn neben dem Wappen in den Zieraten En-
Fig. 6. gel, Drachen und Fledermäuse in einer Gesellschaft stehen.

§. 50.

Uebrigens ist von disem Grav Eberharden noch anzumerken, daß er der erste gewesen, welcher auf dem Mundloch des Jägerhorns auf dem Helm die drey Federbüsche aufgestellet und auch die Schildhalter, nemlich einen haarigten wilden Mann auf der rechten, und ein solch Weib auf der linken Hand gebraucht
Fig. 7. hat. Unerachtet er aber mit der Gravschafft Mömpelgard belehnet war, so führte er doch das Wappen noch nicht in dem Schild, weil er bisher noch kein Eigenthum über dise Graf- und Herrschafften, sondern sie nur als ein Träger im Namen seiner Gemahlin empfangen hatte: dagegen nach dem Absterben derselben ihre Söhne erst das Wappen der Gravschafft Mömpelgard in dem Schild zu führen anfiengen. Aber noch eines ist übrig, daß Grav Eberhard der ältere, oder Milde in der Stifftskirche zu Stuttgard an seinem Bildnuß mit dem güldeTab.1. nen Fell oder Vlüeß an dem Halß hangend zu sehen ist. Es verdienet dises eine Betrachtung. Dann soviel ich noch von disem Orden und dessen Ursprung gelesen habe, so kommen die Französische Geschichtschreiber, welche es eben nach ihrer
flüchti-

Vierter Abschnitt.

flüchtigen Gewohnheit nicht so genau nehmen, darinn überein, daß Herzog Philipp der gütige im Jahr 1429. oder 1430. selbigen gestiftet habe, weil er mit einer grossen Heeres-Macht einen Feldzug wider die Türken zu thun sich entschlossen hatte oder das Beylager mit der Portugisischen Prinzeßin Isabella verherrlichen wollte. Es scheint demnach, daß der Bildhauer einen Fehler hierinn begangen und vielleicht Herzog Eberharden mit dem Bart mit disem unserm Gr. Eberharden vermenget habe. Dann dises ist richtig, daß ersterer mit disem Orden begabet worden. Wahr ist auch, daß die Bildnüsse der samtlichen in der Stiftskirche befindlichen Graben von Würtenberg, wie sie jetzo da stehen, erst um das Jahr 1580. gemacht worden. Es ist aber auch daben zu bemerken, daß vorhero schon Bildnuße da gestanden, aber verdorben und die neuere nach derselben Model gemacht worden. Ich habe auch mit Fleiß eben die alte Bildnuße, ehe sie erneuert, aber doch in alten Kupferstichen das Angedenken beybehalten worden, in denen Zeichnungen gebraucht, welche durch dises ganze Buch zu finden sind. Die Hauptsache kommt auf die Zeit an, wann der Orden errichtet worden. Die Französische Geschichtschreiber, welche von dessen Ursprung etwas gemeldet, haben denselben auf obgemeldte Zeit gesetzt. Sie geben, wie gedacht, Herzog Philippen den gütigen von Burgund für den Stifter an, da Grav Eberhard der Milde freylich nach der Französischen Geschichtschreiber vorgeben unmöglich denselben schon führen können. Carion hingegen oder Caspar Peucer, Melanchtonis Tochtermann, von welchem keine Vermuthung da seyn kan, daß er solche Sachen ohne gehabten Beweiß in den Tag hinein geschrieben habe, weil er sonsten in den Geschichten sich glaubwürdig gemacht, setzet den Ursprung des Ordens etliche Jahre weiter hinauß und macht Herzog Johaan den unerschrockenen von Burgund, einen Vater des gedachten Philippsen zu einem Stifter. Die Gelegenheit darzu scheinet ganz glaubwürdig. Dann diser Johann führte die Französische Hülfsvölker unter dem Namen eines Herzogen von Nevers wider die Türken nach Ungarn. Er wurde nebst dem Kern des Französischen Adels in der berühmten Schlacht bey Nicopolis gefangen. Der meiste Theil hatte das Unglück in Stücken gehauen zu werden. Johann aber wurde nach Prusia, des Sultans Residenz ohnweit dem Hellespont in Natolien, geführet. Er und einige andere Französische Herrn wurden mit einer Summe von 200000. Ducaten ranzioniert. Als er nach Hauß kam und die Regierung antratt, stiftete er disen Orden zum Angedenken seiner Gefangenschafft. Er verordnete, daß die Ordens-Glieder eine güldene Kette, deren Glaich eckigt mit Feuersteine seyn und ein Andreas-Creuz vorstellen sollten, woran ein gülden Fell eines Widders hängen sollte. Dann er erinnerte sich dadurch des Ortes seiner Gefangenschafft, wo der Königliche Prinz Phrexus und seine Schwester Helle vermittelst eines vom Him-

viel geschickten güldenen Widders der Schlachtung zu einem Opfer entgangen und über den Hellespont geflohen, der Apostel Andräas aber das Evangelium geprediget haben solle. Weßwegen auch diser Apostel zum Patronen des Ordens erwählt und das Fest desselben von den Rittern besonders zu feyren verordnet worden. Er wurde durch einen Sternverständigen, dessen Name Astolgandus geheissen haben solle, versichert, daß ein Prinz, welcher Feuer auf der Brust trüge, den Türken besiegen würde (cc). Weil er nun durch eine grosse Summe Goldes von der Gefangenschafft erlöset und von dem Sultan ihm erlaubet wurde seine Gefangenschaft zu rächen (d), so ist in der That wahrscheinlicher, daß, da die Symbolische Vorstellung dises Ordens, Zeichen nach allen ihren Umständen dem Herzog Johann von Burgund viel gemässer waren, als seinem Sohn, auch derselbe der eigentliche Stiffter dises Ordens gewesen. Bey welchen Umständen gar wohl möglich ware, daß Gr. Eberhard der gütige auch mit disem Orden beehret worden. Er hatte sich durch seine kluge und tapfere Regierung einen grossen Ruhm erworben und des Ordens würdig gemacht. Durch die Prinzessin Henriette, seines Sohns Gemahlin, welche eine Vasallin von Herzog Johann ware, wurde er demselben bekannt und vielleicht war er bey Besitznehmung der Grafschaft und Belehnung, als ihr Träger, an dem Hoflager desselben. Ich bin dabey nicht in Abrede, daß Herzog Philipp bey seinem vorhabenden Türkenzug disen Orden erneuret oder in seine rechte Gestalt gebracht habe und in diesem Absehen ein Stiffter seyn könne.
Fünfter

(cc) Cuspinianus in Genealogia Auſtriaca hunc ordinem aurei velleris A. C. 1417. coepiſſe ſcribit à Duce Johanne Philippi Audacis filio. vid. Joach. Hildebrandi diſſ. de Religioſis eorumque ordinibus variis. p. 69. Carionis Chron. cum addit. Peuceri. ed. 1566. p. 173. Victor Johannem cum captivis quinque Pruſſum deduci ibique cuſtodiri præcepit. Sed redemptis ducentorum millium aureorum pretio reditum conceſſit, pecuniam Jacobo Mityleneorum Principe folvente. Reverſus domum Johannes in memoriam captivitatis familiam militarem inſtituit, certis inter ſe legibus & officiis devinctam. Cujus qui ſocii ſunt pro ſymbolo geſtant torquem auream concatenatam non annulis rotundis, ſed angulosis nexibus formatis ad eam ſpeciem, quæ ferramenti eſt, quo ignis ex ſilicibus excutitur, ſed transverſo poſitis inter ſe coaptatis, ut figuram crucis S. Andreæ exprimant, illisque annexa & ſubtus aurei velleris effigie pendente. Sciliſet, quod iis in locis exulaſſet, in quibus fama docuit Aureum vellus ab Jaſone quæſitum & S. Andreæ Petri fratrem concionatum eſſe & quod antea id bellum ab Aſtrologo alludente ad inſignia ferri excuſſorii cum ſilice prædictum meminerat. Turcarum fore victorem Principem, qui ignem in pectore geſtaret.

(d) vid. Froiſſardi hiſtor. lib. IV. ad ann. 1397. Ab eo tempore Rex Baſan familiarius habere coepit Gallos & converſus ad Burgundi filium: ſatis, inquit, animadverto, magnis & illuſtribus te procreatum eſſe parentibus & in ſumma hominis expectatione vivere, cumque ſis in hoc ætatis flore, non parum tibi dolere poſſit, quod in iſtud malum incideris: ad cujus infamiam & triſtem recordationem abolendam fieri poteſt, ut aliquando rurſus in me arma capias. Et quamquam belli jure mihi ſit integrum, obſtringere te ſociosque tuos, ut hoc vobis non liceat: nunquam tamen id fecero, quin potius permitto, non tibi ſolum, ſed quibusvis aliis, ut domum reverſi quolibet tempore collectis viribus denuo mihi bellum inferatis. Eo namque ſum animo & mentis robore, tum ea fortuna, ut adverſa arma non exhorreſcam. Hoc adeo licebit, tuis meo nomine libere dicas.

Fünfter Abschnitt.

Von der Regierung Grav Ludwigs und Ulrichs.

§. 1.

Nachdem also Grav Eberhard, der jüngere genannt, den 2. Julij 1419. das Zeitliche verlassen hatte (dd), nahm sich sogleich dessen Wittib, die Henriette von Mömpelgard der Vormundschafftlichen Regierung an. Dann ihre beede Söhne Ludwig und Ulrich waren noch sehr minderjährig. Wann sie gebohren worden, weißt man nicht eigentlich zu bestimmen. Gleichwohl führte sie die Regierung nicht allein, sondern sie hatte ihre Räthe, ohne deren Mitwürkung nichts hauptsächliches vorgenommen werden konnte. Ich finde, daß damals folgende gewesen: Siafrid, Abt zu Elwangen, Ulrich Herzog zu Teck, Grav Rudolph von Sulz, Friderich Grav von Helfenstein, Heinrich Grav zu Löwen-

---

(dd) *Hermann. Mscrr. ad ann.* 1419. Anno domini MCCCCXIX. obiit spectabilis dominus I Leihardus Junior comes de Wirtenberg. filius prescripti Eberhardi comitis. Hic habuit uxorem nomine Heinricsam, filiam comitis de Mumpelgart, quæ generavit ei duos filios, quorum primus vocabatur Ludwicus & junior Ulricus Comites de Wirtenberg & unam filiam, quæ copulata fuit comiti de Katzenelnbogen.

Löwenstein, Stephan von Gundelfingen, Johann von Zimmern, Herzog Reinold von Urslingen, Albrecht und Heinrich von Rechberg, Friderich von Freyberg, Hanns von Stadion, Hofmeister, Wernher Nothafft, Conrad von Stamheim, Hermann von Sachsenheim, welche alle Ritter waren, sodann Heinrich von Gültingen, der ältere, Hanns Truchses von Höfingen der älter, Ulrich von Liechtenstein, Gumpolt von Gültingen, Hanns von Sachsenheim, Rudolph von Fridingen, Volmar von Manßperg, Burkart von Gertringen, Albrecht von Neuneck, Bertholt von Sachsenheim, Gottfried von Menßheim, Fritz von Liebenstein, und Hanns Truchses von Bichißhausen. Dise waren alle der Gravschaft Würtenberg angesessen oder mit Schutz derselben verwandt, oder sonsten so verbunden, daß ihnen an derselben Erhaltung selbst viel gelegen seyn mußte, weil ihre eigene Wohlfart davon abhienge. Gleichwohl getraueten sie sich nicht mit der Grävin ohne der nächsten Anverwandten Einwilligung die Vormundschaft zu übernehmen. Dise waren die beede Fürstliche Häuser Oesterreich und Bayern, welche von der Antonia her, Grav Eberhards des Milden erster Gemahlin, in naher Freundschaft stunden. Dann der Antonien ältere Schwester Viridis ware an Herzog Leopolden von Oesterreich und eine andere Thaddea an Stephan den jüngern Herzog von Bayern und Magdalena ebenfalls an einen Herzog von Bayern, Friderichen zu Landshut vermählet. Dise Häuser versprachen auch die Henriette und die Vormundsräthe dabey zu handhaben. Nichts destoweniger meldete sich auch Herzog Carl von Lothringen die Vormundschaft zu führen. Man konnte sich leicht vorstellen, daß es ihme nicht um die Minderjährigen Graven Wohlfart zu thun gewesen, sondern, daß er oder vielmehr einige seiner Räthe einen Vortheil darunter gesucht haben. Dann dise wissen sich einer solchen Gelegenheit besser, als ein Herr zu nutzen zu machen. Man spiegelt einem Herrn die Ehre und einen Nutzen vor. Den letztern genieset ein Herr nicht, sondern die Räthe finden allerley Vorwand sich dadurch zu bereichern. Der Herzog schrieb also an die Grävin Henriette und ihre Vormundschaftsräthe und begehrte, daß er als der nächste Schwerdtmag von dem Hauß Würtenberg zu der Vormundschaft zugelassen werden möchte. Dise ließen sich darüber nicht ein, ob derselbe in solcher Anverwandtschaft stünde, daß er zu der Vormundschaft eine Ansprach machen könnte. Sie gaben ihm nur zu verstehen, daß sie sich getrauten dieselbe so zu führen, daß sie Ehre und Dank davon aufzuheben hofften. Allein der Herzog war mit diser Antwort nicht befriediget. Er wußte, daß Pfalzgrav Ludwig mit dem Hauß Würtenberg in sehr gutem vernehmen stunde. Mithin wandte er sich an disen Churfürsten die Grävin und die Räthe dahin zu vermögen, daß sie ihm in seiner Ansprache willfahren möchten. Er antwortete ihm aber auf gleiche Weise und versicherte ihn, wie er selbst da-

von

Fünfter Abschnitt.

von Zeug seyn könnte, daß die Vormundschaft sehr wohl verwaltet würde, indem er in Person zu Stutgard gewesen wäre, als er seine Tochter Mechtilden an den ältesten Graven Ludwig verlobet hätte. Da der Herzog auch hier keine vortheilhafte Antwort erhielte, so suchte er Kayser Sigmunden zu gewinnen. Hier fand er einiges Gehör. Dann der Kayser befahl der Grävin und Vormundschaffts-Räthen sich mit dem Herzogen so zu vergleichen, daß er nicht genöthigt würde sein Ansehen zu gebrauchen. Dise waren aber standhaft und stellten vor, wie die Oesterreichische und Bayrische Häuser als nähere verwandte allbereit der Vormundschaft sich verzigen und ihnen allen Beystand wider männiglichs Ansprache versprochen hätten. Er seye zwar auf Seiten des Würtenbergischen Stammens der nächste, weil er aber einestheils auch nur von einer Würtenbergischen Tochter abstamme und dabey anderntheils viel weiter als vorgedachte Häuser in der Verwandtschafft stehe, indem er des Anherrns der beeden minderjährigen Graven Geschwistrigtkind, dise aber mit denselben würklich nur im zweyten Grad verwandt seyen, so könnten sie sich nicht vorstellen, daß Herzog Carl sich einiges Recht anmassen könnte. Die Grävin seye verbunden und erböthig als Muter ihrer Söhne Bestes zu beobachten und die Räthe seyen alle mit Gütern in der Grafschafft Würtenberg ansäßig, daß sie auch diserhalb neben ihrer eigenen auch der jungen Graven Wohlfart vor Augen haben müsten. Durch solche wiederholte Vorstellungen wurde endlich Herzog Carl bewogen seine Anspruche schwinden zu lassen (e).

§. 2.

Gleich bey dem Antritt der Vormundschafft sahen sich dise Vormunder in die Nothwendigkeit gesetzet einen guten Beystand zu suchen. Disen fanden sie gedachtermassen bey Churfürst Ludwigen von der Pfalz. Dann er hatte schon seit vielen Jahren dem Hauß Würtenberg gar geneigt. Jezt aber wurde ein Mittel erfunden die gute Freundschafft zwischen Würtenberg und Chur-Pfalz zu befestigen. Dem jungen noch minderjährigen Grav Ludwigen wurde den 25. Nov. 1419. des Churfürsten älteste Tochter, Mechtild, verlobet. Dieser versprach ihro 30000. fl. Zugeld; und im Namen Gr. Ludwigs wurde der künftigen Gemahlin 30000. fl. Widdumb und eben so viel zu Widerlegung des Zugelds versprochen, auch zu Versicherung der daraus schuldigen Gütern und Zinse die Einkünften der Städte Böblingen und Sindelfingen und der daruzgehörigen Dörfer angewiesen. Zu welchem Ende nicht nur die Amtleute, Burger und Unterthanen, sondern auch die zu disen Städten gehörige Lebenleute und Burgmänner der Mechtilden huldigen und schwören solten. Dise Vermählung war auch dem Hauß Würtenberg sehr wichtig in der Folge, indem der Churfürst in allen Vorfallen

(e) vid. Gabellofer Würtenb. Chronik. ad ann. 1419.

fallenheiten den nutzlichsten Beystand leistete. Dann es zeigte sich solches nicht allein nachdrücklich, als Herzog Carl von Lothringen der Vormundschafft sich anmassete, sondern er vermittelte auch die Vermählung zwischen Gr. Philippsen von Catzenelnbogen und der Fräulen, Anna, einer Schwister der beeden minderjährigen Graven von Würtenberg, welche den 6. Febr. 1410. dergestalt zu Stande kam, daß das Hauß Würtenberg 16000. fl. Zugeld versprachen, und bis solche bezahlt würden, den Bräutigam auf der Stadt und Amt Marpach versicherte, daß er solche mit allen hohen und niedern Gerichten und aller Gewaltsame so lang besitzen solte. Darneben aber machte die Vermundschafft die beede junge Graven verbindlich nach Absterben der Grävin Henrietten ihrer Schwester für das mütterliche Erbe noch 16000. fl. abzutragen. Dagegen Gr. Johann von Catzenelnbogen im Namen seines Sohnes versprache seiner künftigen Gemahlin zu Widerlegung ihres Zugelds und Widdum jährlich 800. fl. Gülten und wann auch die andere 16000. fl. geschossen würden, eben so viel zu bezahlen. Zur Sicherheit aber wurde die Burg Liechtenberg verschrieben und Pfalzgrav Ludwig gab seine Bewilligung darzu, weil dise Burg von der Churpfalz zu Lehen rührte.

§. 3.

Nebst disen Eheverbindungen suchte man auch die Reichsstädte zu guten Freunden zu behalten. Sie waren damals in grossem Ansehen. Mit der Stadt Eßlingen stunde man schon in einer Bündnuß, welche die Grävin Henriette sogleich erneuerte (f). Weil die übrige Städte Ulm, Rotweil, Gmünd, Biberach, Kaufbeuren, Kempten, Weyl, Pfüllendorf, Giengen und Aalen weiter entlegen waren und erst untereinander sich verabreden mußten, so brauchte es längere Zeit, die von Gr. Eberharden errichtete Eynung zu erneuren. Doch kame dises noch in den letzten Tagen des Jahres 1419. zu Stand. Es wurde aber dabey auch ein Neben-Abschied gemacht, worinn dise verbündete Reichsstädte sich verbindlich machten keiner hierinn nicht begriffenen Reichsstadt wider das Hauß Würtenberg oder dessen Angehörige beyzustehen, wann einer oder der andern beygehen wollte währender Zeit diser Bündnuß mit demselben sich in einen Krieg einzulassen. Vielmehr machten sie sich erböthig alles Gewerb, Handel und Wandel den Graven zu Würtenberg und den Ihrigen in ihren Schlössern, Städten und Landen auch währendem solchem Krieg, jedoch gegen Bezahlung der erkaufenden Lebensmittel, zu gestatten. Was auch an Gütern in ihren Schlössern und Städten in Verwahrung wäre und den Graven oder ihren Zugewandten gehörete, solle in vollkommener Sicherheit vor dem Feind bleiben. Eine Anmerkung verdient aber, daß in der Eruerung des Bündnisses mit der Stadt Eßlingen

(f) vid. Beyl. num. 40.

Fünfter Abschnitt.

gen nur der Gräwin Mutter gedacht wird und sie allein ohne Beysetzung der Vormundschaffts-Räthe die errichtete Urkunde ausgestellet (d). Dargegen in dem Revers der andern Reichsstädte wird nicht nur derselben gedacht, sondern auch selbige mit Namen genennet. Diser Umstand dünket mich bedencklich zu seyn. Dann man kan nicht ohne Grund daraus abnehmen, daß entweder die Gräwin nach Absterben ihres Gemahls die Vormundschafft mit Ausschliessung der Räthe führen wollen und auch anfänglich im Besitz gewesen, nachmals aber durch dise dahin gebracht worden solche an der Vormundschafft theil nehmen zu lassen, oder wenig, stens die vormundschafftliche Regierungs-Form noch nicht recht eingerichtet gewesen. Pfalzgrav Ludwig ware zwischen dem Laurentientag oder 10. Augusti, da die Eynung mit der Stadt Eßlingen erneuret wurde, und zwischen dem Thomastag selbsten zu Stuttgard, wie er sich in seiner dem Herzog von Lothringen gegebenen Antwort darauf beruffte. Er war der nächste Nachbar und man hatte Ursach seinen Rath und Beystand zu suchen. Darneben stund er in solcher Freundschafft mit den Graven zu Würtenberg, wie schon gemeldet worden, daß ihm selbsten wegen Vermählung seiner Tochter mit dem ältesten minderjährigen Graven an guter Einrichtung der Vormundschafft nicht wenig gelegen ware. Es scheint deßwegen, daß diser Churfürst selbsten daran gearbeitet, daß die Räthe zur Mit-Vormundschafft zugelassen und alles in die behörige Ordnung gebracht worden. Es bedünket mich dise Anmerkung desto wichtiger, weil das Closter Herrnalb drey Wochen nach Grav Eberhards Absterben und mithin noch vor der Bunds-Erneuerung mit der Reichsstadt Eßlingen den beeden noch jungen Graven Ludwig und Ulrichen den Schutz und Schirm über ihr Gottshauß aufgetragen, und gleichwohl weder der Vormunderin Henrietten, noch der Räthe mit keinem Wort gedacht haben. Es erwählte aber der Abt und Convent dise beede Graven so zu Schirmern, daß je nach des einen Absterben der andere solchen Schirm übernehmen, und weder sie, noch ihre Nachkommen einen andern Schutz- und Schirmherrn nehmen sollen.

§. 4.

Nicht weniger schickte Gräwin Henriette und ihre Räthe Grav Rudolfen von Sulz nach Cadolzburg um von Churfürst Friderichen zu Brandenburg die Lehen, welche von dem Reich rühren, im Namen der beeden jungen Graven zu empfangen und ihre Freyheiten, Regalien und Gerechtigkeiten von ihm bestätigen zu lassen. Der Kayser war damals in das Königreich Ungarn abgereißt und hatte die Verwesung des Reichs gedachtem Churfürsten übertragen, welcher sich damals zu besagtem Cadolzburg in dem Marggravthum Anspach (g) befande. Diser hatte.

(d) vid. Beyl. num. 41.   (g) vid. Etiberts Nachrichten von Onolzbach. 7. p. 273

hatte auch keinen Anstand die Belehnung vorzunehmen. Es muſte aber nach den Lehen-Rechten ein Träger geſetzt werden, welcher im Namen der minderjährigen Graven die Lehenspflicht erſtatten und die Dienſte davon übernehmen muſte. Die Grävin Henriette und ihre Räthe hatten den Graven von Sulz vorgeſchlagen und der Churfürſt verordnete auch ſelbigen würklich darzu. Die Belehnung ſelbſten aber erfolgte den 20. Aug. 1419. zu ermeldtem Cadolzburg mit der Bedingung, daß, wann einer unter den jungen Graven volljährig würde, daß er die Regierung ſelbſt übernehmen könnte, ſelbiger für ſich und ſeinen jüngern Bruder die Lehen ſelbſten empfangen ſollte. An eben diſem Tag, nemlich am Sonntag nach der Würzweyhen oder nach heutiger Redensart Himmelfahrt Mariä beſtätigte auch gedachter Churfürſt als Reichs-Verweſer den Graven von Würtenberg ihre Freyheiten und Gerechtigkeiten. Obwohl es nun ſcheinen möchte, daß die Graven mit ſolcher Belehnung genug geſichert geweſen, ſo waren ſie doch nicht damit geſättigt, ſondern ſie ſchickten auch den Graven von Sulz an K. Sigmunden, welcher ſich damals zu Neuhauß bey der eiſernen Pforten in der Bulgarey befande, um von ihm ſelbſten auch ſolche Lehen zu empfangen. Allem Anſehen nach gab Herzog Carls von Lothringen Anſprache an die Vormundſchafft den Anlaß darzu, weil er ſeine Geſandten ebenmäßig an den Kayſer abgeſchickt hatte um ſeine Abſichten durchzutreiben, welchen Grav Rudolph ſich widerſetzen und bey diſer Gelegenheit zugleich die Lehen empfangen ſollte. Wie dann die Vormundſchafft in einem Verantwortungs-Schreiben gegen dem Kayſer wider den Herzog ſich darauf bezoge, daß der Grav von Sulz und Hannß Sturmfeder bey Ihr Majeſtät in Ungarn geweſen, da ſie Herren Georgen dem Biſchoff von Paſſaw, des Geſchlechts von Hohenloh, als Canzlern und Grav Ludwigen von Oeringen, als Hofmeiſtern angezeigt, welcher maſſen Frau Henrietta, als eine getreue Mutter und die Rät, als die von ihren Voreltern her bey der Herrſchafft Würtenberg herkommen ihre getreue Diener und Rät, auch im Land mit Gütern verſehen wären ... ſich der Vormundſchafft unternommen hätten ꝛc. Bey diſer Gelegenheit ſtellte ſich Grav Rudolf von Sulz wieder als Lehenträger auf, welchen auch der Kayſer dafür erkannte und würklich am Tage Simonis und Judä mit den Reichslehen belehnete, jedoch dabey anbefahl ein Verzeichnuß ſolcher von dem Reich herrührenden Lehen und eigenthumlicher Güter zu verfertigen und zur Kayſerlichen Canzley einzuſchicken. Er überſendete auch ſelbige, aber erſt ſieben Monate hernach und entſchuldigte ſich, daß er ſo ſpät damit aufwarte (h). Weil auch K. Wenz

(h). Diſes Schreiben nebſt der Verzeichnuß der Würtend. Reichslehen hat Steinhofer aus Babelhofers Würtenb. Chronik abgeborget und in ſeiner Chronik vorgelegt. Part. II. p. 704.

Fünfter Abschnitt.

Wenzlau in eben disem Jahr verstorben ware und S. Sigmund ihm in der Königlichen Würde zu Böhmen nachfolgte, so belehnte er den Graven von Sulz als Lehenträger zugleich mit den von der Crone Böhmen rührenden Lehen, als welche ohnehin auſſer Zweifel waren (hh). Die dem Hauß Würtenberg von vormaligen Kaysern gegebene Freyheiten bestätigte der Kayser unter gleichem Tag nebst denenjenigen, welche sie durch gute Gewonheit erworben hatten.

§. 5.

Während disem allem wurde die Vormundschafft genöthiget 7000. Gulden aufzunehmen. Die Herzoge von Bayern hatten das ihrer Baase, der Elisabethen, Gr. Ulrichs Gemahlin, versprochene Zugeld- und Heurathgut noch nicht bezahlt, weßwegen die Herrschafft und Stadt Gundelfingen noch als ein Unterpfand hastete. Die Herrschafft Würtenberg ware darüber verdrüßlich, zumal man solche Pfandschafft wegen ihrer Entlegenheit nicht mit Vortheil nutzen konnte. Die Grävin Henriette verpfändete demnach die Burg und Stadt Gundelfingen an der Donau an Grav Friderichen von Helfenstein, welcher ohnehin auch ein Würtenbergischer Rath ware, um solche 7000. Gulden, doch, daß er jährlich der Herrschafft Würtenberg 300. Gulden ohne ihre Kosten und Schaden bezahlen sollte. Dabey behielte man derselben das Oeffnungsrecht in der Burg zu allen ihren Angelegenheiten und Nöthen bevor. Wann aber Herzog Ludwig von Bayern die Pfandschafft wieder an sich lösen wollte, so versprach der Grav selbiger Losung statt zu geben, doch, daß ihm entweder die 7000. fl. heimbezahlt oder solche mit andern Pfandschafften genugsam versichert werden. Unneacht aber dise Handlung nach damaligen Zeiten von einer Wichtigkeit war, so besiegelten doch selbige nur Hannß von Stadion, Landhofmeister, Albrecht von Rechberg, Heinrich von Gültlingen und Volmar von Manspera. Hug von Velberg hatte von Gr. Eberharden das Schloß Löwenfels um 6000. fl. verpfändet erhalten, wobey er sich sehr wohl befande. Er bath demnach die Gräwin, daß ihm solche Pfandschafft innerhalb 10. Jahren nicht möchte abgelöst werden. Sie bewilligte solches. Er muste aber gegen Reichung jährlicher 60. fl. ihr Diener werden und versprechen, daß, so lang er in ihren Diensten stünde, das gedachte Schloß der Herrschafft Würtenberg offen Hauß seyn sollte. Weil es aussurhalb Landes gelegen ware, so bekümmerte man sich auch nach den 10. Jahren nicht die Einlosung vorzunehmen, indem noch im Jahr 1468. die von Velberg solche Pfandschafft hatten und Gr. Ulrichen von Würtenberg noch 1400. fl. anerbothen die Widerkaufsrechte abzulaufen. Sie machten dazumal ohnehin eine Forderung von 600. fl. an den Graven, welche sie auf die Erhaltung des Schlosses verwen-

(hh) vid. Beyl. num. 42.

bei hätten. Gr. Ulrich ließ also die Pfandschaffts-Rechte benselben nach und übergab es ihnen nebst den darzugehörigen zwey Dörfern zu einem freyen und ewigen Eigenthum. Sie wurden aber durch dise Gnade gerühret, daß sie das Schloß und die Zehenden in den beeden Dörfern dem Graven und seinen Nachkommen zu Lehen auftrugen. Endlich brachte die Gräbin noch in disem Jahr 1419. zu stand, was Grav Eberhard der ältere vor seinem Abscheiden verordnet hatte, nemlich eine Frühmeß in der neuen Capelle der Stiftskirche zu Stuttgard zu stifften, welche demnach die Gräbin mit 30. Scheffel der dreyerley Frucht, 4. Aymer Wein und 15. Pfund Heller begabte (i).

§. 6.

Kaum war aber dise vormundschafftliche Regierung in eine Ordnung gebracht, so fieng mehr als eine Untrue dabey an. Dann es hatte sich Herzog Carl von Lothringen kaum in dem Jahr 1420. seiner Ansprache an die Vormundschafft begeben, so entzündete sich ein beschwerliches Kriegsfeuer mit denen Herrn von Gerolzeck. Wolf von Bubenhofen war kein Würtenbergischer Rath, sondern nur ein Diener oder nach der Sprache älterer Zeiten ein Dienstmann. Damals war der Landesherr verbunden sich solcher Leute anzunehmen. Es war eine grosse Beschwerde für die Landes-Obrigkeiten, daß sie ihren Dienern in allen ihren Anliegenheiten beyzustehen verbunden waren. Durch dise wurden sie in manche Kriege eingeflochten, derer sie sonsten hätten entübrigt seyn können. Wolf von Bubenhofen hatte eine Forderung an Heinrichen und Waltern von Gerolzeck und wurde deswegen auf einige Güter als seine Unterpfande versichert, welche vorhin schon einer Gerolzeckischen Wittib wegen ihrer Widerlegung und Morgengab verschrieben waren. Dise beschwerte sich demnach bey dem Hofgericht zu Rotweil und es wurde erkannt, daß der von Bubenhofen keine Ansprach daran zu machen hätte. Dises verdroß ihn, zumahl die von Gerolzeck ihm entweder keine andere Versicherung geben konnten oder wollten. Er beschwerte sich bey den Vormunds-Räthen und begehrte von ihnen Hülf, welche sie ihm auch zusagten. Die Fehde war also richtig und der von Bubenhofen schickte seinen Schuldnern einen Feindsbrief oder Kriegs-Erklärung zu. Weil dise auch auf den Beystand einiger Kriegsfreunde sich zu verlassen hatten, so machte ihnen ihr Feind keine grosse Sorge. Als ihnen aber die Herrschafft Würtenberg den Krieg ebenmäßig ankündigte, so war ihnen nicht mehr wohl zu muth, insonderheit da nicht allein die mit dem Hauß Würtenberg verbundene Reichsstädte ihre damals ansehnliche Hülfsvölker schickten, sondern auch viele von Adel und Hofdiener denen von Gerolzeck absagten. Gabelkofer und sein Ausschreiber, der Prof. Steinhofer hat

eine

(i) vid. Gabelkofer Würtenb. Chron. ad ann. 1419.

Fünfter Abschnitt.

eine Verzeichnuß vorgelegt, wer sowohl dem einten, als auch dem andern Theil beygestanden. Gleichwohl hat Steinhofer nicht alle benamset, welche dem Hauß Würtenberg und dem von Bubenhofen ihre Hülfe zugesagt haben. Ich finde nicht nöthig mich damit aufzuhalten. Genug ist, daß die von Geroltzeck ihrem Gläubiger und seinen Beyständen sich erbothen das Recht vorzuschlagen. Es war aber schon zu spat, indem dise die Unkosten schon aufgewendet hatten und zu Anfang des Septembers die Belagerung der Burg und Stadt Sulz, welche denen von Geroltzeck gehörte, schon ihren Anfang genommen hatte. Heinrich war in der Stadt und Walther besorgte die Nothdurft sonsten. Er schrieb am Sanstag nach Michaelis an die Burgerschafft zu Sulz und ermahnete sie ihren Hauptleuten Gehorsam zu seyn und fleißig zu arbeiten, indem er sie wegen ihres Schadens wieder ergötzen wolle. Der Brief wurde aber aufgefangen. Indessen schickte Pfalzgr. Ludwig seine Räthe in das Lager vor Sulz um wo nicht einen Frieden, doch einen Waffenstillstand zu bewürken. Es glückte ihnen auch den 9. Octobr. 1420. letztern zu Stand zu bringen und man hatte nunmehr auch zu einem Frieden Hoffnung. Wenigstens wurde im Lager vor Sulz von denen von Geroltzeck den 11. Octobr. vorgeschlagen, daß dessen von Bubenhofen Strittigkeiten durch die Churpfälzische Räthe entschieden und sodann aller Krieg und Feindschafft zwischen beeden Theilen und der Herrschafft Würtenberg gäntzlich abgethan, und die Gefangene loß gelassen werden, die Schatzungen aufhören, auch das Schloß, Burg und Stadt Sulz der Graven von Würtenberg offen Hauß zu allen ihren Nöthen, doch ohne deren von Geroltzeck Schaden und Kosten seyn und endlich dise ihr Lebenlang der Herrschafft Diener seyn sollen, dagegen Georg, Heinrich und Walter jeder 100. fl. sich jährlich ausbedungen. Es wurden aber dise Vorschläge nicht angenommen.

§. 7.

Vielmehr schiene eben diser Waffenstillstand das Kriegsfeur aufzublasen. Dann die Würtenbergische Völker zogen deßwegen nicht von der Stadt ab und ein Theil bezüchtigte den andern, daß er dem Stillstand nicht nachgelebet, sondern gebrochen habe. Die Würtenbergische Vormundschaffts-Räthe waren sothennach in die Nothwendigkeit gesetzet durch ein sogenanntes Manifest unterm 31. Nov. 1420. gegen allen Fürsten und Ständen des Reichs sich zu beschwerten, daß sie von denen von Geroltzeck unrecht bezüchtigt würden, als ob sie den Stillstand nicht gehalten hätten, da doch vielmehr ihre Feinde demselben nicht nachgelebet hätten. Man vergaß darüber der Hauptsache und es wurde jetzt die Hauptbeschwerde, welcher Theil an dem wieder aufgegangenen Krieg Schuld trage, mit desto mehrerm Nachdruck verfochten. Die Würtenbergische nahmen indessen

sen ungeacht der Winterszeit die Stadt Sulz ein und belagerten nunmehr das sogenannte obere Schloß daselbst, schlugen aber Marggr. Bernhard von Baden zu einem Schiedsmann vor, welchen endlich die von Geroltzeck auch annahmen. Es scheint aber, daß Wolfen von Bubenhofen mit einem Frieden nicht gedienet gewesen, sondern seine Rachbegierde das Feuer zu erhalten gesucht habe. Dann es schrieben die von Geroltzeck unterm 25. Martii 1421. an die Reichsstädte Ulm, Reutlingen, Weyl, Gmünd und an andere mit den Graven von Würtenberg verbündete Städte, daß dise Herrschafft und ihre Räthe unrecht und gefährlich mit ihnen umgegangen, sie angegriffen, ihnen ihr väterlich Erbe und die Stadt Sulz genommen haben und noch nicht damit gesättigt seyen, sondern auch ihrer Personen und Haabe sich bemächtigen wollen. Solches geschehe nur um Wolfen von Bubenhofen willen, welcher doch ein rechter offner landkündiger Mörder und Bößwicht seye. Sie beschwerten sich dagegen, daß auch Walther von Geroltzeck feindlich behandelt werde, ungeacht er ein Würtenbergischer Diener seye und man ihm gleiches Recht, wie dem von Bubenhofen, schuldig seye. Welchennach sie begehrten, daß die Reichsstädte sie unbeschädigt lassen möchten. Den 10. Maji wurde ein neuer Waffenstillstand gemacht, welcher bis Johannis des Täuferstag währen sollte. Alle gefangene Edelleute, reysige Knechte und andere dergleichen Leute wurden auf ihr Gelübde, Bürger und Bauren aber gegen Pfande und andere Sicherheit zwar frey gelassen, aber unter der Bedingung, daß sie auf gedachte Zeit, wann kein würklicher Friede erfolgte, sich wieder als Gefangene einstellen sollten. So wurden auch die Schatzungen und Brandschatzungen, welche noch nicht bezahlt waren, aufgehoben, und dabey festgesetzet, daß das Schloß zu Sulz nicht anderst mit Proviant, Gebäuden an der Vestung oder Verschanzungen versehen werden solle, als sie an gedachtem Tag des 10. Mayen gewesen. Weil indessen kein Friede erfolgte, so wurde der Stillstand noch auf vier Wochen unter den nemlichen Bedingungen verlängert. Churfürst Ludwig von der Pfalz war unermüdet in diser Zeit nähere Schritte zu einem künftigen Frieden vorzuschlagen, als endlich den 11. Julii 1421. ein längerer Stillstand, nemlich von disem Tag an bis auf Weyhnachten beliebet wurde, mit der Abrede, daß indessen die Herrschafft Würtenberg die Stadt Sulz und was in derselben Markung gelegen, inhaben, nutzen und niessen solle. Was aber zu der Vestung oder dem obern Schloß gehöre an Aeckern, Wisen, Zehenden, Fischwassern u. d. g. und ausser der Stadt Markung liege, das sollen die von Geroltzeck und ihre Amtleute geniessen. Den Bürgern und Einwohnern der Stadt Sulz wurde Wasser, Wayd, Holz und Waydgang versichert, wie sie es vorhin gehabt. Weil auch Herzog Reinold von Urslingen dem von Bubenhofen besonders abgesagt und durch seine Helfer mehrere Feind ihm gemacht hatte, so brachte der Churfürst bey demselben

Fünfter Abschnitt.

selben durch bewegliches Zureden und das Ansehen, welches er im Reich hatte, zu bewegen, daß derselbe die Feindschafft aufhebte. Nur waren noch einige Privatpersonen Conrad Decke, genannt Hamnan, Hanß Gebhart, genannt Genßichopf, Heinrich von Ditißheim, genannt Appenzeller, und Conrad Kolbinger, genannt Stuber, unbeweglich sich mit dem von Bubenhofen aussöhnen zu laßen, indem sie bey dem Rauben ihren Vortheil sahen. Der Pfalzgrav brachte es aber doch bey denen von Gerolzeck dahin, daß sie disen eigensinnigen Kriegsgurgeln keinen Beystand wider den von Bubenhofen und seine Helfer zu thun, noch in ihren Verflungen zu dulten versprachen. Dise Abrede besigelten der Churfürst, Grav Friderich von Helfenstein und Hanß von Sachsenheim, als Würtenbergische Räthe im Namen derselben Graven und ihrer Vormundschaffts-Räthe, Pfalzgrav Ott zu Moßheim, Herzog Reinold von Urßlingen und Heinrich von Gerolzeck.

§. 8.

Nachdem die Zeit dises Stillstandes oder Friedens-Präliminarien vorbey war, arbeitete man an derselben Verlängerung. Beede Theile liessen sich solchen äusserlich gefallen. Die von Gerolzeck aber bezeugten in der That, daß er ihnen nicht anstünde. Dann sie fiengen den Botten auf, welchen Albrecht von Neuneck als Vermittler an die Würtenbergische Hülfsvölker nach Oberndorf schickte um die Verlängerung des Stillstandes zu wissen zu thun und nahmen ihm seine Briefe. Er schickte seinen Tochtermann an sie um Vorstellungen zu thun und die Loßlaffung des Botten zu bewürken, sie wollten aber von keinem Friedens-Anstand wissen. Vielmehr fielen sie in das Städtlein Dornhan, tödteten da 4. Burger und verwundeten etliche, nahmen einige Bürger der Reichsstadt Weyl und viele Würtenbergische Unterthanen gefangen. Sie streiften bis nach Lorch und in die Gegend des Göppinger Amts, raubten dem Abten zu Lorch und Heinrichen von Rechberg, einem Würtenbergischen Rath und denen von Gmünd etlich und 30. Pferde und machten noch viele Gefangene. Dise und andere Ausschweifungen veranlaßten die Würtenbergische Räthe ein abermaliges Ausschreiben an alle Fürsten und Stände ergehen zu laßen, worinn sie solchen Unfug vorstellten und begehrten denen von Gerolzeck kein Gehör zu gönnen, noch sie in ihren Landen zu dulten oder einigen Beystand zu thun. Den 9. Martii 1422. setzten die Pfalzgraven Ludwig und Ott einen gütlichen Tag an zu Stuttgard, nemlich den Tag der Marien-Verkündigung, wobey denen von Gerolzeck und ihren Freunden von Seiten der beeden Pfalzgraven und der Würtenbergischen Räthe ein sicheres Geleite zugesagt und auch dem Graven von Zollern, welcher in Feindschafft wider die Graven von Würtenberg stund, erlaubt wurde zu Stuttgard zu erscheinen. Ob nun diser Tag einen Fortgang gehabt, habe ich nicht finden können, vielmehr aber wahrgenommen, daß die Würtenbergische Völker das Schloß zu Sulz noch immer zu belagern fortgefahren. Zu Ende des Junii wurde also ein neuer Tag zu Heydelßheim gehalten, wo die Würtembergische Räthe denen von Gerolyeck allerhand Friedens-Vorschläge thaten. Dise wollten aber keinen annehmen, sondern beschuldigten jene, daß sie den Friedens-Anstand nicht gehalten hätten. Dann sie machten sich Hoffnung von Margre. Bernhard von Baden und Pfalzgr. Otten Hülfe zu bekommen. An dise beede hatten sie während der Belagerung einen Theil der Stadt Sulz verkauft. Der Maragrav und Pfalzgrav schrieben demnach an die Würtenbergische Räthe, daß bey solchen Umständen dieselbe die Belagerung aufheben sollten, weil solche zu ihrem Nachtheil gereichte. Es wurde aber wenig darauf geachtet. Endlich wendeten Pfalzgrav Ludwig, Bischoff Raban zu Speyr und Schwarz Reinhard von Sickingen allen Ernst an dise Unruhe beyzulegen, und brachten auch den 9. Octobr. 1422. einen Vergleich zuwegen, vermöge dessen die von Gerolyeck der Herrschafft Würtenberg und den von Bubenhofen Rechtes seyn vor Casparn von Clingenberg, d. i. ihre Strittigkeit vor disem entscheiden lassen sollen, doch, daß jeder Theil noch zween oder drey Zusätze oder zugegebene Richter ernennen dörfte. Weil obgedachtermassen nunmehr fast nicht mehr die Frage um die Hauptsache war, sondern nur, wer die viele Waffenstillstände gebrochen hätte, so sollte auch der von Clingenberg nur allein darüber erkennen. Dann, da die von Gerolyeck in der Hauptsache sich keines günstigen Ausspruches von selbsten getrösten konnten, so scheint es, daß sie den Würtenbergischen Räthen allen Anlaß gegeben wider den Waffenstillstand zu handlen um hernach in der Nebensache einen Vorwand zu ihrem Vortheil zu erhalten. Acht, Bann, erlangte Rechte, Brand, Todschläge und anders, was der Kriegsgebrauch damals mit sich brachte, wurden auf die Seite gesetzet, und verglichen, daß sobald der von Clingenberg als ein Gemeiner den Tag zur rechtlichen Erörterung angesetzt, die Würtenberaische Völker von der Belagerung des obern Schlosses zu Sulz abziehen, die von Gerolyeck hingegen weder selbsten, noch durch andere an oder in dem gedachten Schloß etwas, das zur Bevestigung oder Gegenwehr dienete, bauen, aber auch die Herrschafft Würtenberg vor demselben an Basteyen, Verschanzungen oder sonsten nichts verbessern oder aufrichten, sondern beede Theile bis auf Halbfasten d. i. bis auf den Sonntag Læare 1423. Frieden gegeneinander halten sollten. Ob nun der von Clingenberg solche Zwistigkeiten beygelegt, weiß ich nicht. Pfalzgr. Ludwig aber bestrebete sich einen vollständigen Frieden zu stifften, welcher auch, da alle Theile dises verdrüßlichen Krieges sehr müde waren, den 26. Jenner geschlossen wurde. Die Bedingungen desselben bestunden darinn, daß 1) die Stadt Sulz

der

der Herrschafft Würtenberg offen Hauß wider männiglich seyn und zwischen derselben und denen von Geroltzeck ein Burgfriede gemacht werden solle. 2) Uebernahm dise Herrschafft dem von Bubenhofen für seine Forderung, wie auch für Kosten und Schaden 1000. fl. zu bezahlen, wovor ihro ein vierter Theil der Stadt Sulz mit allen Gerechtsamen zuerkannt wurde. Die übrige drey Theile blieben denen von Geroltzeck und es blieb ihnen frey auch gedachten vierten Theil wieder an sich zu lösen, doch, daß solches nicht eher geschehe, bis Gr. Ludwig oder Gr. Ulrich zu Würtenberg das fünf und zwanzigste Jahr ihres Alters zuruck gelegt hätten. 3) Sollten die von Geroltzeck die Stadt Sulz nicht verkaufen, verpfänden oder sonst veränderen, sie hätten dann den Vorkauf dem Hauß Würtenberg angebothen oder die Lösung vorbehalten. 4) Versprachen dise Freyherrn Heinrich, Walter und Georg der gedachten Herrschafft treue Diener zu seyn, wofür ihnen jährlich 300. fl. bezahlt werden sollte, dagegen sie solchen Dienst nicht aufkünden wollten, bis einer oder der andere der jungen Graven seine 25. Jahr erreichet hätte, doch daß, wann einer von ihnen indessen abstürbe, die 100. fl. das mit heimfallen. 5) Sollten die Graven denen von Geroltzeck ihre Kirchensätze und Zehenden, die sie von Altersher von ihnen zu Lehen gehabt, und in währendem Krieg abgenommen worden, wieder leyhen. 6) Den Bürgern zu Sulz sollte alles entwendete wieder gelassen werden, dagegen sie sowohl der Herrschafft Würtenberg als denen von Geroltzeck zu huldigen schuldig wären ihnen getreu, hold und gewärtig zu seyn.

§. 9.

Nun war zwar diser Krieg beygelegt, aber die Gräfin Henriette und die Vormundärdthe der Graven Ludwigs und Ulrichs waren noch mit Grav Friderich von Zollern, dem ältern, Oetinger genannt, in einen andern verwicklet. Die Gelegenheit darzu ware, daß, wie oben gemeldet worden (k), diser Grav Friderich schon im Jahr 1415. mit Bewilligung seines Bruders Friderichs Thumherrn zu Straßburg an Grav Eberharden den Milden seine Dörfer Messingen, Belsen, Eschingen, Weylen und Hausen, halb Bißingen, den Weyler Denthen, und was jenseit dem Bach gegen Bablingen im Dorf Messingen ligt, sodann das Dorf Sindach und was zu Boll gegen dem Schamenthal sich befindet, auf einen Widerkauf überlassen. Es war aber derselbe auch Burkarden von Reischach und Volkarten von Ow schuldig, welche bey dem Hofgericht zu Rotweil den Graven in die Acht brachte und eine Anleitung auf die Güter, welche diser Aechter von Gr. Schwarzfritzen von Zollern geerbet hatte, und auf die Dörfer, welche dem Hauß Würtenberg verpfändet waren, den 5. Febr. 1417. erhielt

(k) vid. cap. IV. §. 40.

erhielten sie eine neue Urthel, wodurch sie in den Besitz diser Güter gesetzt und berechtigt wurden, selbige zu verkaufen, zu versetzen oder zu Stiftungen anzuwenden. Das Hofgericht ließ auch Befehle an Pfalzgrav Otten, Marggrav Bernhard von Baaden, Gr. Eberharden zu Würtenberg und an die Reichsstädte Ulm, Reutlingen und Rotenburg an dem Neckar ergehen, daß sie dise Edelleute bey disen Urtheln schirmen und handhaben sollten. Andere Vorfälle hinderten die Vollziehung derselben und Gr. Friderich widersetzte sich noch immerzu. Die Edelleute klagten deßwegen abermals bey dem Hofgericht, verkauften aber entzwischen ihre erlangte Rechte an Gr. Eitelfritzen von Zollern, welcher sich gleichmäßig an das Hofgericht wendete und Handhabung verlangte. Am Dienstag vor Michaelis 1420. ließ dasselbige auch nicht allein ein Schreiben an den Official zu Costanz ergehen, und verlangte an Grav Friderichen den ältern in den Bann zu thun, weil seine Acht nicht hinlänglich war, sondern befahl auch den beeden Pfalzgraven Ludwig und Otten, dem Marggraven zu Baaden, der Grävin Henrietten als Vormunderin ihrer beeden Söhne und als Grävin von Mömpelgard, den beeden jungen Graven Ludwigen und Ulrichen zu Würtenberg Grav Bernharden von Eberstein, Reinolden Herzogen zu Urslingen, Heinrichen von Geroltzeck zu Lahr, Waltern von Hohen Gerolzeck, Beun Wernern von Hornberg, Heinrichen von Blumeneck, Hermann und Hansen von Sachsenheim, Conrad von Stamheim, sodann den Reichsstädten Straßburg, Costanz, Ulm, Eßlingen, Reutlingen, Ueberlingen, Ravensburg, Memmingen, Wyl, Bibrach, Pfullerdorf, Rotenburg am Neckar, Horb und Zell im Untersee Grav Eitelfritzen von Zollern bey den Gütern, welche besonders der von Ow an denselben verkauft hätte, zu schirmen. Gr. Friderich der ältere verbündete sich aber mit denen von Geroltzeck wider das Hauß Würtenberg, welchem er von seinem Schloß Hohen Zollern und der Stadt und Burg Hechingen einen beträchtlichen Schaden mit seinen Streifereyen, Rauben und Brennen verursachte. Er konnte sich leicht vorstellen, daß die Gräuin Henriette solches rächen würde. Eine Belagerung der Vestin Hohen-Zollern konnte er voraussehen. Dises abzuwenden verpfändete oder verkaufte er die so nahe dabey gelegene Burg und Stadt Hechingen und das Dorf Messingen an den Marggraven von Baaden, welcher den Graven von Würtenberg nicht günstig ware, sondern ihre Aufnahm beneidete. Wir haben schon gesehen, daß er gleiche Vorgänge bey andern Feinden des Hauses Würtenberg gemacht habe. Der Erfolg davon ware, daß gleich im folgenden Jahr die Würtenbergische Vormundschaft nebst andern seinen Feinden ihm den Krieg ankündigte. Ein Kriegsfeur entstund dermaßen aus dem andern. Die Gräuia Henriette und ihre Räthe waren dabey unerschrocken. Grav Friderich war vorhin ihres Gemahls Rath und Diener. Eine gewisse

Art

Art der Verachtung veranlaßte ihn aber gleich mit dem Anfang der Vormundschaft seine Dienste aufzukünden. Sie erkannte ihr Vermögen und behauptete ihr Ansehen gegen einen mindermächtigen Graven, dessen Sachen ohnehin in der Verwirrung stunden. Als sie ihm die Feindschaft ankündigte, war er noch so vermessen, sie mit anzüglichen Worten noch mehrers zu beleydigen. Er sagte zu dem Abgeschickten: Will aber kan dann dise stinkende ... mich auf das neue verschlingen? Die Antwort auf dise Frage ware männlich, indem die Gräfin ihm schriebe, daß nicht allein er, sondern auch sein Schloß Hohen-Zollern und sogar seine ganze Herrschafft würde von diser ... verschlungen werden, damit er erfahre, daß er kein geringes Weibsbild, sondern seine gebietende Fürstin erzürnet habe (l). Man machte demnach sogleich Anstalten dise Rache auszuführen. Der Grav hatte als ein Hülfsverwandter der Herrn von Gerolzeck auch die Reichsstädte zum Zorn gereitzet, weil er ihnen als Würtenbergischen Bundsgenossen vielen Schaden zugefügt hatte. Sonderlich beschwerete sich die Stadt Rotweil und schickte ihm einen Feindsbrief zu (m). Die übrige Städte säumten sich auch nicht, weil der Grav von Zollern nicht in den Gerolzeckischen Frieden eingeschlossen ware, sondern jedermann eine Genugthuung wider denselben sich vorbehalten hatte. Aus seiner Antwort scheinet nicht undeutlich, daß die Gräfin ihn schon vorher in dem Durchzug ihrer Völker gezüchtiget und villeicht eben damals der Stadt Hechingen sich bemächtiget habe. So viel ist indessen gewiß, daß die Würtenbergische und der Reichsstädte Völker gleichbald vor das Schloß Zollern gezogen und solches belagert. Wir werden auch in der Folge sehen, daß die Würtenbergische Vormundschafft die Burg und Stadt-Hechingen und das Dorf Messingen im Besitz genommen habe. Es war dise Unternehmung glücklich. Dann der Grav wurde in freyem Feld aufgefangen, welchen die Henriette nach Mömpelgard führen und daselbst in einem Thurn verwahren ließ. Die Belagerung

(l) Trithem. Chron. Hirs. ad ann. 1422. & Anonym. ap. Schannat. Coll. II. num. 9. p. 91. Anno prænotato post mortem Comitis de Wirtemberg uxor ejus vidua comitatum per aliquos annos strenue gubernabat. Quo tempore Comes de Zolre in superbium elatus despexit mulierem quasi regimini principatus indignam eam subsannando his Inter alia verbis: Num Vulva hujus mulieris fæsulenta me vel eos possit denuo absorbere? Mulieri nuntiata sunt hæc Comitis verba, ad quem ita scripsit: Non solum te, sed & castrum tuum Hohenzolra & omnia quæ ad jus tuum pertinent mea devorabit vulva, ut discas te non mulierem inertem irritasse, sed Principem tuum. Igitur contractis multis copiis auxilio Civium regni rerum comitis memorati hostili apparatu intravit: omnia per circuitum igne ferroque devastans. Deinde castellum Hohenzolra memoratum situ & munitione fortissimum per annum fere totum continuam obsidione vallavit, quod tandem violenter capiens anno videlicet præscripto funditus destruxit & adhuc rediit victrix. conf. Cruf. Part. III. lib. VI. c. 14.

(m) Cruf. d. l. c. 13.

rung des Schlosses Zollern verzögerte sich zwar ein ganzes Jahr. Es mußte sich aber endlich dennoch auch ergeben, und wurde geschleift, daß kein Stein auf dem andern bliebe. Die Graven von Würtenberg blieben auch in dem Besitz alles eroberten, biß endlich Gr. Eitelfritz von Zollern nach Absterben seines Bruders sich bey denselben meldete und im Jahr 1429. mit ihnen verglich, daß die Graven von Würtenberg für ihren im Jahr 1414. dargeliehenen Pfandschilling die Dörfer Meßingen, Eschingen, Belsen und Johannes-Weyler nebst etlichen Gefällen behalten, er aber gegen jährlicher Besoldung von 150. fl. auf sein Lebenlang derselben Diener seyn und mit seinem Leib, Schlössern und Gütern nimmermehr wider sie etwas feindliches thun solte. Wann er auch ohne Männliche Erben, welche von der Muter Graven oder Freyen Genossen wären, abstürbe, so solte auf disen Fall die Herrschaft Zollern mit ihrer Zugehörde und allen erkauften und erlangten Rechten an die Graven von Würtenberg oder derselben Erben fallen. Wann er aber ehliche Söhne hinterließ, so solten zwar dise die Herrschaft Zollern erben, aber gleichmäßig sie und ihre Erben sich von Fall zu Fall gegen dem Hauß Würtenberg verschreiben, daß sie um die 150. fl. desselben Diener seyn wollten und nach ihrem Abgang ihre Herrschaft den Graven von Würtenberg heimfallen solle.

§. 10.

Sobald diser Krieg also im Jahr 1423. ein Ende hatte, zigte sich schon wieder ein anderer mit dem unruhigen Marggrav Bernhard von Baaden. Dann alle Geschichtschreiber melden von ihm, daß er vielen Muthwillen getrieben, neue Zöll im Breißgau aufgericht, denen von Adel, welche Bürger in den Reichsstädten worden, ihr Gut und Erb genommen, disen Städtien auch vielen Schaden gethan und auf dem Rhein die Schiffe beraubt habe. Es verbunden sich deßhalb die Städte Straßburg, Freyburg, Basel, Colmar und Breysach miteinander unter sich und mit Pfalzgrav Ludwigen, welchem an der Sicherheit des Rheins vieles gelegen ware. Sie suchten zwar in der Güte mit ihm auszukommen und hielten Tagsatzungen, aber sie giengen allezeit auf seiten des Marggraven fruchtlos ab (n). Mit den Graven von Würtenberg hatte er schon lang Strittigkeiten wegen der Wildbänne zwischen ihren Landen, wegen des Zehenden und Landacht-Früchten zu Pretzingen, wegen des Kaufs um Kunweiler, welches die Graven erst kürzlich an sich gebracht hatten, wegen des Gerichts zu Igelsloch und anderer Mißhelligkeiten zwischen den beederseitigen Unterthanen um allerhand ansprechenden Gerechtigkeiten willen, welche eine Communn auf der

Mar-

(n) vid. Wenlers Collect. Jur. publ. in der Continuation des Berichts von Außburgern. p. 63. seqq.

Fünfter Abschnitt.

Markung der andern zu haben vermeynte. Dise wurden nun im Jahr 1423. durch beederseitige Räthe beygelegt (o). Es beschwerte sich aber auch das Closter Herrenalb wegen allerhand Gewaltthätigkeiten, welche es von dem Marggraven erleyden mußte. Weil dasselbe in Würtembergischen Schutz stunde, so mußte sich die Herrschaft dessen annehmen. Es kam zu einem besondern Vergleich, welcher zu Pforzheim zu Stande kam. Aber der Marggrav war nicht gesonnen selbigem nachzuleben, sondern that was er wollte. Eine andere Gelegenheit zum Misverständnuß ereignete sich gedachtermassen, daß Grav Friderich von Zollern, der Oetinger genannt, seine Burg und Stadt Hechingen und das Dorf Messingen an den Marggraven auf einen Widerkauf überlassen hatte. Die Grävin Henriette aber war ebenbemeldtermassen in dessselben Besitz, weil sie auch Anspruch darzu hatte. Dann sie hatte das Geld von ihren Einkünften der Gravschaft Mömpelgard vorgeschossen, die Anlehnung auf die obgedachte Dörfer zu thun. Pfalzgr. Ludwig hatte also keine grosse Mühe die Grävin und die Würtenbergische Räthe zu einem Beystand wider den Marggraven zu bewegen. Bischoff Raban von Speyr wurde gleichfalls in dises Bündnuß gezogen. Der Kayser verbothe ernstlich sowohl dem Marggraven, als den Reichsstädten einige Feindseligkeiten gegeneinander zu gebrauchen. Weil aber jener zu keiner Gütlichkeit die Hände biethen wollte, sondern in seinen Gewaltthätigkeiten nur immer fortfuhre, so brachen zuerst die von Basel und Freyburg los, fuhren auf dem Rhein mit ihren Völkern gegen Strasburg um sich mit denen von Strasburg zu vereinigen, welche 1000. Mann zu Fuß und 100. zu Pferd zu ihnen stossen liessen. Der Anfang des Kriegs wurde gemacht mit Verheerung verschiedener Dörfer. Als der Bischoff zu Speyr, Pfalzgr. Ludwig und die Würtenbergische Vormundersäthe ihre Völker auch in die Bäadische Lande führten, so wurde die Zerstöhrung allgemein und man beliebte die damals noch veste Orte Mühlberg und Graben zu belagern. Als sich die Bundsverwandte damit beschäftigten, entstund zwischen denen von Basel und denen von Strasburg ein grosses Misverständnuß, weil dise den erstern keine Proviant mehr gestatten wollten, wie andern. Es war an dem, daß sie einander selbsten in die Haare gerathen wären, wo nicht Pfalzgrav Ludwig durch seine Gegenwart solches hinterrieben hätte. Es kamen auch nach Verfluß dreyer Wochen Kayserliche Commissarii in dem Lager vor Mühlberg an, nemlich Churfürst Dietrich zu Cöln, Johann Bischoff zu Würzburg und Gr. Albrecht von Hohenlohe, welche den Partheyen Frieden bothen. Die Vestin Mühlberg (p) mußte sich indessen ergeben, welche

---

(o) Steinhofer Wirt. Chron. part. II. pag. 722. wo ein Auszug des Vergleichs zu finden.
(p) Phil. Simon Beschreib. der Bischöffe zu Speyr. p. 150. Im Jahr nach Christi Geburt 1424. geriet Junker Hanns von Reichingen mit seinen Helfern Marggr. Bernhar-

de der Marggrav von Pfaltzgr. Ludwigen zu Lehen empfangen und nach damaliger Zeit Gebrauch versprechen mußte demselben nichts mehr zuwider zu thun. Zwischen den Reichsstädten und dem Marggraven wurde verabredet, daß diser denselben allen erlittenen Schaden ersetzen, übrigens aber ihre Strittigkeiten rechtlich oder gütlich durch Austräge entschieden werden sollten (q). Die zwischen ihm und dem Hauß Würtenberg gewesene Strittigkeiten wurden den 4 Jul. 1424. durch vorgemeldte Kayserliche Commissarien beygelegt, daß der Marggrav den zu Pforzheim wegen des Closters Herrnalb gemachten Vergleich unverbrüchlich halten und zu dessen Versicherung 5000. fl. verbürgen solle. Dann weil er keine Verträge oder austrägliche Bescheide hielte, so mußte man bey ihm das Mittel eine Geldstraffe anzubingen gebrauchen. Damit man ihn aber nicht durch solches vor den Kopf stiesse, so muthet man die Verbürgung einer gleichen Geldsumme der Herrschafft Würtenberg ebenmäßig zu. Und zwar erbothe sich dise zuerst darzu, da der Marggrav nicht so leicht darein willigte, sondern erst durch die Kayserliche Commissarien darzu gebracht werden mußte. Der andere Punct war, daß beede Fürstliche Häuser einander wegen ihrer übrigen eigenen Forderungen, und ihrer Clöster, Diener, Unterthanen und Verwandten Recht geben und nehmen sollen vor Bertholden, Wigand oder Dietrichen von Sonnenstein zwischen dem 4ten Tag Julij und nächstkünfftigem Michaelistag. Weil auch drittens der Marggrav von Gr. Friderich von Zollern, dem Oetinger, die Burg und Stadt Hechingen und das Dorf Messingen auf einen Widerkauf an sich erhandelt und aber die Würtenbergische Räthe solche im Namen Gr. Ludwigs und Ullrichs zu ihren Handen genommen hatten, so erkannten die Kayserliche Commissarien, daß die Herrschaft Würtenberg dem Marggraven oder der Gräfin Henrietten von Mömpelgard zwischen bemeldter Zeit soviel Geld bezahlen sollen, als die Güter an den Marggraven verpfändt worden, dagegen diser 5000. fl. zur Bürgschaft hinterlegen solle, daß er an die Burg und Stadt Hechingen und das Dorf Messingen keine Anspruch mehr machen wolle. Alles dises wurde in dem Lager vor Mühlberg abgeredt und damit die Ruhe wieder hergestellet.

§. 11.

Während allen disen Unruhen fieng auch Conrad und Albrecht von Schwabsperg nebst Georg Lankwarter und seinem Sohn Hannsen eine Fehde mit den Graven von Würtenberg an ohne, daß ich die Ursach davon hätte finden können.

harben von Baden das Schloß Mülberg an . . . zuletzt ward die Veste, wie obstehet, aufgeben und der Marggrave Herzog Ludwigs Muem. Dann er benamt Schloß Mülberg von ihm zu Lehen empfieng und versprach, nit mehr wider ihn zu thun auch obgedachten Städten ihren Schaden wider zu keren, wie dann auch geschahe.

(q) siehe Beyl. num. 43. conf. Schœpflin Histor. Zod. T. II. p. 110. seq.

Fünfter Abschnitt.

nen. Allem Ansehen nach aber hatten sie mit dem Abten zu Elwangen und deßen Convent etwas zu thun. Weil nun der Abt einer der fürnehmsten Würtenbergischen Räthe war und der Convent in der Graven Schutz und Schirm stunde, so mußte die Herrschaft sich ihrer annehmen. Auch dise Feinde waren unglücklich und wurden gefangen. Um sich davon zu befreyen, so mußte Conrad von Schwabsperg den 16. Octobr. 1423. eine Verschreibung ausstellen, daß er sein Lebenlang wider die Herrschaft Würtenberg, ihre Räthe und alle diejenige, welche ihnen zu versprechen stehen, sie möchten Geist- oder Weltlich seyn, insbesondere aber wider den Abt und das Gotteshauß Elwangen und alle ihre Helfer und Hilfers-Helfer wegen solcher Feind- und Gefangenschaft mit Worten oder Werken weder durch sich selbst, noch durch andere etwas zuwider thun, sondern der Graven zu Würtenberg und ihrer Angehörigen Nutzen befördern und sie vor Schaden warnen wollten. Wann er das auf einige Weise überführe, so nahm er auf sich ehrloß, treuloß, meineidig und mit Leib und Gut denen Graven von Würtenberg verfallen zu seyn, wo man seiner mächtig würde, so daß dieselbe, ihre Räthe, Diener, Amtleute oder die Ihrige Fug und Macht haben sollten mit ihm als mit einem, welcher wider seine Treue, Ehre und Eyd gethan hätte, zu handlen. Zugleich machte er sich verbindlich, daß, wann er wider der Graven oder ihrer Clöster, oder ihrer Räthe und Diener Unterthanen etwas zu klagen hätte, er sich an denen Gerichten des Rechten begnügen wollte, worinn dieselbe gesessen seyen. Wann er aber an ihre Räthe und Diener eine Ansprach bekäme, soll solches vor ihrem Land-Hofmeister und Räthen gerechtfertigt werden. Endlich versprach er auch endlich wider Pfalzgr. Ludwig und Otten, Gebrüder und wider die Ihrige niemahls etwas feindseliges zu thun, weil dise mit der Herrschaft Würtenberg verbündet waren (r). An eben disem Tag wurde auch Albrecht von Schwabsperg seiner Gefangenschaft erlassen. Er gab aber eine fast gleiche Verschreibung, daß er für sich und alle seine Helfer einen schlechten, getreuen und ungefährlichen Satz (s) aufgenommen, vermög dessen er sein Lebtag wider die Herrschaft zu Würtenberg und ihre Zugewandten und sonderlich wider den Abt und das Gotteshauß Elwangen nicht mehr seyn wolle. Die beede Graven behielten sich bevor solchen Satz wohl auffagen zu dörfen, dargegen der von Schwabsperg solches zu thun nicht befugt war. Doch sollte ihn derselbe nicht binden, wann die Graven von jemand anderswogen seine Feinde würden. Uebrigens machte er sich verbindlich gleiches zu beob-

---

(r) Dise Verschreibung stehet in den sogenannten Archival-Urkunden wider die Ritterschafft. P. I. Sect. 3. c. 2. num. 21. pag. 216.

(s) Ich bin so viel möglich bey den Worten disr Verschreibung hierinn geblieben um den Liebhabern der alten Teutschen Rechte und Sprache etwas zum Nachdenken zu geben.

achten, wann er wider die Graven oder ihre Angehörige etwas zu klagen hätte. Erst zwey Jahr hernach, nemlich den 26. Febr. 1425. machten sich Georg Lankwarter und sein Sohn durch eine Urphede, welche durchaus des Conrads von Schwabsperg Verschreibung gleichete, von ihrer Gefangenschaft loß. So muste auch Wilhelm von Sachsenheim seine Vergehungen oder gröbliche Handlungen wider die Graven von Würtenberg büssen. Er machte viele Schulden, wofür sehr viele Pfälzische und Würtenbergische Diener und Edle Landsassen sich verbürgten. Als selbige diser Bürgschafft halb überall nichts als Schaden hatten und von dem von Sachsenheim keine Genugthuung erlangen konnten, so nahmen sich Churfürst Ludwig von der Pfalz und die Graven von Würtenberg desselben an, als sie zugriffen und zu etwelcher ihrer Entschädigung seins ligend und fahrenden Guts sich bemächtigten, solches verkauften, verpfändeten um so viel möglich sich davon bezahlt machten. Wegen des wider seine Landesherrschaft begangenen Verbrechens, welches allem Ansehen nach auch in einer Fehde bestunde, wurde er aufgefangen und geraume Zeit zu Stuttgard in einem Thurn verwahret. Den 7. Decembr. 1424. aber entledigte ihm sein verdrüßlicher Auffenthalt und er muste ein Urphede abschwören sein Lebenlang nicht mehr wider die Graven von Würtenberg und ihre Diener oder Unterthanen einigen Gewalt zu brauchen, sondern wann er eine Ansprach wider sie habe, vor denselben und ihren Räthen sich des Rechten begnügen zu lassen, seine Bürgen von ihren Verschreibungen, womit sie um Hauptgut, Zinß, Leistung und anderm verhaft seyen, zu entheben und alle Verhandlungen wegen Verkaufung seiner Haab und Güter genehm zu halten und solche mit Briefen, Bürgen und Urkunden zu versichern.

§. 12.

Nicht nur hatte die Würtenbergische Vormundschaft mit auswärtigen Feinden zu thun, sondern es äusserte sich auch eine innerliche Unruhe zwischen der Grävin Henriette und den Räthen. Dann jene forderte diejenige Gelder zuruck, welche sie zu Gr. Eberharden gebracht und diser zu Auslösung verschiedener Pfandschaften angewendet hatte. Die Räthe hielten hingegen dafür, daß sie sich mit ihrem Wibumb begnügen sollte. Disen Mißhelligkeiten entgegen zu geben entschlossen sich Pfalzgrav Ludwig und Gr. Johann von Catzenelnbogen, der Grävin beede Gegenschwäher, selbst nach Stuttgard zu kommen, wo man sich endlich am Sonntag nach Nicolai 1421. verglihe, daß der Grävin zu Widerlegung ihres Zugelds 14000. Gulden verschaft und jährlich 700. fl. Gült derselben daraus gereicht werden solle. Darneben wurde ihro ihr Wittumbs-Sitz zu Nürtingen im Schloß, und die Einkünften desselben Amts und Stadt zur Bezahlung der gedachten 700. fl. angewiesen, doch daß sie sich keiner Gewaltsame me über die Stadt und Dörfer anmaſſen, noch die Unterthanen zu ungewöhnlichen Beſchwerden bringen ſollte. Wegen Silbergeſchirrs aber verſprach man ihro 100. Mark zu geben von demjenigen, welches ſie allbereit beyhanden hatte. Wann hingegen diſes ſich nicht ſo hoch beliefe, ſo ſolte ihr ſolches Gewicht erſetzet werden. Jedoch die Grävin war bald wieder mißvergnügt. Sie war wegen der Widerlag ihres Zubringens auch auf Tübingen verwieſen, wann die Gefälle des Amts Nürtingen nicht hinlänglich ſeyn wollten. Sie wolte in diſen Städten auch etwas zu befehlen haben, weil ſie vermeynte, daß ihro der Einzug des angewieſenen Gefälle beſchwerlich gemacht werden könnte. Als nun der Pfalzgrav im Jahr 1423. wieder nach Stuttgard kam, beſchwerte ſie ſich gegen ihm und diſer brachte es zu einem Vergleich, daß die Amtleute, Keller, Pörtner, Wächter in der Burg und Stadt Tübingen, wie auch Burgermeiſter, der Rath, und die Bürger der Grävin ſchwören ſollen ihr an ihrer Widerlegung, ſoviel ſie damit auf Tübingen angewieſen ſey, nicht zu dringen, noch Eintrag zu thun, dagegen die Gerichte, Frevel, Fälle, Lehen, Geleit und alle Herrlichkeit dem Graven bleiben ſolle. Die Burg und Stadt Nürtingen aber wurden ihr mit aller Gewaltſame übergeben, doch, daß ſie nicht mehr als die 700. fl. Gült daſelbſt einnehme, der Herrſchaft Würtenberg das Oeffnungsrecht laſſe und bey den Unterthanen in der Stadt und auf den Dörfern, welche in die Pflege d. i. Vogtey oder Amt gehörten, keine Schatzungen erhebe. Dabey wurden aber auch andere Sachen verabredet welche zur Bequemlichkeit der Gräviu Hofhaltung angericht werden ſollen.

§. 13.

Ungeacht aber der groſſen Unkoſten, welche auf diſe Kriegsanſtalten verwendet werden mußten, unterließ man dennoch nicht Land und Leute zu vermehren. Dann ob die Vormundſchaftsräthe ſchon das Dorf Pid rhauſen im Jahr 1421. an Rudolphen von Baldeck verpfändeten, ſo erkauften ſie doch dagegen von Gr. Bernharden von Eberſtein die beede Dörfer Pfalgravenweyler und Beſenfeld und den halben Weyler-Wald, nebſt dem Hart, welcher darzu gehörte um 2300. fl. worzu ſein Bruder Gr. Wilhelm die Einwilligung geben mußte. Im nächſtfolgenden Jahr 1422. verkaufte Schwartzfritz von Sachſenheim und ſeine Ehegattin Anna von Liechtenſtein an die Herrſchaft Würtenberg ein Viertel an dem Gericht zu Grutbingen und darzu etliche Güter, Lehen, Höfe, Zinß und Gülten zu Gaufpach und Ganſloſen mit den zugehörigen Vogteyen, Gerichten, Zwingen und Bännen um 1200. fl. Im Jahr 1423. erkauften Gr. Ludwig und Ulrich von Brun Wernhern von Hornberg das Schloß Hernberg mit dem halben neuen Thurn und ſeinem Theil am Städtlein ſamt der Segmüh-

lin, Badstuben, auch etlichen Matten, Aeckern, Mühlinen, Gärten und Fischwassern im Reichenbach, Schwanenbach, Wolfenbach, Sulzbach, Gutach
und Kürnbach, wie auch die beede Gerichte zu Gutach und vor dem Städtlein
Hornberg, jedes zum halben Theil. Der Kaufschilling belief sich auf 7237.
Gulden. Alle Hohe und Nidere Gerichte, Zölle, Gleite, Kirchen und Kirchen-
säze, Leute und Güter wurden übergeben und der Verkäufer behielte nur die zu
diser Burg gehörige Lehen und Lehenleute. Nicht weniger erhandelte im Jahr
1414. die Würtenbergische Vermundschaft von Hannsen von Ow, genannt
Kößlin, all sein Gut zu Eningen, was er inner, und ausserhalb des Dorfs an
Höfen, Gülten, Vogteyen und Gewaltsamen besessen hatte. Es war nur ein
Theil, indem Burkard Truchseß von Höfingen, und Hannß Truchseß von Stetten, wie auch Crafft von Hailfingen gleichfalls einige Theile daselbst im Besiz
hatten. Das Geschlecht deren von Venningen trug von der Gravschaft Würtenberg ein Viertel des Dorfs Erdmanshausen, oder Erkmarhausen zu Lehen,
Honnß von Venningen der Junge und sein Vetter Hannß der Jüngere verkauften solch ihr Lehen im Jahr 1425. an ihre Lehens-Herrschaft um 310. fl. da
nun dise solchemnach die Helfte an sich gebracht hatte, indem ein Vierter, Theil
durch Absterben Brennaulen von Oßweil ledig heimgefallen war, so entschloß
sich auch Conz von Sontheim die ihm gehörige Helfte dises Dorfes an die beede
Graven Ludwig und Ulrichen um 650. fl. zu überlassen.

§. 14.

Inzwischen hatte der ältere von den jungen Graven, nemlich Gr. Ludwig
dasjenige Alter erreicht, worinn er die Regierung selbst zu übernehmen tüchtig
erachtet wurde. Man weißt das eigentliche Jahr seines Alters nicht. So viel
ist aber doch gewiß, daß er das 25ste Jahr noch lange nicht angetretten. Die
Beyspiele von Gr. Ludwig dem jüngern und Gr. Eberharden dem ältern bestättigen, daß nach Hinlegung des vierzehenden Jahrs ein solcher Gräv für tüchtig
gehalten worden die Regierung anzutretten. Man erachtete so gar für überflüs-
sig bey dem Kayser die Volljährigkeit zu suchen, daß es vielmehr scheinet, als ob
man von solchen Dispensationen damals noch gar nichts gewußt habe. Wenigstens siehet man aus dem Lehenbrief, welchen der Kayser dem Graven im folgenden Jahr ertheilt, daß ihm diser nur wissen lassen, daß er zu seinen Jahren gekommen seye seine Herrschafften selbst zu verwesen. Ohne weiteres Untersuchen
oder Erkanntnuß über die Mündigkeit belehnete er ihn, da er allem Ansehen nach
nicht über das sechzehende Jahr seines Alters war. Wenigstens berufte sich Gr.
Eberhard im Jahr 1459. darauf, daß sein Vater Gr. Ludwig und dessen Sohn
gleiches Namens im vierzehenden Jahr ihres Alters die Regierung angetretten
hätten,

Fünfter Abschnitt. 99

hätten, welchem Vergang er auch nachzufolgen gedächte. Gr. Ludwig erkannte sich also aus eigner Macht volljährig zur Regierung, und andere Fürsten erkannten ihn gleichmäßig dafür. Dann Herzog Friderich von Oesterreich, der Jödel mit der leeren Taschen genannt, bath Grav Ludwigen die Stadt Villingen, welche doch dem Herzog gehörte, in seinen Schutz zu nehmen. Warum er solches gethan, habe ich nicht finden können. Die von Villingen aber nahmen den Graven den 1. Nov. 1426. zu ihrem Schutzherrn an und verschrieben sich demselben und seinen Zugehörigen in allen ihren Kriegen, Geschäfften und Nöthen beyzustehen, so offt man solches von ihnen begehren würde, als ob es die Stadt selbst angienge. Nur behielten sich beede Theile bevor einander wider die Herzoge von Oesterreich keine Hülfe zu thun. Sie verschrieben sich dem Graven, so offt er solches nöthig befinden würde, das Oeffnungsrecht in ihrer Stadt zu gestatten. Und sollte solches Schirmsrecht dem Graven auf zehen Jahr lang eingeräumt seyn (s). Das Closter Herrenalb erneurte gleichmäßig den 24. Aug. die Schutzgerechtigkeit dises Graven und seines Bruders, welche es schon zu Anfang desselben Vormundschafft aufgetragen hatten. Gr. Ludwig aber versicherte solchen Convent und dessen Abt unter seinem Namen, daß er und sein Bruder, wann er zu seinen Tagen kommen würde, und ihre Amtleute das Gotteshaus und dessen Leute und Güter, wie andere Clöster, welche unter ihrer Obrigkeit und Schirm seyn, getreulich beschirmen wollten (t).

§. 15.

Es scheinet, daß biser Regierungs-Antritt sehr spat im Jahr 1426. geschehen seye. Der Kayser war damals in Ungarn und Gr. Ludwig wollte erwarten, bis er wieder nach Deutschland käme um die Reichelehen zu empfangen. Die Böhmen wollten ihn nicht als ihren König erkennen und gleichwohl war es nöthig auch um die Belehnung der von der Cron Böheim rührenden Lehen zu bitten. Dises ganze Königreich war damals wegen des Hußitenkriegs in dusserster Verwirrung. Man mußte also zusehen, wie es ergehen würde. Endlich konnte man nimmer warten, weil die Zeit sonst verstreichen und der Verzug grossen Nachtheil bringen konnte. Der beeden jungen Graven bisheriger Lehenträger Gr. Rudolph von Sulz wurde deswegen zu dem Kayser nach Ungarn geschickt, welchen er in dem Feldlager vor Griechisch-Weissenburg antraf. Ob dise Vestung damals belagert worden oder ob der Kayser mit den Türken Krieg geführet habe, habe ich nirgends finden können. Er hatte keinen Anstand, sondern gab dem Graven einen Lehenbrief, worinn er meldete, daß Gr. Ludwig ihm zuwissen gethan,

N 2

(s) vid. Scröl. näm. 44.
(t) vid. Besold Docum. rediv. sub: Alba Dominor. num. 24. & 25.

than, waismassen er zu seinen Jahren gekommen seine Herrschafft Würtenberg
selbst zu verwesen und als der älteste Herr dises Stammens seine Lehen nunmehr
auch selbst zu empfangen. Solchemnach lihe er ihm seine und der Herrschafft
Würtenberg Lehen, welche von dem Reich rühren, mit ihren Herrlichkeiten,
Würden, Ehren, Rechten, Mannschafften, Gerichten, Wildbännen, Zöllen,
Glaiten, Münzen, Landen und Leuten, wie auch die Herrschafften, welche von
der Cron Böheim zu Lehen rührten, solche mit seinem Bruder Gr. Ulrichen und
ihren Lehenserben zu haben und zu besitzen. Nach heutiger Gewohnheit würde
der Grav von Sulz den Lehenseyd in die Seele Gr. Ludwigs von Würtenberg
ablegen müssen. Damals aber wußte man bey den Lehens-Empfängnussen von
disem Eyd in eines andern Seele noch nichts, sondern Gr. Ludwig mußte selbst
den Lehenseyd ablegen. Hingegen war zu selbigen Zeiten gewöhnlich einem andern Reichsfürsten aufzutragen, daß er einen solchen Belehnten in den Besitz und
Gebrauch der Lehen einsetzte und den Lehenseyd von ihm abnähme. Dises hieße
man die Lehen einem heimsenden. Solchemnach gab zwar der Kayser dem Graven von Sulz einen Lehenbrief unter dem kleinern Insigel zu einer Urkunde der
Belehnung mit nach Hauß. Er trug aber seinem Hofmeister Gr. Ludwigen von
Oetingen auf den Graven von Würknberg in den Besitz seiner Lehen zu setzen und
Gelübd und Eyds in des Kaysers Namen von ihm zu nehmen. Dises geschahe
gedachtermassen im Feldlager vor Belgrad am Michaelistag, des Jahres 1427.
Zu dessen Befolgung begab sich der Grav von Oetingen zu Grav Ludwigen nach
Waiblingen. Dann der Belehnende mußte in seinen eignen Landen in deren Be-
sitz gesetzt werden. Und der Kayserliche Commissarius war verbunden dem Beleh-
nenden nachzuziehen. Die Feyerlichkeit selbst aber gieng den 26. Nov. am Con-
radstag vor. Die Eydesformul ware so begriffen.

Ich gelobe und schwöre König Sigmunden zu halten für minen
Römschen Kung und rechten natürlichen Herrn all diewile er lebet und
will sinen schaden warnen und wenden als verre ich mag getrewlich
und one alle geuerde, und will Jm von minen Lehen gehorsam sin und
halten alles das, das des Richs Graue einem Römischen Kung billich
schuldig ist one alle geuerde.

Nach abgelegtem solchem Eyd stellt der Grav von Oetingen dem jungen
Graven einen Lehensbrief im Namen des Kaysers zu, welcher mit dem grössern
Kayserlichen Insigel besigelt ware. Er stellte auch demselben eine Urkunde aus
unter seinem eigenen Insigel, daß er aus Befelch des Kaysers Grav Ludwigen
als den ältesten Herrn von Würtenberg in seine Lehen eingesetzt und diser den Lehenseyd ihm in des Kaysers Namen abgelegt habe. Doch mußte er versprechen,
daß

Fünfter Abschnitt.

daß, wann er selbst Gelegenheit habe zu dem Kayser zu kommen, er ihm persönlich solche Gelübd und Eyde thun wollte, welches auch im folgenden Jahr zu Ulm geschahe.

§. 16.

Und obschon die Graven von K. Sigmunden vor des Reichs Hofgericht, dem Hofgericht zu Rotweil und andern Hof- und Landgerichten mit ihren Dienern, Mannen, Leuten und Verwandten befreyet waren, so geschahen doch von einigen Hof- und Landgerichten Eingriffe in solche Freyheit. Sie gebrauchten den Vorwand, daß ihrer in den Kayserlichen Briefen nicht mit Namen gedacht worden und mithin dieselbe sie nichts angiengen. Weßwegen der Grav von Sulz im Namen der Graven von Würtenberg sich beschwerte und eine Erleuterung verlangte. Der Kayser gab solche (a) und bezeugte darinn nicht allein, daß er eine besondere Neigung und Freundschafft gegen dieselbe jederzeit gehabt, sondern gab auch die Erleuterung, daß die Graven von Würtenberg und ihre Graven, Herrn, Ritter, Knechte, ihre Mannen oder Lehnleute, Land und Leute vor allen und jeden Hof- und Landgerichten, wissen die seyen oder wie man die nennen mag, gefreyet seyn sollen. In disem Freyheitsbrief werden Graven, Herrn, Ritter und Knechte genennet, was in den vorigen unter dem Ausdruck der Diener begriffen ware. Man muß sich aber dabey auch erinnern, daß die Graven von Löwenstein schon damals der Graufschafft Würtenberg Erb-Dienst gewesen. Man muß ferner bemerken, daß, als Herzog Johann von Lothringen sich der Vormundschafft über Gr. Ludwig und Ullrichen anmaßten, die Würtenbergische Räthe, welche aus Graven, Herrn, Ritter und Knechten bestunden, gegen dem Kayser sich erkläret, daß die Vormundschafft besser von ihnen geführet werde, weil sie mit Gütern in der Graufschafft so angesessen seyen, daß ihnen selbsten an der Wohlfart derselben gelegen seye. Die von den Würtenbergischen Landen umzingelte oder eingegränzte Graven dörfften hier gemeynt seyn; welches zu weiterm Nachdenken überlasse, weil jetzo keiner mehr eine solche Landsässerey eingestehen würde. Und in diser Betrachtung konnten sie für Landsassen und Angehörige der Graufschafft Würtenberg angesehen werden und sich derselben Freyheiten erfreuen. Verschiedene Graven und Herrn, z. E. die Graven von Zollern, die Herzoge von Teck und Urslingen ꝛc. nennten die Graven von Würtenberg ihre Gnädige Herrn. Ritter und Knechte waren ohnehin die landsäßige Edelleute und Dienstleute. Und die Mannen wurden vorzüglich in Ansehung ihrer Lehen-güter für deren Zugehörden geachtet. So bald auch Grav Ludwig von K. Sigmun-

---

(a) Burkhards Würtenb. Kleeblatt dreyer Privilegien. pag. 153. Reichsständ. Archival-Urkunden. Tom. I. Sect. 3. c. 2. n. 7. pag. 197.

munden belehnet ware, so ware sein ersteres von seinen Lehenleuten die Pflicht zu
erfordern und sich ihrer Treue zu versichern. Bey der Belehnung eines jeden
wurde der Vertrag gemacht:

Mein Herre Grav Ludwig will dir lihen an sin und sines Bruders
Grave Ulrichs state, was er dir von Rechte lihen soll und mag und du
wiedest In geloben und schwören getrüw und holde zu sein, iren
Frommen und Bestes zu werben, iren Schaden zu warnen und zu wenden, verschwigne Lehen zu rügen, Recht zu sprechen mit andern siner Herren Mannen, so du darumb beruft wirdest, dise Lehen verschriben zu geben in einem Monat one geverde.

Die Lehendienste werden zwar hier nicht ausgedruckt, weil dieselbe ohnehin
ihre Richtigkeit hatten, wann die Mannen den lehenherrlichen Schaden abwenden und ihren Nutzen werben sollen.

§. 17.

Auch der Anfang diser Regierung ware der Beschaffenheit selbiger Zeiten
gemäß und sehr kriegerisch. Dann die Hussiten beschäftigten damals den Kayser
und das Reich. Die Geistlichkeit sahe einmal dise Leute für offenbare Ketzer an.
Ihre Grundsätze waren dem Päpstlichen Stul und seinen Anhängern schnurgrad
entgegen. Sie drangen auf eine Reformation der Clerisey und diser war gehäs-
sig nur das geringste davon zu hören, obschon verschiedene Geistliche, welche bessere Einsichten hatten, eine Reinigung der Lehre und Lebens der Clerisey, bey der
Kirchenversamlung zu Costanz als höchst nöthig angeriesen. Es war demnach kein
Wunder, wann der Papst und die mit ihme gleiche Gesinnung habende Geistlichkeit auf die Vertilgung der Hussiten drangen. Ganz Deutschland wurde aufgebothen das Blut diser Leute zu vergiessen. Dem Kayser ware nicht weniger
daran gelegen, weil sie ihn nicht für ihren König erkennen wollten und darinn
würklich einen Fehler begiengen. Er begehrte von allen Reichsständen Hülf.
Man findet dergleichen Ausschreiben auch an das Closter Bebenhausen (x), obschon verschiedene darinn gemeldte Umstände solches verdächtig machen, indem
z. E. der Abt daselbst von K. Sigmunden erinnert wurde seine Leute nach Rom
zu schicken, wo sie wider die Hussiten wenigen Nutzen geschafft hätten. Ob nun
Gr. Ludwig sowohl wegen seiner Verbindung gegen dem Reich, als auch besonders gegen der Cron Böhmen aufgemahnet oder von disem einige Hülfsvölker
damals geschickt worden, habe ich nicht finden können. Es ist aber zu vermuth n,
daß

(x) vid. Besold Docum. rediv. rubr. Bebenhausen. num. 32. pag. 420.

Fünfter Abschnitt.

daß wenigstens im Jahr 1427. das erstere geschehen seye (y). Indessen unterließ man gleichwohl nicht einige geringe Güter von denen von Abel zu erkaufen. Beringer von Altzheim und Wilhelm von Stetten hatten von ihrer Muter Bruder Erpfen von Höfingen einen Theil an der verfallenen Burg und an dem Dorf Höfingen erörbet, gerietheu aber wegen der Zugehörden mit Hanns Truchsessen von Höfingen in Strittigkeit. Sie entschlossen sich deßhalb im Jahr 1426. den halben Burgstall daselbst, den vierten Theil am Weinzehenden, nebst unterschiedlichen Gütern und eignen Leuten an die Herrschafft Würtenberg um 3124. fl. zu verkaufen. Es wurde dabey bedungen, daß die strittige Güter in eine Richtigkeit gebracht und sodann besonders nach einem verglichenen Anschlag, nemlich 1. lb. Hellergült um 22. lb. Das Malter Rocken um 12. Schilling, das Malter Dinkel um 7. ß. und der Habern um 6. ß. bezahlt werden solle. In dem nächsten Jahr 1427. erkaufte Gr. Ludwig von Wilhelm von Genkingen ungefähr den sechsten Theil an der Vogtey, Gericht und andern Gewaltsamen in dem Dörflein Ober-Oeschelbronn um 160. Gulden. Und im Jahr 1428. übergaben Tristram und Wilhelm die Truchsessen denen beeden Graven Ludwigen und Ulrichen ihre Rechte an den Widemhöfen, Kirchensätzen, und Kirchen zu Gechingen und Dachtel, ohne, daß ich finden können, ob solches durch einen Kauf, Tausch oder andere Weise geschehen seye. Dagegen Fritz von Weyhingen und seine Hausfrau Anna von Dürheim alle ihre Güter und Gülten zu Dürnau an die beede Graven um 600. fl. verkauften.

§. 18.

In dem Jahr 1428. hatte Grav Ludwig noch immerzu mit Bekohrung seiner Vasallen zu thun. Und Pfalzgrav Ludwig war noch unermüdet für das Wohl der Herrschaft Würtenberg zu sorgen. Auf seiner Seite konnte sich dieses Haus alles guten Beystandes versichern. Einen Zuwachs der Macht und Ansehens aber sollte es durch Verschwägerung mit andern Fürstlichen Häusern erlangen. K. Sigmund hatte schon dafür gesorget und zur Bevestigung der Freundschaft zwischen den beeden Häusern Baaden und Würtenberg eine Vermählung der jungen Gräfin Elisabeth, welche Gr. Eberhard der Milde mit der Burggräfin erzeuget hatte, mit Marggr. Bernhard dem jüngern im Jahr 1421. bewürket. Allein der Bräutigam starb bald darauf ohne solche Vermählung vollziehen zu können. (yy). Der Pfalzgrav gieng also damit um auch die Herzoge von Bayern

(y) vid. Chron-Elwang. ap. Freherum ad ann. 1427. Marchio Brandeburgensis, Duces Bavariæ & multi alii Comites & Barones & Episcopi, nec non Civitates Imperiales par totam Sueviam magnum exercitum congregant iterum in Hussitas & nihil profecerunt.

(yy) vid. Schœpflin Histor. Bad. T. II. p. 125.

Bayern mit den Graven von Würtenberg näher zu verbinden, oder vielmehr die alte Freundschaft zwischen denselben zu bevestigen. Das Mittel darzu sollte eine Vermählung der gedachten Prinzeßin Elisabeth, mit Herzog Albrechten von Bayern seyn. Es scheint aber, daß dise junge Grävin eben nicht die beste Auferziehung genossen. Wenigstens konnte man sich nicht versprechen, daß sie eben viel gutes bey ihrer Frau Mutter gelernet hätte, als welche der Wollust sehr ergeben war. Der Erfolg zeigte, daß die junge Grävin wegen ihrer Unart wenig gute Hoffnung von sich machte. Der Churfürst war also bedacht durch Vermählung an einen Hoffnungsvollen Prinzen zu helfen. Herzog Albrecht, der fromme in Bayern sollte ihr Gemahl werden. Sein Herr Vater schickte zu dem Ende Johann Propsten zu Zůmünster, Paul Arnsingern, Cammermeister, Ulrich Dachauern zu Lauterbach und Mattheiß Kammern von Utzendorf nach Heydelberg. Und von seiten der Graven von Würtenberg wurde Grav Heinrich von Löwenstein, Conrad von Stammheim, Hannß von Stadion, beede Ritter, Hannß von Sachsenheim, ihr Hofmeister und Harnß Sturmfeder der ältere abgeordnet. Den 15. Januarij 1428. wurde der Heurathsvergleich zum Stand gebracht und beederseits einander versprochen, daß keines von beeden vermählten sich in eine andere Eheberedung einlassen wollte. Gleich nach Pfingsten selbigen Jahrs sollte das Beylager vollzogen werden, und die Grävin ihrem Gemahl 30000. fl. Zugeld beybringen, dise Summa aber in drey kurzen Fristen abgetragen werden. Zu deren Versicherung nicht nur die Stadt Göppingen verschrieben wurde, sondern die beede Graven versprachen auch zehen Bürgen zu geben, welche auf den Fall, wann das Zugeld in den benannten Fristen nicht bezahlt wurde, zu Augspurg oder Ulm in einem offenen Wirthshauß, welches man ihnen benennen wollte, mit einem Knecht und einem Pferd solang Leistung thun sollten, bis die versprochene Summe bezahlt seyn würde. Weil auch der Prinzeßin Frau Mutter, die gebohrne Burggräfin zu Nürnberg mit ihrem Widdumb von 20000. fl. noch auf die Stadt und Amt Schorndorf versichert ware und zur Morgengab 10000. fl. empfangen hatte, so wurde abgeredt, daß nach derselben Absterben auf ihre Tochter und ihre Erben nicht allein solches Widdums-Capital, sondern auch, so viel an der Morgengab noch übrig seyn würde, fallen sollte. Wann aber die junge Grävin ohne Leibeserben stürbe, so wurde der Ruckfall derselben auf die Graven von Würtenberg anbedinget. Dise behielten sich auch bevor, daß sie nach ihrem Belieben das Widdums-Capital und Morgengab, aus welchen bisher die Zinnß gereichet wurden, ablösen dörfften, doch, daß es wieder so angelegt werde, damit auf den Ruckfall die Graven von Würtenberg dessen gesichert seyn könnten. Dagegen versprach Herzog Albrecht seiner Gemahlichen Braut 30000. fl. Widdumb und eben soviel zur Widerlegung

Ihres

Fünfter Abschnitt.

ihres Zugelds zu verschaffen und zu deren Versicherung solche auf eine oder mehrere Städte zu versichern, daß die zu denselben gehörige Mannen, Burgmannen, Amtleute, Burger und Armeleute derselben huldigen sollten. Wann Herzog Albrecht vor seiner Gemahlin aus dem Zeitlichen abgienge, ohne Leibeserben zu hinterlassen, so sollte alle fahrende Haab desselben, welche sich in solchen Schlössern, Städten und Märkten befinden würde, der Wittib zugehören. Endlich wurde verglichen, daß, welcher Theil solche Heuraths-Abrede nicht halten und insonderheit die Verlöbnuß wieder aufstünden würde, dem andern 10000. fl. zur Strafe verfallen seyn sollte.

§. 19.

Es scheint, daß kein Theil dem andern recht getraut habe. Man hatte aber Ursach darzu. Dann es ist bekandt, daß Herzog Albrecht sich in eine Baders-Tochter von Augspurg verliebet habe und aller väterlichen Erinnerung unerachtet dennoch nicht von derselben ablassen wollen, biß sie sein Herr Vater in der Donau ertränken ließ. Und die Gräfin Elisabeth war gegen Gr. Hannsen von Werdenberg verliebt und konnte sich nicht entschliessen in eines andern Arme zu kommen. Weil die Zeit zur Vollziehung des Beylagers kurz ware, so wurde sie mit ihrem geliebten Graven eins demselben vorzukommen und sich ehlich trauen zu lassen. Allem Ansehen nach liesse sie sich von ihm entführen, wordurch Grav Ludwig und das ganze Hauß Würtenberg in grosse Verlegenheit gesetzt wurde. Die Herzoge von Bayern verlangten die anbedingte Strafe und Gabelkofer hat keine Ursache zu zweifeln, ob dieselbe bezahlet worden, indem der Bayrische Geschichtschreiber ganz recht schreibet, daß Herzog Ernst und Albrecht den Salz-Zoll zu Regenspurg damit an sich erhandelt. Nur darinn fehlet er, daß er Grav Eberharden die Schuld beymißt, als ob diser die Vermählung hintertrieben hätte, da er doch lang zuvor verstorben ware. Es wurden ihr auch nach der Zeit dise Strafgelder an ihrem Zugeld richtig abgezogen. Weil sie ohne Vorwissen des Gräflichen Hauses sich vermählet und demselben vielen Verdruß zugezogen hatte, so mußte sie lang um ihre Fräulensteur vergeblich ansuchen. Endlich gaben sich Herzog Ulrich von Teck, Hannß von Zimmern, Freyherr zu Mößkirch und Gaudenz von Rechberg die Mühe eine Fürbitte einzulegen, durch deren Hülfe auch die Vermittlung geschahe, daß Grav Ludwig in seinem und Grav Ulrichs Namen den 27. April 1430. versprach dem Graven von Werdenberg 16:00. fl. Helmsteur zu geben. In dem Heurathebrief mit dem Herzog in Bayern sagte man der Gräfin Elisabeth die gewöhnliche Summa zu. Allein bey disen veränderten Umständen zoge man ihr die dem Hauß Bayern bezahlte Strafe und vermuthlich auch die Unkosten ab. Zur Versicherung wurde ihr die Stadt und Burg

Burg Bablingen verschrieben, und 12. Bürgen gegeben, doch, daß die gedachte Stadt dem Graven nicht eher eingeraumt werden sollte, als biß das Hauß Würtenberg mit der Zahlung nicht einhielte. Ferners wurde demselben die Pfandschaft Sigmaringen und Veringen wiederum mit dem Anhang eingegeben, daß solche von den Graven von Würtenberg so lang Gr. Hannß und seine Gemahlin bey Leben seyn würde, nicht gelößt werden sollte, es wäre dann, daß das Hauß Oesterreich die Herrschaft Veringen wieder an sich lösen wollte. Und auf solche Weise wurde ihr der Name einer ausgesteurten Tochter eingeraumet, dagegen sie alles Väter- und Müterlichen Erbes sich verzeyhen mußte. Nur allein wurde ihr die Erbfolge auf Stadt und Burg Neustadt an der Eysch vorbehalten. Gr. Hannß versprach hingegen solche Heimsteur mit 8000. fl. zu widerlegen und seine Gemahlin auf die Burg und Stadt Sigmaringen und Veringen und deren Zugehörden zu versichern. Zugleich mußte er gegen den Graven von Würtenberg sich verschreiben, daß er weder mit seiner Person, noch mit gedachten ihm verpfändten Burgen sein lebtag wider die Herrschaft Würtenberg handlen wolle, dagegen dise ihn und die Seinige wie andere ihre Diener handhaben und verspresen solle. Wann Strittigkeiten zwischen den Graven von Würtenberg und Gr. Hannsen entstünden, solle ein gemeiner aus jener Räthen genommen werden, der Zuspruch möchte auch geschehen, von welchem Theil er wollte, welcher dann mit gleichem Zusatz die Sach austragen solle. Würde auch jemand, wer der wäre, die Graven von Würtenberg wegen der Grävin Elisabeth Väter- oder Müterlichen Erbes ansprechen, so solle Gr. Hannß und seine Gemahlin denselben auf ihre Kosten beystehen. Es wurden aber die versprochene 16000. fl. gleichbalden bezahlt. Dann den 9. Maij selbigen Jahres noch quittierten dise junge Eheleute vor dem Hofgericht zu Rotweil mundlich, daß sie nicht allein um ihre Heimsteur richtig befridigt wären, sondern auch sich aller Ansprache an alles Väter- oder Müterlichen Erbes, ausgenommen der Förderung an Neuenstatt an der Eysch, die Vestin Wernsperg und das Amt Reinhofen, begaben. Doch werden wir sehen, daß die Verzücht von der Grävin schlecht gehalten worden.

§. 20.

Ob nun eben die Muter die unbesonnene Vergehung ihrer Tochter oder das Verfahren der Herrschaft Wirtenberg mit derselben in Ansehung der gebrauchten Ahndung mehr zu Gemüth gegangen, wollte ich eben nicht errathen. Weil aber eine so leichtsinnig, als die andere gewesen, so dörfte man eher auf das letztere schliessen. Wie dem seye, so starb die verwittibte Gräfin von Würtenberg und gebohrne Burggräfin von Nürnberg den 29. April zu Schorndorf, und wurde in der Stiftskirche zu Stuttgard beygesetzt, wo ihr Grabmahl noch

Fünfter Abschnitt.

zu sehen ist. Aber sie hinterließ nichts, als Schulden und Unrichtigkeiten, welche Gr. Ludwig in Ordnung zu bringen genöthigt ware und die Schulden zu bezahlen sich entschloß, so viel die Umstände es gestatteten. Nach den deutschen Rechten wußte man nichts von der Römischen Immixtione, vermög welcher einer des Erblassers Schulden zu bezahlen verbunden ist, sobald er die Verlassenschaft sich zueignet und einige Schulden zu bezahlen übernimmt. Gleichwohl redete die Billigkeit, daß wer den Vortheil des Erbes haben wollte, auch die Beschwerden desselben tragen sollte. Demnach kam Gr. Ludwig in eine Weitläuftigkeit, weil er seiner Stiefgroßmuter Verlassenschaft an sich zoge. Friderich Bock von Staufenberg (2) war ihr Diener, welchem ein Pferd in ihren Diensten zu schanden gieng. Sie war ihm zur Zeit ihres Ableibens noch 30. fl. Besoldung schuldig. Er glaubte, daß das Hauß Würtemberg ihm beedes zu ersetzen schuldig wäre, und forderte es an Gr. Ludwigen, welcher sich aber nicht darzu verstehen wollte, weil er ihn nicht in ihre Dienste angenommen hätte, und derselbe auch keinen Brief und Sigel von ihm aufweisen könnte. Dises verdroß ihn und nach damaligem Gebrauch grief er selbsten zu, fiel mit etlichen andern in die Lande des Graven und nahm den Unterthanen so viel Gutes hinweg, als er glaubte, daß seine Forderung betragen mochte. Das Geraubte führte er in die nahe bey Offenburg in dem Breyßgau gelegene Vestung Staufenberg. Er hatte keinen Antheil an derselben, sondern Wilhelm von Schauenburg gestattete ihm nur den Unterschlauf in seinem Theil dises Ganerben-Hauses, weil diser nebst einem Sturmfeder mit dem Bocken auf die Beute ausgegangen ware. Da sie sahen, daß ihnen dises Handwerk gelinge, holten sie öfters Beute in dem Würtembergischen. Diser Plackerey abzukommen schlug Gr. Ludwig erliche Anlaß-Richter vor. Aber der Bock wollte sich zu keinem Recht oder Austrag verstehen, es wäre dann, daß man ihnen vorher den Schaden für das Pferd ersetzt hätte. Es mittlete Pfalzgr. Ludwig und Marggr. Bernhard lange Zeit vergebens. Endlich wurde im Jahr 1332. Gr. Ludwig der Sache müde und faßte den Entschluß auch zu den Waffen zu greifen. Vieles aber mag beygetragen haben, daß der Bock einen Burger von Straßburg bey Oberkirch ermordete und keine Genugthuung von ihm zu erhalten ware. Bey solchen Umständen bekam er dise Stadt auch zu Feind, welche Gr. Ludwigen ermunterte ihro beyzustehen, indem sie gut befunde die Burg Schauenberg zu belagern, und damit, weil es schon spät im Jahr wäre, eylfertig zu Werk zu gehen. Dann es war schon im Augst, als die Stadt Straßburg mit dem Graven ein Bündnuß schlosse. Diser begehrte an den Churfürsten von der Pfalz, daß er dem Bocken und seinen Helfern ei-

(2) Von disem Geschlecht hat Nachricht gegeben Schöpflin Alsat. illustr. Tom. II. pag. 700. §. 558.

nen Feindsbrief schicken möchte, welcher solches zwar that, aber zugleich eine Fürbitte einlegte, daß, wann man die Vestung gewonne, solche nicht zerstöhret würde, weil sie von der Gravschaft Eberstein zu Lehen rühre (a) und Gr. Bernhard von Eberstein sein Rath und Diener seye. Gr. Ludwig schickte demnach nebst der Stadt Straßburg dem Friderich Bocken, Wilhelmen von Schauenburg, Berchtolden von Schauenburg, Heinrich Branchofer, Schmalenstein, Hannß Stangern, Hannß Schlupferstetten und andern einen förmlichen Vehdebrief zu. Weil er besorchtete, daß die Stadt mit ihren und seinen Feinden bey längerm Zaubern sich aussöhnen und hernach ihm alle Beschwerden auf den Halß fallen möchten, so schickte er sogleich seine Völker unter Heinrichen von Mansperg nach Oberkirch als dem abgeredten Sammelplatz, wo die Straßburger auch ankamen. Den 1sten Augst schrieben Bernhard, Rudolph und Adam die Kalben von Schauenburg an Gr. Ludwigen, daß zwar Wilhelm von Staufenberg dem Friderich Bocken in seinem Theil der Vestung Auffenthalt gegeben und ihm behülflich gewesen den Graven und die Seinige zu beleydigen, solches aber wider ihren Willen und öfters Widerrathen geschehen seye. Sie bathen demnach, daß er sie der wider den Wilhelm gefasiten Ungnade nicht entgelten lassen und den von seinen Völkern gefangenen Priester und Knecht loßgeben möchte. Als auch solches nichts verfangen wollte, so wiederholten sie den 19. Augst ihre Bitte und erbothen sich Rechtens vor Pfaltzgr. Ludwig, als Vicarien der Lande am Rhein, oder vor dem Bischoff zu Straßburg, oder vor dem Marggraven zu Baaden, oder vor Gr. Ludwigs Räthen mit bedrohen, daß, wann sie kein Gehör finden, sie gedrungen wären bey dem Kayser, oder gedachtem Pfaltzgr. Ludwigen oder vor Pfaltzgr. Wilhelm als Königlichen Statthaltern des heiligen Concilii zu Basel sich zu beklagen, daß sie ungeacht ihres Erbiethens unschuldig von ihrem Väterlichen Erbe verdrungen und beschädiget würden. Gr. Ludwig war aber nicht forchtsam, sondern antwortete, daß Friderich Bock etliche Jahre ihn und seine Lande aus dem Schloß Schauenburg feindlich behandelt, welches sie wohl hätten abwenden können. Er könnte solchen Trotz eines Edelmanns gegen ihm nicht ungerochen lassen und würde also nächster Tagen die Belagerung vornehmen.

§. 21.

Das Commando über seine Kriegsvölker, zu welchen auch die Gräfin Henriette ihre Mömpelgardische Völker stossen ließ, vertraute er Gr. Eitel-Fritzen von Zollern an und befahl ihm gleichwohl die Vestung auf der Seite anzugreifen wo des Wilhelms Theil wäre. Die von Straßburg aber kamen ihm zuvor und lagerten ihre Büchsen an disen Ort. Und die Würtenbergische Büchsenmeister

und

(a) Schœpflin d. l. Tom. II. pag. 693. §. 546.

Fünfter Abschnitt.

und Werkleut mußten ihre Schirm und Geschütz anderswo aufschlagen. Ich schreibe hier nicht nach der Sprache der heutigen Kriegskunst, sondern bediene mich der Worte, welcher der Grav von Zollern in seinem Bericht sich auch bedienet hat. Die ganze Besatzung bestund in 40. wehrlichen Mannen, worunter mehr dann 20. Edelleute und unter disen Clauß von Bach und Jörg von Schauenburg die vornehmste waren, von welchen man vorgab, daß sie wohl 300. Mann zu Roß und Fuß aufbringen könnten. Bey disen Umständen ließ der Grav sein Lager mit einem Haag und Graben und andern dergleichen Vertheidigungs-Mitteln verwahren, damit man ihn nicht überfallen konnte. Es scheint, daß er eine solche Versicht nöthig gehabt und es sowohl an guten Leuten, als auch andern Zurüstungen gefehlet habe. Dann er getrauete sich nicht die Befelchshabung allein zu führen, sondern bath, daß man ihm Walthern von Hirnheim und Wolffen von Zülnhard als Hauptleute beygeben möchte, wie ihm solches versprochen werden. Dagegen dise neben ihm als Hauptleute zu stehen oder das Commando zu führen sich verweigerten. Zugleich verlangte er 20. andere Schützen und einige Pfeiffer. Worzu letztere bey einer Belagerung so unentbehrlich gewesen, lasse ich Kriegsverständige errathen. Grav Ludwig war damals mit seinen Räthen zu Dornstetten um bey allen Vorfallenheiten desto näher zu seyn. Er bewilligte dem Graven noch einige Büchsen oder nach heutiger Sprache Canonen und mehrere Ambroste zu schicken, aber die Schützen wollte er ihm nicht gewähren. Ueberhaupt liesse sich die Belagerung sehr schwer an, indem die Vestung mit unwegsamen und rauem Gebürge umgeben war, daß sie mit grosser Beschwerde graben und neue Weege machen konnten. So konnten sie auch das schwere Geschütz wider diejenige nicht gebrauchen, welche Graven Ludwigs hauptsächliche Feinde waren. Zu gutem Glück schickte der Bischoff von Straßburg seine Räthe, nemlich Türingern von Hallweil, Renbolden von Windeck und Heinrichen von Hohenstein, und der Marggrav von Baaden Burkard Humeln und Wirichen von Hohenburg in das Haupt-Quartier nach Oberkirch. Dise mußten bey den Würtenbergischen und Straßburgischen Hauptleuten den Antrag thun, daß gleichwohl Friderich Bock und die von Schauenburg zu Glimpf und Recht sich erböthen. Die letztere seyen beeder Herrn Diener, Lehenleut und Räthe, weßwegen sie hoften, daß man der Gütlichkeit statt geben würde. Dise Abgeordnete wurden aber an Gr. Ludwigen und die Stadt Straßburg gewiesen. Der Churfürst von Pfalz legte gleichmäßig eine Fürbitte ein. Der Winter nahete herbey und die Belagerung sahe noch Zeitspültig aus. Dises bewog Gr. Ludwigen Friedensvorschläge anzunehmen. Er begab sich selbst nach Oberkirch. Nach einer Handlung von acht Tagen kam den 9. Septemb. ein Verglich und Friede zu stand, daß 1.) Wilhelm von Schauenburg, Friderich Bock von

Schau-

Schauenburg ihr Lebtage wider Gr. Ludwigen und seine Angehörige, und wider die Stadt Straßburg nichts feindliches mehr thun, sondern, wann sie etwas gegeneinander zu klagen hätten, mit gleichem billigem Recht austragen und sich daran begnügen lassen sollten. 2.) Sollte Wilhelm von Schauenburg und seine Nachkommen zu ewigen Zeiten mit seinem Theil der Vestung Schauenburg wider die Herrschaft Würtenberg und die gedachte Stadt und deren Diener und Bürger nichts feindliches thun lassen und daßelbe eydlich versprechen. 3.) Alle beederseitige Gefangene sollen gegen eine alte schlechte Urphed loßgelassen und 4.) was Schatzung, Brandschatzung und anderes noch nicht abgetragen wäre, oder in Bürgschaft stünde, ebenfalls ledig und abgethan seyn. 5.) Weil aber auch die andert Theilhaber der Vestin Schauenburg in disem Krieg Schaden genommen, so wurde ein Kost und Schaden gegen dem andern und damit 6.) auch Friderichs Bocken Forderung aufgehoben. Mit diser Vergleichung aber war es noch nicht gänzlich Friede, indem ein Zweybrückischer Edelknecht, Heinrich Wocherheimer sich beschwehrte, daß währender Belagerung der Vestin Schauenburg ihm etliche Reben abgeschnitten worden, weßwegen er Schadloßhaltung begehrte und biß auf das Jahr 1436. mit den Graven von Würtenberg und der Grävin Henriette in einer Feindschaft verwickelt war, da dise solche Feindschaft mit Bezahlung 60. fl. abkauften (b).

§. 22.

Ehe noch dises vorgienge, daß Gr. Ludwig mit der Belagerung des Schloßes Schauenburg sich beschäftigte, hatte er noch zwo andere Kriegs-Unruhen. Die eine war zu gunsten Ulrichs von Manderscheid und die andere der bekannte Hußiten-Krieg. Der erstern gedenket der einzige Abt von Tritheim (c). Dann als Erzbischoff Otto von Trier im Jahr 1430. mit Tod abgieng, erfolgte eine zweyspältige Wahl. Der größte Theil des Thum-Capituls erwählte Jacob, Freyherrn von Spreck und der andere Theil erwählte gedachten Graven von Manderscheid. Diser hatte einen größern Anhang und darunter solle auch Grav Ludwig von Würtenberg gewesen seyn. Ich gestehe gar gern, daß ich an disem letztern Umstand zweifle. Dann obschon die zweyspaltige Wahl ihre Richtigkeit hat (d), so kan ich doch nicht absehen, wie die Graven von Würtenberg in solche

(b) Aus Gabelkofers Würtembergischen Chronik hat Steinhofer dise Geschichte mit etwas mehrern Umständen erzehlet Part. II. pag. 762. seqq.
(c) Trithem. ad ann. 1430. Contra quam (Jacobum de Sireck) Fridericus de Crovia præpositus & Henricus de Piniingen Canonicus cum nonnullis aliis paucis elegerunt Udalricum de Manderscheid, cui ex consanguineo & amico adhæserunt Comitus de Wirtenberg una cum nobilibus terræ.
(d) Simon Histor. der Bischöffe zu Speyr. p. 150.

Fünfter Abschnitt.

che Strittigkeit verwickelt werden können, zumalen Gr. Ludwigs Schwehr-Vater, der Churfürst von Pfalz, von dem Papst erlanget hatte, daß die Wahl vernichtigt und dagegen die Erzbischöfliche Würde dem Bischoff Raban von Speyr zuerkannt wurde. Es ist aber bey der guten Freundschaft und so nahen Verwandtschaft zwischen der Pfalz und Würtenberg nicht zu vermuthen, daß diser Hauß dem Graven von Manderscheid wider den Bischoff Raban und den bemeldten Churfürsten beygestanden habe. Vielmehr findet man, daß Pfalzgrav Ludwig seinem Tochtermann und diser jenem in allen Angelegenheiten nachdrückliche Hülfe erzeiget haben. Hingegen ist gewiß, daß die Graven von Würtenberg dem Kayser wider die Hußiten eine ansehnliche Hülfe zuzuschicken gemüßigt worden. Schon im Jahr 1429. scheint es, daß Gr. Ludwig dem unglücklichen Feldzug in Böhmen beygewohnt habe. Dann ich finde, daß die Gräuin Henriette in solchem Jahr die Regierung wieder übernommen und die Räthe derselben gehuldiget haben. Dann in einer alten Nachricht stehen die Worte: vff Reminiscere anno XX nono hand die Rete miner gnedigen Frowen von Mumpelgard also gesworn. Je werdent swêren miner Frowen von miner Herren wegen Graf Ludwigen und Graf Ulreichen von Wirtenberg das best ze ratend und ze runde vnd den Rat zu verswigen one alle geuerde. Im Jahr 1431. wurde ein neuer Feldzug wider die Hußiten vorgenommen. Gräuin Henriette hatte zu Anfang des Jahres noch die Regierung in Handen. Dann der Kayser hielte um der Hußiten willen damalen einen Reichstag zu Nürnberg und ließ derselben von dort aus einen Befehl zugehen, daß sie das Closter Königsbronn wider allen Gewalt schützen solle (e). Ohne das Regiment in der Gravschaft Würtenberg konnte sie das Gotteshauß nicht schützen, weil es in der Nähe derselben gelegen ware. Sie regierete freylich in ihrer Gravschaft Mömpelgard ordentlicher weise. Aber von dortaus könnte sie wegen der Entlegenheit demselben nichts nutzen. Es ist also nicht anderst möglich oder wahrscheinlich, als daß Grav Ludwig abwesend gewesen und seiner Frau Muter die Regierung überlassen müssen, weil Gr. Ulrichen solche noch nicht anvertrauet werden konnte. Ich kan aber auch keine andere Ursach der Abwesenheit muthmassen, als daß Gr. Ludwig entweder seine Völker allbereits selbsten nach Böhmen oder in die dortige Nachbarschaft zu dem Reichsheer geführet oder dem Reichstag zu Nürnberg angewohnet habe. Dann zu End des Jahres 1430. versammlete er ein auserlesen Volk um solches wider die Hußiten zu Hülfe zu schicken. Nur die Provisioner, Landadel und Lehenleute machten eine ansehnliche Anzahl aus. Dann Gabelkofer und aus dessen Chronik der Prof. Steinhofer (f) benennet 232. Graven, Freyherrn und gemeine Edelleute, welche

(e) vid. Bepl. num. 45.   (f) Würtenb. Chronik. part. II. p. 749. ad ann. 1430.

welche zu Bahlingen, Urach, Herrenberg, Stuttgard, Göppingen, Scheirndorf, Möcklingen und Lorch als den vorgeschriebnen Sammelplätzen zusamen kommen solten.

§. 23.

Weil Steinhofers Arbeit in vielen Händen ist, so habe ich fast bedenken getragen das Verzeichnuß diser Leute hier zu wiederholen, jedoch meine Ursachen wider meinen Willen gefunden, solche gleichmäßig hier zu benahmsen, zumalen die Namen von ein und andern verfälscht worden, und die Steinhoferische Arbeit ausser Lands eben nicht so bekandt seyn dörfte. Solchemnach wurden auf den Freytag vor Gallentag gen Bahlingen beschieden Grav Heinrich und Grav Egon von Fürstenberg, Herzog Reinold von Urslingen, Grav Hannß von Thengen, Caspar Clingenberg, Friderich von Enzberg, Brunn Freyherr von Lupfen, Märcklin von Hausen, Ritter, Heinrich und Diepold von Gerolzeck, Rudin von Blumberg, Gr. Rudolph von Sulz der jüngere, und Gr. Rudolph von Sulz, Würtenbergischer Hofmeister. Dise waren der Stadt Bahlingen am nächsten gelegen und wurden auch deßwegen dahin beschieden. Dahingegen aufeben disen Tag nach Urach sich begeben mußten Eberhard Truchseß von Walpurg, Simon von Stöffeln, Hannß von Zimmern, Erhard von Gundelfingen, Eck von Reischach, Wilhelm und Burkard Späten von Wittlingen, Heinrich von Rechberg, Burkard von Freyberg, Hannß von Graveneck, Volmar von Bernaw, Hannß von Simetingen, Ludwig, und zween Wolfen von Stein, Georg Kayb, Caspar von Freyberg, Ludwig von Stadion, Eberhard von Landaw, Klein Hannß die Schwelher, Hannß Truchseß von Bichißhausen, Hannß Harscher, Hannß von Ramsperg, Grav Hannß von Werdenberg, und Wilhelm von Stein. Nach Herrenberg wurden beschieden Walther, Heinrich und Georg von Gerolzeck, Albrecht von Neuneck und sein Sohn. Wild. Hannß, Georg und Hänßlein von Neuneck, Aristoteles Megenzer, Wolf und Conrad von Bubenhofen, Conrad und Volz von Weytingen, Engelwart von Valkenstein, Caspar, Heinrich, Stephan und Hannß nebst Heinrichen von Ow, unter welchen diser zu Zimmern, erstere Vier aber zu Wurmlingen gesessen waren, Hannß von Brandeck, Hannß und Märklin von Hailfingen, Hannß von Buwstetten, Heinrich von Gültlingen Burkards Sohn, Gumpolt der Alt und Gumpolt sein Sohn von Gültlingen, Hannß von Raveneck, Conrad und Hannß von Fürst, Georg und Hannß die Herter, Hannß von Gültlingen zu Entringen, Helfrid von Neuenstatt, Hannß von Wehingen, Rudolph von Ehingen, Berchtold Hardter, Hannß von Haimertingen, Ulrich von Altheim, Hannß und Berchtold die Haacken, Burkard Truchseß, Ulrich Brandhoch, Hannß und Reinhard von Melchingen, Friz von Gomaringen, Otto von Wurmlingen, Gr. Eitelfriz von Zollern, Hannß Pfuser, Georg von

Ow

Fünfter Abschnitt.

Ow zu Dieſſen, Heinrich von Neuneck, Georg und Hannß von Ow zu Hürlingen, Heinrich von Manßperg, Stephan von Emershoven, Burkard Schenk von Roßperg, Eck Böcklin, Stephan Böcklin, und Wolf Truchſeß von Waldeck. Zu Stuttgard kamen zuſamen auf St. Gallentag Heinrich Truchſeß von Neuhauſen, Hannß Schilling zu Heimertingen, Rudolf von Bumſtetten, Berchtold Kayb, Caſpar von Gültlingen, Wilhelm von Kaltental, Wolf und Hannß von Stamheim, Hannß von Kaltental, Eberhard von Maſſenbach, Hannß, Georg und Wilhelm von Münchingen. Hannß von Nippenburg der alte, Conrad von Nippenburg, Hannß und Peter von Ließenſtein, Wolf von Nippenburg, Eberhard von Sternenfels, Bernold und Conrad von Dürmenz, Hannß von Stein von Arneck, Conrad Schenk von Winterſtetten, Georg von Nippenburg, Seyfrid Oſterbrunn von Ror. Georg von Nippenburg, Fritzen Sohn, Berchtold und Hermann von Sachſenheim, Hannß Truchſeß von Höfingen, Hannß, Friderich und Albrecht die Sturmfeder, Hermann Neſt von Oberkain, Heinrich Sturmfeder, Jacob, Wolf, Bernhard und Hannß von Stein, Hannß von Hemmingen oder ſeiner Söhne einer, Conrad von Stamheim Ritter, Bernhard von Talheim, Ulrich von Remchingen, Hannß von Bronburg, Caſpar von Sachſenheim, Schweicker von Sickingen, Wernher von Neuhanſen, Diether Landſchad, Hannß und Conrad von Semmingen, zween Gebrüdere, Volk von Wildnow, Wilhelm von Sachſenheim, Dietrich Spet von Eſtetten, und Dieterlin Laſt. Nach Göppingen wurden beſtellt Bero und Albrecht von Rechberg, Berchtold Volkwein, Ottlin von Baldeck, Caſpar von Schlatt, Hannß von Luſtnau, Dietrich, Heinrich, und Wilhelm Speten von Sultzburg, Hannß Schwelher, Berchtold Schilling, Diepold Güß, Albrecht Thumb, Wolf von Zülnhard, Gaudenz und Hug von Rechberg, Hannß und Eitel-Hannß von Werdnaw, Albrecht von Freyberg, Gerwig von Simetingen, Conrad von Aichelberg, Heinrich von Weſternach zu Greifenburg, Ulrich von Weſterſtetten, Ulrich Schwelher, Veit und Heinrich von Yſenburg, Grav Eberhard von Kirchberg, Albrecht und Hannß von Tachenhauſen, und Ulrich von Sperwerseck der Jüngere. Gen Pliderhauſen bey Schorndorf wurden beſchieden Conrad von Heinriet, Hannß Nothafft, Diepold und Hannß von Bernhauſen, Clauß von Mentzheim, Schweicker Sturmfeder, Wolf von Neuhauſen, Conrad von Stetten, Bernold, Walther, Dieterich und Eberlin von Urbach, Bernold von Urbach der junge, Crafft Herr von Hohenlohe, Hannß von Yberg, ... von Stetten, Georg von Urbach, Grav Heinrich von Löwenſtein, und Wilhelm von Stetten. Gen Möcklingen auf Dienſtag nach Gallitag Schenk Conrad, Georg und Friderich von Limpurg. Joß Vetzer, Georg von Wöllwart, Grav Haunß von Helfenſtein, und Conrad von Frauenberg. Und endlich nach Lorch ſollten

P

kom-

kommen: Crafft von Eußlingen, Ulrich von Schechingen, Rudolph von Westerstetten, Rudolph von Pfalheim, Walther und Conrad von Hürnheim. Von dem Hofgesind versprachen mitzugehen, Albrecht, Dietrich, Hannß und Friderich die Späten, Hannß von Urbach, Heinz Schilling, Burkard und Wilhelm die Schilling, ... von Schechingen, Wilhelm von Wöllwart, Ulrich von Rechberg, Caspar Gräter, Hannß von Gültlingen, Bürklin Bohndorf, Werner Nothafft, Hannß von Stetten, Veit und Heinrich von Ysenburg und Conrad von Hohenriet.

§. 24.

Alle dise kamen nicht einzel, sondern brachten wider andere mit sich und sonderlich mußten sie wenigstens drey oder vier bewaffnete Fußgänger mit sich bringen, welche, wann sie nur drey mit sich genommen, schon eine Anzahl von 700. Mann ausgemacht haben. Die Graven und Herrn wurden ohnehin von andern ihren Dienern und Lehenleuten begleitet. Sie hatten darinn ihren Vortheil unter eines andern Reichsstandes Völkern mitzugehen, weil sie von den Graven von Würtenberg den Unterhalt im Feld zu geniessen hatten, da hingegen, wann sie für sich den Zug vorgenommen hätten, ihnen der Kosten für sich und ihre Diener obgelegen gewesen wäre. Dises würde ihnen aber sehr beschwerlich gefallen seyn, weil damals gebräuchlich ware, daß der Lehenherr seinem Lehenmann oder Diener den Schaden, welchen diser in einem solchen Zug an Pferden oder sonsten erlitten, zu ersetzen verbunden waren. Endlich ist daraus abzunehmen, daß, weil die meiste der obgemeldten Edelleute entweder Landsassen oder Lehenleut waren, dieselbe nicht nur Landsrettung zu thun, das ist, das Land ihres Herrn, wann er darinn angegriffen worden, zu beschützen und den Feind davon abzutreiben schuldig gewesen, sondern auch in Reichskriegen, da man einem jeden Reichs-Stand seine Anzahl zu Pferd und zu Fuß anzusetzen pflegte, unter seines Herrn Fahne Dienste zu thun sich schuldig erkannte. Da die Graven von Würtenberg eine so schöne Anzahl Völker aufstellten, so kan man sich leicht vorstellen, daß wider die Hußiten ein beträchtliches Kriegsheer aufgestellt worden. Dann die vorgenannte Edelleute waren nur die Reuterey und Hauptleute und die Graven wähleten auch von ihrem Landvolk aus, da jede Stadt und Amt ihre Anzahl herbey schaffen mußte. Ungeacht aber diser so grossen Anstalten wurde nichts ausgerichtet, sondern die alleinige Forcht vor dem Feind zerstreuete das ganze deutsche Heer. Die ganze Bagage gieng verlohren und mußte einem sehr geringen Haufen Feinde überlassen werden. Der Verlust an Leuten war sehr gering, welche vor dem Feind umkamen, weil sie davon liefen, ehe sie einen Feind sahen. Indessen läßt sich doch leicht muthmassen, daß der Hunger und anderes

Unge-

Fünfter Abschnitt.

Ungemach bey solchen Umständen viele Leute aufgezehret habe. Man darf sich bey solcher Beschaffenheit auch leicht vorstellen, warum Gr. Ludwig zur Belagerung der Vestung Schauenburg keine Schützen stellen konnte, weil allem Ansehen nach die meiste bey dem Geschütz auf der Flucht aus Böhmen dahinten blieben oder umgekommen waren. Als nun der Kayser wider die Böhmen nichts ausrichtete, gieng er auf die Kirchenversammlung nach Basel in der Hoffnung daselbst glücklichere Verrichtung zu haben. Er nahm den Weeg durch die Grafschaft Würtenberg. Sein Gefolge bestund in 1000. Pferden (g). Die Stadt Schorndorf war sein erstes Nachtlager, von dar gieng er nach Tübingen und endlich nach Bahlingen, von welchem Ort er den nächsten Weeg auf Basel nahm. Ueberall wurde er nebst seinem Gefolg von den Graven von Würtenberg unentgeltlich bewirthet.

§. 25.

Bey den bisherigen unruhigen Zeiten hatte das Städtlein Schiltach das Unglück in grossen Abgang zu kommen. Das gemeine Wesen und jeder Burger für sich war in die äusserste Armuth versetzt. Es gehören etliche Güter und Höfe darzu, welche unter dem Namen des Schiltacher-Staabs begriffen werden. Das Elend der Stadt machte auch dise mitleydenswürdig. Niemand wollte sich deswegen entschliessen dahin zu ziehen. Grav Ludwigen war daran gelegen das Städtlein zu erhalten. Dennals durfte man ohnehin ohne Erlaubnuß des Landesherren nicht von einer Statt in die andere, noch weniger aber gar ausser Lands ziehen. Dises war eine grosse Beschwerde für die Unterthanen, welche man mit gröstem Recht arme Leute und *glebæ adscriptos* nennte. Mithin war dises ein gewisses Mittel einem Städtlein wieder aufzuhelfen oder wenigstens zu bevölkern, wann man den freyen Zu- und Abzug verschaffte. Doch wurde ein Unterschied gehalten, daß diejenige, welche aus den Würtenbergischen Städten oder Dörfern dahin zogen und wieder davon abziehen wollten, solchen Abzug nicht anderst nehmen, als wieder in Würtenbergische Orte nehmen durften, diejenige hingegen, welche von auswärtigen Ländern dahin gezogen, auch wieder ausser Lands den Zug nehmen konnten. Dise Freyheit lokte die Leute herbey. Viele Leute nutzen aber einander nichts, wann man ihnen keine Gelegenheit macht Sachen, deren sie zu ihrem Unterhalt und Gewerb bedürftig sind, an sich zu kaufen, und hingegen ihre Arbeit oder, was sie entbehren können, anderwerts zu verschliessen,

P 2   Disem

(g) Trithem. ad ann. 1431. Hoc ipso anno Sigismundus rex Germanorum una cum Legato sedis Apostolicæ Juliano Cardinale S. Angeli profecturus ad Basiliensis concilium, generale in……idem venit ad oppidum Comitis Wirtenberg Tubingen cum mille ferme equitibus, quos Comites omnes splendide in Tubingen, Balingen & Schorndorf susceptos hospitio aluerunt, nihil ab eis recipientes.

Difem zu helfen erlaubte man ihnen auf jeden Dienſtag einen Wochenmarkt und jährlich auf Jacobitag einen Jahrmarkt zu halten. Damit aber auch die Herrſchafft gleichwohl nichts dabey verlieren möchte, weil die meiſte Güter in Lehen und Zinnßgütern beſtunden, ſo behielte ſich Gr. Ludwig ſeine Gerechtigkeit auf ſolchen Gütern bevor (h). Es drückte aber die Einwohner zu Schiltach noch eine andere Noth. Das Städtlein ligt auf dem Schwarzwald und gränzet an das Breyßgau, wo die Strasburger-Münz gäng und gebe war. Diſe hatte ein beſſer Gewicht als diejenige, welche die Fürſten und Graven und die Reicheſtädte Ulm, Hall ꝛc. prägten. Dann ſie münzten nach dem Cöllniſchen Gewicht. Die Schiltacher Einwohner mußten aber ihre Abgaben an Steuren und Zinnſen nach dem Strasburger-Gewicht abtragen, welches ſie ſehr beſchwerte. Solchemnach wurden ſie auch hierinn erleichtert, daß ſie auf zwanzig Jahr lang ihre Steuren, Gülten und Zinnſe in derjenigen Münz abtragen durften, welche um Stuttgard gäng und gebe wäre (i).

§. 26.

Zu deſſen Erläuterung muß ich nachholen, daß im Jahr 1423. Grav Rudolph von Sulz, Hannß von Stadion, und Hannß von Sachſenheim als Statthalter der noch minderjährigen Graven von Würtenberg mit den Städten Coſtanz, Ueberlingen, Lindau, Wangen, Buchorn und Ratolfszelle und diſe hinwiederum mit den Städten Ulm, Rotweil, Gmünd, Kempten, Pfullendorf, Kauffbeuren, Iſny, Giengen und Aalen wegen eingeſchlichener ſchlechten Münzen ſich einer neuen Münz, welche in Heller, Pfenning und Schilling beſtehen ſollte, verglichen haben, daß 1.) ein Pfund und 6. Schilling Haller für einen Rheiniſchen Gulden gehen, 2.) die Graven von Würtenberg nur in einer Stadt ihres Landes, nemlich zu Stuttgard oder wo ſie wollten, die Städte Coſtanz, Ueberlingen, Lindau ꝛc. auch nur in einer Stadt und zwar zu Coſtanz, die übrige Städte aber des Drittentheils nur zu Ulm und zwar ein Theil ſo viel, als der andere ſchlagen ſolle. 3.) Neun Schillinge, minder ein Drittheils eines Schillings ſollen auf ein Loth Cöllniſchen Gewichts gehen, und beſtehen zu dem dritten Für ſich, daß 26. Schillinge einen guten Rheiniſchen Gulden ausmachen. Anderhalb und vierzig Pfenninge ſollen an der Anzahl auf ein Loth Cöllniſchen Gewichts gehen und an dem Korn zu dem halben Theil beſtehen, daß 13. Schilling Pfenninge einen guten Rheiniſchen Gulden werth ſeyen. Drey und vierzig Haller und ein halber ſollen auf ein Loth obigen Gewichts gehen und am Korn zu dem vierren Hinter ſich beſtehen, daß 1. Pfund und 6. Schilling Haller einen guten Rheiniſchen Gulden ausmachen. Der 4te Punct bemerkte die Zeichen diſer Münzen,

daß

(h) vid. Beyl. num. 46.
(i) vid. Beyl. num. 47.

Fünfter Abschnitt.

daß a.) die Graven von Würtenberg auf ihre Schillinge auf der einen Seite ein Creutz und auf der andern z. Hirschhörner und darum der Herrschaft Würtenberg Namen mit Buchstaben; Auf die Pfenninge ein Jäger-Horn mit dem Gefäß, jedoch, daß dise nur auf der einen Seite gezeichnet werden und ein Pfenning zween Haller gelte: Und auf die Haller auf der einen Seite eine Hand (k) und auf der andern Seite das Jägerhorn mit dem Gefäß schlagen sollen. b.) Die von Costanz sollen auf die Schilling schlagen auf der einen Seite das Bild des H. Conrads und auf der andern ihren Stadt-Schild und ob demselben des Reichs Wappen, den Adler und darum den Namen der Stadt. Auf die Pfenninge hingegen sollen sie ebenmäßig der Stadt Costanz Schilde prägen, doch, daß sie nur auf einer Seite gezeichnet werde und der Pfenning zween Haller gelte. Den Heller sollen sie auf einer Seite mit dem Adler und auf der andern mit ihrem Stadt-Schild unterscheiden. c.) Die von Ulm sollen auf die Schillinge einerseits des Reichs Wappen, nemlich den Adler und auf der andern der Stadt ihren Schild mit dem Namen schlagen. Die Pfenninge bezeichneten sie ebenfalls nur auf der einen Seite mit ihrem Stadt-Wappen und die Heller einerseits mit dem Adler und anderseits mit ihrem Stadt-Schild. Der ste Punct bemerkt die Güte diser Münzen, daß sie von feinem Silber, ohne Eintrag und ein fein Korn nach dem Zain seyn sollen, wie jede Parthie davon eines habe. Danebst sollen sie nicht gekörnet, sondern gezogen und mit dem grossen Hammer geschlagen werden, daß sie simpel, glatt, stark und nicht groß seyen. 6.) Damit aber das Korn desto feiner seye, und desto weniger abgesetzt werde, soll jeder Theil das Silber, welches er vermünzen will, selbst kaufen und ihren Münzmeistern darlegen, welche es vorher, ehe es gemünzt wird, versuchen lassen und zu solchem Ende eines jeden Werks Versucher des feinen Korns einen feinen Zain Silbers behalte, einen andern aber dem Münzmeister gebe, und diser die Münz herauswähre, wie es ihm hinein gegeben worden. 7.) Versprachen sie einander ihre Münz also zu versorgen, daß sie an Korn, Ufzal, und sonsten gehalten werden, wie ihre Abrede ausweise. Zu solchem Ende soll jeder Theil drey oder fünf erbare Männer zu Versuchern geben, welche einen gelehrten Eyd mit aufgebottnen Fingern schwören sollten gleich und gerecht zu seyn und niemand zu schonen. Ihre Pflicht aber wird also beschrieben, daß sie a.) besorgen, damit solch gemünzt Geld nicht bezeichnet, noch gemahlet werde, es wäre dann vorher an der Feine, gleichem Schrot und in allen Stücken gerecht bestanden und versucht worden. b.) Wann

sie

(k) Senst hat die Stadt Hall, von welcher dise Münze den Namen bekommen, ihre Münzen mit ihrem Stadtzeichen, nemlich einer Hand und Creutz bezeichnet. Hier aber zeigt es sich, daß auch die Fürsten, welche solche Münze geprägt, dises Zeichen beybehalten. conf. Ludewig Comment. polit. rer. Hal. §. 6. & Schlegel de nummis antiq. Gothan. apud Wegelin script. ser. Suev. Rom. IV. p. 234.

sie es so befinden, daß es nicht fein, oder an Ufzal oder an Schrot gleich und schwer genug wäre, so sollen sie solch ungerecht Werk in ein Feuer thun und wieder brennen, daß der Münzmeister seine Arbeit verlohren habe, c.) das Korn aber allwegen auf einer Capelle und nicht auf einer Tesche versuchen. d.) Jeder Theil soll seinen Versuchern sein Münzeysen geben, daß sie jedesmal die Münze probieren und die Knechte, welche sie mahlen sollen, erinnern, daß sie kein unrecht Geld darzu tragen. Zu mehrerer Behutsamkeit wurde ihnen e.) aufgegeben das bestandene Geld zu ihren Händen zu nehmen und solches und die Münzknechte, welche es mahlen sollen, mit dem Münzeysen in eine wohlverwahrte Stube oder Cammer zubeschliessen, bis das Geld gezeichnet oder gemahlet seye, sodann die Münzeysen wieder zu Handen zu nehmen und zu verwahren. 8.) Soll kein Theil mehr Schlagschatz nehmen, als von einer feinen Marck an Schillingen einen Schilling, von den Pfenningen zween Schilling und 4. Haller und von einer Marck Haller drey Schilling-Haller, doch daß die Versucher eben so viel zu nehmen hatten. Hingegen 9.) soll der Münzmeister nicht mehr zu Lohn haben, als von einer feinen Marck Schillinger zu münzen 14. Schilling-Heller: von einer Marck Pfenning ein Pfund und 4. Schilling-Heller, und von einer feinen Marck Heller 1. Pfund und 14. Schilling-Heller. Von welchem Lohn ein jeder Münzmeister Salz, Eysen, Tigel, Kohlen, Weinstein, Weyßmachen, Münzeysen und alle übrige Kosten anzuschaffen verbunden wäre. 10.) Das Silber wurde angeschlagen, daß nicht mehr für eine feine Marck Cöllnischen Gewichts als 7. Gulden und zwey Ort eines Guldens bezahlet werde. 11.) Solle von Weyhnachten des Jahres 1423. keine andere Münz im Handel und Gewerb angenommen werden, auch keine andere silberne Münz gäng und gäbe seyn als Böheimische, grosse alte Blappharde, Creuz-Blappharde und Creutzer. Und zwar soll ein Böheimisch 17. Haller, ein alter Blapphard 16. Haller, ein Creuz-Blappart 15. Haller und ein Creutzer 9. Haller gelten, es wäre dann, daß sich jemand anderst verschrieben hätte. Zinn und Gülten aber, welche auf nächsten Martinstag verfallen, sollen in der neuen Münz abgerichtet werden. 12.) Wann bey einem Münzmeister oder seinen Knechten ungerechte Münze erfunden würde, so soll man sie als Verfälscher richten und kein Gut noch Gabe dafür nehmen. Würde aber jemand anders solche Münzen verfälschen, so sollen alle drey Theile einander behölfen seyn, wie ein solcher beygebracht und zu Recht gestellt werde und dergleichen falsche Münze ausser Gang und verrufen seyn. Ein gleiches mußte 13.) gewärtig seyn, welcher gedachte Schilling, Pfenning, Heller, Behamische ꝛc. saigern, auslesen, verführen oder verschmelzen, oder auch ganz oder zerschnitten in die Münz bringen würde, um solche verschmelzen zu lassen. 14.) Zu ieglichen Jahres Temper-Vasten d. i. Frau-Vasten sollen von allen drey Theilen

erbare

Fünfter Abschnitt.

erbare Bottschaften ungemahnt nach Biberach geschickt werden die Münzen zu versuchen. Wo nun bey einem Theil selbige ungerecht befunden würde, derselbe solle den andern 500. Gulden zur Straf verfallen seyn und solche innerhalb acht Tagen bezahlen. Endlich 15.) sollen von jedem Theil geschworne Wechßler angenommen werden, welche um einen guten Rheinischen Gulden nicht mehr als an Schillingern 26. Schilling, an Pfenningen 13. Schilling-Pfenning und an Hellern ein Pfund und 6. Schilling Haller geben noch nehmen sollen. Ich habe mit allem Fleiß dise Verabredung so weitläuftig angeführet um den Münzverständigen etwas aufzugeben, woraus sie die Beschaffenheit des damaligen Münzwesens erlernen können. Von den Schillingen kan man einen Abriß in der beygelegten (Fig. 12.) sehen. Fig.12.

§. 27.

Nicht weniger erwiese Gr. Ludwig Heinrichen von Güttlingen im Jahr 1431. die Gnade, daß er ihm erlaubte das zerfalne Schloß Hürgenstein zu verkaufen. Es war solches von alten Zeiten schon ein Lehen, welches das Geschlecht der Schwelher von den Graven von Würtenberg truge. Ich habe schon erinnert, daß die samtliche Lehen sowohl der Graven von Würtenberg als auch anderer Fürsten und Herrn ein Theil ihres Landes gewesen, welchen sie von ihren Tafelgütern und übrigen Landestheilen darzu gewidmet, daß sie ihre Lehenleute davon besolden, und dadurch einen sogenannten Militem perpetuum haben möchten um sich dessen in dem Fall der Noth zu bedienen. Diser durfte nun nicht geschwächet, sondern vielmehr so viel möglich verbessert werden. Die Burg Hürgenstein hatte Heinrichs von Güttlingen Vater von den Schwelhern erkauft. Sie war ihm aber von seinen übrigen Gütern zu weit entfernet und im Abgang, daß sie nicht mehr konnte bewohnet werden. Allein die Güter, welche darzu gehörten, verdienten eine Achtung. Deßwegen wurde sie auch in den Lehenbriefen keine Burg, sondern nur ein Burgstal genennet. Er verkaufte sie im gedachten Jahr mit der Anbedingung, daß es kein Lehen, sondern ein freyes Gut seyn sollte. Nicht nur darum, weil es der Graven Eigenthum ware, sondern vielmehr darum, weil der Lehens-Körper durch dise Verdusserung geschwächt worden, mußte er die Einwilligung des Lehensherrn haben. Die übrige Mannen hatten zwar auch dabey etwas zu sagen, als welche nicht zugeben durften, daß dem Lehens-Körper etwas zu Nachtheil geschähe. Daher in den Belehnungen, wann ein Grav jemanden belehnet und ihme sein Eigenthum zum Genuß anvertrauet, fast allemal nicht allein sich, sondern auch seinen Mannen ihr Recht vorbehalten, daß solche Uebergebung des Genusses dem Eigenthum und Lehens-Körper unschädlich seyn solle. Zur Ersetzung also dises Abgangs übergab Heinrich von Güttlingen der

Heft-

Herrſchaft Würtenberg ſeine Güter, Zinnſe und Gülten zu Entringen zu einem Eigenthum und damit er gleichwohl ein Lehenmann bliebe, folglich die Anzahl der Lehenleute nicht vermindert würde, ſo belehnete ihn Gr. Ludwig ſogleich mit denſelben. Es iſt alſo falſch, daß diſes ein aufgetragen Lehen ſeye, wie man bisher vorgegeben, indem nur ein Tauſch bey diſem ganzen Handel vorgegangen (l). Wiewohl er in eben diſem Jahr 1431. Ulrich Ungeldern von Ulm, ſeinem Lehenmann gleichmäßig drey Theile des Dorfs Simoßheim und einen Hof zu Merklingen und im Jahr 1443. Ulrichen von Kröweißau, dem Jungen, einen Theil des gemeldten Dorfes an das Cloſter Herrenalb zu verkaufen erlaubte. Diſes ganze Dorf war von uralten Zeiten ein von der Herrſchaft Würtenberg rührendes Lehen. Weil aber die Lehenleute ſonſt keine andere Güter hatten, welche ſie dagegen zu Lehen geben konnten und es an ein Gotteshauß veräuſſert wurde, ſo lagen der Abt und Convent dem Graven an, daß er ſich des Eigenthums gegen ihnen ohne einen Erſatz zu begehren begeben ſollte. Sie fanden Gehör und der Grav überließ ihnen durch GOttes und ſowohl ſeiner als ſeines Bruders Grav Ulrichs und ihrer Vorfahren und Nachkommen Seelen Heyl ſolches Eigenthum. Es wurde alſo für ein gutes Werk und Stiftung angeſehen, welcher die übrige Lehenleute aus Furcht in eine ewige Strafe der Seelen zu gerathen nicht entgegen ſeyn durften.

§. 28.

Als entzwiſchen Marggrav Bernhard von Baaden im Mayomonat des Jahres 1431. das Zeitliche ſegnete und ſein Sohn Marggrav Jacob die Regierung angetretten hatte, ſo gab es Gelegenheit die zwiſchen dem Hauſe Baaden und Würtenberg bisher obgeweſene Strittigkeit hervor zu ſuchen. Das Cloſter Herrenalb hatte ſich den Schutz der Graven von Würtenberg vor einigen Jahren ausgebethen und die Marggraven von Baaden machten von vielen Jahren her Anſprach daran in zerſchiedenen Stücken. Um ſolche Mißhelligkeiten abzuthun wurde eine Zuſamenkunft veranlaſſet, wobey der Marggrav aus den Würtenbergiſchen Räthen Gumpolten von Gültlingen und Gr. Ludwig aus den Baadiſchen Räthen Hannß Erhard Bocken von Staufenberg als Schiedsmänner erwählten. Man vergliche ſich aber nur wegen einiger Wildbänne und Walbungen und wegen Strittigkeiten, welche die unter beeden Herrſchaften gehörige und benachbarte Dörfer und Gemeinden untereinander hatten. Es war aber noch etwas wichtiges mit diſem Marggraven abzuthun. Dann es hatten Gr. Fritz von Zollern, der Oetinger genannt, und ſein Bruder Gr. Friderich Domherr zu Straßburg ſchon anno 1419. an Marggr. Bernhard von Baaden ihre Burg und Stadt Hechingen und das Dorf Meſſingen um 2880. fl. verpfändet, da doch
die-

(l) vid. Beyl. num. 42.

Fünfter Abschnitt.

dieselbe letzteres an Gr. Eberharden den Müden schon verpfändet hatten. Ein anderer Bruder Gr. Ytelfritz von Zollern widersetzte sich solchen Verpfändungen immerzu, weil es sein Väterliches Erbgut wäre, und vermuthete, daß seine beyde ältere Brüder solche Pfandschaften nimmer einzulösen begehren würden, weil sie keine andere Erben als ihn hätten, er aber auch noch keine ehliche Leibeserben erzeuget hätte. Es war demnach der Abgang dises Gräflichen Hauses sehr nahe. Gleichwohl hatte Gr. Eitelfritz noch immer Hoffnung einen Kindersegen zu sehen. Ich weiß nicht, ob dises ihne veranlaßt habe auf die Erhaltung seiner Väterlichen Erblande so eyfrig zu gedenken, oder ob eine Verabredung unter den Brüdern getroffen würde, daß der eine Theil Geld herbeyschaffen und ihre Lande zum Schein verpfänden, der andere Theil aber alle solche Verpfändungen wider vereiteln sollte. Wenigstens machen verschiedene Umstände die letztere Meynung sehr wahrscheinlich. Marggr. Jacob von Baaden wollte sich dise Pfandgüter vom Hals schaffen, weil er so vielen Widerspruch dabey fand und die Graven von Würtenberg nebst ihrer Frau Muter Henrietta obgedachtermaßen die Gravschaft Zollern durch einen glücklichen Krieg meistens in ihre Gewalt bekamen. Er verpfändete demnach die Stadt Hechingen und das Dorf Messingen im Anfang des Jahres 1432. an Pfaltzgrav Ludwigen und die Graven von Würtenberg schoßen das Geld darzu vor, aber nur auf zwey Jahre. Solchemnach verschriebe sich Grav Ludwig zu Würtenberg gegen dem Pfaltzgraven, daß er ihm mit seiner Ritterschaft, Landen, Leuten und aller Macht beystehen wollte, wann Gr. Eitelfritz sich beygehen liesse solche verpfändte Güter anzugreiffen und an sich zu ziehen (m). Auf der andern Seite machte er sich gegen Marggr. Jacob verbindlich, daß, weil ihm sein Schweher, der Pfaltzgrav, um solche Summe der 2880. fl. dise Pfandschaft eingehändigt hätte, er der Losung jedesmalen statt geben wolle (n). Gegen Gr. Ytelfritzen von Zollern aber verschriebe er sich für sich und seinen minderjährigen Bruder Gr. Ulrichen demselben nach Verfluß der zwey Jahre die Burg und Stadt Hechingen wieder zu seinen Handen zu stellen, doch daß Gr. Ytelfritz ihm einen Schuldbrief für 2130. fl. außstelle und solche Hauptschuld verzinse, Messingen aber den Graven von Würtenberg verbleiben sollte. Es wäre dann, daß dise Pfandschaft mit 2880. fl. von ihnen gelöset würde (o). Es scheint aber, daß Gr. Friderich, der Oetinger genannt, dise Pfandschaft selbsten wieder abgelöst und Messingen der Herrschaft Würtenberg, jedoch als eine Pfandschaft, überlassen habe, indem er sich im Jahr 1440. mit den Würtenbergischen Räthen nemlich Gr. Sigmunden von Hohenberg, Hermann von Sachsenheim, und Hannsen von Stetten, Rittern, Jacob Heitern von Hertneck,

Hof-

(m) vid. Beyl. num. 49.   (n) vid. Beyl. num. 50.
(o) Beyl. num. 51.

Hofmeister, Hannß Truchseſſen von Bichißhauſen, Bertholden von Sachſenheim, Ruſſen von Ehingen, Albrecht Spähten, Haußhofmeiſtern, Hannſen von Nippenburg dem ältern, Fritzen von Ziplingen, Hannſen von Haißingen, Wolffen von Bubenhofen und Wolfen von Neuhauſen verglichen, daß er aller Loſung der Dörfer Meſſingen, Eſchingen, Belſen und Johannsweyler ſich begebe, doch, daß ihm wegen anderer machenden Forderungen 2000. fl. zu Bezahlung ſeiner Schulden abgetragen werden.

§. 29.

Nachdem ſolches verglichen ware, begab ſich Gr. Ludwig nach Nürtingen, wo er den 25. Jan. 1432. der Stadt Stuttgard eine Freyheit beſtetigte, woraus man einigermaſſen den Zuſtand der alten Würtenbergiſchen Rechten erlernen kan. Sie hatte ſolche Freyheit ſchon vorher, daß nemlich die Eltern ein Kind, welches ſich wider derſelben Wiſſen und Willen verehlichte, zu enterben befugt ſeyn ſollten. Die Stadt verlohr aber den ihnen darüber gegebenen Brief und bath Gr. Ludwigen ſolche Gnade der Burgerſchaft zu erneuren. Er gewährte ſie ihrer Bitte in ſeinem und Gr. Ulrichs Namen und erklärete ſolche Gnade, daß die Eltern ihre Kinder nicht allein um ſolches Ungehorſams willen, ſondern auch wegen anderer Vergehungen darumb ſie von Vatter oder Muter billich zu enterben wären, die Erbſchaft, welche ihnen nach der Eltern Abſterben zufallen ſollten, entziehen und ſolche entweder zu Stiftungen in Kirchen und Cloſtern GOtt zu Ehren und ihrer Seelen vermeynutlichem Heyl verwenden oder ihren übrigen Kindern und Freunden geben dörften. Doch wurde die Bedingung mit angehängt, daß ſolch Gut nicht auſſer Lands verauſſert, ſondern der Obrigkeit ihre Gerechtigkeit auf den Gütern mit Steuren, Dienſten, Wachten u. d. g. vorbehalten werden (p). Aus welchem letztern erlernet werden kan, woher es komme, daß einestheils in diſem Herzogthum noch heut zu Tag die bürgerliche Beſchwerden auf den ligenden Gütern hafften und nach der Anzahl derſelben angelegt werden und anderntheils worinnen die ſogenannte Marklöſung gegen Ausländer gegründet ſeye.

§: 30.

Gr. Ludwig und Gr. Ulrich hielten ſich damals meiſtens zu Nürtingen bey ihrer Frau Muter auf. Dann es nahm erſterer daſelbſt den 18. Maji den Biſchoff Johann von Coſarya, des Biſchoffs von Coſtanz Suffraganeum auf vier Jahre in ſeinen Schutz und Schirm, welches drey Jahr hernach wiederum auf vier andere Jahr und endlich im Jahr 1439. auf fünf Jahre erſtrecket und er-

(p) vid. Beyl. num. 52.

Fünfter Abschnitt.

neuret wurde (q). Es möchte mancher nachdenken, was die Ursache dises Schutzes gewesen. Mich dünket aber, daß der Schirmbrief eigentlich bey damaligen räuberischen Zeiten für einen Paß oder Geleitsbrief zu halten gewesen, welcher disem Weyhbischoff bey seinen vielen Reysen zur Sicherheit dienen müssen und zwar unter dem Vorwand, daß ihn Gr. Ludwig in seinen Schutz genommen habe. Dann wir werden Beyspiele finden, daß die Hab- oder vielmehr Raubsucht damaliger Zeiten durch die Ehrfurcht vor der Geistlichkeit sich nicht im geringsten einschränken lassen, ungeacht das Ansehen des Papstes und der höhern Geistlichkeit in selbigen Zeiten fast auf das höchste gestiegen ware. Aber eben dise allzugrosse Ehrfurcht, welche die Clerisey forderte, mochte auch vieles zu einem Haß gegen derselben beygetragen haben. Wenigstens sahe man den damals noch fürwährenden Hußiten-Krieg für eine gehäßige Anstiftung der Geistlichkeit an. Weil alles unglücklich gieng, was man wider dise vermeynte Ketzer vornahm und grosser Unkosten mit Nachtheil und Schaden der Reichsstände und Ritterschaften darzu aufgewendet wurde, so war auch jedermann dises verderblichen Krieges überdrüßig. Die Graven von Würtenberg sahen sich genöthigt verschiedene Herrschaften zu verpfänden. Dann der Gebrauch der damaligen Zeiten brachte es so mit sich, daß die Herren denjenigen, welche unter ihrem Panier einen Feldzug gethan und Schaden gelitten hatten, solchen ersetzen mußten. Was die Graven von Würtenberg für Gelder an ihren Adel abgetragen, findet man einigermassen bey Gabelkofern und aus demselben in Steinhofers Chronik angemerket (r). Diser hat auch aus bemeldter Quelle die Geld-Aufnahmen und Verpfändungen aufgezeichnet. Weil er aber die Meynung des erstern nicht allemal recht getroffen, so will ich nur berühren, daß Gr. Ludwig und Ulrich Hannsen von Werdnau den 5. Maji ihre Stadt Weylheim und die Dörfer Holzmaden, Hüringen, Pfulnhard, Heyßfau und Neidlingen, wie solche die Herrschaft Würtenberg bisher hergebracht, um 5180. fl. verpfändet und dabey sich vorbehalten habe, daß obige Stadt der Graven und ihrer Angehörigen offen Hauß in allen ihren Nöthen bleiben sollte, so offt sie jemand mit besigelten Briefen an den von Werdnau oder seinen Anwald schicken würden. So sollte auch jedem Theil zu allen Zeiten frey stehen die Auslosung anzukünden. Nicht weniger entlehneten sie von Hannsen von Helmstatt, Reinhards Sohn, 8000. fl. und gaben ihm dafür ihren Theil an der Burg zu Lauffen, nebst der Stadt und Dorf gleiches Namens und das Dorf Ilsfeld. Nur behielten sich die Graven bevor die geistund weltliche Lehen, welche zu der Burg und Stadt Lauffen gehörten, wie auch die Dillen, die von dem Zoll und Floß fallen, nebst denen in das Amt gehörigen Dör-

(q) vid. Beyl. num. 53.
(r) 2ten Theil. pag. 761.

Dörfern Gemmelckhain, Kirchein und Dorfheim und das Höflein zu Hohenstein. Bey der Uebergabe fanden sich in der Burg eine grosse Stockbüchse, drey kleinere und 24 Handbüchsen, nebst einem Centner Pulver und Bley und anderm zur Vertheidigung gehörigen Zeug, welche der von Helmstatt bey der Auslösung wieder darzustellen versprach, aber dabey sich ausbunge, daß man die vorbehaltene Oeffnung nicht wider seinen Bruder und Vetter, welche des Helms, Stammens und Geschlechts deren von Helmstatt wären, gebrauchen solte. Die übrige Verpfändungen kan ich, weil sie von geringer Wichtigkeit, und ohnehin sehr wenige Jahre hernach wieder eingelöset worden, mit Stillschweigen übergehen.

§. 31.

Obgedachter Gabelkofer meldet auch, daß, als Kayser Sigmund im vorigen Jahr 1431. nach Italien verreyset um von dem Papst die Römische Krone zu empfangen, derselbe Herzog Wilhelmen von Bayern, als seinem Verweser vor seiner Abreyse vollkommenen Gewalt gegeben habe alle unredliche Kriege und Raubereyen, wo die in dem H. Reich und von wem sie geschehen möchten, in seinem Namen abzuthun, die Strassenräuber und ihre Auffenthalter zu straffen und darzu des Kayers und des H. Reichs Panier zu gebrauchen, welches er dem Herzog zu Beschirmung der Kirchenversammlung zu Basel anvertrauet hatte. Wer dises recht verstehen will, muß in die Beschaffenheit der damaligen Zeiten hinein sehen. Der Kayser sahe die Unordnung gar wohl ein, welche durch die Befehdungen entstunde. Grosse Fürsten und kleine Edelleute machten sich bey der schlechten Verwaltung der Gerechtigkeit kein Gewissen sich wider einen vermeynten Beleydiger oder Schuldner selbsten Hülfe zu schaffen. Es brauchte weiter nichts, als einige Cameraden anzusprechen, welche durch eine Beute sich glücklich, das ist reicher zu machen hoften, oder etwas die Gurgel zu schwenken wagten. Man überfiel sodann nach überschicktem Fehdebrief oder Verwahrung seiner Ehre seinen Feind oder dessen Angehörige und raubte, so viel man konnte. So genau wurde es eben nicht genommen, daß nicht auch andere, welche dem angegebenen Feind nicht angehörten, auf den Strassen überfallen und beraubet wurden. Reysende und Kauffleut waren am übelsten daran. Zu der Kirchenversammlung zu Basel war ein starker Zuwandel von geist- und weltlichen Personen. Der Papst sahe dises Concilium nicht gerne und wartete mit brennendem Verlangen auf eine Gelegenheit solches aufzuheben. Wie erwünscht wäre ihm gewesen, wann die Kirchenväter Ursach gehabt hätten über die Unsicherheit der Weege sich zu beschweren. Solchemnach muste der Kayser mit Ernst auf die Sicherheit bedacht seyn. Er errichtete zu Nürnberg einen Landfrieden (s), sowohl

---

(s) Dan de pace publ. libr. l. c. 22. pag. 155. seq.

Fünfter Abschnitt.

um bises Concilium sicher zu stellen, als auch vornehmlich um des Hussiten-Kriegs willen. Dann er mußte besorchten, wann andere Fürsten und Stände des Reichs durch die Fehden beunruhigt würden, daß bise ihm wider die Hussiten keine Hülfe mehr geben könnten. Alle bise Vorsicht half aber sehr wenig und der Kayser hatte gnugsame Ursache solches zu besorgen, weil alle solche zum Frieden dienende Verordnungen gar nicht beobachtet wurden. Bey solchen Umständen setzte er den Herzog von Bayern während seiner Abwesenheit zu einem Beschirmer der Kirchenversammlung. Weil diser mit seiner alleinigen Macht nicht im Stand war die etwan von mächtigern Ständen entstehende Unruhen zuruk zu halten oder zu dämpfen, so mußte der Kayser andere Fürsten und Stände ihm zugeben, durch deren Beyhülfe die Unruhige bezähmet werden könnten. Aber auch hier hatte er zu besorgen, daß sie des Herzogs in Bayern Aufbott nicht gehorchen würden. Das Reichs-Panier war von der Art, daß, wann man solches aufsteckte oder fliegen liesse, ein allgemeiner Reichssturm erfolgte und alles, was wehrbaft war, demselben zuliefe, und unter demselben wider den angebenden Feind zu Feld zoge. Es bekam daher den Namen der Reichssturmfahne. Herzog Wilhelm wurde also bevollmächtiget im Fall der Noth bise zu einem allgemeinen Aufbott zu gebrauchen. Die Graven von Würtenberg waren von langer Zeit berechtiget dises Panier zu besorgen und zu bewahren. Mithin war es nöthig Gr. Ludwigen solche Vollmacht zu wissen zu thun und die nöthige Befehle an ihn ergehen zu lassen. Der Kayser bediente sich hierinn folgender Worte: Wann wir ain besunder gut getruwen zu dir haben, das dir solch unredlich Krieg vnd Rauberey auch wider vnd leyd seye vnd wol darzu zethun vnd ze helffen gebüre, das solche Krieg abgethen werden, davon begeren Wir von dir mit sonderm Fleiß vnd gebieten dir auch von Röm. Kayserlicher Macht ernstlich vnd vestiglich, das, wann Herzog Wilhelm oder diejenige, denen er solches uff vnser bewilligung bevolen wird, solches an dich begert, du Jnen hulflich vnd beyständig seyest mit allem deinem vermögen, als ob wir selbst darbey weren, das wollen wir gegen dir gnediglich erkennen.

§. 32.

Bisher war Gr. Ulrich noch unmündig. Aber im Jahr 1433. wurde er in die Gemeinschaft der Regierung gezogen. Vorher gedachte sein Bruder Gr. Ludwig in seinen Befehlen und Verordnungen dises seines minderjährigen Bruders, daß solche auch in seinem Namen ergangen seyen. Nunmehr aber liesen dieselbe unter beeden Namen aus: Wir Ludwig vnd Ulrich Graven zu Wirtemberg etc. Wir sehen solches aus dem Eignungsgeschäffte, als noch Gr.

Ludwig den 28. Jenner 1432. Albrechten, Diethern und Hannsen den Spåten ihr auf den Fildern gehabtes Lehen, nemlich die Burg Hohenheim mit ihrer Zugehörungen erlaubte an den Spital zu Eßlingen zu verkaufen und sich des Eigenthums darüber begabe. Dise Lehenleute übergaben ihm dagegen ihr Dorf Aichenloch zu einem Lehen, welches besser ware, als Hohenheim. Aus dem Eignungsbrief ersiehet man, daß die Graven von Würtenberg ein eigen Saalbuch über die Lehen, welche von ihnen abhiengen, gehabt und daß Gr. Ludwig solcher Handlung eigentlich unter seinem Namen, aber gleichwohl auch für seinen Bruder, Gr. Ulrichen bewilliget und bestetigt habe. Weil die Lehen, wie das ganze Land noch unter disen beeden Gebrüdern ungetheilt ware, so hieße es dennoch in dem Lehenrevers, daß die Vasallen das Dorf Aichenloch von denselben zu Lehen empfangen haben (t). Dagegen gaben sie unter gemeinschafftlicher Vorsetzung ihrer Namen im Jahr 1433. Diepolden Güssen von Güssenberg, ihrem Diener die Stadt und Burg Leipheim mit ihrer Zugehörde um 13000. fl. zu kaufen, daran sie 3000. fl. baar erhielten und anstatt des übrigen Rests die Burg und Stadt Gundelfingen, welche vorher dem von Güssenberg verpfändet ware, an sich zogen, auch einen Widerkauf der Stadt Leipheim und die Oeffnung sich vorbehielten. Kaum aber wurde ihnen die Stadt Gundelfingen eingeraumt, so verpfändeten sie solche zu Anfang des Jahres 1434. wiederum an Grav Friderichen von Helfenstein um 10400. fl. doch, daß er sie den Graven von Würtenberg und ihren Dienern wider männiglich offen behalten solle. Dann sie hatten ihm vorher die Stadt Münsingen und die Dörfer Owingen, Gruorn, Beringen, Dunstetten, Zainingen, Boll und Heiningen um 12800. fl. verpfändet und solche Schuld theils mit Geld abgetragen, theils die Stadt Gundelfingen dagegen eingegeben, damit die gedachte Dörfer wieder frey werden möchten, als woran ihnen mehr, als an Gundelfingen gelegen ware. Dise beede Graven schickten auch in dem Jahr 1433. Albrechten von Neuneck, Hannsen von Haisingen und Conrad von Weitingen nacher Harburg und Reichenweyher um in ihrem Namen von denen zu denselben Herrschaften gehörigen Lehenleuten die Lehenspflicht und Huldigung anzunehmen. Einige wurden auch würklich belehnet und empfiengen die Lehenbriefe von disen Abgeordneten, andere hingegen entschuldigten sich, daß sie unter allerhand Vorwand nicht erscheinen könnten, und wiederum andere blieben gar aus. Ob ihnen dise Commissarien nicht angestanden oder was sie sonsten darzu bewogen, ist mir unbekandt. Aus des Herrn Steinhofers oder vielmehr Gabelkofers Chronik aber kan man ersehen, daß 66. Lehenleute zu disen beeden Herrschafften gehört haben.

(t) vid. Beyl. num. 54. und 55.

f. 33.

Fünfter Abschnitt.

§. 33.

Gleich zu Anfang des folgenden Jahres 1434 verkaufte Hermann Neſt von Oberkein und seine Haußfrau Dorothee von Wiſenbrunnen an die beede Graven von Würtemberg ihren vierten Theil des Schloſſes zu Laufen am Neckar und darzu ihren Hof, Zehenden, Gütten, Zinſe und Rechte um ein Leibgeding. Diſes beſtunde darinn, daß die Graven verſprachen den Verkäufer als einem Burgmann auf dem nahe gelegenem Schloß Liechtenberg mit einer Wohnung zu begnadigen. Heut zu Tage möchte man ihn einen Burgvogt heiſſen, welcher die Aufſicht auf das Schloß und Burg haben ſollte, doch, daß die Herrſchafft die ihm zugegebene Wächter belohnete. Statt einer Beſoldung wurde ihm jährlich 100. fl. und nach ſeinem Abſterben ſeiner Wittib 50. fl. verordnet und der Genuß ſolcher Zehenden, Höf und Gülten diſen beeden Eheleuten auf Lebenslang geſtattet. Weil aber diſer vierte Theil von dem Reich zu Lehen rührete, ſo war nöthig, daß der bisherige Lehenmann die Verduſſerung des Lehens dem Lehenherrn, nemlich der Kayſerl. Majeſtät zu wiſſen that und nicht allein die Lehen nach damaliger Lendensart auſſendete, ſondern auch die Bewilligung darzu und die Belehnung des Käufers ſich ausbath. Diſes geſchahe auch und Kayſer Sigmund gab den beeden Graven Ludwig und Ulrich einen Lehenbrief darüber, als er ſich um Jacobitag zu Ulm befande. Gr. Ludwig war ſelbſten da um dem Kayſer aufzuwarten und die Lehenspflicht vermittelſt des Eydes und Huldung, wie die Worte des Lehenbriefes lauten, in ſeinem und ſeines Bruders Gr. Ulrichs Namen abzuſtatten. Der Kayſer hatte den beeden Graven ſchon zu Ende vorigen Jahres zu Baſel alle ihre Freyheiten beſtetigt. Und zu Ulm widerholte er ihnen den 29. Julij die Gerechtſame, daß kein Fürſt, Stadt oder Unterthan des Reichs die Würtembergiſche Unterthanen zu Pfalburgern oder Mundleuten, noch auch die verrechnete Amtleute zu Burgern annehmen ſollten. Am folgenden Tag berechtigte er die peinliche Gerichte der Gravſchafft Würtemberg Leute, die als Uebelthäter in ihren Städten geſangen, und der menſchlichen Geſellſchafft ſchädlich erkannt worden, ohne vornehmende Beſühnung hinrichten zu laſſen. Ich werde von diſem Recht unten ausführliche Nachricht geben.

§. 94.

In eben diſen Tagen widerhohlten die beede Graven das vorher ſchon mit der Reichsſtadt Eßlingen, Reutlingen und Weyl gemachte Bündnuß, oder ſie nahmen vielmehr die Reichsſtädte, welche ohnehin mit ihren Landen umfangen waren, in ihren beſondern Schutz. Dann ſie verſprachen ihnen, ſo offt ſie an ihren Leuten, Gütern oder Freyheiten und Gerechtigkeiten entweder würklichen

lichen Schaden genommen hätten oder in Gefahr stünden, ihnen mit ihren Unterthanen, Amtleuten und Dienern zu Hülfe zu eylen, als wann sie solche Noth selbsten angienge. Weil aber auch solche in ihren Diensten stunden, welche ebenmäßig Land und Leute hatten und gleichwohl disen beschwerlich ware sich um der Reichsstädte willen Feinde zu machen, sonderlich, wann bise ihnen zu weit entlegen waren und folglich hinwiderum sich eines Beystandes von den Reichsstädten schwerlich getrösten konnten, so wurden dise auch von der Verbindlichkeit des Nacheylens und Beystandes erlassen. Dagegen diejenige, welche sich der Reichsstädte Hülfe bedienen wollten, wann sie, oder ihre Lande und Leute angegriffen wurden, hinwiderum inner eines halben Jahres Frist gegen disen endlich geloben musten. Doch wurden gewisse Fälle bestimmt, in welchen sodann die Reichsstädte ihnen zu keiner Hülfe verbunden seyn sollten. Uebrigens wurde festgesetzet, wie die Graven denselben ihren Beystand thun, und wie die Strittigkeiten zwischen ihnen beederseits und ihren Angehörigen beygelegt werden sollen. Beträchtlich ist dabey, daß den Reichsstädten in allen Vestungen und Schlössern, welche den Graven angehört, das Oeffnungsrecht während diser Eynung eingestanden worden, und daß man in strittigen Händeln nur alte besetzte Gerichte erfordert habe, als ob die neue Gerichte darzu nicht hinlänglich wären. Wie auch eine Anmerkung verdienet, daß in verbrieften Schulden und unlöugbaren Gülten, Hubgelt, Vogt-Rechten, Steuren und Zinnsen beede Theile den Uebergriff oder Selbst-Hülfe sich vorbehalten haben, daß sie nemlich den Schuldnern so viel hinweg zu nehmen berechtigt worden, als die Forderung besagte, doch daß sie solche weggenommene Sachen nicht für eigen, sondern als Pfande behalten dörften und als Pfande zu behandlen befugt gewesen. Keinem Theil war auch erlaubt des andern Unterthanen oder unverrechnete Amtleute zu Pfalburgen anzunehmen. Wofern es aber dennoch geschahe, so stunde dem Herrn des Pfalburgers frey solchen inner Jahres Frist durch seinen Amtmann, Rittern und Knechten oder andern erbarn Leuten, welchen ihre Leibeigne Leute oder Schuldnern abtrünnig wurden, frey solche zu besetzen d. i. abzufordern und ihr Recht durch einen Eyd zu erweisen, doch, daß Ritter, Knechte und andere erbare Leute noch zween ehrliche Männer als Conjuratores mit sich bringen musten. Man ersiehet auch aus den Worten diser Eynung, daß damals Leute sich gegen Anlehnung einer gewissen Summa Gelds oder um andere Schulden verbürgt oder vermittelst eines Eydes verbunden haben bis zu deren Heimzahlung nicht zu entweichen. Und sollte dise Eynung von Matthäitag des Jahres 1435. an drey Jahre währen und dieselbe wider Kayser Sigmunden, wider Pfalzgrav Ludwigen, Herzog Philipp von Burgund, die Herzoge von Bayern, Herzog Friderichen von Oesterreich, die Reichsstadt Ulm und andere Reichsstädte, mit welchen die Graven gleichmäßig in einem Bündnuß stunden

Fünfter Abschnitt.

stunden, keine Würkung haben sollte. Und wurden, zu desto mehrerer Versicherung die Würtenbergische Amtleute und Vögte besonders solche Eynung zu beschwören angehalten (u).

§. 35.

Crusius (w) meldet, daß Gr. Ludwig in dem Jahr 1434. die Vermählung mit der Pfälzischen Prinzeßin Mechtilden vollzogen habe. Der ehmalige Würtenbergische Archivarius Küttel hat diser Meynung in seinem Stammbaum des Herzoglichen Hauses Würtenberg nebst Heisenthalern (x), Pregizern, und andern beygepflichtet. Nur Gabelkofer und Steinhofer, welcher jenen ohne Meldung des Namens unglücklich ausgeschrieben, zweifeln, daß es in disem Jahr geschehen seye. Hermanni Minoritæ contiauator (y), welcher um dise Zeit gelebet hat, sollte allen Zweifel benehmen. Dann diser schreibt, daß Gr. Ludwig an dem Sonntag nach Galitag des Jahres 1434. sein Beylager mit diser Chur-Prinzeßin, Pfalzgr. Ludwigs ältester Tochter, das Beylager gehalten habe. Allein es scheinet, daß auch disem Geschichtschreiber etwas menschliches begegnet seye. Dann die Urkunde, worinn Gr. Ludwig mit Bewilligung seines jüngern Bruders Gr. Ulrichen seiner Gemahlin ihren Widdum und Widerlegung des Zugelds versichert, ist erst den 18. Oct. 1436. ausgestellet worden. Er versprach ihr 30000. fl. zu dem Widdum und eben so viel zur Widerlegung, daß sie dennoch jährlich 3000. fl. Einkünften hätte. Die Renten, Gülten und Genuß der Burg und Stadt Böblingen und der Stadt Sindelfingen, wie auch der Dörfer Tagersheim, Darmsheim, Dettlingen, Ostelsheim, Döffingen, Magstatt, Möchingen, Holzgerringen, Schönaich, Steinbronn, Lettenhausen und die Gülten und Rechte im Schönbuch zu Braitenstein, Neuweiler, Altorf, und Eningen wurden ihr angewiesen und, weil dise nicht hinlänglich waren, so vererbnete man dazu aus dem Herrenberger Amt die Dörfer Kuppingen, Ihsingen und Affstetten und aus dem Leonberger Amt die Einkünfte zu Eltingen, Malmsheim und Rutemsheim. Ueber dises alles aber wurden die Frondienste,

R   Heu,

(u) vid. Beyl. num. 56.
(w) Annal. Suev. P. III. lib. 6. c. 17.
(x) Würtenbergische und Hessische Heimführ. p. 22.
(y) seine Worte sind dise: Anno domini MCCCCXXXIIII. dominica post festum Galli generosas Comes Ludovicus comes de Wirtemberg celebravit nuptias in oppido Stutgarten cum domina Mechtilda filia illustris principis domini, domini Ludwici comitis Palatini de reno nec non Ducis Bavariæ. Gedachter Herr Eichhofer schreibt in der Würtembergischen Chronit P. II. pag. 784. daß diser Geschichtschreiber diser Beylager in das Jahr 1433. setze. Das in dem Herzoglich-Würtembergischen Archiv befindliche alte MSCt. aber setzet ganz deutlich das Jahr 1434. und allem Ansehen nach haben alle übrige Würtenbergische Genealogisten disem Hermanno Minoritæ oder ł. ditto gefolget.

Heu, Stroh, Cappaunen und Hüner, Gülten, Gänse, Fische und Wildbrett, welches alles mit dem Namen Unfälle benennet wird, nicht mit eingerechnet. Er befahl allen seinen Mannen, Burgmannen, Amtleuten, Burgern und armen Leuten, welche zu dem Schloß und Stadt Böblingen und Sindelfingen und den obgedachten Dörfern gehören, der Mechtilden zu huldigen, zu geloben und zu schwören ihr gehorsam zu seyn und zu warten. Wofern sie ihn überleben würde, ohne Kinder mit ihm zu zeugen, so sollen Gr. Ulrich und alle andere Gr. Ludwigs Erben und Nachkommen sie bey dem ruhigen Besitz diser Städte, Schloß, Dörfer und Weyler handhaben und ihro keinen Eintrag oder Schaden zu thun gestatten, dagegen die Gräfin auch nicht geschehen lassen solle, daß der Herrschafft Würtenberg aus solchen Schlössen oder Städten einiger Schade zugefüget werde. Würde sie sich anderwärts vermählen und keine Leibeserben von Gr. Ludwig haben, so solle Gr. Ulrich oder wer die Herrschafft Würtenberg inhaben werde, obgemeldte Städte, Schloß und Dörfer wieder mit 90000. fl. an sich zu lösen befugt seyn, doch, daß dises Geld wieder angelegt werde und die Erben des Graven des Widerfalls halber nach der Mechtilden Absterben gesichert seyn mögen. Diser Brief ward gegeben am Tag des Evangelisten Lucä d. i. den 18. Oct. 1436. Weil nun alle Geschichtschreiber darinn übereinkommen, daß das Beylager nach Gallitag vollzogen worden und das datum diser Urkunde damit übereintrifft auch gebräuchlich ist, daß dergleichen Verschreibungen noch vor dem Beylager gegeben und richtig gemacht werden, so wollte ich eher glauben, daß alle angeführte Geschichtschreiber in dem Jahrgang geirret haben und vielmehr solches Beylager erst im Jahr 1436. gehalten worden.

§. 36.

Dem sey nun wie ihm wolle, so fanden die beede Gebrüder Ludwig und Ulrich für gut die Vestin Waldenstein und die Dörfer und Weyler Rudelsperg, Oberndorf, Rodmansweiler; Mannenberg, Lutzenberg, Klaffenberg, Smalenberg, das Weyler zum Hag, den Hof zu Kienebach, Langenberg, den Hof zu Borgenhart, das Weyler unter Waldenstein, Ober-Steinenberg, Michelow, Schlechtbach und Neklisperg, welche bisher einer gewissen Margrethen von Bernhausen, Hannsen von Kattenthal Ehegattin, verpfändet waren, einzulösen und hingegen solche an Crafften von Enslingen hinwiederum um 1800. fl. zu verpfänden, doch, daß die Oeffnung der Herrschafft Würtenberg auf dem Schloß Waldenstein vorbehalten wurde. Solches geschahe den 1. Sept. und bald darauf nemlich am Dienstag nach Gallitag verkauften sie auf eine Wiederlosung an Hannsen von Zimmern, einem Freyen Herrn und seines Sohnes Kinder, nemlich Werner, Gottfried und Conrad und andere ihre Geschwistrigte die Stadt

Tutt

Fünfter Abschnitt.

Tuttlingen an der Donau, nebst den Dörfern Oeffingen und Balbingen und ihren halben Theil des Dorfs Gonthausen mit allen eignen Leuten, Hinterfäßen, Landsässen, Gütern, Zinsen ꝛc. ausgenommen 50. lb. Heller, welche man jährlich an der Stadt Tuttlingen verbauen soll, um 4500. fl. von welchem Geld sie die Pfandschafft Tuttlingen von den Schenken von Limpurg und um die übrige 1500. fl. Remß und Neckar-Gröningen lösen wollten. Die beede Graven von Würtenberg behielten sich dabey das Recht der Oeffnung zu Tuttlingen bevor, doch, daß denen von Zimmern und den armen Leuten d. i. den Unterthanen kein merklicher Schade daraus erwachse. Wie dann auch den letztern zum Vortheil abgeredt wurde, daß die Pfandsherrn dieselbe über ihre gewöhnliche Steur, Zinns, Gülten, Bethen und Dienste nicht schätzen, noch drängen, und auch ihre Walbungen und Hölzer nicht verwüsten, sondern nur den armen Leuten das nöthige Holz zum zimmern, zäunen und brennen geben sollen. Steinhofer oder vielmehr Gabelkofer erzehlet von disem und dem folgenden Jahr noch mehrere dergleichen Verpfändungen, womit ich aber dem Leser um so weniger beschwerlich seyn will, als ohnehin solche Pfandschafften gar bald wieder eingelößt worden. Dagegen sie von Wilhelm und Balthasarn von Gültlingen den sogenannten Berkheimer Hof um 660. fl. und im folgenden Jahr 1435. von Hannß Truchsessen von Höfingen seinen Theil an dem Dorf Hemmertingen, welchen er theils von seinem Vater ererbt, theils von Wolffen von Nippenburg erkauft hatte, um 2150. fl. an sich brachten. Von der Herrschafft Harburg im Elsaß rührte das Dorf Jlzig mit Zwing und Bännen und dem Kirchensatz, wie auch die Zwing und Bänne des Dorfes Mottenheim zu Lehen. Wurstisen (z) schreibt davon, daß gewisse Edelleute sich von einem dabey gelegenen Schloß Jlzich geschrieben und verschiedene dises Geschlechts in dem vierzehenden Jahrhundert zu Basel begraben worden, und daß Gr. Ulrich von Würtenberg die Dörfer Jlzich und Mottenheim anno 1435. an die im Sontgau gelegene Stadt Mühlhausen verkauft habe. Sie liegen beede nächst an derselben Zwing und Bännen. Ich finde aber, daß Gr. Eberhard der Milde im Jahr 1406. Goßmann München von Münchenstein (a) mit den Zwing und Bännen, hohen und nidern Gerichten, dem Kirchensatz und Zehenden zu Jlzig und die Zwäng und Bänne nebst der Mühlin zu Mottenheim und dem Viertel des sogenannten Capeller Zehenden belehnet habe. Ich zweifle auch, ob nicht Gr. Ludwig ebenfalls an disem Verkauf vorzüglichen Antheil genommen, weil dise beede Graven damals noch eine gemeinschaftliche Regierung geführt und Gr. Ulrich, als der jüngere schwerlich ei-

(z) vid. Urstisii Baseler Chronik. lib. I. c. 19. in fine.
(a) Von disem Geschlecht der München ist nachzusehen in Herr Schöpfleins Alsat. illustr. Tom. II.

nen solchen Handel allein über sich nehmen können. In solcher gemeinschaftlichen Regierung gaben sie auch Conraden von Stuben einen Hof zu Mendelbeuren bey Alschausen zu Lehen, welcher vorher Leonharden von Truchburg zu Lehen gegeben, aber hernach als ein verschwiegen Lehen eingezogen wurde.

§. 37.

In eben disem Jahr 1435. geriethe Albrecht Söler von Richtenberg, Wolf von Hailfingen, Wilhelm Zimmerer, und Georg Vogt von Holzgerringen in der beeden Graven Ungnade, weil sie einen Würtenbergischen Unterthanen nahe bey Stuttgard auf freyem Feld angegriffen und umgebracht hatten. Um solche Frevelthat auszusöhnen, bathen sie die Graven um Vergebung und erbothen sich zu allem, was dieselbe ihnen anbefehlen würden. Sie mußten solchemnach sich verschreiben auf Johannsen des Täuferstag 50. fl. zu einer Gottesgab und Allmosen zu bezahlen, damit solche nach Gutbefinden der Graven und des erschlagenen Freunde angewendet würden und den Graven Sechs Jahr lang auf ihre Kosten im Krieg zu dienen (aa). Es verfiel auch Wolf Hürning von Sunßheim mit der Reichsstadt Ulm in eine Fehde, welchem sich noch andere Edelleute beygesellten. Dise Reichsstadt hielte bey den andern Reichsstädten um Hülfe an und, weil die beede Graven von Würtenberg auch mit derselben in einem Bündnuß stunden, worinn sie einen Beystand wider ihre Feinde versprochen hatten, sobald sie gemahnet würden, so begehrten die Reichsstädte solche Hülfe an dieselbe. Zu gleicher Zeit hatte Jacob Stud, Conrads von Hohenriet Diener Forderung an Fritzen von Zipplingen, welcher in der Herrschafft Würtenberg Diensten stunde. Diser wollte die Rechtmäßigkeit solcher Ansprach nicht eingestehen, erbothe sich aber selbige nach damaliger Zeit Gebrauch in Ermanglung anderwertiger Richter vor Pfalzgrav Otten am Rhein, oder Marggr. Jacoben von Baaden ihre Strittigkeit rechtlich entscheiden zu lassen. Dem Stuben war aber nicht damit gedienet, sondern er grief selbsten zu und fieng etliche arme Leute, welche die Graven von Würtenberg an den von Zipplingen verpfändet hatten. Dise waren demnach demselben zweyfache Hülfe zu thun verbunden. Sie schickten also sowohl dem Wolfen Hürningen, als auch dem Stuben und Diethern Landschaden von Steinach den 7. Oct. 1435. ihre Absagsbriefe zu (b) und etliche Graven und Edelleute, welche in Würtenbergischen Diensten waren, erkläreten sich gegen ihnen ebenmäßig, daß sie ihre Feinde seyn wollten (c). Conrad von Hohenriet nahm sich hingegen seines Knechts,

des

(aa) Siehe Beyl. num. 57.
(b) vid. Beyl. num. 58. und 59.
(c) Steinhofer Würtemb. Chronik. part. II. pag. 791.

Fünfter Abschnitt.

des Stuben, an, und warb so viele Leute unterschiedlichen Standes, als ihm möglich ware. Der Ertz-Bischoff Dieterich von Maynz, ein gebohrner Grav von Erpach, hatte unterschiedliche gemeinschaftliche Güter mit ihnen und man hatte einen Verdacht gegen ihn, daß er heimlich disen Edelleuten Beystand leistete. Solchemnach hielten die beede Graven von Würtemberg für nöthig ihn schrifftlich zu warnen, daß er nicht allein alle Gemeinschafft mit ihnen aufheben, sondern auch ihnen keinen Beystand thun oder den Seinigen gestatten solle, indem sie sonsten entschuldigt wären, wann ihm oder den Seinigen einiger Schade wider-führe (d). Und auf gleiche Weise liessen die Graven auch an Churfürst Ludwigen von der Pfaltz, Hertzog Otten von Bayern, an den Churfürsten von Trier, den Bischoff zu Speyr und an zerschiedene Edelleute Warnungschreiben abgehen. Dise Fehde wurde erst im Jahr 1437. beygelegt. Dann es legte sich endlich Bischoff Wilhelm von Strasburg darein, welcher Wolfen Hürming und Dieterich Landschaden mit der Stadt Ulm durch eine sogenannte Richtung aussöhnete. Weil jenen Wersich Bock von Staufenberg beystund und den Graven von Würtemberg vielen Schaden verursachte, indem er von seinem Schloß Jungholtz, welches an der Sultz im Elsaß lage, in ihre Lande streifte und die Beute dahin brachte, so mußte diser versprechen, daß er und seine Erben ihren Theil dises Schlosses nimmermehr wider die Herrschafft Würtemberg gebrauchen, noch ihren Feinden darinn einen Unterschlauf geben wollten (e).

§. 38.

Es war aber dise Fehde noch nicht beygelegt, so geriethen die beede Graven schon wieder wegen eines Dieners in eine neue, welche gleichwohl mit der vorigen eine Gemeinschafft hatte. Die von Ow waren von ältesten Zeiten der Pfalzgraven von Tübingen und nachmals der Herrschafft Würtenberg Erbdiener. Dises Wort wurde in disen Zeiten gäng und gebe, da vorher dergleichen Leute Dienstmänner, Dienstleute, Ministeriales genennet wurden. Matthias von Ow wurde von obgedachtem Diether Landschaden, als ein Würtenbergischer Diener aufgefangen und in das Schloß Staufenberg ohnweit der Stadt Offenburg geführt. Der Landschad hatte zwar keinen Antheil an diser Ganerben-Burg, sondern Hannß Stoll gab ihm Unterschlauf in seinem Theil, daß er die Gefangene und die Beute oder vielmehr Raub darein führen konnte. Weil Stoll den Graven nicht abgesagt hatte, so versahen sie sich zu ihm keiner Feindseligkeit. Jedoch begehrten sie sowohl an denselben, als auch die übrige Ganerben zu Staufenberg eine Ersetzung des Schadens. Gleichwohl wollten sie auch dieselbe nicht als Feinde erklären, sondern erbothen sich die Forderung rechtlich auszuführen. Margrav

(d) vid. Beyl. num. 60.   (e) vid. Beyl. num. 61.

grav Jacob zu Baaden und seine Räthe wurden ersucht einen Ausspruch darinn zu thun. Er wird wegen seiner Klugheit, Friedfertigkeit und Neigung zur Gerechtigkeit insgemein der Baadische Salomon genennet (f). Diser setzte auch einen Tag an auf den 6. Augst und sassen bey ihm Hannß von Stadion, sein Hofmeister, Reinhard von Neuperg, ein Ritter, Bernhard von Baaden Thumherr des Stiffts zu Basel und Kircherr zu Besigheim, Peter von Windeck, Vogt zu Baaden, Rudolf von Horntheim, Gerig von Urbach, Günther Kuntel, Haußhofmeister und Wilhelm von Remchingen. Vor disen erschiene im Namen der Graven von Würtenberg ihr Anwald, Hannß Truchseß von Bichißhausen und brachte seine Klage vor, daß zwar Matthiß von Ow von Diether Landschaden in Hannß Stollen Theil geführt worden und es scheinen möchte, als ob die übrige Inhaber der Burg Staufenberg die Sach nichts angienge. Der Ausfall sey aber doch geschehen aus dem gemeinschafftlichen Schloß, wo sie ein gemeinschafftlich Thor, und einen gemeinschafftlichen Portner haben, dessen Knecht dabey gewesen, als der von Ow gefangen und ihm das seinige abgenommen worden. Dises hätte ohne der andern Theilhaber Wissen und Willen nicht geschehen können, indem der Portner den Landschaden aus- und eingelassen hätte, weßwegen die Graven von Würtenberg begehrten, daß die samtliche Inhaber der Burg dem von Ow seinen Schaden ersetzen, Hannß Stoll aber wegen der ihnen zugefügten Schmach Genugthuung und dem von Ow 800. fl. bezahlen solle. Diser Beklagte fand nicht rathsam zu erscheinen und der Marggrav ließ die Sache anstehen, bis der Stoll auch erscheinen würde und wegen seiner ein Ausspruch geschehen könnte. Solchemnach wurde ein anderer Tag nach Baaden auf aller Seelentag anberaumt, wo Stoll wieder nicht erschiene. Der Marggrav ließ in allen Wirthshäusern nach ihm fragen und auf offner Straffe verkünden. Er war aber weder selbst, noch jemand in seinem Namen vorhanden und der Marggrav that den Ausspruch, daß, weil Hannß Stoll den von Ow mit samt der Beute in seinen Theil des Schlosses unwidersagt führen lassen, er demselben die 800. fl. zahlen, jedoch der von Ow seinen Schaden endlich erhärten und zween Wappensgenosse und zum Schild gebohrne, welche die Sache weder zum Gewinn, noch Verlust angienge, mit sich bringen sollte um die Richtigkeit seines Eydes gleichmäßig zu bekräfftigen, als wozu ihm der Dienstag nach Lucid angesetzt wurde. Auf disen Tag brachte er Heinrich Böcklin und Conrad von Ow mit sich, welche mit aufgereckten Fingern schwuren und den Schaden auf 500. fl. in Gegenwart Gumpolten von Gültlingen, Peters von Windeck und Heinrichs von Michelnbach, als Marggrävlichen Commissarien erhärteten. Die übrige Ganerben hingegen, nemlich Burkard Humel von Staufenberg, Peter Widergrün

(f) Schœpflin hist. Zaring. Bad. part. II. lib. IV. c. 2. §. 13. pag. 146.

Fünfter Abschnitt.

grün und Fridrich Bock der ältere mußten versprechen, daß, wann Hannß Stoll solches Geld nicht bezahlte, sie dafür hafften wollten. Als sie aber damit auch nicht eyleten, so mußten sie im Jahr 1438. sich verschreiben, daß, so lang solche Summe nicht bezahlt würde, sie mit ihren Theilen der Vestin Staufenberg wider die Graven von Würtenberg und die ihnen zu versprechen stehen, nichts feindliches thun wollten, welches bey damaligen Zeiten eine fast unerträgliche Bedingung ware.

§. 39.

Solcherley Unruhen und Einfälle von unruhigen Köpfen, da ein geringer Edelmann einem Fürsten oder mächtigen Graven zu schaffen machen und zimlichen Schaden thun konnte, weil sie nicht öffentlich zu Felde zu ziehen sich wagen durfften, sondern nur wie Räuberbanden heimlich in ein Dorf oder wehrloses Städtlein einfielen und sich mit den geraubten Sachen gleichbalden wieder in ihren Schlupffwinkeln verbargen, nöthigte wohlgesinnte Stände des Reichs auf ihrer Hut zu seyn und sich mit Einungen und Bündnussen zu helfen. Sie richteten Gesellschafften unter sich auf. Je zahlreicher sie waren, je mächtiger und furchtbarer sie nothwendig werden mußten. Die Edelleute durften sich damals nicht unterstehen ohne Erlaubnuß ihrer Landesherrn sich mit andern ihres gleichen Leuten oder mit Städten zu verbünden (g). Nur den Fürsten und Reichsständen, welche den Edelleuten ausdrücklich in der güldenen Bulle entgegen gesetzt werden, wurde es vergönnet. Erst im Jahr 1422. erlaubte Kayser Sigmund den Edelleuten sich untereinander und mit den Städten in Bündnusse einzulassen (h). Einige Fürsten, Graven und Herrn hatten unter sich in Schwaben eine Gesellschafft aufgerichtet, welche von dem heiligen Georg den Namen führete. Die meiste Glieder derselben waren an der Donau und im Hegow, wo sich viele mindermächtige Graven und Herrn befanden. Sie nahmen auch Edelleute, welche in dortiger Gegend keinen nachfolgenden Herrn hatten, in solches Bündnuß. Manchem landsäßigen Edelknecht oder Ritter erlaubten ihre Landesherrn darein zu tretten, wann sie solche nicht wohl schützen konnten, oder besorgen mußten, daß sie mit dem Schirm der weit entlegenen oder auf den Gränzen ihrer Lande begüterten Landsassen und Erbdiener gar zu viel beschwert werden dörften. Sie wurde so mächtig, daß sie sich in drey Partheyen theilen und jeder ihre Hauptleute, welche das Kriegswesen am besten verstunden, gaben. Mit diser Gesellschaffte vereinten sich am Tag der Himmelfarth Christi 1437. die beede Graven Ludwig und Ulrich zu Würtenberg um den Landfrieden zu handhaben. Sie gewannen

dabey

(g) Gülb. Bull. tit. 15. §. 1. & 2.
(b) Lunig Reichs-Arch. part. spec. cont. 3. pag. 82.

dabey den Vortheil, daß auffer der Sicherheit zu reyſen von ſelbiger Seite kein Einfall in ihre Lande geſchehen konnte. Hannß Conrad von Bodmen, Marquard von Schellenberg und Albrecht von Hürnheim als Hauptleute der Partheyen im Hegow, Ober- und Nider-Schwaben an der Donau hatten den Gewalt ſolches Bundnuß zu ſchlieſſen, welches hernachmals nebſt ihnen auch im Namen der Parthie im Hegow Grav Johann von Tengen als Landgrav im Hegow und Heinrich von Randeck, von ſeiten des Theils in Ober-Schwaben Benz von Stein zu Einrachingen und Hannß von Freyberg zu Achſtetten und im Namen der Ritterſchafft von Nider-Schwaben an der Donau Diepold Güß Ritter und Hannß von Weſterſtetten beſigelten. Wer den Worten diſes Bundnuſſes nachdenkt, daß Fürſten, Graven, Herrn, Ritter und Knechte damals unter der Ritterſchafft in Schwaben begriffen geweſen, wird leicht einſehen, daß die Ritterſchafft damals in einem ganz andern Verſtand genommen worden, als die folgende Zeiten ſolche vorgeſtellt haben (i). Weil auch die Zeit der mit den Reichsſtädten, Eßlingen, Reutlingen und Weyl vorhandenen Einung zu Ende gieng, ſo erneuerten die beede Graven ſolche wiederum auf fünf Jahre und beſtetigten ſie mit einem Eyde (k).

§. 40.

Nicht weniger vereinten ſich beede Graven Ludwig und Ulrich mit Pfalzgrav Otten und Ludwigen, Herzogen in Bayern auf fünf Jahre, daß ſie die Zeit aus es getreulich miteinander meynen und zu keinem Krieg oder Feindſchafft kommen und auch den Ihrigen, deren ſie mächtig ſeyn, nicht geſtatten wollten. Wann aber jemand, wer der wäre, einen Theil unter ihnen mit Mord, Brand, Raub, unrechtem Fahen oder Widerſagen angriffe, oder ſie von ihren Freyheiten, Rechten, Gnaden und guten Gewohnheiten zu bringen unterſtünde, ſo verpflichteten ſie ſich einander mit 10. Gleven beyzuſtehen, deren jeder wenigſtens einen gewapneten Knecht und drey wohl erzeugte Pferde habe, auf deſſen Koſten, welchem die Hülfe zugeſchickt würde und auf des Hülfleiſtenden Schaden. Sollte aber ſolcher Beyſtand nicht hinlänglich ſeyn, ſo verſprachen ſie ihre Räthe zuſamen zu ſchicken, welche die weitere Hülfe beſtimmen möchten. Sie verabredeten auch, wie es bey Strittigkeiten zwiſchen ihnen, ihren Dienern, und Unterthanen gehalten werden ſolle. Endlich nahmen die Pfalzgraven aus, daß ſie zu keinem Beyſtand wider K. Sigmunden, des H. Reichs Churfürſten, Herzog Johann und Stephan ihren Bruder und Vetter, den Marzgraven zu Baaden und die Städte Mainz, Speyr, Heylbronn und Wimpfen, ſo lang das mit den leztern habende Bündnuß währen würde, und auch nicht wider die Stiffte zu

(i) vid. Beyl. num. 62.   (k) vid. Beyl. num. 63.

Fünfter Abschnitt.

zu Speyr und Worms und wider die Landvogtey im Elsaß verbunden seyn wollten. Die beede Graven hingegen nahmen ebenmäßig den Kayser, die Churfürsten, Pfalzgr. Ludwig und seinen Sohn, Pfalzgr. Heinrichen, Herzog Friderichen von Oesterreich den ältern, Wilhelmen Bischoff zu Straßburg, so lang die Allianz mit ihm währete, Marggr. Jacob von Baaden, die Grävin Henriette, ihre Frau Muter und die Reichsstädte aus, mit welchen sie in einer Eynung stunden.

§. 41.

Ich habe schon oben gemeldet, daß Gr. Eitelfritz von Zollern im Jahr 1432. die Burg Hechingen und das Dorf Messingen an die Graven von Würtenberg verpfändet habe. Es hatte aber seine Schwägerin, Grav Fritzen des Oetingers Wittib, Anna, eine gebohrne Gräfin von Sulz wegen ihres Wittums noch eine Gerechtigkeit auf dem bemeldten Dorf. In der Hoffnung, daß man ihro dennoch den nöthigen Lebensunterhalt verschaffen würde und da sie die Nothwendigkeit sahe, daß die Graven von Zollern Schulden halber ihre beste Landesstücke verpfändeten, verwilligte sie solche Verdußerung. Als sie aber ihre Hoffnung vereitelt sahe, wendete sie sich an die Graven von Würtenberg, daß sie ihr einige Beysteur reichten. Damals war es gebräuchlich, daß die Fürsten und Graven Leuten ihres Standes nach allem Vermögen beysteureten, wann sie in Armuth verfielen, damit sie ihrem Stand gemäß leben konnten, weil sie es für eine Schande hielten, wann solche Leute darben solten. Die Graven musten aber auch beförchten, daß dise Wittib ihre Gerechtigkeit wieder hervorsuchen möchte. Sie liessen sich desto eher zu solcher Beysteur bewegen, weil die Gräfin sich alles ihres Rechts auf das Dorf Messingen begabe. Ihr Schwager Gr. Eitelfritz machte den Graven von Würtenberg gleichmäßig zu schaffen. Er gerieth mit Diethern von Gemmingen in eine Vehde. Weil jener in der Herrschafft Diensten stunde, so muste sie sich seiner annehmen und dem von Gemmingen auch absagen. Disem gehörte die Burg und ein Theil des Städtleins Heimßheim, welche die Graven belagerten und eroberten. Erst im folgenden Jahr demüthigte sich Diether von Gemmingen, weil er von dem Graven von Zollern in die Acht gebracht wurde. Conrad von Gemmingen nahm sich der Sache an und bewürkte den 28. Julij 1439. einen Frieden. Im Namen der Graven von Würtenberg und Zollern waren die Unterhändler Wolf von Stein von Klingenstein, Hermann von Sachsenheim, Ritter, Hannß Truchses von Bichißhausen, Hofmeister, und Berthold von Sachsenheim. Von Seiten des von Gemmingen aber war vorhanden Swigger von Sickingen, ein Ritter, und Swigger von Sickingen zu Schurberg und Hannß und Conrad von Gemmingen. Zwischen disen wurde abgeſchloſſen, daß Dietherich ſeiner Burg und Theils am Städtlein Heimßheim verluſtig ſeyn und ſolche Conraden von Gemmingen von den Graven von Würtenberg eingegeben werden ſolle. Diſer muſte aber dagegen ſolche Burg und Theil von der Herrſchafft Würtenberg zu Lehen empfangen und derſelben eine ewige Oeffnung darinn verſprechen, doch daß er keinen Schaden oder Koſten davon habe, und die Graven die Burg und das Städtlein, ſo lang ſie ſolche gebrauchen und die Feindſchafft, weßwegen man der Oeffnung bedürftig ſeye, währe, beſchützen helfe. Conrad von Gemmingen muſte dabey verſprechen ſolche Burg und Theil der Stadt weder dem Diether, noch ſonſt jemand einzugeben, er hätte ſich dann vorher gegen der Herrſchafft Würtenberg wegen der Lehenſchafft, Mannſchafft und Oeffnung verſchrieben, verbunden, gelobt und beſchworen. Alldieweil auch diſe Burg in Conrads oder ſeiner Erben Handen ſtehe und nicht in Diethers Handen gekommen, ſoll Diether dennoch nichts wider die Graven von Würtenberg und Zollern thun, noch etwas feindliches gegen ſie vornehmen. Wann aber Conrad ſolch Lehen an jemand verkaufte, ſo ſollte 1500. fl. werth eigenes Guth dafür zu Lehen gemacht werden und dennoch die Burg und Theil des Städtleins Heimßheim der Herrſchafft Würtenberg offen Hauß bleiben und dagegen die Lehenſchafft und die Verſchreibung des Diethers wider Würtenberg und Zollern nicht zu ſeyn aufhören ſolle. Was ferner Grav Eitelfritzen und ſeinen Knechten von dem Diether genommen worden, ſolle diſer wiederum zurück geben, ausgenommen die Schatzung und Raub, welche er den Zolleriſchen Unterthanen abgenommen, ſollen ihm verbleiben. Dagegen ſoll Diether im nächſten Jahr einmal, wann ihm Gr. Eitelfritz darum zuſchriebe, mit noch 10. Mann mit Glenen zu Dienſt kommen, welche in des Graven Koſten ſeyn, was aber Diether dabey Schaden leydet, derſelbe auf ſich leyden ſolle, doch daß man ihn an ſolchen Enden gebrauche, wo er ſeine Dienſten mit Ehren verrichten könnte und der Grav ſelbſten ſeyn wollte und daß ſolcher Dienſt nicht über 14. Tage währe. Weil auch Gr. Eitelfritz den Diether von Gemmingen in Acht und Bann gebracht hatte, ſo muſte er ihm Brief und Sigel geben, daß er wieder derſelben loß werden könnte. Conrad von Gemmingen behielt aber diſe Burg und Theil des Städtleins nicht lang, indem er ſie ſeinem Vetter Diethern wieder den 27. Jenner 1440. übergab und diſer endlich gelobte der Herrſchafft Würtenberg die Oeffnung zu halten. Er verkaufte ſolche aber in wenigen Wochen hernach gleich wieder an Gumpolten von Gültlingen, welcher den 23. Hornung nebſt Hannſen von Nieſern, Ulrichen von Remchingen und Hannſen von Strubenhard als Mitkäufern gegen den Graven von Würtenberg wegen der Oeffnung einen Revers ausſtellte und im Jahr 1456. an Gr. Ludwig und Eberhard verkaufte.

§. 42.

§. 42.

Die Veſtin Reuſſenſtein ungefähr eine halbe Stunde oberhalb Neidlingen in dem Wiſenſtaigiſchen Gebiet gehörte damalen Hannſen von Werdnau, welcher ſolche an Dietrich Speten von Eßletten verkaufte. Es hatten aber die Graven von Würtenberg vorher den Eigenthumsherrn, welche allem vermuthen nach die Graven von Helfenſtein waren, Geld vorgeliehen, wofür diſe Veſtin ihnen verpfändet und von diſen denen von Werdnau hinwiederum gegen Verſchreibung des Oeffnungsrechts übergeben wurde. Weil nun die Graven dem Speten die Schuld nachgeſehen hatten, daß er ſolche nicht gleich bezahlen durfte und ihm die Schuldbrief hinausgaben, ſo verſprach diſer am Sonntag nach Ulrici 1438. auf ewige Zeiten das Oeffnungsrecht in der Veſtin und machte ſich verbindlich dieſelbe nicht näher zu löſen zu geben, als um die Summe Geldes, welche der Herrſchafft Würtenberg darauf ſtünde und um den Schaden, welcher darauf gegangen wäre. Vermuthlich war den Graven von Helfenſtein unanſtändig, daß die Speten ſolche Veſtin inne hätten. Sie hatten aber das Geld nicht ſolche Pfandſchafft auszulöſen. Endlich erbothe ſich Grav Johann von Helfenſtein Protonotarius und Decanus des Stiffts zu Straßburg ſolche zu erkaufen. Dietrich Spet holete deßwegen die Erlaubnuß darzu von Gr. Ludwigen zu Würtenberg, welcher damals zu Waiblingen ſich in dem daſigen Schloß aufhielte. Er erhielte ſolche am Sonntag vor Jubilate des Jahres 1441. doch mit der Bedingung, daß diſer Gr. Johann gleichmäßige Verſchreibung wegen der Oeffnung geben und verſprechen muſte, daß er die Veſtin nicht näher zu löſen geben wolle, als um die Summe, welche darauf ſtehet.

§. 43.

In eben diſem Jahr 1438. ſuchte ſich die S. Georgen-Geſellſchafft mit Aufnehmung zerſchiedener Städte in ihre Eynung noch mächtiger zu machen, unter welchen vornemlich die Stadt Schafhauſen begriffen war. Diſes war den Graven von Würtenberg unanſtändig, weil man immerzu wegen der Städte, welche ſich ihrer Bürger anzunehmen hatten und deßwegen öfters Feindſchafften ſich zuzogen, zu thun bekame. Die Geſellſchafft hatte ohnehin in der obangeführten Eynung verſprochen, wann ſie ſich mit Schafhauſen und andern Städten verbunden würde, die Graven von Würtenberg auszunehmen, daß ſie den Städten keinen Beyſtand wider diſe thun dörfte, wann eine oder die andere mit ihnen in einen Krieg gerathe. Die Städte wollten aber keine Eynung eingehen, es wäre dann, daß die Geſellſchafft ſich verbindlich machte auf begebenden Fall auch wider die Graven von Würtenberg ihnen Hülfe zu thun. Weil ihr an dem Bünd-

Bündnuß mit den Städten vieles gelegen zu seyn schiene, so mußten sie es an die Graven gelangen lassen, welche nach vielen Vorstellungen geschehen liessen, daß sie nicht ausgenommen würden. Sie bedingten sich aber dagegen aus, daß, wann die Gesellschafft wegen der Stadt Schafhausen mit jemand in einen Krieg verwickelt würde, sie derselben keine Hülfe schuldig seyn wollten und wann dieselbe wegen gemeldter Stadt wider die Graven selbst feindlich vermög der Eynung zu handlen verbunden wäre, diese hinwiderum sich vorbehalten wollten wider sie ebenmäßig, doch im übrigen ihrem Bündnuß unbeschadet, feindlich haudlen zu können (1).

§. 44.

Indessen war K. Sigmund zu End des Jahres 1437. mit Tod abgegangen und dessen Tochtermann König Albrecht von Hungarn und Böhmen von den Churfürsten einmüthig den 20. Maijen zur Kayserlichen Würde erwählet. Weil die Hungarn nicht einwilligen wollten, daß er diße annehmen sollte, sondern befürchteten, daß er wie K. Sigmund mehr des deutschen Reichs Geschäfften besorgen und indessen ihr Königreich der Türkischen Macht gleichsam preiß gegeben würde, so scheinet sich die Sache etwas verzogen zu haben. Man weißt noch nicht, wann er zu Aalen gekrönet worden, ausser, daß solches im Jahr 1438. geschehen seye, weil der Papst ihm noch in disem Jahr Glück wünschte. Ich benke aber doch, daß die Hungarn bälder nachgegeben, als die Geschichtschreiber melden und daß die Krönung schon im Junio dises Jahres vollzogen worden. Dann er hielte schon in der Mitte des Julii einen Reichstag zu Nürnberg, wo er heilsame Ordnungen machte. Im October hielte er wieder einen Reichstag daselbst um solche zu stand zu bringen (m). Man sollte gedenken, daß der neue Kayser bey diser Gelegenheit die Reichsfürsten belehnet hätte. Es geschahe aber nicht, weil er allem Vermuthen nach die Hoffnung hatte im künftigen Jahr wieder nach Deutschland zu kommen und die Fürsten eben nicht mit der Empfangnuß ihrer Reichslehen eyleten, sondern ihr Jahr und Tag abwarteten. Indessen fielen die Türken in Servien ein und der Kayser begab sich nach Ofen um disem Feind zu widerstehen. Gr. Ludwig von Würtenberg schickte demnach seine Diener Gr. Johannsen von Werdenberg und Wolfen von Stromberg dahin die Belehnung in seinem und seines Bruders Gr. Ulrichs Namen sowohl wegen der von dem Reich, als auch der Cron Böhmen rührenden Lehen zu suchen, welche also ausserhalb des deutschen Reichs am Montag nach dem Fest der heiligen Dreyeinigkeit erfolgete. Sie ist nicht nur deßwegen merkwürdig, sondern sie hat noch
andere

(1) vid. Datt de pace publ. lib. II. c. 9. pag. 238.
(m) Datt d. l. cap. 26. num. 9. seq. p. 178.

Fünfter Abschnitt.   141

andere Besonderheiten. Die einte ist, daß die Graven das erstemal mit dem Blutbann belehnet wurden, und dessen in dem Lehenbrief ausdrückliche Meldung geschahe. Man darf dises für keinen Beweiß anziehen, als ob die Graven solchen
zuvor nicht gehabt hätten. Dann es wird unten angezeigt werden, daß die Graven von Würtenberg schon einige Jahre zuvor, nemlich 1434. von K. Sigmunden die Erlaubnuß erhalten über üble, schädliche und übelthätige Leute, welche
besser tod, als lebend wären, zu richten ob sie schon, wie vorher nach altem Gebrauch erfordert wurde, nicht übersiebnet d. i. mit siben Zeugen überwiesen wären.
Sie übten also die Peinliche Gerichte schon lange zuvor durch ihre Gerichte aus
und es war hier nur um die Besiebnung zu thun. Nebst disem Blutbann wurden
sie auch mit den Hohen Gerichten belehnet, welche in dem Lehenbrief besonders
benennet und dem Blutbann entgegen gesetzt werden. Dann der Kayser belehnte
sie mit der Graffschafft Wirtemberg und allen und jglichen iren andern
Graffschafften, Herrschafften und Lehen mit allen iren Herrlichkeiten,
Würden, Eeren, Rechten, Mannschafften, hohen und nidern Gerichten, Wildpennen, Zöllen, Glaiten, Münzen, Landen, Leuten
und Zugehörungen und dem bann uber das blut zu richten und den furbasser ihren Ambtleuten zu befehlen. Bey der vorigen Belehnung trug K.
Sigmund einem Graven von Oetingen auf Gr. Ludwig zu Würtenberg in den
Besiß seiner Lande zu setzen und den Lehenseyd von ihm zu nehmen: Hier aber befahl der Kayser Gr. Ludwigen als dem ältesten Herrn von Würtenberg in seines
Lehenträgers oder Gewalthabers des Graven von Werdenberg Hände Gelübd
und Eyd zu thun und wann er selbst zu dem Kayser komme, ihm selbst den Lehen-
eyd zu erneuren. Am folgenden Tag bestätigte er den Graven ihre Freyheiten,
Handvesten und Gerechtigkeiten.

§. 45.

Ehe noch dise Belehnung geschahe, so gebahr den 3. April. 1439. die Grä-
vin Mechtild zu Waiblingen einen Sohn, welchem in der Taufe der Name seines
Herrn Vaters beygeleget wurde. Bekam aber hierdurch das Geschlecht derer
Herrn Graven einen Zuwachs, so vermehrten sie auch das Land im Jahr 1438.
mit zerschiedenen Gütern. Dann sie tauschten von dem Abt und Convent des
Closters Hirsau alle dessen Gülten und Güter zu Stetten unter dem Heuchelberg
wie auch den dritten Theil an der Vogtey, Gericht und Dorf zu Thailfingen,
Herrenberger Amts, mit allem, was darzu gehört. Dagegen sie dem Closter
die Zehenden zu Tißingen und Nebringen nebst einigen Gefällen zu Gülsten überliessen. Weil auch die Grävin Heinriette zu Nürtingen auf ihrem Wittumbsiß
ware, so erkaufte sie von den Gebrüdern Hanns und Ulrichen von Sperrwer-

das Burgstall und Dorf Ensingen mit den Steuren, Vogt-Habern und Vogt-Hünern von jedem Armen Mann, der zu Ensingen saß und denen von Sperwerseck nicht zugehörte, wie auch die Vogtey, Gericht, Frevel, Dienste und alle eigene Leute, die die Verkäufer zu Bernhausen hatten und inner Jahresfrist von Ensingen dahin gezogen waren. Und zwar geschahe diser Kauf um 3000. fl. (n). Noch beträchtlicher aber ware der Kauf der Herrschafft Wildberg und der Stadt Bulach. Sie gehörte ehmals den Graven von Hohenberg, von welchen sie an die Pfalzgraven kam, bis endlich Pfalzgr. Otto sie im Jahr 1440. an Gr. Ludwig und Ulrichen von Würtenberg um 27000. fl. verkauffte. Es gehörten darzu die Dörfer und Weyler Ebhausen und Wrühausen, Effringen, Schönbronn, Haugstetten, Liebisperg, Altenbulach, Gültlingen, beede Sulz, Emmingen, Ober-Waldeck, und Sitzenhausen mit den darzu gehörigen Höfen und Gütern, wie auch die Burgställe Waldeck, Gaysberg und Haselstatt, die Lehenschafft des Schlosses Vehrenbach und die Herrlichkeit und Gerechtigkeit über die Gotts-häuser Reuthin und Nordorf und was sonst mit Vogteyen, Gerichten, Glaiten, Zöllen ꝛc. darzu gehörte. So vortheilhafft aber diser Zuwachs scheinet, so war derselbe wegen der Einkünfte nicht so anzusehen, sondern nur darum, wie die beede Graven sich ausdrückten, weil sie von diser Nachbarschafft immerzu Schaden gehabt, indem man in beständigen Sorgen wegen der von daher geschehenden Einfäle seyn und mit grossem Kosten sich dawider setzen muste. Sonsten gehörten zu einer Herrschafft auch eine beträchtliche Anzahl Lehenleute, welche mit den sogenannten armen Leuten verkaufft wurden, weil sie eine Zugehörde der Grav- oder Herrschafft waren. Allein hier waren sehr wenige Lehenleute, an welche Pfalzgrav Ott am Samstag nach Michaelstag einen Befehl ergehen ließ ihre Lehen von den Graven von Würtenberg hinführo zu empfahen (o). Wiewohl diser letztere Kauf in der Gräflichen Familie zu grossem Verdruß Gelegenheit gegeben, indem die Gräfin Henriette in den Kauf gestanden und darüber sich mit ihren Söhnen zu weitläuftigen Strittigkeiten verwickelt hat, wie an seinem Ort davon die Nachricht folgen wird.

§. 46.

Hatten nun die Graven Ludwig und Ulrich sich bey deren Nachkommen einen Verdienst durch solche Käufe erworben, so machten sie sich zu Anfang dises Jahrs 1440. bey dem Päpstlichen Hof durch ihre Ergebenheit gegen demselben beliebt. Papst Eugenius IV. schickte seinen Cämmerer Jacobum de Oratoribus auf den Reichstag nach Frankfurt um ein und anders bey den deutschen Fürsten aus-

(n) siehe Histor. Beschr. des Herzogth. Würtenb. part. I. cap. 10. §. 8. seq. p. 133.
(o) siehe Repl. num. 64.

Fünfter Abschnitt. 143

auszurichten. Auf der Ruckreyse ritte er nebst drey seiner Diener durch die Würtenbergische Lande und wurde sicher bis an die Gränzen vermittelst des ihm mitgegebenen Glaits gebracht. Oberhalb Göppingen empfiengen ihn die Helfensteinische und der Stadt Ulm Glaitsleute in ihren Schutz. Allein Sigfrid von Zülnhard, welchem der Fleck Klein-Eßlingen gehörte, fiel ihn, ungeacht des bey sich habenden Glaits feindlich an, nahm ihn und seine Gefährten nebst dem Ulmischen Glaitsmann gefangen, beraubte ihn aller seiner Habseligkeit und führte sie durch die Gravschafft Würtenberg bis nach Steineck, einem in dem Hagenschieß gelegenen und verschiedenen Edelleuten gehörigen Schloß. Zween der Päpstlichen Diener entrannen der Gefangenschafft und beschwerten sich bey der Stadt Ulm über die Gewaltthätigkeit, und dise beklagte sich bey den Graven von Würtenberg. Sowohl die Umstände der Person, als der Gefangennehmung machten grosses Aufsehen, welche sogleich an Itel-Wolfen und Hannsen von Stein, an den obgedachten Diether von Gemmingen und Bernhard Böcklin, welche alle an dem Schloß Steineck Antheil hatten, den 22. Febr. den Befehl ergehen liessen disen Päpstlichen Gesandten mit seinen Leuten innerhalb zween Tagen loß zu lassen und alles abgenommene ohne allen Schaden wieder zu ersetzen oder sie wollten ihre Feind seyn und ihre Ehre gegen ihnen verwahrt haben. Dises war also eine Kriegs-Erklärung, welche sooviel fruchtete, daß sie aus Furcht einer Züchtigung, welche Diether von Gemmingen obberührtermassen schon empfunden hatte, sogleich den gefangenen Gesandten und seinen Diener an die Graven auslieferten und auch alles abgenommene bis auf 230. fl. hergaben, welche sie gleichwohl innerhalb 14. Tagen auch zu ersetzen versprachen. Sigfrid von Zülnhard aber wollte sich nicht bequemen, sondern begehrte von der Stadt Ulm, daß sie ihm Sicherheit für sich und die seinige verschreiben wollten. Wo nicht, so behalte er ihren Knecht gefangen und wollte ihr Feind seyn. Weil nun solche Versicherung nicht so bald einlangte, so berichtete er solches an die beede Graven von Würtenberg, daß er deßwegen den Päpstlichen Gottsbaffter das abgenommene nicht ersetzen könnte, sondern erbiethig seye vor den Graven oder vor ihren Räthen zu Recht zu stehen. Wie es weiter ergangen, habe ich nicht finden können, ausser, daß indessen die Graven dem Gesandten das abgenommene von dem ihrigen vorgeschossen haben. Dise Willfährigkeit erzehlte derselbe dem Päpstlichen Hof und veranlaßte sowohl den Papst, als auch die Cardinäle ihre Dankschreiben an Gr. Ludwig und Ulrichen abgehen zu lassen (p). Wie sie dann auch in eben disem Jahr 1440. die beede Stiffter Güterstein und Herrenberg errichteten, deren jenes abgegangen ware, nachhero aber Grav Ludwigen und seiner Gemahlin zu einem Begräbnuß dienete. Ihre Fürbitte für den Abt zu Lorch war auch so würksam,

- (p) vid. Beyl. num. 65. und 66. a.

sam, daß der Papst demselben nicht allein um des Ruhms, welchen disem Kloster seine Stifftung erworben hatte, und um der schönen Einkünfte willen, sondern auch vornemlich wegen der Graven von Würtenberg, als ihrer Schutz- und Casten-Vögte Fürspruch die Befugsame ertheilte eine bischöfliche Mütze, Ring und andere dergleichen Insignien zu tragen und zu gebrauchen. Er erlaubte ihm sogar den feyerlichen Seegen dem Volk bey Endigung des Kirchendienstes in seinem Kloster und auch anderswo zu ertheilen. Es ist dises bey den Römisch-Catholischen kein geringer Vorzug, weil dergleichen Aebte den Bischöfen gleich gehalten werden (pp).

§. 47.

In bemeldtem Jahr 1440. wurde Grav Ulrich volljährig erkläret. Er entschloß sich deßwegen um eine Gemahlin umzusehen und die Wahl fiel auf Margrethen, eine Tochter Herzog Adolphs von Cleve. Sie war vorher an Herzog Wilhelm von Bayern vermählet, wurde aber nach dessen im Jahr 1435. erfolgten Absterben eine Wittwe. Weil ihre beede erzeugte Söhne ihrem Vater gar bald in die Ewigkeit nachfolgten, so begab sie sich wieder nach Hauß. Gr. Ulrich schickte deßwegen Jacob Truchseßen von Walpurg, Landvogt in Ober-Schwaben, Wolfen von Stein vom Clingenstein, beede Ritter und Albrecht Speten, seinen Hofmeister nach Cölln um die Heuraths-Abrede zu machen. Dise Vermählung wurde auch gleich zu Anfang des folgenden Jahres zu Stuttgard vollzogen. Weil er nun auch eine eigene Regierung zu führen verlangte, so setzte man einige Räthe nieder, um eine Abtheilung des Landes zu entwerfen. Beede Graven vereineten sich indessen am Montag nach Reminiscere (den 13. Martii) 1441. miteinander, daß sie niemalen zu Unfrieden kommen, sondern ihr Lebenlang brüderlich zusamen im Frieden leben wollten. Wann sie aber je Forderung gegeneinander zu machen hätten, sollte solches freundlich ausgetragen werden. Doch behielte sich jeder bevor dasjenige zu befolgen, was ihre Pflichten gegen Kayserl. Majestät oder einem Römischen König, oder wer der wäre, von welchem sie Lehen hätten, erforderten. Wann aber jemand einen unter ihnen wider gleich billig Recht bekriegte, soll ihm der andere mit Leib und Gut beholfen seyn. Auf Georgiitag hingegen kam die Theilung ihrer Lande zu stand, worinn sie sich unter Beystand ihrer Frau Muter verglichen, daß

1.) selbige nach dem Lauf des Neckars getheilt und diser Fluß das Untermark seyn solle, also, daß der Theil jenseit desselben gegen der Alb zu ein Theil und der Theil disseit des Neckars gegen Stuttgard auch ein Theil seye, jedoch so, daß wann Städte oder Dörfer in eine Vogtey gehörten und die Amtsstädte diß- oder

jenseits

(pp) vid. Bepl. num. 66. b.

Tab. III.

ILLVSTRIS PRINCEPS AC DOMINVS, DNVS
VDALRICVS COMES WIRTEMBERGIÆ AC
MONTISPELIGARDI ETC NATVRÆ SATISFE-
CIT KALENDIS SEPTEMB A. S. MCCCCLXXX.

Fünfter Abschnitt.

jenseits des Neckars ligen, die Städte und Dörfer dennoch bey ihrer Stadt, worinn die Vogtey seye, bleiben sollen. Und so soll es auch mit dem Schweinhabern gehalten, die Wildbänne aber nach dem Neckar getheilt werden.

2.) Grav Ludwigen wurde die Nutzung in dem Obertheil jenseit des Neckars gegen der Alb zugescheiden, daß er seinen Sitz darinn haben könne, wo er wolle: Grav Ulrichen hingegen wurde die Nutzung des Theils gegen Stuttgard zugeschrieben, doch, daß die Stadt Stuttgard mit Vogteyen und Zugehörden gemeinschafftlich bleiben solle.

3.) Weil Gr. Ludwigs Theil beträchtlicher erfunden wurde und mehr Nutzen hatte, so versprach er den Abgang seinem Bruder zu ersetzen.

4.) Jeder Herr solle zwey Jahre bey seinem Theil bleiben, nach deren Verfliessung Gr. Ulrichen frey stünde den andern Theil auch zwey Jahr zu haben, doch, daß er solches ein Viertel Jahr zuvor verkünde, in welchem Fall Gr. Ludwig solchen freywillig abtretten und den untern Theil auf 2. Jahr behalten wollte.

5.) Zu welchem Ende sie einander gelobten die Burger und arme Leute mit keiner Schatzung zu belegen, sondern sie zu halten, wie gewöhnlich seye.

6.) Sollen die Städt und Schlösser in beeder Herren Theil jeglichem zu seinem Geschäfft und Nöthen offen seyn und alle Burg- und Amtleute beeden Herren schwören mit der Oeffnung einem, wie dem andern, gewärtig und gehorsam zu seyn.

7.) Jeder Herr soll seine eigene Cantzley haben und die Leute und Güter in seinem Theil verantworten und ausrichten.

8. Was Gebäude an den Bergschlossen nöthig sind, in welchem Theil sie auch ligen, darzu sollen beede Herrn ihre Werkleute und jeder einen seiner Räthe schicken, welche solches an ihre Herrn bringen und gemeinschafftlich berathen, wie die Schlösser auf gemeinen Kosten gebaut werden könnten. Wollte aber einer auf einem Berg-Schloß sitzen, soll derselbe die kleine Bäue auf seine eigene Unkosten bestreiten.

9.) Die Behausungen in den Städten soll jeglicher in Dach und Gemach auf seinen Kosten halten. Wann aber ein Bau zur Wöhr nöthig seye, oder eine Behausung einfallen oder baufällig werden wollte, soll es damit, wie bey den Berg-Schlössern gehalten werden.

10.) Wo beede oder einer Krieg oder treffliche Tage haben und leisten oder von Land und Leut wegen Bottschafft thun würden, solle solches in gemeinem und gleichen Kosten geschehen, doch daß, wann sie beyde jemanden leyhen oder schicken und denselben Hengst oder Pferd abgeben, so soll jeglicher, welcher solchen geschickt, demselben die Hengst oder Pferd ohne des andern Herrn Schaden bezahlen.

T   11.) Weil

11.) Welcher Herr Räthe hätte oder beköme, welche Lehen von ihnen beeden hätten, soll solches das Lehen nicht hindern, sondern sie sollen ihrem Herrn rathen, dienen und beyständig seyn unentgolten des Eyds und Lehens halber. Und wann beederseitige Räthe von wegen ihrer Herrn Sachen willen zusamen kommen, so sollen sie beeden nach ihren Eyden rathen und den Rath verschweigen. Lehnet aber ein Herr dem andern einen seiner Räthe, so solle er ihm das beste rathen.

12.) Jeder Herr solle seine Schloß in seinem Theil mit Burgleuten und Wachten selbst auf seinen Kosten bestellen und besorgen.

13.) Alle ihre Schulden, davon sie Gülten geben, wie auch Leibgeding und verschriebene Burgsässen, nur allein die Pfandschafften ausgenommen, verabredeten sie sich gleich zu theilen, vermög dessen Gr. Ludwigen 50050. fl. und hingegen Gr. Ulrichen 800128. fl. und 1150. lb. Hlr. gebürte, welcher Unterschied von dem Zugeld Gr. Ulrichs Gemahlin entstanden, so daß diser seinem Bruder wegen solcher 30000. fl. eine Genüge gethan. Würden sich noch mehrere Schulden zeigen, sollen solche gleich getheilt werden, daß jeder gleich viel bezahlen und einzunehmen habe.

14.) Wann rechte Pfandschafften, welche vom Reich oder andern stehen, ausgelöst würden, sollen beede Herrn vor einen Obmann und Zusätze kommen, welche erkennen sollen, wie das Geld wieder angelegt und die Gült ergänzt werden sollte. Wann aber

15.) ihrer einer eine Pfandschafft, welche von der Herrschafft Würtenberg versetzt wäre, an sich lösen wollte, soll es ihm frey stehen, doch daß er dem andern Herrn Briefe gebe ihn auch an der Helffte anstehen zu lassen, wann er die Helffte des Gelds bezahlte.

16.) Jeglicher mag in seinem Theil jagen, wo er will, doch daß er nicht über den Neckar greiffe, ausgenommen den Wildbann auf den Herbern, so weit derselbe in des Waldvogts Vorst gehöre, der soll gen Tübingen gehören. Es soll auch

17.) keiner ohne des andern Wissen und Willen von seiner Herrschafft nichts an Schlössern, Leuten oder Gütern nichts verkauffen, versetzen oder hingeben. Doch, wann einen die Noth bringte Geld aufzunehmen, soll der ander zwar sein Mitschuldner werden, der Aufnehmende soll es aber ohne des andern Schaden bezahlen und demselben schrifftlich versprechen, daß er ihn und seine Erben von solcher Mitschuld loß machen solle.

18.) Verglichen sich die beede Graven, daß keiner von beyden einen Krieg anfangen oder jemands Feind werden wolle ohne des andern willen, noch sich in ner den vier Jahren verbinden. Hätte sich aber der eins verbunden und der andere meynte, daß ihm solches Bündnuß unnützlich wäre, so sollen sie wegen sol-

chen

Fünfter Abschnitt.

chen Spannes für ihren nachbestimmten Obmann und Schidsleute kommen, und wie die erkennen, daß die Cynung einen Fürgang haben oder unterwegen bleiben sollen, demselben nachgehen. Doch, wann solches Bündnuß einen Fürgang haben sollte, soll ein Herr den andern ausnehmen, weil kein Krieg unter ihnen seyn solle.

19.) Wann auch ein Theil unter ihnen Diener hätte, welche in des andern Theil gesessen wären, so solle der Herr, unter welchem sie sitzen, sie schirmen und handhaben, wie andere seine Diener.

20.) Wann ein Diener des einten Herrn einen, welcher in des andern Herrn Theil gesessen wäre, wider gleiches und billiges Recht bekriegte, und der andere vor den beeden Herrn oder ihrer einem den Stritt auszutragen erbiethig wäre und ihm der Herr, dessen Diener er ist, beholfen seyn wollte, soll der andere auf vorgängiges Ermahnen ihm gleichfalls gebührenden Beystand leisten.

21.) Alle See und gefangene Wasser sollen beeden Herrn gemein seyn und von einem gemeinschafftlichen Seemeister gefischet, sodann einem jeden Herrn so viel, als dem andern gegeben werden, doch daß die Gräben um die Schlösser demjenigen gehören, welcher das Schloß besitzet, ausgenommen diejenige Gräben, wo Setzling sind, als womit der Seemeister die See besetzen solle. Was auch solche See kosten, sollen beede Herrn gemeinschafftlich bezahlen.

22.) So solle auch der Zug oder Zeug, welcher zur Wehre gehört, als Büchsen, Pulver, Pfeil und anders, wie auch die Werkleute, welche darzu gehören, gemeinschafftlich seyn und mit gleichem Kosten unterhalten werden.

23.) Die drey Wagen, nemlich Nellingen für einen, Salmansweiler und Denkendorf für einen, und Madelberg und Winniden für einen sollen dem Obern Theil an der Alb gehören und dem dienen, wie bisher, dagegen die drey Wägen von den Clöstern Bebenhausen, Herrnalb und Maulbronn zu dem andern Theil gehören sollen.

24.) Grav Ludwigen als dem ältern wurde aufgetragen die weltliche Lehen in seinem und Grav Ulrichs Namen zu leyhen, doch, daß er damit ohne diß Willen keine Aenderung vornehme. Die Geistliche Lehen hingegen soll jeder Herr in seinem Landestheil leyhen, doch daß die Chorherrn zu Stutgard die daselbstige Pfründen nach ihrer Statuten Sage leyhen, die andere mögen beede Herrn wechselsweise leyhen, wobey jedoch Gr. Ludwigen der Vorzug gestattet wurde, daß er mit der ersten, welche ledig wurde, den Anfang machen könnte.

25.) Reichenweyler und was darzu gehört, und wann Lehen daselbst oder auch in der Gravschafft Würtenberg heimfallen, sollen sie beeden Herrn gemeinschafftlich zugehören.

26.) Wür-

26.) Würden die beede Herrn spännig, so soll jeder aus seinen Räthen vier setzen, doch, daß sie nach Beschaffenheit der Sachen auch weniger setzen dörfen. Brauchte man einen Obmann darzu, solle der klagende Theil aus des andern Herrn Räthen drey ernennen und daraus einen Obmann wählen. Und zwar wählete gleich damals Gr. Ludwig aus seines Bruders Räthen Jacob Truchseßen von Waldburg, Landvogt in Ober-Schwaben, Hofmeister, Diethern von Stein zu Klingenstein, und Geerlen Kayben. Gr. Ulrich aber ernannte aus Gr. Ludwigs Räthen Eberhard Truchseßen von Waldburg, Diepolt Güßen von Güßenberg und Albrecht Speten Hofmeister.

27.) Gewinnen ihre Räthe und Diener miteinander zu schaffen, soll der Kläger seinem Gegentheil nachfahren für seinen Herrn oder seine Räthe, oder, wann sich der Herr deßen nicht beladen wollte, für einen gemeinen aus deßelben Herrn Räthen. Was auch solcher erkennt, dem soll genau nachgelebt werden, so daß, wann einer des Rechten sich nicht begnügen laßen wollte, wider denselben sein Herr dem andern beyständig seyn solle, bis er nach dem Inhalt dises Articuls thue.

28.) Soll dise Theilung von dem dato derselben, nemlich von Georgii an vier Jahre währen und unverrückt gehalten werden, nach welcher Zeit jeder Herr wider zu seinem Recht stehen solle.

§. 43.

Jedoch die beede Graven sahen gar bald ein, daß dise Theilung nicht bestehen könnte. Sie verglichen sich beßwegen gleich im Anfang des Jahres 1442, miteinander eine andere Theilung zu treffen, welche den 25. Jan. dergestalt zu stand kam und das Land in zwey gleiche Theile getheilet wurde, deren der einte der Uracher, der andere aber der Neuffemer Theil genennet wurde. Jener wurde Gr. Ludwigen zugetheilt und begriff das Uracher Amt, Rosenfeld das Schultheißen-Amt, und die Aemter Tübingen, Oberndorf, Hornberg, Dornhain, Dornstetten, Calw, Neuenbürg, Wildbad, Zavelstein, Vogtsperg, Nagold, Böblingen, Leonberg, Gröningen, Asperg, Bietigheim, Vayhingen, Brackenheim, Güglingen, Gartach, die Herrschafft Reichenweyher, des Waldvogtsamt und alle andere Vörst, welche in disem Theil gelegen, mit allen Städten, Schlößern, Dörfern, Weylern, Höfen, so darzu gehören und welche jeglicher Amtmann damals in seiner Verwaltung hatte und in seiner letzten Rechnung des Jahres 1441. verrechnet hat. Der alleinige Vorsthabern wurde ausgenommen, als welcher zu dem Vorst, darein er verfällt, gehören solle. Ferner sollen zu dem Uracher Theil gehören die Bergschlößer Urach, Wittlingen, Seeburg, Hundersingen, Liechtenstein, Achalm, Wasneck, Hornberg, Vogtsperg,

Fünfter Abschnitt.

sperg, Asperg, Vayhingen, Blankenhorn, Magenheim, der Theil zu Neuperg, der Theil zu Sachsenheim, Nagolt, Neuenbürg, Zavelstein, Beilstein und Sponeck, und was zu allen solchen Städten, Schlössern und Dörfern an Gerechtigkeiten und Gütern gehört. Ferners wurden darzu geschieden der See zu Asperg, zu Eltingen, Sindelfingen, Güglingen, Gartach, Ochsenbach, die beede See zu Böblingen, Herrenberg, zu Urach, zu Hinder-Lindach und zu Grebenhausen sodann die 9. Fischwasser zu Tübingen, das Wasser zu Seeburg, Tettingen, Metzingen, Weyhingen, Hoheneck, und Beyhingen und von den Mühlinen zu Trochtelfingen 20. lb. Hlr. Zinns und zu Weyl im Schönbuch, 20. Viertel Oels. Grav Ludwigen wurden auch die Pfandschafften zu theil, welche von der Herrschafft Würtenberg verpfändet worden, Schiltach, Tuttlingen, Meimßheim, Horheim und Haßlach, der Magdberg, Sternenfelß, Wittershausen, Liechtenstein ob Nufran, Möglingen, Weyl das Dorf, Ingersheim, der Theil zu Sachsenheim, Mundingen, Gundelsheim, Helmßheim, Blankenstein, Urslingen, das Gut zu Kaltenmarkt, das Großholz, das Vogtrecht zu Bentzingen, und der Hof zu Beringen. Endlich wurden ihm nachfolgende Clöster mit Diensten, Schirmgeld, Vogteyen und andern Rechten zu Maulbronn, Bebenhausen, Allspirspach, Hirsau, Herrnalb, Rechenzhoven, Frauenzimmern, Offenhausen und Pfullingen, nebst den Schäfereyen zu Magenheim, Ensingen, Bergheim, Bulverdingen, Dachtel, Gravenhausen, Wolfenhausen, Steinbronn, Tuttlingen und Waldorf zugetheilt.

§. 49.

Grav Ulrich hingegen bekam den Neufemer Theil und darinnen folgende Aemter, nemlich Nürtingen, Neuffen, Grötzingen, Waiblingen, Schorndorf, Göppingen, Kirchheim, Stuttgard, Canstadt, Backnang, Botwar, Marpach, Bahlingen und Ebingen mit samt den in disem Theil gelegenen Vorsten und den Pfandschafften Lauffen, Winniden und Beylstein, welche von der Herrschafft Würtenberg verpfändet worden. Ferner kamen zu solchem Theil die Berg-Schlösser Neufen, Teck, Gutenberg, Eichelberg, die Wielandstein, Würtenberg, Kaltenthal, Liechtenberg, Winniden, Lauffen, und die Theile zu Frauenberg, und dises alles mit den zugehörigen Städten, Dörfern, Weylern, Vogteyen, Rechten und aller Herrlichkeit, Wildbännen und Glaiten. Darzu wurden Gr. Ulrichen gegeben Westheim, Gemrigheim, Waltenbuch, Steinenbronn und Pleydelsheim mit allen Rechten, ingleichem die Seen zu Gerringen, Weyhach, Bonlanden, Zuffenhausen, Reichenbach, Nabern, Kimme, Stetten, Stuttgard, Winniden, Urbach, Gutenberg und das Löchlein zu Eichelberg. Ferner die Fischwasser zu Waltenbuch an der Ech, und von

Laib

Tailfingen bis gen Pfauhausen, drey Zehendhalb Waſſer am Neckar, gleichem von Ober-Türckheim bis gen Weyhingen ſiben Waſſer am Neckar mit der Bergerin Waſſer, eine Fiſchenz zu Canſtatt, das Fahr zu Neckargröningen, ein halbes Waſſer zu Poppenweiler, die Waſſer zu Marpach und Biningen, ſodann das Waſſer an der Remß von der Badſtuben zu Heckbach bis an die Almand zu Remß. Ferner die Waſſer zu Kirchberg, Burgſtal, im Lenninger Thal bis gen Tettingen nebſt einigen Zinnſen, Hueb- und Mühlſchweinen, auch Gattergeld zu Neuffen, Waiblingen, Göppingen, Schorndorf, Groſſen Heppach, und Poppenweyler. An Pfandſchafften, welche von der Herrſchafft Würtenberg verpfändt waren, wurden ihm zugetheilt Hohenſtauffen, Lauterburg, Hoheneck, Waldenſtein, Löwenfelß, Eberſperg, Reichenberg, Birkenfelß, Arneck und Rechtenſtein, Schlatt, Holzheim und Schilzburg nebſt Weyler und den Mühlinen zu Kirchheim, einem Hof zu Owen um f. Mark Silbers aus 52. Marken zu Biſſingen. Nicht weniger gehörten in diſen Theil die Clöſter Elwangen, Adelberg, Pfungen, Nellingen, Denkendorf, Salmanzweyler Hof zu Eßlingen, Winniden, Lorch, Backnang, Murrhard, Steinheim, Lauffen, Obriſtenfeld, Zwifalten, Kircheim und Weyler mit der Vogtey, Dienſten und andern Rechten. An Schäfereyen aber wurden ihm zu Theil der Ungeheuerhof, und die zu Weyler zum Stein, zu Bonlanden, zu Weſtheim, Winniden und Kemnat.

§. 50.

Weil die obgemeldte Pfandſchafften Winniden, Beylſtein und Lauffen mit ihren Gülten und Zugehörden in Grav Ulrichs Theil gefehlet worden und diſem dadurch die Beſchwerde ſolche zu löſen obgelegen, ſo übernahm hingegen Grav Ludwig 13000. fl. welche Gr. Ulrich der verwittibten Gräfin von Hohenberg, und einigen Edelleuten ſchuldig geweſen. Ferner wurde abgeredt, daß wann ein See oder Fiſchwaſſer vergeſſen worden in diſer Theilung zu benennen, ſo ſolle ſolcher in denjenigen Theil gehören, worinn er gelegen ſeye. Die Pfandſchafften Sigmaringen, Veringen, Gundelfingen und Leipheim ſollen gemeinſchafftlich beeden Graven zugehören und von ihnen beeden gelöſt werden. Würde auch einer von ihnen eine derſelben löſen, ſo ſolle ihm ſolches vergönnt ſeyn, doch daß dem andern, wann er die Helfte des Gelds hergeben will, auch die Helfte der Pfandſchafft ihm gehören ſolle. Ingleichem ſoll die Anſprache wegen Trochtelſingen und alle Leibgedinge, welche von ihren Voreltern und ihnen verſchrieben worden, gemeinſchafftlich ſeyn. Wann auch Pliderhauſen, und Roſenſtein, der Bergerin Waſſer zu Canſtatt, und die Höfe zu Aichach und Pleidelsheim, als welche Leibgedinge ſind, heimfallen, ſollen ſie Gr. Ulrichen zugehören, dagegen Hornberg

Fünfter Abschnitt.

berg bey Berneck, und der sechste Theil des Zehenden Grav Ludwigen heimfallen. Ferner beschrieben sie die Wildbänne und Glaite, welche zu jedem Theil gehörten. Und weil nachstehende Kirchen an etliche, welche weltlich und auch geistlich sind, verlihen worden, nemlich in Grav Ludwigs Theil Eningen, die à 600. fl. angeschlagen, ingleichem Asperg für 1000. fl. ferner Rixingen für 1000. fl. Rutemsheim für 600. fl. Münzingen für 600. fl. Meimsheim für 1000. fl. Haiterbach für 1000. fl. sodann Metzingen für 1000. fl. Und in Grav Ulrichs Theil die Kirche zu Grötzingen, welche angeschlagen für 500. fl. die Kirche zu Ensingen für 400. und die Ustirch zu Canstadt für 600. fl. so haben sie sich wegen solcher verglichen, daß, wann dieselbe ledig werden, solche gemeinschafftlich sollen von beeden Graven und ihren Erben geliehen und genossen werden. Doch wann ein Herr eine oder mehr diser Kirchen, welche in seinem Theil sind, allein verleyhen wollte, solle es ihm frey stehen, wann er dem andern seinen Theil des Anschlags der Kirche heraus bezahle. Nur die Kirche zu Brettheim, Kettenacker und Bretzingen, wie auch die Pfründ zu Ulm sollen Gr. Ulrichen allein zu verleyhen stehen. Wann auch ein oder das andere Closter Gr. Ulrichen zugetheilt worden, dessen Güter und Höfe in Gr. Ludwigs Theil gelegen wären, oder wann Gr. Ludwig clösterliche Güter in seinem Theil liegen hätte, welche zu den Clöstern in Gr. Ulrichs Landes-Theil gehörten, sollen sie mit Hundlegin, Diensten und andern unbilligen Beschwerungen unangefochten bleiben. Doch, wann ein Hof oder Gut steur- und schatzbar wäre, sollen jedem Herrn, unter welchem sie gelegen, seine Rechte vorbehalten seyn. Und weil sie eine jährliche Gült bey Gr. Eitelfritzen von Zollern Erben und von der Stadt Sulz haben, sollen solche von beeden Herrn genossen und das den bemeldten Zollerischen Erben und Herrn von Geroltzeck versprochene Dienstgeld gemeinschafftlich bezahlt werden. Wie dann auch die Rechte und Fälle zu beyden Herrschafften und Schlössern Zollern und Sulz und hingegen auch die Kosten zu deren Unterhaltung gemeinschafftlich seyn sollen. Sie verabredeten sich nicht weniger den Neckarfluß zu öffnen und schiffbar zu machen, und sollen die Kaufleute für sich und ihre Waaren, welche die Neckar unterhalb Marpach auf- und absahren, ein gewisses Glaitgeld gen Brackenheim liefern. Den beederseitigen Unterthanen, Bürger und armen Leuten oder Bähren wurde dabey ein freyer Zug von eines der beeden Herren Theil unter den andern gegönnet und erlaubt sich in solche beederseitige Theile zu vermannen und zu verweiben aufferhalb, wann ein Herr eine gemeine Hülfe oder Schatzung ausgeschrieben hätte. In welchem Fall keiner den freyen Zug haben sollte, er habe dann zuvor seine Schatzung bezahlt.

L. f1.

Geschichte der Graven von Würtenberg,

§. 51.

Hingegen haben beede Graven unter sich getheilt ihre Lehenleute, wie solche in zweyen Registern beschrieben seyen, nur behielte sich Grav Ludwig die Mann- und Lehenschafften, welche zu Reichenweyher im Elsaß und zu der Herrschafft Horburg gehören, bevor. Beede vorgemeldte Register sind in den Reichsständischen Archival-Urkunden wider die sogenannte Reichs-Ritterschafft und in Hn. Steinhofers Würtenb. Chronik part. II. p. 831. zu finden, weßwegen ich solche hier einzuschalten für überflüßig erachtet. Doch wurde dabey verglichen, daß, wann noch mehrere Mann- und Lehenschafften entdeckt würden, solche zu demjenigen Theil gehören sollten, in welchem sie gelegen wären. Sollten sie aber ausserhalb ihrer Lande liegen, so wurde beliebet, solche unter sich zu vertheilen. Wann auch ein Herr und seine Erben Räthe oder Amtleut hätten, welche Lehen von dem andern hätten, so sollen sie dem Herrn, in dessen Dienste sie stehen, rathen und beyständig seyen ohne die Mann- oder Lehenschafft zu entgelten. Endlich vertrugen sie sich wegen der Spenden zu Stuttgardt zu den vier Fron-Fasten, daß solche jährlich gegeben und die Jahrzeiten gehalten werden, wie sie bisher gegeben und begangen worden. Nur solle damit ein Jahr um das andere abgewechselt und von Gr. Ulrichen der Anfang gemacht werden. Damit nun die Theilung unverbrüchlich gehalten werde, gelobten sie solches jeder besonders gegen ihrer Frau Muter Henrietten an Eydesstatt. Es suchte auch jeder der beeden Herren die Belehnung an dem Kayserlichen Hof, welche auch den 19. Julii erfolgte, indem die beede Graven sich selbst nach Franckfurt begaben und die Lehenseyd in Person dem Kayser ablegten, welcher damals in diser Reichsstadt dem berühmten Reichstage beywohnete.

§. 52.

So groß nun das Vertrauen der beeden Graven gegen ihre Frau Muter schiene, so wurde doch solches gleich nach der vorgenommenen Theilung unterbrochen. Die Herrschafft Wildberg und Bulach, wie auch die künftige Nachfolge in der Gravschafft Mömpelgard gab die Gelegenheit darzu. Ich habe schon berühret, daß die beede Graven die erstere im Jahr 1440. um 27000. fl. an sich erkauft haben. Die Einträglichkeit diser Herrschafft verleitete sie nicht zu deren Erkaufung, weil die Einkünfte davon sehr schlecht gewesen, sondern sie hatten, wie die Graven selbsten sich ausdruckten, immerzu schaden davon. Ihre Feinde konnten sich derselben zu Einfällen bedienen und darinn eine Sicherheit nach den gethanen Raubereien finden. Man mußte demnach immer in Sorgen seyn und mit grossen Kosten sich darwider setzen. Die Grävin Henrietta begehrte aber an ihre Söhne, daß man sie an disen Kauf stehen lassen sollte, dagegen sie wegen 16000.

Fünfter Abschnitt. 153

16000. fl. welche nach ihrem Tod ihrer Tochter, der Gräbin von Catzeneinbogen, bezahlt werden sollten, von derselben Gräbin Anna einen Verzüchtbrief verschaffen wollte. Sie versprach auch eine Versicherung zu geben, daß die Schlösser, Städte und Burgen der Herrschafft Wildberg und Bulach nicht wider die Gravschafft Würtemberg gebraucht werden sollte. Allein Grav Philipps, der Annä Gemahl, wollte sich zu keinem Verzücht entschliessen. Henriette besann sich auf einen andern Wieg, dise Herrschafft ihrer Tochter zuzuwenden, und versprach den Kaufschilling der 27000. fl. zu bezahlen und die Graven wegen der besorgenden Einfälle sicher zu stellen, wann man ihro dise Herrschafft eigenthumlich lassen wollte. Die Graven bewilligten solches, verlangten aber dabey, daß sie nicht aus Würtembergischen Händen kommen sollte. Die Gräbin willigte darein. Sie zahlte gleich das Angeld mit 3000. fl. und die Unterthanen zu Wildberg und Bulach huldigten derselben. Aber gleich nach der Theilung der Würtembergischen Lande begehrte sie an ihre Söhne, daß sie ihro die übrige 24000. fl. an dem Kaufschilling nachlassen und einen geschickten Schreiber zu Errichtung eines Testaments schicken sollten. Letzteres wurde ihr bewilligt. Sie vermachte aber die Herrschafft Wildberg und Bulach nebst Pruntrut, und allem, was sie in der Gravschafft Würtemberg hatte, ihrer Tochter. Weil nun dise mit den ihro in dem Vermählungsbrief versprochenen 16000. fl. zufrieden war, den Graven hingegen sehr unbillig zu seyn schiene, der 24000. fl. und der Herrschafft zu mangeln, so bezeugten sie ihre Unzufriedenheit und nähmen die Städte Wildberg und Bulach wieder ein. Sie stellten ihrer Frau Muter das Unrecht vor und bathen sie von dem Testament abzustehen, zumalen sie vielen Kosten und Schaden von ihr hätten, daran ihre Schwester nichts trage. Allein sie blieb auf ihrem weiblichen Eigensinn. Sie würdigte ihre Söhne zutheuerst keiner schrifftlichen Antwort, sondern sagte nur zu den Abgeordneten: Wann meine Söhne nit truckens haben wollen, so mögen sie das nasse nehmen. Die Graven besorgten, ihre Frau Muter möchte sich von Nürtingen weg und ausser Landes begeben, wo sie ihr Testament vollends ungehindert zu Stand bringen könnte. Sie glaubten demnach berechtigt zu seyn sich ihrer Person zu versichern, damit sie nicht hinweg komme. Dises geschahe am letzten Tag des Aprilen. Ihre Räthe suchten überall Hülfe und schrieben an Marggr. Wilhelm von Rötelen (p) sich der Henrietten anzunehmen und die Sache am Kayserlichen Hof anzubringen, weil diser Marggrav bey Käyser Friderichen in grossem Ansehen stunde. Es mischten sich aber der Heinrietten Befreundte darein, indem Ludwig und Wilhelm von Chalons und andere ihre Räthe nach Kircheim schickten, wo sich damals die beede Graven befanden,

ll

(p) Von disem ist nachzusehen in Herrn Schöpflins histor. Zaringo-Bad. part. I. pag. 398. und Herrn Sachsens Einleit. in die Bad. Geschichte. I. Theil p. 542.

fanden, welche den 13. Augusti 1442. die Sache dahin vermittelten, daß 1.) die Grävin zwar die Stadt Mömpelgard, Pruntrut, Stomont, Granges, Clerval und l'assavant ihr Lebenlang nutzen und niessen, hingegen 2.) nach ihrem Absterben selbige Schlösse, Städte und Güter den beeden Graven erblich zufallen und zu dessen Versicherung die Burgerschafften daselbst denselben huldigen sollen. 3.) Mit der fahrenden Haab und sonst erkauftem solle die Gräpin nach Belieben schalten: was sie aber in Schwaben habe und die Gräpin solches verkaufen wolte, sollen ihre Söhne das Vorrecht darzu haben. 4.) Die Landvögte, Burgvögte und andere Amtleute, sollen nicht gestatten, daß die vorgedachte Städte und Herrschafften veräussert oder mit Schulden beschweret werden. 5.) Ad pios usus sollen der Heinrietten 15000. fl. zu verschaffen frey stehen. 6.) Der zwischen der Gräpin und ihren Söhnen getroffene Kauf um die Städte Wildberg und Bulach wurde unkräftig erklärt und aufgehoben, mithin dise den Graven wieder eingeraumt, doch, daß die von ihrer Frau Muter dafür zum Angeld gegebene 3000. fl. wieder ersetzt werden. In Ansehung dises Ausspruchs liessen sich auch die Graven die Herrschafften, welche zur Gravschafft Mömpelgard gehörten, würklich huldigen und bestetigten am Samstag nach Allerheiligen der Stadt Pourrentruy und den 9. Mart. 1443. der Stadt Mömpelgard ihre Freyheiten (r).

§. 53.

Weil nunmehr das Land und Regierung getheilt worden, so sollte ich nun mit den Geschichten der gemeinschaftlichen Regierung ein Ende machen. Es ist aber noch etwas übrig zu berühren, welches zwar nach solcher Theilung ein Ende genommen, dennoch aber auf der Regierung beeder Graven sich beziehet. Dann es fieng ein gewisser Claß Schwarzschneider mit Bischoff Petern zu Augspurg Händel an, und brachte Josen und Conrad von Hornstein und Conrad Scharpen von Freudenberg dahin, daß sie disen Bischoff ebenmäßig befehdeten. Diser suchte Hülfe bey K. Friderichen und fand sie, indem er den beeden Graven befahl sich des Bischoffs anzunehmen. Es geschahe auch mit so gutem Erfolg, daß dise sich des denen von Hornstein zugehörigen Schlosses Schatzberg bemächtigten und dadurch dise Edelleute bewegten sich zum Ziel zu legen und sich mit dem Bischoff auszusöhnen, wobey ihnen versprochen wurde, daß Josen von Hornstein bemeldtes Schloß wieder eingegeben werden sollte. Der Kayser ließ hierauf einen Befehl an die Graven ergehen, daß sie die Vestung Schatzberg dem von Hornstein wieder eingeben sollten. Dises geschahe auch, doch daß die obgedachte beede von Hornstein, Conrad Schärp von Freudenstein und Claß Schwarzschnei-

(r) Siehe Actes, Pieces & Proces entre les Maisons de Wirtenberg & de Ryo &c. Tom. I. p. 630. & 617.

Fünfter Abschnitt. 155

schneider in ihrem und aller derjenigen Namen, welche Antheil an Schatzberg haben oder ihnen Beystand geleistet, einen Revers ausstellen mußten, den gemachten Frieden oder Richtung auch die Graven von Würtenberg, ihre Räthe, Diener und andere Zugewandten, wie auch alle diejenige, welche ihnen geholfen haben, geniessen zu lassen und sich gegen ihnen auf keine Weise zu rächen oder zu beunruhigen, noch andern solches zu thun gestatten. Dise Urphede mußten sie zugleich mit einem leiblichen Eyde bestetigen (s). So ist auch nachzuhohlen, daß gleich im Anfang des Jahres 1441. beede Graven dem neugestiffteten Stifft Oberhofen zu Göppingen die Kirche zu Mühlhausen am Neckar geschenkt und den 3. Junii desselben Jahres ihren bisherigen Hofmeister wegen seiner guten Dienste belohnten. Dann es waren demselben die Burg und das Dorf Zwifalten verpfändet oder auf einen Widerkauf verkauft. Nun aber überliessen sie ihm solche Burg und Dorf als ein rechtes ewiges Eigenthum, doch mit dem Vorbehalt, daß die Speten den Graven von Würtenberg in der Burg Zwifalten eine ewige Offnung für sie und die ihrige in allen ihren Nöthen und Geschäfften versprechen und eine Versicherung deßhalben ausstellen mußten.

§. 54.

So bald die Theilung der Lande geschehen ware, ereignete sich die günstige Gelegenheit, daß Gr. Ludwig seine Lande ansehnlich vermehren konnte. Dann es waren die Graven von Helfenstein und besonders Grav Hanns von dem Schuldenlast dergestalt gedrängt, daß er seine Stadt und Herrschafft Blaubeuren nebst den Schlössern Ruck, Gerhausen und Blauenstein und der Vogtey über das Closter Gr. Ludwigen zu feilem Kauf anerbothe und durch ihre beederseitige Räthe solchen Handel verabreden liesse. Weil aber Gr. Hannsen Sohn Conrad nicht einwilligen wollte, so zerschluge sich damals die gantze Sache. Hingegen erkauffte er von Burkarden von Nippenburg sein Hauß, Mayerhof und andere Gebäude zu Heimertingen nebst seinem Theil an der Badstuben, einen Achten Theil an dem Ungeld und ein Viertel am Dorf, Backhauß und Keltern mit allem, was im Dorf und Mark darzu gehörte, und alle seine eigene Leute zu Höfingen, Eltingen, Leonberg und Titzingen um 1400. fl. Ingleichem verkaufte Burkard Truchseß zu Höfingen an Gr. Ludwigen um 3400. fl. seinen Antheil am Ungeld, den Fronhof und alle seine Güter und Rechte zu Eningen und behielte sich nur die Burg, Burgwisen und die Leyhung der Pfründen in dasiger Pfarrkirche bevor. Und endlich gab Hermann von Sachsenheim mit seiner Ehegattin, Anna von Strubenhard, Hannß Truchseß von Stetten mit Agnesen von Strubenhard, und Schwartzfritz von Sachsenheim mit Netpurgen von Strubenhard

U 2 dem

(s) vid. Beyl. num. 67.

demselben alle ihre Theile und in den Dörfern und Weylern Schwan, Gräven-hausen, Eunweyler, Langenalb, Tobel, Tennach, Rubmerspach, Feldrennach, Pfinz, Ober-und Unter-Nibelspach und in der Neuenburg, wie auch einen Hof zu Sulzfeld, mit Vogteyen, Gerichten, Freveln, Diensten, Dehemen (t) und andern Rechten, wie sie solche von ihrem Schwager und Bruder Hannsen von Strubenhard ererbet haben, um 2500. fl. zu kaufen. Weil auch Gr. Eberhard der Milde im Jahr 1411. das Dorf Mönßheim im Leonberger Amt an den Abt und Convent zu Maulbronn um 3300. lb. Hlr. unter vorbehaltener Wiederlosung verkauft hatte, so lösete Gr. Ludwig dises Dorf sogleich wieder ein, obschon die Mönchen ungern darein williigten und sich die Hoffnung gemacht hatten, daß es in ihren Handen bleiben solte. Es meldet auch Herr Steinhofer, daß diser Grav von Georgen von Nippenburg den vierten Theil an der Stadt Bietigheim erkauft habe. Allein er macht disen Kauf zu groß, indem es nur ein Viertel an der Kelter gewesen, welches diser Grav von dem von Nippenburg erkauft hat. Wie auch der Wahrheit entgegen stehet, als ob die Graven von Würtenberg im Jahr 1442. angefangen hätten einen offenen Helm zu führen. Ich habe schon oben angemerket, daß Grav Eberhard der Jüngere im Jahr 1418. eine Vermehrung seines Wappens vorgenommen und nicht allein den offenen Helm, sondern auch die drey Federbüsche auf dem Jägerhorn und die Schildhalter eingeführet habe.

§. 55.

In dem folgenden Jahr 1443. gieng es nicht weniger gut, indem Gr. Ludwig von Adelheid Truchseßin von Höfingen, Georgen von Neuneck Wittib, den zehenden Theil um 700. fl. und von Hannsen von Stein seinen Theil an dem Städtlein Heimßen mit allen vogteylichen Rechten, Hohen und Nidern Gerichten 2c. um 2000. fl. erkaufte. Ingleichem brachte er von Conrad von Hornberg den halben Theil an der Vestin Hornberg, welche Herzog Reinold von Urslingen ingehabt, und ein Viertel an der Stadt selbigen Namens nebst den Thälern, Höfen, Leuten, Zinsen und Gütern und darzu seinen Theil an der Herrschaft Hornberg, nemlich den Sulzbach, und ein Viertel an dem neuen Thurn im Kinziger Thal mit allen Herrlichkeiten, Wildbännen, Vogteyen, geistlich und weltlichen Lehenschaften um 2300. fl. durch Kauf in seine Hände. Der Verkäufer mußte aber dabey sich verpflichten bey dem Römischen König es dahin zu bringen, daß Gr. Ludwigen dise Theile als Reichslehen geliehen werden, wegen des Eigenthums aber gnugsame Fertigung zu thun (u) und zu dessen Versicherung nicht nur

(t) Dehem ist das Recht Eicheln zu lesen und den Unterthanen um Geld zu gestatten. conf. Haltbauf. Gloss. Germ. pag. 221.
(u) Reichsstänb. Arch. Url. ad cauf. eq. Tom. I. p. 14.

Fünfter Abschnitt.

nur den Kauffschilling, sondern auch seine Vestin Schneburg und sein Dorf Ehringen zu verpfänden. Die noch übrige Helfte des Städtleins Hornberg gehörte noch dem bemeldten Herzog von Urslingen, dem letzten seines Geschlechts. Seine Schwester war an einen Herrn von Geroltzeck vermählet. Auf dessen Söhne Georgen und Heinrich fiele auch nachmals diser Theil an Hornberg, ungeacht derselbe von dem Reich zu Lehen rührte, zu einem klaren Beweiß, daß diejenige sehr irren, welche davor halten, daß die Reichslehen nicht auf die Weibspersonen und derselben Nachkommen vererbet werden könnten, sondern dem Reich heimfallen müßten. Herzog Reinold that auch seinen Vettern den Gefallen und starb bald nach disem Kauf, welche sodann im Jahr 1447. und 1448. solche ererbte Theile gleichmäßig an Gr. Ludwigen zu Würtemberg verkauften, solche dem K. Friderichen heimgaben und ihn bathen den Grafen damit zu belehnen. Nicht weniger verkaufte die Priorin und der Convent des Closters Kirchbach, welches nunmehro ganz eingegangen, indem es zu Anfang des vorigen Jahrhunderts ganz abgebronnen, das Dorf Häfner-Haßlach mit Vogteyen, Gerichten ꝛc. an Grav Ludwigen, welcher disem Convent behülflich war seinen vorigen Auffenthalt zu Frauenzimmern zu verlassen und dagegen seinen Sitz in das fast abgegangene Closter Kirchbach zu verlegen (u). Weil nun die Priorin Geld brauchte dises wiederum in Stand zu richten, so wurde sie gedrungen dises Dorf an den Graven zu überlassen, wozu auch Bischoff Bernhard zu Speyr seine Einwilligung ertheilte. Dise Veränderung des Closters gab aber auch Gelegenheit zu einem Tausch, indem Gr. Ludwig demselben seine Kirchen zu Pfaffenhofen, Botenheim und Ramspach, doch mit vorbehalt des Kirchensatzes überließ und hingegen einige Waldungen, Wisen und Aecker zu Frauenzimmern, Pfaffenhofen und Zabern empfieng. Er machte aber auch sich ansehnlich, indem er Jacob, Eberharden und Georgen die Truchsessen zu Waldpurg in seine Dienste nahm, wodurch er den Vortheil erhielte, daß dise ihm in allen ihren Schlossen das Oeffnungsrecht gestatteten.

§. 56.

Obwohl aber die Würtenbergische Lande und ihre Regierungen getheilt waren, so behielten sie doch noch ein gemeinschaftliches Absehen auf die Erhaltung ihrer Lande, und wurden auch noch von andern Fürsten und Ständen also behandlet. Als deßwegen Pfalzgr. Ludwig am Rhein mit den Reichsstädten Ulm, Eßlingen, Rotenburg auf der Tauber, Hall, Rotweil, Heylbronn, Gmünd, Dinkelspühl und anderen Schwäbischen Städten an Sanct Jörgentag ein Bündnuß

(u) Siehe Histor. Beschreib. des Herzogth. Würtenb. part. I. c. 22. §. 3. pag. 191. und part. II. cap. 25. §. 8. pag. 11. Besold. Doc. sacr. Virg. p. 424.

nuß errichtete, so wurde unter andern verabredet, daß, weil der Pfalzgrav sowohl, als die Reichsstädte mit beeden Graven Ludwig und Ulrich zu Würtenberg in einer Eynung stünden, kein Theil dem andern die verglichene Hülfe zu schicken verbunden seyn sollte, wann die Graven vorher derselben benöthigt wären und sie darum ersucht hätte (x). Weil nun die Graven mit etlichen andern Reichsstädten, nemlich Ulm, Nördlingen, Hall, Gmünd, Dünkelspül, Kaufbeuren, Donauwert, Kempten, Leutkirch, Giengen, Aalen und Vopfingen verbündet waren, einige aber, welche mit dem Pfalzgraven in einer Verbindung stunden, keinen Antheil daran hatten, so suchten selbige auch der beeden Graven Freundschaft zu erlangen. Sie nahmen demnach am Donnerstag vor Mariä Magdalenentag die Städte Eßlingen, Reutlingen, Heylbronn, Rotweil, Weyl und Wimpfen auch in solche Eynung auf, als, waun solche gleich anfangs darein begriffen gewesen wären, doch, daß solches Bündnuß mit disen nur noch ein Jahr währen sollte, weil selbiges mit den andern auch auf solche Zeit zu Ende gehen würde. Zu disem Ende stellten sie gegen den bemeldten Reichsstädten eine Verschreibung aus, daß sie auch bey dem Eyde, welchen sie jenen geschworen hätten, difes Bündnuß zu halten sich schuldig erkennten (y).

§. 57.

Gr. Ulrich liesse sich angelegen seyn seinen Lehenhof zu untersuchen und alles in seine Richtigkeit zu setzen. Er setzte demnach ein Lehengericht im October 1443. nider und nahm alle zwischen ihm und seinen Lehenleuten vorwaltende Unrichtigkeiten vor. Unter solchen wurden auch Berchtold von Sachsenheim und sein Sohn Hannß, nebst Balthasarn und Georgen vom Neuenhauß fürgeladen. Das Schloß Neuenhauß im Craichgau war der Herrschafft Würtenberg mit Lehenschafft verwandt und sie hatte auch das Recht der Oefnung darinn. Balthafars Vater aber hatte einige Theile difes Schlosses an Bertholden von Sachsenheim verpfändet ohne darzu die Bewilligung der Lehensherrn einzuhohlen. Die Ladung machte ihnen demnach bange, weil sie den Verlust des Lehens vor Augen sahen. Mithin bathen sie um Gnade und erbothen sich mit denjenigen zu handlen, welchen das Lehen versetzt ware, daß sie solches von dem Graven zu Lehen empfangen und die Oeffnung in der Burg eydlich versichern sollen. Difes demüthige Bezeugen bewegte Gr. Ulrichen, daß er dem Balthasar und Georgen vom Neuenhauß ihre Bitte gewährete und Berchtolden von Sachsenheim und seinen Sohn Hannsen mit solcher Helfte des Schlosses belehnete (z).

§. 58.

(x) Lunig Reichs Arch. part. spec. contin. 2. sect. I. n. 19. p. 19.
(y) vid. Bepl. num. 68.
(z) vid. Bepl. num. 69.

Fünfter Abschnitt.

§. 58.

Zu Anfang des Jahres 1444. starb die Grävin Heinriette zu Mömpelgard, nemlich den 15. Febr. und die beede Graven nahmen sogleich Besiz davon. Sie verglichen sich aber miteinander, daß Gr. Ludwig solche Gravschafft hinführo zu seinem Theil haben sollte, dagegen diser Gr. Ulrichen versprach 40000. fl. zu bezahlen (a). Es vermehrete sich auch sonsten Grav Ludwigs Theil in disem Jahr wiederum ansehnlich. Dann erstlich erkaufte er von Hannß Teufeln, einem Burger zu Reutlingen die Dörfer Sickenhausen, Altenburg, Rommelspach und Degerschlacht mit Vogteyen, Gerichten, Ehaften, Zehenden um 2800. fl. als ein freyes Eigenthum. Zu gleicher Zeit erkaufte er nicht allein von Heinzen und Wolffen den Schillingen ihren lehenbaren Hof, den Kirchensaz, den Zehenden und alle ihre Güter zu Böringen um 2000. fl. sondern auch von Berchtolden von Massenbach seinen Theil an dem Dorf Hemmingen. Conrad von Valkenstein überließ ferner an denselben die Vestin Unter-Valkenstein mit den halben Dörfern Flözlingen und Schwenningen und seinem Theil an der Vogtey über das Closter S. Georgen nebst dem Bann über das Blut zu richten. Zugleich übergab er ihm das Recht der Losung zu dem Städtlein Aichalden, Sulgen, Hinter-Sulgen, Lienberg, Schramberg, Göttelbach, Kürnbach, und zu dem Valkensteiner Thal, welche Güter an Elsen von Valkenstein, Brunnens von Kürneck Ehefrau um 1500. fl. verpfändet waren. Für alles bises versprach Gr. Ludwig dem Verkäufer jährlich 300. fl. Leibgeding zu bejahlen. Am beträchtlichsten aber war der Anwachs der Württenbergischen Lande durch die Erkaufung der beeden Herrschafften Lupfen und Karpfen. Dann es überliessen Rudolph von Freidingen und Stephan von Emershofen um 7152. fl. an gedachten Gr. Ludwig das Schloß und den Berg Karpfen mit seinem Begriff und Zugehörde, nemlich die Dörfer Hausen ob Fröna, Unter- und Ober-Albingen, den halben Kirchensaz zu gedachtem Hausen, die Gerechtigkeit und Gülten von dem Hof zu Günningen, den halben Zehenden zu Airheim, die Vogtey zu Tellingen bey Albingen und etliche Gülten daselbst, ferner Lupfen den Berg und das Burgstal mit seiner Zugehörde, den Weg-Zoll an dem Berg, und die Dörfer Talheim nebst der Clausen daselbst, Oetißhofen und Asp, Rietheim, Trossingen, Büsenheim und die Burg und Dorf Taimingen, welches jezo nach bäurischer Aussprache Tuoningen

---
(a) Hermannus Minorita vel potius ejus contin. ad ann. 1419. Præfata domina Henrietta obiit anno domini MCCCCXLIIII. Idus Februarii. Post Ludwicus comes fecit recompensam Ulrico fratri suo in quadam summa pecuniarum & retinuit Mumpelgart cum omnibus attinentiis. Hi duo præscripti fratres diviserunt etiam adhuc matre vivente patriam & reliquam substantiam & Ludwicus habuit residenciam in oppido Urach & Ulricus in Stutgarten.

ningen genennet wird, mit Steuren, Diensten, Vogtrechten, Gerichten und Zugehörden.

§. 19.

Inzwischen entstund ein blutiger Krieg mit den Eydgenossen oder Schweitzern, welche an die Stadt Zürch begehrten, daß sie ihr Bündnuß mit dem Hauß Oesterreich widerruffen und die Brief herausgeben sollten. Als dise solches verweigerte, kam es zu einem offentlichen Krieg und Kayser Friderich schickte Marggrav Wilhelm von Hachberg und Sausenberg der Stadt zu Hülf, welchem viele von Adel beystunden. Man suchte zwar das aufgegangene Feur zu dämpfen, aber die Erbitterung war so groß, daß es im Jahr 1444. in volle Flammen ausbrach (b). Die Stadt Zürch und der darinn befindliche Adel begehrten noch mehrere Hülfe von dem Hauß Oesterreich. Der Kayser scheuete die erforderliche Unkosten und schob dise Beschwerde den Reichsfürsten auf den Halß. Zu welchem Ende er dieselbe ermahnete ihm wider die Schweitzer beyzustehen, und dise liessen sich auch erbitten. Herzog Sigmund von Oesterreich, welchem die Vorder-Oesterreiche Lande gehörten, bath den König in Frankreich um Hülf, welcher sich ebenmäßig darzu bereitwillig erzeigte und seinen Sohn, den Dauphin, mit 30000. Mann, welche man insgemein Armigniaken oder armen Gecken nennte, gegen die Schweitzer schickte. Die Gravschafft Mömpelgard und das obere Elsaß mußte aber nicht allein vieles durch disen Zug leyden, indem seine Völker die grausamste Ausschweifungen begiengen, sondern auch die Stadt Mömpelgard selbsten belagerten, weil der Dauphin behauptete, daß er solche nöthig hätte (c). Grav Ludwig schickte sogleich seine Räthe dahin nemlich Gr. Sigmunden von Hohenberg, Simon von Stoffeln, Erharden von Neuenfelß und Wolfen von Neuhausen um disen Prinzen von seiner Gesinnung abzubringen. Es war aber derselbe nicht dahin zu bewegen, sondern die Graven mußten der Gewalt um so mehr weichen, als sie selbst wünscheten, daß der Prinz den Eydgenossen zu schaffen machen möchte, damit sie desto freyere Hände gegen die Schweitzer haben könnten. Derselbe versprach demnach zu Tampierre den 17. Aug. Grav Ludwigen die Vestung innerhalb 18. Monaten ohngeweigert wieder mit allem Vorrath an Geschüz,

(b) Siehe Herr Schöpflin Histor. Zar. Bad. T. I. pag. 402. Sachs Geschichte von Baaden. T. I. pag. 553. Würstesen Basler Histor. libr. V. c. 38. pag. 375. seq. Simler Regim. gemeiner Eydgenosischafft. lib. I. pag. 8.
(c) Schilters Anmerkung 17. zu Königshovens Elsaß. Chronik. p. 914. Naucler gen. 49. ad ann. 1444. pag. 282. Delphinus Ludovicus nomine venit per hos dies cum magno exercitu intra limites Imperii, oppidum Montispeligardi comitum de Wirtenberg obsidione cinxit, ibi cum aliquamdiu maneret, castellanus pactis ad certum tempus oppidum tradidit, quo lapso libere id restitueret. Herm. Minor. ad h. a. dissen Stelle Steinhofer anführet part. II. p. 861.

Fünfter Abschnitt. 161

schütz, Büchsen, Pfeilen, Pulver ꝛc. nebst dem übrigen Hausrath einzuraumen, jedermann unbeschädigt lassen und diejenige, welche abziehen wollten, mit Leib und Gut sicher zu geleiten, auch der Herrschafft Würtenberg Diener mit allen ihren Briefen, Kleinodien, Edelgesteinen, Silber und Gold hinweg führen zu lassen, alle übrige Würtenbergische Schlösser und Städte, wo sie auch liegen oder seyen, nicht zu beschädigen und das ganze Land mit Lagern verschonen. Als der Prinz in das Schloß kam, verwunderte er sich über desselben Festigkeit und daselbst gefundenen Vorrath und ließ sich vernehmen, daß der Commendant den Galgen zuerst verdienet hätte, weil er die ihm anvertraute Vestung so leicht übergeben hätte (d).

§. 60.

Die Reichsfürsten waren indessen auch mit ihren Völkern gegen Villingen aufgebrochen, wo sie im October sich versammleten und vor allen Dingen den Schweitzern Vehdebrief zuschickten. Grav Ludwig von Würtenberg und Gr. Ulrich kamen selbsten auch dahin. Jenes seine Helfer erzehlet Herr Steinhofer. Des letzteren aber und seiner Diener Feindsbrief ist unter den Beylagen zu sehen (e). Herzog Albrecht von Oesterreich kam eben dahin und bewegte die Reichsstädte ihm getreuen Beystand zu thun mit grossen Vertröstungen, wie solches der Kayser gegen ihnen mit Gnaden erkennen und eine stattliche Hülfe mit Volk und Geld zuschicken würde (f). Dise blieb aber aus und das Kriegsglück war ihnen nicht vortheilhaft. Sonderlich war dem Kayser und den Fürsten der Arminiaken Verfahren sehr verdrüßlich, weil sie anstatt eine Hülfe zu spüren nur die Reichslande durch sie verwüstet sehen mußten. Man hatte nunmehro nur zu gedenken, wie man dise Leute wieder vom Hals bringen möchte. Der Kayser hielt deßwegen einen Reichstag zu Nürnberg und es ward so gar ein Kriegszug wider den Frantzösischen Prinzen beschlossen, doch, daß man vorher in der Güte versuchen sollte ihn zu Verlassung des Reichsbodens zu bewegen. Herzog Albrechten von Oesterreich, Marggr. Albrechten von Brandenburg, Marggr. Jacoben von Baaden und Gr. Ulrichen von Würtenberg wurde aufgetragen, daß sie mit ihren Völkern in das Breyßgau ziehen und mit dem Dauphin eine Unterhandlung wegen solches Ruckmarschs antretten sollten. Auf der zwischen Breysach und Ensißheim liegenden Heyde geschahe die Abrede, daß zu Roßheim im Untern Elsaß Friede

X *gemacht*

(d) Naucler d. l. (e) vid. Beyl. num. 70. und 71.
(f) Herm. ad ann. 1444. Eodem tempore illustris princeps Albertus Dux Austriæ Frater Friderici Regis habuit lites cum Switensibus & aliis eorum complicibus videlicet de Berna, Lucerna, Basilea & aliis. Habuit ipse dux Austriæ in adjutorium litis Albertum Marchionem de Brandenburg, Jacobum Marchionem de Baaden, Ludovicum & Udalricum præfatos Comites de Wirtenberg.

gemacht werden sollte. Der Dauphin zoge sich indessen bis nach Mömpelgard zuruck und ließ die zur Unterhandlung abgeordnete Fürsten zu Straßburg vergeblich warten, bis endlich durch Vermittlung des Churfürsten von Trier eine andere Zusamenkunft zu Trier veranlasset und daselbst verglichen wurde, daß der Dauphin seine Völker auf den 20. Martii 1445. aus Teutschland abführen und hingegen die deutsche Fürsten für den von ihm und seinen Leuten zugefügten Schaden keine Anspruch an ihn oder die Cron Frankreich machen sollten (g). Die Baseler und ihre Eydgenossen aber machten disen Abzug beschwerlich. Der Herzog von Burgund ließ die Arminiaken ebenmäßig verfolgen. Sie setzten sich bey Mömpelgard und der Dauphin unterstunde sich eine geraume Zeit nicht das Schloß daselbst zu verlassen (h). Nachdem er 18. Monate sich hier aufgehalten und durch seinen Feldherrn d' Armignac indessen den Krieg führen lassen, übergab er endlich dises Schloß seinem rechtmäßigen Herrn wieder zuruck (i).

§. 61.

Nun war der Kayser und das Reich zwar eines Feindes loß; als aber die Schweitzer erfuhren, daß der Kayser selbst denselben ihnen über den Hals gezogen, suchten sie sich zu rächen und belagerten die Oesterreichische Stadt Rheinfelden. Sie waren nicht weniger über den Adel erbittert. Man sahe demnach einem neuen Krieg entgegen und die Gefahr wegen der Arminiaken war noch im Anfang des Jahres 1445. vor Augen. Solchemnach machte Gr. Ulrich zu Würtenberg mit Churfürst Dietrichen von Maynz, Pfalzgraven Otto, Pfalzgr. Ludwigen, Marggr. Hannsen und Albrechten Gebrüdern von Brandenburg und Marggrav Jacoben von Baaden ein Bündnuß. Dise Fürsten erwehneten gleich im Anfang, daß sie in Ansehung der manigfaltigen fremden und schweren Läufe, welche sich allenthalben um ihre Lande erhuben, und zu Schutz und Schirm der edlen, strengen und vesten Graven, Herrn, Ritter und Knechte, welche in ihren Landen und Gebieten seßhaft oder ihnen zu versprechen wären, und in Gefahr stünden grosse Bedrängnuß und Schaden zu erleyden, sich auf zehen Jahre miteinander vereynet hätten unter nachstehenden Bedingungen, daß 1.) sie solche Zeit

aus

(g) Schilter ad Königshofen Els. Chron. Anmerk. 17. p. 937. & 1007. Schœpflin Hi. stor. Zar. Bad. Tom. II. lib. IV. cap. 2. §. 6. p. 136.
(h) Wurstisen Baseler Chronik. lib. V. c. 40. p. 386.
(i) Herm. Minor. ad ann. 1444. Et ipse Delphinus moram traxit in Mompelgart annum & dimidium. Marius Chron. Germ. lib. 28. p. 290. His nunciis (sc. Basiliensibus & Regis Romanorum) & clade accepta ab Helvetiis inductus Delphinus reduxit, unde venerat, copias. Montispeligardi arcem & oppidum bona fide reddidit. Nam advenienti certis quibusdam conditionibus tradita illi erant ad tempus certum, usui enim maximo esse poterat illi gerenti bellum in Germania.

Fünfter Abſchnitt.

aus es getreulich miteinander meynen und keiner gegen den andern zu Unwillen, Fehde oder Feindſchafft kommen wollen. Wann ſich aber 3) etwas begäbe, daß ein Theil gegen dem andern Forderung zu machen hätte und ſolches nicht gütlich beygelegt werden könnte, ſo ſollte derjenige, welcher die Anſprache gethan hätte, aus des andern Theils Räthen einen Gemeinen und jeder Theil noch zween Freunde ernennen, welche inner drey Tagen und ſechs Wochen die Strittigkeit möglichſt entſcheiden und beede Theile ſolchem Ausſpruch ohne Gewerde nachgehen ſollen. 3.) Wurde abgeredt, wie es gehalten werden ſolle, wann ein Herr mit des andern Räthen, Dienern oder andern, welche er zu verſprechen habe und nicht in ſeinen Gerichten ſitzen, zu Mißhelligkeiten käme, oder ihre Räthe, Diener und andere um Lehen, Erb und Eigen oder ſonſten gegeneinander zu ſprechen hätten. 4.) Solle kein Herr ohne des andern Wiſſen und Willen Krieg oder Feindſchaft anfangen, wo aber 5.) ſolcher nöthig von ihnen erkannt würde, ſoll einer dem andern eine Anzahl reyſigen Gezeugs und Fußvolk ſchicken, ſo viel nöthig erachtet werde, oder auch mit aller ihrer Macht zu Hülf kommen. 6.) Käme es zu einem Austrag und es wollte ein Theil zu hart ſeyn und ſich nicht darzu bequemen, ſo ſollten ihm die andere keine Hülfe mehr zu thun ſchuldig ſeyn. Endlich 7.) wurde verabredet, wie es mit andern Beleydigungen, mit eroberten Schlöſſern oder Gefangenen gehalten werden ſolle. Diſes Bündnuß wurde den 2. Jenner 1445. errichtet und bald darauf, nemlich den 31. Januarii zu Dillingen auch Herzog Albrecht von Oeſterreich darein aufgenommen.

§. 62.

Die Ritterſchafft in Hegow war zwar damals ſchon mit den beeden Graven von Würtenberg in einem Bündnuß. Nichts deſtoweniger verurſachte der unglückliche Fortgang des Krieges mit den Schweitzern beede Theile ein engeres Bündnuß einzugehen. Burkart von Honburg Ritter und Hauptmann der gemeinen Geſellſchafft mit S. Georgen-Schild der Vereynung im Hegau kam zu dem Ende nach Tübingen, wo am Palmabend (den 20. Martii) derſelbe im Namen der Geſellſchafft verſprach, daß, weil die beede Graven der Schweitzer und ihrer Eydgenoſſen Feinde und des Hauſes Oeſterreich Helfer worden, ſie aber beſondern guten Willen bey ihnen bisher verſpürt hätten, ſie denſelben wider diſe ihre Feinde ſowohl im Krieg, als auch andern Sachen, welche deßwegen entſtehen würden, beyſtehen wollten. Wann demnach die beede Graven oder einer derſelben von den Schweitzern und ihren Eydgenoſſen einen Angriff zu beſorgen hätten oder diſe ihre Schlöſſer beldgern, nöthigen oder beſchädigen würden, ſo verband ſich die Geſellſchafft ohne Verzug, ſo bald man ſie darum erſuchte, mit aller Macht auf der Herrſchafft Würtenberg Koſten und der Ritterſchafft Schaden zu Hülf zu kommen. Wann aber den Graven nothwendig deuchte etwas wider ihre Feinde mit täglichem Krieg, Belagerung oder sonsten vorzunehmen, so sollten sie ihnen solches zuwissen thun, da sie dann vier aus ihrem Mittel gen Urach schicken wollten, und die Graven auch drey von ihren Räthen darzu abordnen könnten um zu verabreden, wie starck die Hülfe zu täglichem Kriege oder Belagerung oder sonsten seyn sollte. Wann hingegen die Graven wegen Sachen Hülfe begehren würden, welche des Kriegshalb entstanden wären, und die Gesellschafft meynte, daß sie von dem Krieg herrühreten, so soll dise Sache von obgedachten sieben Personen geleutert und ihrem Ausspruch getreulich nachgelebet werden. Endlich versprach die Gesellschafft, daß alle diejenige, welche jetzo darinnen sind oder darein kommen, keine Aussöhnung annehmen und, wann sie auch schon nicht mehr darinn wären, dennoch zur Hülfe verbunden seyen, bis der Krieg ein Ende habe.

§. 63.

Nachdem aber Grav Ulrichs Gemahlin Margreth, eine Prinzeßin von Cleve zu End des Maji 1444. in die Ewigkeit eingegangen ware, säumte er sich nicht lange, sondern ließ sich schon den 9. Sept. desselben Jahres wieder in ein Ehverlöbnuß ein mit Elisabethen, Herzog Heinrichs in Bayern Tochter (k). Das Beylager aber wurde erst im Hornung des folgenden Jahres gehalten. Grav Ludwig hingegen unterließ nicht seine Lande zu vermehren. Er tauschte nemlich in disem Jahr 1445. von Agnes von Melchingen, Heinrich Pfetern Wittib und ihrem Tochtermann Erasmus Vogten von Veringen die Burg Pfeln bey Urach und den darunter gelegenen Weyler gleichen Namens ein und gab ihro dagegen etliche Gütten aus Höfen zu Benzingen. Ferner erkaufte er von Bernhard Haugen den Burgstall Waldau und den darzu gehörigen Hof, wie auch die Dörfer und Weyler Buchenberg mit dem Gericht daselbst, Martiswepler, Broghem, und die Weyler bey Zell zu seinem halben Theil, Peterzell und einige Höfe und leibeigne Leute daselbst und zu Ursprung, um 150. Pf. Hlr. baar Geld und 61. Pf. 11. ß. jährlichs Leibgedings. Gr. Ulrich aber erkaufte von Caspar von Güttlingen und Barbara von Calheim alle ihre Güter und Theile an Leuten, Schäfereyen, Vogteyen und Gerichten des Dorfes Güttlingen um 2022. fl. Diser Grav hatte ein Aug auf die Graffschafft Hohenberg geworfen. Sie gehörte damals

---

(k) Herm. Minor. ad ann. 1444. Postea anno Domini MCCCCXLIV. XIII. Cal. Junii obiit praefata domina Margaretha. Post cujus obitum Anno Domini MCCCCXLV. praefatus dominus Ulricus comes de Wirtenberg celebravit nuptias in oppido Stutgarten cum illustri domina Elizabeth filia illustris principis ac Domini Heinrici comitis Palatini de reno nec non superioris & inferioris Bavariæ feria secunda post dominicam Esto mihi, quæ peperit ei duos filios Eberhardum & Heinricum & duas filias.

Fünfter Abschnitt.

mals schon dem Hauß Oesterreich, welches dieselbe an die Reichsstädte Ulm, Reutlingen, Ueberlingen, Lindau, Ravenspurg, Biberach, Gmünd, Memmingen, Aalen, Giengen, Buchorn, Kempten, Kaufbeuren, Pfullendorf, Isny, Wangen, Leutkirch, Dinkelspül und Bopfingen verpfändet hatte. Grav Ulrich war auf dem Reichstag zu Nürnberg bey dem Kayser, welchem er 10000. fl. vorstreckte und dafür die schrifftliche Versicherung bekam, daß, wann er oder seine Brüder Hertzog Sigmund und Albrecht solch Geld innerhalb Jahresfrist nicht heimbezahlten, der Grav die Lösung darzu haben solte, doch, daß solcher Hertzog Albrechten alsdann noch 16000. fl. bezahlen und einen Revers von sich geben müßte, gegen Erstattung solches Gelds dem Hauß Oesterreich nach dessen Belieben die Auslösung zu gestatten. So bald Gr. Ludwig davon Nachricht bekam, wolte er auch Antheil daran haben. Er erbothe sich sogleich 5000. fl. daran zu bezahlen. Und Gr. Ulrich verglich sich mit ihm am Montag nach Lätare 1445. daß sie solche Pfandschafft für sich und ihre Erben gemeinschafftlich haben wolten. Wann ihnen auch Eintrag, Irrung oder Widerwertigkeit begegnete, so versprachen sie einander getreulich zu helfen und auf ihren gemeinschafftlichen Kosten und Schaden einander nicht zu verlassen.

§. 64.

Um eben dise Zeit schickte ein Herr von Chalons seinen Gesandten an Grav Ludwigen, seinen Vetter. Diser hatte eber keine grosse Suite, sondern nur einen einzigen Bedienten bey sich. Als er zwischen Horb am Neckar und Rotenburg bey dem Schloß Weitenburg vorbey reyste, wurde er von zween Knechten Hansen Pfusers von Norstetten angefallen und ihm sein Geld abgenommen. Der Pfuser als Besitzer des Schlosses war eben nicht zu Hauß, sondern denen von Gerolteck wider die Edle von Falkenstein zu Hülf gekommen. Als Gr. Ludwig solches erfuhr, begehrte er, daß man nicht allein die Gefangene loßlassen, sondern ihm auch die Räuber als einem Reichsgraven nach Tübingen liefern solte. Das erstere geschahe, aber das andere wurde ihm abgeschlagen. Weßwegen der Grav sich mit Macht Genugthuung verschaffen wolte. Er ruckte also vor das Schloß und fand keinen andern Widerstand, als daß man das Thor vor ihm zuschloß. Nachdem dises mit Aexten gröffnet wurde, so ließ er des Pfusers Ehefrau, Dorotheen von Stetten, und ihre Kinder aus dem Schloß führen in der Absicht solches als ein Raubschloß zu zerstören, und den einen Knecht ließ er nach Tübingen führen und daselbst als einen Strassenräuber enthaupten. Die Pfuserin flohe nach Pforzheim zu Marggrav Jacoben von Baaden um bey ihm Hülfe zu suchen, weil ihr Ehemann in dessen Diensten stunde und sie selbsten seine Burgerin wäre. Der Marggrav nahm sich auch ihrer an und schickte Wilhelmen von Remchingen und Paul Lutram zu dem Graven um die Unschuld des Pfusers und seiner Ehegattin vorzustellen und die Ruckgabe des Schlosses zu bewürken. Grav Ludwig bewilligte alles und schrieb nicht allein an den Marggraven, daß solche Ruckgabe auf den Fronleichnamstag unfehlbar geschehen sollte, doch unter der Bedingung, daß solche Räubereyen nimmer aus dem Schloß Weitemburg geschehen und weder der Pfuser, noch andere um seinetwillen solche Geschichte rächen sollten. Der Pfuser schwurete auch würklich dem Marggraven eine Urphede. Aber sein Weib wollte nicht zufrieden seyn und gab vor, daß ihro bey der Einnahme des Schlosses vieles entwendet worden, welches sie auch verlangte. Dises hielte die Ruckgabe auf und dem Pfuser wurde von seinem Weib der Kopf toll gemacht, daß er sich auch nicht mehr an die Urphede gebunden erachtete. Es kam zu einem Schrifftwechsel und endlich zur Vehde, welche erst nach Verfluß zwey Jahren am Sonntag Cantate 1447. zu Tübingen beygelegt wurde, indem Conrad von Wyttingen ein Ritter, Wolf von Bubenhofen, Ruf von Ehingen, Hanß von Nippenburg und Heinrich von Gültlingen als Austräge die Sache verglichen, daß kein Theil dem andern wegen diser Sache und Spänne einige Forderung oder Ansprache mehr machen, sondern alle Zweyung und alles, was sich wegen Weitenburg ereignet, geschlichtet und aufgehoben seyn solle. Nichts destoweniger befehdete Hannß Pfuser der jüngere, nach seiner Eltern Tod Gr. Eberharden, welcher aber vor den Schiedsrichtern im Jahr 1463. von allen Pfuserischen Anforderungen entbunden, ja als der Pfuser sich noch nicht zufrieden geben wollte, derselbe zur Strafe 4. Jahr lang des Graven Diener zu seyn angehalten worden.

§. 65.

War aber der Anfang dises Jahres 1445. Grav Ulrichen wegen seiner zweyten Vermählung beglückt, so war das Ende desselben Gr. Ludwigen und allen Würtenbergischen Landen erfreulich. Dann es wurde den 11ten Decembris von Grävin Mechtilden Gr. Eberhard der ältere gebohren (1). Die Göttliche Vorsicht schenkte disen Herrn, welcher durch seinen vortrefflichen Verstand und kluge Regierung sich den Verdienst erworben, daß die Gravschafft Würtenberg zu einem Herzogthum erhoben worden. Es beruhete damals die Hoffnung Würtenbergs auf den beeden Eberharden, welche zwar gleichen Namen, aber ungleiche Gesinnungen führten. Wie unglücklich des Jüngern Regierung gewesen, ist bekandt. Würde der ältere nicht bey dem vortrefflichen Kayser Maximilian sich beliebt gemacht und durch seine vortreffliche Verwendungen den Grund zu der Herrn und des Landes Besten gelegt haben, so stehet dahin, ob das Gräfliche Haus Wür-

(1) Die Taufceremonien sind zu lesen bey Crusio Annal. P. 3. lib. 7. c. 5. und in Steinhofers Chronik. part. II. p. 87½. ad ann. 1445.

Fünffter Abschnitt.

Würtenberg bey den Gesinnungen der folgenden Kayser jemals mehr zu der Hertzoglichen Würde gelangt wäre. Es war zwar Grav Ludwig der Jüngere auch vorhanden, allein seine kränkliche Leibesbeschaffenheit gab wenige Hoffnung zu einem langen Leben und noch weniger zu einer Erbfolge. Die fallende Sucht oder Gicht plagte ihn schon in seiner zarten Kindheit. Es wurde ihm von den Geistlichen und von den Aertzten ein Gelübde angerathen, welches ich um die Einsicht der damaligen Zeiten in ihrer Grösse verzulegen hier beysetze.

Nota diß sind die Gelübde, die von des Hochgebornen miins gnedigen Herrn wegen verhaisen sind.

Item zu dem ersten sol er sin Leptag ein Brieflin an seinem Halß tragen, daran geschrieben also: O Valentine destructor mangne ruine, per te fugatur epilevs (epilepsis) atque domatur.

Item sin Gnad sol sin Lebtag alle Jahr S. Valentins und sant Vits Aubent vasten zu Wasser vnd zu Brot vnd die tag baid syren als den hailigen Christtag. Und uff die baid tag gesüngen Empter vor Jn haissen singen vnd die hören, darzu meß frumen vnd opfern mit minder, denn mit Pfenningen, oder was sin Gnad Gott hermant.

Item sin Gnad sol auch jerlich Sant Valentin vnd vnd Sant Apollunius Ein Opfer gen Ruffach bringen oder bey sine aigen botten schicken, Ju wölichem Gelt sin Gnad woll es sy von Silber oder Gold oder ain lebend Opfer, als denn sin Gnad sy, doch nit under ein Gulden. Vnd sant Ludwigen ain Gulden och jarlich sin Leptag oder so vil Wachs vnd ein Hun geben.

Item vnd wenn sin Gnad zu sinen tagen kompt, so sol sich sin Gnad mit sin selbs lib gen Rufach dem lieben Herren Sant Valentin antwurten vnd Im ain Bild mit Im bringen, das X. Guldin wol wert sy, von welcherlay sin Gnad will.

Item ob es sich schickt, das sin Gnad die obgenanten Tag oder Aubend nicht begeen mocht, als vorgeschrieben stet, so sol er es uff ander thun, so er erst mag vnd das nit under laufen.

Item sin Gnad sol auch vnser lieben frowen gen Ypfingen sin Leptag all Jar ein opfer bringen oder schicken, alsdenn sin Gnad ist.

Item sin Gnad sol auch diewil er lebe all Fritag Meß hören vnd uff den Tag darzu Meß frumen (veranstalten, daß eine Meß gehalten werde) vnd opfern mit Pfenningen.

Item sin Gnad sol ouch sin Lebtag dehainerlay Zöpter essen, hat man euch verhaisen.

Item et wie vil ser warend verhaisen, hat sin Gnad geton.

Item

Item all maister vnd ander die denn von den sachen wissen, rauten Insunderhait sin Gnad In guttem mut vnd frölich halten, wa man mag, daß sy fast gut, dann Zorn vnd vnmut In zu den sachen beweg.

Item sant Alexandern alle Jar ein Gulden opfern gen Marpach ist dem Keller von Asperg empfolhen.

Gr. Ulrich hatte mit seiner erstern Gemahlin nur eine Tochter Catharina erzeuget, welche den 7. Dec. 1441. gebohren ward und den 18. Junii 1497. als Aebtißin zu Laufen das Zeitliche verließ. Dagegen seine zweyte Gemahlin ihm zween junge Graven Eberharden den jüngern und Heinrichen gebahr, welcher letztere das Glück hatte ein Stammvater des Herzoglichen Hauses Würtenberg zu werden.

§. 66.

Es ware also das Jahr 1445. der damaligen Gravschafft Würtenberg so bedenklich, als erfreulich, wann man eine Ruckficht auf dessen Regenten nimmt, dahingegen selbiges in Ansehung des Kriegs mit den Schweizern sehr unglücklich war. Herzog Albrecht von Oesterreich war disen Feinden zu schwach und der Kayser hatte viel versprochen, aber nichts gehalten. Die übrige Bundesgenossen aber vermeynten, daß sie keine Hülfe zu thun schuldig wären. Es fiel demnach der ganze Last dises Kriegs auf Marggr. Jacob von Baaden und die beede Graven von Würtenberg, welche denselben fast allein führten und, weil sie zu schwach waren, grossen Schaden erlitten. Zu Anfang des Jahres 1446. schickten die beede Herzoge Albrecht und Sigmund von Oesterreich, und die Gesellschafft im Hegau ihre Gesandten nach Tübingen, Marggr. Jacob und Gr. Ulrich kamen in Person dahin um sich mit Gr. Ludwigen zu verabreden, wie der Feldzug wider die Schweizer und ihre Eydgenossen in diser Campagne veranstaltet werden sollte. Vor allem aber schickten der Marggrav und die beede Graven von Würtenberg Kayser Friderichen den 10. Merzen ein Beschwerungsschreiben zu, worinn sie vorstellten, daß, wann sie gewußt hätten, daß er ihnen die versprochene Hülfe nicht halten würde, sie sich wider dise Feinde in keinen Krieg eingelassen hätten, indem sie wohl wüßten, wie groß derselben Macht, und hingegen ihnen allein solche aufzubürden unbillig, oder zu tragen unmöglich wäre. Sie bäthen also um schleunige Hülfe, bey deren fernerm Ausbleiben ein unwiderbringlicher Schade sowohl dem Kayser selbsten, als auch ihnen nothwendig erfolgen müßte (m). Bey der Beratschlagung aber wurde eine Kriegsmacht von 3000. Pferden und 16000. Mann Fußvolck zu einem hinlänglichen Widerstand erfordert. Man machte 1.) ein Anschlag vermöge dessen der Kayser 1000. Pferde, Herzog Albrecht

(m) vid. Erpl. num. 72.

Fünfter Abschnitt. 169

brecht auch 1000. Herzog Sigmund 500. Marggr. Albrecht von Brandeburg 1500. Marggr. Jacob von Baaden 3000. Gr. Ludwig von Würtenberg 600. Gr. Ulrich auch 600. der Erzbischoff zu Maynz 400. Chur Trier 200. Pfalzgr. Ludwig 400. Herzog Wilhelm zu Sachsen 200. Herzog Heinrich von Bayern 300. Herzog Ott von Bayern 100. Herzog Stephan von Bayern und sein Sohn Herzog Friderich 100. Herzog Albrecht von Bayern 200. der Landgr. zu Hessen 200. Erzbischoff von Salzburg 400. Erzbischoff von Maydburg 200. Bischoff von Passau 100. Würzburg 50. Bamberg 30. die Gesellschafft im Hegau 200. und die an der Donau 100. Pferde und mithin zusamen 9430. Reuter schicken sollten. Der Anschlag des Fußvolks wurde so gemacht, daß Herzog Albrecht an Fußknechten zum wenigsten mitbringen solle 5000

Herzog Sigmund mit den Etschern und den meisten Theil Büchsenschützen.	1500
Marggr. Jacob von Baaden	1500
Gr. Ludwig zu Würtenberg	1500
Gr. Ulrich zu Würtenberg	1500
Der Bischoff von Costanz	500
Der Bischoff von Augspurg	400
Die Gesellschafft im Hegau	2000
Die Gesellschafft an der Donau	1000
Gr. Egon und Heinrich von Fürstenberg	400
Grav von Zollern	100
Grav von Werdenberg	100
Die von Zimmern	100
Die Schenken von Limpurg	50
Die von Gundelfingen	40

Welches Fußvolk mit Harnaschen, Handbüchsen, Armbrüsten, Hellebarten, Mordäxten und Spiessen, auch die Büchsen- und Armbrustschützen auch mit anderen Wehren versehen seyn, damit, wann sie abgeschossen hätten, sie nicht ohne Wehr seyen.

2.) Wurde verabredet, denen von Freyburg im Uchtland zu schreiben, daß sie zugleich an ihrem Ort mit ihren Leuten und Anhängern auf die gesetzte Zeit gegen die Feinde anrucken, damit diese auf allen Seiten angegriffen werden.

3.) Das ganze Fußvolk solle einen Obersten Hauptmann, darnach 1000. Mann wieder einen, und 100. Mann einen und 10. Mann einen Hauptmann haben.

4.) Jeder Fürst und Herr soll 10. Karren, Büchsen und Büchsenmeister, Pulver und Stein, wie auch jeglicher 6000. Pfeil und die nöthige Feuerpfeil mit sich bringen. 5.) Sol-

5.) Sollen die Fürsten, was sie zur Kost für ihre Leute nöthig zu seyn erachten, gen Zürch führen lassen, damit zwischen Ostern und Pfingsten der ganze Vorrath vorhanden seye. Wie auch ein offner Markt angeordnet und die Zufuhr wohl bedeckt werden solle, damit man genug Korn und Habern zu Mußmehl, Fleisch und Salz haben und die frembde Fürsten, Herrn, Ritter und Knechte um ihr Geld etwas kaufen können.

6.) Solle an die im Torgow, Hegau, Kleggau und an die Städte am Rhein geworben werden, daß sie sich mit gnugsamer Kost versehen und die durchreysende Kriegsleute gnugsame Kost haben. Und endlich

7.) soll der ganze Zeug auf Samstag nach Johannis des Täufers Tag (den 25. Junii) zu Stein am Rhein, Dießenhofen und Eglisau sich versammlen und daselbst die weitere Expedition abgeredt werden.

§. 67.

Die beede Graven von Würtenberg liessen zugleich denen Herrn, Ritter und Knechten, welche ebenfalls nach Tübingen gekommen waren, vortragen, wie die gemeine Rede seye, daß die Eydgenossen einen merklichen Zug in das Reich thun wollten. Wann nun dises geschehe, so würde der Adel vertilget werden. Sie Graven seyen in Schwaben hergekommen und jederzeit auf die Erhaltung des Adels aufmerksam gewesen. Zu disem Ende hätten sie alle ihre Räthe, Diener und Landsassen beschrieben und Hülfe von ihnen begehrt. Wofern nun die Eydgenossen etwas gegen den Adel vornehmen wollten, so wären die Graven erböthig all ihr Vermögen Leibs und Guts zuzusetzen in der Hoffnung, daß, wofern sie, oder ihre Räthe, Diener und Zugewandten von ihren Feinden beschädiget würden, welches sie doch mit Recht oder Glimpf nicht thun könnten, die Herrn, Ritter und Knechte zu erkennen geben sollten, wessen sie sich zu ihnen versehen dörften und auf geschehene Mahnung gleichfalls zu Hülf kommen würden, indem sie erbiethig seyen, ihr jeglichen in gebührlicher Kost mit Futter und Mahl zu halten, doch daß es auf eines jeglichen Schaden geschehe. Dann sonsten stehe es in ihrem Vermögen nicht die Sache auszuhalten. Die Antwort darauf war nach Wunsch und auf dem Papir alles wohl bestellt. Der Krieg bekam aber ein Ende, indem Pfalzgrav Ludwig den Vorschlag einer Friedenshandlung zu Costanz veranlassete, wo er selbsten mit einem prächtigen Gefolge ankam. Von seiten der Fürsten schickten der Churfürst zu Maynz und Bischoff zu Basel ihre Gesandten, Marggr. Jacob von Baaden und Grav Ulrich kamen selbst und brachten der Städte Straßburg, Nürnberg, Augspurg und Ulm Abgeordnete mit sich. So schwer es anfänglich hielt, so ward doch am Donnerstag nach Pfingsten der Friede zwischen dem Hauß Oesterreich dergestalt geschlossen, daß die Eydgenossen die dem Hauß

Fünfter Abschnitt.

Oesterreich und andern Herrschafften abgedrungene Vestungen wieder zurück geben sollten, aber die 25. zerstörte nicht zu verbessern schuldig seyen. Wegen der übrigen Ansprachen, welche Oesterreich und die Eydgenossen gegeneinander hätten, sollten friedliche Austräge oder Anläß zum Rechten gesetzt werden, welches sie sich auch in Ansehung der Stadt Zürch gefallen liessen (n).

§. 68.

Ein anderes Uebel plagte aber, da dise Schweitzerische Händel vorbey waren, fast gantz Deutschland, nemlich die ungezähmte Räuberenen und Befehdungen, daß niemand bey dem seinigen sicher seyn konnte. Disem Uebel zu steuren, machten Churf. Dieterich von Maynz, Pfaltzgr. Otto und Ludwig, die Marggraven Hannß und Albrecht von Brandenburg, Hertzog Albrecht von Oesterreich, Margger. Jacob von Baaden und Gr. Ludwig zu Würtenberg den 6. Julii 1446. zu Schorndorf ein Bündnuß miteinander, daß sie 1.) ihren Amtleuten und andern, deren sie mächtig seyen, bey ihren Eyden und Pflichten befehlen wollten, daß, wann jemand, wer der auch wäre, in ihren Landen, Gelayten und Gebieten einigen Raub begienge oder Zugriff thäte (d. i. sich selbst unerlaubter Weise rächen oder Recht verschaffen wollte) sie solchen eylends auf frischer That verfolgen und der andern Herrn Amtleute gleichmäßig mit gemeinem Geschrey nachziehen, die Thäter mit dem Raub beyfahen und verhaften, auch in ihren Gerichten dem beleydigten schleunige Hülfe verschaffen sollen. 2.) Wann der Angriff um verbriefte Schulden geschähe, soll jedem Theil sein Recht vorbehalten seyn. 3.) Wann jemand mit dem Raub in eines der verbündeten Herrn oder eines andern Schloß fliehet und der Herr, in dessen Land der Zugriff geschehen, vor dasselbe ziehen und es belagern wollte, soll er solches den andern innerhalb 14. Tagen verkünden, welche dann ihre Räthe gen Schorndorf zu schicken verbunden seyen um sich zu vergleichen, wie und mit welcher Hülfe und Macht zu der Sache gethan werden soll, welchem sie auch getreulich nachzukommen versprachen. 4.) Was Städte oder Schlösser ausserhalb der vereinigten Herren Landen von ihnen gewonnen würden, damit soll es nach aller oder der mehrern Willen, welche darzu geholfen haben, gehalten werden. 5.) Wann sie hingegen Städte oder Schlösser eroberten, welche in eines der verbündeten Herrn Gebiet gelegen wäre, und derselbe solche

---

(n) Wurstisen Basler Chronik. lib. V. c. 44. p. 404. Fugger Oesterreichische Ehrenspiegel lib. V. c. 5. Noo Oesterr. Chronik. lib. V. p. 814. Cruf. Annal. Part. III. lib. 7. c. 6. Einige schreiben, daß anno 1448. diser Friede gemacht worden und Simler vom Regim. der Eydgenossen. lib. I. p. 80. b. meldet, daß erst anno 1450. ein steter Friede gemacht worden. So viel ist aber gewiß, daß im Jahr 1446. ein Waffenstillstand gemacht und die rechtliche Aussprüche von den beliebten Schiedsrichtern bis anno 1447. sich verzogen. Anno 1450. ist erst der rechte Friede erfolget und vollzogen worden.

in seinen Handen zu behalten gedachte, so soll sie ihm eingegeben werden, doch, daß er zuvor den andern Herrn, welche solches gewonnen, eine Summe Geldes bezahle nach Beschaffenheit des Schloßes oder der aufgewandten Unkosten. 6.) Wann sie solcher Summe halb nicht eins werden können, sollen sie ihre Räthe nach Schorndorf schicken und darüber erkennen laßen, solchem Ausspruch auch getreulich nachleben. 7.) Versprachen die Fürsten einander ihre Graven, Herrn, Ritter und Knechte, welche ihre Diener seyen, wie auch die in ihren Landen gelegene Clöster dahin zu vermögen, daß sie diser Eynung nachgehen. 8.) Würde ein Herr wegen dises Bündnußes mit jemand in Feindschafft oder Krieg kommen, sollen ihm die andere treulich beholfen seyn und ihne nicht verlaßen, bis die Sache gerichtet seye (o).

§. 69.

Ungeacht des Kriegs und der darzu erforderlichen Unkosten erweiterte Gr. Ludwig seine Lande oder vielmehr seine Einkünfte, da er von denen in seinen Landen gesessenen Edelleuten zerschiedene Güter an sich erkaufte. Dann es verkaufte in disem Jahr 1446. an denselben Hannß Herter seine Burg zu Rußlingen und selbiges halbe Dorf wie auch die Helfte an dem Dorf Nehren und einen Theil an dem Dorf Thalheim um 4000. fl. baar Geld und 380. fl. jährlichen Leibgedings. Der Verkäufer übergab solche Güter vor dem Hofgericht zu Rotweil mit seiner und des Hofrichters Hand in die Hände Wolfen von Bubenhofen als Würtenbergischen Gewalthabers. Sein Bruder Jacob Herter wurde durch disen Vorgang gereitzet gleichbalden im folgenden Jahr 1447. die andere Helfte an den Dörfern Rußlingen und Nehren, nebst seinem Theil an Thalheim und Braitenholz an bemeldten Graven um 11000. fl. käuflich zu überlaßen. Bryde von Kaltenthal, Georg Herters Wittib verkaufte anno 1446. an Gr. Ulrichen ihren halben Theil an dem Dorf Braitenholz mit Vogteyen, Gerichten, Zwingen, Bännen, Steuren, Rechten, Nutzungen und Zugehörden, wie das Georg Herter von seinen Voreltern ererbt hatte und an sie wiederum erblich gefallen ware. Auch dise übergab solches Gut vor dem Hofgericht zu Rotweil in die Hände Stephans von Emershofen, welchem Gr. Ulrich hierzu den Gewalt aufgetragen hatte. Ingleichem verkaufte Caspar von Schmainstein und sein Sohn Conrad, wie auch Hannß von Remchingen an Gr. Ludwigen den achten Theil an dem Dorf Cumweiler mit Vogteyen, Gerichten und Zugehörden, wie sie solchen vorher von der Grabschafft Würtenberg zu Lehen getragen hatten. Daß diser Kauf eben nicht viel zu bedeuten gehabt, beweiset der Kauffschilling, indem Gr. Ludwig nicht mehr als 150. fl. dofür bezahlte. Gr. Ulrich hingegen überließ an Georg Dürner seinen lehenbaren Hof zu Wolfschlugen nebst andern Gütern als ein Eigenthum. Um seine Dankbarkeit zu be-

(o) Schœpflin histor. Bad. T. II. lib. IV. c. 2. §. 7. p. 138.

Fünfter Abschnitt.

zeugen gab deſſen Bruder Wilhelm Dürner diſem Graven alle ſeine Gewaltſame und Herrlichkeit, welche er in dem Dorf Altenried hatte.

§. 70.

Daß beede Graven in dem Jahr 1446. eine Abrede wegen der Gravſchafft Mömpelgard genommen und ſolche Grav Ludwigen im Looß zugefallen, iſt ſchon gemeldt worden. Nur iſt hier zu berühren, daß Gr. Johann von Neufchatell und der von Blamont durch die Uebergab des Schloſſes Mömpelgard an den Dauphin in groſſen Schaden geſetzt worden. Sie begehrten deßwegen an die beede Graven eine Gnugthuung. Weil das Schloß damals noch gemeinſchafftlich war und man auch noch nicht wiſſen konnte, wie hoch der gedachte Schaden angeſchlagen werden dörfte, indem ſolches noch auf einem Verglich oder richterlichen Erkanntnuß beruhete, ſo wurde beliebet, daß beede Brüder daran Theil nehmen und auch die auf der Gravſchafft ſtehende Schulden und hingegen ebenmäßig die Anwartſchaften, welche ſie noch von ihrer Frau Muter zu hoffen hatten, gemeinſchafftlich bleiben ſollten. Sie theilten aber nicht weniger die beede dem Hauß Würtenberg von den Herzogen von Bayern verpfändete Herrſchafften Gundelfingen und Leipheim alſo, daß jene Grav Ludwigen, diſe aber Gr. Ulrichen ins Looß zufiele. Beede waren zwar und die erſtere an Grav Hannſen von Werdenberg, die andere hingegen an Diepold Güſſen von Güſſenberg hinwiederum verpfändet: doch hatten ſich die Graven noch verſchiedene Gerechtigkeiten darauf vorbehalten, wie ſie dann auch bald darauf nemlich im Jahr 1449. von Herzog Heinrich von Bayern wieder eingelößt wurde. Die Herrſchafft Leipheim aber wurde von Gr. Ulrichen an die Reichsſtadt Ulm käuflich überlaſſen. Eine andere Pfandſchafft machte diſen Graven zu ſchaffen, nemlich die Herrſchafft Trochtelfingen, welche Gr. Eberhard von Würtenberg im Jahr 1316. ſeiner Tochter Agnes anſtatt eines Heurathguts angewieſen, doch mit dem Vorbehalt, daß er oder ſeine Erben und Nachkommen ſolche wieder an ſich löſen könnten. Die beede Graven gedachten daran ſolche Pfandſchafft wieder an ſich zu bringen, aber Gr. Eberhard von Werdenberg geſtunde ihnen ſolches nicht ein. Diſer Strit ſchiene ernſtlich zu werden, als Marggr. Jacob zu Baaden angeſprochen wurde ſolchen entweder gütlich oder rechtlich zu entſcheiden. Allem Anſehen nach fiel es für die Graven von Werdenberg aus, weil die Herrſchafft bey ſolchem Hauß geblieben und von ſelbigem auf die Graven von Zollern gekommen. Gr. Ulrich bekam dagegen eine andere Pfandſchafft, indem er Gr. Ludwigen von Helfenſtein 6000. fl. vorſtreckte, wovor diſer ihm ſeinen Theil an der Herrſchafft Wiſenſtaig, dem Schloß Hiltenburg, der Stadt Wiſenſtaig, an dem Stabamt zu Buchau und das Dorf Merklingen verpfändete. Weil ihm die meiſte Einkünften zu ſeinem Unterhalt entgiengen und er nirgends einen Wohnsitz hatte, so gab ihm Gr. Ulrich sein Schloß Aichelberg zu bewohnen ein, und nahm ihn gegen Versprechung 100. fl. jährlichen Dienstgelds in seine Dienste, doch daß solche beede Stücke wieder aufhören sollten, wann Gr. Ludwig zu Helfenstein entweder die Pfandschafft lösete oder mit Tod abgienge.

§. 71.

Daß Grav Ludwig in disem Jahr den Kirchensatz zu Uffkirch, einer Kirche nahe bey Canstadt (p) an das Stifft zu Stuttgard um 1200. fl. verkauft habe, hätte nicht viel zu bedeuten, wann man nicht daraus abnehmen könnte, wie das Recht des Kirchensatzes damals etwas beträchtliches gewesen. Damals war Albrecht Widmann Propst des Stifftes daselbst, welcher den bekannten Streit wegen des Genusses der Milchspeisen mit einem Stifftsherrn Johann Spenlin hatte. Um keine Aergernuß aufkommen zu lassen war das einzige Mittel, daß man sie voneinander trennete. Beede Graven hatten im Jahr 1430. das Stifft zu Herrenberg angeordnet, welches indessen zu Stand kame, und gedachter Spenlin, welcher sich durch gedachte Strittigkeit einen Namen gemacht, wurde als der zweyte Probst im Jahr 1445. dahin berufen. Er nennte sich Medicinæ Lxteræque Theologiæ Doctorem, und wußte sich bey Gr. Ludwigen sehr beliebt zu machen. Es fiel auch die Wahl auf ihn, daß er Grav Eberharden den ältern taufen mußte. Dises Ansehen machte er sich zu nutz und würkte bey Gr. Ludwigen für das Stifft die Freyheit aus, daß weder er, noch seine Nachkommen oder ihre Amtleute einig Gericht oder Gebott über den Probst, Chorherrn und Vicarien oder derselben Leib und Gut haben nemlich keine Steuren, Wachten, Herbergen oder einige Dienste zumuthen sollen, doch, daß die Güter, welche bisher steur- und dienstbar gewesen, und dem Probst, Chorherrn oder Vicarien, und folglich nicht dem Stifft gehören, dise Beschwerde ferner tragen. Ferner verordnete er, daß, wo jemand eine Ansprach und Forderung an das Stifft oder die Chorherrn und Vicarien hätte, solches vor dem Probsten erörtert werden solle, dagegen dise angewiesen wurden in Klagen wider die Burger oder ihr Gesinde vor derselben Amtleuten und Gerichten das Recht zu nehmen. Ingleichem solle das Stifft alle Burgerrechte mit Weyden, Holz, Wegen und Strassen, wie andere Burger zu Herrenberg geniessen. Weil auch damals die Graven noch das Recht hatten der verstorbenen Geistlichen Güter an sich zu ziehen, so erlaubte Gr. Ludwig den Stifftsherrn durch letzte Willen ihre Verlassenschafft an ihre Freunde zu verschaffen. Wann sie aber keinen letzten Willen hinterliessen, so sollten vor allem ihre Schulden bezahlt werden und das übrige dem Stifft beimfallen, die

(p) Siehe meine Histor. Beschreib. des Herzogth. Würtemb. P. I. c. 4. §. 3. pag. 70.

Fünfter Abschnitt.

die Vögte, Schultheissen oder Amtleute aber nicht befugt seyn ihnen hierinn einigen Eintrag zu thun (q).

§. 72.

Der Anfang des Jahrs 1447. erfüllte den Wunsch Grav Ludwigens. Ich habe schon gemeldt, daß Gr. Hannß von Helfenstein im Jahr 1442. seine Herrschafft Blaubeuren an denselben verkaufen wollen und daß nur die Einwilligung seines Sohnes Gr. Conrads nicht zu erhalten gewesen. Sein Vater wollte dennoch damit fortfahren und vor dem Hofgericht zu Rotweyl dise Herrschafft übergeben. Er wurde aber von dem Tod überreylet. Conrad verhoffte Mittel zu finden, wie er seines Vaters Schulden sonst bezahlen könnte. Als aber kein reicher Herbst kommen wollte, so entschloß er sich den Kauf vorgehen zu lassen. Solchemnach verkaufte er an Gr. Ludwigen die drey Vestungen Ruck, Gerhausen und Blauenstein, die Stadt Blaubeuren mit der Vogtey und Gewaltsame über das Closter daselbst und seine Zugehörde und darzu die Dörfer Gerhausen, Altenthal, Bayningen, Weyler, Suppingen, Berghülen, Trogenweyler, Ober-Weyler, Treffenspuch, Billenhausen, Asch, Wippingen, Sonderbuch und die Kirchensätze zu Ringingen und Asch, vornemlich aber den Wildpann mit seiner Zugehörde und was zu den vorgenannten Schlössern, Stadt, Dörfern und Weylern gehöret. Dagegen versprach ihm Grav Ludwig 40000. fl. und jährlich 200. fl. Leibgeding zu bezahlen. Weil aber dise Herrschafft zum Theil von dem Hauß Oesterreich zu Lehen rührte, so mußte die Einwilligung darzu von demselben erhalten werden. Herzog Albrecht ertheilte solchen in seinem und seines ganzen Hauses Namen und belehnte auch Grav Ludwigen zu Würtenberg noch in selbigem Jahr damit. Dann der Herzog befande sich damals in der Nähe zu Pforzheim bey Marggr. Jacoben, woselbst ihm Gr. Conrad die Lehen aufgab. mit der Anzeige, daß er sie an Grav Ludwigen verkauft hätte, worauf die Belehnung den 12. Julii eben daselbst erfolgte. Damit aber auch Grav Ludwig wegen des ruhigen Besitzes genugsame Sicherheit hätte, so wurden ihm Gr. Ulrich von Helfenstein, als des Verkäufers Bruder, Grav Johann von Oetingen, Ludwig von Stein, Itel-Krafft von Gamerswang und Wilhelm von Rheissingen zu Gewährsleuten gegeben, welche zu dessen Urkund den Kaufbrief besigelten. Dann es gieng Gr. Conraden diser Kauf gar sehr zu Herzen, weil seine Voreltern in dem Closter Blaubeuren ihre Begräbnusse hatten und viele Stifftungen von ihnen vorhanden waren und er sowohl als sein Bruder besorgten, daß Gr. Ludwig eine Aenderung damit vornehmen und die Jahrszeiten zu Ehren der Stiffter abgehen möchten. Es wurde deßwegen bey dem Kauf ausdrucklich eingedungen, daß die

Begräb-

(q) vid. Beyl. num. 73.

Begräbnuſſe unverletzt und der Graven Angedenken erhalten werden ſollten. Wie auch ſolches bisher geſchehen, indem man noch ſowohl der Graven von Ruck, und Pfaltzgraven von Tübingen, als auch der Graven von Helfenſtein Angedenken in ihren Bildnuſſen und Grabſteinen ſorgfältig bewahret (r).

§. 73.

Kaum ware diſer Kaufſchilling bezahlt, ſo eröffnete ſich eine andere Gelegenheit zu einem beträchtlichen Kauf. Die Hertzoge von Urſlingen beſaſſen bisher einen Theil der Veſtung und Herrſchafft Hornberg. In dem Jahr 1447. ſtarb Reinold, als der letzte ſeines Geſchlechts. Seine Schweſter war an einen Herrn von Gerolzeck vermählet und hatte mit ihme zween Söhne Georgen und Heinrichen gezeuget, welche auch diſen Theil der Herrſchafft Hornberg erbten, ungeacht derſelbe von dem Reich zu Lehen rührte und man hätte denken ſollen, daß ſolcher als eröffnet heimgefallen wäre. Weil nun Grav Ludwig ſchon einen Theil an der Veſtung und Stadt Hornberg hatte, bekam er Verdrüßlichkeit mit Georgen, Heinrichen, Conrad und Hannſen von Gerolzeck, welche ſich beſchwerten, daß der Grav die arme Leute zu Hornberg an ſich zöge, welche doch ſie von dem Reich zu Lehen empfangen hätten. Beede Theile verglichen ſich, bey dem Kayſer die Anwerbung zu thun, daß er dem Biſchoff zu Augſpurg befehlen ſollte in diſer Sache im Namen des Kayſers Richter zu ſeyn, des Reichs Lehenmanne zu ihm zu mahnen und Lehengericht mit ihnen zu halten. Ja ſie glaubten, daß Conrad von Hornberg ſeinen Theil im Jahr 1443. zu verkaufen nicht befugt geweſen. Diſer Vergleich wurde den 6. Maji errichtet. Allein Georg, welcher von ſeinem Bruder Conrad ſeinen Theil auch an ſich erhandelt hatte, beſann ſich bald eines andern und verkaufte am Ende diſes Jahrs obigem Vergleich gemäß ſeinen vierten Theil am Schloß, und Burg Hornberg und einen Theil an dem Städtlein mit den darzugehörigen Thälern, Dörfern, Weylern und Höfen, Leuten, Gütern, Vogtrechten, Gerichten ꝛc. an Gr. Ludwigen um 670. fl. Weil ſolche Güter gedachtermaſſen von dem Reich zu Lehen rührten, ſo muſſte ſie Georg von Gerolzeck dem Kayſer aufſagen und ſeine Majeſtät bitten, daß er diſe Lehen Gr. Ludwigen leyhen möchte. Diſer Vorgang bewegte Heinrichen ſeinen Bruder gleichmäſſig, zu Anfang des Jahres 1448. den noch übrigen vierten Theil an dem Schloß, Städtlein, Thälern, Dörfern und allen Zugehörden an eben diſen Graven um 800. fl. zu überlaſſen, welchen Kauf auch Kayſer Friderich beſtetigte und Gr. Ludwigen mit beeden Theilen belehnete.

§. 74.

(r) Siehe meine Hiſtor. Beſchreib. des Hertzogth. Würtemb. p. II. c. 39. §. 4. & 5. pag. 145.

Fünfter Abschnitt.

§. 74.

Wie nun Gr. Ludwigs Lande in disem Jahr 1447. ansehnlich vermehret worden, zumalen ihm auch sein Herr Bruder die völlige Gravschafft Mömpelgard eingeräumet hatte; so wurde Gr. Ulrichs Geschlecht durch die Geburt Gr. Eberhards des jüngern den 1. Febr. vermehret. Dises geschahe zu Waiblingen, wo auch der junge Herr die H. Taufe empfieng. Zwar suchte er seine Lande auch durch Käufe zu erweitern. Er war aber nicht so glücklich, wie sein Bruder. Dann er bekam meistens Verdrüßlichkeiten darüber. Hannß von Rechberg zu Hohen-Rechberg bothe ihm seine Burgen und Städte Gamertingen und Hüttingen zum Kauf an. Die Handlung währte lang, bis endlich den 2. Decembris der Kauf geschlossen wurde, worinn ihm gedachte Städte und die Dörfer und Weyler Ittenhausen, Harthausen, Velthausen, Kettenacker, Hermtingen, das halbe Dorf Rustrau und alle andere darzugehörige Güter, zugleichem die Gerechtigkeit und Vogtey über das Closter Berg, die Vogtey über das Weyler Closterbrunnen, welche dienstbar waren und in das Gericht zu Gamertingen gehörten, nicht weniger das Gottshäußlin Enßmaden, welches zu Ittenhausen gehörte, und das Burgstall Hinter-Liechtenstein, welches alles eigen ware, und des Reinhartsweilers Gut in der Stadt und Dorf Veringen und zu Benzingen, wie auch die Losung zu den Gütern, welche Gr. Hannß von Werdenberg für 400. fl. pfandschaftsweise innhatte, mit allen Vogteyen, Gerichten, Zöllen, Glaiten, Kirchen, Kirchensätzen 2c. gegen Bezahlung 18500. fl. übergeben wurden. Dabey versprach Hannß von Rechberg Gr. Ulrichen wider alle Ansprach sicher zu stellen und ihn auf seine eigene Kosten zu vertigen Eigen für Eigen und Lehen für Lehen nach Landsrecht, nach Lehenrecht und nach dem Rechten, und auch keine Ansprache mehr selbsten oder durch andere zu machen. Zu dessen Versicherung gab er ihm Grav Alwigen von Sulz, Gr. Heinrichen zu Fürstenberg, Balthasarn von Blumneck, Ulrichen von Rümlang zu Gutenburg, Hannsen von Klingenberg und Josen von Hornstein zu Bürgen, daß, wann er das versprochene nicht hielte, dise auf jedesmalige Mahnung zu Stuttgard oder Bahlingen, jeglicher mit einem Pferd, oder wo sie selbst nicht kommen wollten, mit einem Knecht und Pferd unverdingte Leistung und Geiselschafft thun sollen. Es entstund aber sogleich ein Widerspruch, weil die Stadt und Burg Gamertingen von der Abtey Reichenau zu Lehen rührte und der Abt Friderich disen Verkauf gar nicht genehmigen wollte. Grav Ulrich stund ihm gar nicht an, weil er ihm zu mächtig und zu groß ware. Die geistliche Demuth war eben nicht der Grund, sondern er beförchtete, der Grav möchte die Lehen nicht empfangen oder Lehendienste thun wollen und der Lehenherr für dem Lehenmann Ehrfurcht haben müßte. Hannß von

Rechberg erboth sich mit Genehmigung des Graven einen Wappensgenossen und edlen Lehenträger zu stellen, welcher schuldig seyn sollte die Stelle Grav Ulrichs in allen Lehensschuldigkeiten zu vertretten, aber der Abt wollte doch nicht zufrieden seyn. Weil nun dises damals und in ältern Zeiten zwar sonsten nicht für anständig gehalten wurde, daß ein mächtiger von einem andern gleiches Standes ein Lehen tragen sollte, sondern, wann je einer ein lehenbares Gut erkaufte, einen geringern Lehenträger gab und der Lehenherr damit zufrieden seyn mußte, so berufte sich Hannß von Rechberg auf ein Lehengericht. Der Abt setzte demnach auf den Donnerstag nach Lätare 1448. solches nieder aus seinen Lehenleuten und verordnete Thüringen von Hallweil zu einem Lehenrichter, vor welchem Erhard von Falkenstein als dessen von Rechberg Gewalthaber durch seinen Fürsprechen Rudolphen von Blumberg klagend vorbrachte, daß er um seiner merklichen Notturft willen die lehenbare Burg und Stadt Gamertingen an Gr. Ulrichen von Würtenberg verkauft, aber in dem Kauf anbedingt hätte einen edlen Wappensgenossen Lehenträger zu geben, welches aber der Abt von Reichenau nicht gestatten wollte, mit Bitte disen gütlich oder rechtlich zu unterweisen, daß er ohne fernern Eintrag solches gestatten sollte, wie billich wäre. Der Abt war selbsten zugegen, und verantwortete sich durch seinen Fürsprechen Rudolfen von Kirchen, daß wann Hannß von Rechberg sein Lehen an einen seines gleichen verkauft hätte, er und sein Gottshauß demselben nicht entgegen gewesen wäre. Und ob er schon einem andern Lehenträger geben wollte, so beförchte er doch, daß darduch seinem Gottshauß an seinem Lehen Nachtheil entstehen möchte, indem solcher Träger fremd und nicht so gehorsam seyn dörfte. So nehme man auch keine Lehenträger, als von Kranken, geweyheten Personen, Weibern und Kindern. Der von Rechberg blieb bey seinem Vortrag, daß es einem solchen Herrn, wie Gr. Ulrich wäre, nicht zumuthen oder bedingen dörfte die Lehen von dem Abt zu tragen und er selbst solche als ein Edelmann hergebracht hätte. Er glaubte desswegen, daß der Abt mit einem edlen Lehenträger wohl zufrieden seyn könnte. Diser behauptete dagegen, daß die Graven von Veringen und des Hannßen von Rechberg Vater die Stadt Gamertingen von ihm zu Lehen gehabt hätten. Dise und Hannß von Rechberg hätten sich bishero so verhalten, wie sie als Lehenleut gegen ihrem Lehenherrn verbunden gewesen wären. Es wäre ihm also bey seinen Obern unverantwortlich eine Aenderung vorgehen zu lassen. Ungeacht diser Einrede fiel die Urthel des Lehengerichts aus, daß, wann Hannß von Rechberg mit aufgehobenen Fingern und gelehrten Worten zu Gott und den Heiligen schwöre, daß er solch Lehen aus Notturft und zu keiner Bekränkung der Lehenschafft verkauft habe, der Abt zu Reichenow von seines Gottshauses wegen an Hannßen von Rechbergs statt einen Lehenmann annehmen solle, der edel und Wappensgenoß seye, doch so, daß derselbe

von

von ſolcher Lehen wegen ſchwöre alles dasjenige zu thun, was ein Lehenmann ſeinem Lehenherrn ſchuldig ſeye und daß der Käufer ſich verſchreiben ſolle für ſich, ſeine Erben und Nachkommen, ſo oft der Lehenträger abgehe oder ſonſt nichts nutz wäre, einen andern zu geben. Und ſo oft ein anderer Abt erwählt wird, ſoll derſelbe Lehenmann die Lehen empfangen, wie Lehensrecht ſeye. Als darauf die beede Partheyen fragten, wann? und wo der von Rechberg den Eyd thun ſollte? ſo ward von dem Lehengericht erkannt, daß er ſolches innerhalb einem Monat vor dem Rath zu Villingen thun müßte. Wann er aber wegen ſeiner Krankheit nicht ſobald dahin kommen könnte, ſollte der Abt beliebige Leute zu ihm ſchicken und den Eyd von ihm abnehmen. Hannß von Rechberg ſchwur aber ſeinen Eyd vor dem Rath zu Villingen, worüber diſer Grav Ulrichen nachmals ein offentliches Zeugnuß mittheilte (1). Die Herrn Geiſtliche machten Gr. Ulrichen verdrüßlich wegen ſolcher Lehenträger und es mögen noch andere Umſtände ihn bewogen haben diſe Herrſchafft im Jahr 1465, an Wolfen von Bubenhofen zu verkaufen.

§. 75.

Noch weniger gelung ihm die Hoffnung die Herrſchafft Wiſenſtaig zu bekommen. Sie gehörte Gr. Friderichen von Helfenſtein. Als er ſtarb, ſo waren 5. Söhne vorhanden, Hannß Thumbdechant zu Straßburg, Grav Ulrich der ältere genannt, Grav Ludwig, Gr. Friderich und Wilhelm Thumherr zu bemeldtem Straßburg. Die Weltliche theilten ihres Vaters Erbſchafft, waren aber ſehr mit Schulden überladen, ob ſie ſchon ſonſten wegen ihrer Tapferkeit und guten Lebensart damals in groſſem Ruhm ſtunden. Gr. Ulrich war alſo gezwungen ſeinen Drittentheil an der Veſtin Hiltenburg und Stadt Wiſenſtaig an die Stadt Ulm zu verpfänden. Ihme folgte Gr. Ludwig nach, welcher den 7. Mart. 1446. ſeinen Theil obgemeldtermaſſen an Gr. Ulrichen zu Württemberg um 6000. fl. Pfandſchafftsweiſe überließ. Weil er von den Württembergiſchen Amtleuten daſelbſt eine beträchtliche Summe an Geld, Wein und Früchten zu ſeinem unentbehrlichen Unterhalt empfieng, ſo wurden ihm mit Bewilligung ſeiner beeden Brüder Gr. Hannſen und Friderichs 2000. fl. angerechnet und auf den Pfandſchilling geſchlagen. Gr. Ludwig von Helfenſtein verſprach den Graven zu Württemberg den Vorkauf und die Löſung, wann obvermelde von ihm verpfändete Güter hinführo anderwerts verkauft oder wieder verpfändet würden. Diſes Vorrecht erſtreckte er auch auf den noch übrigen Theil diſer Herrſchafft, welchen ſeine Muter Agnes, eine gebohrne Freyin von Weinsperg, auf Lebenslang zu genieſſen hatte, wann ſolcher nach ihrem Abſterben wiederum zuruck fiele. Gedachte Brüder willigten deſto eher darein, weil er von der Stadt Ulm diſe Herrſchafft

(1) Siehe Beyl. num. 74.

schafft einlösete und mithin das Geld wohl anwendete. Sie gönnten solche lieber einem Herrn ihres Standes, als einer Reichsstadt. Grav Ulrich von Helfenstein führte ganz andere Gedanken und besorgte, wann sie in eines mächtigen Herrn Hände käme, selbige ihnen und seinen Stammverwandten entzogen würde. Als demnach Gr. Friderich auch genöthigt wurde seinen Drittentheil zu verändern, lag ihm sein ältterer Bruder an solchen gleichmäßig an die Stadt Ulm um 9000. fl. auf Sechs Jahre zu überlassen, daß sie in solcher Zeit den Nutzen davon geniessen, aber keine Zinse fordern sollte, dagegen er versprach solche Pfandschafft vor dem Verlauf diser Zeit nicht zu lösen. Damit er aber gleichwohl auch Gr. Ulrichen zu Würtenberg zufrieden stellte, von welchem er viele Gutthaten genossen hatte in Hoffnung, daß er ihm seinen Theil an der Herrschafft Wisensteig vor andern zuwenden würde, so versprach er Grav Ulrichen solche in künftigen Zeiten samt dem Forst und Wildbann sonsten nirgendshin, als an ihne zu überlassen. So gut es nun das Ansehen hatte, daß dise einen günstigen Zutritt zu diser Herrschafft hätte, indem keine Hoffnung bey Grav Ludwigen und Friderichen zu Helfenstein abzusehen war, daß sie solche Pfandschafften jemals wieder lösen würden, so vereitelten doch Gr. Ulrichs von Helfenstein Verwendungen in folgenden Jahren alles wieder. Und ob er schon im nächsten Jahr 1448. von Grav Ulrich und Conrad Gebrüdern und Grav Hannsen von Helfenstein, wie auch von des letztern Gemahlin Grävin Jrmengarden von Kirchberg das Schloß und die Herrschafft Hellenstein, und die Stadt Heydenheim nebst den ausgebrannten Schlössern Güssenberg und Hürwen, wie auch die Vestin Aufhausen und die drey Clöster Anhausen, Königsbronn und Herbrechtingen unter Versbruch ihnen nebst einem unbenannten Stück Geldes jährlich 900. fl. Leibgeding zu bezahlen an sich gebracht hatte, so hatte es doch keinen Bestand, indem er solche Herrschafft im Jahr 1450. gleich wieder an Herzog Ludwig von Bayern gegen 6000. fl. verkauft, dagegen ihme in disem Jahr 1448. den 7. Sept. ein Sohn gebohren wurde, Gr. Heinrich welcher das Glück hatte ein Stammvater des Herzoglichen Hauses Würtenberg zu werden.

§. 76.

Grav Ludwig von Würtenberg war also viel glücklicher, welcher sich auch in solches Ansehen setzte, daß die ganze St. Georgengesellschafft keinen Anstand fande den 23. April 1447. in seine Dienste zu tretten. Grav Hanns von Werdenberg, Georg Abt zu Salmanßweiler, Gr. Eberhard zu Werdenberg, Gr. Heinrich von Tengen, Wernher von Zimmern, Burkard von Randeck, Wilhelm von Grünenberg, Eberhard Truchseß von Waldpurg, Conrad von Schellenberg, Burkard von Homburg, Heinrich von Randeck, Berchtold von Schellenberg,

Thu

Fünfter Abschnitt.

Thüring von Hallweiler, welche acht Ritter waren, sodann Hannß von Bodmen, der älter Benz von Kunsegg zu Alendorf, Thüring von Hallweiler der ältere, Frischhanß von Bodmen, Conrad von Fridingen, Wolff von Jungingen, Rudolf von Brandeck, Wilhelm von Homburg, Conrad von Homburg, Heinrich von Klingenberg, Jacob von Fridingen, und Wolff von Haggelbach, waren es, welche Gr. Ludwigs Dienerschafft vermehrten. Es ist dises besonder, daß sie durch Unterwerfung ihrer Personen solches gethan, weil im Jahr 1437. die St. Georgengesellschafft im Hegow sich zwar auch mit den beeden Graven von Würtenberg verbunden, aber solches durch ein Bündnuß bewerkstelliget hat. Sie versprachen ihm getreu, wie andere seine Diener zu dienen und bedingten sich aus, daß er sie hingegen auch, wie andere seine Diener schirmen und handhaben solle. Weil auch in den Bündnüssen allemal verabredet wurde, wie es sollte gehalten werden, wann ein verbündeter mit dem andern, oder ihre Diener und Unterthanen gegeneinander in Strittigkeiten geriethen, so liessen es obgedachte Graven, Herrn, Ritter und Knechte auch dabey bewenden, daß sie auf solche Art und Weise Recht geben und nehmen wollten, wie Gr. Ludwig es in seinen Bündnussen mit Fürsten, Herrn oder den Reichsstädten verabredet hätte (t). Etwas verdienet noch angemerket zu werden, daß andere Diener ein damals sogenanntes Dienstgeld bekamen, dergleichen man hier nichts aufgezeichnet findet. Ob sie um die Ehre in disses Graven Diensten zu stehen gedienet haben, oder ob ihnen dennoch etwas versprochen worden, oder ob sie blos die Hoffnung zur Beute zu ihrem Augenmerk gehabt, kan ich nicht wohl bestimmen.

§. 77.

Nachdem Grav Ludwig die Burgerschafft der Stadt und den Abt und Convent des Closters Blaubeuren sich huldigen lassen, so forderte er nach damaliger Gewonheit von den letztern einen Revers, daß sie zu ewigen Zeiten keinen andern Schirmsherrn oder Castvogt nehmen sollen, als die Graven von Würtenberg, wie sie solches bey ihren vorherigen Landesherrn von alten Zeiten hergebracht hätten. Der Grav gab ihnen auf solche Verschreibung hinwiederum den 16. Hornung 1448. einen Revers, worinn er dem Abt und Convent versprach sie bey allen ihren Freyheiten und guten Gewonheiten, welche sie unter Gr. Conraden von Helfenstein gehabt, getreulich bleiben lassen und sie darbey handhaben wolle. Besonders aber versicherte er sie, daß er sich seines Vogtrechts in Ansehung der Dörfer Machtolsheim, Süessen, Ringingen, Rotenacker und Erstetten nicht bedienen wollte, nur den Kirchensatz zu Ringingen und das gewonliche alte Vogtrecht der Kirche zu Süessen nahme er darinn aus. Und weil sich gleichwohl Strittigkeiten

(t) vid. Bepl. num. 75.

keiten zwischen den Graven von Würtenberg und dem Abt und Convent ereignen könnten, so ließ sich Gr. Ludwig gefallen, daß das Closter alsdann aus des Graven Räthen zween zu Schiedsrichtern erwöhlen sollte, worzu er auch zween setzen wollte. Und wann diese die Sache nicht gütlich oder durch einen Bescheid hinlegen könnten, so wurde disen vier Räthen, welche ihrer Pflicht in sofern entlassen werden sollten, der Gewalt aufgetragen, aus des Graven übrigen edlen Räthen einen Obmann zu erwählen, bey deren Ausspruch es auch ohne die Sache vor einen andern Richter zu bringen ungeändert bleiben müßte (u). Es war aber Gr. Ludwig begierig noch weiters seine Einkünften durch Erkaufung mehrer Güter zu erweitern. Zu welchem Ende er von dem Abt und Convent zu Bebenhausen den Bisenauer Hof gegen Ueberlassung einiger Leibeignen zu Weyl im Schönbuch, Altorff, Neuweyler und Braitenstein an sich erhandelte. Von Berchtold und Rudolfen von Burwstetten erkaufte er drey Theile an dem Dorf Bempflingen Urachs Amts. Dem erstern bezahlte er 1800. fl. und der letztere bath sich dagegen 100. fl. jährliches Leibgedings aus. Ferner überliessen ihm die Pfleger des Feld-Siechen-hauses zu Reutlingen den sechsten Theil an der Vogtey, Gerichten, Zwingen, Bännen und Diensten des Dorfes Tailfingen im Göw, welchen sie einige Zeit zuvor von Conrad Bitterlin, einem Burger zu Ulm, erkauft hatten. Benz Kechler von Schwandorf hatte solchen Kauf kaum erfahren, so entschloß er sich seinen Theil an disem Dorf gleichmäßig an Gr. Ludwigen gegen Bezahlung 490. fl. zu übergeben. Nicht weniger löste er von Conrad Leyher, Grav Ulrichs Schreibern, das Burgstal und die darzu gehörige Güter zu Norow um 2600. fl. wieder ein, welches ihm die beede Graven vor der Theilung des Landes auf eine Widerlosung verkauft hatten.

§. 78.

In dem folgenden Jahr 1449. verkauften Jacob, Wilhelm und Hanns von Valkenstein an Grav Ludwigen ihren Antheil an den Dörfern Flötzlingen und Schwenningen, und der Vogtey über das Closter St. Georgen. Wilhelm Herter überließ ihm um 1800. fl. seine drey Theile an dem Dorf Thalheim bey Tübingen, das Dorf Alten-Sickingen und seine vier Theile an dem Schloß Andeck. Beede Graven aber verglichen sich gemeinschaftlich mit Heinrichen, Hannsen und Conraden von Geroltzeck, welchen die Stadt Sulz gehörte und der Schuldenlast zu schwer werden wollte, so, daß das Hofgericht zu Rotweil immer wegen Klagen über dieselbe angegangen und von solchem die Acht wider sie erkannt wurde. Die Graven nahmen dise Herrn in ihre Dienste mit der Bedingung, daß Heinrich das nächste Jahr mit vier Pferden dienen und dagegen über das bisher genossene

Dienst-

(u) Siehe Beyl. num. 76.

Dienſtgeld von 100. fl. noch weiters 50. fl. haben ſolle. Harmſen wurden 3. Pferde angedinget und dafür 100. fl. verſprochen. Conraden hingegen wurden die würkliche Dienſte nachgeſehen, ungeacht er ſich einem Gelobten und Diener nennen ſollte. Ferners verhieſſen ihnen die Graven das nächſte Jahr 600. fl. ohne Zinnß zu leyhen, daß ſie nach deſſelben Verfluß diſes Geld wieder heimzahlen und der Burgfriede zu Sulz ſie vor keinem Angriff verſichern ſollte. Wolten aber die Graven mit ihnen Gedult tragen und ſie geriethen im nächſten Jahr mit jemand in einen Krieg, ſo ſollten die von Gerolzeck ihnen, wie im vorigen Jahr dienen, aber keinen Zinnß zu bezahlen ſchuldig ſeyn. Der Stadt Sigmaringen erlaubten ſie gleichmäßig gemeinſchaftlich ein Ungeld auf den Wein zu legen, daß von 15. Maſſen eine Maß gegeben, und das daraus erlöſende Geld zu Unterhaltung ihrer Stadtmauren und andern offentlichen Gebäuden angewendet werden ſolte.

§. 79.

Zu Ende des vierzehenden Jahrhunderts wurden in Deutſchland die ſogenannte Vehmiſche oder Weſtphäliſche Gerichte bekannt (w). Der Gebrauch oder vielmehr Mißbrauch derſelben nahm aber in dem fünfzehenden Jahrhundert ſehr überhand. Die Verbitterung der ſtreitenden Partheyen gieng ſo weit, daß ſie einander vor mehr als ein Gericht zogen, und ein Beklagter oft nicht wußte, vor welchem Richter unter denen, welche ihn vorgeladen, erſcheinen ſollte. Die Weſtphäliſche Gerichte waren der Gedenkungsart ſelbiger Zeiten angemeſſen, weil ſie groſſen Koſten erforderten und ein Beklagter mürbe genug gemacht werden konnte. Nur gewiſſe Sachen gehörten vor dieſelbe Gerichte. Die Erb- und Freygraven aber nahmen auch andere Sachen an zu beurtheilen. Sie nahmen in ganz Deutſchland Freyſchöpſen an, welche überall nach ihrem Gefallen verfuhren, auch die Unterthanen der Reichsſtände mit ungerechten und vermeſſenen Urtheilen (x) angriffen. Die Burger in Reichsſtädten lieſſen ſich zu echten rechten Freyſchöpſen machen und an den Höfen der Fürſten fand man ſolche Räthe, welche man die Wiſſende nannte. Dann ſie hielten, ihre Grundſätze gar geheim, weßwegen ſie auch heimliche Gerichte genennet wurden. Wer nun ihre Charlatanerie wußte, das iſt, ein Glied derſelben ware, wurde mit dem Namen eines Wiſſenden beehret. Kayſer Friderich hatte eine gute Abſicht dabey um bey dem groſſen Verfall der Gerechtigkeits-Uebung den Landfrieden herzuſtellen. Er reformierte anno 1442. die Weſtphäliſche Gerichte. Aber der Erfolg kam nicht mit

(w) Wenker Appar. Archivol. pag. 247.
(x) Ein ſchönes Exempel legt uns der vortrefliche Herr Cammerger. Beyſitzer Freyherr von Harpprecht vor in dem Staats-Archiv des Kayſerlichen Cammergec. part. I. pag. 134. num. 85.

mit seiner Hoffnung überein, weil eine Unordnung über die andere daraus entstunde. Der Gerichtszwang diser Gerichte breitete sich durch das ganze Reich aus. Ich glaube einen deutlichen Beweiß zu geben, wann ich einen Urthelbrief dises freyen Gerichts vorlege (y). In dem ganzen Stritt des Conrad Schenken mit dem Schultheissen und Gericht des Dorfes Feurbach finde ich nichts meyneydiges, verrätherisches oder treuloses, man müßte dann eine weithergesuchte Folgerung machen, indem dise Gemeinde nur begehrte bey ihrem alten Herkommen und Gerechtigkeit gelassen zu werden. Gr. Ulrich zu Würtenberg hatte auch Antheil an disem Dorf, welches keine Meile von seiner Residenz und Canzley entfernet ware. Er wußte aber nichts von disem Stritt, welchen Conrad Schenk an ihn bringen sollen. Um aber der Gemeinde ohne Ursach recht wehe zu thun und dabey den Gerichtzwang der Westphälischen Gerichte zu gründen, so verleumdete er sie bey demselben, daß sie verrätherisch und meyneydig gegen ihm seye. Dann dises waren die Chafften, worüber dise freye Gerichten zu sprechen hatten, und wann jemand das Recht versaget worden. Ueberall entstunden aber die heftigste Klagen darüber. Solchem Unwesen in seinen Landen zu steuren faßte Grav Ludwig von Würtenberg den Entschluß einen Burger zu Eßlingen, Heinrich Murern, welcher ein achter rechter (yy) Freyschöpf war, an das Westphälische Gericht zu senden und durch ihn als seinen Gewalthaber zu erlangen, daß seine Unterthanen an kein auslandisch Gericht geladen würden, noch vielweniger sie selbsten einander vor dieselbe heischen dörften dagegen aber ihm frey stehen sollte die Uebertretter zu straffen. Dann er hatte in seinem Land solches verbotten und dabey die Anstalt gemacht, daß jedermann die Gerechtigkeit nach jedes Gerichts Rechte und Gewonheit gewähret werden sollte. Deßwegen wurde auch in dem Urthelbrief ausdrücklich vorbehalten, daß, wann jemand offenbarlich erweisen könnte, daß ihm auf einige weise bey den Gerichten das Recht versaget oder verzogen worden, demselben Hülfe vor dem Westphälischen Gericht geschehen solle (z). Man kan aus dem Urthelbrief ziemlich ersehen, wie dises Gericht beschaffen gewesen und wie man dabey zu verfahren gepflogen. Das schönste ist aber dabey daß man vor und nach der Gerichtspflege gezechet. Ich habe des Heinrich Murers eigenhändigen Conto zur Hand gebracht (a), welcher solches bezeuget und lehret, wie man nichts umsonst gethan, sondern alles nur auf das Saufen und Schmieren bey disem Gericht angesehen gewesen.

§. 30.

(y) vid. Beyl. num. 77.
(yy) Ich habe mich diser widerhohlten Benennung darum bedient, weil die Freyschöpfen in allen Urkunden, und so vielmals ihrer gedacht wird, ächte rechte Freyschöpfen heißen. Selbst die Kayser haben sie also genennet, wie ich unten einen Kayserlichen Befelch beylegen werde.
(z) vid. Beyl. num. 78.   (a) vid. Beyl. num. 79.

Fünfter Abschnitt.

§. 80.

Wie dem seye, so war Gr. Ludwig mit diser Urthel noch nicht zufrieden, weil 1.) derselbe auch verlangte, daß niemand von seinen angebohrnen Unterthanen ohne Erlaubnuß ein Mitglied dises Gerichts oder ein Wissender werden sollte. 2.) Daß solche auch auf seiner Diener und anderer, die ihm zu versprechen stunden, nemlich seiner Landsassen Mannen und Clöster Unterthanen und zugehörige erweitert werden sollte, weil in den andern Freyheiten, worinn die Kayser das Recht de non evocando und exemtionis fori gegeben, die Diener, Mannen ꝛc. gleichmäßig von allen auswärtigen Gerichten ausdrücklich befreyet worden: und 3.) daß des Graven wissende Räthe und Freyschöffen solche Uebertretter diser Freyheit strafen können. Heinrich Murer, ein Burger und Färber zu Eßlingen, welchen dise Reichsstadt zu einem Sachwalter vor dem Westphälischen Gericht verordnet hatte (b), bekam also wieder Befelch auch über dise Puncten einen Urthelbrief zu begehren. Disesmal wurde es nicht zu Brüninghausen, sondern zu Waldorpe gehalten und es scheinet, daß das Westphälische oder heimliche Gericht wechselsweis bald in diser, bald in einer andern Westphälischen Stadt gehalten worden. Dann es waren dabey viele Freygraven und Freyschöffen hier gegenwärtig, welche auch die erste Urthel erkannt hatten. Die Urthel fiel auch dißmal nach dem Verlangen Gr. Ludwigs dahin aus, daß, 1.) wann desselben oder seiner Diener und Angehörigen leibeigne Leute oder Unterthanen an die Westphälische Gerichte kämen und ohne Erlaubnuß wissend würden und mithin dises Kayserliche Freye Gericht belogen und betrogen hätten, des Graven wissende Räthe und Freyschöffen wohl über sie richten könnten, wie es der Freyen Gerichte Recht mit sich bringe. 2.) Daß, wann seine oder seiner Diener und Zugewandten Unterthanen jemand vor einem auswärtigen Gericht rechtlich vornehmen wollte, dieselbe solchen Ungehorsam strafen und über die Uebertretter richten dörften (c). Anmerkungswürdig ist dabey, daß Gr. Ludwig selbsten auch wissende Räthe und Freyschöffen an seinem Hof und Cantzley gehabt, und dises Westphälische Gericht als ein Kayserlich und Reichsgericht durch solches Mittel sein Ansehen durch das gantze Reich behauptet habe. Daß die Reichsstadt Eßlingen allein 16. dergleichen echte rechte Freyschöffen unter ihrer Burgerschafft gehabt, ist bekandt (d). Und ich werde auch von Gr. Ulrichen von Würtemberg und seinem Sohn Grav Eberharden dem Jüngern einen Beweiß bringen, daß sie selbsten nicht allein solche Frey-

(b) Von disem Heinrich Murer siehe Dart. de pace publ. libr. IV. c. 5. num. 2. seq. und num. 39. seq. pag. 760. und 763. seq.
(c) vid. Beyl. num. 80.
(d) vid. Dart. d. l. num. 42. und 43.

Freyschöffen gewesen und in ihren Diensten dergleichen gehabt, sondern auch in ihren Landen solche heimliche Gerichte eingeführet haben. Es scheinet aber, daß dise Freyschöffen es doch nicht gewagt haben Leute, welche wider der Freygerichte Gebothe handeln, zu strafen, weil Gr. Ludwig solche Erlaubnuß erst erlangen müssen, und mithin die Westphälische Gerichte gleichsam das Obergericht geblieben, welches sich gewisse Fälle und Sachen vorbehalten hat.

§. 81.

Um eben dise Zeit gerieth hingegen Gr. Ulrich der Vielgeliebte in einen verderblichen Krieg mit den Reichsstädten. Den Anfang darzu machte Marggrav Albrecht von Brandenburg, welcher mit der Stadt Nürnberg und Conraden von Haydeck verschiedene Strittigkeiten hatte. Weil Grav Ulrich mit dem Marggraven in einem Bündnuß stunde, so war er schuldig dessen Feinden auch den Krieg anzukünden und dadurch bekame er auch die samtliche Reichsstädte in Schwaben zu Feinden. Dann dise hatten den 9. Julii 1449. dem Marggraven einen Absagbrief zugesandt, worinn sie ihn beschuldigten, daß er kein Rechtgebott von der Stadt Nürnberg angenommen und auch die Kayserliche Befehle verachtet hätte. Sie erklärten sich also nicht allein gegen ihm, sondern auch gegen seinen Verbündeten als Feinde. (e) Grav Ulrich war auch damit gemeynet, welcher ohnehin mit der Stadt Eßlingen in Verdrüßlichkeiten kam. Die Bürger daselbst hatten ihm zween seiner Unterthanen umgebracht, weßwegen er keine Genugthuung oder Untersuchung der Sache erlangen konnte. Zugleich hatte dise Reichsstadt von ältern Zeiten einen Zoll in ihrer Stadt hergebracht, welchen sie erhöhete und von dem Kayser darzu die Erlaubnuß erhielte. Dises war den Würtenbergischen Unterthanen sehr beschwerlich, weil ihnen besonders der Weinhandel dardurch geschwächet wurde. Hingegen zogen die Bürger zu Eßlingen solchen fast ganz an sich. Gr. Ulrich widersetzte sich solchem und die Reichsstädte in Schwaben hätten gern gesehen, daß dise Sache in der Güte abgethan würde. Sie schlugen Herzog Heinrich von Bayern als einen Austrag vor und er wurde von beyden Theilen angenommen. Diser brachte es zwar dahin, daß sie den Stritt vor den Kayser bringen und daselbst entscheiden lassen sollten. Weil aber Gr. Ulrich verlangte, daß die Stadt sich indessen bis zu rechtlichem Austrag diser Zollerhöhung nicht bedienen sollte, hingegen dieselbe sich an die Kayserliche Freyheit fest hielte und nicht nachgeben wollte, so fiengen die Feindseligkeiten mit Anfang des Augstmonats an. Gr. Ulrich hatte vorhin schon wegen beförchteter Theurung in seinem Lande verbotten, daß seine Unterthanen keine Lebensmittel nach Eßlingen, sondern in seine Städte zu Markt bringen sollten. Die Burger diser Reichsstadt hohleten dem

(e) vid. Beyl. num. 81.

Fünfter Abschnitt. 187

demnach ihre Weine, Früchten und anders selbst in den benachbarten Dörfern und Städten. Dises wurde denn ohnehin aufgebrachten Graven angezeigt, welcher den Eßlingischen Burgern aufpassen und ihnen die Rosse und Wagen mit samt den Lebensmitteln, auch einigen Weibern, welche vielleicht böse Mauler hatten, ihre Gürteln wegnehmen ließ. Er konnte sich leicht vorstellen, daß die Reichsstadt solches ahnden oder als einem Bundsgenossen des Marggraven den Krieg ankünden würde. Er kam derselben zuvor und schickte ihr den 5. Augst einen sogenannten Absagbrief zu (f). Es wäre villeicht bälder geschehen, wann er nicht auf seiner Bundsgenossen Absagbriefe gewartet hätte um solche zugleich übersenden zu können. Dann es sagten der Stadt Eßlingen Herzog Johann von Braunschweig und Lüneburg, Herzog Wilhelm von Sachsen, Landgrav Wilhelm zu Hessen, Marggr. Albrecht zu Brandenburg, Marggrav Jacob zu Baden und seine beede Söhne Marggr. Carl und Bernhard, Grav Sigmund von Hohenberg, Grav Ludwig von Helfenstein, Gr. Philipps zu Katzenelnbogen, Albrecht Thum von Neuburg und sehr viele andere von Adel die Vehde an (g). Dagegen dem Graven auch von den Burgern der Reichsstädte Feindsbriefe eingehändigt wurden. Unter andern sagt ihm Georg von Geroltzeck, als Burger zu Eßlingen seine Dienste, Conrad von Fürst, Eberhard Holdermann (h), Melchior von Horkheim (i), Hannß Mößlin, Leonhard Schappel und Endris Wernlin ihre Lehen auf. Auch zutheuerst Heinrich Steinhöwel der Stadt Eßlingen Arzt und ihr Stadtschreiber Niclas von Weyl samt seinem Substituten kündigten ihm den Krieg an. Den Anfang machten sie damit, daß sie das Dorf Ober-Eßlingen, das Frauencloster Weyler und das Adelbergische Dorf Zell, Ulbach, und halb Ober-Türkheim, Unter-Türkheim, Aichschieß, Denkendorf, Hedelfingen, Strümpfelbach, Oberrod, Plieningen, Kemnat, Neuhausen, Bernhausen, Bürsach, Rüdenberg, Sielmingen in Brand steckten. Dagegen die Württenbergische

Aa 2 die

(f) vid. Beyl. num. 82.
(g) Schœpflin Histor. Bad. T. II. pag. 138. Datt de pace publ. lib. I. c. 15. num. 37. seq. Naucler gen. 49. ad ann. 1449. Trithem. ad dict. annum. Herm. Minor. contin. ibid. Anno MCCCCXLIX. exortæ sunt lites inter illustres principes & dominos, dominum Maguntinensem Episcopum, dominum Ottonem comitem Palatinum de reno & ducem Bavariæ, dominum Albertum marchionem de Brandenburg, Dominos Jacobum, Karolum & Bernhardum marchiones de Baden & dominum Ulricum comitem de Wirtemberg & alios comites & nobiles ex una & Civitates imperiales sc. in liga existentes ex altera parte & specialiter ex parte Eslingensium, qui quoddam novum telonium instituerunt in dampnum & prejudicium dominorum de Wirtenberg & subditorum eorundem & ea de causa dominus Ulricus comes de Wirtenberg & sui adjutores lites habuerunt cum ipsis civibus de Eslingen & etiam propter alias certas causas, quas causa brevitatis obmitto manifestare.

(h) vid. Beyl. num. 83.   (I) vid. Beyl. num. 84. a.

die der Stadt Eßlingen gehörige Dörfer Möringen Vaphingen und Rüdern verbrannten, und die Reben zwischen Mettingen, Eßlingen und Haimbach verderbten.

§. 82.

Entzwischen machte Marggr. Albrecht auf Befehl des Kaysers einen Waffenstillstand mit der Stadt Nürnberg und man hoffte, daß auch die Vehde zwischen Gr. Ulrichen und der Stadt Eßlingen beygelegt werden sollte. Es wollte aber kein Theil dem andern nachgeben. Bey Gmünd kam es den 1. September zu einem Gefecht. Dann die Bürger daselbst belagerten das denen von Rechberg gehörige Schloß Waistetten. Grav Ulrich kam ihnen mit seinen Völkern unversehens über den Hals und erhielte einen Sieg über sie. Mehr als 100. blieben tod auf der Wahlstatt und 154. Mann wurden gefangen. Hierauf rückte er nebst Marggr. Bernhard von Baaden mit aller ihrer Macht vor die Stadt Eßlingen und verwüsteten derselben Weinberge, so weit sie reichen konnten. Marggr. Jacob belagerte zwar die Reichsstadt Weyl um dem Graven Lufft zu machen. Es währete aber nur drey Tage, und die ganze Bemühung bestunde auch nur darinn, daß er die damals reife Frucht einerndtete, hingegen die Reben abschneiden und die fruchtbare Bäum abhauen ließ (k). Die Stadt Ulm wollte Frieden verschaffen und schlug Pfalzgrav Friderich als einen Mittler vor. Die von Eßlingen aber konnten sich nicht entschliessen, sondern gaben den 26. Sept. zur Antwort, daß ihnen weder diser, noch ein anderer gütlicher Tag anständig seye, bis sie sich wegen ihres erlittenen Schadens genug gerochen hätten. Mithin fieng das Rauben und Brennen wieder an, da die Bürger zu Eßlingen bald in dise, bald in eine andere Gegend ihre Ausfälle und Streifereyen verrichteten und überall betrübte Merkmale hinterliessen. Ihnen konnte man hingegen keinen Schaden mehr thun, weil alles, was sie an Dörfern und Gütern hatten, schon verheert war. Grav Ulrich wollte demnach mit seinem Kriegsvolk die Stadt Ulm heimsuchen und ihre Landschafft verwüsten, und seine Feinde dahin locken. Dann die Reichsstädte waren schon angerückt den Eßlingern zu Hülfe zu kommen. Sie versammleten sich bey Reutlingen, und liessen sich des Graven Absicht nicht irre machen, sondern rückten der Stadt Eßlingen zu. Der Grav war damals zu Göpplingen, als ihm die Nachricht zukam, daß die Feinde die Dörfer Bernhausen, Plieningen und Neuhausen in Brand gesteckt hätten. Er brach sogleich auf und erreichte sie bey Mellingen. Beede Theile rückten gegeneinander an um eine Schlacht

(k) Scherpflin d. L Herm. Minor. contin. ad ann. 1449. In vigilia Mariæ Magdalenæ illustris princeps & Dominus Jacobus Marchio de Baden cum magno exercitu obsedit Wilam per tres dies vastans ipsi vineas & fruges agrorum & præscindendo arbores frugiferas.

Schlacht zu liefern, welche für die Reichsstädte unglücklich ausfiele. Sie verlohren nicht allein ihre Hauptfahne, sondern auch ihre beste Hauptleute. Die von Eßlingen bedaurten einen Rathsherrn Wolf Schlicher und ihren Zunftmeister Mittelin. Die andern Reichsstädte büßeten Walter Ehingern von Ulm und Jeronimus Bopfinger von Nördlingen, Wilhelm Schenken von Reutlingen, einen Geschlechter von Heylbronn von Rossenbach und Jörgen Crönern von Schafhausen, mithin ihre beste Officier ein. Auf Würtenbergischer Seite war der Verlust auch nicht gering, indem Gr. Ulrich selbst verwundet wurde und der Baadische Feldherr Johann von Steinheim (1), und 4. von Adel tod blieben. Ferner wurden dem Grafen von den Reichsstädten bey 40. Personen und unter denselben 7. Edelleute gefangen, welche dem Feind erst durch ihr allzuhitziges Verfolgen in die Hände fielen. Dise Schlacht geschahe am Tage aller Seelen und hatte die Folge, daß die Reichsstädte ziemlich gedemüthigt wurden. Die Stadt Augspurg schickte zwar einen neuen Succurs, welcher aber nicht mehrers fruchtete, als daß die zu Eßlingen eingeschlossene Leute sich nach Hauß zu gehen wagen durften. Auf disen Sieg gieng Gr. Ulrich in das Ulmische Gebiet, nahm den Feinden ihre Viehe und Haußrath weg und verbrandte ihre Dörfer. Nur ihre Güter zu Gruibingen, Mülhausen und Naßlingen ließ er unversehrt, weil er sich mit ihnen verglichen hatte, daß, wann sie ihm das Dorf Gruibingen, Merklingen und Mülhausen auf der Alb, welche ihm die Grafen von Helfenstein verpfändet hatten, verschonen würden, er mit gedachten Gütern ein gleiches thun wollte. Als er zur Weynachtzeit wieder nach Hauß zog, vernahm er, daß die Eßlinger indessen täglich Ausfälle gethan um Beute zu machen, und rächete sich durch Verwüstung ihrer Waldungen.   §. 83.

(1) Herm. Min. cont. d. l. In crastino animarum Ulmenses cum cæteris civitatibus superioribus congregati sunt in Rutlingen & armata manu intraverunt terram Domini Ulrici comitis de Wirtenberg, quod percipientes Eslingenses gaudio repleti sunt & pervenerunt eis obiam bf der Wilder vastantes ibi tres villas sc. Barnhofen, Pleningen & Nunhufen comburentes. Erat a. tunc temporis exercitus domini Volrici comitis de Wirtenberg in oppido Geppingen & cum eis exercitus domini Marchionis de Baden congregatus volentes hostiliter intrare terram Ulmensium, qui videntes fumum ascendentem subito surrexerunt & armata manu venerunt ad hostes juxta villam Nellingen in campo circa sylvam, quæ dicitur Matzenryß & animosè aggreßi sunt eosdem & triumphantes plures ex ipsis interfecerunt & quosdam ceperunt & præcipue Capitanei eorum fuerunt interfecti & captivati. Inter quos principales erant Waltherus Ehinger, civis de Ulma, Jeronymus Bobfinger de Nordlingen, qui fuerunt interfecti. Dominus Georgius miles de Gerolzegk & unus de Winckemeell, Burchardus de Bach & quidam dictus Rainwart, omnes nobiles & quam plures alii de Augusta, de Nordlinga, de Campidonia, de Memmingen, de Rafenspurg, de Wangen, de Yfny, & de aliis civitatibus cives fuerunt captivati, reliqui fugientes intraverunt ignominiosè Eßlingen permanentes ibidem & taliter superbia eorum fuit extincta. Tandem ab Eßlingen repatriantes unusquisque in locum suum.

Geschichte der Graven von Würtenberg,

§. 83.

Den 2. Febr. 1450. zog Grav Ulrich wieder vor die Stadt Eßlingen. Zu einer Belagerung derselben war er zu schwach. Weßwegen er sich begnügte ihre Weinberge zu Ober-Türkheim und Mettingen abzuschneiden und die Mauren in denselben wie auch ihren Stock und Galgen abzubrechen. Nun war den Eßlingern nichts mehr, als die Hoffnung übrig, daß etwan die abgeschnittene Reben wieder ausschlagen würden. Aber auch dise vernichtete ihnen ein Vieh-Hirte zu Stuttgard, welcher eine grosse Anzahl Geissen sammlete und in die Weinberge derselben triebe um die junge Schösse abzufretzen. Die Eßlinger rächeten sich mit gleichmäßigen Verwüstungen in den benachbarten Dörfern und täglich hörte man von kleinen Scharmützeln, Brennen und Verheerungen. Am Donnerstag vor Georgii begab sich ein Theil der Würtenbergischen Völker auf den Seewassen und Brüel zu Eßlingen, wo sie 145. Weiber und Jungfrauen gefangen nahmen und nach Stuttgard führten. Die Eßlinger schmerzte solches und gedachten sich an dem Dorf Strümpfelbach zu rächen. Sie zogen mit 230. Mann dahin, wurden aber von den Bauren dergestalt empfangen, daß sie meistens getödtet wurden und keiner nach Hauß gekommen wäre, wann ihnen nicht einiger Succurs wäre entgegen geschickt worden. Es wurden aber die Weibspersonen bald wieder ihrer Gefangenschafft erlassen, jedoch daß jede Person 38. Schilling 2. Hlr. für die Atzung bezahlen muste. Am Freytag vor Pfingsten kamen 700. Mann Würtenbergische Völker vor die Stadt Eßlingen. Die Bürger vermutheten nicht, daß ihrer so viel wären und thaten einen Ausfall. Sie wurden aber auch grösten-theils nidergemacht oder gefangen, worunter einer der fürnehmsten des Raths und ein Richter begriffen waren. Nichts destoweniger wagten sie 8. Tag hernach wieder einen Ausfall, welcher ihnen nicht besser gelunge, indem 8. Mann gefangen wurden, unter welchen einer, Namens Freytag, ware, welcher vorher lang zu Türkheim bürgerlich anwohnete und wider die von den Kayseren den Graven von Würtenberg ertheilte Freyheiten und alte Verträge sich zu Eßlingen bürgerlich niderließ. Disem wurden die Augen ausgestochen und die eine Hand abgehauen. Indessen war dise Feindschafft dem Kayser sehr zuwider, weil er eine gänzliche Verwüstung des Reichs besorgte. Er hatte schon am Stephanstag vorigen Jahrs Friderichen Erzbischoff von Salzburg, Sylvestern Bischoff zu Chymse, Herzog Albrechten von Bayern, Hannsen von Neitzperg und Meister Ulrich Rederern aufgetragen die kriegende Partheyen vor sich zu fordern und so viel möglich eine Aussöhnung unter ihnen zu bewürken. Dise schickten den kriegenden Theilen solchen Kayserlichen Befelch zu und setzten ihnen den Sonntag Quasimodogeniti an, auf solchen Tag zu München vor ihnen zu erscheinen (m). Es wurde

(m) vid. Beyl. num. 84. b.

Fünfter Abschnitt.

wurde aber biser verlängert und kam erst im Junio zu Stand. In welcher Zeit der Churfürst zu Maynz, die Marggraven von Baaden, und Gr. Ulrich zu Würtenberg ein Kriegsheer samleten um die Reichsstadt Heylbronn auch heimzusuchen. Dises geschahe 8. Tage nach dem Fronleichnamsfest und die Verrichtung bestund wieder darinn, daß sie die Dörfer anzündeten, die Feldfrüchten verderbten und die Weinberge zerstörten, womit sie sich zehen Tage aufhielten. Und endlich rückte Gr. Ulrich vor die Stadt Reutlingen, welche gleiches Schicksal empfande (n). Ausser, daß man ihrer Dörfer verschonete. Um sich desto stärker zu machen, ließ sich nebst Grav Ludwigen diser Grav mit Bischoff Antonio zu Bamberg, Herzog Albrechten zu Oesterreich, Pfalzgr. Otten, den beeden Marggraven Johann und Albrecht Gebrüdern zu Brandenburg, und Marggr. Jacob von Baaden den 15. Junii, in ein Bündnuß ein, worinn die Einung vom Jahr 1445. zum Grund gelegt wurde.

§. 84.

Entzwischen gieng eine Aenderung vor mit den Kayserlichen Commissarien, indem der Kayser auch Gottfriden Bischoff zu Würzburg und Pfalzgr. Friderichen darzu ernannte. Die Unterhandlung ward auch nicht zu München, sondern zu

---

(n) Herm. Minor. d. l. Interea exercitus prædictus Domini de Wirtemberg & cum ipso idem Dominus Volricus comes ascenderunt terram Ulmensium prædando res & pecora & villas eorum comburendo. Anno Domini MCCCCL. post festum nativitatis Domini in octava Stephani, Johannis & innocentum Dominus Volricus Comes cum suis vastavit silvas circa Eßlingen. Post hoc in die S. Blasii prædictus dominus Volricus cum exercitu suo obsedit Eßlingen destruens & devastans vineas eorum infra Mettingen & Obern-Turckheim an dem Oelberg deiiciens macerias vinearum & vites comburentes & eciam eod. die patibulum eorum est deiectum & destructum. Postea tempore vernali infra festum Paschæ & penthecostes pastor caprarum de Stutgarten recepit omnes capras ibidem exennies & iniravit vineas Eßlingensium ut denotarunt propaginas novas eodem anno exortas, quæ de sero omnes integro numero sunt reversæ & una ex eis non est perdita. Item post hoc captæ fuerunt CXLV. mulieres & puellæ de Eßlingen & adductæ in Stutgarten & ibidem detentæ ad duas ebdomadas quibus dabatur cottidie cibus & potus de castro domini Comitis. Postea salvo conductu reversæ sunt ad Eßlingen. Anno domini MCCCCL. Dominica infra octavas corporis Christi illustres principes & domini, dominus Moguntinensis, Marchiones de Baden, dominus Volricus Comes de Wirtemberg cum magno exercitu obsederunt oppidum Heilbrunn ad decem dies vineas vastando, segetes & frumenta annichilando & villas eorum comburendo. Post reversionem parvo intervallo temporis illapso sepe dictus dominus Volricus Comes de Wirtemberg cum suis obsedit oppidum Rutlingen ad unum diem & dimidium vastando vineas & præscindendo arbores & postea recessit, quare frater predicti Domini, scilicet Luduicus Comes de Wirtenberg & Fridericus Palatinus Reni laborabant pro pace & concordia inter supradictos dominos & civitates Imperiales. conf. Musius lib. 25. in fine. Naucler ad ann. 1449. Trithem. dicto anno.

zu Bamberg beliebet. Die Bischöffe von Würzburg und von Kostniz der Pfalzgrav kamen selbsten in Person dahin, und hatte ersterer Grav Jörgen von Hen-
nenberg und Jörg Fuchsen zu Schweinshaupten und der Pfalzgrav Jobsten von
Venningen, Meister des deutschen Ordens in deutschen und welschen Landen, Gr.
Hessen von Leiningen, Petern von Thalheim, seinen Hofmeister, und Ulrichen von
Rosenberg seinen Marschall bey sich. Der Kapser schickte Hansen von Neitperg
und Meister Ulrich Riederern, als seine Räthe, Bischoff Friderich von Salzburg
ordnete Johann Dustern Tumprobsten zu Breßlau, und Pfalzgr. Albrecht von
Bayern seine Räthe Ott Vienzenauern zu Kemnat und Jacob Puttrig zu Rei-
chartshausen dazu ab. Durch diser Zureden wurde den 22. Junii der Friede unter folgenden Bedingungen geschlossen, daß 1.) die von Eßlingen dem Graven Ulrich um seine Klage und Ansprach wegen der zween entleibten vor Pfalzgr. Friderichen und seinen Räthen in freundlichem Rechten zu Recht stehen und Rechtens
pflegen sollen zu solchen Tagen, welche der Pfalzgrav ihnen verkünden werde.
2.) Wegen Neuerung des Zolls zu Eßlingen wurde abgeredt, daß dieselbe abge-
stellt und nicht gebraucht werde, es würde dann von der Reichsstadt solches mit
billigem Rechten ausgetragen. 3.) Was eine Parthie oder ihre Helfer und Hel-
fers-Helfer der andern in ihren Vehden und Kriegen Schlösser, Häuser, liegende
Güter, Eigen und Lehen, sie seyen gelegen, wo sie wollen, angewonnen oder eingenommen hätte, die sollen dem entsetzten in den Stand, wie sie jetzt sind, ohne Eintred
wieder gegeben werden, auch sollen 4.) diejenige, welche ihre Lehen vor der Vehde,
sie wären Burger, Helfer oder Diener, zu beyden Theilen aufgesandt, damit wieder unverzüglich belehnet und ihnen dieselbe wieder eingegeben werden. Wann
5.) jemand von beeden Partheyen oder ihren Helfern zu Erbhuldigungen oder andern Pflichten und Eyden gedrungen oder eingezogen worden wäre, so sollen sie
alle frey und ledig geschafft werden, welches ebenmäßig auf die Leibdinge, erb-
ge Gülten, Pfandschafften, oder andere verbriefte und wissentliche Schulden zu
verstehen und jedem sein Recht vorbehalten seyn solle. Ferner sollen 6.) Brand,
Todschläg, Name ganz ab und unberechtet bleiben und alle Gefangene auf eine alte Urpheb loß und ledig gelassen werden, doch, daß jeder Gefangener seine Azung
bezahle. 7.) Alle Schatzungen, Brandschatzungen, und dafür gegebene Verschreibungen und Bürgschafften sollen nachgelassen und damit 8.) alle Feindschafft,
Krieg und Vehde geschlichtet und abgethan seyn, so, daß solche Versöhnung am
Freytag nach dem Tag der Heimsuchung Mariä (den 3. Julii) mit Aufgang der
Sonnen ihren Anfang nehmen solle (o). Welch frölicher Tag, an welchem die
Sonne den Frieden verkündet.

§. 85.

(o) Datt d. L. p. 119. hat ein und andere Puncten von disem Frieden mitgetheilet.

Fünfter Abschnitt.

§. 85.

Diser Friede aber setzte nur die Stadt Eßlingen in einige Ruhe, dagegen Gr. Ulrich von Würtenberg dise noch nicht geniessen konnte. Dann als derselbe den Krieg mit diser Reichsstadt anfienge, nahm er Gr. Ulrichen den ältern von Helfenstein, als einen wohlgeübten und beherzten Herrn, in seine Dienste und diser versprach 30. Pferde zu stellen. Die Feldhauptmannschafft wurde ihm gegen geniessende 1500. fl. Gage anvertrauet. In diser Bestallung schickte er der Reichsstadt Eßlingen seinen Absagbrief zu. Währender solcher Vehde verglichen sich Gr. Ulrich zu Würtenberg, welcher einen Drittel an der Burg Hiltenburg und der Stadt Wisenstaig anno 1446. von Gr. Ludwigen zu Helfenstein auf Widerlosung erkauft hatte und die Stadt Ulm, welcher zween andere Drittel von dem Graven von Helfenstein verpfändt waren, miteinander wegen eines Burgfriedens zu Wisenstaig, daß dise Pfandschafften nicht in den Krieg verwickelt werden sollten. Solches geschahe nun mit gutem Belieben Gr. Ulrichs von Helfenstein, welchem solche Vergleichung als einem Würtenbergischen Helfer und Diener verkündet wurde. Er hatte obgedachtermassen seinen Theil an Hiltenburg und Wisenstaig selbsten an die Stadt Ulm pfandsweise überlassen, war aber nicht zufrieden, daß seine Brüder die übrige zween Theile theils an Gr. Ulrichen zu Würtenberg, theils an die gedachte Stadt verpfändet hatten. Es fiel ihm endlich ein von disem Krieg auch einen Vortheil zu haben und nahm in der Charwoche 1450. die Stadt Wisenstaig mit seinem unterhabenden rayßigen Zeug unversehens ein. Er eignete sich nicht allein den Würtenbergischen, sondern auch die Ulmische Theile zu. Man kan sich leicht vorstellen, daß die Reichsstadt Ulm sich über solches Verfahren beschweret habe. Sie hielte sich an Gr. Ulrichen zu Würtenberg dessen Diener der Grav von Helfenstein ware und welcher den Burgfrieden mit ihro errichtet hatte. Sie behauptete nach dem Helfensteinischen Absagbrief, daß diser Grav sich in des Graven von Würtenberg Friden und Unfriden gesetzet habe, d. i. daß er sich alles wollte gefallen lassen, was Grav Ulrich als sein Herr im Krieg, oder durch einen ersechtenden Friden verhängen würde. Vornehmlich aber drang sie darauf, daß in dem zu Bamberg gemachten Friden ausdrücklich verabredet worden, daß jeder Theil dem andern seine abgenommene Schlößer, Städte, Häuser u. d. g. wieder einraumen solle. Gr. Ulrich von Würtenberg war zu allem erböthig und erinnerte den Graven von Helfenstein als seinen Rath und Diener dem Friden ein Genüge zu thun. Als aber nichts bey disem verfangen wollte, rückte Gr. Ulrich von Würtenberg mit aller seiner Macht im Anfang des Novembers gegen Wisenstaig, bemächtigte sich diser Stadt und gab denen von Ulm ihre zwey Dritttheile wieder ein. Der Grav von Helfenstein war in ausserordentlichen Gnaden bey dem Kay-

B b

ser und Marggr. Albrechten von Brandenburg, welcher am Kayserlichen Hof alles vermochte. Er klagte dem Kayser, was ihm von Gr. Ulrichen von Würtenberg geschehen wäre und würkte ein mandatum inhibitorium wider disen aus, nebst einem Befehl an Gr. Ludwigen zu Würtenberg daß er dise beede Graven gütlich oder rechtlich aus einander setzen sollte. Aber in dem ersten Reichstag verwiesen Gr. Ludwigs Räthe die Partheyen wieder an das Kayserliche Cammergericht, wo der Grav von Helfenstein persönlich erschiene und sich höchstens über Gewalt und Unrecht beschwerete. Indessen hatte Gr. Ulrich von Würtenberg auch die beede Drittheile, welche die Stadt Ulm pfandsweise ingehabt, an sich gelöset. Dises verdroß des von Helfenstein noch mehrers, weil er mit einem mächtigern Herrn zu thun bekam. Er ruhete nicht, bis endlich nach langer Unterhandlung und etlich gehaltenen Reichstägen den 14. Martii 1455. die Urthel wider Gr. Ulrichen von Würtenberg wider alles Vermuthen ausfiele, daß er Gr. Ulrichen von Helfenstein wieder in die zwey Drittheile, welche die Reichsstadt Ulm ingehabt, einsetzen und die Lösung des übrigen Drittels demselben gestatten solle (p). Doch war dise Urthel ohne Vollziehung, sondern Gr. Ulrich von Würtenberg blieb in dem Besitz, und wollte dem von Helfenstein auch weder den ausstehenden Sold, noch den an Pferden erlittenen Schaden ersetzen. Er glaubte dessen berechtigt zu seyn, weil diser wider seine Pflichten und den von Gr. Ulrichen mit der Stadt Ulm errichteten Burgfrieden die Stadt Wisenstaig eingenommen. Endlich vermittelte Marggr. Albrecht von Brandenburg den 9. Octobr. 1457. die Sache dahin, daß Gr. Ulrich von Würtenberg dem von Helfenstein seinen dritten Theil ohne Wiederlegung des Geldes lediglich ein antworten solle. Die andere zwey Drittel, welche Gr. Ulrichen von Gr. Ludwigen und Friderichen von Helfenstein verpfändt worden, solle Gr. Ulrich von Helfenstein mit 20000. fl. zu lösen Macht haben, wofern er es ihm selbst und zu seiner und seiner Erben Hand lösen wolle und seine Brüder Gr. Ludwig und Friderich solches bewilligen. Bis nun solcher Pfandschilling bezahlt werde, solle Gr. Ulrich von Würtenberg dem von Helfenstein jährlich 150. fl. Dienstgeld geben und dagegen diser solche Dienste, wie ein Diener seinem Herrn schuldig seye, thun, auch mit der Vestin Hiltenburg und der Stadt Wisenstaig niemalen wider die Graven von Würtenberg und ihre Erben seyn, noch andern solches zu thun gestatten solle, doch, daß er mit seinem Leib zu dienen verbunden seye. Wegen des ausstehenden Soldes und Schäden wurde verglichen, daß Gr. Ulrich von Würtenberg ihm geben solle, so viel er gütlich oder mit Eyd erhalten möge. Wie er dann wenige Tage hernach 1200. fl. für den Schaden, welchen er in dem Krieg wider die Reichsstädte erlitten, erhielte.

§. 86.

(p) Siehe Gabelkovers geschriebene Geschichte der Graven von Helfenstein. p. 424. seq.

Fünfter Abschnitt.

§. 86.

Zu gleicher Zeit führte Herzog Albrecht von Oesterreich Krieg mit den Reichsstädten Rotweil, Schafhausen, Zell am Untern-See, Ulm und andern Reichsstädten, welche die Herrschafft Hohenberg pfandsweise inhatten und dieselbe nicht zuruckgeben wollten (q). Diser machte durch Vermittlung Pfalzgr. Friderichs zu
Heydelberg den 25. Januarii 1450. mit Marggrav Albrechten von Brandenburg
Marggrav Jacob von Baaden und Grav Ulrichen zu Würtenberg ein Bündnuß,
worinn 1.) Herzog Albrecht versprach dem Erzbischoff zu Maynz, und obgedachten drey Fürsten wider die Reichsstädte, mit welchen sie in einer Vehde stünden,
Hülfe zu schicken, dagegen sie ihm hinwiederum wider bemeldte Reichsstädte behülflich seyn und allen Fleiß anwenden sollten auch andere Fürsten dazu zu vermögen.
2.) Weil der Herzog seine Hülfbriefe dem Marggraven zu Baaden schon wider
die Reichsstädte übergeben hätte, so sollten die andere verbündete Fürsten ihre
Hülfbriefe eben dahin schicken, damit solche dem Herzog zu Pforzheim, und dessen Vehdbriefe zu Villingen eingehändigt und den Reichsstädten von daraus zugeschickt werden könnten. 3.) Es sollen alle sämtliche Fürsten einander getreue Hülfe
erzeigen und keiner sich aus derselben thun weder mit Frieden, Sätzen (r) oder
Fürworten (s) sie würden dann alle ganz gerichtet, oder ausgesöhnet. 4.) Marggrav Albrecht und Gr. Ulrich zu Würtenberg sollen sogleich nach geschlossenem
Bündnuß wider Herzog Albrechts Feinde auf ihren Kosten, Gewinn und Verlust
400. Pferd reysigen Zugs gen Günzburg, Ehingen und Walsee legen, von welchen Orten sie Ausfälle thun und den Krieg bis zu dessen Ende treiben sollen.
5.) Brauchte sie aber der Herzog anderwerts, so sollen 200. davon auf seine Kosten abgegeben werden, es wäre dann, daß die verbündete Herren oder ihre Hauptleute bessern Rath fänden, welchem unverzüglich nachgelebt werden solle. 6.) Würde aus des Herzogs Schlossen, worinn die obgenannte Herrn ihren Zusatz oder
Hülfsvölker haben, auf die Feinde geschafft und ihnen etwas angewonnen, daran
soll dem Herzog der vierte Theil von demjenigen gehören, was den Hauptleuten
gehörte, die Beute aber soll unter die Reysigen nach der Anzahl ihrer Pferde ver-
theilt werden. Und wann 7.) der Herzog an die beede Marggraven und Gr. Ulrichen Hülfe begehren würde um etwas gegen die Städte Rotenburg, Ehingen,
Horb, Binßdorf, Schönberg, Schafhausen, Zell und Reinau vorzunehmen, so
sollen sie ihm solche auf seinen Kosten schicken, aber auf den Fall, wann eine solche Stadt

(q) Der Absagbrief Herzog Albrechts wider die Reichsstädte ist zu finden bey Datt d. l.
lib. I. c. 15. n. 15. pag. 115.
(r) Satz heisset compromissum in arbitrum. Haltaus Gloss. Germ. hac voce p. 1591.
(s) Convencio præambula. Haltaus d. l. p. 575.

Stadt durch Thädigung erobert würde, dieselbe an der Beute keinen Theil haben. Wann sie hingegen durch Sturm oder eine Noth gewonnen werden, so wurde jedem sein Recht an der Beute vorbehalten, doch daß die Marggraven und Gr. Ulrich keinen Theil an den Städten haben können. Wie diser Krieg sich geendet, habe ich nirgendswo gefunden. Allem Ansehen nach war er für die Fürsten glücklich, weil doch sicher ist, daß Herzog Albrecht im Jahr 1452. in dem Besitz der Hohenbergischen Lande gewesen, wann er anderst selbige nicht mit dem Heurath gut seiner Gemahlin Mechtilden, Gr. Ludwigs zu Würtenberg hinterlassenen Wittwe eingelöset hat.

§. 87.

Dann es starb Gr. Ludwig den 23. Septembr. 1450. unvermuthlich und zwar, wie die meiste Geschichtschreiber melden, an der Pest. Unsere Alten hiessen alle graßierende Krankheiten die Pest, wann viele dardurch aus dem Lande der Lebendigen dahin gerissen wurden, oder die damalige elende Aerzte keine behörige Wissenschafft besassen und sich nicht zu helfen wußten, weil sie die Ursach der Krankheit nicht untersuchten, sondern die Symptomata für die Krankheit selbsten hielten. Er ward in der von ihm gestiffteten Carthauß zu Güterstein nahe bey Urach begraben. Sein und seiner Gemahlin Leichnam wurde aber auf Befelch Herzog Christophs in die Fürstliche Grufft zu Tübingen gebracht, und beeden ein anderer Grabstein gemacht, wie solcher in der Beylage zu sehen (Tab. IV.) wo aber der Fehler begangen worden, daß man sein Sterbe-Jahr auf 1454. gesetzt. Man hat ihn nicht nach der Verkürzung als einen ligenden Stein vorstellen können, weil sonsten die zu Haupten stehende Worte der Umschrifft nicht zu sehen wären. So lang seine Frau Muter noch lebte, führte er nur den alleinigen Würtenbergischen Schild. Zwey davon sind in der Leiste vor dem Fünfften Abschnitt, in deren einem er zur rechten Hand ein Weibsbild als Schildhalterin hat (Fig. 8.). Dises war das gewöhnliche in der Canzley. Sein Hand-Sigill war schlechter. (Fig. 9.) Nach seiner Frau Muter Tod führte er neben dem Würtenbergischen auch das Mömpelgardische Wappen (Fig. 10.). Seine Gemahlin war obgedachtermassen Mechtild (†), Pfalzgrav Ludwigen am Rhein Tochter und Pfalzgr. Friderichen des sighafften Schwester. Er erzeug-

(†) Conrin. Hermanni Minor. ibi: Quae (Mechtildis) genuit ei duos filios Ludwicum videlicet & Eberhardum & duas filias & senior filiu illius natus est in Waiblingen anno domini MCCCCXXXVIIII. in die Sancto Parasceves & plures pueros habuerunt, sed in infancia obierunt. Item anno Domini MCCCCL... Kal. obiit generosus dominus Ludwicus predictus comes de Wirtenberg & est tumulatus in cenobio Cartusiensium dicto zu dem Gütterstein prope oppidum Urach.

Fünfter Abschnitt.

erzeugte mit ihro Grav Ludwigen, Grav Eberharden den ältern und noch einen Graven Andreas, welcher aber in seiner zarten Jugend das Zeitliche segnete, und zwo Töchtern, nemlich Mechtilden, von welcher man nicht eigentlich weißt, wann sie gebohren worden, und Elisabethen, welche im Jahr 1447. das Liecht der Welt erblickte. Jene wurde im Jahr 1453. an Landgr. Ludwig den freymüthigen zu Hessen vermählt und dardurch zu einer Stammmuter dises Hochfürstlichen Hauses gemacht. Die andere aber vermählte sich erstlich an Gr. Johann von Nassau und nach dessen Absterben an Gr. Heinrichen zu Stollberg. Gedachte Mechtild wurde von Marggr. Albrechten zu Brandeburg gleichbalden zu einer Gemahlin für Herzog Albrechten den Schlemmer zu Oesterreich ersehen, mit welchem sie sich den 3. Nov. 1451. verlobte, und ihm 73000. fl. beyzubringen versprach (u). An diser Summe brachte sie ihm auch 33000. fl. baares Geld zu, wofür er ihr zur Widerlage 86000. fl. auf der Herrschafft Hohenberg verschriebe, weil sie die Herrschafft Haigerloch zu Gunsten ihres Gemahls von den beeden Grafen von Würtenberg, ihren Söhnen mit 13000. fl. auslösete. Die übrige 30000. hatte sie noch auf ihrem Widdumb, nemlich den beeden Städten Böblingen und Sindelfingen und einigen darzu gehörigen Dörfern stehen. Die Nutzniessung derselben wurde dem Herzog auch gegönnet. Dise Ehe scheint nicht gar vergnügt gewesen zu seyn, welche aber im Jahr 1463. durch Albrechts Tode getrennet wurde. Wenigstens wollte sie lieber neben ihrem ersten, als zweyten Gemahl begraben werden. Nach disem Absterben bekam sie viele Verdrüßlichkeiten mit Erz-Herzog Sigmunden, welcher verlangte, daß sie ihm die Herrschafft Hohenberg abtretten sollte. Weil ihro aber solche theils als ein Widdumb, theils als eine Pfandschafft auf Lebenslang versichert ware, so mußte sie in deren Besitz gelassen werden. Erz-Herzog Sigmund war damit noch nicht zufrieden. Der Kayser nahm sich also der Mechtilden an und in seinen besondern Schutz. Zu welchem Ende er den 10. Julii 1465. allen Churfürsten, Ständen und Unterthanen des Reichs befahl dieselbe wider allen Gewalt zu schützen. Selbst des Kaysers Gemahlin Leonora erließ an die sämtliche Stände des Reichs einen Schutzbrief für die Erz-Herzogliche Wittwe ergehen, daß sie nicht gestatten sollten ihrer Schwägerin einigen Gewalt oder Unrecht zu thun (w). Diser Kayserin Sigill habe ich vorzuzeigen nicht ermanglen wollen, weil ich nicht zweifle, daß Liebhaber von solchen Sigillen

Bb 3

(u) Kas Oesterreichische Chronik. Lib. V. pag. 814. Umb dieselben Zeiten hat Erzherzog Albrecht zu einem Gemahl genommen Mechtild Ludwigs Pfalzgraven Tochter, Herzog Ludwigs von Würtenberg Wittwen, ein reiches Weib, welches Heyrat ihm fast wohl gekommen, dann er schon das Geld, welches ihme vom Kayser verordnet worden, alles in die Kriegskosten und andere Sachen ausgeben hatte.

(v) vid. Beyl. num. 85.

Fig. 13. gillen ein Gefallen geschehe (Tab. V. Fig. 13.). Endlich kam die Sache zu einem Vergleich, daß zwar die Herrschafft Hohenberg dem Erz-Herzog die Erbhuldigung thun, solche aber der Mechtilden an ihrem Wittum, Morgengab und Pfandschafft unschädlich seyn sollte. Dann man hatte einen Verdacht auf sie geworfen, daß sie dise Herrschafft ihrem Sohn Grav Eberharden zu wenden wollte, welches der Erz-Herzog durch die Erbhuldigung unterbreche, weil ihm durch dieselbe die Hoffnung der Erbfolge in seines Bruders Landen versichert wurde. Dise Erz-Herzogliche Wittib starb endlich zu Heydelberg den 1. Octobr. 1482. und wurde ihrem Befehl nach neben Gr. Ludwigen zu Würtenberg in der Carthauß zum Güterstein begraben. Damit sie aber ungetrennt von gedachtem ihrem ersten Gemahl bliebe, so wurden ihre Gebeine gleichmäßig nacher Tübingen geführt und in dem Chor der dasigen Stiftskirche verwahret, wo ihro obbemeldtermaßen ein neuer Grabstein, worauf Gr. Ludwig und die Mechtild zu sehen sind, errichtet wurde. Ich habe den Lebenslauf diser Prinzeßin mit bedacht berühren müssen, weil sie vielen Antheil an der Geschichte der Graven von Würtenberg gehabt und als eine kluge Dame öfters in Strittigkeiten als Schiedsrichterin gebraucht worden.

§. 88.

Dann nachdem Gr. Ulrich gleichbalden nach dem Ableiben Grav Ludwigs die Vormundschafft über dessen hinterlassene beede minderjährige Söhne antratt, so verglich er sich zu Urach den 5. Decembris mit ihren Räthen, nemlich Grav Johannsen und Eberharden von Werdenberg, Grav Johann von Sulz, Hofrichter zu Rotweil, Johannsen von Wuthingen Commentur zu Rordorf, Wilhelm von Gundelfingen, freyen, Jacob Truchseßen von Walpurg, Conrad von Wytingen, Burkarden von Elrbach, Berchtolden von Schellenberg, Reinharden von Neyperg, Hannsen von Stein zum Klingenstein, Diepolten von Haßberg, allen siben Rittern, Albrecht Späten Hofmeistern, Hannsen Truchseßen von Bichißhausen, Hannsen von Hailfingen, Rudolphen von Ehingen, Wolfen und Conraden von Bubenhofen, Conrad von Stein, Haußhofmeister, Schwartzfritzen von Sachsenheim, Rudolphen von Blumberg, Hanns Harschern Landvogten zu Mömpelgard, Ulrichen von Westerstetten, Vogten zu Blaubeuren, Friderichen von Enzberg, Hannsen von Leinstetten, Vogten zu Rosenfeld, Hannsen Sturmfedern, Hannß Späten, Hannsen und Wilhelm von Münchingen, Ulrichen von Schmien, Otten von Baldeck dem ältern, Heinrichen von Gültingen, Berchtolden von Bunstetten, Heinrichen von Stein, Berchtold Kayben von Hohenstein, Hannsen Staufern von Ploffenstaufen, und Dietrich Haugen Vogten zu Hornberg, daß er zu Nuz der jungen Graven Ludwigs und Eberhards
und

Fünfter Abschnitt.

und ihrer Lande, Leute und Ritterschaft die Vormundschafft übernommen habe, doch, daß 1.) Frau Mechtild Pfalzgräfin bey Rhein und Gräfin von Würtenberg die junge Graven und deren Schwestern bey sich habe und dieselbe erziehe, welche dann ihre Hofhaltung zu Urach oder wo es mit Rath des Hofmeisters und der vier verordneten Räthe, wie auch Genehmigung Gr. Ulrichs ihro anderwerts gelegen ist, haben solle. 2.) Daß man einen Hofmeister und vier Räthe nehme, welche immerzu bey der Gräfin Mechtilden und ihren Kindern bleiben und die Geschäften ausrichten, von welchen jederzeit zween bey dem Hofmeister seyn und ihm beystehen sollen. 3.) Wo es aber merkliche und ehehaffte Sachen wären, sollen sie solches Gr. Ulrichen als Vormundern zu wissen thun, welcher dann noch anderen zu Gr. Ludwigs Räthen zu sich beruffen solle. 4.) Wann der Hofmeister oder einer von obigen Räthen, welche man die Fünfer nennte, mit Tod abgienge, oder sonsten aus Diensten käme, soll von Gr. Ulrichen und den Vormundschaffts-Räthen gemeinschafftlich ein anderer genommen werden. 5.) Der Vormundschafft Sigill solle der Schreiber einer bey ihm haben und solches ohne Befelch nicht gebrauchen. 6.) Wann zwischen Gr. Ulrichen und seines seeligen Bruders Herrschafft Irrungen entstehen, soll es damit gehalten werden, wie zwischen ihnen abgeredt worden und die Vormundschafft nichts daran hindern. 7.) Hofmeister und Räthe sollen jährlich ihres Einnehmens und Ausgebens ordentliche Rechnung thun vor Gr. Ulrichen und der Frau Mechtilden, wann sie dabey zu seyn begehre. 8.) In Gr. Ulrichs Kriege und Feindschafften sind die beede junge Vormunds-Söhne nicht schuldig sich einzumischen oder derselben sich anzunehmen. Es wäre dann, daß die obgenannte Räthe mit Willen der Frau Wittib ihm eine freundliche Hülfe leisteten oder wegen einer Verschreibung solches schuldig wären. Weil auch 9.) das Land Grav Ludwigen und seinen Erben schon geschworen, so solle es dabey bleiben und den Amtleuten besohlen werden, Gr. Ulrichen als Vormünder seiner Vettern gehorsam zu seyn, dagegen 10.) alle Räthe, Amtleute, Vögte, Schreiber, Diener und Knechte geloben und schwören sollen, Grav Ludwigen dem jüngern und Gr. Eberharden, und zugleich sie in dem Eyd angewiesen werden Gr. Ulrichen als Vormündern und den verordneten Räthen in allen die Herrschafft betreffenden Sachen gewärtig und gehorsam zu seyn, inmaßen 11.) Gr. Ulrich mit solchen Räthen alle Amtleut, Räth, Vögt und Diener zu setzen und zu entsetzen befugt seye. 12.) Alle geist. und weltliche Lehen soll Gr. Ulrich in seiner jungen Vettern Namen leyhen. Wann aber 13.) ein Lehen eröffnet heimfiele, soll solches mit der Räthe Gutachten wieder verliehen werden. 14.) Der verwittibten Gräfin Mechtilden solle zur Morgengab so viel versichert werden, als Grav Ulrich seiner damaligen Gemahlin versprochen habe, und, wann sie sich widerum vermähle, es bey den Widdumb. und Heurathsbriefen verbleiben.

beü. §.) Zu denen vier Räthen, welche die Vormunds-Regierung führen, soll Gr. Ulrich zween von seinen Räthen zu verordnen befugt seyn, doch, daß er sie der ihm schuldigen Pflicht erlasse. Worauf Gr. Ulrich sich ein besonders Vor-
Fig. 14. mundschaffts-Sigill machen ließ und nicht allein von K. Friderichen Bestetigung der Vormundschafft den 6. Augusti 1451. erlangte, sondern auch als Lehenträger der beeden jungen Graven mit der Gravschafft Würtenberg und Mömpelgard, auch andern Grav- und Herrschafften, so viel daran zu Lehen gehen und zu ihrem Theil gehören, nicht weniger mit den nach der Landestheilung an sich gebrachten Lehen, neulich der halben Herrschafft Hornberg, der Herrschafft Valkenstein, Burgstal und Berg Lupfen und dem Schloß Karpfen den folgenden Tag belehnet wurde.

§. 89.

Er tratt also die Vormundschafft an über ein Land, welches einen verderblichen Krieg nicht empfunden hatte. Dagegen in seinem Landestheil eine grosse Verwüstung ware. Die Felder lagen meistens ungebaut und es war eine Theurung nicht ohne gnugsamen Grund zu vermuthen. Solcher zu begegnen befahl er, daß keine Früchten oder andere Lebensmittel ausser Lands verkaufft, sondern in seine Städte geführt werden sollen. Auch die Closter und der im Land gesessene Adel mußten bisem Verbott nachleben (ww). Weil nun der Städte Eßlingen, Weyl und Reutlingen Güter und Felder gleichmäßig wüst lagen, so kamen die Bürger in grosses Gedränge. Im Anfang spüreten sie noch keinen Mangel, indem sie während Krieg allen Vorrath in die Stadt geschaffet hatten. Als aber diser aufgezehret war, so gieng das Elend an, welches fast zu einem neuen Krieg anlaß gab. Die Reichsstadt Eßlingen klagte bey dem Kayser und beharrete auf das neue den verhaßten Zoll, weil sie durch bises Mittel allen Handel an sich zog. Gr. Ulrich hatte seine Schatzkammer durch die Kriegskosten sehr entblösset und sahe dabey einem neuen verderblichen Krieg entgegen. Demnach entschloß er sich die Herrschafft Heydenheim wieder zu verkaufen. Die Hertzoge von Bayern hatten jederzeit ein Aug darauf gerichtet. Es war also leicht ein Käufer zu finden. Dann Hertzog Ludwig von Bayern erkauffte sie um 60000. fl. An dem Kayserlichen Hof

(ww) Herm. Minor. ad ann. 1450. Attamen statutum factum est de consensu dominii de Wittemberg, quod nullus s. nobilis aut ignobilis sive spiritualis aut secularis, pauper aut dives infra terminos dominorum de Wirtenberg residens aliqua bona sua venalia & comestibilia sive vinum sive plaudum aut quid simile deberet vendere vel dacere ad has quinque Civitates imperiales sc. Eßlingen, Rutlingen, Wyl, Gmünd & Rotwil. Et hoc statutum multum conferebat civitatibus dominorum de Wirtemberg utilitatem, sed civitatibus Imperialibus & specialiter illis de Eßlingen, de Wyla & Rutlingen maximum intulit damnum.

fig: 15.

Fünfter Abschnitt. 201

Hof mußte man nicht, wie man zu Verhütung eines neuen Kriegs die Strittigkeiten zwischen Gr. Ulrichen und der Reichsstadt Eßlingen beylegen solte. Dann der Kayser hätte gern seine der letztern gegebene Freyheit beharret. Gleichwohl verantwortete sich der Grav auf die wider ihn angefangene Klage so wohl, daß der Kayser zufrieden gestellet wurde. Darzu verhalf ihm Marggr. Albrecht von Brandenburg durch sein Ansehen an dem Kayserlichen Hof. Diser überließ auch dem Marggraven endlich die Strittigkeit beyzulegen und beede Theile ließen sich bereden den Ausspruch von ihm zu erwarten, welcher zu Anspach erst den 29. Augst 1454. erfolgte, daß die Erhöhung des Zolls, wie solche die Reichsstadt erworben hätte, gäntzlich abgethan und gefallen seyn solle, wie man dann alle Briefe, welche sie deßhalb erlangt hatte, dem Marggraven zu seinen Handen ausantworten mußte um solche zu zernichten. Dagegen Grav Ulrichen auferlegt wurde das Verbott der Ausfuhr der Lebensmittel aufzuheben und denen Burgern das Glait nimmer zu versagen.

§. 90.

Der Anfang des Jahres 1451. fiel Gr. Ulrichen betrübt, indem ihm seine liebe Gemahlin Elisabeth, eine gebohrne Prinzeßin von Bayern zu Landshut das Zeitliche segnete. Sie war der Pest zu entrinnen schwanger dahin abgereyset. Als sie dise Bürde abgelegt hatte, erfuhr sie an sich selbst, daß man dem Tod nicht entgehen könne (x). Sie gebahr ihm vorher eine Tochter, welche allem Vermuthen nach die Helena ware, so nachgehends Anno 1476. an Gr. Crato von Hohenloh vermählt wurde. Dise Geburt legte aber die Muter in das Grab. Sonsten war sie die Stamm-Muter des nachmaligen Herzoglichen Hauses Würtenberg, indem sie gedachtermaßen Grav Eberharden den Jüngern und Gr. Heinrichen gebahr. Diser letztere war wider aller Menschen Vermuthen von der göttlichen Vorsicht ausersehen dises Herzogliche Hauß in seiner Nachkommenschafft zu erhalten. Die Gräfin Elisabeth wurde aber von Landshut nach Stuttgard geführt und daselbst in der Stiffstkirche begraben. Ihr Angedenken hat Gr. Ulrich, wie seiner erstern Gemahlin, verewiget, da er sein Wappen mit seiner beeden verstorbenen Gemahlinen Wappen ecarteliert unter den Schwibbogen der von ihm von neuem aufzubauen angefangenen Stiffstkirche zu Stuttgard setzen laßen, dann er hatte sich vorgenommen diese Stadt in einen beßern Stand zu setzen.

C c

(x) Herm. Minor. contin. ibi: Que (sc. Elisabetha) peperit ei duos filios Eberhardum videlicet & Heinricum & duas Elias. Et in partu novissime filie obiit in Landshut cum fratre suo Ludwico duce Bavarie, ad quem tempore pestilentiarum perrexit & ad peragendum etiam exequias patris sui Heinrici Ducis, qui eodem anno obiit anno MCCCCLI. Kal. Januarii videlicet ipsa die circumcisionis domini & ducta fuit de Landshut ad Stutgarten & ibi tumulata.

ten. Gr. Ludwig hatte schon damit einen Anfang gemacht und im Jahr 1435. das sogenannte Herrnhauß zu bauen angefangen. Nachdem nun die Stadt Stuttgard im Jahr 1442. durch die Landestheilung Grav Ulrichen im Looß zugefallen, so ließ er nachmals sein Bildnuß in Lebensgrösse geharnischt mit der Reichsfahnen in der Hand an difes Gebäude stellen. Die Stiftskirche daselbst fieng er schon im Jahr 1444. an zu bauen. Weil er nur der beeden erstern Gemahlinen Wappen an den Schwibbogen der Kirchthüre setzen lassen, so kan man daraus abnehmen, daß damals die Elisabeth noch gelebet habe und wie weit man damals mit dem Bauen gekommen seye.

§. 91.

Mittlerweil Albrecht Spät, der beeden jungen Graven Hofmeister, bey Gr. Ulrichen zu Stuttgard sich befande, verkaufte difer an jenen und seine Erben seine Vestin, den Stein, welchen man den Rechtenstein nennte. Sie lag neben einer andern Vestin, welche auch den Namen Rechtenstein führte, aber Wolffen von Stain gehörete. Dife obige Vestin verkaufte er an den Späten als ein frey ledig Eigenthum zu einem rechten, steten, ewigen Kauf. Nur das Gut zu Lautern, und die Wisen zu Wilzingen waren Lehen von Conrad von Stöffeln, welche auch Albrecht Spät von disem zu Lehen empfieng. Weil Gr. Ulrich als ein vornehmer Fürst von einem freyen und geringern Herrn kein Lehen selbst tragen konnte, und es für etwas unanständiges gehalten wurde, daß ein höherer von einem geringern die Lehen empfangen und eine Unterwürfigkeit dabey bezeugen sollte, so muste er ohnehin nach dem Lehenrecht einen Träger stellen, welcher die Lehensfälle beobachten und die Lehendienste thun sollte. Bey difem Verkauf empfieng Albrecht Spät die Lehen. Weil aber Gr. Ulrich sich die Widerlosung, ungeacht er solchen Handel als einen steten, ewigen Kauf in dem Kaufbrief angegeben, vorbehalten hatte, so empfieng der Spät die Lehen nur als Lehenträger und unter der Bedingung, daß wann die Vestin wieder eingelöst würde, der Grav den Herrn von Stöffeln wieder einen andern Träger geben müßte. Der Kaufschilling war 700. fl. Rheinisch, welche der Spät baar bezahlte, und 100. lb. Hlr. welche der Grav ihm für den von den Reichsstädten währenden Krieg erlittenen Schaden schuldig ware. Die Wiederlosung wurde zu Grav Ulrichs und seiner Erben Belieben heimgestellet und der Spät muste versprechen, daß er dem Graven und seinen Dienern und Amtleuten auf jedesmaliges Ansuchen die Oeffnung gestatten sollte. Diese Handlung geschahe von Gr. Ulrichen nicht in Vormunds Namen, wie Steinhofer vorgibt, sondern in seinem eigenen Namen. Zwar nennte er sich in dem Kaufbrief nach seinem Titul einen Fürmunder. Er that aber solches fast in allen ihn selbst betreffenden Angelegenheiten. Dagegen er in difer ganzen Urkunde weder

Fünfter Abschnitt.

der seiner Vormundsföhne, noch deren Räthe gedenket, welches nothwendig hätte geschehen müssen, wann dise Veſtin den jungen Graven zugehört und der Grav ſolche als Vormunder verkauft hätte.

§. 92.

Dann als die Geſellſchafft des S. Georgenſchilds in Ober-Schwaben an der Donau und in derſelben Namen Ber von Rechberg als Hauptmann aller Graven, Herrn, Ritter und Knechte den 4. Octobr. am Montag nach Michaelstag 1451. mit Gr. Ludwigen und Eberharden zu Würtenberg Gebrüdern ein Bündnuß schloſſe, ſo heiſſet es darinnen, daß ſolches mit Gunſt, Rath und Wiſſen Grav Ulrichs ihres Vormunders und der nachgeſchriebenen Fünffer, nemlich Albrecht Spätten Hofmeiſters, Hannß Truchſeſſen von Bichißhauſen, Wolfen von Bubenhofen, Wolfen von Neuhauſen und Hannſen Tumb von Neuburg als Grav Ulrichs Statthaltere geſchehen, und daß diſe und andere Räthe zu Ausrichtung und Handlung der jungen Graven Geſchäffte geordnet ſeyen. Die Allianz wurde zu Tübingen geſchloſſen und darinn abgeredt, daß, wann die jungen Graven oder die ihrigen unerfordert und unerfolgt Gerichts und Rechts von jemanden angegriffen, beldgert oder überzogen würden, die Geſellſchafft auf jedesmalige Mahnung ſogleich auf friſcher That mit allen den ihrigen zu Hülf kommen wollen. Welche Würtembergiſche Prälaten und Diener aber ſolche Hülfe zu genieſſen verlangten, die ſollten der Geſellſchafft Hauptmann, oder wem er ſolches befehlen würde, geloben der Geſellſchafft ein gleiches zu thun. Wann auch jemand die Graven wider gleich billiches Recht bekriegen wollte oder ihnen von jemand um ihre redliche Forderung billiches Recht nicht angedeyhen möchte, ſo ſollen die Graven oder ihre Statthalter 7. Räthe, nemlich Conrad von Weytingen, Ritter, Conrad von Bubenhofen, Hannſen von Halfingen, Fridrichen von Enzberg, Heinrich von Gültingen, Rudolph von Ebingen, und Schwarzfritzen von Sachſenheim manen, welche erkennen ſollen, ob die Geſellſchafft den jungen Graven Hülfe zu thun ſchuldig ſeye. In welchem Fall ſie zu täglichem Krieg drey Edle mit 31. Pferden gewapnet und wohlerzeugt mit Pferden und Harnaſchen ſchiken ſollen, doch daß jeglicher der Edlen nicht mehr, als einen Knaben habe. Deßgleichen ſolle die Geſellſchafft mit diſer Hülfe ihren Feindsbrief den jungen Graven gen Urach oder Tübingen ſchicken um ſolchen an die Feinde überſenden zu können. Wann ſie Zeug und Werkleut d. i. Artillerie und Conſtabel nach unſerem heutigen Begriff brauchten, ſollen die Graven ihnen ſolche leyhen, doch auf der Geſellſchafft Schaden, welche auch ſolchen Zeug wieder dahin liefern ſolle, wo ſie ihn empfangen habe. Wollten aber die Graven und ihre Statthalter ſolchen nicht geben oder den Schaden zu hoch anſchlagen, ſo ſollen vier von der jungen Graven den und drey von der Geſellſchafft Seiten erkennen, was recht iſt. Man kan hier erlernen, daß Grav Ulrich, weil es eine Vormundſchafftliche Handlung geweſen, überall der jungen Graven gedacht und dabey nur gemeldet, daß alles mit ſeinem und der Vormundſchaffts Räthe Genehmigung geſchehen. Steinhofer erzehlet ferner, daß Gr. Ulrich als Vormünder ſich mit der Stadt Heylbronn wegen eines in dem Würtembergiſchen Glait gefangenen Burgermeiſters verglichen. Er irret ſich aber hier, wie an andern vielen Orten. Dann 1.) der gefangene Hannß Eyerer war nicht Burgermeiſter, ſondern ein Burger in diſer Reichsſtadt, deſſen ſich Burgermeiſter und Rath angenomen hatte. 2.) Nennte ſich zwar Gr. Ulrich, wie er ſolches in allen ſeinen Titulen gewohnt war, einen Fürmunder, aber es gieng diſer Handel ſeine Vormundſchafft eigentlich nichts an, indem er als Schiedsrichter zwiſchen ſeinen Vormundſchaffts Statthaltern und der Stadt Heylbronn einen Vergleich ſtifftete und zu ſolchem Ende beede Theile zu ſich nach Stuttgard vertagte. Diſe verwilligten auch darein, daß Hannß Eyerer weder wegen erlittenen Gefängnüſſes, noch Verluſts an Pferden, Harnaſch und andern mehr einige Anſprache thun, und hingegen die Vormundſchafftliche Statthalter demſelben 200. fl. bezahlen ſollen (y).

§. 93.

Der St. Georgen Geſellſchafft an der Donau folgte gleich am Montag vor Liechtmeß 1451. die Geſellſchafft eben deſſelben Schilds vor dem Schwarzwald nach. Wie aber jene ihre Einung geſchloſſen, ſo wurde hingegen diſe geringer gehalten. Dann Gr. Ulrich nahm ſie als Vormünder Gr. Ludwigs und Gr. Eberhards auf zwey Jahre nur zu Dienern an. Es geſchahe ſolches unter folgenden Bedingungen, daß nemlich 1.) wann den Graven, ihren Dienern und den ihrigen ein Zugriff geſchähe, alle und jegliche aus der Geſellſchafft, wie ſie aufgemahnet werden, zu friſcher That herzu eylen und Rettung thun ſollen. 2.) Wann aber jemand dieſelbe zu einer Feindſchafft bringen und das angebottene gleiche billige Recht nicht annehmen wollte, ſolle die Geſellſchafft deſſelben Feind werden. Doch, wann 3.) ſie däuchte, daß das Recht nicht genug erbotten worden, ſollen diejenigen, welche es angehet, aus nachfolgenden, nemlich Sigmund Graven von Hohenberg, Hannſen von Whfingen, Groß-Balv zu Rhodis und Comenthur S. Johannis-Ordens, Hannſen von Hailfingen, Rudolf von Ehingen, Merklin von Hailfingen, Conraden von Bubenhofen, und Hannſen von Gültlingen zu Entringen einen Obmann nehmen und jeder Theil drey Gemeinen ſetzen, welche erkennen ſollen, daß das Recht gebührend geboten worden, in welchem Fall 4.) ſie den Graven und den ihrigen helfen und von ihrentwegen feind zu werden ſchuldig ſeyen,

doch,

(y) vid. Beyl. num. 86.

doch, daß man diejenige, welche in solche Dienste kommen, in der jungen Herrn Kosten und Schaden halte, und hingegen die Helfer ihnen biß zu Austrag der Sache beholfen seyen. Wäre aber 5.) das Recht nicht gnugsam erboten worden, soll es derjenige, den es angehet, noch thun und, wann er solches zu thun verweigere, die Gesellschafft ihm keine Hülfe schuldig seyn. Wann auch 6.) einer oder mehrere aus der Gesellschafft zu den Graven, oder ihren Dienern oder ihre Angehörigen und die sie zu versprechen haben, sie seyen geistlich oder weltlich, zu sprechen hätte, solle der klagende Theil unter der Gesellschafft sich Rechts begnügen lassen vor einem Gemeinen, welcher aus nachfolgenden der Graven Räthen genommen werden solle, nemlich Gr. Eberhard von Werdenberg, Junker Symon von Stöffeln, Frey-Herrn, Hannß von Stein zu Klingenstein, Ritter, Hannß von Stein zu Rapnsperg, Ritter, Eberhard von Stein, Schwarzfriz von Sachsenheim und Fridrich von Enzberg, mit gleichem Zusatz, deren jeder Theil unter zween nicht setzen soll, es wäre dann beeder Wille. Und zwar soll solch Recht angehen in 3. Tagen und sechs Wochen, bey dessen Ausspruch es auch bleiben und davon nicht geappelliret und auf Acht und Bann nicht gesprochen werden, sondern solcher still ligen solle. 7.) Bekämen aber der Gesellschafft oder eines davon armen Leut und Hintersässen zu der Graven Räthe, Dienern, armen Leuten und Hintersässen Anspruch und Forderung, sollen sie einander nachfolgen an das Gericht, darinn sie gesessen sind. 8.) Wann es zweifelig wäre, welcher dem andern nachfolgen d. i. den klagenden Theil abgeben sollte, sie solches vor einem Gemeinen und seinen Zusätzen leutern lassen, wer dem andern zusprechen solle. Was aber 9.) jeglicher seinen Herren oder Frauen von Lehens-Raths-Amts- oder Dienstes-wegen oder seinen Gemeindern von Burgfriedenswegen verbunden wäre oder würde, daran soll ihm dise Verschreibung keinen Eintrag thun. 10.) Endlich sollen alle alte Sachen ausgesetzt seyn, welche vor diser Verschreibung zu Krieg, kundlicher Feindschafft oder zu redlicher Forderung gekommen sey. Dise Dienstes-Verschreibung besigelten im Namen der Gesellschafft Grav Sigmund von Hohenberg, Hannß von Gerolzeck, Herr zu Sulz, Bruder Johann von Wytingen, Conrad von Wytingen, Ritter und Hauptmann der Gesellschafft, Rudolff von Ehingen, Conrad von Bubenhofen und Mercklin von Hailfingen.

§. 94.

Indessen war Gr. Ulrich auf die Jrrungen, welche die Churpfalz mit ihren Nachbarn hatte, und inebesondere auf des damaligen Vormunders Friderichs Absichten die Chur auf seine Person zu bringen und seinen Vormunds-Sohn Pfalzgr. Philippsen an Kindesstatt anzunehmen sehr aufmerksam. Es wurde im Julius 1451. ein Tag zu Speyr angesetzt, wo viele benachbarte Fürsten erschie-

erschienen. Gr. Ulrich begab sich selbsten auch dahin (z). Es machten aber der beeden jungen Graven Räthe Grav Ulrichen wegen der Vormundschafft ebenmäßig allerley Vorwürfe, als ob er sich zu viel herausnähme. Als aber derselbe sich gnugsam gegen ihnen verantwortete, hängten sie sich an Pfalzgr. Friderichen, welcher als der beeden Graven Muter-Bruder dabey seyn wollte, wann der Hofmeister und Vormunds-Räthe ihre Rechnung ablegten. Gr. Ulrich widersprach solchem Ansinnen. Er hatte auch einige Verdrüßlichkeiten wegen der Gravschafft Löwenstein mit dem Pfalzgraven, welcher solche seines Bruders Wittib zur Widerlage ihres Zugelds eingeräumt hatte. Hr. Steinhofer gibt vor, daß Gr. Ulrich wegen seiner Gemahlin Anspruch gemacht habe. Es ist aber nicht möglich, weil diser Grav erst ein Jahr hernach mit diser Wittwe sich in ein Verlöbnuß eingelassen. Ich vermuthe vielmehr, daß Gr. Ulrich auf die Gravschafft Löwenstein sonsten eine Anspruch gemacht, indem die ehmalige Graven von Löwenstein schon lange zuvor Erbdiener der Graven von Würtenberg gewesen und dises Recht nur nach der Pfälzischen Vehde wieder hervorgesucht worden. Es mag nun dem seyn, wie ihm will, so suchte Gr. Philipp von Katzenelnbogen dise zween Herrn miteinander auszusöhnen. Gr. Ulrich versprach demnach, wann man seiner Vormunds-Söhne Rechnungen abhören wollte, solches dem Pfalzgraven zu wissen zu thun, damit er nach seiner Gelegenheit auch seine Räthe darzu schicken möchte. Die Strittigkeit hingegen wegen der Gravschafft Löwenstein sollte von Austrag-Richtern, deren jeder Theil zween ernennen könnte, und einem Obmann, nemlich dem Teutschmeister, entschieden werden. Allein wegen der Vormundschafft müßte wieder eine andere Ordnung gemacht werden, zu welchem Ende Pfalzgrav Friderich seine Räthe, nemlich Ludwigen von Ast, Thumprobst des Stiffts zu Worms und Schweikarten von Sickingen, Vogten zu Brettheim abordnete. Der beeden jungen Graven Räthe kamen auch nach Tübingen, Gr. Heinrich von Fürstenberg, Gr. Eberhard von Werdenberg, Symon von Stöffeln, Werther von Zimmern, freye, Burkard von Elrbach, Berchtold von Schellenberg, Conrad von Witingen, Hannß vom Stein von Klingenstein, und Conrad von Stein alle fünf Ritter, Albrecht Spät, Hofmeister, Hannß Truchseß von Bichißhusen, Wolf von Bubenhofen, Wolf von Neuhausen, Hannß Thumb von Neuburg, Hannß von Helmstatt, Schwarzfritz von Sachsenheim, Hannß von Münchingen, Conrad von Bubenhofen, Hannß Harscher. Land-Vogt (zu Mömpelgart) Hannß Sturmfeder, Georg von Neuneck, Heinrich von Gültlingen, Ulrich von Westerstetten. Vogt zu Blaubeuren, Rudolph von Ehingen, Heinrich von Stein von Klingenstein, Hannß Spät, Hannß von Leinstetten, Hannß von Sachsenheim, Vogt zu Brackenheim, Burkard Bondorf von
Witin-

(z) Siehe Herrn Krämer vortreffliche Geschichte Churf. Friderichs I. lib. I. §. 14. pag. 70.

Fünfter Abschnitt. 207

Witingen und Dietrich Haug. Dise vereinigten sich den 5. October 1452. mit Gr. Ulrichen, daß Albrecht Spät als Hofmeister sein Wesen und Cantzley zu Tübingen haben und tägliche und geringe Sachen allein ausrichten, in schwereren aber einen oder zween Räth zu ihm bescheiden solle. Wo hingegen ein Nutzen oder Schaden entstehen könnte, das sollen der Hofmeister und die zu ihm gezogene Räthe an Gr. Ulrichen bringen und ohne ihn nicht ausrichten. Wann mehrere Räthe vonnöthen wären, sollen sie darzu beruffen werden. Die bisherigen Statthalter oder Räthe, welche dem Hofmeister beygegeben waren, mußten mit einhelligem Rath und Willen der übrigen Räthe von ihrem bisherigen Amt abstehen und darein bewilligen, daß alles auf obgeschriebene Weise gehandlet würde. Grav Ulrichs Vormundschaffts-Insigel, welches ich oben vorgelegt, wurden Peter Schreibern empfohlen, welcher darüber gelobte und schwure, daß er ohne des Graven und Hofmeisters Wissen und Geheiß damit nichts siglen solle. Gr. Ulrich, der Hofmeister und Räthe wollen auch verordnen, wie es mit der Cantzley und Besoldungen gehalten werden solle.

§. 95.

Gleich nach disem Vergleich gab Gr. Ulrich, als Vormunder und Pfleger der jungen Graven Personen und Güter Petermann Clôvis von Grange die Freyheit, daß er allein in den Herrschafften Passavant, Clervall und Granges die Macht und Gewalt eines offenen Schreibers oder Notarien haben sollte um alle Contracten, Testamente und andere letzte Willen in Schrifften zu bringen und solche mit dem Sigill der gedachten Herrschafften zu besiglen (a). Er übte also nicht allein in der Gravschafft Württenberg seine vormundschafftliche Rechte aus, sondern dise erstreckten sich auch in die Gravschafft Mömpelgard, und die damit verbundene Herrschafften. Als Regent aber in seinem eigenen Landestheil entschloß er sich bey Köngen eine steinerne Brücke über den Neckar zu bauen. Dises Dorf gehörte den Thumben von Neuburg, welche die Gerechtigkeit einer Fahrt über disen Fluß hatten um die Leute über denselben zu bringen. Grav Ulrich verglich sich mit disen den 15. Decembr. 1452. daß er sich der Gerechtigkeit begabe, dabey aber ausbedunge, daß von seinen Unterthanen zu Köngen kein Brucken- oder Fahrgeld genommen werden solle. Bemeldter Grav eignete auch in dem Jahr 1453. seinem Lehenmann Georg Dürner alle seine lehenbare Güter zu Schlaitdorf, dagegen diser aus Dankbarkeit alle seine Gerechtigkeit an der Gewaltsame daselbst in die Hände des Graven übergab und sich ausbath, daß die dasige Burg mit dem darzugehörigen Garten, Aecker, Wisen, Weinbergen ꝛc. Lehen bleiben solle. In dem Jahr 1452. aber erkaufte er nicht allein von Ursule Truchseßin

von

(a) vid. Beyl. num. 87.

von Stetten und ihrem Sohn Cuno Maysern alle Eigenschafft, Gerechtigkeit, Vogtey, Güter und Gewaltsamen zu Lobenrod, Schambach und Krumenhard um 370. lb. Hlr. an sich, sondern auch von Carl Sachsen, der Heil. Schrifft Licentiaten und Propsten zu Göppingen und von hasigem Stifft alle dessen Güter zu Pliensbach. Die Verkäufer fertigten solchen Kauf nach Landes-Recht, nach Eigens-Recht und nach dem Rechten. Und im Namen seiner beeden Vormunds-Söhne erweiterte er deren Einkünfte und Lande durch Erkaufung der Burg Jetenbruck mit ihren Zwingern, Garten, Graben und darzu gehörigem Weyler als eines freyen Eigenthums. Eberhard Becht, ein Burger zu Reutlingen verkaufte solches an die beede junge Graven und erhielte 2682. fl. dafür. Eben an dise überließ auch in disem letztgemeldten Jahr Pfaff Heinrich Haug, Caplan zum H. Creutz der Pfarrkirche zu Rotweil den halben Theil der Vogtey und des Gerichts im Dorf zu Weyler bey Marienzell um 20. fl. Aus welchem geringen Preiß leicht abzunehmen, daß dise Obrigkeits-Rechte sehr wenige Nutzungen abgeworfen haben.

§. 96.

In dem folgenden Jahr 1453. erkaufte Gr. Ulrich in seinem Namen von Casparn von Ow die gantze Burg Bodelßhausen mit dem Dorf gleichen Namens, und den Weylern Stein, Sickingen und Bertholdsweyler, welche die von Ow seit dem Jahr 1403. von der Herrschafft Würtemberg zu Lehen trugen. Die Graven von Zollern machten aber Anspruch an die letztere, weßwegen Gr. Ulrich sich mit Grav Joß Niclasen von Zollern im Jahr 1472. verglich und gegen Bezahlung 1863. fl. dieselbe an disen abtratt. Ingleichen erkaufte er von Probst Johannsen und dem Stifft zu Backnang das Gericht zu Weyler zum Stein nebst einigen Höfen, Zinsen, Gülten, Zehenden und Keltern daselbst und zu Immensenweyler, Rülingshausen, Affalterbach, Erbstetten, Burgstal, Atzmannshofen, einem nun abgegangenen Dorf, Steinheim, Schmidheim an der Hart, Schwaickheim, Leutenbach, Nelmerspach, Hirßmansweiler, welches auch abgegangen, zu Kleinen-Botwar und Bittenfeld. Mit denen Graven von Helfenstein aber hatte er unterschiedliche Verdrüßlichkeiten. Dann gleich zu Anfang dises Jahres 1453. übergab die Reichs-Stadt Ulm Gr. Ulrichen alle ihre Schuld und Gerechtigkeit auf der Pfandschafft Hiltenburg und Wisenstaig, welche sie von Gr. Hannsen, Ulrichen, Fridrichen und Ludwigen von Helfenstein gehabt. Dagegen er hinwiderum diser Reichs-Stadt einen zimlich grossen Forstbezirk überließ, aber dabey die Gleits-Gerechtigkeit bis an den Schweinbach bey Güssen sich ausbedunge. Gleich darauf verglich er sich mit Gr. Fridrichen von Helfenstein, worinn er disem zu solchem dritten Theil der Vestung Hiltenburg und Herrschafft

Wisenstaig, wie er solchen von der Reichs-Stadt Ulm erhalten, den Vorkauf und eine ewige Losung um 9000. fl. und noch jährlich 150. fl. Dienstgeld versprach, doch daß, wann er auch anderer Herrn Dienste annehmen würde, er sich vorbehalten sollte nicht wider Gr. Ulrichen zu Würtenberg dienen zu dörfen. Den 7. Hornungstag verkaufte er die Stadt Leipheim an bemeldte Reichsstadt. Weil aber dieselbe Gr. Ulrichen dem jungen von Helfenstein und seinem Bruder Conrad wegen der Herrschafft Heydenheim eingegeben ware, so gab ihnen Gr. Ulrich seine Stadt Beylstein ein, welches hernach zu grossen Strittigkeiten Anlaß gab. Gr. Ulrich scheint solches vorausgesehen zu haben, indem er sich dabey ausbedunge, daß er solche Burg und Stadt nicht allein in baulichem Wesen und Ehren halte, sondern auch dieselbe weder verpfände, noch verkaufe, vielmehr der Herrschafft Würtenberg auf alle Nothfälle offen halte. Dise Vorsicht war sehr nöthig. Dann der Graven von Helfenstein Umstände waren in gröstem Zerfall, und eben damals erhielten Gr. Ulrich, Wilhelm und Ludwig von Oetingen, Bero und Veit von Rechberg, Diepold Güß von Güssenberg, Hannß von Kudringen und andere vor dem Hofgericht zu Rotweil eine Urthel, daß Gr. Ulrich zu Würtenberg ihnen 200. fl. an denen jährlichen Zielern von 450. fl. welche er Gr. Ulrich von Helfenstein dem jungen an dem Kauf der Herrschafft Heydenheim zu bezahlen hatte, abtragen solle. Nirgends hatten sie eine Wohnung oder Sitz, weil alle ihr Lande und Leute in fremden Händen waren und froh seyn musten, wann andere Fürsten und Graven ihnen einen Sitz einraumten. Wir werden aber bald vernehmen, wie undankbar wenigstens Gr. Ulrich von Helfenstein gegen seinem Wohlthäter gewesen, und Gr. Ulrichen von Würtenberg wegen der Burg und Stadt Beylstein in grosse Verlegenheit gesetzt habe. Nicht weniger machte ihm die strittige Wahl eines Abts zu Elwangen zu schaffen, weil solche Abtey in seinem besondern Schutz und Schirm stunde. Ein Theil der damaligen Münche erwählte Albrecht Schenken und der andere Theil Hannsen von Hirnheim. Disen Stritt beyzulegen schickte Gr. Ulrich seine Räthe dahin, welche solchen dergestalt beylegten, daß der Schenk die Abtey seinem Gegentheil abtratt und sich nur ein Leibgeding ausbedunge, mithin der von Hirnheim in dem Besitz der Abtey bliebe, und nachmals so glücklich ware, daß er der letzte Abt und erste Probst zu Elwangen wurde. Ich habe in dem ersten Theil diser Geschichte angeführt, daß Herzog Berchtold von Zäringen ein Closter zu Weilheim unter der Burg Teck gestiftet, aber solches hernach auf den Schwarzwald verleget und ihm den Namen S. Peter gegeben habe. Von seiner erstern Stiftung an hatte es Güter in dortiger Gegend besessen, darunter auch ein Hof zu Jesingen und ein Gut, Kaltenwang genannt, gewesen. Dise tauschte Gr. Ulrich von dem Closter ein und gab ihm dafür etliche Gerechtigkeiten und Einkünften zu Bissingen,

Dd

singen, einem nahe bey dem Schloß Teck gleichmäßig gelegenen Dorf, wo das Closter solche noch besitzet. Er befreyete solche Güter von der Dienstbarkeit der Hundlegin, und andern sonsten gewöhnlichen Diensten. Nur die Steuren und Schatzungen wollte er ihnen nicht nachlassen.

§. 97.

Unter allen solchen Geschäfften bewarb sich Gr. Ulrich wieder um eine Gemahlin. Churfürst Ludwigs von der Pfalz hinterlassene Wittib, Margreth, eine Tochter Herzogs Amadäus von Savoyen, welcher nachgehends die Päpstliche Würde unter dem Namen Felix V. auf sich nahm, wurde darzu ausersehen. Wie sie Grav Ulrichs dritte Gemahlin wurde, so war sie auch schon vorher zweymal zu einer Wittwe worden. Dann sie wurde erstlich mit König Ludwigen III. von Sicilien vermählet. Nach dessen Absterben heurathete sie obgedachten Churfürst Ludwig von der Pfalz, mit welchem sie einen einzigen Prinzen, Philippen, erzeugete. Aber auch diser starb den 13. August 1449. Herzog Ludwig von Bayern vermittelte die Vermählung mit Gr. Ulrichen zu Würtenberg und die Heurath wurde den 9. Julii geschlossen. Sie war schön, tugendsam und reich. Dann, als sie sich mit Gr. Ulrichen verlobete, brachte sie ihm 5000. Ducaten jährlicher Gülten zu und hatte noch an die Erben ihres ersten Gemahls starke Ansprach. Wegen ersterer waren ihr die Schlösser und Städte Löwenstein und Mecknül nebst dem Zehenden zu Heylbronn und die Zölle zu Mannheim und Oppenheim verschrieben (b). Gr. Ulrich widerlegte ihr solch zugebracht Gut mit den Einkünften der Stadt und des Amtes Schorndorf, und wurden die Frondienste, Heu, Stroh, Geflügel, Wildprett ꝛc. nicht mit eingerechnet, wie sonst gewöhnlich ist. So vortheilhafft aber dise Vermählung schiene, so viele höchst verdrüßliche Folgen hatte sie. Dann obschon Gr. Ulrich mit diser Gemahlin sehr vergnügt lebte, so gerieth er doch wegen ihres Zubringens mit Pfalzgrav Friderich, dem siegreichen, in beschwerliche Zwistigkeiten und Feindschafft, welche zuletzt in einen öffentlichen Krieg ausbrach. Wiewohl auch noch andere Umstände solchen nicht wenig beförderten.

§. 98.

Bey der gedachten Vermählung waren der Churfürst und Gr. Ulrich in gutem Vernehmen und es hat das Ansehen, als ob jener selbsten dem Beylager beygewohnet. Wenigstens war er um eben die Zeit, da dises gehalten wurde, auch zu Urach, als Grav Ludwig der Jüngere im November dises Jahres 1453. die Regierung antratt und Gr. Ulrich der Vormundschafft über ihne entsagte. Weil aber

Gr.

(b) Kremer Geschichte Pfalzgr. Friderichs lib. II. §. 9. pag. 137.

Fünfter Abschnitt.

Gr. Ludwig ein schwacher Herr ware und ohnehin das vierzehende Jahr kaum erreicht hatte, so fanden sie doch für gut einer Regimentsordnung sich zu vergleichen, woraus abzunehmen, daß zwar die Vormundschafft dem äusserlichen Schein und Namen nach aufgehört, Gr. Ludwig aber dennoch sehr wenig an der Regierung seines Landes Antheil genommen habe. Dann nur das einzige findet man darinn, daß alle Regierungsgeschäffte unter seinem Namen ausgefertigt werden sollen und ihm ein eigen Sigill zugedacht worden. Uebrigens bestellte nicht dieser junge Graf, sondern der Churfürst und Gr. Ulrich Albrecht Späten zu der beeden jungen Herrn, Gr. Ludwigs und Eberhards Hofmeister, zu welchem der Churfürst einen von seinen Räthen, Hannsen Sturmfeder und Gr. Ulrich Stephan von Emershofen setzte. Dise drey Regimentsräthe gelobten und legten einen Eyd ab sowohl Gr. Ludwigen, als auch Gr. Eberharden getreu und hold zu seyn, ihren Schaden zu verhüten und ihr Bestes zu werben, auch ihre Sachen mit Einnehmen und Ausgeben auf das nutzlichste zu bestellen. Wann Sachen vorfielen, welche dise drey nicht ohne der andern Räthe Hülfe und Rath auszurichten vermöchten, so sollten sie etliche der tauglichsten zu ihnen beruffen und nach Verrichtung des Geschäffts solche wieder nach Hauß schicken. Fielen aber solche wichtige Sachen vor, welche sie bedunkte ohne des Churfürsten und des Graven Gutheissen nicht über sich nehmen zu können, so sollten sie selbige an dise beede Fürsten gelangen lassen und nach deren beeder Bescheid und Unterrichtung handeln. Ferner wurde abgeredt, daß die beede junge Graven und ihre mit Landgraf Ludwig dem freymüthigen von Hessen verlobte Schwester Mechtild so lang ihren Stand und Wesen zu Urach haben sollen, bis dise Braut zu ihrem Gemahl geführt würde, welches den 1. Sept. des folgenden Jahres erfolgte. Nach disem wurde den breden Graven ihr Auffenthalt in dem Schloß Asperg angewiesen und die drey Räthe mit der Canzley nach Grüningen verwiesen, doch, daß sie nicht in der Graven Kost seyen, sondern dem Hofmeister auf 6. Pferde und jedem der beeden zugegebenen Räthe jeglichem auf ein Pferd zu Tag und zur Nacht sechs Schillinge, 3. Heller und ein Meß Habern für Kost, Stallmiet und anders gegeben werde. Wann auch andere Räthe vorgemeldter massen zu ihnen aufgebothen werden, sollen sie ebenmäßig die Kost nicht bey Hof haben, sondern man soll ihren Pferden Futer von Hof und jeglichem für Kost und Pfandlosung auf ein Pferd Sechs Schilling und 3. Hlr. geben. Ingleichem sollte man Gr. Ludwigen ein Sigel machen lassen und alle Sachen unter seinem Namen von sein und seines Bruders Gr. Eberhards wegen schreiben und damit versiglen. Auch sollen gedachte drey Regiments-Räthe das Insigel bewahren und bewahrt bestellen, daß nichts ohne ihren Willen und Geheiß damit gesiegelt werde. Gleichmäßig sollen dise und, mithin, nicht Gr. Ludwig, jedoch unter dessen Namen

men von seinet, und Gr Eberhards wegen alle Lehen leyhen und Brief dafür geben und nehmen, so daß die Brief im Namen nicht nur Gr. Ludwigs von seinetwegen, sondern auch [von] Gr. Eberhards wegen stehen sollen. Wann weltliche Lehen disen heimfallen, so durfften weder die junge Graven, noch ihre Vormunds-Räthe solche anderwerts verleyhen, sondern dasselbe an den Pfaltzgraven und Gr. Ulrichen bringen. Geistliche Lehen hingegen, Kirchen und Pfründen zu verleyhen, wurde den drey verordneten Räthen überlassen, doch daß sie solche an geschickte und taugliche Leute vergeben. Bedenklich ist, daß den drey gedachten Räthen scharf eingebunden wurde, niemanden, es seye, wer da wolle, zu den jungen Herrn und dem Frdulen zulassen, ausser diejenige, welche zur Aufwartung verordnet seyen, und daß abgeredt worden Gr. Ludwigen so lang möglich in diser Ordnung zu erhalten. Es scheint, daß man wegen seiner Blödigkeit ihm nicht viel zugetrauet und sich seines baldigen Absterbens versehen habe. Dann zu Ende dises Vertrages stehet noch, daß, wann Gr. Ludwig von Todeswegen abgieng, dise gemachte Ordnung auch aufhören sollte.

§. 99.

Ungeacht aber solcher Schwachheit und unangesehen, daß solchemnach Gr. Ludwig wenigen Antheil an der Regierung gehabt, so schickte er dennoch seine Gesandte an den Kayser noch zu Ende dises Jahrs 1453. um die Lehen nunmehro in seinem eigenen und seines noch unmündigen Bruders Gr. Eberhards Namen selbst von ihm zu empfahen. K. Friderich belehnte also zu Neustadt denselben für sich und als einen getreuen Lehenträger gedachten seines Bruders mit der Gravschafft Würtenberg und dem einen Theil der Gravschafft Mömpelgard, nemlich mit der Burg und Stadt daselbst und ihrer Zugehörung, welche von dem Kayser und Reich zu Lehen rühren, wie auch mit allen andern ihren Grav- und Herrschafften und andern Landen, so viel derselben ihrem Vater in der mit seinem Bruder Gr. Ulrichen gemachten Theilung worden sind, und auch mit ihrem Theil an den Lehen, welchen ihr Vater und Gr. Ulrich nicht getheilt haben, wie ihm solche K. Sigmund schon geliehen habe, und darzu mit den Lehen, welche ihr Vater seither der Theilung an sich gebracht und gekauft hat, nemlich dem halben Theil an der Herrschafft Hornberg, der Herrschafft Valkenstein, Lupfen dem Burgstal und Berg und dem Schloß Karpfen mit seinen Zugehörden, Herrlichkeiten, Würden, Ehren, Rechten, Mannschafften, hohen und nidern Gerichten, Wildbännen, Münzen, Zöllen, Glaiten Landen und Leuten. Zugleich wurde ihm befohlen für sich und als Lehenträger seines unmündigen Bruders Pfaltzgr. Friderichen zwischen dem Datum des Lehenbriefs und Sanct Gallentag an des Kayers statt gewöhnlich Gelübd und Eyd zu thun dem Kayser und Reich davon getreu, gehorsam

Fünfter Abschnitt.

sam und gewärtig zu seyn und alles das zu thun, was ein Mann und Lehenträger seinem Lehen-Herrn von solcher Lehen wegen pflichtig seye. Dise Belehnung geschahe am Freytag nach Erhards-Tag, nemlich den 11. Januarii. Bald darauf, nemlich den 21. Januarii empfieng auch Grav Ludwig durch seinen Rath Hannß Harschern den Bann über das Blut in seinen und Gr. Eberhards Gerichten, Grav- und Herrschafften zu richten und denselben seinen Amtleuten zu empfehlen, damit bey dem Eyde, welchen gedachter Harscher darum gethan, zu handlen und zu vollfahren, so offt es zu schulden komme, als Trdger Grav Ludwigs und Gr. Eberhards und zwar also, daß der Harscher und die Amtleute, welchen er solchen Bann befehlen werde, damit gegen Armen, wie gegen dem Reichen, und dem Reichen wie dem Armen zu richten und weder Lieb noch Leyd, Feindschafft noch Freundschafft, Mieth noch Gabe, sondern allein göttliches und gerechtes Gericht anzusehen. Zugleich bestetigte ihm der Kayser alle Freyheiten, Rechten, Handvesten, und Pfandschafften (c), welche Gr. Ulrich zu Ende dises Jahres 1454. gleichmäßig bestetigen ließ.

§. 100.

So bald auch Gr. Ulrich die Vormundschafft seiner Vettern abgelegt hatte, so überredete Pfalzgr. Friderich Gr. Ludwigs Hofmeister und Räthe, daß sie im Namen Gr. Ludwigs eine Eynung mit ihme errichteten, vermöge welcher sie ihm allen Beystand wider seine Feinde, nur Gr. Ulrichen ausgenommen, versprachen. Gedachter Pfalzgrav hatte sich viele Feinde erwecket, weil er sich anstatt der Vormundschafft über seines Bruders unmündigen Sohn als rechtmäßigen Churfürsten die Churwürde selbst anmassete. Der Kayser wollte solches nicht verwilligen und die meiste Fürsten und Stände des Reichs sahen solches Unternehmen auch nicht gleichgültig an. Er hatte dabey an Herzog Ludwigen von Beyern und Graven zu Veldenz einen abgesagten Feind. Die Marggraven zu Baden wollte er nicht mit den Schlössern Graben und Stein belehnen, weil sie ihm den Churfürstlichen Titul zu geben sich nicht entschliessen konnten. Dise stunden in einem Bündnuß mit obgedachtem Herzog Ludwigen. Pfalzgr. Friderich hatte also Ursach sich ebenmäßig um Bundsverwandte zu bewerben. Gr. Ulrich wollte nicht einwilligen, daß Gr. Ludwig sich in ein Bündnuß mit dem Pfalzgraven einlassen sollte, weil die Würtenbergische Lande dadurch in grosse Gefahr gesetzt würden und die Marggraven von Baden leichte Anlaß nehmen dörfften in die Würtenbergische oder Mömpelgardische Lande einzufallen. Es ist deßwegen sehr wahrscheinlich, daß Pfalzgr. Friderich denselben von der Vormundschafft Gr. Ludwigs zu entfernen gesucht. Der Vorwand war da, daß diser Grav gleichwohl sein vierzehen-

des

(c) Mosers Sammlung Würtemb. Urkunden n. 11. pag. 21.

des Jahr erreicht und keinen Vormund nach damaligen Rechten mehr nöthig hätte. Dann kaum war der obgedachte Vertrag wegen der Regiments-Ordnung errichtet und Gr. Ulrich von der Vormundschafft entfernt, so machte gleichbald der Pfalzgrav das schon 6. Monathe zuvor verglichene Bündnuß mit Gr. Ludwigs Räthen richtig, ohne mit Gr. Ulrichen in einer so wichtigen Sache zu Rath zu geben, wie nach der gemachten Regiments-Ordnung hätte geschehen sollen (d). So unzufrieden Gr. Ulrich über dise Demarche war, so sehr beharrte er auf dem einmahl gefaßten Grundsatz, daß obschon die Graufchafft Würtenberg in zwey Theile getheilet wäre, dennoch eine Einigkeit unter den Herrn unzertrennt verbleiben müßte. Solchemnach erneuerten die Graven ihre schon zuvor gehabte Eynung auf 20. Jahre einander wider ihre Feinde beyzustehen, außer, daß sie anfänglich das Hauß Oesterreich und noch andere Fürsten ausnahmen, hernach aber in Ansehung des ersten selches abänderten und sich vereinigten auch wider das Hauß Oesterreich nur mit Ausnahme des Römischen Keysers einander Hülfe zu thun.

§. 101.

Villeicht hat Gr. Ulrich neben der Absicht ein gutes Vernehmen in dem Grävlichen Hauß zu erhalten auch vorbauen wollen, daß Gr. Ludwig nicht allzu tief in die Händel des Pfalzgraven verwickelt würde. Dann das Datum des mit disem gemachten Bündnusses zeiget offenbar, daß es schon errichtet gewesen, da Gr. Ludwig noch unter der Vormundschafft Gr. Ulrichs gestanden. So veranlaßte Pfalzg. Friderich auch Grav Ludwigs Räthe in eine andere Aliantz mit ihm zu tretten. Er hatte nemlich im Jahr 1451. mit Herzog Albrecht und Ludwig von Bayern ein Bündnuß errichtet, worein nun am Montag nach S. Kilians-Tage 1454. die beede Graven auch tretten sollten. Es heißt zwar, in dem Eynungsbrief, daß sie bey dem Churfürsten und den beeden Herzogen ernstlich gebethen, sie auch darein aufzunehmen: allein sie konnten nach dem Inhalt der angezogenen Regiments-Ordnung geringere Sachen und nicht einmal die Belehnung ihrer Lehen-Leute verrichten, sondern Gr. Ludwig mußte nur den Namen darzu geben. Wie dem seye, so wurden sie in dises Bündnus aufgenommen, daß Gr. Ludwig und Gr. Eberhard und alle ihre Herrschafften, Unterthanen, Räthe, Mannen, Diener und alle, die ihnen zu schirmen und versprechen stehen, Geistliche und Weltliche, gegen den obgenannten drey Fürsten, ihren Räthen, Mannen, Dieneren, Landen und Leuten solcher Eynung geniessen sollten, so lang solche noch währen würde. Sie gelobten und versprachen hinwiderum bey ihren Ehren, Treuen und Würden solche Eynung getreulich nach allem ihrem Inhalt zu halten. Wann sie auch um Hülfe gemahnet werden, verbinde-

(d) vid. Beyl. num. 88.

Fünfter Abschnitt.

ten sie sich zwey und dreyßig reysiger mit Harnasch und Pferden gerüsteten Mannen oder auch mit ganzer Macht zu Hülfe zu kommen, und zwar wider jedermann. Nur allein nahmen die junge Graven den Kapser, Herzog Philippsen von Burgund und den Burgfriden zu Sulz, am Schloß und Stadt, aus. Man bediente sich zwar Gr. Ludwigs Sigill dabey: Es mußten aber die zur Regierung verordnete Räthe, Albrecht Sper Hofmeister und Steffan von Emershofen mit ihren Sigillen es ebenmäßig bestetigen. Weil nun Gr. Ulrich nicht ausgenommen wurde und er zu besorgen hatte, daß, wann er mit Churf. Fridrichen zerfiele, seine nächsten Vetter wider ihn seyn müßten und die Gravschafft Würtenberg zertrennet würden, so entschloß er sich die drey Fürsten zu bitten ihn gleichmäßig in diß Bündnuß aufzunehmen. Solches geschahe aber erst am Fest der drey Könige des folgenden Jahres 1455. Es heißt in dem Spnungsbrief, daß die drey Fürsten ihn auf seine Bitte in Ansehung, daß gleichwohl er und seine Kinder mit ihnen in guter Freund- und Sippschafft stehe, aufgenommen haben.

§. 102.

Bald darauf, nemlich den 29. Januarii 1455. gab Gr. Ulrich aus besondern Gnaden Wolffen von Tachenhausen das Schloß Kaltental mit dem Graben und Garten zu Lehen, doch mit der Bedingung, daß das Schloß der Herrschafft Würtenberg ein wider männiglich offen Hauß seyn und der Lehenmann dasselbe in Ehren und gewönlichem Bau erhalten, auch vier Jahre mit dem Thurn daselbst zu Bewahrung der Gefangenen gewärtig seyn solle (e). Weil aber Gr. Ludwig und Ulrich in der Theilung des Landes auch die von der Cron Böhmen zu Lehen gehende Herrschafften unter sich getheilt hatten, so erforderten nun beyde Graven solche und schickten ihre Abgeordnete nach Wien zu König Laßlau (Ladislaw). Die Belehnung geschahe den 12. April am Samstag nach Ostern und zwar belehnte diser König Grav Ulrichen mit dem Schloß Lichtenberg, Burg und Stadt Botwar und Beilstein, Gr. Ludwigen aber mit der Burg und Stadt Nuwenburg, mit ihren Herrlichkeiten, Würden, Ehren, Mannschafften, Obristen und Nidersten Gerichten, Wildbännen, Zöllen, Glaiten und allen Zugehörden. Beeden Graven aber wurde in dem Lehenbrief anbedingt, daß, wann sie selbst zu dem König kommen, sie ihm selbsten, oder wem er solches befehlen würde, Gelübde und Eyd thun sollen. Es machten auch den 23. Junii Gr. Ulrich und Gr. Ludwig in seinem und in seines Bruders Gr. Eberhards Namen ein gemeinschafftliches Bündnuß mit den Reichs-Städten Ulm, Gmünd, Giengen und Aalen, welches fünf Jahre währen sollte. Und weil die Stadt Reutlingen ein Verlangen truge in solch Bündnuß auch aufgenommen zu werden, so geschahe zwar solches,

(e) vid. Bepl. num. 89.

solches, aber erst zu End des Jahres, wobey sich dise Reichs-Stadt verschreiben mußte sowohl diser Graven, als ihrer Räthe, Diener und anderer geist. und weltlicher zugewandten, welche sie zuversprechen hätten, unverrechnete Amtleute oder die ihnen fluchtsame (f) verschworen, verlobt und verbürgt hätten, nicht zu Burgern anzunehmen. Hätten sie aber jemand würklich angenommen und es wollte ein Grav oder Herr solchen besetzen d. i. zurukforderen, so sollte solches durch ihren Amtmann geschehen, welcher einen gelehrten Eyd zu Gott und den Heiligen mit aufgebottnen Fingern schwören sollte, daß solcher Mann seines Herrn unverrechneter Amtmann seye oder dieselb Person Manns- oder Weibs-Namen seinem Herrn die Fluchtsame verschworen oder verbürgt hätte. Gehörte sie aber einem Ritter, oder Knecht oder einem andern erbarn Mann, so sollen dise mit ihrem selbstigen Eyd eine solche ihnen angehörige Person besetzen und nebst ihrem jeglichem zween erbare unverstrochene (unverleumbde) Mann auch schwören, daß ihnen das kund und wissend seye und der Besatzung genug geschehe. Wann hingegen eine solche flüchtige Person nur auf eine Summe Gelds verbürget hätte und solche zahlte oder die Erweisung nach Verlauf eines Jahres geschähe, so wären die von Reutlingen nicht schuldig eine solche Person abfolgen zu lassen. Und auf gleiche Weise verschrieben sich auch die beede Graven gegen der Reichs-Stadt Reutlingen, nur, daß einige Puncten wegen der Diener und deren Annehmung dises Vertrags mit einverleibet wurden (g).

§. 103.

In eben disem Jahr bekam Gr. Ulrich einige beschwerliche Händel mit Walthern von Urbach. Diser machte an denselben Forderung 1.) wegen des Dorfes Pliderhausen, welches ihm verpfändet war. 2.) Wegen 2500. fl. welche der Grav seiner Schwäger, Agnes Gaißbergerin und Wittiben Rudolphs von Balbeck schuldig ware und der Grav keinen Zimß daraus zu geben sich schuldig erkennen wollte. 3.) Wegen des Closters Lauffen, welches seine Voreltern mit Stiftungen begabet hatten, weßwegen er besonderer Vorrechte sich anmassete, welche der Grav seiner Landesherrlichen Hoheit zuschriebe, indem diser das Cloßter reformieren und die Nonnen aus dem Kloster Adelberg dahin bringen wollte. 4.) Wegen eines Walds zu Mundelsheim, worinn er bisher geschützet und gehayet habe und nun davon vertrungen werde. 5.) Wegen eines Knechts, welcher von Grav Ulrichs Leuten umgebracht worden und 6.) wegen eines Bezüchts, als ob Walther von Urbach nach dem Graven
einen

(f) Haltham Lex. Germ. voce: fluchtsame. pag. 466.
(g) vid. Bepl. num. 90.

Fünfter Abschnitt.

einen Dunkelgriff (h) thun wollen und ihn einen Lecker gescholten, worüber er ausgab, daß ihm Gr. Ulrich zuviel thue und gleichwohl keine Gerechtigkeit wegen obiger Beschwerden widerfahren lassen wollte. Ein Uebelstand damaliger Zeiten ware es in allwegen, daß ein jeder Dorfjunker einem Fürsten oder Grafen genug zu schaffen machen konnte, indem diese Leute sich mit keinem ordentlichen Krieg Genugthuung schafften, sondern sich eine Bande sammleten und durch diese ihre Plackereyen trieben, bald hier, bald dorten in ein unbewehrtes Dorf, wo man sich solches am wenigsten versahe, einfielen und raubten, was sie wegzubringen sich getrauten, auch öfters Mordbrennerey trieben. Dagegen man ihnen keinen Schaden thun konnte, weil sie meistentheils wenig oder gar nichts hatten, woran man sich halten konnte. Aller diser Unfug wurde rechtmäßig, so bald ein sogenanter Absagbrief voran gieng. Dises Vortheils bediente sich auch den 7. Julii 1455. der von Urbach, indem er dem Grafen einen Feindsbrief zuschikte, worinn alle seine Beschwerden dem Grafen vorgehalten wurden. Es sagten aber auch zugleich einige seiner Gesellen ab, nemlich Hannß Grabus, Hannß Beyer von Elterberg, Endriß von Helmstatt, Hannß Schwarz und Ernst Bochtenler. Grav Ulrich schrieb deswegen an die Erz-Herzogin Mechtilden und beschwerte sich über den von Urbach, daß er ihm vor dem Entsagbrief seines alten Vogts zu Weiblingen Söhne Johann und Michel Kellern gefangen und nach Heylbronn geführt, weßwegen sie ihm zu Rotenburg und andern Oesterreichischen Gebieten keinen Auffenthalt gestatten sollte. Nichts destoweniger fand der von Urbach Gehör bey der Erz-Herzogin, welche eine Vermittlung auf sich nahm und denselben überredete, daß er mit seinen Feindseligkeiten vom 3ten bis zum 20. Augusti still zu stehen und die Gefangene bis auf eine Betagung loß ließ. Gleich nach Verfluß dises kurzen Waffenstillstandes, nemlich den 27. Augusti schickte Gr. Ulrich dem von Urbach auch einen Feindsbrief zu, worinn er sich beschwerte, daß diser 1.) seinen Unterthanen theils nachgestellt, theils selbige gefangen, ehe er ihm die Feindschafft zugeschrieben habe. 2.) Daß er niemalen keine Forderung an den Grafen gemacht, dagegen er 3.) ihm Rechtens erbothen vor Pfalzgrav Friderichen Churfürsten oder vor Herzog Albrechten oder Ludwigen von Bayern oder vor Gr. Ludwigs von Würtenberg Räthen, doch, daß er ihm auch wieder Rechts gegen dem Grafen seye, was er ihm von Rechts- und Ehrenwegen schuldig wäre. Zum Ueberfluß habe er ihm 4.) versprochen Acht und Bann und alles, was sich während Vehde verloffen, nicht fürzuhalten und allenfalls auch des Wider-Rechts (Reconvention) erlassen, welches

E e

(h) Dises Wort kommt nicht leicht vor und bedeutet soviel, daß der von Urbach Gr. Ulrichen aufpassen und, wann er ihn nach damaliger Redensart niderwerfen könnte, so lang in einem Raubnest behalten wollte, bis er alles, was er von dem Grafen verlangt, erhalten hätte.

ches alles aber Walther von Urbach verachtet habe. Diserwegen frug Gr. Ulrich gesonnen mit der Hülfe Gottes wider solche unrechtmäßige Vehde Widerstand zu thun und solches seinen Herrn und Freunden zu verkünden. Er schrieb auch an die beede Marggrafen Carln und Bernharden zu Baden, an die Herrn von Geroltseck und andere, daß sie dem Walther nicht in ihre Schlösser und Güter einlassen. Sie gaben ihm aber dennoch Gehör und Auffenthalt, und die Feindseligkeiten währeten fort bis endlich Gr. Ludwigs Räthe sich in das Mittel legten und Albrecht Spet, Hofmeister, Hannß Truchsäß von Bichißhausen, und Hannß Harscher sich zu Gr. Ulrich nach Stuttgard begaben, wo im Namen des Walters Schwarzfritz von Sachsenheim; Eberhard und Wilhelm von Urbach und Georg Dürner als Thädingsleute erschienen und den 25. Oct. dise Sach also verglichen, daß 1.) die 2500. fl. von Gr. Ulrichen seinem Vetter Gr. Ludwigen zustellen, und diser solche mit einem Gulden aus zwanzigen verzinse. 2.) Sollte solch Geld dem Walter nicht hinaus gegeben werden, es wäre dann, daß er sein väterliches Erbe löse und seine ehliche Haußfrau darauf versichere. 3.) Solle das Leibgeding welches auf Pliderhausen dem Dorf stehe, von Gr. Ulrichen mit 2500. fl. abgelößt und dem Walter von Urbach davon 500. fl. die übrige 2000. fl. nicht ihme, sondern seiner Haußfrau oder ihren Erben bezahlt werden.

§. 104.

Es war aber diser Verglich kaum getroffen, so fiengen dise Mißhelligkeiten von neuem an. Dann es wollte der von Urbach nicht mit den 500. fl. zufriden seyn, sondern verlangte auch aus denen seiner Haußfrau gehörigen 2500. fl. einen Zinß, welchen aber Gr. Ulrich nicht schuldig seyn wollte, indem der Brief, welchen sie darum hätte, zeige, daß dises eine Schuld und keine Gült seye, welches er rechtlich zu erweisen sich erbothe. Wärend diser Händel suchte dessen von Urbach Schwieger Agnes Rudolphs von Valdeck Wittib, eine gebohrne Geißbergerin, und seine Haußfrau ihren Wohnsitz auffer Lands zu verändern und ihr Haab und Gut mit sich zu nehmen. Gr. Ulrich ließ sie deßwegen mit Arrest belegen und vor dem Stadt-Gerichte zu Schorndorf anklagen, daß sie ihren Leib und Gut entfremden wollen, ungeacht sie die Geißbergerin Leibeigen seye und sich verschrieben habe mit Leib und Gut nicht von ihm zu weichen. Walters Sohn, Eberhard von Urbach war in Gr. Ulrichs Diensten. Er bath seine Muter und Ahnfrau ihrer Gefängnuß ohne Entgeltnuß zu entlassen, kündete aber zugleich seine Dienste auf. Die Muter wurde auch entlassen, hingegen der Ahnfrau Arrest beharret, und befohlen, daß sie vor dem Gerichte zu Schorndorf Red und Antwort geben solle, wo Gr. Ulrichs Anwald sie anklagte. Ungeacht ihro bey einer Straffe von 1000. fl. zweymal vorgeboten wurde, so erschiene sie doch nicht, sondern berufte sich darauf,

Fünfter Abschnitt.

darauf, daß Gr. Ulrichs Großvater sie wider ihren Willen an Rudolphen von Baldeck verheurathet und mithin in eine freye Hand gegeben habe, da sie vor Stadt-Gerichten zu erscheinen nicht mehr schuldig, hingegen vor dem Graven selbst oder seinen Räthen zu erscheinen erbiethig wäre. Sie entschuldigte sich dabey, daß sie Grimmen im Leib habe und ohne Vernunft seye. Das Gericht erkannte, daß sie durch solchen Ungehorsam Unrecht gethan hätte, verfuhr aber dennoch gelinde mit ihr und nahm sich endlich Bedenkzeit zur Urthel (i). Dises alles nun auf einmal aufzuheben verglich sich Grav Ulrich den 8. Mertzen 1456. mit Waltern von Urbach, daß es bey vorigem Verglich wegen der 2500. fl. bleiben, seine Schwiger und Haußfrau das Dorf Pliderhausen Taglebens und nicht länger zu einem Leibgeding behalten sollte. Wegen der angeforderten 125. fl. Gült und wegen der andern strittigen Puncten wurden beederseits Vorschläge zu einem Recht gethan. Mit der Agnes Geißbergerin und ihrer Tochter erfolgte ebenmäßig ein Verglich, wider welchen Walther von Urbach einwendete, daß er erzwungen seye, welches er vor Mantz, Würtzburg, Pfaltzgr. Friderichen oder Marggr. Carln von Baden aufnehmen wollte. Er schickte auch um die Gefängnuß seiner Haußfrau und Schwäger zu rächen Gr. Ulrichen einen Feindsbrief zu, welchen seine Gesellen mit ihm unterschrieben hatten. Gr. Ulrich schlug darauf andere Richter vor, nemlich Bischoff Peter von Augspurg, die Hertzoge Albrecht und Ludwig von Bayern, oder Gr. Ludwigen zu Würtemberg welche der von Urbach nicht aufheben wollte. Es suchte deßwegen Gr. Ludwig von Würtemberg in das Mittel zu tretten, und stellte ihm vor, wie die Rechten erforderten, daß, wann ein Kläger und der Antworter hinwiederum jeder nach seinem Gefallen Recht biethe, des Antworters Rechtgebott billicher, als des Klägers nachgegangen werde. Weil er nun keine Ursache habe Gr. Ulrichs Rechtgebotte abzuschlagen, so wolle er an ihn als seinen Diener begehren, daß er eines aufnehme, indem sonst Gr. Ludwig nicht umhin könne seiner Verschreibung gegen Gr. Ulrichen genug zu thun und sein Feind zu werden. Es bewürkte aber Gr. Ulrich der Jünger von Helfenstein, Hannß von Liebenstein und Ulrich von Rosenberg Amtmann zu Mekmühl den 5. Aug. 1456. einen Verglich, daß 1.) Walther von Urbach Gr. Ulrichen Diener gegen ein jährlich auf Jacobi reichendes Dienstgeld à 50. fl. werden solle, doch, daß ein Theil dem andern nach belieben solchen Dienst aufkünden könne. 2.) Wegen der 125. fl. Gült solle Gr. Ulrich zwischen dem Datum dises Verglichs und S. Martinstag einen Tag setzen und zu solchem Albrecht Speten, Gr. Ludwigs Hofmeister, Hannß Truchseßen von Bichißhausen, Georg Kayßen, Schwartzfritzen von Sachsenheim,

Ee 2 Eber-

(i) Weil die darüber geführte gerichtliche Protocollen manchem Liebhaber der teutschen Alterthümer vergnüglich seyn dörften so habe ich beyzulegen mich entschlossen. vid. Beyl. num. 91. und 92.

Eberharden und Wilhelmen von Urbach erbitten. Wollten aber dise nicht, so solle Walther einen Gemeinen aus Gr. Ulrichs Räthen mit gleichem Zusatz nehmen, bey deren Entscheidung es bleiben solle. Wie auch 3.) bey dem Closter Laufen es bey dem alten Herkommen sein Bewendens habe, wie es von Alters hergekommen, doch, daß Gr. Ulrich nach dem Rath der darzugehörigen Obristen daßelbe reformieren könne. 4.) Sollen alle Gefangene gegen einer alten Urphed ledig und alles unbezahlte Geld, Schatzung und Brandschatzung, wann sie auch schon verbürgt seye, ab und aufgehoben seyn. Weil aber auch Walthers Ehegattin mit ihm in grosser Uneinigkeit lebte und ihm die Verwaltung ihres Heurathguts und anderes Eigenthums anzuvertrauen sich nicht entschliessen wollte, von welchem sie Gr. Ulrichen 3000. fl. vorgeliehen hatte, so brachte es Walther von Urbach dahin, daß der Grav ihm mit Bewilligung seines Ehweibes daran 1000. fl. auszahlte, doch, daß die übrige 2000. fl. ihro oder ihren Erben vor ihres Ehe-Mannes Absterben nicht bezahlt werden, weil sie besorgte, daß er solche verthun möchte. Es scheinet auch, daß dise uneinige Ehe den von Urbach sehr verlegen gemacht habe, indem er sich endlich verpflichtete des Graven Diener sein Lebenlang zu bleiben, damit er ihm gegen seine Schwiger und Ehegattin und auch disen gegen ihn gleiches Recht gestatte und keiner Parthey mehr als der andern günstig seyn möchte.

§. 105.

Während diser Fehde beklagte sich auch Gr. Ulrich sehr über seines jungen Vettern Räthe. Dise hatten, wie schon gemeldt 1.) ohne Vorwissen Gr. Ulrichs mit Churfürst Friederichen von Pfalz eine Eynung aufgerichtet. Als nun diser mit Herzog Ludwig dem schwarzen von Veldenz im Jahr 1454. in einen Krieg gerieth, schickten sie ihm, ungeacht sie es nicht schuldig waren, dennoch eine Anzahl Leute zu Hülf. Wie dann Gr. Heinrich von Fürstenberg mit 250. Pferden zu erscheinen aufgebothen wurde. Dises hielt Gr. Ulrich für sehr bedenklich, zumalen der Churfürst zu Maynz und die Marggraven zu Baaden Herzog Ludwigen wider den Churfürsten Hülfe leisteten, welches den jungen Graven sehr gefährlich ware, zumahl da die Gravschafft Mömpelgard Herzog Ludwigen und seinen Helfern gar wohl gelegen ware. 2.) Hatte der Churfürst erfahren, daß Gr. Ulrich solche Hülfe gern abgewendet hätte und deswegen einen Unwillen auf ihn geworfen, ungeacht er nichts gethan, als was seine Schuldigkeit gewesen. 3.) Beschwerte er sich, daß die Räthe dem Pfalzgraven beygebracht, als ob Gr. Ulrich seiner Vettern Wälde und Wildpänne mit Holzhauen und Jagen verwüste, welches der Churfürst in etlichen Schriften geahndet, ungeacht er sich nicht erinnern könne ohne ihre Erlaubnuß in ihren Wäldern Holz gehauen zu haben. 4.) Hätten sie eine Eynung mit Baaden gemacht, welches wieder sehr bedenklich seye, weil die Marggraven von dem

Kay-

Fünfter Abschnitt.

Kayser befehlt worden der Reichsstadt Eßlingen beyzustehen in allen ihren Nöthen, welches den samtlichen Graven von Würtenberg zu Nachtheil gereiche, weil die Marggraven solchen Schutz und Schirm werkthätig verspüren lassen (k). 5.) Hätte Albrecht Spet und die ihm zugeordnete Räthe ohne Gr. Ulrichs Wissen und Willen etliche Schlösser hingegeben, welche der jungen Graven Ludwigs und Eberhards Erb und Eigenth: * seyen und ihm selbsten auch daran gelegen seye. 6.) Haben sie ihm keine Hülfe gethan wider Hannsen Grabus, welcher gleichwohl an den Graven niemahls eine Forderung gemacht, sondern ihn wider alles Recht und Billigkeit bekriegt, ungeacht sie solches schuldig gewesen und Gr. Ulrich gleichmäßig ihr Helfer wider männiglich worden seye und noch ferners seyn wolle. Dise Feindschafft seye auch mit den beeden jungen Herrn und ihm gemein, sie hätten aber nicht allein mit dem Grabus unter Ausschliessung Gr. Ulrichs sich wider seinen Willen und Wissen heimlich ausgesöhnt, sondern auch ihren Dienern und Knechten verbotten auf seine Feinde zu straifen. Wie dann 8.) als Walther von Urbach etliche von Gr. Ulrichs Dienern und Knechten gefangen und ihnen die Armbrust und anders genommen, auch damit zu der jungen Graven Amtleuten, Dienern und Knechten gekommen, dise ihn davon reuten lassen, ohne ihn zur Rede zu setzen, ungeacht er etliche Gesellen bey sich gehabt, welche der jungen Herrn abgesagte Feinde gewesen. Es seyen zwar einige ihre Diener dem von Urbach bis in das Feld nachgeeylt, da sie aber gehört, daß er Gr. Ulrichen angreife, seyen sie wieder heimgeritten, weil dem erhaltenen Bericht nach ihnen verbotten gewesen dises Graven Feinden nachzueylen, welches doch wider ihre gemachte Eynung laufe. 9.) Als auch Pfalzgr. Friderich beeden Würtenbergischen Herrschafften gegen ihren Feinden einen Tag angesetzt hatte, so wären zwar der jungen Herrn Räthe bey Gr. Ulrichen gestanden. Da man aber Walthers von Urbach Sache wider Gr. Ulrichen vornehmen wollen, seyen sie weggegangen, unter dem Vorwand, daß Walther der beeden jungen Graven Diener seye, da sie doch Gr. Ulrichen Vermög der Eynung hätten beystehen sollen. Endlich 10.) habe Gr. Ulrich seine Jäger an die Alb geschickt um in seinem Forst zu jagen. Als aber dise nach Engstingen gekommen und gebeten ihnen Herberg und Kost um ihr Geld zu geben, habe man ihnen solches abgeschlagen, welches unfreundlich genug und eine Anzeige seye, daß die Räthe nur die Herrschafften Würtenberg voneinander trennen wollen, wie sie dann 11.) zum theil des Pfalzgraven Räthe seyen, welches weder gebührlich, noch nützlich seye.

§. 106.

Unter allen disen beschwerlichen Umständen erkaufte Gr. Ulrich von Wilhelmen von Urbach einen Theil an dem Dorf Pleidelsheim mit Vogteyen, Gerich-

(k) Schœpflin hist. Bad. T. II. lib. IV. §. 6. p. 157. Datt de pace publ. lib. II. c. 9. n. 15. & 17.

ten, Zwingen, Bännen, Freveln, Hauptrechten ꝛc. um 1400. fl. und von Wilhelm Schenken von Geyern zu Ober-Stoßingen ein Viertel an dem Gericht zu Gruibingen nebst seinen Gütern und Pfründhabern, den ihm die Unterthanen daselbst schuldig waren, die Rechte am Hirtenstab, welcher jährlich 10. Schilling bey deßselben Verleyhung gülte, ingleichem die Rechte am Eschayen oder Schützenamt, die Holzmarken und Korngülten daselbst, wie auch die Rechte und Leibeigne, welche zu dem Schloß Linberg und dem Dorf Gruibingen gehören. Gegen Bezahlung 900. fl. übergab der Verkäufer dem Graven alle solche Güter und Rechte auf offner freyen Reichsstrasse. Hingegen von Gr. Ludwigen findet man Merkmale für das Wohl seiner Unterthanen und Lande. Er zeigte solches sowohl in Kirchen als auch weltlichen Anstalten. Dann es wurde ihm durch seinen Vogt zu Brackenheim geklagt, daß der Caplan zu Dürrenzimmern mit den Jahren des Altars beladen seye und wegen seines Alters nimmer die Meß lesen könne. Die Gemeinde müßte also ohne Gottesdienst seyn, wann sie nicht Augustin Gerotetten darzu gemiethet hätten. Diser übernahm aber disen Kirchendienst unter der Bedingung, daß er dem bisherigen Caplan mit der Zeit nachzufolgen Hoffnung hätte. Man bemerke die schlechte Aufsicht dererjenigen, welchen solche obgelegen, indem der Dechant solches dem Graven als Kirchen-Patronen anzeigen sollen. Die Gemeinde mußte es also besorgen, indem sie Gr. Ludwigen bathe dem Gerotetten die Hoffnung zur Nachfolge zu versichern (!). Gleichmäßig bathen ihn die Burger zu Asperg, daß er ihnen den bisher von dem Pfarrherrn gesetzten Vicarien Johann Mörlin bey solchem Vicariat und der ihm verordneten Nutzung bestetigen möge (m). Als auch die Stadt Calw zur Aufnahm ihrer Wochen- und Jahrmärkte ein neues Rath- und Kaufhaus baueten und aber Gr. Ludwig bemerkte, daß sie die Unkosten schwerlich bestreiten werden ohne ihren Schaden, so gab derselbe ihnen die Freyheit die Nutzung von disem Kaufhaus darzu anzuwenden, welche er ihnen auf ewige Zeiten überließ. Er machte ihnen auch eine Marktordnung, wie viel ein Fremder und ein Burger für jede Waar zu reichen habe (n). Gr. Ulrich hingegen machte dem Gerber-Handwerk eine Ordnung, wie sich dasselbe zu verhalten habe. Er gab auch dem Cl. Adelberg die Kirche in dem Schloß Hohen-Staufen, welche in das Göppinger Capitul gehörte, die Kirche zu Unter-Ensingen und zu Hochdorf im Kircheimer Capitul mit Kirchensätzen und allen ihren Freyheiten und Rechten, welche man in Lateinischer Sprache jus patronatus nenne, also, daß das Gotteshaus solche Kirchen inhaben nutzen und niessen sollen, doch, daß der Abt Diepolt und sein Convent und ihre Nachkommen solche Kirchen mit erbarn und gelehrten Priestern ihres Ordens oder sonsten versehen. Der Stadt Kirchein

(!) vid. Beyl. num. 93.   (m) vid. Beyl. num. 94.
(n) vid. Beyl. num. 95.

Fünfter Abſchnitt.

eim aber ſchenkte er den 29. Aug. den Marktzoll, welchen man den kleinen oder
abreiſſenden Zoll nenne, und ſein Hauß- oder Gret-Geld. Er behielte ſich doch
jährlich 26. ℔. davon aus. Weil ſie ihm aber auch eine Hofſtatt zu einem Korn-
hauß gegeben, ſo erlaubte er der Burgerſchafft daſelbſt den untern Platz zu ihrem
Nutzen zu gebrauchen (o).

§. 107.

Indeſſen machten Gr. Ulrich und Ludwig eine Forderung an Gr. Joß Niclas einen Sohn Gr. Ytelfritzen von Zollern. Ich finde nicht, worinn ſie be-
ſtanden, ſondern nur, daß ſich diſer dahin verſchrieben, daß er mit ſeinem Schloß
Zollern und Hechingen der Stadt und allen ſeinen Zugewandten ewiglich wider die
Herrn von Würtenberg, ihre Erben und Nachkommen, ihre Land und Leute und
die Ihrige, auch ihre Clöſter und Gottshäuſer, welche ihnen zu verſprechen
ſtehen, auch wider ihre Räthe, Diener und Amtleute, ſie ſeyen geiſt- oder weltlich, nichts thun ſollen weder von ihr ſelbs, noch anderer wegen. Doch behielte er
ſich bevor, daß er und ſeine Erben von Dienſt- oder Amtswegen, womit ſie etwan einem andern Herrn verbunden wären, den Herrn von Würtenberg zu gütlichen Tagen, Rechten und Schädungen ſtehen und ſolche Verſchreibung gegen
halbjähriger Aufkündung mit 6000. fl. ablöſen wollten. Wiewohl Grav Ulrich
ihm auf den Thomastag 1458. in ſeinem Namen und als Vormunder Gr. Eberhards ſolche 6000. fl. nachließ unter der Bedingung, daß er nichts wider Gr. Eberharden und ſeine Lande und Leute unternehmen ſollte. Eben diſer Grav gab auch
aus beſondern Gnaden ſeinem Hofmeiſter Antoni von Emershofen zu einem rechten ewigen Eigenthum das Schloß Waldenſtein mit dem Graben, Garten und
zugehörigen Wiſen, wie es andere Burgvögt ingehabt, den Bach Wißlauf unter Claffenberg und den Hof zu Borgenhart, doch, daß er nicht allein das Schloß,
Hof und die wüſtliegende Güter widerum in guten Bau bringe und darinn erhalten,
ſondern auch zu einem rechten Mannlehen tragen und die Oeffnung wider jeder-
männiglich geſtatten ſolle. Dagegen erkaufte diſer Grav von Conraden von Hohenrieth das Schloß Helfenberg und das Burgſtal hinter dem Schloß, das man
Alt-Helfenberg nannte, mit dem Berg und den darzu gehörigen Höfen, Zehenden, Gülten, Leuten, Gütern, Dörfern, Vorſtrechten, Vogteyen, Gerichten,
Zöllen, Zwingen und Bännen ꝛc. um 3200. fl. wobey der Verkäuſer Cotzen von
Umſterloch, Hanns und Georgen Druchſeſſen von Waltmershofen zu Bürgen
ſetzte, daß ſie, im Fall das Gut von jemand angeſprochen würde und der von Hohenriet daſſelbe nicht vertigen wollte, zu Stuttgard oder Marbach in eines offenen
Gaſtgeben Wirthshaus zu freiem Kauf gewöhnliche Leiſtung thun und wann die

Bür-

(o) vid. B.pl. num. 96.

Bürgen nicht selbst kommen möchten, wenigstens einen Knecht mit einem Pferd schicken sollten. Wann aber auch dise aufgeschehene Mahnung nicht leisten würden, so gab sowohl der Verkäufer, als auch seine Bürgen dem Graven die Macht sie samt oder sonders, wie auch ihre Leut und Gut vor Gericht oder ohne Gericht anzugreifen und zu nöthen, wobey die Bürgen bennoch zu leisten schuldig blieben.

§. 108.

In bemeldtem Jahr 1456. bekamen Gr. Ludwig und Ulrich Verdrüßlichkeiten mit Gr. Eberharden von Werdenberg. Ich habe schon berührt, daß Gr. Eberhards des gütigen mit Elisabethen Burggrävin von Nürnberg erzeugte Tochter gleichen Namens sich wider ihrer Vettern, der Graven von Würtenberg Willen mit Gr. Hannsen von Werdenberg vermählet habe, da sie schon als eine Braut für Herzog Albrechten von Bayern bestimt und verlobt gewesen. Dise Elisabeth zeugete viele Söhne, unter welchen einer am Kayserlichen Hof sich beliebt machte. Diser brachte es daselbst zuwegen, daß die Graven Ulrich und Ludwig von Würtemberg ungefähr ein Ladungsschreiben erhielten vor dem Kayser zu erscheinen ohne die Ursach dises Zuspruchs zu wissen. Die beede Graven schickten ihre Räthe nach Neustatt an den Kayserlichen Hof, wo sie erst vernahmen, daß die Grävin Elisabeth ihr Väter- und Müterlich Erb fordere. Marggrav Albrecht von Brandenburg war eben auch gegenwärtig und brachte es durch seine Unterhandlung dahin, daß beede Theile ihren Willen darzu gaben, solche Strittigkeit durch Petern, Cardinal und Bischoff zu Augspurg gütlich beylegen zu lassen. Die Würtenbergische Räthe besuchten den angesetzten Tag und die Grävin von Werdenberg begehrte nicht nur ihr Väter- und Müterliches Erb, sondern auch alle bisher aufgehabene Nutzung. Die Räthe wendeten aber ein, daß die Grävin bey ihren Ehren und Treuen für sich und ihre Erben Brief und Sigel gegeben, worinn sie sich solches Erbes verzigen und seit 25. Jahren nie keine Forderung gethan hätte. Sie legten auch die Abschrifften solcher Verzichtbriefe vor. Grav Hannß war aber noch nicht beruhigt, sondern, als Gr. Ulrich und Ludwig den 17. Januar. 1456. an ihn und seine Gemahlin ein Schreiben ergehen liessen sie der Ansprach zu erlassen und nicht weiter umzutreiben, verzögerte er die Antwort und erklärte sich endlich nur, daß er die Urbriefe selbst hören und sehen wollte. Grav Ludwig schickte sie an Simon von Stöffeln als einem Hauptmann der S. Jörgen-Gesellschafft, weil er und Gr. Hannß von Werdenberg in derselben stunden und schlug den 30. May eine Tagsatzung vor. Dise nun wurde auf den 2. Augst. zu Ehingen beliebt, wo man Gr. Hannsen die Originalien vorlegte. Er bathe sich Bedenkzeit aus, nachdem er die Briefe und Sigillen ge-

nau

Fünfter Abschnitt.

nau betrachtet hatte und selbige unargwöhnisch befunden hatte. Endlich erklärte er sich den 17. Augst, daß er seine Gemahlin nicht von ihrer Forderung bringen könnte, sondern sich vor Pfaltzgr. Friderichen Churfürsten, oder Pfaltzgr. Otten und Ludwigen oder vor Marggr. Carln zu Baden, oder, wann die Graven von Würtenberg damit nicht zufriden seyn wollten, vor dem Römischen König Fridrichen des Rechten sich erbiethe. Weil nun die Graven von Württemberg für einen ungemeinen Unglimpf und Schimpf aufzogen, daß Gr. Hannß den Abschrifften nicht getrauet, die Originalien vor das Liecht gehalten, die Sigillen abgedruckt und gegen dem Stempel gehalten, ob dieselbe nicht verfälscht oder geschaben seyn möchten, so rüsteten sie sich zum Krieg um Sigmaringen zu belagern. Jeder der beyden Graven erbothe sich gegen dem andern 300. Pferde und 2000. zu fuß aufzustellen, und solche auf den 17. Sept. im Ebinger Thal zu versammlen. Der meiste Theil der Fußknechte sollen Armbruster und Büchsenschützen seyn, darzu jeder Herr eine Steinbüchsen zu geben sich verpflichtete, bey welchen die Büchsenmeister mit Darrachs und Schirmbüchsen versehen seyn müßten. Gr. Ludwigs Zug solle zu Ostmettingen und Pfeffingen auf den 25. Sept. eintreffen und zugleich Gr. Hannsen ein Feindsbrief zugeschickt werden (p). Die Graven sollen alsdann Leute vor das Schloß schicken solches zu besehen, wie es anzugreifen seye. Es soll auch solches Herzog Ludwigen von Bayern zuwissen gethan werden. Als aber Gr. Hannß solches merkte, schrieb er den 18. Sept. an Simon von Stöffeln, Hauptmann der Gesellschafft an der Donau ihm mit aller Macht beyzustehen. Diser ließ ein Schreiben an Gr. Ludwigen ergehen, worinn er ihm erinnerte, daß, weil Gr. Hannß ihr Mitgesell seye, er denselben mit Recht fürnehmen möchte, welches auch statt funde, indem Gr. Ludwig aus der Gesellschafft Eberharden von Stein als einen Gemeinen vorschlug. Grav Hannß hingegen war nicht damit zufriden, sondern beruffte sich auf Verschreibungen, wie die Strittigkeiten zwischen Würtenberg und ihm sollten ausgetragen werden und schlug neben den vorigen Austrägen auch Herzog Albrecht und Sigmund von Oesterreich vor oder auch aus Gr. Ludwigs und Ulrichs eignen Räthen den Abt Johann von Zwifalten, Gr. Heinrichen von Fürstenberg, Gr. Krafften von Hohenloh, Albrecht Speten, Gr. Ludwigs Hofmeister, und Wolfen von Neuhausen. Er schrieb auch an Simon von Stöffeln, daß Herzog Ludwig von Bayern sich in das Mittel geschlagen und einen Tag angesetzt habe. Dann er suchte auf alle Weiß und Wege das Rechtgeben vor der S. Georgen-Gesellschafft abzuleiten. Deßwegen Gr. Ludwig sich nochmals gegen Grav Hannsen schrifftlich vor obbemeldten Herrn Rechts erbothe und, wann ihm deren keiner anständig seye, so wisse er, daß Gr. Ludwig in freundlicher Verschreibung mit der S. Jörgen-Gesellschafft

(p) vid. Beyl. num. 97.

der Parthey in Obern-Schwaben an der Donau stehe, welche du Grav Hannß auch gelobt hast und darinn ein geschworner Gesell bist, aber vor derselben zu Reche zukommen verrachtest. Er erbothe sich also nochmals vor derselben vorzukommen. Und obwohl Gr. Ulrich nicht in diser Geselschafft begriffen seye, so wolle er sich doch auch an solchen End des Rechten begnügen lassen. Endlich antwortete der Grav von Werdenberg, daß er vor Marggrav Carln zu Baden und seinen Räthen, welche er zu sich nehme, thun wolle, was er den Graven von Würtenberg schuldig und pflichtig seye, doch, daß sie ihm auch deßgleichen thun und daß ein Recht mit dem andern gehe und beschlossen werde und alles unverdingt geschehe. Gleiches Schreiben ließ auch die Grävin Elisabeth den 26. Decembr. an beede Graven ergehen. So bald sie solch Schreiben empfiengen, schickten sie an den Marggraven am Freytag nach dem Christtag folgendes Schreiben, welches ich hieher setze, weil daraus zu ersehen, daß die Graven von Würtenberg die Marggraven wie alle andere geringere Graven gedaußt haben und sich schon als Graven über die Marggraven zu setzen berechtigt gewesen (pp):

Unsere fruntlichen Dienst zuvor, Hochgeborner Lieber Oeheim. Wir haben uns mit Grave Hannsen von Werdenberg und Elisabethen von Wirtemberg geborn und Grevin zu Werdenberg siner elichen Gemahel unser spenn halb ains rechten verfangen fur dich und din Räte, die du zu dir nemen wirdest nach lut der Brieffe deßhalben ußgangen, bitten wir din Lieb fruntlichst wir mögen dich sölicher unser spenn zu beladen und anzunemen, und ouch darumb kurz tag zu setzen und der sach zu end und ußtrag zu helffen und uns das nit zu versagen, als wir dir sonder zwiffels wol getrawen, das wollen wir gern fruntlich umb dich verdienen, din fruntlich verschreiben antwurt mit disem botten. Geben am Frytag nach dem heiligen cristag anno 2c. LVI.

Ulrich 2c. und Ludwig 2c.

Dem Hochgebornen unserm Liebn Oheim Karle Marggrauen zu Baden und Grauen zu Sponheim.

Es wurde aber doch nichts daraus. Dann es scheint, daß durch die Vermittlung und Zuspruch so vieler Fürsten und anderer, welche damit bemühet worden, endlich die allzugrosse Gährung erkaltet. Wenigstens kamen die Graven von Werdenberg allem Ansehen nach selbsten zu Gr. Ulrichen nacher Stuttgard.

Des

(pp) So findet man auch, daß die Graven von Würtenberg ihre Vettern die Graven von Werdenberg gleichfalls gedaußet haben, da hingegen diße die Worte Ihr, Euer 2c. gebraucht.

Fünfter Abschnitt.

Des alten Grav Hannsen Bruder Gr. Eberhard von Werdenberg vermittelte es, daß endlich durch Beyhülfe Wernhers von Zimmern ein Vergleich daselbst an dem Hoflager Grav Ulrichs im Jahr 1459. getroffen wurde, vermittelst dessen Grav Ulrich für sich und als Vormunder Gr. Eberhards den Graven von Werdenberg die Eigenschafft an der Burg und Stadt Sigmaringen mit ihrer Zugehörde, welche disen bisher nur verpfändet gewesen und sie davon die Nutznießung gehabt, überliesse, jedoch der Herrschafft Würtenberg das Oeffnungsrecht auf ewige Zeiten vorbehielte. Er versprach zugleich die Burg und Stadt Veringen, und die Dörfer Veringen, Benzingen, Harthausen, Enßlingen und Uplaßingen nicht von ihnen zu lösen, welche den Graven von Würtenberg von dem Hauß Oesterreich und durch jene den Graven von Werdenberg verpfändt waren. Um solcher Liebe und Freundschafft willen, wie die Graven von Werdenberg sich ausdrückten, verzyheten dise sich für sich und ihre Erben aller Ansprach und Forderung wegen der Grävin Elisabeth väterlichen und müterlichen Erbe und anderer Sachen halber. Solchen Vergleich, welchen die von Werdenberg wegen ihrer offenbaren ungerechten Sache nicht vermuthen konnten, besigelten der alte Grav Hannß von Werdenberg nebst seiner Gemahlin Elisabeth und seine Söhne Grav Johann, Gr. Georg, Gr. Heinrich und Grav Hug, welche sich auch verpflichteten, daß ihr noch unmündiger Bruder Rudolph solchen gleichmäsig, wann er zu seinen Jahren komme, bewilligen sollte.

§. 109.

Grav Ulrich zu Würtenberg hatte in eben disem Jahr 1456. auch für sich Händel mit Gr. Ulrichen von Helfenstein, welche ihn die Waffen zu ergreifen nöthigten. Diser war durch seine Armuth fast in die Verzweiflung gebracht. Sein niderträchtiges Gemüth verleitete ihn dabey zu allerhand unverantwortlichen Ausschweifungen. Ich habe schon berührt, daß Gr. Ulrich zu Würtenberg ihm die Burg und Stadt Beylstein eingegeben unter seinen Bedingungen, und besonders, daß diser Gast die Oeffnung in der Burg gestatten solle. Allein diser entlehnte von Eberharden von Neuperg 200. fl. und versprach ihm gleichfalls das Oeffnungsrecht wider männiglich in allen seinen Nöthen und Geschäfften. Wann auch der Grav von Helfenstein bälder sterben sollte, ehe die 200. fl. heimbezahlt würden, so solle der von Neuperg befugt seyn alle des Graven Hab im Schloß an Munition, Büchsen, Armbrust, Pulver, Hengsten und Harnaschen und allen Haußrath, welchen er doch als der Herrschafft Würtenberg gehörig nicht verdussern können, behalten solle. Was auch der von Neuperg an Beute durch sich oder seine geprödete Knecht in das Schloß bringe, davon solle Gr. Ulrichen von Helfenstein der vierte Theil zugehören. Diser gienge so weit, daß er alle seine Diener dem von Neuperg Treue und Wahrheit angelobet ließ und versprach seine Gerechtigkeit an Beylstein niemand ohne Vorwissen desselben und vor Heimzahlung der 200. fl. aufzugeben. Als Gr. Ulrich von Würtenberg solches erfuhr, schickte er Georgen von Nippenburg dahin um des Oeffnungsrechts sich zu bedienen, oder vielmehr unter disem Vorwand des Graven von Helfenstein Unrichtigkeiten zu untersuchen. Diser merkte solches und wollte den von Nippenburg nicht einlassen, er versichere ihn dann vorhin, daß ihm daburch kein Abbruch an seiner Gewaltsame und Gerechtigkeit geschehe. Er erbothe sich auch gleich Rechtens vor Pfalzgr. Fridrichen, in dessen Dienste er sich begeben hätte, oder vor Gr. Ludwigen zu Würtemberg und seinen Räthen. Dann er hatte gute Ursache zu befürchten, daß Gr. Ulrich zu Würtemberg solchen Unfug ahnden und ihm den Sitz in dem Schloß Beylstein abnehmen möchte. Diser schickte auch nochmals Eberharden von Urbach und Georgen von Nippenburg dahin das Oeffnungsrecht zu behaupten. Aber der Grav von Helfenstein blieb bey seiner Antwort. Die Abgeordnete hatten schon Befehl Gewalt zu gebrauchen. Und ehe der Gr. von Helfenstein sich dessen versahe, so wurde das Schloß mit gewaffneter Hand eingenommen. Gr. Ulrich von Helfenstein machte sich in der Eyl beyseiten und beschwerte sich schriftlich gegen Gr. Ulrichen zu Würtemberg, daß er gleichwohl die Oeffnung zu begehren keine Ursach gehabt, indem er mit niemand in Feindschafft gestanden und er von ihm ja nur Versicherung begehrt, daß ihm kein Eintrag an seiner Gerechtigkeit geschehen möchte. Zudem, so seye er des Graven von Würtenberg Rath und Diener und habe sich nicht versehen, daß man mit Gewalt und ohne Recht oder Verschuldung das Schloß eingenommen. Er forderte deßhalben, daß man ihm wieder das Schloß und alles, was man ihm abgenommen, ohne Entgeltnuß und ohne längeres Verziehen einraumen und allen Kosten und Schaden ersetzen solle. Wann dises geschehen und Gr. Ulrich dennoch vermeyne, daß er der Oeffnunghalb ungebürlich gehandelt hätte, so wollte er vor dem Churfürsten zu Maynz, oder dem Bischoff zu Würzburg, oder Pfalzgrav Fridrichen, oder Herzog Ludwigen von Bayern, oder Marggr. Albrecht von Brandenburg, oder Marggr. Carln zu Baden oder Gr. Ludwigen zu Würtemberg und seinen Räthen zu Recht fürkommen. Und in einem andern Schreiben meldete er, daß er des Graven von Würtemberg Rath und Diener nimmer seyn wollte. Gr. Ulrich war nicht zu Haus, als dise Schreiben einliefen: da er aber wieder nach Nürtingen kam, übergab man ihm dise Schreiben, auf welche er den 17. Jan 1457. ganz gelassen antwortete, daß er Beylstein als sein väterlich Erb und Eigenthum nicht darum eingenommen oder einnehmen lassen ihn dessen zu entsetzen oder von demjenigen zu bringen, worzu er vermög seiner Verschreibung eine Gerechtigkeit habe, sondern weil er um das Würtenbergische Geld sein Rath und

Fünfter Abschnitt.

und Diener und die Oeffnung schuldig seye, welche er wider seine Pflicht einem andern verschrieben habe. Wann er Gr. Ulrichen billiche Versorgnuß thue das Schloß zu Beylstein so zu halten, wie die Verschreibung ausweise und diese gesichert seyn könne, daß er seiner Gerechtigkeit nicht entsetzt werde, so wolle er ihm gern wieder das Schloß und Stadt eingeben, wie sich gebüre. Der Grav von Helfenstein aber beharrete auf seinem Unrecht und begab sich in das Schloß Widern zu andern Gr. Ulrichs Feinden. Er wechselte noch lange Schreiben mit disem und da Gr. Ulrich sich nach seinem Willen nicht fügen konnte, so schrieb er ihm die allergröbste Schmachworte zu und both ihm einen Zweykampf an. Dise Ausschweifungen bewegten Gr. Ulrichen, daß er Grav Ulrichen den jüngern von Helfenstein durch Gr. Sigmund von Hohenberg, als seinen Rath und Gewalthaber bey dem Rotweilischen Hofgericht verklagen ließ, wasmassen diser dem Grav Ulrichen von Würtemberg eine mutwillige Feindschafft zugesagt und dieselbige mit Raub, Brand und Gefängnuß wider die Güldne Bulle und K. Fridrichs Reformation beschädigt und bathe mit Acht und Anlaiten gegen den Graven von Helfenstain zu verfaren. Ungeachtet aber diser auch vor disem Hofgericht zu erscheinen eingeladen war, so erschient er doch weder selbst, noch durch einen Gewalthaber, sondern schickte nur durch einen laufenden Botten zween Briefe, deren der einte von ihm selbsten und der andere von dem Bischoff zu Würzburg geschrieben ware. Beede beschwereten sich nur, daß Gr. Ulrich von Würtemberg den von Helfenstein wider die Güldne Bull und den Landfrieden des Schlosses Beilstein entsetzt habe und ihm mit Vorladung vor das Hofgericht unrecht geschehe. Das Hofgericht erkannte aber, daß, wann der Beklagte nicht selbst, oder jemand von seinetwegen, alldieweil sie bey Gericht sitzen, sich verantworten würde, mit der Acht und Anlaiten verfahren werden sollte. Dises geschahe den 1. Dec. 1457. und drey Tage hernach wurde er als ein offener verschriebener Aechter in des Hofgerichts Achtbuch eingeschrieben und die Anlaiten auf des Graven von Helfenstein Gülten, Haab und Gut, auf 10000. fl. werth gegeben (q). Und also blieb Gr. Ulrich von Würtemberg in dem Besitz des Schlosses und alles, was sein Feind daselbst hinterlassen hatte, blieb in seinen Handen, zumahl das gedachte Hofgericht verschiedenen Fürsten und Städten aufgab, ihn dabey zu schützen (r). Der Grav von Helfenstein machte ihm aber noch vielen Verdruß, wie ich bald anzeigen werde.

§. 110.

Von den übrigen Verrichtungen der Graven von Würtemberg in disem Jahr 1456. finde ich als anmerkungswürdig, daß Gr. Ulrich die neue Antonien- Pfründ

(q) vid. Beyl. num. 98.   (r) vid. Beyl. num. 99.

Pfrund in der Pfarrkirche zu Brettheim erlaubte an die andere Priester und Caplanen zu vertheilen. Dise konnten von ihren Besoldungen nicht leben, weßwegen der Kirchendienst sehr versaumet wurde. Die Bürgerschafft klagte beßwegen bey Gr. Ulrichen, welchem die Casten-Vogtey biser Pfarrkirche gehörte. Und vermög bises Rechts konnte er solche Vorkehrung machen (s). Zugleichen ließ er seinem Vogt zu Stuttgard Wernher Lutzen die Lehenschafft des Dorfs Scharnhausen nach, welches vorher Conrad Ruch, sein Kuchenmeister, von ihm zu Lehen getragen und an den Lutzen verkauft hatte. Der Grav aber behielte sich die Vogtey des Staabs, das Ungelt und das Gericht bevor (t). Ferner verliehe er Heinz Deckern, Clauß Ebnern und Heinrich Kitzingen, Bürgern zu Gmünd das Bergwerk zu Wart bey Nagold nach Gold, Silber, Gestein oder nach andern Metallen zu graben und solches zu bauen oder zu schütten nach Bergwerksart, doch daß man ihm von der Gruben den zehenden Theil gebe. Wann sie solches wieder aufgeben wollten, so sollten sie ein Pfund Pfeffer zu Weglößin oder Abfahrt reichen (v). Weil er auch sein besonder Augenmerk auf Verbesserung seiner Resident, der Stadt Stuttgard gerichtet hatte, gleichwohl aber biser Stadt wegen Mangel des Wassers es an Mühlinen fehlte, so fieng er an eine zu Berg zu bauen, worzu die Stadt Stuttgard 300. fl. aus dem sogenannten kleinen Zoll und Haußgeld versprochen hatte. Die Graven von Würtenberg hatten mehr als ein Rathhauß daselbst, wo sie ihre Lehengerichte und andere Berathschlagungen hielten. Unter selbigen war die Stadt befugt ihr Saltzhauß zu haben und den kleinen Zoll und Haußgeld davon einzunehmen. Die Stadt entschloß sich aber ein eigen Rathhauß zu bauen und der Grav gab nicht allein die Erlaubnuß darzu, sondern vergönnte der Burgerschafft auch solches zu einem Saltzhauß einzurichten und den Zoll und Haußgeld davon zu nehmen. Er überließ ihro auch die Waage und das Waaggeld und befreyete solch Hauß und die von dem Salz und Waag gehende Einkünften von allen Schatzungen, Steuren, Diensten, Frondiensten und aller andern Beschwerung (w). Weil die Wein-Juden die arme Leute im Herbst staigerten und damit viele Unordnung unterlief, so führte er in den Aemtern, wo ein nahmhaffter Weinwachs war, eine jährliche Weinrechnung an, daß man dem Wein einen gewissen Preiß setzte (x). Grav Ludwig hingegen schenkte seinem Knecht Vergenhannsen wegen seiner erworbenen Verdienste sein Hauß oder Schloß zu Ytenbrug mit samt dem Graben und behielte sich das Oeffnungsrecht darinn bevor und daß er solches ohne Bewilligung der Graven nicht verändern solle (xx). Ich habe bises berühret, weil man hier den

(t) vid. Beyl. num. 100.   (t) vid. Beyl. num. 101.
(u) vid. Beyl. num. 102.   (w) vid. Beyl. num. 103.
(x) vid. Walz geschriebne Historie Gr. Ulrichs.   (xx) vid. Beyl. num. 104.

Fünfter Abschnitt.

den Vater der beiden hernach durch ihre Gelehrsamkeit berühmt gewordenen Johann und Ludwigs der Vergenhausen oder Naucleorum erblicket. Deren der erstere Propst der Stifftskirche und Cantzler der Hohen-Schule zu Tübingen und der andere als Doctor juris utriusque Propst der Stifftskirche zu Stuttgard worden, wie solches sein in der gedachten Kirche aufrecht an der Wand in braunem Marmor stehendes Grabmahl bezeuget, wo er selbsten den Namen seines Vaters Vergenhannß beybehalten hat. So schenkte diser Grav auch dem Stifft zu Her- Tab.V. renberg die Kirche und den Kirchensatz zu Gärtringen und den Zehenden zu Hildrißhausen und erließ demselben 12. lb. Hlr. welche das Stifft jährlich den Graven zur Steur zu geben verbunden ware (y). Er erlaubte auch der neuerbauten Stadt Bietigheim eine Brücke über die Enz zu bauen und einen Zoll darauf zu schlagen, daß ein geladener Wagen zween und ein Karren einen Schilling geben sollte, welches zum Beweiß dienet, daß das Recht Zölle zu erlauben eben kein Kayserliches Vorrecht seye, sondern den Fürsten eigen gehöret habe. Und eben so merkwürdig ist, daß Gr. Ludwig nicht allein ohne Theilnehmung des Bischoffs als Landesherr dem Dorf Thamm unter dem Asperg erlaubt eine eigene Pfarr und Pfarrherrn zu haben, da vorher die Gemeinde zur Kirche zu Grüningen eingepfarrt gewesen, sondern auch die Kirche zu Berghülen Blaubeurer Amts von ihrer Muterkirche zu Seissen gesondert und eine eigene Pfarr daselbst verordnet hat. Endlich erkaufte er von Gumpolten von Gültlingen und Margrethen von Sachsenheim, seiner Haußfrau ihren Theil an dem Städtlein Heimßheim um 2800. fl.

§. III.

Bey dem Jahr 1457. finden wir noch immerzu Beweise, daß Gr. Ulrichs Regierung durchaus unglücklich gewesen. Was er vornahm, hatte einen widerwärtigen Erfolg. Dahingegen Grav Ludwigs und seiner Söhne Unternehmungen gesegnet waren. Dise machten gleich zu Anfang dises Jahres den 26. Jenner ein Bündnuß mit Marggraven Carln von Baden, welcher sich einen regierenden Fürsten des Hochgebornen Fürsten seines Bruders Marggr. Bernhards und ihrer Lande nennte, zu Schutz ihrer beederseitigen Lande auf acht Jahre. Und gleich darauf am Freytag nach Matthiä tratt er auf drey Jahre in ein Bündnuß in seinem und seines noch unmündigen Bruders Gr. Eberhards Namen mit Pfaltzgrav Friderichen und Hertzog Ludwigen von Bayern. Die Absicht diser Eynung ware nach den Worten der darüber errichteten Urkunde die Erhaltung und Nutzen ihrer Lande und Gottshäuser und der Schirm aller Wittiben, Wayßen,

(y) vid. Bryl. ann. 105.

fen, Pilgrim, Kaufleute, Landfahrer (z) und anderer unverſprochenen (a) Leute. Es gieng auch alles bey ſeiner Regierung ganz ruhig zu. Dagegen Grav
Ulrich ſich in viele verdrüßliche Händel verwickelt ſahe. Ich habe ſchon erzehlt,
wie Gr. Ulrich der jüngere von Helfenſtein wegen des Schloſſes Bevlſtein allerhand liederliche Sprünge gemacht. Er flüchtete in das Ganerbſchafftliche Schloß
Widdern und wurde vornemlich von Philippſen von Hohenriet daſelbſt wohl aufgenommen. Diſer war ſehr unzufrieden, daß Conrad von Hohenriet ſein Schloß
Helfenberg an Gr. Ulrichen von Würtenberg verkauft hatte. An jenem konnte
er ſich nicht rächen, mithin muſte diſer Grav ſeinen Unwillen empfinden. Dann
er gab auch Waltern von Urbach, Gr. Ulrichs abgeſagtem Feind in ſeinem Theil
zu Wibern und nun auch Grav Ulrichen dem jüngern von Helfenſtein Auffenthalt.
Weil auch der Grav von Würtenberg dem von Helfenſtein noch von dem Kauf
der Herrſchafft Heydenheim ein jährlich Leibgebing von 250. fl. ſchuldig ware, ſo
verkaufte er nicht allein den Leibgebingsbrief, ſondern auch den Sitz zu Benlſtein,
ungeacht er nicht mehr im Beſitz ware um 600. fl. und zween Hengſt an Raſan
von Talheim und bald darauf wieder ſolches Leibgebing an Götzen von Berlichin-
gen den alten, Melchiorn von Hirſchorn, Pfältz. Marſchalken, Götzen von Alek-
heim Pfältz. Unterlandvogt im Elſaſs, Hornecken von Hornberg, Philippſen von
Hohenriet und Fridrich Sturmfedern. Der Grav von Helfenſtein ſchickte ſogleich
Gr. Ulrichen von Würtenberg einen Feindsbrief zu und er bekam bald eine Rotte
von 67. Perſonen, aber ſchlechte Leute, welche ſich vom Rauben ernehrten, auf
ſeine Seite, und that immerzu in den Würtenbergiſchen Landen durch ſeine Einfälle groſſen Schaden. In den Hohenlohiſchen Landen machten ſie es nicht beſſer und vergriefen ſich auch an Marggr. Albrechts von Brandenburg Gebiethe.
Es wurden demnach diſe Herrn aufgebracht daß ſie das Ganerbſchafftliche Schloß
Widern mit einer Belagerung bedroheten. Die Ganerben wandten ſich in ſolcher Gefahr an Pfaltzgr. Friderichen, welcher Marggr. Albrechten und Gr. Ulrichen zu Würtenberg erſuchte die Belagerung nicht zu unternehmen, weil Gr. Ulrich von Helfenſtein nimmer im Schloß gedultet werde und die Ganerben theils
unſchuldig wären, theils vor ihm zu Recht zu ſtehen ſich erböthen und der Churfürſt ihrer wohl mächtig ſeye. Diſe Fürbitte würkete auch ſo viel, daß wenigſtens
die Belagerung bis auf das folgende Jahr aufgeſchoben wurde.

§. 112.

(z) Heut zu Tag würde man einen Reyſenden ſehr an ſeiner Ehre kränken, wann man
ihn einen Landfarer nennte. Damals wurden aber reyſende Kaufleute, welche von einem Markt zu dem andern fahren, und mithin ehrliche Leute verſtanden.

(a) Unverſprochene b. L. unverleumdete Leute. Haltaus gloſſ. Germ. voce: verſprochen
p. 1897.

Fünfter Abschnitt.

§. 112.

Indessen bekam Gr. Ulrich grosse Strittigkeiten mit gedachtem Churfürst Friderichen wegen seiner Gemahlin. Dise vermählte sich obgedachtermassen im Jahr 1444. mit Churfürst Ludwigen von der Pfalz. Ihr Bruder Herzog Ludwig von Savoyen versprach seiner Schwester zu einem Zugeld und Brautgabe 125000. Rheinische Gulden, so daß 50000. fl. bey der Heimführung zu Basel und das übrige in drey Jahren jedesmal mit 25000. bezahlt werden und der Churfürst solche Summ mit 10. pro Cent widerlegen solte. Es wurde ihro auch das Recht und Zuspruch ihrer Beweisung, welche ihr erster Gemahl König Ludwig von Sicilien begabet und zugeschrieben hatte, mit 5000. Ducaten vorbehalten, welche der Churfürst ebenmäßig gleich nach der Heimführung fordern könnte. Und wann diser zweyter Gemahl vor seiner Gemahlin mit Tod abgienge und selbige wieder nach Hauß reysen wolte, solte Churpfalz sie auf seinen Kosten bis nach Basel führen und sie dennoch das Zugeld und jährliche Nutzung und Gült, worauf sie verwiesen worden, geniessen. Es starb auch der Churfürst wenige Jahre hernach, nemlich den 28. Augusti 1449. mit Hinterlassung eines einigen Prinzen, über welchen Pfalzgr. Friderich die Vormundschafft übernahm, und sich mit der verwittibten Churfürstin den 9. Junii 1451. verglichs, daß sie für ihre Beweisung die Herrschafft Löwenstein, welche von den Grafen von Löwenstein an die Churpfalz verpfändt ware, die Burg und Dorf Weyler, den Schaafhof zu Breitenau und den Zehenden zu Heylbronn für 18000. fl. Hauptguts, so dann Mechmühl, die Burg und Stadt und Neustadt am Kocher, so viel daran nicht an Hanau zu von Gemmingen verpfändt ware, bekam. Dagegen erlaubte die verwittibte Churfürstin ihre zu Basel ligende Kleinodien zu verkaufen und das Geld, welches Graf Hanns von Freyburg zu Basel hinterlegt hatte, aufzugreiffen und die Stadt von dem von Gemmingen mit 20000. fl. zu lösen. Darzu soll sie jährlich 2982. fl. von dem Zoll zu Mannheim und Oppenheim einnehmen. Damals lebte von den Graven von Löwenstein nur noch der einige Georg, Thumherr zu Würzburg und Probst zu Oeringen, welcher aber als ein Geistlicher ohne ehliche Leibeserben abgienge, worauf die Grafschafft von Löwenstein der Churpfalz bliebe. Im Jahr 1453. heurathete Gr. Ulrich von Würtenberg dise Wittib und es wurden ihm 5000. fl. jährlicher Gült, worüber sie ihre Verschreibung auf diser Grafschafft hatte, versprochen, dagegen er sie auf Schloß und Stadt Schorndorf verwidmete und sich verband, wann diser Wittum nicht zureichen solte, sie auch auf andere der Grafschafft Löwenstein nahe gelegnen Schlossen zu versichern. Weil nun weder die letztere 5000. fl. an dem Heurathgut, noch die jährliche Einkünfte der 5000. Ducaten von der Margruthen Bruder und dem Könige von Sicilien bezahlt wurden

den, so machte Churpfalz derselben ihre Einkünften strittig und wolte sie nimmer abfolgen lassen. Es entstunden also zwischen Pfalzgr. Friderichen und Gr. Ulrichen zu Würtenberg weitausssehende Strittigkeiten, welche beyzulegen Grav Ludwigs von Würtenberg Räthe sich alle Mühe gaben. Churpfalz machte auch eine Ansprach an das Closter Murrhard, weil man in der Meynung stunde, daß dises Closter zur Gravschafft Löwenstein mit Schirm und Vogtey gehörte und beede Theile machten auch noch sonsten Ansprüche gegeneinander. Nach vielem Schrifftwechsel schickten sie ihre Abgeordnete zu Gr. Ludwigen nach Urach, wo endlich den 25. Augusti 1457. ein Vergleich erfolgte, daß 1.) die Schloß und Städte Löwenstein und Mecknühl mit ihren Aemtern und Zugehörden der nunmehrigen Grävin von Würtenberg ihr lebtag als ein Widdum verbleiben, aber nach ihrem Absterben der Churpfalz heimfallen sollen. Dargegen 2.) die 2982. fl. von den Zöllen zu Manheim und Oppenheim mit samt dem Ausstand von nun an sollen gefallen und dises Churhauß solche nimmer schuldig seyn. Weil 3.) die jährliche 5000. fl. Ducaten mit ihrem Ausstand der Margrethen nicht als ein Zugeld, sondern als ein Vermächtnuß von ihrem ersten Gemahl gehörten, so sollen sie auch derselben und Gr. Ulrichen zu Würtenberg verbleiben und das Churhaus Pfalz sich dessen schriftlich begeben. 4.) Wegen der noch ausstehenden 5000. fl. Zugeld wurde verglichen, daß sowohl Churf. Friderich, als auch Gr. Ulrich zu Würtenberg solche an den Herzog von Savoyen fordern und beede einander darinn behülfflich seyn und, was davon bezahlt wird, jedem die Helfte zugetheilt werden solle. 5.) Der Churfürst begäbe sich auch aller Ansprache auf den Schirm und Vogtey des Closters Murhard. 6.) Alle andere Strittigkeiten sollen vor dem teutschen Meister oder vor dem Graven von Katzenelnbogen richtlich außgemacht werden. 7.) Und endlich solle der Schaden, welchen der Pfalzgrav dem Abt und Convent zu Murhard und den ihrigen zugefüget oder diser von Gr. Ulrichen und dem Closter erlitten, gegeneinander aufgehoben seyn. Ob nun wohl Gr. Ulrichs und seiner Gemahlin Machtbotten Ulrich von Rechberg von Hohenrechberg, Berchtold von Sachsenheim, Jörg Kayb von Hohenstein und Wilhelm von Welwart dise Thädigung bewilligten und zu Maulbronn bestgelten, so war doch weder Gr. Ulrich, noch seine Gemahlin wegen der nachgelassenen 2982. fl. aus den Zöllen zu Manheim und Oppenheim zufriden, sondern protestierten wider solchen Vergleich. Und dises gabe in folgenden Jahren zu neuen Strittigkeiten und förmlichen Krieg Gelegenheit.

§. 113.

Mit Marggr. Carln zu Baaden hatte sowohl Gr. Ludwig als auch Gr. Ulrich zu schaffen. Ersterer wegen Nachbarlicher und zum Theil von seinen Voreltern

Fünfter Abschnitt.

tern auf ihn ererbten Spänne. Er wollte es aber zu keinen Thätlichkeiten kommen lassen, sondern verglich sich den 26. Jenner mit dem Marggraven als regierendem Herrn seiner und seines Bruders Marggr. Bernhards Lande um den Frieden zwischen beederseitigen Landen und ihnen selbst zu bevestigen. Die Marggraven beliebten die Aemter zu Pforzheim, Eberstein, Besigheim, Altensteig, Liebenzell, Durlach, Ettlingen, Stain und Remchingen zu bestimmen, welche Mißhelligkeiten mit den benachbarten Würtenbergischen Aemtern vorgaben. Und Gr. Ludwig bestimmte die Aemter Calw, Neuenbürg, Nagold, Dornstetten, Dornhain, Brackenheim, Gröningen, Vayhingen und Leonberg. Sie verglichen sich, daß ein jeder einen Wappensgenossen Rath benennen soll, welcher ein gemeiner Mann (gemeinschafftlicher Obmann) seye, zu welchem jeder Theil zween gleichmäßig Wappensgenosse Räthe setzen könnte, welche die Strittigkeiten untersuchen, und was sie nicht gütlich beylegen könnten, nach dem Recht entscheiden sollten. So blieben seine Lande im Frieden. Gr. Ulrich hingegen war nicht so glücklich. Die Stadt Eßlingen konnte so leicht nicht verdauen, daß sie den neuen von dem Kayser erlangten Zoll sollte fahren lassen, wie ihr von Marggr. Albrechten von Brandeburg im Jahr 1454. zugemuthet wurde. Marggr. Carl von Baaden hatte die Reichsstadt nach dem Kayserlichen Befehl auf 60. Jahr in seinen Schutz genommen. Und dises war schon genug einen Mißderwillen auf beeden Seiten zu erwecken. Sie hatten auch noch andere Zwistigkeiten miteinander und Gr. Friderichs von Helfenstein Angelegenheiten wurden darein vermenget. Es kam zu einem offenen Krieg und Marggr. Carl that würklich einen Einfall in die Würtenbergische Lande (b). Dises aufgehende Feuer in seinem Anfang zu dämpfen eylete Marggr. Albrecht von Brandeburg abermals herbey und machte im Wildbad den 6. Julii Gr. Ulrichen den Vorschlag, daß 1.) beede kriegende Theile ihre Strittigkeiten vor ihm zu Onolzbach erscheinen und jeder zween seiner Räthe darzu abordnen sollten, welche Fünf bevollmächtigt wären beede Theile in der Güte zuvertragen und, wo das nicht zu erheben wäre, die strittige Puncten rechtlich zu entscheiden. 2.) Sollen dise Fleiß anwenden, daß sich beede Herrn mit ihren Kindern zu einander vermählen nach gleichen billigen Dingen, auf daß beede Herrschafften hinführo desto besser gegeneinander in freundlichem Stand und Wesen sitzen mögen. 3.) Sollen dise Fünf Vollmacht haben eine Eynung zwischen beyden Herren zu machen, wie sie mit ihren Landen und Leuten ihr lebtag gegeneinander im Vernehmen stehen könnten. Dises waren aber nur Vorschläge ohne noch versichert zu seyn, ob beyde Theile sie annehmen würden. Dises zu bewürken schickte Churfürst Dieterich zu Maynz Josen von Oeningen, und Heinrichen von Sickingen Amtmann zu Wildenberg, und Marggr. Albrecht

schickte

(b) Schœpflin histor. Bad. T. II. lib. IV. c. 3. §. 9. pag. 162.

ſchickte Conraden von Seckendorf, ſeinen Cammermeiſter und ſeinen Rath Georg Erlewed. Die Erz-Herzogin Mechtild und Gr. Ludwig von Würtenberg wollten auch etwas beytragen und ſchickten Albrecht Speten, Hofmeiſter, Weiprechten von Helmſtatt, Steffan von Emershofen, und Burkarden von Bondorf Haußhofmeiſter an die kriegende Theile, daß ſie obige Vorſchläge annehmen, und alle Feindſchafft in eine nachbarliche Freundſchafft verwandlen möchten. Diſe eyfrige Bemühung war nicht vergebens. Die Waffen wurden bey Seite gelegt und ein daurhaffter Friede erzeuget. Wie die Strittigkeiten beygelegt worden, weiß ich nicht. Aber im Jahr 1460. erfolgte zwiſchen beeden Herrn eine Erb-Conung, von welcher ich beſondere Nachricht geben werde. In mittelſt dankten alle Gott freudig diſen Frieden, woran ihnen allen griegen geweſen, wieder hergeſtellt zu ſehen.

§. 114.

Hatte nun Gr. Ulrich Gelegenheit zu ſchweren Unkoſten, ſo erkaufte dagegen Gr. Ludwig in dieſem Jahr 1457. von Hanns Truchſeſſen von Stetten und ſeiner Haußfrau Anna Görri von Richtenberg und von Krafften von Hailfingen den noch übrigen Theil an dem Schloß und Dorf Eningen um 2600. fl. weil die übrige Theile ſchon zuvor nach und nach an die Gravſchafft Würtenberg erkauft worden. So hatten ſie auch ſchon das meiſte an dem Dorf Thailfingen im Herrenberger Amt. Gr. Ludwig aber erkaufte, was ihm noch daran fehlte, von Balthaſarn von Bühel um 290. fl. Seine kränkliche Umſtände vermehrten ſich aber auch und er ſeegnete den 3. Novemb. das Zeitliche zu Urach am Donnerſtag nach aller Seelen-Tag. Sein Sigill iſt in der vor diſem Abſchnitt ſtehenden Leiſte. (Fig. 11.) Der Schild wird von einem haarigten wilden Mann gehalten. Diſer Zufall ſetzte Gr. Ulrichen in eine neue Verlegenheit. Gr. Eberhard war damals erſt 12. Jahr alt und mithin noch unmündig. Gr. Ulrich ſollte demnach wieder als der nächſte Anverwandte die Vormundſchafft übernehmen. Die zu Urach vorhandene Räthe gaben Gr. Ulrichen von ſolchem Ableiben die Nachricht, meldeten ihm aber aus Befehl der Erz-Herzogin Mechtilden, Gr. Ludwigs Muter, daß dem Pfalzgraven Friderich ſolcher Todesfall auch zuwiſſen gethan worden, mit dem Anhang, daß weder der Grav, noch der Churfürſt, wann einer ſtärker als der andere käme, eingelaſſen werden ſolle. Gr. Ulrich brach ſogleich nach Urach auf um ſein Leid zu bezeugen und mit des verſtorbenen Graven hinterlaſſenen Räthen wegen der Vormundſchafft und künftigen Regierung ſich zu unterreden. Als er aber vor das Thor kam, wollte man ihn nicht einlaſſen. Diſen ihm angethanen Schimpf klagte er der Stadt Tübingen und den daſelbſt verſammleten Räthen und begehrte an ſie, die zu Urach anweſende Räthe von ſolcher Ungebühr abzu-

abzumahnen, wann sie ihne entweder gar von der Vormundschafft ausschliessen oder ihm Pfalzgr. Friderichen an die Seite setzen wollten. Er erinnerte sie andere Gesinnungen gegen ihn zu tragen, indem er die Vormundschafft über Gr. Eberharden Gr. Ludwigen nicht anderst übergeben hätte, als daß sie auf den Fall, wie er sich nunmehro begeben hätte, wiederum auf ihne Gr. Ulrichen zuruckfallen und er Gr. Eberhards Vormunder bis zu dessen mannbaren Jahren bleiben sollte. Er schickte solch Schreiben durch Ernfriden von Schechingen und Wernher Lutzen, Vogten zu Stuttgard, welche mündlich anzeigen mußten, daß Gr. Ulrich auf den 9. Nov. nach Tübingen kommen würde. Die Räthe suchten aber solches abzuwenden und schrieben ihm, daß er solches nicht thun möchte, bis auch die andere Räthe des jungen Graven zu ihnen kommen würden, widrigenfalls es ihne wie zu Urach gehen könnte. In der That aber wollten sie vorher die Gesinnung des Pfalzgraven abwarten. Indessen lief dise ein und samtliche Gr. Eberhards Räthe kamen zu Tübingen zusammen, welche Gr. Ulrichen bathen auf den 16. Nov. nach Leonberg zu kommen, indem Pfalzgr. Friderich und Gr. Eberhards Frau Muter Mechtild, wie auch die Landschafft dahin kommen würden um sich zu berathschlagen, was Gr. Eberharden und seinem Land und Leuten zum nutzlichsten seyn dörffte. Es ist diser Vorgang wohl zu bemerken, weil man hier die erste Spur der Würtenbergischen Landschafft und des ersten Landtages findet. Gr. Ulrichen kam er deswegen bedenklich vor, weil er solchen als seinem Recht zur Vormundschafft nachtheilig ansahe. Er erklärte sich demnach den 13. Nov. daß er auf den angesetzten Tag weder selbsten nach Leonberg kommen, noch jemand von seinetwegen schicken würde, indem ihm die Vormundschafft mit Zuziehung seines jungen Vetters Räthen, Ritterschafft und Landschafft allein gebühre und er solche mit Churpfalz oder jemand andern nicht gemein haben wollte. Die Stadt Leonberg aber ermahnte er niemand in ihre Stadt einzulassen, welcher ihm an seinem Recht zur Vormundschafft Eintrag thun wollte. Wann sie jemand darüber bedrängen würde, so versprach er ihnen zu Hülfe zu kommen, so starck er wäre. Die Sache wurde endlich doch auf disem Landtag für den Graven günstiger. Man sahe allerseits seine Befugsame mit vortheilhaftern Augen an und er wurde bewogen selbsten auch zu Leonberg sich einzufinden, wo ihm endlich die Vormundschafft den 1. Decemb. allein übertragen wurde. Es mag nicht wenig darzu beygetragen haben, daß Gr. Ulrich die Städte des Landes unter die Hoffnung in wichtigen Sachen sie auch zu Rath zu ziehen auf seine Seite gebracht, und dabey ihnen zu verstehen gegeben, wie sehr es zu Trennung der Gravschafft Würtenberg gereichen würde, wann ein frembder auch zu der Mitvormundschafft zugelassen werden solte, da sie ihm von Natur, Recht, Schild und Helm allein gebühre. In der verglichenen Regimentsordnung wurden zu täglicher gemeiner Expedition zween aus Gr.

Eber-

Eberhards Räthen, deren einer Landhofmeister seyn sollte, verordnet und beliebet, daß Gr. Ulrich auch zween von seinen Räthen darzu setzen solle. Fallen aber wichtigere Sachen vor, so sollte man solches Gr. Ulrichen hinterbringen, welcher nach Beschaffenheit der Umstände den gedachten Räthen noch einige von Gr. Eberhards und seinen eigenen Räthen zugeben könnte. Das merkwürdigste aber war, daß auch sieben Gerichts- oder Amtleute, von den Städten des Landes darzu gezogen wurden, welche im Namen der Landschafft Antheil an der Regierung nahmen, da solche vorher nur von den Räthen besorgt wurde, ohne jemand von der Landschafft darzu zu ziehen. Zu bemerken ist auch, daß damals unter dem Namen der Landschafft nur allein die Städte des Landes verstanden worden.

§. 115.

So bald Gr. Ulrich dessen versichert war, so befahl er den 4. Decembr. den Räthen zu Urach ein Schreiben an den Kayser zu verfertigen, worinn sie in sammtlicher Räthe und der Landschafft Namen die Bestätigung Gr. Ulrichs in der Vormundschafft und um die Belehnung bitten sollten. Inmassen die Stadt Tübingen und noch eine andere Stadt des Landes solches neben vier Räthen besiglen könnte. Er schickte gleichbald Hannsen von Westernach Probsten der Stifftskirche zu Stuttgard zu Kayser Friderichen um einestheils die Bestätigung solcher Vormundschafft, und anderntheils auch die Belehnung als Lehenträger und Vormunder im Namen Gr. Eberhards zu suchen und den Bann über das Blut zu begehren. Der Kayser hatte hierinn keinen Anstand, sondern belehnete denselben als Vormundet und Curatorn oder Versorger (c) des jungen Graven, welcher noch nicht Mundbar und zu seinen Tagen nicht gekommen seye. In disem Alter wurde er vermuthlich als Vormunder angesehen. Dann der Kayser machte einen merklichen Unterschid der Zeitalter und verordnete in dem Lehenbrief, daß Gr. Ulrich die Lehen tragen solle, bis Gr. Eberhard zu seinen Vogtbaren und endlich zu seinen völligen Jahren komme. In dem Lehenbrief über die Gravschafften Würtenberg und Mömpelgard, wurde Marggr. Carln von Baaden anbefohlen anstatt der Kayserlichen Majestät von Gr. Ulrichen die gewöhnliche Gelübd und Eyde dem Kayser und Reich als Lehenträger getreu und gehorsam zu seyn abzunehmen. In dem Lehenbrief aber über den Blutbann wurde Gr. Ulrich angewiesen eben diesem Marggraven zu geloben, daß er und seine Amtleute dem Armen wie dem Reichen Gerechtigkeit widerfahren lassen wollen. Die Belehnung aber geschahe am Erichstag d. i. Dienstag vor Georgii. An eben disem Dienstag, nemlich

(c) Vermuthlich hatte der Kayser der Römischen Rechte kündige Räthe, welche den Unterschied unter der tutela und cura anzubringen hier Gelegenheit fanden, und in dem Lehenbrief das in den Teutschen Rechten unbekannte Wort Curator gebrauchten.

Fünfter Abschnitt.

lich den 18. Aprilis 1458. wurde auch Grav Ulrich in der Vormundschafft bestätigt, daß, nachdem er sie mit Willen der Landschafft übernommen, die Kayserliche Majestät gleichmäßig darein willige, also, daß Gr. Ulrich den jungen Graven Eberhard mit allen seinen Landen, Leuten, Ehren, Würden, Herrlichkeiten, und Freyheiten, bis derselbe zu seinen Vogtbaren und ferner zu seinen völligen Jahren komme, in allen Sachen inhaben, versorgen und bewahren möge.

§. 116.

Es machte ihm damalen aber auch Gr. Ludwig von Helfenstein zu schaffen. Dann als diser im Jahr 1446. seinen Theil an der Herrschafft Hiltenburg und Wisenstaig, das Dorf Merklingen und das Stab-Amt zu Buchau an Gr. Ulrichen von Würtenberg auf einen ewigen Widerkauf verkaufft hatte, so gab diser dem Verkäufer das Schloß Eychelberg zu seinem Sitz ein und versprach ihm jährlich 100. fl. Dienstgeld zu bezahlen, dagegen Gr. Ludwig Taglebens sein Diener seyn und nicht allein das Schloß wohl bewahren, sondern auch der Herrschafft Würtenberg die Oeffnung ohne seinen Schaden gestatten sollte. Gr. Ludwig fand aber im Jahr 1447. Gelegenheit in andere Dienste zu tretten. Er berichtete solches an Gr. Ulrichen und bath um dessen Erlaubnuß, daß er ihn seiner Dienst entlassen möchte, doch der Verschreibung des Dienstgeldes und des Burgsässes unnachtheilig. Gr. Ludwig aber gieng doch in andere Dienste und kündigte Gr. Ulrichen im Jahr 1451. auch an, daß er nimmer zu Eychelberg bleiben könne und habe zwar das Schloß mit seinen Knechten bestellt, daß es aber vor aller Gewalt nicht genugsam verwahrt seye. Wollte also Gr. Ulrich es besser verwahren, stehe es zu seinem Belieben. Diser besetzte auch das Schloß mit seinen Leuten wieder und gab ihm sein Dienstgeld nimmer. Nun begab sich aber Gr. Ludwig im Jahr 1457. wieder in Würtenbergische Dienste und glaubte, daß ihm das bisher vorenthaltene Dienstgeld nicht mehr verweigert werden könnte. Weil er aber in seinen anderwertigen Diensten feindlich gegen der Graven von Würtenberg Schirmsverwandte gehandelt hatte, so wollte Gr. Ulrich solches Geld nicht eingestehen. Er an seinem Theil seye jederzeit erböthig gewesen, seiner Verschreibung nachzuleben und wünschte nur, daß der Gr. von Helfenstein sich ebenmäßig derselben gemäß verhalten hätte. Diser wollte aber damit nicht zufriden seyn, sondern wendete ein, daß, wann Gr. Ulrich ihn zum Dienst ersucht hätte, gleichwohl seiner Schuldigkeit eine Genüge geschehen wäre. Zudem seye ihm das Schloß Eychelberg für sein väterlich Erbe verschrieben worden. Um nun aus solcher Sache zu kommen, liessen beyde Graven sich gefallen dieselbe vor Gr. Ulrichs Räthen entscheiden zu lassen. Es wurde demnach ein Rechtstag am Mittwoch nach Antoniustag zu Kirchheim gehalten und

Bernhard von Bauſtetten, Propſt zu Denkendorf, Johannes Landenburg, Doctor, Albrecht Thumb von Neuburg, Hannß Truchſeß von Stetten Rittere, Ptel von Werdnow der ältere, Crafft von Liechtnegk, Heinrich Spät zu Tamnau, Sigfrid von Schechingen, Albrecht Truchſeß von Bichißhauſen und Wolff Schilling zu Richtern nidergeſetzt. Diſe thaten den Ausſpruch, daß Gr. Ulrich dem Graven von Helfenſtein wegen des Dienſtgelds nichts zu thun ſchuldig, hingegen demſelben den Sitz zu Eychelberg inner 6. Wochen und drey Tage geſtatten ſolle.

§. 117.

So bald Grav Ulrich in dem Beſitz ſeiner Vormundſchafft war, reyſete er mit ſeinem Vormunds-Sohn Gr. Eberharden nach Speyr um der wider Pfalzgr. Friderichen gehaltenen Zuſamenkunſt beyzuwohnen. Faſt alle benachbarte Fürſten beſchwehrten ſich über ſeine Gewaltthätigkeiten. Es kamen in Perſon dahin Churfürſt Dieterich von Maynz, der alte Herzog Stephan von Zweybrücken und deſſen Sohn Ludwig der Schwarze von Veldenz, Pfalzgr. Otto von Moßbach, Marggr. Carl von Baaden, Herzog Albrecht von Brandenburg, und noch viele Graven und Herrn. Weil ſie nicht einig werden konnten, ſo giengen ſie unverrichter Dingen auseinander (d). Marggr. Albrecht und Gr. Ulrich von Würtenberg machten den 15. April zu Mergentheim ein Bündnuß miteinander und zwar auf Lebenslang, daß ihrer keiner mit dem andern zu Vehde kommen, noch es den Ihrigen geſtatten, ſondern, wann ſie je zu einer Forderung kämen, ſolche rechtlich austragen ſollten vor einem Obmann aus der angeſprochenen Räthen. Und ſchlug Marggr. Albrecht vor, wann die Sache ihn angienge, ſeinen Marſchall, Hofmeiſter oder einen jeglichen Hauptmann auf dem Gebürge und Gr. Ulrich ebenmäßig ſeinen Hofmeiſter, ſeinen Marſchalken und Gr. Sigmunden von Hohenberg. Wann einer mit Krieg überzogen würde, ſoll ihm der ander mit ganzer Macht zu Hülf kommen, als ob ihn die Sach ſelbſt angienge. So bald aber ſolche Hülfe deſſen, welchem ſie zuziehet, Lande berührt, ſoll derſelbe diſem Volk, es ſeye reyſiger Zeug oder Fußvolk, Futter und Koſt geben und ſo lang mit aller Notturft verſehen, ſo lang ſie in ſeiner Hülfe und Lande ſeyen. Wann aber die Umſtände erforderten Hülfe zu täglichem Krieg zu ſchicken, ſo ſoll einer dem andern nach Beſchaffenheit der Sache zulegen mit reyſigem Zeug und Fußvolk nach ſeinem Vermögen. Wann beyder Lande und Leute ſelbſt mit Feindsgefahr umgeben ſind, daß ſie ihrer Macht ſelbſten zu Beſchützung derſelben bedürftig wären, ſoll keiner dem andern Hülfe zu ſchicken verbunden ſeyn. Weil auch derjenige Fürſt, welchem

(d) vid. Schœpflin Hiſtor. Bad. Tom. II. pag. 162. Kremer Geſchichte Pfalzgr. Friderichs Lib. I. pag. 100. Lehmann Chron. Spir. Lib. VII. c. 102. pag. 850.

Fünfter Abschnitt. 241

chem die Hülfe geschieht, Kosten und Futter dargebe, so seye billig, daß er den Gewinn allein habe, doch, daß es mit der Beute gehalten werde, wie gewöhnlich seye. Wann aber ein Herr dem andern in eigener Person zuziehe und sich daraus ein Feldstreit erhübe, weil er seinen Leib, seine Ritterschafft, die seinen und sein Vermögen in Gefahr setze, so seye hinwieder billig, daß ihm an allem, was von Fürsten, Grafen, Herren, Rittern und Knechten erobert werde, ein Theil nach Anzahl des raysigen Zeugs, welchen sie zu beeden Theilen bey solchem Streit im Feld haben, zufalle. Wann aber beede Herrn um Sachen zu Feld ziehen, welche sie beede berühren und aussen ihrem Lande gelegen wären, sollen sie gleiche Darlegung thun und auch den Gewinn gleich theilen. Weil auch nach den Worten diser Eynung Friede und Gerechtigkeit in Freundschafft verschwistert sind, so verglichen sie sich endlich, wie es in Streitigkeiten zwischen ihnen solte gehalten werden.

§. 118.

Dise Eynung legte den Grund zu einer andern. Dann es kamen Dieterich Erzbischoff zu Maynz, Ludwig Pfalzgrav bey Rhein, Herzog in Bayern und Grav zu Veldenz, Marggr. Albrecht zu Brandenburg und Gr. Ulrich zu Würtemberg auf Johannis des Täufferstag abermals zu Mergentheim zusamen. Ein anderer Bundnuß zwischen ihnen war der Erfolg davon. Dann sie vereinten sich den 1. Jul. 1458. Gott zu Lob, dem H. Römischen Reich zu Ehren und ihren Land und Leuten zu Nutz und Frieden auf 10. Jahre auf folgende Weise, daß 1.) sie es getreulich miteinander meynen und halten und zu keiner Feindschafft kommen wollen. 2.) Gewinnen sie gleichwohl gegeneinander zu sprechen, so soll bey entstehender Güte der Kläger mit dem Antworter vor einem der andern Bundsgenossen oder vor der Vierer einem aus des Antworters Räthen zu Austrag kommen, welchen der Kläger zu einem Obmann erwählen würde. Diser solte innerhalb zween Monaten einen Tag benennen, darzu jeder Theil zween seiner Freunde setzen möge. Was nun dise sprechen, soll ohne Eintrag vollzogen und der Streit inner drey Tagen und sechs Wochen entschieden werden. Churfürst Dietrich schlug von seiner Seiten zu Vierern seinen Marschall, seinen Vizdom im Rheingow, den Vizdom zu Aschaffenburg und den Burggraven zu Starkenberg, welche je zu Zeiten seyn werden, vor. So benennte Herzog Ludwig seinen Hofmeister, Marschall, Amtmann zu Neucastell, und seinen Amtmann zu Meysenheim. Marggr. Albrecht ernennte auch seinen Hofmeister, seinen Marschall, seinen jedesmaligen Hauptmann auf dem Geburge, und seinen Amtmann zu Cadolzburg. Und Gr. Ulrich gab seinen Hofmeister, seinen Haußhofmeister, welcher eben das ware, was bey den Fürsten Marschalk hiesse, seinen Vogt zu Bohlingen und seinen Vogt zu Stuttgard.
3.) Wann hingegen ihre Graven, Herren und andere, die sie zu versprechen haben,

Hh

ben, miteinander zu Recht kommen, sollen sie solches geben und nehmen an den Orten, wo es billig seye. Ferner 4.) soll keiner geschehen lassen, daß aus seinen Schlossen oder Städten jemand einen von den verbündeten Herrn oder dessen angehörige beschädige, auch keiner des andern Feinden in seinen Landen Auffenthalt gebe oder einige Hülfe thue. Wann 5.) ein Herr oder seine Lande oder die Seinige mit Heereskrafft überzogen würden, sollen die andern, sobald sie solches innen werden, in eigner Person mit ihrer ganzen Macht zu Hülfe ziehen und Rettung thun. Und soll 6.) derjenige, welcher in solcher Vehde der Hauptmann d. i. der angegriffene Theil, welchen die Sach vornehmlich berührte, wäre, sich nicht mit dem Feinde richten, oder fürworten, oder Frieden und Satzungen angehen, es wäre dann, daß die andern auch eingeschlossen würden, und wann 7.) ihrer einer oder ihre Helfer einig Lehen aufgegeben oder ein Schloß oder eine Stadt verlohren, solche wieder geliehen und bey der alten Pflicht eingegeben werden. Dargegen sollen 8.) die Hülfleistende sich ohne desjenigen Fürsten oder Herrn, welcher ein Hauptmann solcher Feindschafft wäre, Wissen und Willen nicht aussöhnen. Und wann 9.) schon dise Eynung zu Ende gienge, aber einer oder der andere Fürst vorher in eine Feindschafft gerathen und solche vor Endigung dises Bündnusses nicht hingelegt wäre, so sollen sie doch einander zu helfen schuldig seyn, so lang der Krieg wähtet. Grav Ulrich nahm dabey aus die Cron zu Böheim; Herzog Philippum von Burgund, alle Marggraven von Brandenburg, und auch alle Marggraven zu Baaden, sie seyen Geist- oder Weltlich, Gr. Eberharden zu Würtenberg, die St. Georgen-Gesellschafft an der Donau und die Reichsstädte Ulm, Reutlingen, Gmünd, Aalen, Giengen und den Burgfrieden zu Sulz. Besonders aber machten zu gleicher Zeit Erzbischoff Dietrich von Maynz, Marggr. Albrecht zu Brandenburg und Gr. Ulrich zu Würtenberg ein Bündnuß untereinander, daß, wann der Erzbischoff mit Pfalzgr. Friderichen, oder Marggr. Albrecht oder Gr. Ulrich mit Pfalzgrav Ludwigen zu einer Feindschafft kämen, sie einander zu täglichem Krieg die nöthige Hülfe, zu einem Ueberfall mit Heereszug aber mit aller ihrer Macht Beystand leisten wollten.

§. 119.

Nunmehr hatte es auch das Ansehen, als ob das Kriegsfeur, welches bisher stark glimmete, in volle Flammen zwischen Pfalzgr. Friderichen und Gr. Ulrichen zu Würtenberg ausbrechen würde. Ich habe schon von Gr. Ulrichen den Jüngern von Helfenstein berührt, daß er sich unterstanden Gr. Ulrichen zu Würtenberg als einen Feind aufzutringen, und mit seiner Rotte würklich Thätlichkeiten verübet, wozu ihm einige Theilhaber des Ganerbschafftlichen Schlosses Widdern behülfflich waren. Disem war eine Belagerung angedrohet, welche Churfürst

Fünfter Abschnitt.

fürst Friderich von der Pfalz damals noch abwandte. Als sie aber dennoch fortfuhren, und Gr. Ulrichen auf seiner Reyse nach Mergentheim einen seiner Knechte gefangen nach Widdern führten, so konnte der Zorn Marggr. Albrechts von Brandenburg und Gr. Ulrichs von Würtenberg durch keine Vorstellung mehr gestillet werden. Der Bischoff Johann von Würzburg und Pfalzgr. Friderich suchten abermals in das Mittel zu tretten. Alle angewandte Mühe war vergeblich. Weil das Schloß auf den Gränzen des Pfälzischen Gebietes lag, so konnte es dem Pfalzgraven nicht gleichgültig seyn, wann es solte belagert werden. Er mußte besorgen, daß der Marggrav und Gr. Ulrich, welche ohnehin mit demselben in keinem guten Vernehmen stunden, weiter in seine Lande einrücken möchten. Er nahm sich demnach der Ganerben an und versprach ihnen nicht allein 200. Schützen, etliche Tonnen Pulver, 6000. Pfeil, einen Büchsenmeister, 100. Hackenbüchsen, zwey Centner Bley und eine gute Anzahl Armbrüste zukommen zu lassen, sondern auch das Schloß zu entsetzen. Als sich die Gefahr einer Belagerung näherte, liessen die Gemeiner durch Cuntzen von der Thann und Neidharden von Horneck bey Churf. Friderichen den Antrag thun, daß vor allen Dingen eine gewisse Anhöhe bey dem Schloß mit 3000. Mann besetzt werden müste, ohne welche das Schloß zu vertheidigen unmöglich wäre. Weil aber der Churfürst bises bey genommenem Augenschein für allzugefährlich hielte und die Abgeordnete sich verlauten liessen, daß sie sich auch damit retten könnten, wann sie Philippsen von Hohenrieth, wider welchen Gr. Ulrich am meisten aufgebracht war, durch Ablösung seines Antheils aus der Ganerbschafft thäten, und einige Jahre nicht wider Brandenburg und Würtenberg zu seyn versprächen, so überließ der Pfalzgrav das Schloß und Stadt ihrem Schicksal und fand auch nicht rathsam die den Gemeindern versprochene Verstärkung einer gewissen Gefahr auszusetzen. Der Marggr. und Gr. Ulrich rückten also mit ihrer vereinigten Macht, welche aus 3000. Pferden und 12000. zu Fuß bestund, davor. Der junge noch unmündige Gr. Eberhard wohnte diser Belagerung mit seinen Völkern auch bey, welche er vermög der obgedachten Eynung seinem Vormunder zuführte. Die Ganerben waren zu schwach zur Vertheidigung. Sie wurden dabey unter sich uneins und einer nach dem andern suchte sich durch die Flucht zu retten. Das unter dem Schloß ligende Städtlein wurde alß abgebrannt und das Schloß mit leichter Mühe erobert und auf den Grund geschleift (e). Indessen war der Pfalzgrav dennoch in der Nähe um seine Lande zu decken, wann Gr. Ulrich etwan in selbige weiter einzurucken Lust bekommen solte. Dann Marggr. Albrecht gieng sogleich wieder nach Hauß ohne die Pfälzischen Lande zu berühren. Gr. Ulrich hingegen konnte seine Lande nicht wohl erreichen ohne durch die beede Pfälzische Aemter Weinsperg und Neuenstatt zu ge-

Hh 2 hen

(e) Kremers Geschichte Pfalzgr. Friderichs. 1. Buch. §. 42. pag. 103. seq.

hen. Dann er wandte sich gegen Heylbronn und stund im Verdacht, als ob er sich diser Reichsstadt bemächtigen wollte um sich einen Paß über den Neckarfluß zu versichern. Der Churfürst war aber schon mit einer Armee von 2000. Reutern und 12000. Fußgängern da dise Stadt aus Sorgen zu setzen. Er lagerte sich bey Heylbronn und Wimpfen. Als Gr. Ulrich mit seinen Leuten in die Gegend kam, schien es würklich, daß eine Schlacht würde geliefert werden. Dann nur ein Bach war zwischen beeden Armeen und die Vortruppen scharmützelten miteinander. Beederseits blieben einige tod und andere wurden gefangen, welche man aber gleich wieder in die Freyheit setzte. Bey disen Umständen sahe es auf seiten Gr. Ulrichs sehr gefährlich aus. Der Pfalzgrav war ihm an Macht weit überlegen und hatte ausgeruhete Völker. Hingegen des Graven Leute waren von der grossen Hitze abgemattet, welche sie auf dem Abzug ausgestanden, und nichts geessen und getrunken hatten. Der Churfürst vermehrte dise Noth, als er näher gegen sie anrückte und alle Anstalt zu einem Angriff zeigte. Gr. Ulrich befahl also eine Wagenburg zu machen um sich hinter derselben so gut möglich zu wehren. Er wurde aber von den Pfälzischen Räthen aus solcher Noth gerettet, welche dem Churfürsten den Angriff mißriethen, weil er dem Graven gleichwohl noch keinen Vehde- oder Absagsbrief zugeschickt hätte. Indessen entrann disem einer seiner Hauptfeinde, nemlich einer von Horneck, welcher bey dem Churfürsten Schutz fand. Diser blieb bey Heylbronn stehen um abzuwarten, ob Gr. Ulrich der Stadt mit Verwüstung ihrer Früchte Schaden thun würde. Dann er hätte gar zu gern Grav Ulrichen angegriffen und ihm einen Hauptstreich beygebracht. Der Grav hingegen suchte solchen zu vermeiden und gieng ohne etwas feindliches auszuüben wieder nach Hauß, nachdem er seine Absicht mit Züchtigung der Ganerben erreichet hatte (f).

§. 110.

Gleichwohl war es damit noch nicht ausgericht, indem gedachtermassen Hannß Horneck von Hornberg dem Graven noch vielen Verdruß machte, und mit seinen Streifereyen aus dem Pfälzischen grossen Schaden that. Derselbe hatte schon den 18. Augst. 1457. Grav Ulrichen abgesagt, weil ein gewisser Schaffhannß und andere seine Anhänger in seinem Amt Weinsperg sich feindlich bezeugt hätten, und der Grav ihm sein Gut abgenommen und wider Recht mit Gewalt vorenthalte, auch seinen Pfeiffern Urlaub gegeben habe (g). Weil das Raubnest Widdern zerstört ware, aus welchem er seine Ausfälle that, so gab ihm der Pfalzgrav das Schloß Stolzeneck. Dises machte den Graven aufmerksam gegen denselben, als

(f) Trithem. ad ann. 1458. in Chron. Hirsang. Kremer d. l. pag. 101. seqq.
(g) vid. Beyl. num. 109.

Fünfter Abschnitt. 245

als welcher in allweg sich in Verdacht setzte, daß der Horneck mit seinem guten Willen den Graven beschädigte. Endlich that der Meister teutschen Ordens Ulrich von Lentersheim den 14. Aug. 1459. dem Horncken den Vorschlag, daß er zu Anspach sich stellen und aussöhnen sollte. Weil er aber sich zu nichts bequemen wollte, so ließ Gr. Ulrich ein Ausschreiben an alle Nachbarn des Schlosses Stolzeneck und derselben Gegend ergehen, daß sie den Horneck und seine Knecht, Helfer und Zuleger nicht einlassen, Auffenthalt geben oder einigen Fürschub mit Glait oder andern thun oder zulassen, sondern dem Graven das Recht wider ihn gestatten sollten, damit man sehe, daß dises feindselige Verfahren ihnen leyd seye. An des Pfaltzgraven Friderichs Räthe, Hofgesind und an die Stadt Heydelberg ergiengen gleichmäßige Schreiben. An den Churfürsten selbst aber schickte Marggr. Albrecht von Brandenburg und Gr. Ulrich ihre Räthe mit Bitte sich dessen von Horneck zu entäussern. Der Bischoff von Würzburg, und die Stadt Würzburg, der Bischoff zu Worms, der Bischoff zu Speyr, Grav Hetz von Leiningen, Gr. Philipp von Katzenelnbogen, die Städte Heylbronn, Speyr, Wimpfen, und etliche Edelleute versprachen zum theil sich unverweißlich zuhalten, zum theil den Horneck in ihren Landen und Gebieten nicht zu dulden. Pfalzgr. Friderichs Hofmeister und Räthe antworteten, daß sie vor einiger Zeit vermerkt, als ob Horneck sich zu Ehren und Recht erbetten habe, aber solches nicht von ihm angenommen worden. Wann man aber solches Begehren auch an den Churfürsten gelangen lasse, so zweifeln sie nicht, daß ihr Herr sich fürstlich und aufrecht halten werde. Er erklärte sich auch auf die an ihn ergangene Werbung, daß ihm lieb seyn würde, wann Churfürst Dietrich von Maynz, Marggr. Albrecht und Gr. Ulrich sich zu einem unverbundenen Tag an gelegner Malstatt entschliessen könnten, indem er seine Räthe so dahin schicken und allen Fleiß anwenden und zeigen wolte, daß er zu Frieden der Lande, dem gemeinen Nutzen und Billigkeit geneigt seye. Wann es nun den Fürsten also gefällig, so wollte er bey dem Horneck daran seyn, daß er und seine Anhänger die Zeit bis zu dem angesetzten Tag und ungefehr zween oder drey Tage hernach gegen den gemeldten Fürsten einen Waffenstillstand halten sollte, doch, daß dise ihm gleiches widerfahren lassen. Indessen machten sich die drey Fürsten nemlich Maynz, Brandenburg und Würtenberg doch auch zur Gegenwehr gegen ihren gemeinschafftlichen Feind gefaßt und verabschiedeten sich zu Anspach, daß jeder zehen gewapneter zu Pferd und zwanzig Trabanten zu Fuß stellen sollte. An Churpfalz aber berichteten sie, wie sie ihm zu gefallen den gütlichen Weeg gern einschlagen wollten und hätten das schon zu Onoltzbach versucht. Weil aber der Horneck alle billiche Vorschläge verachtet, so bäthen sie den Churfürsten sich dessen nicht anzunehmen, sondern wo Er oder die Seinige solchen betretten, ihnen wider ihn als einen Uebelthäter das Recht zu gestatten. Der Churfürst antwortete Gr. Ulrichen sogleich wieder, daß Horneck die zu

Anspach gemachte Richtung annehmen wolle, weßwegen er in allen seinen Städten, Schlossen, Landen und Gebieten befohlen Hornecken und seinen Anhängern nicht zugestatten den Graven ferner zu beschädigen. Als aber Gr. Ulrich von dem Hornecken deßwegen Versicherung haben wolte, zog derselbe sein Wort zuruck und begabe sich lieber des Schlosses Stolzeneck, welches der Churfürst wieder zu seinen Handen nahm und mit seinen Leuten besetzte. Solchemnach schickte der Horneck auf Freytag nach Gallentag dem Graven einen abermaligen Absagbrief wegen seines Schwagers Bechtold Kränzen von Gryssetzheim. Warum er disen eingemischt, habe ich nicht finden können. Gr. Ulrich aber wurde dadurch veranlaßt bey dem Hofgericht zu Rotweil um die Acht wider den Horneck zu bitten. Er erlangte auch solches. Weil Gr. Ulrich mit dem Pfalzgraven selbsten in eine Vehde gerieth, so hatte dise Acht keine sonderliche Würkung. Und als diser Krieg den 8. Augst. 1460. beygelegt wurde, so wurde auch der Horneck mit Gr. Ulrichen ausgesöhnet. Indessen waren aber auch die übrigen Ganerben des Schlosses Widdern noch nicht zufriden, sondern es begehrten Hanns von Gemmingen und Eberhard von Neuperg, wie auch Conrads von Gemmingen Wittib von Margrt. Albrechten und Gr. Ulrichen einen Abtrag des Schadens, welchen sie unverschuldter weise durch die Zerstörung dises Schlosses, woran ihnen die Helfte gehörte, erlitten hätten. Sie wurden aber mit der Antwort abgewiesen, daß, sie und die ihrigen aus disem Raubschloß mit Raub und Brand vielfältig beschädiget und dardurch getrungen worden Gewalt wider die unrechte Gewalt zu brauchen und das Uebel zu strafen, welches sie unter fliegenden Fahnen als Fürsten und Graven des Reichs gethan hätten. Wolte man sie der Ansprach nicht erlassen, so möchte man sie als Fürsten und Graven vor der Kayserlichen Majestät als ihrem ordentlichen Richter belangen, wo sie einem jeden gebührende Red und Antwort geben würden.

§. 121.

Daß die beede Graven von Würtenberg sich im Frühjahr 1459. mit den Graven von Werdenberg wegen obgedachter Strittigkeiten verglichen, ist schon oben angezeiget worden. Es bedrohete aber die Grafschafft Würtenberg ein anderes Kriegsfeuer, welches in betrübte Flammen ausbrach. Ehe ich solches berühre, muß ich noch einer andern Ansprach gedenken, welche Gr. Ulrich der ältere von Helfenstein an Grav Ulrichen von Würtenberg gemacht. Dann es wolte jener dem letztern seine Theile an der Herrschafft Hiltenburg und Wisensteig strittig machen, welche seine Brüder Friderich und Ludwig an ihne verpfändet hatten. Er berufte sich auf eine sogenannte Montschotwung oder Theilung, welche sie Brüder untereinander gemacht bis auf ihr aller, oder Zweyer oder eines Widerrufen und

daß

Fünfter Abschnitt. 247

daß er Grav von Helfenstein solche Verpfändung weder gewußt noch dareingewilligt
habe. Er ließ sich aber doch gefallen vor Gr. Ulrichs von Würtenberg Räthen zu
Recht zu kommen. Dise waren Bernhard von Buwstetten Probst zu Denkendorf,
Hannß Truchseß von Stetten, Hannß von Werdnow der älter, Heinrich Spet
von Sumnau, Krafft von Liechteneck, Wolf von Sachenhausen, Hofmeister, und
Albrecht Truchseß von Bichißhausen. Gr. Ulrichs von Würtenberg Anwälde
waren Jörg Kayb von Hohenstein, Hofmeister und Werner Luz, Vogt zu Stuttgard. Dise nahmen nach damaligem Gerichtsbrauch Johann Landenburg, Doctor und Kirchherrn zu Kircheim zu einem Fürsprecher. Der Gr. von Helfenstein
war in Versen zugegen und nahm zu einem Fürsprecher Dietrichen von Gemmingen. Jene wandten wider dise zugenöthigte Ansprache ein, daß der obangeführte
Theilungsbrief nicht gesigelt worden, noch zu seiner Krafft gekommen, ihr Princi-
pal auch deßwegen bisher in ruhigem Besitz gewesen, welches der von Helfenstein
immerzu gesehen, mithin gewußt und dennoch nichts dawider eingewendet habe.
Diser wußte nichts zu antworten, als daß manchmal ein Brief nicht besigelt werde und dennoch unter Freunden, welche ein gutes Zutrauen untereinander hätten,
seine Gültigkeit behalte. Bey diser Verfassung erfolgte die Urtheil, daß der Theil-
zettul in den Kauf- und Pfandbriefen nicht begriffen, noch dessen Meldung geschehen. Wann nun Gr. Ulrich von Würtenberg einen leiblichen Eyd thue, daß er
die Theil an der Herrschafft Wisenstaig nach dem Innhalt der Pfandbriefe bisher
ingehabt, sollte er de bey gelassen und Gr. Ulrichen von Helfenstein um seine Forderung nichts schuldig seyn. Dise Urthel ergieng zu Kircheim den 17. Maji, am Donnerstag nach Pfingsten und der Eyd sollte innerhalb Sechs Wochen abgelegt werden.
Die verwirrte Umstände und Zwistigkeiten mit Pfalzgrav Friderichen verhinderten
solches zu erfüllen. Auf den 15. September wurde erst ein anderer Rechtstag darzu angesetzt, wobey zum theil andere Räthe gebraucht wurden, nemlich Gr. Sigmund von Hohenberg, Probst Bernhard von Bawstetten zu Denkendorf, Albrecht
Thumb von Neuburg, Hermann von Eptingen, Rittere, Hannß Harscher der ältere, Antoni von Emershofen, Schwarzfritz von Sachsenheim, der ältere, Vogt
zu Neuenbürg, Wolff von Sachenhausen, Haußhofmeister, Albrecht Truchseß
von Bichißhausen, Heinrich Spet von Sumnau und Wolf Schilling. Vor disen
erschien Grav Ulrich zu Würtenberg in der Absicht den Eyd abzulegen. Der Grav
von Helfenstein war aber so bescheiden, daß er seinem Herrn, in dessen Diensten er
stunde, des Eyds erließ (h), wodurch derselbe im ruhigen Besitz bliebe.

§. 122.
Etwas mehrers hatten die Händel mit Pfalzgrav Friderichen zu bedeuten. Diser hatte den Churfürst Dietrichen von Maynz wegen eines Capitals
von

(h) vid. Sept. anm. 107.

von 9000. fl. (i), Herzog Ludwig den schwarzen von Bayern und Graven zu Veldem, wie auch Gr. Ulrichen sich zu Feinden gemacht. Dann es hatten zwar, wie ich schon gemeldet habe, die Würtenbergische Räthe im Jahr 1457. einen Vertrag gemacht und unter anderm darinn sich der von Churpfalz auf den Zöllen zu Manheim und Oppenheim gegen Gr. Ulrichs Gemahlin verschriebenen jährlichen 3000. fl. verzicht gethan, aber weder Gr. Ulrich noch seine Gemahlin wollten dises genehmigen und machten noch darzu die Anforderung, daß diser Gravin wegen ihres Widdums Brief und Sigel nicht gehalten worden. Als beede Theile sich zu einem blutigen Krieg rüsteten, wollte der Papst Pius II. einen andern Krieg wider die Türken haben, wider welchen Feind derselbe noch unter seinem Vorfahrer Papst Nicolaus die Reichsfürsten auf einem zu Frankfurt gehaltenen Reichstage mit grossem Eyfer und Beredsamkeit aufgemahnt hatte (k). Die Unruhe in Teutschland schien ihm verhinderlich zu seyn. Er schickte deswegen seinen Protonotarium Stephan von Nardinis nach Teutschland, und gab ihm noch anders zu, welche die teutsche Fürsten bewegen sollten ihre Mißhelligkeiten unter sich in der Güte auszumachen. Der Pfalzgrav machte disem Gesandten die gröste Sorge. Er wendete sich zu Nürnberg an einige gegenwärtige Fürsten, welche den Vorschlag thaten, daß dise anscheinenden Feindseligkeiten durch Bischoff Johannsen von Eychstett und Herzog Albrecht von Oesterreich beygelegt werden könten. Der Pfalzgrav erklärte (l) sich zu einem unverbundenen Tag ganz willig. Es wurde deswegen ein sogenannter Anlaß von dem Päpstlichen Legaten, wie auch Herzog Sigmunden von Oesterreich und Herzog Johannsen von Bayern verfasset, vermög dessen Bischoff Johann von Eystett, Herzog Albrecht von Oesterreich und Herzog Ludwig der reiche von Bayern den Pfalzgraven dahin vermocht solchen anzunehmen. Vermög dises Anlasses setzten der Bischoff und Erz-Herzog Albrecht einen Tag nach Nürnberg auf das Creuzerhöbungs-Fest und verbanden sich solche Irrungen entweder gütlich oder rechtlich zu entscheiden, wobey es auch bleiben und alle streitende Theile demselben getreulich nachkommen, auch aller Unwille damit gegeneinander aufgehoben, ingleichem alle Gefangene auf eine schlechte gewöhnliche alte Urphede unentgeltlich losgelassen werden sollen. Herzog Ludwig der reiche von Bayern bezeugte noch überdiß, daß Churfürst Friderich alles zu halten versprochen und er dafür gut seyn wolle und besiegelte darauf den gedachten Anlaßbrief (m). Ungeacht diser Versicherung traueten doch der Erzbischoff Diether von Maynz, Herzog Ludwig der schwarze von Veldem, Marggrav Albrecht von Brandenburg und Gr. Ulrich zu Würtenberg dem Churfürsten gar

nicht

(i) Kremer d. l. pag. 134. & T. II. pag. 186.
(k) Platina de Vitis Pontificum. p. 743. edit. de anno 1645.
(l) Kremer Tom. II. pag. 184.
(m) vid. Beyl. num. 108.

nicht zu, daß er dem Entscheid nachkommen werde. Sie machten deßwegen noch an selbigem Tag, da der Anlaß oder so von ihnen genannte Rachtung besiegelt wurde, ein Bündnuß miteinander, daß, wann Pfalzgrav Friderich solche Rachtung an ihrer einem oder mehr oder den ihrigen durch sich selbst oder die seinen, oder auch den Ausspruch, welcher von den Theidungs-Herrn geschehen werde, in einigem Puncten überführte, oder nicht hielte, oder einen von ihren Mannen, Dienern oder Städten, mit welcher sie in einer Eynung stünden, angriffe oder beschädigte, sie einander mit ganzer Macht von stund an beholfen seyn und auf jedesmaliges ermahnen dem beschädigten Theil ihre Feindsbrief wider ihn übergeben wollten. Es war auch dise Vorsicht nicht umsonst. Dann als der Entscheid erfolgte und wider den Pfalzgraven ausfiel (n), wollte er weder von dem Anlaß etwas wissen, noch unter allerley Einwendungen an den Entscheid gebunden seyn.

§. 123.

Indessen machte Gr. Ulrich sich gefaßt und liesse sich in verschiedene Bündnusse ein um auf allen Fall seinen Feinden sich furchtbar zeigen zu können. Er hatte zwar schon den 25. April dises Jahres 1459. mit König Georgen Podiebrad von Böhmen sich in eine Eynung eingelassen. Beede Theile aber versprachen einander keine Hülfe, wann einer oder der andere sollte angefeindet werden, sondern sie verpflichteten sich nur, daß auf Lebenslang keiner mit seinen Landen, Leuten und den seinen, deren sie mächtig seyen, wider den andern nichts thun solle mit Ueberziehen, Uffrur, Rame oder andere Beschädigung in Vehde oder ohne Vehde. Und wann ihre Graven, Herrn, Ritter oder Knechte gegeneinander Zuspruch oder Forderung gewinnen, sollen sie sich vor des beklagten Herrn oder Räthen des Austrag-Rechtens begnügen lassen. Wann aber ihre Burger und arme Leute gegeneinander Forderung bekommen, sollen sie sich des Rechts begnügen lassen vor den Gerichten, darinn der angesprochene Theil gesessen ist. Gr. Ulrich nahm dabey aus den Papst, den Kayser, Herzog Philippsen von Burgund und Herzog Sigmund von Oesterreich, von welchen beede Herrn ein Lehen habe. Es scheinet aber dise Ausnahme seltsam zu seyn, weil solche sonst nur geschahe, wann etwan eine Hülfe versprochen wurde, daß man wider die ausgenommene Herrn keinen Beystand zu thun schuldig wäre. Hier hingegen stehet in dem Bundsbrief kein Wort von einiger Hülfe, sondern es hat das Ansehen, als ob beede Herrn nur einen Neutralitäts-Tractat miteinander machen wollen. Gleich darauf machte Grav Ulrich zu Mergentheim einen gleichmäßigen Tractat mit Herzog Johann und Si-

(n) Dises Entscheids Innhalt ist zu lesen in Herr Kremers Geschichten Churfürst Friderichs. T. I. lib. 2. §. 6. p. 139. und T. II. p. 185. conf. Müller Reichstags-Theatr. 3te Vorstell. cap. 1 a. pag. 625.

Sigmunden von Bayern und mit Marggr. Albrechten auf jehen Jahr, daß sie es gut miteinander meynen, zu keinem Krieg miteinander kommen und auch von den ihrigen nicht gestatten wollen. Eben diser Marggrav Albrecht machte auch ein Bündnuß mit König Georgen von Böhmen, daß beede einander ihre Lande, Leute, Gerechtigkeiten, Regimente, Würden und Ehren handhaben, und im Fall eines Angriffs mit aller ihrer Macht zu Hülf kommen sollen. Als aber der Marggrav von dem Kayser Freyheiten erhielte wegen eines Landgerichts und dasselbe auch in der benachbarten Fürsten Landen ausbreiten wollte, so zerfiele bald darauf der König mit dem Marggraven und berufte sich darauf in einem Absagbrief vom Jahr 1462, daß diser der Eynung gerad zuwider gehandelt hätte, welches ich wegen der daraus entstandenen Folgen nicht unberühret lassen können.

§. 124.

Dann von diser Zeit an nahm die Gährung zwischen Pfalzgr. Friderichen, einerseits und Erzbischoff Diethern zu Maynz, Herzog Ludwigen von Velden, Marggr. Albrecht von Brandenburg, und Gr. Ulrichen zu Würtenberg anderseits immer mehr zu. Ungeacht der Pfalzgr. sein Wort von sich gegeben, daß ihm ein Tag nicht entgegen seye und Herzog Ludwig von Bayern die Versicherung von ihm hatte, auch derselbe wider den Bischoff von Eychstett niemalen etwas einzuwenden begehrt, so war ihm doch eben nicht gelegen dem Entscheid, welcher den 14. Sept. erfolgte und unter des Bischoffs und des Erzherzogs Namen und Sigill ausgefertigt wurde, eine Genüge zu thun. Nunmehr behalf er sich mit der Ausflucht, daß der Bischoff sich zu einem Schiedsrichter aufgedrungen habe, und der Entscheid ohne ihn vorher genugsam gehört zu haben abgefaßt worden. Daß ferner der Bischoff solchen einseitig gemacht, ungeacht ihm Erzherzog Albrecht von Oesterreich zugegeben gewesen, diser aber damals sich in seinen Landen aufgehalten und niemand von seinen Räthen darzu abgeschickt habe. Gleichwohl zeigt der Buchstabe des zwischen dem Pfalzgraven und Gr. Ulrichen abgefaßten Entscheids (o), daß Erzherzog Albrecht solchen auch unter seinem Namen neben dem Bischoff ausgefertigt und besigelt habe. Vermöge desselben sollte der vermeynte von Gr. Ulriche Räthen zwischen dem Pfalzgraven und des Graven Gemahlin wegen ihres Wittums vor zwey Jahren errichtete Vertrag ungültig seyn und von dem Pfalzgraven die auf den Zöllen zu Oppenheim und Manheim hafftende 3000. fl. hinfüro nebst dem Ausstand an die Gräfin bezahlt werden, wie solches des Pfalzgraven Verschreibung ausweise. Als nun Gr. Ulrich und die andere Fürsten sahen, daß weder der Pfalzgrav, noch Herzog Ludwig von Bayern dem Entscheid genug thun wollten, wie sie versprochen und letzterer solchen zu halten mit gebender Handtreu angelobt hatte, so wendeten sie sich den 26. Oct. an disen und begehrten an ihn den Entscheid nach allen seinen sowohl die Fürsten, als auch den

(o) vid. Beyl. num. 109. Kap-

Fünfter Abschnitt.

Kayser und das Reich betreffenden Puncten zu vollziehen (p). Und als der Herzog die Antwort verzoge, so ermahneten sie ihn am Mitwoch vor Niclaufentag nochmahlen und liessen auch an seine Ritterschafft, Städte und Landschafft ein Schreiben ergehen, daß sie bey ihrem Herrn daran seyn möchten so wohl für sich als auch für den Pfalzgraven, für welchen er mit handgebender Treue an Eydesstatt angelobt hätte, das Versprochene zu vollziehen (q).

§. 125.

Alle diese Bewegungen vermehrte der Kayser aus blossem Haß gegen Pfalzgrav Friderichen und Herzog Ludwigen von Bayern. Beede hatten sich die Feindschafft Marggr. Albrechten von Brandenburg zugezogen, welcher bey dem Kayser in grossem Ansehen stunde und alles bey ihm vermochte. Er hatte von ihm gewisse Freyheiten erlangt, welche die Gerichtbarkeit seines Landgerichts des Burggravthums Nürnberg allzuviel begünstigt. Die Bayerische Unterthanen wurden daselbst zu erscheinen gedrungen, welches Herzog Ludwigen unerträglich ware. Beode Fürsten geriethen darüber in grosse Mißhelligkeiten, welche im Jahr 1459. sollten zu Nürnberg beygelegt werden. Der Marggrav legte seine von dem Kayser erhaltene Freyheitsbriefe vor, Herzog Ludwig unterstund sich aber solche in vieler Fürsten und des Marggraven Gegenwart zu zerreissen und warf die Trümmer auf den Boden (r). Kayser Friderich war ohnehin nicht mit dem Herzog zufrieden, weil er im Jahr 1458. die Reichsstädte Donawerth und Dinckelspül unter seine Bottmäßigkeit gebracht und sich huldigen lassen. Marggr. Albrecht von Brandenburg und Gr. Ulrich zu Würtenberg halfen damals dem Herzogen darzu (s). Nunmehr aber änderte sich alles. Der Kayser trug dem Marggraven und Herzog Wilhelm zu Sachsen die Reichs-Hauptmannschafft wider den Herzog auf, welcher Erzherzog Albrechten wider den Kayser Beystand leistete. Die Graven von Würtenberg hatten zwar unmittelbar nichts damit zu thun. Es wurde aber dennoch Gr. Ulrich auch darein gezogen. Dann bemeldter Herzog Ludwig und Pfalzgr. Friderich stunden in einer genauen Verbindung und Gr. Ulrich mit Herzog Ludwigen von Velden, mit Erzbischoff Dieterichen und dem Marggraven von Brandenburg, welche in Krieg mit dem Pfalzgraven verfangen waren. Dise Herrn kamen zu Ende des Junii zu Mergentheim zusamen und nahmen die Abrede, daß Marggr. Albrecht den Krieg mit Herzog Ludwigen führen sollte, wie ihm der Kayser befohlen hätte. Der Erzbischoff von Mayntz und Gr. Ulrich von Würtenberg versprachen jeder demselben 800. Pferde und Herzog von Velden 400. zu Hülf zu schicken und auf den 8. Augusti in das Feld zu ziehen. Zugleich sollte

(p) vid. Beyl. num. 110. (q) vid. Beyl. num. 111. und 112.
(r) Trithem. pag. 434. Chron. Hirsaug.
(s) Müller Reichstagstheatr. P. L. 3:e Vorstell. c. 9. §. 8. pag. 615.

sollte jeder Theil Pfalzgrav Friderichen den Krieg durch ihre Feindsbriefe ankündigen. Die Absicht ware, damit derselbe dem Herzog von Bayern keine Hülfe zu schicken könnte. Wollte aber der Pfalzgrav dem Herzog wider Marggr. Albrechten zu Hülf kommen, sollten alle verbündete Fürsten disem mit ihrer ganzen Macht zuziehen. Wann aber der Herzog einen von den andern Fürsten anfallen würde, so sollte der Marggrav denselben zu Hülfe kommen. Würde hingegen der Pfalzgrav einen überziehen, so sollten Maynz, Veldenz und Würtenberg einander mit ganzer Macht retten und der Marggrav Herzog Ludwigen auf dem Halß bleiben (1). Der Krieg brach aber doch nicht in die völlige Flammen aus, weil der Papst solches Feur bey Zeiten zu dämpfen suchte und man hoffte durch den oftberührten Nürnbergischen Entscheid den Frieden im teutschen Reich zu erhalten. Weil der Pfalzgrav damit nicht zufriden ware und durch spitzige Briefe Herzog Ludwigen von Bayern verwiese, daß er dem Kayser und den ihm anhangenden Fürsten so viel nachgegeben und bereits dem Nürnbergischen Entscheid ein Genüge zu thun angefangen hätte, so erinnerten Maynz, Veldenz, Brandenburg und Gr. Ulrich von Würtenberg sowohl den Pfalzgraven, als auch Herzog Ludwigen von Bayern sothchen Entscheid vollends obberührtermassen zu erfüllen, damit sie nicht zu den Waffen zu greifen genöthigt würden. Papst Pius hatte auch das seinige gethan um die Fürsten zum Frieden unter sich zu ermahnen. Er hielte eine Zusamenkunft zu Mantua um alle Europäische Fürsten wider die Türken aufzubringen. Aber die geschöpfte Hoffnung und Vertröstung fehlten wider die Türken und dise Zusamenkunft nutzte nur so viel, daß die Degen in Teutschland auf einige Monate noch in der Scheide blieben, und man sich mit der Feder zu streiten begnügte.

§. 126.

Ich habe die Begebenheit des oftgedachten Entscheids oft und in dreyerley Aussichten vorstellen müssen, weil sie so verwirrt untereinander laufet und verschiedene Fürsten auf unterschiedliche Art daran Theil genommen, welche dennoch durch den Entscheid mit ihren Absichten vereinbaret worden. Indem aber gedachtermassen zwischen disen Fürsten nur noch die Feder zu thun hatte und man noch hoffte den Frieden beyzubehalten entschloß sich Gr. Ulrich seine von der Cron Böhmen rührende Lehen von dem damaligen neuen König Georgen Podiebrad so wohl für sich, als auch als Vormünder und Träger Gr. Eberhards zu empfangen. Diser König war damals zu Eger, wo auch Gr. Ulrich mit der Burg und Stadt Beilstein, der Burg Liechtenberg und der Stadt Botwar den 20. Nov. belehnet wurde. Und an eben disem Tag empfieng er als Vormunder und Träger Gr. Eberhards das Schloß und Stadt Neuenbürg mit ihren Zugehörden, daß er als ein Vormünder, bis der junge Grav achtzehen Jahr alt würde, dise Lehen von

(1) vid. Beyl. num. 113.

Fünfter Abschnitt.

der Cron Böhmen tragen sollte. Gr. Albrecht von Brandenburg bekam den Befehl von Gr. Ulrichen als Vormundern Gelübd und Eyd zu nehmen und wann Gr. Eberhard das achtzehende Jahr erreichen würde, so verordnete der König, daß diser Gr. Ulrichen den Lehenseyd ablegte, oder wem es der König sonsten befehlen würde. Es änderte sich aber während disem Vorgang sehr vieles. Dann Gr. Eberhard hatte indessen das vierzehende Jahr seines Alters zuruck gelegt. Seine Räthe stunden nicht gern unter einem Vormunder und brachten dem jungen Graven bey, daß er die Regierung selbst antretten sollte. Damit Gr. Ulrich solches nicht merken, oder verhindern möchte, so begehrte Gr. Eberhard von ihm die Erlaubnuß zu seiner Frau Muter nach Rotenburg zu reysen. Es wurde ihm den 4. Nov. gestattet, ungeacht Gr. Ulrich die gedachte Mechtild und etliche Räthe nach Urach eingeladen hatte um mit ihnen wegen wichtigen Angelegenheiten sich zu unterreden. Gr. Eberhard brachte seiner Frau Muter verschiedene Beschwerden wider seinen Vormunder vor. Als sie ihm aber keinen Rath ertheilen konnte, reyßte er nach Ettlingen um bey Marggr. Carln von Baaden sich Raths zu erhohlen. Die Erzherzogin gab Gr. Ulrichen selbst davon die erste Nachricht und ließ auch an etliche Städte und Aemter ihres Sohnes, sonderlich an die Stadt Neuenburg Schreiben ergehen, worinn sie meldete, daß der junge Grav sich zu Ettlingen befände. Man kan sich leicht vorstellen, daß Gr. Ulrichen solches nicht wenig befremdet habe. Er ließ gleichbalden auch Schreiben an Gr. Eberhards Landschafft, d. i. die Städte ergehen, worinn er sich sehr beschwehrte, daß er seines Vormund-Sohnes Hofmeister und Räthe und auch die zu Handlung seiner Sachen erwählte von der Landschafft gen Urach beschrieben und mit denselben merkliche Sachen abreden lassen wollen, welche des jungen Graven Ehre und Nuz gewesen wären. Seine Frau Muter hätte ihm zugesagt, daß sie auch dabey erscheinen wollte. Und jedermann, wer von seinem Vorhaben gehört, hätte solches als ein der Herrschafft nuzliches und aufrechtes Werk angesehen. Nichts destoweniger seye sein Vetter aus seinem und seiner Landschafft Gewalt entfremdet, welches zu Zerstöhrung der Landschaffe und verderben der Herrschafft gedeyen möchte, wann man solchem Unwesen nicht bald begegnete. Weil sie nun ihm als seines Vettern Vormund gehuldigt und geschworen hätten ihm gehorsam zu seyn, bis er zu seinen rechten Jahren käme, so ersuchte er sie, wann etwas an sie gelangen möchte, wordurch Gr. Eberhard oder andere von seinetwegen eine Zertrennung oder Aenderung machen wollten, welche Gr. Ulrichen und Grav Eberharden oder der ganzen Herrschafft zu Nachtheil gereichen könnten, daß sie darein nicht willigen, sondern sich als getreue und fromme Leute halten sollen. Er lebe der Zuversicht, daß er nichts anders gethan, als was aufrecht und redlich gewesen, weil er nur auf seines Vetters Nuzen und Ehre seine Absichten gerichtet habe.

Gi 3   f. 127.

§. 127.

An die Erzherzogin, wie auch an Gr. Eberhards Hofmeister, Albrecht Speten und desselben Räthe, nicht weniger an die Ober-Vögte Wilhelm von Mündingen zu Leonberg, Hannsen von Gültlingen zu Herrenberg, Heinrich von Gültlingen zu Nagold und Rosenfeld, Schwarzfritzen von Sachsenheim zu Neuenbürg, Eberharden von Urbach zu Vayhingen, Hannsen von Sachsenheim im Zabergöw, Ulrichen von Westerstetten zu Blaubeuren, Werner Schenken zu Hornberg und Dietrich Hecken Vogten zu Karpfen schrieb er den 17. Nov. daß dise Entweichung von einigen herrühre, welche schon lang den Abgang der Herrschafft lieber als eine Zulegung und beständiges Wesen gesehen und villeicht noch sehen. Er habe in die Reyse nach Rotenburg, aber nicht nach Ettlingen gewilligt, wisse auch nichts, worüber Gr. Eberhard sich zu beschweren Ursach hätte, wie ihm die Erzherzogin melde, seye ihm auch niemals das geringste davon bekannt worden, widrigenfalls er jedesmal sich zu verantworten gewußt hätte, daß man seine reine Absichten erkennen müßte, indem er niemals auf seinen eignen, sondern auf seines Vettern Nutzen und Ehre bedacht gewesen. Er erinnerte sie solchemnach bey ihren Pflichten vermög der ihm gethanen Huldigung in nichts zu willigen, bis er seinen Vetter selbst in das Regiment setze, wie er zu seiner Zeit zu thun erbötig sey. Wann auch sein Vetter begehren würde, daß man ihn mit den seinigen einlassen wollte, so sollten sie solches nicht verweigern, doch mit solcher Behutsamkeit, daß niemand sich der Städte bemächtige, sondern Gr. Ulrich dieselben in seiner Gewalt behalte. Auf solch Schreiben berichtete der Unter-Vogt Conrad Lutz und das Gericht zu Urach, daß sie zum Thor am Thiergarten hinter dem Schloß keinen Schlüssel, noch anders zur Verwahrung in ihrem Gewalt hätten und bathen Gr. Ulrichen solch Thor und das Schloß selbsten mit edlen Leuten zu besetzen, dise Anzeig und Bitte aber in geheim zu halten. Entzwischen berichtete auch Gr. Eberhard den ihm angehörigen Städten seinen Auffenthalt zu Ettlingen und daß er daselbst bleiben wolle, bis Marggr. Carl anheim komme. Er ermahnte sie sich zu halten, wie er ihnen als getreuen Unterthanen zutraue. Man merkte aber gleichbalden, daß Pfalzgr. Friderich an disem Vorgang Antheil habe. Dann dise schrieb den 24. Nov. an die Stadt Vayhingen und an die zugehörige Landschafft, was massen er wahrgenommen, daß Gr. Ulrich vorhabe die Vormundschafft länger zu behalten, als bisher bey der Herrschafft Würtenberg das Herkommen gewesen, indem Gr. Eberhards Vater und Bruder nicht so lang unter der Vormundschafft gestanden seyen. Zudeme so habe Gr. Eberhard von diser Vormundschafft merklichen Schaden, welcher besorglichermassen immer grösser werden dörfte und ihm Pfalzgraven solchen abzuwenden gebühre. Er ermahnte sie also sich niemand eines andern bereden zu lassen, sondern getreulich ihres rechten natürlichen

Herrn

Fünfter Abschnitt.

Herrn Ehre und Nutzen zu betrachten und zu Erhaltung dessen ihm getreulich beyzustehen, inmassen er ihnen auf Begehren redlich helfen wollte, und auch dem von Horneck und seinen Helfern befohlen habe, Gr. Eberharden und den seinigen keinen Schaden zuzufügen. Wer die Verfassung erwäget, in welcher Gr. Ulrich mit dem Pfaltzgraven gestanden, wird unschwer errathen können, daß diser dem Graven die Vormundschafft entziehen wollen und dem jungen Graven widrige Rathschläge an die Hand gegeben habe. Diser ließ unter eben disem Datum an verschiedene seine Städte Schreiben ergehen. Er hätte vernommen, daß Gr. Ulrich ihnen und andern seinen Landschafften geschrieben, als ob durch sein Vornehmen Zertrennung der Herrschafften und Lande bevorstünde und daß sie ihn zwar einlassen, aber der Schlösser mächtig bleiben sollten. Dises befremde ihn sehr, indem er mit Bewilligung Gr. Ulrichs zu seiner Frau Muter gereyßt und, wie er ihnen zuwissen gethan, hernach sich zu der Marggrävin von Baaden begeben habe. Seine Absicht dabey seye gar nicht die Herrschafft Würtenberg oder deren Lande in einigen Schaden zu setzen oder sie an andere zu entfremden. Er wolle ihnen aber zu seiner Zeit sein Anliegen entdecken, woraus sie vernehmen könnten, daß er seine und der seinigen Wohlfart und Nutzen vor Augen habe, wie ihm als einem Graven und Herrn zuzutrauen seye. Er verhoffe auch, daß sie ihn und die seinige in ihre Städte einlassen, wann er solches an sie gesinnen würde, und sich dessen nicht irren, noch an ihren Pflichten aufhalten werden, indem ihnen wissend seye, daß Gr. Ludwig sein Vater ihr rechter natürlicher Erbherr gewesen und wie sie ihm verbunden bleiben. Gr. Ulrich hingegen befahl Conraden von Stetten, Berchtold Kayben, Gr. Sigmunden von Hohenberg und Lutzen von Westernach das Schloß und die Stadt Urach wohl zu verwahren, damit Gr. Eberhard durch unbilliges Fürnehmen nicht beschädigt würde. Dann es hatte Gr. Ulrich den Argwohn gefaßt, daß sein Vetter den ihm gehörigen Landestheil an den Pfaltzgraven zu verdussern überredet worden.

§. 128.

Als Gr. Ulrich von des Pfaltzgraven Schreiben an Gr. Eberhards Landschafft Abschrifften erhielte, beschwerte er sich gegen dessen Räthe und Landschafft sehr darüber, indem ihnen selbst aus seinem letzthin zu Urach gethanen Erbiethen erinnerlich wäre, daß er gar nicht der Meynung seye seinen Vetter länger, als billich zu regieren oder seinen eignen Nutzen zu suchen. Gr. Eberhard hätte auch niemahl sich beygehen lassen dergleichen Schritte zu thun, wann er nicht durch diejenige darzu verleitet worden wäre, welche der Herrschafft Würtenberg Verderben schon lang gern gesehen hätten, weil er weder von ihm, noch vor dem Pfaltzgraven jemals wegen eines Schadens erinnert worden. Wie dann auch der von Horneck ihn Gr. Ulrichen und seinen Vetter selbsten nicht durch sich und die seinige bekrieget habe, sondern der Pfalzgrave es solchergestalt mit ihm halte, daß er ihm jederzeit in seinen Landen Fürschub gethan, jetzo aber Gr. Eberharden und die seinige zu beschädigen nicht zulasse. Es erhelle daraus, daß der Pfalzgrav nichts anders suche, als Gr. Eberharden mit seinen Landen und Leuten von Gr. Ulrichen zu trennen, welches zum Verderben der ganzen Herrschafft gereichen würde. Weil er nun wohl wisse, daß die Landschafft nach ihrem Vermögen darwider seyn werde, so wolle er mit Hülf des Allmächtigen und seiner Freunde, die durch Gottes Gnade mit merklicher Macht mit ihm verbunden seyen, auch anderer frommer Leute in diser Herrschafft sich mit allem Vermögen darwider setzen. Daß aber Gr. Eberhard gegen seinem Hofmeister und Räthen sich erklärt habe unverdingt zur Regierung zu gelangen, befremde ihn nicht wenig, weil seine kindliche Jugend ihm solches nicht zulasse und seine Räthe und Landschafft ihm als Vormunder gehuldigt hätten. Man werde sich erinnern, daß, als Gr. Ludwig der ältere in sein Regiment gesetzt worden, mehrere Herrn von Würtenberg nicht gewesen, als er und Gr. Ulrich, und daß die Statthalter ihn ohne Schulden und gar unbeschwehrt eingesetzt haben. Von daran bis auf die Zeit, da Gr. Ulrich zwanzig Jahr alt gewesen und zuvor keine Regierung gehabt, sey der Schuldenlast auf 300000. fl. angewachsen, wovon die Helfte auf ihn Gr. Ulrichen gelegt worden. Er hätte aber niemals daran gedacht solches an seinen Vetter zu suchen. Er schickte auch seine Räthe zu Gr. Eberharden um von ihm seine Beschwerden zu vernehmen und ihn zu bewegen, daß er sich wieder nach Hauß begeben möchte. Allein alle Bemühungen waren umsonst. Dann die Städte und Aemter Tübingen, Leonberg, Herrenberg, Neuenbürg, Blaubeuren, Urach, Calw, Vayhingen, Brackenheim, Nagold, Rosenfeld, Gröningen und Asperg erklärten sich, daß Gr. Eberhard sie ihrer Gelübde und Eyde erinnert und sein Vorhaben zu erkennen gegeben, wasmaßen er selbst die Regierung antretten wolle. Weil nun diser ihr rechter natürlicher Erb-Herr seye und ihnen zu gehorsamen gebüre, so wollten sie sich bey ihm Raths erhohlen. Gr. Eberhard selbst beschichtigte seinen Vormunder schrifftlich, daß er ihn nur an seinem erbaren, rechtmäßigen Vorhaben wegen Antritts seiner Regierung hindern wolle, welches aber nicht geschehen solle, weßwegen er seine Räthe mit fernerm Zuschreiben verschonen möchte. Bey solchen Umständen antwortete ihm Gr. Ulrich, daß er seinen Räthen darum zugeschrieben, weil Gr. Eberhard ohne seines Vormunders und Räthe Wissen sich auffer Lands begeben und er befördertet habe, es möchte die Herrschafft Würtenberg durch Trennung und fremde ungebürliche Handlung in Abgang kommen, übrigens aber sich erbothen, ihn in die Regierung kommen zu lassen. Wer vor der Vormundschafft regiert habe, der regiere noch. Er Gr. Ulrich habe Gr. Sigmunden von Hohenberg, Hannß Truchseßen von Stetten und Hannßen von Enzberg seinen Hofmeister nach Ettlingen geschickt mit Gr.

Eber-

Fünfter Abschnitt. 257

Eberharden in seine Schlösser zu reuten und ihm solche einzugeben. Er habe sie aber nicht erwartet, sondern, da sie noch eine Meile davon gewesen, sey er davon gereyßt. Endlich versprach er Gr. Eberharden, ihm als seinem nächsten Anverwandten alles gute zu gönnen und an der Regierung nicht zu hindern.

§. 129.

Solchemnach tratt Gr. Eberhard zwar die Regierung an. Gr. Ulrich kounte aber seinen Unmuth über den Pfalzgraven nicht verbergen. Churfürst Dieterich zu Maynz, Marggr. Albrecht von Brandenburg und Gr. Ulrich hatten die Abrede miteinander genommen um eben dise Zeit zu Aschaffenburg zusamen zu kommen. Es wurde an einer engen Allianz gearbeitet, welche am Freytag nach dem Christtag zustand kam. Gleich im Anfange derselben bedienten sie sich der schönen Ausdrucke, daß, nachdem sie und ihre Lande von Pfalzgrave Fridrichen und seinen Anhängern durch mannigfaltige Widerwerrigkeit und ungebürliches Bezeugen mit der That zu vorgenommener Trangsal begegnet sie nicht unbillich beweget seyen in dem gegenwertigen zu Offhalt und Wehre die einen ziemen zudencken, damit sie sich und ire Lande des schuren offents halten, sie sich untereinander verpflichtet um solcher gemeinschafftlichen und ihrer eigenen Angelegenheiten willen in Hauptmannsweise b. i. in eigenem Namen des Pfalzgraven Feinde zu werden und den Krieg als eine Kriegführende Haupt-Person anzukünden und zwar für sich und ihre Erben. Inmassen auch das Stifft zu Maynz miteingeschlossen ware. So bald aber der Feindsbrief überschickt wäre, so solle keiner ohne des andern Wissen und Willen einigen Frieden, Richtung oder Aussöhnung weder heimlich, noch offentlich machen, sondern so lang die Feindschafft währe, einander nach allem ihrem Vermögen helfen. Indessen wurde Gr. Ulrich auch durch die mißvergnügte Ehe seiner Schwester der Grävin von Catzenelnbogen in Verdrüßlichkeiten gesetzet, indem sie ihn bathe, daß er ihro in seinem Land als ihr Bruder den Auffenthalt erlauben und einen gewissen Sitz einraumen möchte, in welchem sie ihre Tage vollends in dem Frieden und Ruhe beschliessen könnte. Er gab ihro auch würklich ein Hauß zu Waiblingen ein, welches er einige Jahre zuvor von der Dürnerin erkaufft hatte, allwo sie den 16. April 1471. das Zeitliche seegnete und durch ihre den Burgern erwiesene Gutthaten ein noch heut zu Tage währendes dan b: res Angedenken hinterließ. Dagegen hatte er das Vergnügen seine von der letzten Gemahlin erzeugte Tochter Philippina mit Gr. Jacobs von Horn in den Niderlanden ältesten Sohn gleichen Namens zu verloben. Beede waren noch sehr jung, die Zuneigung Grav Ulrichs gegen seinem Gegenschwäher war so groß, daß sie einander versprachen auf dem Fall, wann der junge Bräutigam vor dem Beylager mit Tod abgehen würde, die Gräfliche Braut an seinen zwey-

K k

ten Sohn vermählt werden sollte. Dagegen wann dise vorher das Zeitliche verließ, dem jungen Graven von Horn eine andere Tochter Gr. Ulrichs versprochen wurde. Wie dann auch Gr. Ulrich drey Viertel an dem Dorf Schlierbach von Wolfgangen von Zülnhard um 1800. fl. erkaufte.

§. 130.

Mit Anfang des Jahres 1460. arbeitete man an einem Verständnuß zwischen Grav Ulrichen zu Würtenberg und Herzog Ludwigen von Bayern, weßwegen auf den 16. Januarii eine Art eines Congresses zu Gmünd gehalten wurde. Dann Herzog Ludwig von Bayern suchte alle Feindschafft zwischen ihm und dem Graven abzuwenden. Es wurden aber solche Vorschläge gethan, welche diser nicht anzunehmen vermochte, weil sie mit den Eynungen, welche er mit andern Fürsten hatte, sich nicht wohl reimen liessen. Herzog Ludwig von Veldenz und die Graven von Leiningen hatten den Krieg mit Pfalzgr. Friderichen schon angefangen und alles wurde von ihnen mit Brand und Verwüstung heimgesucht, was dem Pfalzgraven angehörte. Diser versuchte es nochmals mit Schriften den Streit auszumachen. Sie waren aber sehr verfänglich und taugten mehr das Feuer aufzublasen, als zu dämpfen. Weßwegen die vereinigte Fürsten Maynz, Veldenz, Brandenburg und Würtenberg wieder eine Zusamenkunft veranlaßten und eine Schriffte verfassen liessen, worinn jeder, was ihn berührte, behauptete und besonders dem Pfalzgraven die von ihm wider alle Gebühr gebrauchte Scheltworte verwarfen. Gr. Ulrich vertheidigte sich wider die Bezüchtigungen, als ob er den im Jahr 1457. wegen seiner Gemahlin Zubringens gemachten Verglich nicht hielte und solchen durch den Nürnberger Entscheid umzustossen gesucht hätte. Worauf der Grav antwortete, daß er Ursach gehabt über den Pfalzgraven einen Unwillen zu fassen, weil er seinen Feinden wider alles Recht und Billigkeit Fürschub gethan und auch die Belagerung des Schlosses Widdern und die Bestrafung der Raubereyen gern gehindert hätte, nur, damit solche Räuber ihm Schaden zu thun fortfahren könnten. Er hätte mit dem Nürnberger Entscheid nichts zu thun gehabt, sondern seye von Marggr. Albrechten von Brandenburg, Herzog Sigmunden von Oesterreich und von Pfalzgr. Johannsen und andern Fürsten ersucht worden die Zusamenkunft zu Nürnberg durch seine Räthe auch zu beschicken. Dann es seye Reichsskündig gewesen, was er Grav von dem Pfalzgraven für Schaden und Verdruß gehabt. Da man auch den Frieden in Teutschland herzustellen sich beflissen, so habe man seinen Räthen angemuthet die zwischen dem Pfalzgraven und ihm vorwaltende Strittigkeiten ebenmäßig beyzulegen. Um nun seine Räthe zur Einwilligung zu bewegen habe man ihnen versprochen den Pfalzgraven zu vermögen, daß seiner Gemahlin krafft der ihro gegebenen Verschreibungen die 3000. fl. wieder müßten bezahlt werden. Dise vortheilhafte Ausinnung hätten seine Räthe um so weniger umgehen können, als es schei-

Fünfter Abschnitt. 259

ne, daß der gesuchte Friede nur noch darauf beruhete, wann seine mit dem Pfalzgraven habende Mißhelligkeiten auf dise Weise gehoben würden. Er hätte dem im Jahr 1457. vor dem Teutschmeister erzielten Vergleich nachzugehen keinen Anstand gehabt, wann nur der Pfalzgrav auch in andern Stücken solchen hätte erfüllen wollen. Es seye demselben mit dem Frieden nie gedient gewesen, weßwegen er auch den mit Eydespflicht und gegebener Handtreu versicherten Nürnberger Entscheid nicht angenommen. Die vereinigte Fürsten begehrten nicht zu disputieren, sondern nur das, was er so theur zu halten versprochen, erfüllt zu sehen. Und obschon der Pfalzgrav andere Entscheids-Richter vorgeschlagen, so müßten sie um so weniger von dem Nürnberger Entscheid abzugehen, als daß sie die Waffen ergreifen und sich selbsten Recht schaffeten. Dann ob er schon fürgäbe, daß er seine Räthe in keiner andern Absicht nach Nürnberg geschickt habe, als allem widrigen zu widersprechen, so sehe man doch das Gegentheil daraus, weil er einen geistlichen Fürsten, einen Graven und seinen Canzler dahin abgeordnet habe, welches unnöthig gewesen wäre, indem solches ein Bott mit einem Brief oder ein geringerer Abgeordneter hätte verrichten können. Weil sie also zu einer Nothwehre gedrungen wären, so hätten sie an des jungen Churfürsten Philipps Lande begehrt, daß man Pfalzgr. Friderichen keinen Beystand thun solte, indem sie disen jungen Fürsten nicht gern unschuldiger weise an seinen Landen und Leuten beschädigen wollen (u).

§. 131.

Bey solchen Umständen nun und bey solcher Gährung der Gemüther war nichts übrig, als daß der Krieg in volle Flammen ausbrach. Herzog Ludwig von Veldenz drange stark darauf mit dem angehenden Jahr 1460. weil der Pfalzgrav ihm in sein Land gefallen war um den ihm zugefügten Schaden nachdrücklich zu rächen, und der alleinige Herzog ihm nicht widerstehen konnte. Der Churfürst von Maynz hielte aber solches noch nicht für rathsam, weil der damalige harte Winter ihm nicht vorträglich dünkte. Er hatte noch eine andere wichtige Ursach zuruck zu halten. Dann er hatte seine Schlösser und Städte noch nicht im Stand, daß sie einem Anfall hätten widerstehen können. Er suchte also Zeit zu gewinnen und that den Vorschlag, daß die vereinigte Fürsten noch einmal zu Mergentheim zusamen kommen mösten. Eben baselbst wurde das erstgedachte Schreiben den 24 Febr. an den Pfalzgraven abgelassen. Drey Tage hernach schickte Gr. Ulrich demselben seinen Feindsbrief zu, und befahl seinen Amtleuten, daß sie solches allen Prälaten, Clöstern, und seinen Dienern in den ihnen anvertrauten Städten und Aemtern verkünden,

Kk 2 wie

(u) vid. Bepl. num. 114.

wie auch allen Unterthanen befehlen sollten ihr Haab zu flehnen und sich selbsten zu verwahren. Jedem wurde aufgegeben die Städte in guter Hut zu halten, damit, wann ein Geschrey über Feur oder sonst entstünde, jeglicher wisse, wohin er laufen oder auf den Mauren, Thoren und offentlichen Plätzen thun sollte, wie auch die Wägen zur Wagenburg bereit zu halten und bey der Musterung der Unterthanen ihre Harnasch und Wöhre zu besichtigen. Der Feldzug gieng auch gleichbalden für sich. Dann den 7. Martii stund der Grav schon bey Lientzingen um das damals in Pfältzischem Schutz stehende Closter Maulbronn einzunehmen. Der Abt Berchtold schickte sogleich einen Conventualen an den Graven um sich mit ihm wegen einer Schatzung zu vergleichen. Dises fruchtete so viel, daß Grav Ulrich gegen Bezahlung einer Summen Gelds dem Closter und allen dessen Leuten und Gütern vollkommene Sicherheit zusagte. Weil aber Schwartzfritz von Sachsenheim und andere dem Pfaltzgraven ebenfalls ohne in des Graven Diensten zu seyn abgesagt hatten und mithin der Grav nicht für dise stehen konnte, so versprach er wenigstens, daß er ihnen keine Hülfe thun, noch auch in seinen Schlössen und Städten Unterschlauf gestatten wolle (v). Der Pfaltzgrav war eben damals über den Rhein Landgrav Ludwigen von Hessen entgegen gegangen, welcher ihm 1000. Pferde zuführte. Weil nun zu gleicher Zeit auch der Marggrav von Brandenburg ihm einen Feindsbrief zugeschickt hatte, so schriebe sein Bruder Pfaltzgrav Ruprecht unterm 11. Martii an Hertzog Ludwig von Bayern, daß er dem Marggraven und Gr. Ulrichen Feindsbriefe senden und disem von Heydenheim aus zu schaffen machen möchte, damit Gr. Ulrich seine Macht zu theilen gezwungen würde (x). Gr. Ulrich hatte ein grosses gewagt, weil er sich selbsten zwischen zwey Feur setzte, indem seine Lande in der Mitte lagen und von dem Pfaltzgraven sowohl, als von dem Hertzog in Bayern mit Einfällen konnten bedrohet werden. Indessen begehrte derselbe von der Stadt Heylbronn, sich zu erklären, wessen er sich gegen ihr zu versehen habe. Er bekam aber die Antwort, daß die Stadt mit dem Pfaltzgraven in einer Eynung stehe und mithin schuldig seye, wann sie um Hülfe ersucht würde, ihme solche widerfahren zu lassen, doch wolle sie sich auch gegen dem Graven gebührlich halten. Diser begab sich demnach nach Stuttgard, wohin er 3300. Mann zu Fuß beorderte, gleichwohl aber auch die Gränzorte, nemlich Schorndorf mit 540. und die Stadt Göppingen mit 370. Mann besetzte und das Commando über das wider den Pfaltzgraven im Feld ligende Kriegsheer Hannß München von Landscron anvertrauete. Dann Hertzog Ludwig schickte ihm einen Feindsbrief zu und erklärte sich darinn, daß er Pfaltzgraven Friderichs Helfer worden seye. Nunmehro fieng Gr. Ulrich an zu empfinden, daß er sich zu weit eingelassen habe. Er verließ sich aber auf Marggr. Albrechts Beystand, welchen er ersuchte ihm zu helfen und dem Hertzog von Bayern den Krieg anzukünden, damit man disen daheim behalte, so wolle der Grav einen trefigen Zeug

(v) vid. Beyl. num. 115. (x) vid. Beyl. num. 116. gen

Fünfter Abschnitt.

gen Göppingen legen um dem Feind das Eindringen zu verwehren und den Krieg wider die Pfalz fortsetzen.

§. 132.

Entzwischen bemühete sich der Papst noch immer das Kriegsfeur zu dämpfen und hingegen die Fürsten wider die Türken aufzumuntern. Es wurde auch eine Zusamenkunst zu Worms veranlasset, zu welchem Gr. Ulrich seine Räthe schickte, aber mit dem gemessenen Befehl keine Richtung mit dem Pfalzgraven einzuwilligen, es wäre dann, daß seiner Gemahlin die obgedachte 3000. fl. nebst dem verfallenen, wie auch die von dem Closter Maulbronn versprochene Brandschatzung mit 7000. fl. versichert und seinen Dienern ihre Lehen, welche sie von Pfalz trugen, aber nach damaligem Gebrauch aufgekündet hatten, wieder geliehen würden. Weil er auch dem Pfälzischen Adel abgesagt hatte, so begehrte er, daß sie gleichmäßig in der Richtung mit ihm außgesöhnt würden. Wann aber diese die Richtung nicht annehmen wollten, so müßte der Pfalzgrav versprechen, ihrer müßig zu gehen. Marggr. Carl zu Baaden und sein Bruder der Churfürst zu Trier waren die Unterhändler bey disem Friedensgeschäffte, aber ihre Bemühung war vergeblich. Der Pfalzgrav gieng auf Chur-Maynz los und Herzog Ludwig machte Marggrav Albrechten zu schaffen. Um sich zu rechtfertigen, ließ er ein Außschreiben an den Churfürsten von Cölln und andere Reichsstände ergehen, worinn er sich über Marggr. Albrechts Landgericht des Burggravthums Nürnberg beschwehrte und um ihre Hülfe ansuchte (y). Dann, als er den Bischoff von Eychstett im Verdacht hatte, daß er dem Marggraven bey stehe, so überfiel er zuerst die Stadt Eychstädt mit 14000. Mann. Der Marggr. war demselben nicht gewachsen, weßwegen er eylends an Gr. Ulrichen begehrte ihm mit seiner Macht zu Hülf zu kommen, wann er anderst sein sterben und verderben vermeyden wolle, indem zu besorgen, daß, weil er 600. und der Bischoff 200. Pferde darinn habe, die Stadt mit all solchen Leuten verlohren gehen möchte, wofern auf den Mentag nach Quasimodogeniti kein Entsatz erfolgte. Der Bischoff selbsten schrieb an alle Fürsten und Stände des Reichs unterm 8. April, daß Herzog Ludwig ihn überzogen, mit Feuer und Schwerd in seinem Lande vielen Schaden gethan und seine Stadt Eychstett belagert habe. Zwar habe der Herzog einen vergeblichen Sturm auf solche Stadt gewagt, indem der Heilige Willibald als Patron seines Stiftes ihm und den seinigen geholfen, gleichwohl seye er noch nicht aus aller Gefahr. Er trauete dem Heiligen nimmermehr, sondern schickte Kayserliche Befehle aus wider Herzog Ludwigen Beystand zu leisten (z). Dann diser setzte die Belagerung fort. Gr. Ulrich bothe deßwegen am Ostertag alles in seinem Lande auf und ermahnte auch Gr. Eberhards Ritter- und Landschafft ihm wider Herzog Ludwigen beyzustehen. Er befahl auch seinen Clöstern und Capiteln emsigen Gottesdienst zu hal-

(y) vid. Beyl. num. 117.   (z) vid. Beyl. num. 118.

halten, Meſſen zu ſingen und Gott um Hülf anzuruffen, daß Er dem Marggraven und ihm Sieg wider ihre Feinde und ſonderlich die ketzeriſchen Böhmen verleyhen wolle, welche als Nachkömlinge der Huſſiten eben mit den Geiſtlichen und dem Catholiſchen Gottesdienſt kein Verſchonen hatten (a). Und um eben diſe Zeit ſchloß er nebſt Gr. Eberharden ein Bündnuß mit der Geſellſchafft des St. Jörgen Schilds an der Donau und deren Hauptmann Marquarden von Schellenberg, worinn diſe Geſellſchafft bezeugte, daß ſie befunden, daß ihre Synungen mit diſem Grävlichen Hauß jederzeit zu groſſem Nutzen gereichet habe. Er ſchickte dem Marggraven würcklich ſeine beſte Leute zu und ware ſchon im Anzug bis nach Schorndorf gekommen, als ihm unvermuthet berichtet wurde, daß der Pfaltzgrav mit 800. reyſigen zu Heylbronn ſeye, welche Stadt nebſt der Reichsſtadt Wimpfen dem Graven einen Feindsbrief zuſchickte. Bey diſen Umſtänden befand er nicht rathſam ſich zu entblöſſen, ſondern er befahl dem Fußvolk zuruck zu bleiben und ſchickte dem Marggraven nur von ſeinem reyſigen Zeug ſo viele Leute zu, als er entbehren konnte. Da nun der Biſchoff keinen Entſatz zu hoffen hatte, muſte er dem Untergang zu entgehen ſich mit dem Hertzog ſo gut möglich vergleichen und eingehen, was man an ihn verlangte. Hierauf betennte der Hertzog die dem Marggraven gehörige Stadt Rot. Diſer begehrte abermals Hülfe von Gr. Ullrichen, welcher ſelbſten ſolcher bedürftig ware. Dann es wurden ihm nicht allein viele Graven und Herrn abwendig gemacht, welche ihm beyzuſtehen verſprochen hatten, ſondern der Pfaltzgrav ſtreifte auch mit ſeinen Leuten und mit Hülfe der Reichsſtädte Heylbronn und Wimpfen bis gegen Marpach, verbrannte die Dörfer und ſchrieb Brandſchatzungen aus, weil Hanns Mönch ihnen nicht genug Widerſtand thun konnte. Nichts deſtoweniger ſchickte er dem Marggraven noch 600. geworbene Schweitzer zu, als ihm diſer die Nachricht gab, daß er an reyſigem Zeug ſeinem Feind zu ſtark, aber an Fußvolk zu ſchwach ſeye.

§. 133.

Indeſſen ruckten die Würtenbergiſche Völker gegen Weinsperg. Lutz Schott, der Pfältziſche Amtmann daſelbſt machte aber alle Anſtalt zu tapferem Widerſtand, welcher ſo wohl gerieth, daß die Würtenbergiſche Vortruppen bey ihrem Anzug vermittelſt eines Hinterhalts übel empfangen wurden. Gr. Ulrich der ältere von Helffenſtein, zween Ritter und bey 60. Gemeinen wurden unter den Todten gezehlet (b). Die Pfältzer wurden durch diſen Vorgang verwegen und der Marſchall zu Heydelberg Albrecht von Verwangen war mit 300. Reiſigen gegen Lauffen vorgeruckt in der Abſicht mit Hülf deren von Wimpfen und Heylbronn einen Fiſchwog abzugraben. Die Würtenbergiſche wurden gewarnet, welche unter Anführung Conrads von Stein und Wolfen von Tachenhauſen ſich mit 600. Pferden in der

(a) vid. Bryl. num. 119. (b) Krumer di L lib. II. §. 20. pag. 166.

Fünfter Abschnitt.

der Gegend bey Beylstein setzten. Sie theilten sich in zween Haufen. Der Pfältische Marschall wolte wieder zuruck gehen, als der obgedachte Oberamtmann zu Weinsperg, Lutz Schott ihn mit einem andern Haufen verstärkte und seine Feinde zwischen Helfenberg und Wüstenhausen unweit Beylstein anfiele. Der Anfang difes Gefechts schien für die Pfälzische glücklich, indem die Würtenbergische sich mit Hinterlassung etlicher todten und gefangenen zuruck zogen um den hitzigen Schotten in den Hinterhalt zu locken, weil die Pfälzer ihnen weit überlegen waren. Difes gelunge auch nach Wunsch. Lutz Schott und noch viele andere wurden übel verwundet gezwungen die Feld-Sicherheit nach damaliger Redensart zu versprechen d. i. sich als Gefangene zu ergeben. Man zehlte unter solchen allein zwanzig Edelleute (c). Difer Verlust fiel den Pfälzern sehr empfindlich und die Pfälzische Geschichtschreiber legten denselben dem von Berwangen zu Last, als ob er entweder aus Furcht oder aus Eyfersucht den Schotten nicht unterstützt, sondern seine Leute sich nach und nach aus dem Feld verlohren hätten (d). Auf der Würtenbergischen Seiten blieb Conrad von Hohenriet, ein Hauptmann und Caspar Spät, welche sie nebst einem erbeuteten alten wüllinen Kappenzipfel nach Marbach führten. Dise beede Ritter wurden auch daselbst in der Alexander- oder äussern Kirche begraben und der Kappenzipfel an einer Stange aufgehenkt. Es wurde difes für ein grosses Siegeszeichen gehalten. Dann in der Aufschrift bey dem Grab difer zwey Edelleute wird es den Feinden für eine solche Schande angerechnet, als ob sie eine Fahne verlohren hätten. Sie lautet also:

Anno 1460. begab sich uf Sant Philippi vnd Jacobs der Zwölf-Botten Abent, das die durchluchtigen hochgebornen Fursten vnd Herrn der Pfalzgrave vnd Grave Ulrich von Wirtenberg in abgesagter Findschaffe off einander gestossen, an dem surtraben als die Pfalzgrävischen etwan manch Hauß gebrant herten, traffen berderseiten miteinander an zwischen Wüstenhusen vnd Helfenberg. Alda waren dise zwen bidermann ehrlich vnd ritterlich erschlagen vnd mit dem Heer heimgeführt. Der allmechtig Gott sy inen gnedig. Amen.

Vnd uff die stund wurd difer Kappenzipfel in Fenlinascham der Feinden abgewonnen.

Weil die Gefangene entweder wegen ihrer Wunden nicht fortgebracht werden konnten, sondern den ihrigen zur Besorgung überlassen wurden, oder aus andern Ursachen auf ihr Ehrenwort nach Hauß giengen (e), so schickte ihnen den 3. Mayen

Con-

(c) Crusius gedenket 40. gefangener Edelleute. p. III. lib. 7. c. 13.   (d) Kremer d. l. p. 168.
(e) Von dem Gefangennehmen damaliger Zeit hat Machiavellus in histor. Florent. lib. V. pag. 288. aus Gelegenheit einer 3. Stund gewährten Schlacht, worien kein Mann umgekommen, artige Gedanken: Tanta nimirum securitate homines illius saeculi pug-

Conrad von Stein und Wolf von Tachenhausen eine Manung zu, daß alle, welche solche Feldsicherheit von sich gegeben, gen Stuttgard in die Herberg zur Kronen innerhalb 8. Tagen sich stellen sollten (f). So bald der Pfalzgrav solches erfuhr, schickte er unter seinem eignen Namen denjenigen, welche von seinen Leuten gefangen worden, den 5. Maji ein Schreiben zu, worinn er sie erforderte, daß sie augenblicklich gen Heydelberg in Conrad Florens Hause sich einfinden sollten (g).

§. 134.

Weil nun Gr. Ulrich auf allen Seiten seines Landes Feinde bekam, da er genug zu thun hatte sich wider solche zu vertheidigen und seine Bundsgenossen Hülfe von ihm begehrten, auch würklich erhalten hatten, so erforderte er von den Reichsstädten Ulm, Reutlingen, Giengen, Gmünd und Aalen vermög der mit ihnen gemachten Eynung wider Herzog Ludwigen Beystand, weil er ihm unerforderet und unverfolgt Rechtens eine Feindschafft zugesagt und die Seinige beraubt und gebrandschatzet habe. Dise Städte glaubten aber solchen nicht schuldig zu seyn, weil Gr. Ulrich dem Herzog kein gleiches billiches und unbedingtes Recht gebotten, auch die Städte nicht zur Vermittlung ersucht, noch vor den in der Eynung erwählten sieben Räthen seine Sache angebracht hätte, daß sie darüber hätten erkennen können, folglich Gr. Ulrich den Bedingungen der Eynung keine Genüge gethan hätte. Gr. Ulrich meynte hingegen, daß solche Bedingung nur zu verstehen wäre, wann er an Herzog Ludwigen Forderung hätte. Als er den Städten zu verstehen gab, daß der Herzog ihm die Feindschafft zugesagt, da er nicht gewußt, daß er etwas wider ihn fordere, so antworteten dise, daß Gr. Ulrich nicht wegen seiner eignen Sache, sondern nur als Helfer zu diser Feindschafft gerathen. Es würde aber den Städten beschwerlich seyn, da der Grav mit andern in Eynung stünde und denselben helfen müßte, wann sie durch solche sie nichts angehende Eynungen auch in solche Feindschafften verwickelt würden. Weil nun in dem Bündnußbrief stunde, daß, wann wegen Erläuterung desselben Stritt entstünde und Gr. Ulrich den Zuspruch thue, derselbe aus den Reichsstädten siben Verständige erwählen sollte, welcher Erkenntnuß genau nachgelebt werden müßte, so wurden Hanns und Jacob Ehinger von Ulm, Heinrich Lutz und Hanns Teufel von Reutlingen, Ludwig Härer, Ludwig Feurabend und Sitz Mangold von Gmünd den 7. Maji nach Ulm beruffen, vor welchen im Namen Gr. Ulrichs Wolff Schilling, Ludwig von Gravened und Johan-

gnabant, postquam etenim omnes equis veherentur, ferroque undequaque operti adeoque à morte immunes essent, si aliquando eos vinci contingeret, mox deditionis sibi consulebant, adeo ut tam pugnando, quam occumbendo, quod sibi metuerent, non haberent. Die Grabschrifft der beeden erstgedachten Ritter hat allem Ansehen nach darauf gezielet, wann sie denselben das Zeugnuß gibt, daß sie ritterlich und ehrlich erschlagen worden.

(f) vid. Beyl. num. 120.   (g) vid. Beyl. num. 121.

Fünfter Abschnitt. 265

hannes Fünfer durch ihren Fürsprechen Jörg Raiben, Hofmeister ihre Klage vorbrachten. Im Namen der Städte erschienen Ital Löw von Ulm, Eberhard Bäch von Reutlingen, Caspar von Wehingen von Gmünd, Ulrich Keck von Giengen, und Heinrich Sattler von Aalen. Nach deren Verantwortung und beederseits geführten Reden und Widerreden, urtheilten die Siben zurecht, daß, weil Gr. Ulrich nicht redliche Forderung gethan und billiches gleiches Recht gebotten, auch der Städte siben Räthe nicht erfordert und sein Gebott und Sache für sie gebracht, die Städte dermalen demselben keine Hülfe zu thun schuldig seyen.

§. 135.

Ungeacht des bey Helffenberg erhaltenen Vortheils wurde Gr. Ulrich verdrüßlich, als alle seine Bundsgenossen nur Hülfe von ihm verlangten und er fast ausser Stand gesetzt wurde eine Unternehmung zu wagen. Weil auch Gr. Eberhard bald nach Antritt seiner Regierung mit Pfalzgr. Friederichen zu Bruchsal nicht allein zu einer Unterredung kam, sondern auch gleich nach dem Palmtag auf fünf Jahre sich in ein Bündnuß einließ, so machte solches Gr. Ulrichen sorgsam. Er begnügte sich demnach sich bey Lauffen und Beylstein zu setzen um allenfalls nur seine Lande wider die Streifereyen zu decken. Herzog Wilhelm von Sachsen bothe sich ohnehin auf Veranlassen des Bischoffs von Augspurg zu einem Mittler zwischen den kriegenden Theilen an, und es wurde mit Einwilligung des Kaysers im Feldlager bey Rot beliebet zu Nürnberg zusamen zu kommen und dem Herzog von Sachsen den Ausspruch zu überlassen. Die Absicht war anfänglich dabey nur zwischen Marggrav Albrecht einer, und Herzog Ludwigen von Bayern, so dann den beeden Bischöffen von Bamberg und Würzburg anderseits einen Frieden zu stiften (b). Kayser Friederich ließ aber auch an Gr. Ulrichen ein Schreiben am Petri und Paulitag (den 29. Junii) ergehen, worinn er ihm befahl entweder selbst oder durch seine Räthe zu Nürnberg zu erscheinen, damit auch die zwischen ihm und dem Pfalzgraven seyende Strittigkeiten und Kriege durch gütliche Unterhandlung beygelegt werden könnten. Herzog Wilhelm setzte zwar einen Tag an auf den 9. Junii zu Nürnberg vor ihm als Austragsrichter zu erscheinen. Es kam aber niemand, ausser Herzog Ludwigs von Bayern Gesandten. Nichts destoweniger unterstunde sich der Herzog von Sachsen einen Ausspruch zu thun, worinn er des Bischoffs von Eychstett sogenannten Nürnberger Entscheid nur den blinden Spruch nennte und solchen als unkräftig erklärte, auch dem Marggraven alle seine Ansprüche rund aberkannte. So verlegen nun Gr. Ulrich über dem Kriege war, zumal indessen der Marggrav auch bey der Belagerung der Stadt Gundelfingen sehr unglücklich war und die ihm zugeschickte Württenbergische Völker dergestallt durch einen Ausfall einbüßten, daß er die Belagte

Ll

(b) Kremer d. L. pag. 174.

Geschichte der Graven von Würtenberg,

lagerung aufheben mußte, so war er doch nicht zu bewegen einen ihm und seinen Mitverbündeten so nachtheiligen Frieden anzunehmen. Es erfolgte aber zu gleicher Zeit die für den Herzog von Veldenz und den Churfürsten zu Maynz so unglückliche Schlacht bey Pfedersheim, wordurch diser gezwungen wurde sich mit dem Pfalzgraven auszusöhnen. (i). Diser hatte nun auf einer Seite nichts mehr zu fürchten. Er suchte demnach auch Gr. Ulrichen auf den Leib zu gehen und hatte mit Herzog Ludwig schon die Abrede genommen, daß diser von Heydenheim aus dem Graven zu schaffen machen sollte. Er kam also in ein grosses Gedränge, als Gr. Eberhard sich der Sache annahm und bey dem Pfalzgraven Friedensvorschläge anbrachte. Dises Unternehmen des jungen Graven gefiel dem Pfalzgraven. Es wurde sogleich die Stadt Vayhingen darzu bestimmt, wo auch den 8. Aug. zwischen dem Pfalzgraven und Gr. Ulrichen mit Einschließung Herzog Ludwigs des schwarzen von Veldenz der Verglich dahin erfolgte, daß dise kriegende Theile ihrer gehabten Fehde und Feindschafft auf Bürgschafft und rechtlichen Austrag Gr. Eberharden zu Würtenberg zu entscheiden überliessen, dagegen 1.) alle offene Feindschafft sogleich abgethan und aufgehoben seyn und 2.) alle edle und unedle Gefangene gegen eine alte schlechte Urphed, welche sie vorher schwören müßten, losgelassen werden, so dann 3.) alle Schatzungen, Brandschatzungen, und umgegeben Geld umgegeben bleiben und alle dafür gestelte Sicherheit und Bürgschafft abgethan seyn sollen, doch, daß jeder Gefangener seine Atzung selbst bezahle. 4.) Alle aufgesagte Lehen sollen, wann die Lehenleut inner Vierteljahrsfrist solche von ihrem Lehenherrn erfordern, wieder geliehen werden. 5.) Solle Herzog Ludwig von Veldenz dem Churfürsten durch Gr. Ulrichen und der Churfürst dem Herzog durch Gr. Philippsen von Katzenelnbogen um 40000. fl. Bürgschafft stellen dem Anlaß getreulich nachzuleben. 6.) Sollen die Herrn inner Jahrsfrist einander nicht bekriegen, noch einer des andern Feinde in seinen Schlössen, Städten und Landen Unterhalt geben und endlich 7.) des von Horneck Feindschafft und Gr. Ulrich Vehde mit etlichen des Churfürsten Dienern, wie auch des Dietrich Spären, Hannsen von Stein und anderer Würtenbergische Edelleute welche in der Graven von Leiningen Diensten gestanden, wider den Pfalzgraven begangene Feindseligkeiten gleichfalls abgethan seyn, doch, daß 8.) jedem Fürsten verbehalten bleibe seinen Bundsgenossen vermög der Eynungen wider den andern beyzustehen, ausgenommen der Sachen halb, worüber gegenwärtige Vehde entstanden seye. 9.) Da sich aber in währendem disem Anstand und ein Jahr hernach Sachen zutrügen, welche zu neuen Zwistigkeiten Gelegenheit geben könnten, so sollen sie von Gr. Eberhards Räthen ebenmäßig vertragen werden. Es ist also irrig, daß Gr. Ulrich die mit Maynz, Brandenburg und Veldenz gehabte Bündnuße verlassen müssen und gelobt habe, daß er nun und

nim-

(i) Kremer d. L. pag. 180. seqq.

nimmermehr in seinem ganzen Leben wider Churpfalz nichts handlen wolle, indem die Urkunde davon ganz anders redet (k). Und eben darum, weil der Pfalzgr. Friderich gegen Veldenz 40000 fl. auf den Fall zu verbürgen versprochen, wann ein oder der andere Theil disen Anlaß nicht halten würde, so ergibt sich deutlich, daß der Churfürst die Aussöhnung mit Herzog Ludwigen von Veldenz sich nicht entgegen seyn lassen (l).

§. 136.

Disem Anlaß zufolge und zum Beweiß, daß Gr. Ulrich und Herzog Ludwig von Veldenz dem Bündnuß mit Chur-Maynz und Marggr. Albrechten nicht entsagt haben noch entsagen wollen, vereineten sich währender solcher Friedenshandlung, am Montag nach Vincula Petri (den 4. Augusti) Herzog Ludwig von Veldenz, Marggr. Albrecht von Brandenburg und Gr. Ulrich miteinander und zwar nach den Worten der Urkunde um merklicher Bedrängnuß willen, daß, wann Pfalzgr. Friderich und Herzog Ludwig von Bayern, beede oder einer dem Ausspruch auf die am Montag nach Kilianstag gemachte Richtung in einem oder mehrern Puncten überführe, sie doch von Laurentientag an bis über ein Jahr dennoch mit selbigen es zu keinem Krieg wollten kommen lassen, es wäre dann daß der Pfalzgrav oder Herzog in Bayern ihrer einen, oder ihre Mannen, Diener oder die ihnen zu versprechen stehen, oder eine Stadt, welche mit ihnen in Einung stünde, selbst oder durch die ihrigen, deren sie mächtig seyn, beschdert, vergwaltigte oder beschädigte, oder wann es den verbündeten nutzlich dünkte um anderer Ursachen willen gegen dem Pfalzgraven und Bayern eine Feindschafft anzufangen, oder dise in solcher Zeit die überziehen wollten. In disen drey Fällen verpflichteten sie sich, so bald einer des andern Beystand begehrte, innerhalb zween Monaten ohne verweilen oder warten des einen auf den andern, Pfalzgrav Friderichen oder Herzog Ludwigen den Krieg anzukünden und mit aller Macht einander getreulich beyzustehen, bis sie Genugthuung erlangt hätten. Bald darauf, nemlich den 21. Augusti, widerholten sie solch Bündnuß und erstreckten solches dahin, daß, wann sie mit den Bischöffen von Bamberg oder Würzburg, welche mit Pfalzgr. Friderichen und dem Herzog in einem Bündnuß stunden (m) zu thun bekämen, darüber sie in Krieg und Feindschafft kommen möchten, sie nach der gedachten Verschreibung eben sowohl, als wider Chur. Pfalz und Bayern einander pflichtig seyn wollten. Es schiene überhaupt, daß alle Bemühungen zum Frieden und gemachter Versicherung ungeacht dennoch keiner dem andern viel gutes oder den Friedensgeschäften eine lange Dauer zugetrauet habe. Dachten einige, wie jener künstliche Dichter,

Ll 2   Pro-

(k) Kremer d. l. pag. 192.   (l) Ibid.
(m) Kremer d. l. Tom. II. p. 193. num. 66.

Profpicimus modo, quod durabont foedera longo
Tempore nec nobis pax cito diffugiet.

So kehrten die verbündete Fürsten solches von Wort zu Wort um:

Diffugiet cito pax nobis nec tempore longo
Foedera durabunt, quod modo profpicimus.

§. 137.

Ich habe schon oben berühret, daß Gr. Ulrich und Marggrav Carl im Jahr 1457. zu Erhaltung beederseitiger Lande angerathen worden ein näheres Bündnuß unter sich zu schliessen und vornehmlich sich mit einer Schwägerschafft untereinander zu verbinden. Solches geschahe in disem Jahr 1460. dann den 27. Nov. vereinigten sie sich in der Reichsstadt Weyl, wie es in vorfallenden Strittigkeiten zwischen beeden Herrn und ihren Angehörigen gehalten werden solle. Weil auch damals die Westphälische Gerichte ihren Gewalt in Schwäbischen und Rheinischen Landen zu mißbrauchen angefangen hatten, so hatten die Fürsten wirklich Ursach darüber eyfersüchtig zu werden. Verschiedene Fürsten am Rhein hatten damals schon unter sich wider dise Gerichte sich durch ein Bündnuß zu verwahren getrachtet (n). Nun suchten auch der Marggrav und Gr. Ulrich demselben mit Gewalt einbrechenden Uebel Einhalt zu thun. Dise schlimme Gerichte hatten schon durch die Gesetze ihre Einschränkungen erhalten. Sie blieben aber um der sieben Sportuln willen nicht daben. Mithin verabredeten dise beede Herrn sich miteinander, daß, wann ihre Räthe, Diener, Unterthanen oder Schirmsleut, geist- oder weltlichen Stands von den Westphälischen Gerichten vorgeladen würden, ehe und dann sie vor ihren Herrn belangt worden wären, sie einander wider dise Gerichte beystehen wollten, als wenn es eines jeden eigne Sache wäre. Ferner versprach einer dem andern Räthe, Diener, Land und Leute in seinen Schutz zu nehmen und wider alles Unrecht zu handhaben. Für solchen Schutz soll dem Schirmherrn von den Landschafften, welche er in den Schirm nimmt, jährlich auf Martinstag 600. guter Rheinischer Gulden gegeben werden. Es soll auch keiner von ihnen einig Bündnuß, Eynung, Brüderschafft, Gesellschafft noch einige andere Verpflichtung mit Königen, Fürsten, gemeinem Adel oder Städten eingehen oder die bereits habende erstrecken, es geschehe dann mit des andern Herrn urkundlichem Wissen und Willen. Nichtweniger soll jeder Herr seine Räthe und Diener inner Vierteljahrsfrist verpflichten, daß sie dem andern, als ihrem Schirmherrn, so lang sie in Raths- oder Dienst-Pflichten stehen, suchen seinen Schaden zu wenden und seinen Nutzen zu befördern, auch disen Verttrag getreulich zu erfüllen und zu handhaben, zu welchem Ende jeder Theil dem andern eine Verzeichnuß seiner Räthe übergeben und wann einer von denselben abgienge, solches inner Monatsfrist ver-

(n) Schœpflin histor. Bad. tom. II. p. 164.

kün-

Fünfter Abschnitt.

fünden. Es sollen auch beederseitige Unterthanen demjenigen, welcher sie also in seinen Schirm aufnimmt, als ihrem Schutzherrn, geloben und schwören, ihm getreu zu seyn und nebst Abwendung seines Schadens auch seinen Nutzen zu fördern, und mit seinen Räthen, Dienern, Landschafften und Schirmsleuten nicht allein in freundlicher Gemeinsame zu leben, mit ihnen zu handlen und zu wandlen, sondern auch nach allem ihrem Vermögen das verglichene zu handhaben. Endlich versprachen dise Herrn einander, daß obgedachte Schirm und Gelübde von den Unterthanen allemal in fünf Jahren zwischen Ostern und Pfingsten erneuert werden sollen (o). Dises ware würcklich eine enge Verbindung. Um solche noch enger zu machen, verabredeten beede Herrn eine Heurath zwischen des Marggraven Söhne und Gr. Ulrichs Tochter. Dises ware abermalen dem Pfaltzgraven sehr unanständig, welcher allen seinen Nachbarn die Einigkeit und Frieden mißgönnete, damit er im Trüben fischen könnte, und allem demjenigen zuwider war, was dem Reich vortheilhaftig schiene, nur damit er seine weitaussehende Vorschläge erreichen möchte.

§. 138.

Ehe noch dises Bündnuß zustand kam, so veranstaltete Gr. Eberhard dem obgemeldten Anlaß gemäß eine sogenannte Tagsatzung zwischen Pfalzgr. Friderichen und Gr. Ulrichen auf den 9. Nov. um beeder Theile Strittigkeiten zu entscheiden. Er selbsten saß zu Gericht und hatte zu Beysitzern M. Hannß Heckbachen und M. Jörg Ehinger, der Rechte Lehrer, M. Melchiorn von Tischingen, einen Licentiaten, Simion von Stöffeln, Freyherrn, Conraben von Wotingen, Ritter, Heinrichen von Rechberg von Hohen-Rechberg, Albrecht Späten, Hannß Truchseßen von Bichißhausen, Wolfen von Bubenhofen, Berchtolden von Sachsenheim, Burkarden Bondorf von Wötingen, Hannsen von Münchingen, den ältern, Eberharden von Urbach Vogt zu Bayhingen, Hannsen von Sachsenheim, Berchtolds Sohn, Hannsen von Reischach zu Riet, Caspar Rempen von Pfullingen, Hannsen von Bubenhofen, Werner Schracken, Vogten zu Hornberg, Hannß Harschern Vogten zu Urach, Hannß Späten den ältern, Wilhelm Böcklin vom Pringer Thal, und Conrad Leyhern. Vor disen erschiene im Namen Gr. Ulrichs Gemahlin Conrad von Stein vom Klingenstein und Franciscus Maleti und nahmen zu einem Fürsprechen Balthasarn erwöhlten und bestetigten Bischoff zu Agram, welcher der Margrethen als einer Fürstin Lerer, Warner und Unterweiser und alles das, was er von Gewohnheit und Rechtewegen, auch nach Herkommen dises Hofgerichts ihro und auch ihm, als einem Fürsprechen gehörte, anbedingte und klagte, daß diser Fürstin die 2982. fl. von dem Pfaltzgraven bisher nicht bezahlt worden und der Auestand sich schon auf 18000. fl. belaufe, welche ihro ersetzt werden sollen. In des Pfaltzgraven Namen erschienen Diether von Sickingen, sein Hofmeister und Matthiß Raming, sein Cantzler. Dise nahmen zu einem Fürsprechen M. Martin von

(o) vid. Bepl. num. 120. Ll 3 Wimpfen

Wimpfen und bedingten ihrem Principalen als einem Fürsten gleichfalls alles gebührende ein. Wider die Klage aber wandten sie ein, daß Chur-Pfalz den Wittum nur versprochen in der Hoffnung, wann der Margrethen das Heurathgut richtig bezahlt würde. Es seyen aber die versprochene 5000. Ducaten schon 6. Jahr nicht bezahlt worden und an dem Zugelb stünden noch 50000. fl. aus, weßwegen Chur-Pfalz um so weniger die jährliche 2982. fl. abtragen könnte, als Gr. Ulrich und seine Gemahlin in dem anno 1457. gemachten Vertrag darauf Verzücht gethan hätte. Der Gräfin Mechtilden Anwälde wußten weiter nichts darauf zu antworten, als, daß ihro einmal ihr Wittum versprochen worden und sie niemals in den Verzücht der 2982. fl. mit den Solennitäten gewilligt hätte, als bey Weibsleuten erfordert würden. Gr. Eberhard gab aber den Bescheid, daß die Gräfin an Chur-Pfalz wegen diser 2982. fl. nichts mehr zu fordern hätte. Mit disem Ausspruch wolte Margreth nicht zufrieden seyn, sondern appellierte am nächstfolgenden Tag an den Kayser, bey welchem Marggr. Albrecht von Brandenburg eine bessere Urthel versprach. Indessen waren aber Gr. Ulrich sowohl, als seine Gemahlin auf das neue wider den Pfalzgrafen aufgebracht und, da man sich Hoffnung gemacht hatte, das Feuer zu dämpfen, wurde es vielmehr unterhalten, daß es im folgenden Jahr in desto grössere Flammen ausbrach.

§. 139.

Indessen hatte Gr. Eberhard seine Gesandten an den Kayser geschickt um seine Reichslehen und insonderheit den Bann über das Blut zu muthen. Dann er wollte oder konnte sie damals noch nicht empfahen, weil sein Vormunder Gr. Ulrich solche schon auf gewisse Jahre empfangen hatte. Er begehrte also dermalen nur einen sogenannten Indult, welchen ihm der Kayser auch auf zwey Jahre, sonderlich wegen des Blutbanns ertheilte und ihm erlaubt seinen Amtleuten zu befehlen. Doch wurde Gr. Heinrich von Fürstenberg befelcht von Gr. Eberharden die Gelübde und Eyde wegen solchen Blutbanns aufzunehmen. Solches geschahe zu Urach am Mitwoch nach dem weissen Sonntag 1461. an welchem auch Gr. Heinrich seinen Bericht an den Kayser wegen diser Handlung erstattete. Hingegen wurde er von Herzog Sigmunden zu Desterreich mit den von daher rührenden Vestinen Gerhausen, Ruck und Blauenstein, der Stadt Blaubeuren und dem Vogtrecht zu Asch würklich belehnet. Es machte auch den 25. Sept. 1460. Gr. Eberhard ein Bündnuß mit Marggr. Carln von Baden auf 5. Jahre nach damaliger Weise die Bündnusse zu machen. Nur bemerke ich daraus, daß sie auch bestimmet haben, wie die Strittigkeiten zwischen ihnen, ihren Räthen, Dienern und andern ihren Unterthanen abgethan werden sollen. Dann wann der Marggrav Kläger wäre, solle er aus nachfolgenden Gr. Eberhards Räthen nemlich Gr. Heinrichen von Fürstenberg, Conrat von Wxingen, Hamß Truchsessen von Bichißhausen,

Wolf

Fünfter Abschnitt.

Wolffen von Bubenhofen, oder Schwarzfritzen von Sachsenheim einen Gemeinen nehmen, und Gr. Eberhard denselben vermögen sich der Sache zu beladen und in Monatsfrist den Partheyen einen Tag anzuberaumen. Wann hingegen der Grav oder die Seinige an den Maragraven oder seine Räthe, Diener und andere, die ihm zuversprechen stehen, eine Forderung habe, soll er aus folgenden fünf Badischen Räthen, nemlich Hannsen von Yberg, Dietrichen von Gemmingen, Waltern von Hainenhofen, Hannß Knüttel oder Heinrichen von Sternenfelß einen Gemeinen unter obigen Bedingungen nehmen, zu welchem jeder Herr zween Wappensgenossen zu setzen befugt seye. Und den 26. Nov. verbündete er sich mit Herzog Ludwigen von Bayern, dem reichen auf folgende Weise, daß nemlich 1.) beede Herrn es die fünf Jahr über, auf welche solche Evnung geschlossen werden, mit guten, rechten, ganzen Treuen miteinander meynen und um keiner Sache willen zu einer Fehde kommen, noch einer des andern Feinde in seinem Lande leyden, noch weniger ihnen einigen Fürschub thun. Wann aber 2.) einer von ihnen wegen künftiger Sachen mit jemand in eine Feindschafft käme und der Gegentheil sich am Rechte nicht begnügen wollte, so soll derjenige Herr, welchen die Vehde nicht angehet, dem andern mit 100. gewapneten zu Roß zu Hülfe kommen und zwar auf seinen Schaden und auf des andern Theils, welchem die Hülfe zugeschickt wird, Kosten. Heydenheim soll 3.) der Ort seyn, wohin ein Theil dem andern solche Hülfe senden und der andere solche in seine Kost aufnehmen solle. Und versprechen sie zu solchen 100. reysigen wenigstens einen edlen Hauptmann zu verordnen und daß derjenige, welcher die Hülfe begehrt, auch so viel reysige gewapnete zu täglichem Krieg stelle. Sie wollen 4.) auch einander ihre Schlösser, Städte und Vestungen offen haben und die Verfügung thun, daß der Hülfe ein feiler Kauf in redlichem Werth gegeben werde. 5.) Würde aber einer mit ganzer Heerskraft überzogen von jemand, wer der wäre, so soll der andere, so bald ihm davon die schriftliche Nachricht zukomme, auch mit ganzer Macht ihm zu Hülf kommen und getreuen Rath geben, als ob es sein eigne Sache wäre, auch ohne des andern Willen und Wissen keine Aussöhnung annehmen. 6.) Wann sie Schlösser oder Städte gewinnen oder einen Edlen oder unedlen gefangen bekommen, soll jeder seinen Antheil daran haben, mit der Beute aber soll es gehalten werden, wie es in dem Lande gewohnlich ist, da dieselbe gemacht wird. 7.) Würden beede Herrn selbsten aneinander Forderung bekommen, solle es zu keiner Aufrur oder Vehde kommen, sondern dieselbe gütlich vertragen werden. Wo aber solches nicht geschehen könnte, so wollen sie sich vor Pfalzgrav Friderichen, Churfürsten und seinen zu ihm beschiedenen Räthen oder nach dessen tödlichem Abgang vor einem andern Pfalzgraven des Rechten begnügen lassen und deren Ausspruch unweigerlich nachleben. Wann 8.) Herzog Ludwigs Graven, Herrn, Ritter oder Knecht einer oder mehr an Gr. Eberhard zu thun bekäme, soll er vor dessen Räthen

then belangt werden und solches Recht in einem Vierteljahr sein Ende erreichen, wie es hinwiederum auch im Gegentheil gehalten werden soll. 9.) Die Unterthanen sollen einander nachfahren in die Gerichte, wo der Beklagte gesessen ist, doch daß Geistliche Sachen vor Geistlichen und Lehen antreffende Sachen vor den Lehengerichten verrechtet werde. Was aber Erb und Eigen betrift, sollen solche Strittigkeiten von den Gerichten, wo sie gelegen, entschieden werden. Wie dann auch eben diser Gr. Eberhard die von seinem ältern Bruder im Jahr 1455. und von seinem Vormünder anno 1459. mit den Reichsstädten Ulm, Reutlingen, Giengen, Gmünd und Aalen errichtete Eynung bestetigte und noch auf zehen Jahre erstreckte.

§. 140.

Zwo besondere Handlungen von disem Jahr 1460. muß ich noch berühren. Die erste ist, daß Gr. Ulrich auf Fürbitte der Gräfin Agnes von Helfenstein eine gewisse Clausterin zu Hermaringen, Barbaren, als eine Meisterin der Clause zu Owen wiederum einsetzte. Sie hatte vorher den ihro untergebenen Claus-Schwestern allzu viele Freyheit gestattet und wurde deßwegen abgeschafft. Die Zucht in den Clöstern war überhaupt damals eben nicht die beste, weßwegen die Fürsten veranlaßt wurden solche und besonders die Frauenclöster zu reformieren d. i. eine bessere Zucht und Ordnung herzustellen. Ich finde, daß insonderheit Gr. Ulrich sehr aufmerksam gewesen die in den Clöstern gegebene Aergernüsse wegzuraumen. Solches geschahe nun auch zu Owen. Die Schwester Barbara erhielt nur auf die eingelegte Fürbitte die Erlaubnuß Meisterin daselbst zu bleiben, aber unter der ausdrüklichen Bedingung, daß sie und ihre Mitschwestern sich eines abgeschiedenen geistlichen Lebens befleissen und allen Unfug aus ihrer Clausen verbannen sollten. Dem Amtmann und Gericht wurde deßwegen befohlen ein wachsames Aug auf sie zu haben. Man findet auch hierinn einen Beweiß, wie weit die Landesherrliche Obrigkeit in Kirchensachen damals gegangen, als die Gewalt des Stuhls zu Rom und der Geistlichkeit auf das höchste gestiegen ware. Gr. Ulrich eignete sich das Recht zu die in solchen Clausen oder Clöstern begangene Unordnung zu untersuchen und zu bestraffen, die Meisterinnen ab- und einzusetzen (p). Die andere Besonderheit bestehet darinn, daß Gr. Ulrichen und seiner Gemahlin das Gewissen jetzo erst, nachdem sie schon 7. Jahre miteinander in der Ehe gelebt und Kinder erzeugt hatten, gerühret wurde, daß sie ohne Todsünde in solcher Ehe bleiben könnten, wo sie nicht von dem Papst zu Rom eine Erlaubnuß erhielten, weil sie im dritten Grad der Schwägerschafft miteinander verwandt seyen. Ich wüßte solche Sünde nicht zu finden, als darinn, daß Gr. Ulrichs Bruder Gr. Ludwig der ältere die Mechtilden, eine Schwester Pfalzgrav Ludwigs zur Ehe gehabt, welcher mit Margrethen Gr. Ulrichs Gemahlin sich vermählt hatte. So weit nun dise Verwandschafft hervor gesucht war, so groß machte der Cardinal Bessarion die dadurch begangene Sünde. Diser war damals von dem Papst nach Teutschland

(p) vid. Beyl. num. 123.

geschickt den Frieden daselbst wieder herzustellen. Gr. Ulrich bediente sich diser Gelegenheit und ließ sich eine Dispensation von demselben geben, welcher groß Rühmens von seiner besondern Milde und Barmherzigkeit machte, daß er aus Apostolischem Gewalt im Namen des Papsts nicht allein dise Ehe erlaubte, sondern auch die darinn erzeugte Kinder für ehlich erklärte (q).

§. 141.

In dem folgenden Jahr 1461. fiengen mit Anfang desselben die Kriegs-Unruhen von neuem an. Die erste gieng bald vorüber ohne daß solche völlig ausgebrochen wäre. Dann es bathe sich im Jahr 1459. Ulrich Weltzlin, des Kaysers Vice-Cantzler von ihm die Gnade aus, daß er ihm und seinen Bruder Hanns Weltzlin mit der Burg und Herrschafft Teck, der Stadt Kircheim und deren Zugehörden belehnen sollte, indem er vorgab, daß solche Herrschafft des Kaysers Vorfahren heimgefallen und dem Hauß Oesterreich pfandsweise auf eine Widerlosung gehörte. Die Belehnung erfolgte auch würklich. Als Gr. Ulrichen eine Abschrift des Lehenbriefs zugeschickt und der selbe um die Abtrettung der Herrschafft ersucht wurde, so beschwerte sich diser bey dem Kayser und berichtete ihm, daß solches Schloß und Stadt mit ihrer Zugehörde schon durch seine Voreltern von den Hertzogen von Teck erkauft worden, und die Gebrüder Weltzlin musten ihre schöne Hoffnung vereitelt sehen. Um sich zu rächen machte er Anspruch an dem Abt zu Zwifalten wegen einer Hofs zu Kolberg zwischen Nürtingen und Neusen. Er wußte es durchzutreiben und den Kayser dahin zu bewegen, daß dem Pfaltzgr. Friderichen und den Graven Conrad und Eberhard von Kirchberg und andern Ständen aufgetragen wurde den Weltzlin in würklichen Besitz zu setzen. Der Churfürst war bereit darzu und machte die Anstalt, daß sämtliche Execution-Völker auf den Sonntag Reminiscere 1461. zu Reutlingen bey ihm versammlen sollten. Weil nun Gr. Eberhard des Closters Zwifalten Schutz herr war und Gr. Ulrich das Dorf Kolberg eigenthumlich besasse, beede aber die Ungerechtigkeit diser Ansprache einsahen, so machten sie Vorkehrungen den Besitz dises Hofes zu handhaben. Sonderlich berufte Gr. Ulrich einige von seinem Adel nach Nürtingen, die Stadt und das Amt Stuttgard wurden befehlicht 800. Mann nach Taiflingen am Neckar zu schicken, die von Canstatt stellten 400. Mann nach Neckarhausen, von Waiblingen wurden 220. nach Unter-Eßlingen, von Schorndorf 500. nach Frickenhausen, von Göppingen 200. Mann nach Linsinhofen, von Wisenstaig 50. Mann nach Beuren, von Bahlingen 40. Schützen nach Offterdingen verlegt und dem Vogt zu Kircheim befohlen 600. Mann der bestgerüsteten Leute mit Armbrusten, Handbüchsen und langen Spiessen nach Frickenhausen aufzubieten. Das Amt Nürtingen aber sollte 450. Mann stellen. Zu disen wurden 200. Wägen aufgeboten um nach damaliger Kriegsart eine Wagenburg schlagen zu können. Marggr. Albrecht von Brandenburg und Marggr. Carl von Baden wurden vermög des mit ihnen

(q) vid. Bpl. num. 124.

ihnen gemachten Bündnusses ersucht, daß jeder 200. reysige Pferd zu Hülf schicken solte. Gr. Eberhard gab sich nicht so viele Mühe, sondern suchte seines Vettern, des Pfalzgraven, Vorhaben durch Vorstellungen abzuwenden, welches auch sowohl ausgienge, daß des Kayserlichen Vice-Canzlers Unternehmung auch hier keine Würkung hatte. Es scheinet auch, daß man sich zum voraus die Hoffnung zu baldigem Ausgang dises Kriegs gemacht habe, weil auch Gr. Ulrich seinen Leuten befohlen, sich nur 5. oder 6. Tage mit Schmalz, Zugemüß und anderer Nothdurft zu versehen. Allem Ansehen nach wurde auch darum nichts aus der Sache, weil Hertzog Ludwig der Schwartze von Veldenz dem Pfalzgraven anderwerts zu schaffen machte und disen nöthigte seine eigne Lande zu schützen und der Churfürst die Kayserliche Befehle eben nicht sonderlich veerehrte.

§. 142.

Dann es hätte diser Hertzog von Veldenz, vermög der von Gr. Eberharden von Würtenberg zu stand gebrachten Präliminarien vor eben disem Graven seine mit dem Pfalzgraven habende Strittigkeiten rechtlich entscheiden lassen sollen. Er wolte aber solches nicht thun. Mithin sahe sich der Pfalzgrav gemüßigt wieder den Hertzog mit Gewalt darzu zu zwingen. Villeicht hatte diser vernommen, daß Gr. Ulrichs Mißhelligkeit nicht nach seinem Wunsch entschieden worden, da er vermuthen konnte, daß Gr. Eberhard, als des Pfalzgraven Schwester-Sohn, keinen günstigen Ausspruch für ihn thun würde. Auf einer andern Seite gieng wiederum ein Kriegsfeur auf. In dem Lager bey Rot wurde obgemeltermassen zwischen Hertzog Ludwigen dem Reichen von Bayern und Marggr. Albrechten von Brandenburg abgeredt, daß König Georg von Böhmen die zwischen ihnen obschwebende Strittigkeiten durch einen Ausspruch entscheiden solte. Der Hertzog hatte aber mit dem Pfalzgraven ein Verständnuß, daß indem diser mit dem Hertzogen zu Velden zu thun hatte und beförchten muste, daß Marggr. Albrecht disem als ein Bundsverwandter zu Hülf eylen möchte, Hertzog Ludwig in Bayern dem Marggraven anderwerts zu schaffen machen sollte. Die rechtliche Entscheidung vor dem König in Böhmen wurde nicht betrieben, indem es dem Kayser kein Ernst ware, welcher mit Hertzog Ludwigen keinen Frieden zu haben wünschte, sondern sich an demselben zu rächen suchte, weil er, Erzherzog Albrechten wider den Kayser beystunde. Der Hertzog machte auch an den Marggraven, welcher zum Frieden geneigt war, solche unbillige und harte Zumuthungen, daß diser lieber alles wagen, als diselbe eingehen wolte. Man konnte überhaupt aus des Hertzogs gantzen Betragen nichts anders vermerken, als daß er die Friedenshandlung zerschlagen wollen (r). Bey disen Umständen wurde der König verdrüßlich und schrieb an den Hertzog, daß er nichts mehr mit der Sache zu thun haben wolte. Da sich nun auch dise Handlung zerschlug, so begehrte

des

(r) Müller Reichstag-Theatr. Tom. II. c. 6. pag. 13.

Fünfter Abschnitt.

der Herzog an den Marggraven eine Genugthuung des im vorigen Jahr durch den Krieg erlittenen Schadens und unziemlicher Reden, welcher sich der Marggrav vor und in selbigem Krieg wider ihn bedient hätte. Gr. Ulrich wurde also wieder darein verwickelt. Dann der Marggrav begehrte vermög des Bündnusses Hülfe von ihm, wann der Herzog Thätlichkeiten wider ihn anfangen würde. Wie er ihm dann gleich darauf einen Feindsbrief zuschickte. Solchemnach war Gr. Ulrich verbunden Hannsen von Rechberg mit einer guten Anzahl Völker zu Roß und zu Fuß ihm zu Hülf zu schicken. Der Herzog von Veldenz berichtete den 26. Maji gleichmäßig, daß Pfalzgr. Friderich wider ihn im Anzug seye und es ihm zu schwer falle ihm ohne anderwertigen Beystand zu widerstehen, mithin sey der Grav weagen der mit ihm habenden Eynung verbunden ihm beyzustehen. Es gab aber der Pfalzgrav disem gleichfalls die Nachricht, daß der Herzog ihm um seinen Zuspruch vor Gr. Eberharden nicht Rechtens seyn wolle und er also mit ihm zum Krieg kommen müsse. Weil nun ohnehin Gr. Ulrich für den Herzog 40000. fl. verbürgt hatte, wann diser der Richtung nicht nachlebte, so seye seyn Begehren, daß er vielmehr ihm, als dem Herzog beystehen, oder wenigstens still sitzen solte. Der Herzog von Bayern ließ auch ein bewegliches Schreiben an Gr. Ulrichen, an seine Gemahlin und Räthe, wie auch an einige Städte ergehen, daß er sich doch dises Handels nichts annehmen möchte, weil er sonsten wider ihn und seine Söhne, welche ihm doch so nahe verwandt wären, die Waffen ergreiffen müßte.

§. 143.

Dise Vorstellungen fruchteten nichts. Dann Gr. Ulrich bothe alles in seinem Land auf um Herzog Ludwigen von Veldenz mit aller seiner Macht zu Hülf zu kommen. Er begehrte von jedem seiner Prälaten 40. der besten und wehelichsten Männer mit Harnaschen und Wehren, wie auch drey Wagen mit Verspruch, daß, so lang dise Leute von Hauß seyen, er sie mit Brod und Mußmeel versehen wollte, und begehrte hingegen, daß sie auf 14. Tage Schmalz und anders mit sich bringen sollten. In seinem Lande machte er sonst seinen Aufboth und befahl seinen Amtleuten die Schloß und Städte in ihrem Amt mit guter Hut und Wacht zu behüten und die Unterthanen zu warnen, daß sie mit ihrem Haab und Gut in die Schloß und Städte stehen, mit bedrohen, daß, welcher solches auf dem Land nicht thäte, der Grav selbst ihm sein Haab und Gut nehmen und den Vogt dennoch auch straffen wollte. Gegen Herzog Ludwigen von Bayern entschuldigte er sich den 23. Junii, daß er dem Herzog von Veldenz mit Gelübden, Eyden und Verschreibungen allzuviel verbunden seye ihm Hülfe zu thun, weßwegen er zu ihm das Vertrauen habe, er werde sich also schicken, daß er nicht wider ihn und seine Söhne seyn dörfte. Als nun der Grav eben im Begriff ware aufzubrechen und seine Völker wider Chur-Pfalz zu führen, erhielt er von dem Marggraven von Baden die Nachricht, daß diser sich bearbeitete zwischen

Pfalzgr.

Pfalzgr. Friderichen und dem Herzogen von Weldenz in dem Lager vor Meissenheim eine gütliche Richtung zu bewürken und darzu gute Hoffnung habe, weßwegen Gr. Ulrich mit seinem Vorhaben wider den Pfalzgraven stille stehen und bis auf fernere Bottschafft die Sach aufhalten solte. Die Richtung kam auch würklich den 24. Junii zu stand, worinn beede kriegende Theile, wie auch die Graven von Leiningen dem Marggraven zu Belieben stellten sie zwischen Johanns des Täufers und dem Margrethentag wegen ihrer Zweyungen gütlich zu entscheiden und dabey einander versprachen beederseitige Gefangene sogleich auf eine sogenannte alte schlechte Urphede loß zu geben, doch, daß dise ihre Atzung bezahlen und alles ungegebene Schatzgeld und Brandschatzung nicht mehr gefordert werden solle. Herr Kremer (1) meldet, daß der Herzog in Begleitung des Marggraven und Gr. Emichs von Leiningen in das Churpfälzische Lager bis vor das Zelt des Pfalzgraven geritten, und daselbst eine zeitlang warten müssen. Als aber diser mit vielen Graven und Rittern umgeben zum Zelt heraus kame, fiel der Herzog und der Grav von Leiningen in dem Angesicht des ganzen Kriegsheers vor ihm auf die Knie und bathe mit disen Worten um Verzeyhung: Vetter es ist mir leit, ich bin darzu verheyet worden und will nimmermer wider uch getun.

§. 144.

Durch dise Richtung oder Frieden nun wurde also Gr. Ulrichs Zug wider Churpfalz abgewendet. Es wurde aber derselbe desto sorglicher in die Händel des Herzogs in Bayern mit Marggr. Albrecht verwickelt. Anfänglich wurde er nur als des Marggraven und des Herzogen von Veldenz Bundsgenosse betrachtet. Dann der Herzog in Bayern ließ den 27. Junii ein Schreiben an die Städte Stuttgard, Göppingen, Marbach, Kircheim, Schorndorf, Böblingen, Nürtingen und andere dem Graven gehörige Städte ergehen des Inhalts, daß seine Schwester Elisabeth an Gr. Ulrichen vermählt gewesen, von welcher auch zween Söhne gebohren seyen, deren Lande er nicht gern beschädigen wollte. Nun habe aber Herzog Ludwig von Veldenz die ehmalige Richtung zwischen ihm und dem Pfalzgraven darinn gebrochen, daß er des letztern Feinden in seinen Landen Auffenthalt gegeben, weßwegen er sein Helfer worden. Diser habe ihn aber gebethen Gr. Ulrichen zu Würtenberg zu schaffen zu machen und Widerstand zu thun. Er seye hingegen erbiethig die Irrungen zwischen dem Graven und Pfalzgraven nach allem seinem Vermögen beyzulegen, wann nur die Städte ihn bewegen wollten, daß er in der Ruhe bleibe und sein Land in Fried und Ruhe behalte, indem er nicht glauben könne, daß Grav Ulrich Hülfe und Beystand über völlige Rechtgebott und wider versigelte Richtung versprochen habe. Er nahm indessen nebst Erzherzog Albrechten das Bistum Eichstätt ein. Diser Bischoff erregte hierüber Himmel und Erden und bewegte K. Friderich

(1) Kremer d. L. lib. 3. §. 9. pag. 227.

Fünfter Abschnitt. 277

derichen den Herzog als einen Reichsfeind zu erklären. Der Kayser konnte selbsten ihm nicht Hülf kommen, weil Herzog Albrecht, sein Bruder, ihm gnug in Oesterreich zu schaffen machte. Deßwegen ließ er an dem Mittwoch nach Margrethentag Befehle an Marggr. Albrecht zu Brandenburg, und Gr. Ulrichen zu Würtenberg ergehen, worinn er ihnen die Hauptmannschafft über die Reichsvölker auftrug und zu dessen mehrerm Ansehen und Gewalt das Reichspanier anvertrauete (ss). Herr Kremer meldet, daß auch Marggr. Carln die Hauptmannschafft übertragen und jedem diser Hauptleute ein besonders Reichspanier überschickt worden. Es hat aber der Marggrav von Baden erst nachmals die Reichs-Hauptmannschafft erhalten und die Kayser hatten auch nur ein Reichspanier, welches die Graven von Würtenberg in ihrer Verwahrung hatten. Gr. Ulrich überschickte solches durch Gr. Conraden von Fürstenberg, Hannß Jaceben von Bodnien, Wilhelm von Honburg, Sigmunden von Honburg, Ulrichen von Jungingen, Heinrichen und Burkarden von Reischach und andere dem Marggraven von Brandenburg zu, damit die Reichs-Völker sich bey ihm versammlen sollten (t). Dann wo dises aufgesteckt wurde, da sollte von rechtswegen das ganze Reich demselben zueylen. Der Kayser begnügte sich nicht mit disem Aufbott, sondern ließ auch an die meiste Churfürsten und Stände Befehle ergehen dem Reichspanier zuzuziehen und Herzog Ludwigen von Bayern Widerstand zu thun. Besonders wurden die Reichsstädte aufgefordert denen von dem Kayser aufgestellten Hauptleuten bey Verlust ihrer Freyheiten beyzustehen.

§. 145.

Als Herzog Ludwig solches vernahm, beschwerte er sich den 28. Julii sehr in einem Schreiben gegen Gr. Ulrichen, daß ungeacht er bisher dem Kayser mit vielem Schaden und Kosten guten Willen zu erweisen geneigt gewesen und würklich erwiesen habe, so habe doch derselbe aus Undankbarkeit alle Ungnad und Beschwerung wider Herkommen, Kayserliche Privilegien und Verträge mit dem Hauß Oesterreich ihm zugewandt, indem er ungepürliche Steuren und Beschwerungen auf seiner Praelaten und Unterthanen Haab und Güter, welche sie in Oesterreich haben, gelegt, auch die Salzstrassen mit Aufschlag auf das Salz, Wein und anders gelegt, aller Vorstellungen ungeacht darauf beharrt, alle Rechtgebotte verachtet und nun das ganze Reich wider ihn aufgebothen, ungeacht er durch Marggr. Albrechten mit dem Kayser ausgericht seye. Bey solchen Umständen seye er wider seinen Willen zur Nothwer gedrungen. Weilnun die Sache das Reich nichts, sondern die Oesterreichische Erblande angehe, welchen Gr. Ulrich mit nichts verbunden seye, so bathe

Mm 3 er

(ss) Diser Kayserliche Befehl ist zu lesen in Müllers Reichstags-Theatro Tom. II. 4te Vorstellung c. 12. §. 5. pag. 52. Stehr oder Wirtenb. Chronick. part. III. pag. 6. wo aber des Marggraven Carls von Baden noch mit keinem Wort gedacht wird, als welchem erst im folgenden Jahr die Hauptmannschafft aufgetragen worden.
(t) vid. Bepl. num. 125. Die Urthel selbst habe nicht zu lesen bekommen können.

er derselben sich zu entschlagen und still zu sitzen. Seinen Krieg mit Marggr. Albrechten zu Brandenburg suchte er damit zu rechtfertigen, daß derselbe den Vertrag, welcher durch den König von Böhmen im Lager vor Rot gemacht, nicht gehalten habe. Endlich meldete er, daß nicht allein das Päpstlich und Kayserlich, sondern auch das Göttlich und Natürliche Recht verbiethe des H. Reichs Spanier über einen Reichs-Fürsten oder Würdigen Stand, in welchem Wesen er auch seye, aufzuwerfen oder zu gebrauchen, sie seyen dann zuvor rechtlich erfordert und durch das Recht als ungehorsame erfunden worden. Der Kayser hingegen ließ eine Schrifft ausgehen, worinn er bewiese, daß alle die Ursachen, welche ihn zu disem Reichskrieg bewogen, nicht sowohl das Hauß Oesterreich, sondern das ganze Reich betreffen, indem der Herzog 1.) die Stadt Donawerd dem Reich wider alle Rechten entzogen und in seinen Gewalt gebracht. 2.) Habe er wider die gemeine Rechte, Reformation und Gülden Bulle im Reich Krieg, Vehden und Feindschafft erweckt. 3.) Den Bischoff von Eychstett als einen Reichsfürsten zu unbilliger Verschreibung wider des Reichs Obrigkeit, Freyheit und Herkommen gezwungen, welchen Frevel er 4.) auch wider die Reichsstadt Dinkelspül begangen, und nicht allein 5.) die Juden aus seinem Lande vertrieben und ihre Synagogen und Schulen zerstört zu merklicher Beschwerung der Reichskammer, zu welcher dise Israeliten gehören, sondern 6.) auch ihme an Einziehung der Judensteur zu Regenspurg gehindert, ja ihme 7.) gar seine Feindschaft zugesagt und mit Rath und That geholfen, daß das Oberhaupt des Reichs in seinen Landen beschädigt worden, wodurch er viel Unruh im Reich verursacht und den gemeinen Nutzen hintangesetzt habe, zumalen er 8.) Herzog Albrechten von Oesterreich beygestanden und den Durchzug durch seine Lande verstattet. 9.) Habe der Herzog des Kaysers Bottschaffter, Heinrich Spanen auf freyer Reichsstrasse gefangen genommen, und selbigen verwundet an andere Ende führen lassen, auch sonsten Bottschaften, welche von Geist- und Weltlichen Fürsten und den Reichsstädten an den Kayserlichen Hof geschickt worden, gefangen, solchen ihre briefe abgenommen und erbrochen, und 10.) Marggrav Albrechten seine Kayserliche Briefe und Gerechtigkeiten abgedrungen, wie auch 11.) Gr. Ulrichen von Würtenberg wider Recht zu Verachtung der Obrigkeit und Gewaltsame des Reichs gezwungen. 12.) Ungeacht der Herzog dem Kayser bey überschickung des Feindbriefes seine Lehen und Lebenspflicht aufgesagt, so habe er doch die Lehen bey Handen behalten und Seine Majestät daraus zu beschädigen gebraucht, weßwegen solche ihm und dem Reich verfallen seyen. Die übrige beede Puncten betraffen etliche Kleinodien, welcher sich der Kayser angemasset und der Herzog nicht herausgeben wollte (u). In Betrachtung diser Umständen übernahm Gr. Ulrich aus Ehrfurcht gegen Kayserliche Majestät die Hauptmannschafft und ermahnte Gr. Eberharden, daß er seinem Vetter, dem Herzog in Bay-

(u) vid. Beyl. num. 126.

Bayern, keinen Beystand thun, sondern vielmehr dem Kayserlichen Befelch zufolge
m und Marggr. Albrechten als Kayserlichen Hauptleuten gewärtig seyn möchte.
r erlangte auch von den Eydgenossen, daß sie auf Dienstagnach Laurentii zu Zürch
scheinen und der Kayserlichen Majestät Meynung und Befelch durch seine Abordnete vernehmen sollten.

§. 146.

Indem nun das Teutsche Reich auf diser Seite mit einem bedaurlichen Krieg
unruhigt wurde, zog sich ein anderes förchterliches Wetter über dise Gegenden
samen. Der Erzbischoff von Maynz, Dieterich, war bey dem Papst Pius II.
die äusserste Ungnade gefallen. Diser machte allerhand neue Ansinnungen an
n Churfürsten, welche er zu Nachtheil der Teutschen Nation durchaus nicht be-
illigen wollte. Der Kayser war auch nicht wohl auf ihn zu sprechen, weil die
hurfürsten ihm mit der Absetzung droheten und der Erzbischoff nicht ungeneigt zu
sem Vorhaben schiene (w). Er wurde auch von dem Papst abgesetzt, nachdem
 von ihm schon bestetigt war und das Pallium empfangen hatte. Dagegen schlu-
n einige Fürsten und Stifftsherrn Gr. Adolphen von Nassau vor, welcher bey
er Erzbischöfflichen Wahl zu Maynz nur eine Stimme weniger, als der Diether
atte, und auch vermuthlich die überwägende Stimme für sich erhalten hätte,
ann nicht Diether von Ysenburg den Vortheil ersehen und solche mit Geld auf
ine Seite zu lenken gewußt hätte. Der Erzbischoff von Trier, Bischoff Georg
i Metz, Marggr. Carl zu Baden, Landgrav Ludwig zu Hessen, Grav Ulrich zu
Würtenberg und die vornehmste Stiftsherrn zu Maynz tratten gleich auf Gr.
dolphs Seite und riethen ihm die Erzbischöffliche Würde wider den Diether zu
ehaupten. Gleichwohl suchte sich Diether, wider welchen verschiedene Klagen
fgestellt wurden, bey seiner Würde zu handhaben. Pfalzg. Friderich, welcher
wohl war dem Kayserlichen Willen entgegen zu seyn, übernahm sogleich ihn
abey zu schützen. Als der Papst solchen Widerstand sahe, ließ er den 8. Jenner
461. noch eine Bulle ergehen, worinn er mit harten Worten nicht allein die Ab-
zung des Erzbischoff Diethers, und den wider ihn und seine Anhänger verhäng-
n Bann widerholte, sondern auch verordnete, daß innerhalb 18. Tagen der Die-
er und seine Helfer dem neuen Erzbischoff alle zu seinem Stifft gehörige Lande
d Leute abtretten und disen in dem ruhigen Besitz derselben und aller Einkünften las-
n sollten. Widrigenfalls verbannte und verdammete er sie und sprach ihnen alle
hren, Würden, Rechten und Freyheiten ab. Wann sie aber in ihrer Wider-
ßlichkeiten beharrten, so übergab er sie dem Satan in seine Gewalt und wünsch-
 ihnen, daß sie, wie Dathan und Abiram, lebendig von der Erde verschlungen
und

(w) Den ganzen Verlauf diser Absetzung erzehlen ausführlich Müller Reichstags-Theatr. d.
l. c. VIII. seqq. und Kremer geschichte Churf. Frider. des Sieghafften. lib. 3. §. 4. 6. seqq.

und in die Hölle gestoffen würden. Er verboth alle Gemeinschafft mit ihnen und insonderheit, daß man ihnen nicht dienen, kein Brod, Fleisch, Wein oder andere Speisen, Gewehr, Pferde, Waaren, Geld, Handel und Wandel gestatten solle. Und damit solch Verboth nicht unterdruckt, sondern jedermann kund gethan würde, so befahl er dem Erzbischoff zu Cölln und dem Bischoff zu Straßburg und ihren Dechanten solche Bannbriefe an die Kirchenthüren zu Speyr und Straßburg anzuschlagen und sonsten überall bekandt zu machen (x). Weil aber Erzbischoff Diether über Gewalt und Unrecht klagte und in seinem an das ganze Reich gethanen Ausschreiben sich weitläuftig verantwortete (y), so hatten dise Bannstrafen nicht überall und am wenigsten bey Pfalzgrav Fridrichen die gewünschte Würkung. Der Kayser ließ demnach den 8. Aug. einen Befehl an disen ergehen, daß er dem Erzbischoff Adolphen fürderlich beystehen und kein Bündnuß sich daran hindern lassen solle, weil er alle Einungen in diser Sache aufgehoben und vernichtet habe.

§. 147.

Indessen wurde eine Reichsversammlung zu Nürnberg gehalten, wo sich die Pfälzische und Erzbischoff Diethers Gesandte äusserst bemüheten Herzog Ludwigen von Bayern mit dem Kayser und dem Marggraven von Brandenburg auszusöhnen. Dise bezeugten aber keinen grossen Lust darzu. Sondern der Marggrav ließ mitten unter den Friedenshandlungen ein sogenanntes Kayserliches Placat an das Rathhauß zu Nürnberg anschlagen und in einem besondern darüber geklebten Zettel mit grossen Buchstaben schreiben, daß Erzherzog Albrecht von Oesterreich und Herzog Ludwig von Bayern des Kaysers Feinde und Widerwertige seyen (z). Und mit den Reichsstädten machte er selbsten einen Abschied, daß sie auf den 1. Sept. nach ihrem Vermögen gerüstet bey Nördlingen in das Feld zusammen ziehen und geschickt seyn sollen Schloß und Städte zu erobern und des Streits zu erwarten. Ueber dises Verfahren beschwerte sich Herzog Ludwig gegen Gr. Ulrichen auf das neue, daß der Kayser ihm den 18. Julii einen Feindsbrief zugeschickt, ungeacht er sich gegen demselben verantwortet, daß er das Bistum Eychstett gar nicht von dem Reich getrennt, sondern ihn nur zu einer Verschreibung gebracht, daß er Marggr. Albrechten keine Hülfe wider ihn thue, wordurch er vielmehr das Stifft in die Ruhe und Sicherheit gesetzt habe. So habe auch der Kayser keine Forderung jemals an ihn gethan, noch er Herzog Albrechten von Oesterreich einige Hülfe geleistet. Wann aber je der Kayser eine Ansprache an ihn zu machen gedenke, so erbiethe er sich in allem Rechtens vor König Georgen in Böhmen oder andern Fürsten und ihren Räthen. Er habe auch den Kayser bey seinen Pflichten und Eyden erinnert ihn nicht wider das Recht zu bringen, sondern das angebottene Recht, wie er als

Kay-

(x) vid. Beyl. num. 127. (y) Müller. d. l. c. 11. p. 38. (z) Kremer d. l. §. 14. p. 238.

Fünfter Abschnitt.

Kayser schuldig seye, ihm angedeyhen zu lassen. Dessen ungeacht habe Marggr. Albrecht die Kayserliche Befehle in des Herzogs Gegenwart zu Nürnberg anschlagen lassen und ihn als einen Feind des Reichs erklärt. Er wollte also Grav Ulrichen nochmals ersucht haben die Hauptmanns-Stelle wider ihn nicht anzunehmen. Der König in Böhmen ermahnte auch die Reichsstädte den Feldzug zu Gunsten des Marggraven nicht zu thun, weil man noch Hoffnung habe, daß wenigstens zwischen dem Kayser und Herzog Ludwigen eine Aussöhnung erfolge und beede ihm überlassen hätten sie gütlich oder rechtlich auseinander zu setzen. Nichts destoweniger schickte Gr. Ulrich von Waiblingen aus am Mitwoch nach Assumtionis Mariæ (den 19. Augst) dem Herzog seinen Vehdebrief zu des Inhalts, daß der Kayser demselben einen sogenannten Bewahrungsbrief zugeschickt und ihm erklärt habe das Reich wider ihn zu gebrauchen, neßwegen er Grav die Hauptmannschafft übernommen habe. Wann nun des Herzogs Lande und Leute von solcher Hülfe einigen Schaden leyden, so wolle er sich in des Kaysers und Reichs Frieden und Unfrieden ziehen. Der Herzog schickte ihm solchen Absagsbrief mit einem zweyten Schreiben zuruck, worinn er zu verstehen gab, daß er gegen dem Kayser vollkommenlich und genugsamlich zu Recht erbotten in der Pflicht, damit er als Römischer Kayser und König nach Ausweisung Göttlicher und Menschlicher Rechte einem jeden des Reichs Unterthanen wider Recht nit fürzunehmen und ihm darauf Bewarungsbrief wieder geschickt und sich desselben Briefs halben auch sonst keiner Absag, Vehde noch Bewarung gegen Seiner Mayestät nit gehalten und noch nicht halte. Weil er nun mit dem Kayser in keinem Unfrieden stehe, so wolle er auch mit Gr. Ulrichen als seinem vermeynten Hauptmann keine Bewahrung, Absag oder Feindschafft halten oder im Unfrieden seyn. Er schickte ihm also den vermeynten Absagbrief zuruck, indem er sich vor jedermann zu verantworten getraue mit Begehren, wider ihn und die Seinige, welches Stands oder Wesen die seyen, nichts feindliches vorzunehmen, wie er dem Rechten und Gerechtigkeit schuldig seye. Gr. Ulrich schickte aber solchen Feindsbrief dennoch wieder an den Herzog und ließ den Botten beeydigen, solchen in des Herzogs Canzley zu überantworten.

§. 148.

Ich habe schon berührt, daß Gr. Ulrich nicht allein Gr. Conraden von Fürstenberg und andern Rittern das Reichspanier anvertrauet um solches bey Marggr. Albrechts als des obersten Kayserlichen Hauptmann Kriegsheer zu führen, sondern auch unter Hannsen von Rechberg Commando demselben ein beträchtliches Corps Hülfsvölker zu Roß und zu Fuß zugeschickt habe. Sie bekamen aber wenig zu essen und fehlte es überall, sonderlich an Heu und Futter. Sie giengen durch und je-

der

der suchte seine Heimath. Allem Vermuthen nach hatte Gr. Ulrich versprochen mehrere nachzusenden. Sie blieben aber aus. Hannß von Rechberg konnte sich nicht entbrechen Vorstellungen zu machen und dem Graven vorzuhalten, daß er keine Ritter und Knechte bestellt habe. Man bemerke die Vertraulichkeit, welche diser Diener gegen seinem Herrn gebraucht. Er schrieb ihm, daß er nach seiner alten Gewohnheit thue und machte gern aus einem Zehen und wann man in das Feld komme, so seye doch nur einer da. Er ermunterte den Graven die Sache ernstlicher anzugreiffen, damit er Ehre und Nutzen davon habe. Er beklagte sich, daß so viele Fußknecht nach Hauß gehen und nicht gestraft werden, so werden alle heimlauffen und er allein bleiben. Besonders beschwerte er sich über einige, von denen er schriebe, daß im ganzen Heer nit ungezognere und verworrenere Leute als dise wären, als welche um niemand nichts geben. Marggr. Albrecht aber gab die Nachricht, daß Herzog Friderichs von Sachsen und der Herrn von Plauen Volk mit Anfang des Septembers gegen die beede Bischöffe von Bamberg und Würtzburg arbeiten werden, damit sie ihr Volk von Herzog Ludwigen abziehen und ihnen selbsten zu schaffen machen. Als oberster Kayserlicher Hauptmann erinnerte er Gr. Ulrichen auf den 7. Sept. vor Heydenheim an der Brem zu seyn und solche Stadt mit allem Ernst zu belagern, so wolle er sich bey Gunzenhausen lagern und diß- und jenseits der Altmül dem Herzog zu schaffen machen. Bey solchen Aufmunterungen zoge der Grav mit aller seiner Macht vor Heydenheim, als ihm unterwegens die Zeitung kam, daß Marggr. Albrechts Leute dem Feind 80. Trabanten gefangen und 100. getödtet haben. Daben seyen 46. Wägen mit Speyß, Harnaschen und Gewehren nebst einer Steinbüchs erbeutet worden. Diser nach damaliger Zeit glückliche Streich hätte Gr. Ulrichen einen besondern Muth und Beförderung erwecken sollen. Allein er zauderte und bezeugte keinen rechten Ernst. Diejenige, welche er dem Marggraven neuerdings zuschickte, waren übel versehen. Man bezüchtigte ihn deßwegen, daß er es heimlich mit Herzog Ludwigen halte und ihm nicht wehe thun wollte. Hannß von Rechberg verwiese es ihm durch ein Schreiben, daß er lauter nackete Leute ohne Harnasch und keinen Artzt schicke. Seine Kühnheit sich auszudrücken ist aus folgendem abzunehmen. Dann er schriebe: Ewer Gnad meynt, wir bedörffen keines Artzts, Ihr sehent noch niemant wund, Nun weyß ich lützel vynd vm euch, davon Ir Wunden empfahen möget, es sy dann das euch die von Schwein oder Bären widerfaren. Als auch Grav Conrad von Fürstenberg, Hanß Jacob von Böhmen, Wilhelm und Sigmund von Honburg, Ulrich von Jungingen, Heinrich und Burkard von Reyschach und andere Edelleute, welche Gr. Ulrich mit dem Reichspanier zu diser Reichs Armee abgefertigt hatte, ebenmäßig sich wegbegaben und nach Hauß eyleten und dadurch dises Kriegsheer sehr geschwächet wurde, zumalen andere disem Beyspiel folgeten und

das

Fünfter Abschnitt.

das Reichspanier verliessen, so beschwerte sich der Marggrav sehr so wohl über dises, als über den Verzug, welches dem Feind so viel genutzet, daß er Neustatt gewonnen und nicht allein demselben 2000. Böhmen, sondern auch Pfalzgrav Friderich mit 300. Reysigen zugezogen. Seine Feinde seyen jezo 16000. Mann starck, worunter wenigstens 2000. reysige seyen, gegen welche er viel zu schwach werde, indem seine ganze Macht aus 12000. Mann bestehe. Werde er dann geschlagen, so seye Gr. Ulrich eben so wohl vertrieben, als der Marggrav, man möchte ihm zusagen, was man wollte. So meyne auch der Pfalzgrav nach dem Land zu Würtenberg. Wann aber der Grav eine Hand die andere treulich waschen lasse, so würden sie mit der Hülfe Gottes wohl bleiben. Solches müßte aber fürderlich geschehen, weil ihm sonst nicht geholfen seye.

§. 139.

Die Ursache, warum des Marggravens Kriegsheer nicht stärker worden, bestunde hauptsächlich darinn, weil sowohl Herzog Ludwig, als auch andere seine Anhänger behaupteten, daß diser Krieg das Reich nichts, sondern nur das Haus Oesterreich angehe und das Reichspanier wider alles Recht mißbraucht werde. Um nun die Reichsstädte auf andere Gedanken zu bringen, so berufte der Marggrav und Gr. Ulrich die Reichsstädte Reutlingen, Rotweil, Heylbronn, Wimpfen und Weyl nach Eßlingen um sie zu einer Hülfe wider Bayern zu bewegen. Dise beschlossen aber, daß, wann die Fürsten des Reichs dem Marggraven ihre Völker zuschickten, sie es auch thun wollten. Dise Ausrede zu benehmen, suchte man bey den beeden Churfürsten zu Cölln und Trier, bey dem Marggraven zu Baaden und Gr. Eberharden zu Würtenberg und den Erbgenossen einen bessern Eingang zu bekommen. Dem Ausreissen bey der Armee vorzubeugen, ließ er Gr. Conrad von Fürstenberg, die von Bodmen, Honburg, Jungingen und Reyschach für sein Hofgericht laden und begehrte eine Schadloßhaltung von ihnen. Was diser Rechtshandel für ein Ende genommen, ist mir unbekandt. Hannsen von Rechberg aber befahl er, daß er die ungehorsame selbst strafen solle, indem er ihm den Rucken halten und Geld schicken wolle. Weil auch der Marggrav den von Rechberg die Ansinnung gethan hatte, sich gegen dem Bischoffe von Würzburg feindlich zu erklären, so gab der Grav die Ordre, daß, wann der Bischoff den Marggraven angreife, er sich verwaren solle, daß er wegen der Kayserlichen Majestät bey demselben mit seinen Leuten seye und ich nicht gebühre sich von ihm zu ziehen, sondern er dessen Land und Leute zu retten schuldig seye. Wann aber der Marggrav den Bischoff überziehen wolle, solle er bitten ihn damit zu schonen, indem Grav Ulrich, sein Herr nicht in mehrere Feindschafften zu kommen willens seye. Indessen ruckte Herzog Ludwig mit 6000. Mann vor und sein Feldhauptmann Johann Hellub forderte den Probst und Dechanten des Gottshauses Elwangen, welches damals noch in Würtenbergischem Schutz stunde,

stunde, nach Lauingen um sich wegen Brandschatzung abzufinden, weil seine Feinde daselbst Auffenthalt gehabt und die Bayerische Lande daraus beschädiget worden. Es hatte auch würklich Gr. Ulrich einen Hauptmann, Wilhelm Herter, mit etlichen reysigen dahin gelegt, welcher nun abziehen und das Stifft seinem Schicksal überlassen mußte, weil ihm der Marggrav nicht zu Hülf kommen konnte, als welcher sich mit Wiedereroberung der ihm abgenommenen acht Städte beschäftigte. Er hatte allbereits Dachspach, Dußbronn, Zenn und Erlbach wieder eingenommen und hofte die übrige auch wieder zu bekommen. Das Stifft suchte demnach von Gr. Ulrichen Hülfe. Weil aber Gr. Ludwig von Oetingen gleichmäßig in Sorgen stunde, daß der Herzog die Stadt Donauwerth wieder einnehmen oder ihn in seinen Landen heimsuchen möchte, so begehrte er, daß Gr. Ulrich ihm eine gnugsame Anzahl Volkes zuschicken solte. Diser wurde aber von Hannsen von Rechberg gewarnet, daß der Herzog ihm mit 800. Pferden und 8000. zu Fuß einen Einfall in das Land zu thun vorhabe und der Pfaltzgrav vermuthlich auf der andern Seite wider Würtenberg etwas fürnehmen werde. Weßwegen er in grosse Verlegenheit gesetzt wurde, gleichwohlen aber ungeacht seines eignen Anligens dem Graven von Oetingen 400. reysige zuschickte. Der Herzog so wohl als der Pfaltzgrav machten neue Bewegungen, wordurch ihre Feinde irre gemacht wurden und keiner wußte, wem es zuerst gelten möchte. Der Marggrav fuhr indessen fort die ihm abgenommene Städte wieder zu erobern und war auch so glücklich alle bis auf die Stadt Rot in seinen Gewalt zu bringen. Ein Bayrisches Corps wurde geschlagen und dessen Anführer Heinrich von Freyberg gefangen, welchen man Gr. Ulrichen mit der Erinnerung zuschickte, daß er sich seines Schadens an disem Gefangenen erholen könnte, indem derselbe den beiden Graven von Würtenberg und von Oetingen ein Creutz ab der Wand thun müßte. Indem man alle Tag eine Haupt-Schlacht vermuthete, wann der Herzog in der bisherigen Stellung verbliebe, erblickte man wieder Friedensstrahlen. Dann der König in Böheim bewürkete den 7. Decembr zu Prag zwischen dem Kayser und Marggrav Albrechten einer, und dem Herzog von Bayern anderseits einen Frieden. Vermög dessen solte der Krieg auf Thomstag gänzlich abgethan sein und jeder Theil seine Ansprache und Forderung an den König schriftlich schicken und solche zu Znaim gütlich oder rechtlich beyzulegen, wobey es bleiben solte, dagegen der König seine Forderung an Brandenburg dem Kayser zu entscheiden überlassen wollte (a).

(a) vid. Müllers Reichstagstheatr. d. L c. 16 p. 39. wo dise Richtung zu finden.

Beylagen.

Num. 1.

Kaysers Wenzlau Bestätigung aller Würtenbergischen Grav- und Herrschafften Freyheiten, Rechten und alten Gewonheiten.
d. d. 17. Junii 1392.

Wir Wenczlaw von Gottes Genaden Römischer Kunig zu allen czeiten merer des Reichs vnd Kunig ze Beheim bekennen vnd tun kunt offenlichen mit disem brieve allen den die In sehen oder hören lesen, das für vns komen ist der Edel Eberhart Graf zu Wirtemberg vnser vnd des Reichs lieber getrewer vnd bate vns mit fleisze, das wir im alle vnd igliche seine Privilegia, Hantvesten vnd briefe, die im vnd seinen vorfarn Graffen zu Wirtemberg von vns vnd vnsern Vorfarn an dem Reiche Römischen Keisern vnd Kunigen vber ire Herrschafften, Graffschafften, Vesten, stete, schlose, manschaffte, Lehenschaffte, geistliche vnd weltliche, pfantschafft, Vogteyen, Muncze, czolle, Lande vnd Lute, benne, Wildpenne vnd Gerichte, rechte, Freyheiten, genaden vnd gute gewonheit geben sint, zu vernewen, zu bestetten, zu bevesten vnd zu confirmiren guediclichen geruechten, des haben wir angesehen solche gneme vnd vnverdrossene dienste vnd trewe, als vns der egenant Eberhart vnd dem Reiche offte vnd dicke nuzlichen vnd willieclichen getan hat, tegliche

Burckard Würtemb. Kleeblatt pag. 145.

(A) tut

tut vnd furbas tun fol vnd mag in künfftigen zeiten vnd haben Im barum mit wolbedachtem mute gutem rate onser vnd des Reichs Fursten vnd getrewen vnd rechter wissen alle igliche seine Priuilegia Hantvesten vnd briefe die seine vorfarn vnd er von vns vnd vnsern vorfarn am Reiche Romischen Keisern vnd Kunigen vnd andern Fursten ober seine Herrschafften, Graffschaffte, vesten, stete, Schlose, Lehnschaffte geistliche vnd weltliche, Pfantschaffte, Vogteyen, munze, cjolle, Land vnd Lut, benne, Wildpenne vnd Gerichte, Rechte, Freiheite, genaden vnd gute gewonhrite redlichen herbracht vnd erworben haben, gnediclichen bestetet, verneuwet, beuestet vnd confirmirt, besteten, verneuen, beuesten vnd confirmiren im die in krafft diz briuis vnd Romischer Kuniglicher mechte vnd meinen setzen vnd wollen, das dieselbe Priuilegia, Hantvesten vnd briue gantze krafft vnd macht haben sollen gleicherwels als ob sie in allen irem stücken puncten vnd meynungen von worte zu worte begriffen vnd geschriben weren von allermeniclichen vngehindert vnschedlichen doch vns vnd dem Reiche vnd sust iedermann an seinen Rechten, mit vrkund diz briues versigelt mit vnserm kuniglichen Maiestat insigel geben zu Prag nach Cristi geburt dreuzehenhundert Jare vnd darnach in dem zwei vnd neunzigisten Jare des Montags nach sant Veyts tage vnser Reiche des Beheimischen in dem dreisigsten Jare vnd des Römischen in dem sechzehenden Jare.

Num. 2.

König Wenzlaw erläßt männiglich in Schwaben alle Schulden, welche sie den Juden schuldig gewesen. d. d. 16. Sept. 1390.

Wir Wenzlaw von gotes genaden Romischer Kunig zu allen czeiten merer des Reichs vnd Kunig zu Beheim Bekennen vnd tun kunt offentlichen mit disem briue allen den die In sehen oder hören lesen, das wir angesehen vnd eigentlichen betracht haben manigualdig vnd verderblichen schaden die vns vnd des Reichs Fursten, Grauen Herren Rittern Knechten Stetten vnd allermenichlichen von vnmässigen gesuche der Juden vnsern Camerknechten entstanden sein, also wer es das dieselben vnser vnd des Reichs fursten Herren Ritter Knecht gesuch genzlichen beczalen solten, das sie dann Lantfluchtig vnd vns vnd dem Reiche zu dinste vnnutz weren vnd dauon vf die Rede das solich schade widerwant vnd vnderstanden werde, So haben wir mit wolbedachtem mute vnser getrewen rechter wissen vnd von Romisch Kuniglicher mechte gesetzt gemacht vnd geschicket, setzen machen vnd schicken in crafft diz briues, das alle Fursten Grauen Herren Freyen, Dienstlute Closter Pfaffen Ritter knechte in der fursten vnd Heren Landen vnd Stetten, Burger gepawer vnd allermenlichen frawen vnd man gristlich vnd wertlich in welich Ordenung oder wesen dieselben sein die in dem Lande zu Swoben wonen

Beylage.

wonen vnd sitzen ledig vnd los sein sollen gentzlichen vnd gar aller Geltschulde vnd ander schulde, es sey an Wechsel oder sust, die sie schuldig worden sein vnd gelten sullen vnsern Cammerknechten allen Juden wie die genant sein, es sey Haupt-gut gesuch oder schaden wie dieselbe schulde denselben Juden die zu den zeiten der gemachten schulde in dem obgenanten Lande zu Swoben gewonet haben oder gesessen sein gewesen noch in denselben Landen oder in welichen Landen dieselben Juden sitzen oder wonen oder wo sie furbas sitzend oder wonend werden wie dieselbe schuld sie sey klein oder groß vorgewisset sey mit brifen burgen oder pfanden oder in welich weiße den Juden dorumb wer gesprochen mit welichen sachen oder laufen das darwer gegangen vnd wie dieselbe gewißheit namen mag gehaben vnd wie dieselbe schulde alle vnd ir igliche besunder biß of disen heutigen tag ist gemachet vnd herkomen. Vnd darumb sollen sie vns vnd dem Reiche in deutschen Landen einen redlichen dinste tun wenn sie des von vns ermanet werden, vnd wer ouch das dieselben Juden Jr erben oder ymand von derselben Judenschulden wegen dheinerley briue oder Pfande ynnehetten, dieselben briue vnd Pfande sollen gentzlichen vnd gar ledig vnd loß sein vnd widergegeben werden ane alles vorcziehen. Wer es ouch das zweiung wurde vmb die Pfant zwischen dem oder den der die pfande sind oder ir erben vnd dem oder den Juden oder Jr erben den die pfande gesetzt sind, also das der Jude laugent der pfande vnd das er der an wer worden vor bar tum dicz briues an geuerde, So sal der clager das vordern vor dem Fursten oder Herren vnder dem der Jud gesessen wer vnd sol sich lassen genugen doselbst vor dem Herren vnd der sol im ouch des Rechts beholffen sein on geuerde. vnd wie es do mit dem rechten ofgetragen wirdet, doran sol sich der klager lassen benugen vnd sol furbas keinerley ansprach haben zu den Fursten Herren oder Juden noch iren erben in dheinerweis. Wer ouch das dheinerley brif von den Juden iren erben oder von ymand anders von den Judenschulde wegen vorstweigen behalten oder nicht widergeben wurden, dieselben briue sullen vnd mugen furbasmer an allen stetten dheynerley krafft noch macht nicht haben noch gewinnen vnd haben ouch dieselben briue vnd ir iclichen besunder getotet vnmechtig gemachet vnd gentzlichen abgenomen. Wolte oder wurde sich ymant geistlich oder werltlich das wir doch key vnsern kuniglichen hulden vestlichen verbieten wider die obgeschribne vnser genade gabe vnd Ledigung setzen oder ichiz tun douon vnser dieselbe genade gabe vnd Ledigung geirret oder gehindert mochten werden dieselben weren vnd sein zustund in vnser vnd des Reichs swere Vngenaden kumen vnd gefallen vnd wollen ouch wider dieselben den dieselben schulde schuldig sein vnd iren helffern mit gantzer macht beholffen vnd zulegent sein, das sie volkomenlichen zu solchen vnsern genaden gaben vnd Ledigungen als obgeschriben stet kumen mugen vnd vestlich dabey beleiben. Wir haben ouch den obgenanten Fursten Grafen Herren Rittern vnd Knechten in den obgenanten Landen von besundern Kuniglichen mechten vnser gunst willen vnd wort dorzu gegeben, das sie vns vnd ir iglicher dem andern getrewlichen hellfen vnd beigestendig sein sulle vnd muge wider allermeniclichen die die obgenan vnser gnade gabe vnd Ledigunge mit Leistung oder andern sachen oder Lewffen abnemen oder krenken wolten, also das die obgenant vnser genade gabe vnd Ledigung furgank muge gehaben besteen vnd beleiben vnd sulle ouch domit wider vns dheinen Lantfrid, Freyheit gerichte geistlich oder werltlich nicht getan noch gefrewelt haben. Wer ouch das dhein Furste, Grafe, Herre, Ritter, knecht oder Stat oder sust wer der were dheynerley zugriff tete vnd wolte den Juden zu Ir schulde beholffen sein wider die vorgenant vnser genabe vnd Ledigung, in welcherley weise das wer nichte vfgenomen das sol man fur einen rawb haben vnd sol ouch der Lantfrid zu Im richten vnd beholffen sein als zu Rawbern vnd vbeltretigen leuten von recht vnd mag ouch ein vberman dieselben Ir hab vnd gut vfhalten vnd bekümmern, Ouch sollen sie dheynerley buntnuff oder geselschafft in dheinen sachen machen noch haben in dheineweis vnd wer ouch das wir dheinen Fürsten, Grafen Herren Ritter Knechte Steten Merkten gemeinen Juden oder yemand anders dheynerley brief oder Freyheit gegeben hetten oder noch kunfftiglichen geben wurden domit die se vnser genade vnd Ledigung mochte gestoret werden, die sollen noch mogen kein kraft noch macht haben noch gewinnen in dheyneweis. Mit vrkund diß brieues vorsigelt mit vnserm kuniglichen Maiestat Insigel. Geben zu Nureuberg noch Cristi gepurt dreyzehenhundert Jar vnd dornach in dem Newnzigisten Jare des nehsten Freytages noch des heiligen Crewtzestage als es erheben ward, vnser Reiche des Beheimischen in dem acht vnd zweintzigisten vnd des Römischen in dem fünfzehenden Jare.

Ad mandatum totius Consilii
Wlachnico de Weytemule.

Num. 3.

Königs Wenzlaw Verordnung, daß diejenige, welche von ihren Juden-Schulden frey gesprochen worden und die ihnen für solche Gnad angesetzte Summa Gelds nicht abgetragen, solches nicht geniessen sollen. d. d. 17. Sept. 1390.

Wir Wenczlaw von Gottes Genaden Römischer Kunig zu allen czeyten merer des Reychs vnd Kunig zu Beheim Embieten alln vnd yglichm Fursten Grafen Freyen Herren dinstleuten Rittern vnd Knechten vnd alln andern vnsern vnd des Reychs vndertanen vnd getrewn gesezzn in dem lande zu Swaben in welcher ley adel Wůrdn oder Wesen die sein den diser brief gezaiget wirdet vnd da mit gemant werden vnsern vnd des Reychs lieben getrewn vnser gnad vnd alles gut
Liebe

Beylagen. 5

Lieben getrewn Wann wir nehsten zu vnbersteen sohn verborplichen schaden darein vnsere vnd des Reychs Fürsten Herren Rittere Knechte vnd all andere vnser getrewn von vnmeyzigs gesuchs wegen kommen sind also daz so vns vnd dem Reyche furbaz mer nicht möchten zu dinste komen vnd nuze werden allermeniklichen von den Juden vnsern Kamerknechten aller geltschulde vnd ander schulde ez sey an Hauptgut gesuch oder schaden genzlichen ledig vnd loß gesaget haben, als daz in andern vnsern kunftklichen Maiestat briefen eygentlich begriffen ist vnd wanne sulhe Ledigunge an eine genante Summen geltz, die an sulhe Stete do Wir ez verschaft haben gen vns versprochen ist nicht dargeen mochte dauon so ist vnser Maynunge vnd wollen, Wer der wer, der sein anczal daran nicht geben wolte vnd sich dawider sezte, daz der oder die vnser genade vnd Ledigunge nicht geniezzen oder tailhaftig werden sulle sunder gen den egenanten Juden zu beczalung seines geldes nach laute seiner briefe behaftet vnd verbunden sey vnd darzu mugen in die den dise genade von vns geschehn ist wol beholffen sein. Geben zu Nuremberg des nehsten Suntabents nach des heyligen Chreuzestag als ez erhaben ward vnserr Reyche des Behemischen in dem acht vnd zweinzigisten vnd des Römischen in dem fünfzehenden Jaren.

Ad mandatum tocius Consilii
Wlachniko de Weytemule.

Num. 4.
Grav Eberhards zu Würtenberg dem Closter Adelberg gegebene Zoll-Befreyung durch sein Land. d. d. 28. Junii 1392.

Wir Graf Eberhart von Würtemberg vergehen offenlichen mit disem brief vnd tugent kunt alln den die disen brief vmmer angesehent lesent oder hörent lesen daz wir mit rechter wissend vnd mit guter vorbetrachtunge dem allmächtigen Got ze Lobe vnd durch vnserr altern, vnser vnd vnserr nachkomen sele Hails willen den ersamen gaistlichen, vnsern anddächtigen vnd liebn besundern dem Probst vnd dem Convent gemainlichen dez gotteshus zu Mabelberg die besunder gnab vnd fruntschafft getan haben vmb solich getrwe dienste vnd demüetigs gebets wegen, So sie vnsern Altern vnd vns getan hant vnd vns vnd vnsern nachkomen füro getrwlichen tun sullen vnd Gott vnd die kuniglichen Muter Marien fur vns bitten sullen vnd verlihen ist also die Freyung mit vollem Gewalt ze farn an allen zoll grossen vnd clainen mit Jrem Karren vnd wagen vnd mit Jrem Win vnd kern, daz vf dem Jren wachset vnd mit Jrem Vich daz sie erzogen hant, alles vngeuarlichen, also daz sye durch vnser Land zollfrey sollent vnd mügent farn, wa man zolle sezt oder nimpt vnd

Ex Basold. docum. rediv. monast. Wurtemb. p. 44.

vnd sunderlichn ʒe Schorndorff vnd anderswa in vnserr gebiette an vnser vnd mengliches Jrrung von vnsern wegen vnd geben Jn die fryung vnd gnaden mit disem brieff vnd beʒ ʒe vrkunde geben wir in disem brieff besigelt mit vnserm aigen anhangenden Jnsigel, der geben ist ʒe Stuggartdn an dem nehsten Frytag nach sannt Johannstag ʒe Sunnwenden do man ʒalt von Christes geburt dreuʒehenhundert Jare vnd darnach in dem ʒway vnnd nunʒigosten Jare.

Num. 5.

Richtung Herzog Leopolds von Oesterreich zwischen Marggraue Bernhard zu Baden vnd Graue Eberhard zu Wirtemberg eines, sodann den Reichsstädten Costanz, Ueberlingen, Ravenspurg, St. Gallen, Lindau, Wangen vnd Buchorn andrentheils. d. d. 2. Julii 1395.

Wir Leupolt von gotes gnaden, Herzog ʒe Oesterrich, ʒe Steyr, ʒe Kernden vnd ʒe Krain Graf ʒe Tyrol ꝛc. bekennen vnd tun kunt von der ʒuspruch, ʒwayung, Stöʒʒ vnd missehelung wegen. So die wolgebornen vnser lieben obern. Bernhart Marggraf ʒu Baden vnd Eberhart Graf ʒu Wirtemberg ains tails vnd die erbern Wysen die nachgeschriben Siben Stett, die den pund vnd den See mit einander haltent mit namen Costenʒ, Uberlingen, Rauenspurg, Santgallen, Lindow, Wangen vnd Buchorn vf die andern sit biʒ vf disen hutigen tag als dir brief geben ist mit ainander ʒe gehebt oder ʒusamen ʒu sprechen gehebt hant, wie die genant gewesen sint vngeuerlich der sy ʒu baider site willeclich vf vns komen vnd gegangen sind, daʒ wir sie darumb ʒu baider site in solicher mass entschaiden vnd vssgesprochen haben. des ersten daʒ wir sy ʒu baider site fur sich fur alle ir helffer diener vnd die iren vnd fur alle die, die ʒu baider site darzu verdacht sind, vngeuerlichen, Nu furo me von aller der ʒuspruch, ʒwayung, Stöʒʒ vnd missehellung wegen So sye biʒ vf hutigen tag ʒusamen gehebt hant, als vorgeschriben stat, gentʒlich verricht vnd versunet haben vnd ouch ʒu baider site gut freunde sin sullen vngeuerlich, vnd daʒ ouch alle Totsleg, Brand, Name, vnd Schatʒung, die sie ʒu baider site ainander getan vnd ʒugefügt hand von der egenanten ʒuspruch, ʒwayung, Stöʒʒ vnd Missehellung wegen darumb sy ʒu Krieg vnd ʒu Vintschaft komen waren, ouch gentʒlichen tod vnd absin sullen, Also das entweder tail sin diener, helfser noch die iren vngeuerlich oder wer darʒu verdacht ist, als vorgeschriben stat, dem andern tail sinen dienern, Helffern noch den iren vngeuerlich Nu furo me darumb nicht ʒusprechen, anlangen noch bekümern sol weder hainlich noch offenlich, noch in dehain wis an alle arglist vnd an alle geuerd. Wir vrkund diʒ briefs geben ʒe Fryburg in Brisgow an Frytag, nach Sand Peters vnd Sand Paulstag Nach Crists geburt drewtʒehenhundert Jar. darnach in dem funf vnd Newnʒigisten Jar.

Num. 6.

Num. 6.

Quittung Ulrichs von Sternfelß gegen Grav Eberharden zu Würtemberg daß er wegen empfangner Schäden bezahlt sey. d. d. 25. Jan. 1395.

Ich Ulrich von Sternenfels ain Edelknecht vergich vnd tun kunt offenlich mit diesem brief von solichs schadens wegen den Ich genommen empfangen vnd gelitten han von Laistung vnd von andr sach wegen wie sich das gefugt haut oder wie das herkommen ist biß uf disen hutigen tag als dirr brief geben ist, von wegen der edeln Hochgebornen miner gnedigen Herren saligen Graf Eberhart von Wirtemberg vnd Graf Ulrichs von Wirtemberg sines Suns So in got baiden gnade, vnd jetzo mines gnedigen Herren Graf Eberhart von Wirtemberg, da bekenn ich offenlich mit disem brief fur mich vnd all min Erben, das mich jetzo der Hochgeborn min gnediger Herr Graf Eberhart von Wirtemberg des selben schadens alles gar vnd genzlichen gericht vnd bezalt hat vnd sag ouch also den vorgenanten minen gnedigen Herren Graf Eberharten von Wirtemberg vnd all sin erben vnd nachkomen vnd die Herrschaft ze Wirtemberg all laistung vnd alles schadens wie ich den genommen oder empfangen han oder wie der gehaissen ist von der Herrschaft ze Wirtemberg wegen als da vor geschriben stat gar vnd genzlich quit ledig vnd los mit disem brief vnd sol ouch ich noch min Erben noch nieman von minen wegen kain vordrung noch ansprach nimer mer darnach gehan weder mit gaistlichen noch mit Weltlichem gericht noch mit dehainen sachen noch in behainer wis an all arglist vnd an all geuerd. Vnd des ze vrkund So gib ich der vorgenant Ulrich von Sternenfels fur mich vnd min Erben dem vorgenanten minem gnedigen Herren Graf Eberharten von Wirtemberg vnd sinen Erben disen brief besigelt mit minem aigen anhangenden Jnsigel, vnd han darzu gebetten den fromen vnd vesten Ritter Herrn fridrichen Sturmfeder vnd Heneln von Sternenfels minen bruder, das ir jeglicher sin aigen Jnsigel zu dem minen gehenkt hat an disen brief zu ainer waren gezugnuß all vorgeschribn sach. Wir die vorgenante friderich Sturnfeder Ritter vnd Henel von Sternenfels vergienhen offenlich mit disem brief das wir zu ainer waren gezugnuß aller vorgeschriben sach vnser jeglicher sin aigen Jnsigel gehenkt hat an disen brief, der geben ist an sant Pauletag als er bekert ward do man zalt von Crists geburt drutzehenhundert Jar vnd darnach in dem fünf vnd nuntzigosten Jar.

An eben disem Tag hat auch Hannß von Sachsenheim einen glichen Revers wegen der zahlter Schäden von sich gegeben.

Num. 7.

Num. 7.

Wie der Römische König Wenzlaws die Gesellschafft der Schlegeler verbotten. d. d. 27. Nov. 1395.

Wenker Appar. Archiv. pag. 249.

Wir Wenßelaus von Gottes Gnaden Römscher Kunig zu allen ziten Merer des Ryches vnd Kunig zu Behem bekennen vnd tund kunt öffentlich mit disem Brief allen den die in sehent oder hörent lesen, wann wir vernommen habent, wie daß ein Geselleschaft in Tutschen Landen vferstanden vnd sich erhept hat mit namen sich nennent Siegeler, die wider vns vnd das Heilig Ryche grobelich ist vnd daromb habent wir mit wolbedachte mute guten rate vnd rechter wissen die egen. Geselleschafft widerrufet vnd abgeton, widerrufen vnd tun ouch die abe in crafft diß briefes vnd meynen setzen vnd wollen von Römischer Kuniglicher mechte, daß dieselbe Geselleschafft furbaßer genßlichen ab sy vnd furbaßer me nit gehalten werde in deheine Wise vnd gebieten darumb allen vnd jeglichen Fürsten, Geistlichen vnd Weltlichen, Grauen, Fryen vnd Herren, Dienstluten, Rittern vnd Knechten, Burgermeister Reten vnd Burgern gemeinlich der Stetten Märkte vnd Dörffern vnd sunst allen andern vnfern vnd des Reichs lieben getruwen in welchen Wurden oder Wesen sie sygent, die in solicher Geselleschafft sind vnd manen sie auch solcher trewen vnd Eyde als sie vns vnd dem Rich pflichtig sint vnd by beheltnuße vnser Lehen Rechten Fryheiten vnd Gnaden ernstlich vnd vesteklich mit disem briefe, daß sie furbaßer me von solicher Geselleschafft tretten vnd da Inne nit beliben vnd die abe sin loßen, als lieb In sy vnser vnd des Riches swere Ungenad zu vermiden, wann wenne wir nebest gen Tutschen Landen komen als wir des obe Gott will kurßlichen willen haben, So wellent wir mit vnsern vnd des Riches Kurfürsten vnd ouch andern Fürsten vnd Herren Rat bestellen, daß vnser vnd des Heiligen Riches Lande vnd Lut in Friden vnd Gnaden belibent, als billich ist vnd wer es Sache das die egen Geselleschafft vnserm Gebott vngehorsam sein wolte, das wir nit gelouben, So gebieten wir allen Fürsten, Geistlichen vnd Weltlichen, Grauen, Fryen, Dienstlutten, Rittern, Knechten, Gemeinschafften der Stette Mercte vnd Dörfer vnd ändern vnsern getrewen vnd Undertanen ernstlich mit disem brieff by vnsern vnd des Riches Hulden vnd den Penen als vorgeschrieben stat, das sie denne der egen Geselleschafften kein Hilff Rat vnd zulegen tun in deheinen weg, mit Urkund dises briefs versigelt mit vnser Maiestat Ingesigel, geben zu Prage Anno Domini MCCCLXXXXV. des Sonnabends vor Sant andrestag, vnser Riche des Behemischen im zwey vnd dryßigosten vnd des Römischen im zwanßigsten Jare.

Num. 8.

Num. 8.
Buntnuß etlicher Fürsten wider die Geselschafft der Schlegeler.
d. d. 18. Dec. 1395.

Wir Cunrat von Gotz Gnaden des heiligen Stuls zu Mentze Ertz- byschoff, des Heiligen Römischen Richs in Tutschen Landen Ertzkantzeler, Wir Ruprecht der elter von denselben Gnaden Pfaltz- grafe by Rine des Heiligen Römischen Riches oberster Truhseße und Hertzoge in Beygern, Wir Niclaus von Gotz Gnaden Bischoff zu Spire vnn wir Bernhart von denselben Gnaden Marggrafe zu Baden, Beken- nen vnd tun kunt offenbar mit disem briefe allen den die In sehent lesent oder hö- rent lesen, alse der Allerdurchluhtigeste Furste vnd Herre, Herre Wentzlaw Ro- mischer Kunig zu allen ziten Merer des Richs vnd Kunig zu Behem vnser Gnedi- ger Herre umbe besßern Friden vnd Sterkunge Friden zu machen gnedeklich einen Lantfriden vor ziten besunnen, bedaht vnd gemaht hat vnd den wir obgenante Fursten vnd andere Herren vnd Stette gesworn haben zu halten vnd sunderlich ein Artikel darinne stet, Were es obe dehein Geselschafft vferstünden in disem Landfriden oder in disen Lantfriden zuge oder keme, wider dieselben vnser Herre der Kunig vnd die Fursten Herren vnd Stette mit aller irer maht zu ziehen vnd In widersten sullent sie zu vertreiben, alse derselbe Artikel das in dem Landfriden ey- gentlich vzwiset, wan nu etliche Gesellschaft jetzt in ziten des Lantfriden vfferstan- den sint In disen Landen vnd Termenyen des Lantfrides, die man nempt Schlegel oder wie sie denne anders genant sient, die Geseleschaft ouch gröslich vnd swerlich sint wider vnsers Herren des Kuniges vnd des Richs Kurfursten Fursten, Herren vnd Stette vnd Vndertan vnd wider Herlicheit, Gnade, Friheit, reht vnd Ge- wonheit, alse wir vnd andere Fursten, Herren vnd Stette von vnserm Herren dem Kunige vnd dem hailigen Riche haben vnd von alter har braht hant, Darumbe hant wir die obgenanten vier Herren an eime teil mit den Hochgebornen Fürsten Hertzoge Lupolten Hertzogen zu Oesterriche zc. vnd Grafe Eberharten Grafe zu Wirtemberg vnd mit des Riches Stetten der Burgermeistern, Reten vnd Bur- gern gemeintiche zu Ulme, Rotwile, Mördelingen, Memmingen, Halle, Ge- munde, Byberach, Kempten, Kousburen, Pfullendorf, Isny, Aulon, Lutkir- chen, Boppfingen vnd Dinkelsbuhel alle Helfere der obgenanten Herren von Oesterriche vnd von Wirtemberg an dem andern teil, dem obgenanten vnserm Her- ren dem Kunige, dem hailigen Riche zu Eren vnd vns vnd den Landen gemeinli- chen ze Hülfe durch grosse Notturst willen umbe solcher vferstandner Geseleschaft zu wider stende vnd vereyniget vnd verbunden vnd vereynigen vnd verbunden uns

Ex Wenkerl Collect. Jur. publ. disp. de Usburge- ris pag. 103.

(B) vestice

vestlicliche mit kraft kraft dis briefs alſe hernach geſchriben ſtet, mit namnen das wir ſammentliche vnd ſunderliche alle vnſer Manne, Burgmanne, Amptlute vnd dienere die in der egenanten Geſelleſchaft ſint vnd ouch andere die in derſelben Geſelleſchaft ſint ſollent verbotſchaften mit Jnen ʒe reden, ſie bitten vnd manen die Geſelleſchaf abe ʒu tun vnd der numme halten vnd welich vnder Jn daʒ tät vnd von der Geſelleſchaft lieſſent, die ſolte man ouch daruß laſſen vnd ir frunt ſin, wann wir vnſern Mannen, Burgmannen, vnd dienern getruwelichen meynent beholfen ʒe ſinde vnd ſie behalten by Rehtalſe andere vnſere Manne, Burgmanne, vnd dienere. Welche aber die Geſelleſchaft nit woltent abetun vnd davon laſſen, werent die vnſer eins dienere oder amptlute, die ſoltent wir abeſetzen vnd in Vrlop geben vnd ſullent ouch denne wider dieſelben vnd die anderen, die das nit aberun wollent vnd ir Helfere ſammentlich vnd ſunderliche ſin vnd getrewelich einander dawider beholfen ſin, So balde vnſer eins teil von dem vndern teile ermant wirt in dem nehſten Monath nach der Mannunge ane alle geuerde. Vnd welhen vnder vns obgenanten vier Herren der Manungen alſo not täte, der ſol vnd mag als denn mit ſinem offem briefe den obgenanten Grafe Eberharten manen vmbe die hilffe alſo ʒetunde vnd ſo der alſo gemant wird, ſo ſoll alsbenn der obgenante Hertzoge Lupolt vnd die obgenanten des Richs Stette, die ʒu demſelben teile gehörent, ouch gemant ſin, wann der obgenant Graff Eberhart ſol in dieſelben Manungen vnuerʒogenliche vurbaʒ verkunden vnd das ſelbe teil ſol denne die Hilffe vnuerʒogenliche vnd getrewelich tun vnd geſchehen in der maſſe alſe vorgeſchriben ſta vnd ſol ouch von demſelben teil Jr einer off den andern die Hilffe nit verʒiehen. Welchen ouch von vns obern teil, es wär von den Herren oder Stetten vorgenant, die Hilffe widerumbe alſo not tete, der oder die Stette ſollent vnd mugent alsdann mit irem offem brieffe vns obgenanten Marggraff ʒu Paden manen die Hilffe alſo ʒe tunde vnd ſo wir Marggrafe alſo gemant werdent, ſo ſollent alsbenn wir obgenante vier Herren, die ʒu vnſerm teil gehörent, ouch gemant ſin vnd wir obgenant Marggraf ſollent dieſelben Manungen den andern Herrn von vnſerm teil unverʒogenlichen vurbaʒ verkunden vnd ſollent wir obgenante vier Herren von vnſerme teil die Hilffe vnuerʒogenliche vnde getrewelichen tun vnd beſchehen In der maſſen alſe vorgeſchriben ſtet vnd ſol ouch von vnſerm teil daʒ vnſer einer uff den andern nit verʒiehen alſe lange biʒ daʒ die Geſelleſchaft abe getan vnd gentzliche davon geloſſen wirt, vnd ſol ſich ouch vnſer beheiner ane den andern dar Jnne mit Friden vurworten oder ſunen Jn beheine wiſe ane alle geuerde, vnd iſt ouch ſunderliche geredet, wann der vorgenanten Geſelleſchaft meiſte maht ʒu diſer ʒit hie niden vmbe vnſere Lande iſt, daʒ die Herren vnd Stette von dem obern teil ſollent hundert mit Gleſen erbrer reiſiger Lute die ʒu dem Schilte geborn ſint ſchicken ober Rhyne oder wa wir Jr beduurffent wider die egenant Geʒelleſchaft vnd dieſelb
ſollent

Beylagen.

follent ouch riten, ligen vnd ſich laſſen teilen, wahin ſie beſcheiden werdent von vnſern der obgenanten Herren Houptluten, die wir denne hettent, vnd die ſullent ouch alſo in vnſerm teil hieniden zwene Monath beliben, wer es aber das es lenger not wurde, oder man me Volckes bedörffte hieniden in diſem teile, das ſol ouch beſchehen noch vzwiſung des obemannes mit nammen Engelhart Herre zu Winſberg vnd der andern die zu Jme geſetzet werdent, von iedem teile drie, die darzu ſollent geben werden zu dem Obermanne ſo dicke das not tut vnd was dieſelben Syben oder das merre teil vnder Jn alſo erkennent, das ſol von beiden teilen vnuerzögenliche beſchehen vnd gehalten werden, vnd ſo die manungen vnſerm teil angieng, ſo ſollent die obgenanten ſyben Jn den nehſten vierkehen dagen nach der manungen gen Pfortzheim kommen alſe balde der obgenant Graf Eberhart von Wirtemberg von vnſer einem vier Herren vorgenanten darumbe ermant wirt, alſe vorgeſchriben ſtet, der ſol denne ſchaffen vnd beſtellen, das der Oberman vnd die drie Ratlute von irem teil alſo gen Pforzheim kommen, ſo ſollent wir den vnſerm teil vnſre drie Ratlute, alſdenn ouch darſchicken vnd nit von dannen ze kommende, ſie oder das merre teil vnder in habent, denne bevor vmbe die Hülffe erkant vnd vzgewiſet, darumbe denne gemant were, als vorgeſchriben ſtet, doch ſoll die tegelich Hilffe damit ein teil dem andern helffen ſoll, ober hundert Gleſſen ze ſchickende nit erkant werden, wan aber die ſyben oder das merre teil erkantent, das man minre bedörfte, denne die hundert Gleſen, dabi ſolte es ouch bliben. Es iſt ouch beredte, wer es das darnach dem obern teil net wurde, das ſie von vns dem nidern teil der hilfe bedörftent, das ſollent wir ouch hinwider vſtun ouch nach vzwiſunge der obgenanten ſyben, ober des merren teiles vnder Jn zu glicher wiſe alſe da obenan gen vnſerm teile geſchriben ſtet, vnd alſe balde vns obgendnten Margräfen die Manungen von dem obern teil keme alſe vorgeſchriben ſtet, ſo ſollent wir den obgenanten Obermann vnd die drie Ratlute von vnſerm teil ouch gen Pforzheim ſchaffen in der maſſe alſe vorgeſchriben ſtet, vnd ſoll das ober teil ir drie Ratlute alſdenne ouch darſchicken. Me iſt oberkommen, welher teil dem andern teil ſin Volg alſo ſchicket als vorgeſeit ſtat, dieſelben ſullent ſin vf derſelben Herren die ſie ſchickent, ſchaden vnd verluſt, vnd ſullent in die den ſie geſant werdent koſte, futer, Herberge vnd ſtallmpet geben, alſe andern iren dienern vnd Helffern by den ſie denne ligende werdent ane geuerde. Vnd die ſollent den Stegeln vnd iren Helffern denne ze ſtunde widerſagen vnd getun, welche wider ſie helffen, alſe ſie die Houptlute werdent heiſſen, gelucfe es ſich ouch, das wir hienidn ir Gloſſe oder Veſten gewinnent oder reyſig Lute vingent, da ſullent Gloſſ vnd gefangen vnſer ſin vnd zu vnſer hand ſten, aber reyſig Pfert, Harnaſch vnd anders, das an die getutunge gehoret, das ſol bar an komen vnd geteilet werden alſe gewonheit iſt, aber gebure vnd Vihe das ſol vns herren hieniden ouch zugehören,

hören, desselben glichen soll den herren vnd Stetten in dem obern teile mit Schloß sen, gefangen, reysigen, geburen vnd Vihe ouch sin vnd bliben, doch so mugent wir Herren von beiden teilen, vnser eigen Schlesse, die verseyet werent, oder vnser einem Lehen oder offen werent, wel an vns, dem es zugehöret, nemen, das vnser ieglichem also zugehöret, das doch kein schade den Herren oder den Stetten vurbasser disen Krieg dauon beschehi. Wer ez ouch, das sich dise Sachen zu frieden, zu tagen, vnd zu rihtung fügen wolltent, was denne die obgenante Fursten vnd Herren von beiden siten volgent, das solte vurgang haben, were ez aber, das die Herren von beiden siten nit einkrehtig fündent werden, so sol ez komen vnd bliben hinder den obgenanten sybenen, oder dem merren teile, ouch sollen wir obgenanten Herren vnd Stette von beiden teilen diewile dise Eynunge vnd Buntnusse weret, vnser einer den andern mit guten truwen meynen vnd einer wider den andern nit tun, ez were denne redeliche vzgetragen, das eine dem andern bez fruntlichen vnd mugelichen rehten vzgienge, vnd sol ouch vnser einer gen dez andern diener oder die dienere vnder einander zesamen nit griffen, es sie denne vorhin erfordert vnd vzgetragen vor dem Herrn oder diener, dem das not dete ane alle geuerde. Wer es ouch, das eintweder Partye, welhe die were von der Gesellschaft vberzogen wurde, da sol die ander Partye mit aller maht getruweliche zuziehen vnd das retten vnuerzogenliche alse verre sie mugent ane geuerde. Es sol ouch Jetweder Partie In allen iren Landen, Kreissen vnd gebieten alle Strassen getruweliche vff Wasser vnd vff Lande friden vnd schirmen vor aller Röbry vnd vor allen schedelichen Luten, alse verre sie mugent, daz Keufflute, Bilgerin vnd mengelich gewandeln mugent, vnd were, obe dehein zugriff beschehe, So sol jegelicher Herre sinen Ampttuten befelhen, das sie das getruweliche retten ane verziehen vnd das haltent vff ein reht vnd darzu tun ir bestes obe es gekeret muge werden vnd sullent Ime die andern Herren vnd Stette darzu helffen, obe er das eynig nit erobern möhte. Es sol ouch nyeman eygen Pferit haben, der nit Wopens genos ist, Er habe denne einen Herren, der in In allen Sachen verantworte zu dem rehten, wä man aber die ankeme, die sullent an allen Stetten weder Fride noch Geleite haben vnd sol sie ouch kein Geleite helffen vnd man sol mit den gefaren alse mit Röbern, vnd wer die huset oder hofet, oder in Hilffe tut, oder wer selber Röbry treibet, zu dem oder zu denselben sol man solich reht tun vnd haben alse vorgeschrieben stat. Vnd were das der ober die, die sollich Knehte hieltent oder selber Robry tribent, so vaste bebuset werent, das ir der Herre vnder dem sie gesessen werent, nit mehtig gesin möhtent, wenne denne die andern Herren von Ime gemant werdent vmbe Hilffe, die sullent Ime Hilffe tun nach dem alse sich die Syben oder der Merreteil erkennent, Wer ez ouch das der Oberman vor Libes oder vor Ehafftiger Not wegen zu etlichen ziten zu tagen nit kommen möhte,

So

Beylagen.

So sollent doch die Sechs Ratlute darkommen vnd zu Rate werden waz in den Sachen das beste sie je tunde vnd was die Sehsse oder das Merreteil also vberkoment, das solte Vurgang haben, Mehtent sie aber darumbe nit ein werden, So sullent vnd mugent sye vff ire Eyde einen andern Oberman zu in nemen Der sie dunchet beider Partye glich sin vngeuerlich vnd die Sache zu rihten vnd das tun alse dicke das not beschiht, ouch mag Jeder Partye zu Jn in die Eynunge nemmen von Herren, Rittern, Knehten vnd Stetten vnd wen sie dunchet diser Eynunge nutze vnd gut sin, vnd die also ingenumen werdent, die sollent beiden Partyen getruwelich beholffen vnd geraten sin vnd die Eynunge halten, alse die vnwiset vnd vorgeschriben stat, vnd sol dise Eynunge weren alse lange, bis das die Geselleschaft abegetan oder gesunt wert nach der Herren Genugen oder der Syben oder der Merreteil erkantnusse vnd darnach bis vf Sant Georientage nehst darnach vnd von demselben St. Georien dage vber ein Jare. Wir nemmen ouch vss vnsern gnedigen Herren den Kunig Herren Wentzlawen, das hailig Römesch Rich, alse wir Jn verbunden sint vnd alle andere Verbuntnusse vnd Eynunge, die vnser Jegelicher vor dåte dis Briefs hat gehabt ane alle geuerde. Vnd bey ze vester Stetigkeit hant wir die obgenanten vier Herren vnser jegelicher dem obgenanten teil mit guten rehten truwen, by vnsern Furstlichen Eren gelobet veste vnd stete ze haltende, ze tunde vnde ze vollefurende Jn aller der masse als vorgeschriben stât vsgescheiden alle Argelist, Hindernusse vnd geuerde. Und des alles ze Vrkunde vnd ganzer vester Stetikeit hat vnser iegelicher sin eygen Jngesigel an disen brieff gehangen. Geben ze Pfertzheim vff den Samstdag vor Sant Thomas dage des hailigen Apostein nach Christus geburte drutzehenhundert Jare vnd Jn dem Funf vnd nuntzigesten Jare.

Num. 9.

Bericht Hermann Müllers, der Statt Straßburg Diener an den damaligen Städt- und Ammeister daselbst. d. d. Dominica ante Michaëlem.

Wissent, daß Haimissen Burg vnd Statt gewunnen ist an fritag von dem von Wirtemberg vnd den Stetten, in dise wise, daß ein Edelknecht hinzugerent ist mit eim Armbrost zu einer Mulin nah bey der Statt. zwüschen der Mulen vnd der Statt ist gestanden ein grosse Schoch Strow vnd hat dorin geschossen Feur, das der Schoch empfangen hat vnd hat der Wind das Fewr geworffen in die Statt vnd hat sie verbrent vnd sint die Edeln gestohen von der Burg vnd Statt gen Stamen biß an sechse, die sint gefangen, darvnder zwen von Entzberg vnd einer von Stein. die mer sint dem Rat von Rotwil verschrieben, vnd daß man Burg vnd Statt brechet. Mir hat auch der Burgermeister (zu Rotweil) gesait,

f..it, daß die Schlegel starck ligend ju der Nuwenburg, ju Berneg vnd ju Schen-
ckenzell, vnd die von Schenckenzel hant angriffen den von Wirtenberg vnd die
Stat von Rotwil. Dat. Dominica die ante Michahelis.

Num. 10.

Verschreibung Wolffen von Stein gegen Grav Eberhard zu Württemberg seine Gefangenschaft vnd erlittenen Brandschaden an der Herrschafft vnd deren Dienern vnd Jugewandten auf keine Weise zu rächen.
d. d. 25. Sept. 1395.

Jch Wolff vom Stain von Haimtzhein der Alt bergich vnd tun kunt menglichen mit disem brief. Als der Edel wolgeborn min genediger Herre Graf Eberhart von Wirtemberg, sin diener helffer vnd die sinen Mich vnd die minen, an minem tail an dem Schloß ze Haimtzhein verbrent gewüstet vnd geschadiget hant, vnd mich och dartzu gefangen hant vnd mich derselben gefancknuß genntzlich ledig gesagt vnd gelassen hant, Beken ich mich mit disem brief, daz ich noch dehein min erbe noch nachkomen noch nieman von vnsern wegen den Egenanten minen gnedigen Heren Graf Eberhart von Wirtemberg noch sin erben, noch nachkomen noch sin diener helffer noch die irn von des Egenant mines Schadens vnd gefanknusse wegen, So mir geschehen ist, nimmerme angesprechen bekumern noch angriffen sullen noch wellen mit dehainerlai Rechten noch gerichten gaistlich noch Weltlichen noch mit behainen sachen in dehein wege. Wann was wir hie wider vmmer getätten oder getun möchten oder schuffen getan werden, daran sollen wir je allen zite vnrecht haben vnd der Egenant min genediger Herre, sin erben diener Helffer vnd die irn Recht, vnd han ouch also fur mich vnd alle min erben vnd nachkomen ain slecht vrsecht gesworn, ainen avd Liplichen zu den Hailigen mit gelerten worten vnd mit vfgebotten fingern, daz also war vnd stett je han vnd je halten vnd darwyder nimmer je tund noch schaffen getan werden, weder haimlich noch offenlich noch in dehein Wyse an all geuerde nach ditz brief sag, vnd bi zu ainem waren vrkund so gib ich der Egenant Wolff vom Stain fur mich vnd alle min erben dem Egenanten minem genedigen Heren Graf Eberhart von Wirtemberg vnd sinen erben disen brief besigelt mit minem aigen anhangenden Jnsigel, der geben ist ze Leomemberg an Samstag vor sant Michelstag do man zalt von Crists geburt druntzehenhundert Jare vnd darnach in dem fünff vnd nüntzigosten Jare.

Num. 11.

Beylagen. 15.

Num. II.

Richtung inbenannter drey Fürsten zwischen Grav Eberhard von Würtemberg und der Schlegel-Gesellschafft. d. d. 6. April. 1396.

Wir Conrad von Gotz Gnaden des heilgen Stuls zu Mentze Ertzebischof, des heilgen Romschen Riches in dütschen Landen Ertzkantzeler. Und wir Ruprecht der Junger von denselben gnaden Pfaltzgrafe by Ryne vnd Hertzog in Beyern. Und wir Nicclais auch von denselben gnaden Bischof zu Spire. Bekennen offenlich mit disem briefe von solicher zweyunge vnd Kriege wegen, als zwischen dem Edeln Grafen Ebirhard von Wiertenberg vnd allen sinen Helfern oder wer von iren wegen in der nachgeschriben sachen verdacht gehafft oder bewandt ist an eine teile vnd Görgen von Nunecke allen andern sinen Gesellen vnd Helffern oder wer von iren wegen in der nachgeschriben sache verdacht, gehaft oder bewant ist an dem andern teile off irstanden sint. darumb dieselben beide Partien derselben sache an uns obgenanten dry Herren einen rechten anlaß vffgenomen vnd getan habent in allermaß, als sie vns yren anlaßbrieff daruber versiegelt geben habent. derselben Anlaß briefe abeschrifft von Worte zu Worte hernach geschrieben stet alsus Ludende. Wyr Grafe Ebirhart von Wvertenberg vor vns vnd all vnsere Helffere oder wer von vnsern wegen in der nachgeschriben sachen verdacht gehaft oder bewant ist an eime teile. Und ich Görge von Nunecke fur mich vnd fur alle andere myne gesellen vnd heisser oder wer von vnsern wegen darzu gehafft, verdacht oder bewant ist an dem andern teyle, Bekennen vns von beiden syten offenbair an disem brieffe, daß Wir von beiden siten einen rechten anlaiß offgenomen vnd getan han an den Eerwirdigen in Gotte vatter vnd Herren Hern Conrad des heilgen stuls zu Mentze Ertzebischoff. des heilgen Romschen Richs in dütschen Landen Ertzekantzelern. an den Hochgeporn Fursten vnd Herrn Hern Ruprecht den Jungern Pfaltzgrafen by Ryne vnd Hertzogen in Beyern. vnd an den Eerwirdigen Herrn Nicclais Bischof zu Spire von solicher zweyunge vnd Kriege wegen als zwischen vns beidenteilen off irstanden ist in allermaß. als hernach geschriben stet. zum irsten ist geret, daß Wir Haubtlude vnd gesellen gemeynlichen der gesellschefte. die man nennet Siegele sollen vnd wöllen mit gutem Willen solche besiegelte brieffe, darJnne vnd dampede wir vns zusament vereiniget vnd verbunden haben, legen vor die obgenante vnsere gnedige Herrn, vnsern Herren von Mentz, vnsern Heren den Hertzogen vnd vnsern Heren von Spire. also daz dieselben vnsere dry Heren dieselben brueffe ober vnser Geselschaft vnd auch solche brieffe damit vnser Here der Romsche Kung vnser geselschaft Wiberrufft hait vor sich nemen vnd verhoren sollent. Und erkennen sie dann zum rechten, daß wir vnßer geselschafft mit

gen

Beylagen.

eren abe getun mogen, so sollen wir die geselleschafft vnd solche briefe die daruber gemacht sint abe tun vnd von der Geselscheffte gentzlichen lassen vnd sie auch nit wieder machen ane alle geuerde. Auch vmb solich Verbuntnis, als wir die Heuptlude vnd gesellen gemeynlich der obgenanten Geselschefte getan vnd vns verbunden han den zwein steten Wormß vnd Spire. Ist ez sache, daz dieselben zwa Stete vns derselben verbuntnysch ledig sagent vnd lassent vnd vns vnsern brief wiedergebent, so sollen auch wir alsdan dauon gentzlichen ledig sin vnd yen in dhainerwise dauon nit me verbunden sin. Auch ist geretezwisschen vns obgeñ beidenteiln, were ez daß die obgeñten vnsere brij Heren zum rechten erkenten daß man die geselschaft obgeñt mit eren abegetun mocht vnd daz die obgenanten zwa stete Wormß vnd Spire sie von der vorgeschriben verbuntnysch ledig sagent vnd lassent vnd yen iren brief wiedergebent So sollent alsdan alle gefangen von bedensoten steen in der obgenanter dryer Heren Handen vnd von vns vnd von vnser yglichem der gefengnysch ledig gesagt vnd in der obgenanter dryer Heren Hande also gestalt sin an alle geuerde. Vnd sollent auch alsdan alle zweyunge stösse vnd zuspreche, als wir vnd beidersyte vnsere Helffere geen einander haben, samentlich oder sunderlich dauon sich die Vibentschafft vnd der Krieg zwisschen vns erhaben hait. Vnd waß sich auch von vns beidenteilen von des kriegs wegen biß off disen hutigen tag verlauffen vnd dauon off irstanden ist, daz sol allezsampt steen vnd sin wir des auch von beiden syten gentzlichen verlieben vnd gangen an die obgeñten dry Heren, also daz sie ansprech vnd entwert von vnser yglichem teile verhoren sollen vnd wie sie darumb zwisschen vns uffprechent entscheiden sunent vnd verrichtent mit einer myne oder mit eime rechten, des wir yen auch gentzlich macht geben han, daz sol auch daby bliben vnd von vnser yglichem teile gehalten vnd volzogen werden ane wiederrede hindernisch vnd ane alle geuerde. Vnd ist auch geret, daz wir beideteil obgeñ vor vns vnd vnsere helffer einen friden haben vnd halten sollen biß off sant Gorgentag nehst kompt, den tag vnd die nacht allen anegeuerde. Vnd sall derielb Frid angeen off Sonntag nehstkompt so der dag offgeet auch ane geuerde. Vnd sollent auch alle gefangen von beden siten ziel haben biz off denselben sant Jorgentag. die edelleude off ire gelobde als bijher vnd die burgere gebure vnd arme Knechte off burgen vnd zitliche sicherheit ane geuerde. Vnd sollen auch von beiden teilen zu einem gutlichen tage komen off mitwoch vor Halpfasten nehst kompt geen Brackenheim des nachtes darzu sin were ez aber daß die obgeñt dry Heren zu demselben tage nit kommen möchten, So mogent sie yen bedenteilen virtzehen tage beuor wieder bieten vnd denselben tag erlengen. doch daz vzgesprochen vnd ende darvmb sol geben werden zwisschen hie vnd sant Gorgentag nehst kompt ane geuerde. Vnd werde hiezwisschen vnd demselben tage mit den von Wormß vnd den von Spire vzgetragen, daz sie vns Haubtluben vnd gesellen der obgenanten geselscheffte der vorgeschriben verbunt

Beylagen.

buntmpſch ledig ſagent vnd laſſent vnd vns vnſern brieff wieder gebent, vnd erkennent auch danu die obgenanten dry Heren zum rechten, daʒ wir mit eren die geſelſchafft abe getun mogen ſo ſol ſie auch alſdan ʒu ſtunt abe ſin, als vorgeſchriben ſtet vnd ſollent ouch alsdan die gefangen von beden ſiten ane vorʒog vnd alle ʒwepunge, ſtuße vnd ʒuſpruche, als vorbegriffen iſt, an die obgenanten dry Heren vnd in ire hant geſtalt ſin vnd ſol man den ſachen den vorbaß nachgeen vnd die vʒriechten in allerwaß als vorgeſchriben ſtet. Were eʒ aber ſache, daʒ man die hieʒwůſſchen vnd dem obgenanten tage mit den obgeñ. Steten Wormß vnd Spire nit uʒbrůgen. daʒ ſie die Haubtlude vnd Geſellen der obgenanten geſelſchefte der vorgeſchribenen verbuntmpſch ledig ſagen vnd lieſſen vnd ʒen iren brieff nit wiedergeben vnd ob die obgenanten dri Heren ʒu der obgenanten Zyt nit erkenten ʒum rechten. Daʒ die Geſellen die geſelſchaft mit eren abe getun möchten. So ſolt alsdan ʒglich deil by ſinen gefangnen vnd by allen ſinen rechten verliben glicher wiſe als vor dieſer teдlnge vnd beredunge vʒgeſcheiden in allen vorgeſchriben ſtucken vnd punten an alle argeliſt vnd geuerde. Were auch ʒemands in diſem kriege gebrantſchetʒet oder dhainer gefangen oder ʒemaud anders geſchetʒet, daʒ noch vor datum dyß briefs vnbeʒalt vorhanden ſtůnde, eʒ were verburget oder nit, ſich haben die ʒiel vergangen oder nit, daʒ ſal auch off der vorgenanter dryer Heren vʒſpruche biʒ off die vorgeſchriben tag vnd ʒʒt bliben vnd ſtan ane alle geuerde. Vnd ʒu vrkund aller vorgeſchriben dinge haben wir Grafe Ebirhart vorgenant vnd ich Jorge von Nunegke auch vorgenant vnſere Jngeſiegele gehenckt an dieſen brieff. Wir Ruprecht der Jünger vnd wir Nicclais Biſſchoff ʒu Spire vorgenant Bekennen vor vns vnd ich Engelhart Here ʒu Wynſperg vnd ich Nicclais von Cube dechan ʒu ſant Victor vʒrwendich Mentʒe Bekennen vor vnſern Heren von Mentʒe, daʒ der obgenanter vnſer Herre von Mentʒe vnd Wir Hertʒog Ruprecht vnd Biſſchoff Nicclais vorgenant von bete wegen der obgenanter beider teile vns der obgeñ. ſachen durch gots willen vnd vmb daʒ die Lande in Frieden geſatʒ werden angenommen vnd vnderwonden haben vnd auch dem vßbrag geben ſollen vnd wollen vnd ende die ʒwuſſchen vnd ſant Gorgentag nehſt kompt in allerwiſe als vorgeſchriben ſtet ane alle geuerde. des ʒu vrkund han wir Hertʒog Ruprecht, vnd Biſſchoff Nicclais obgeñ. vnſere Jngeſiegele an diſen brief tun hencken. Vnd wir Engelhart von Wynſperg vnd Nicclais von Cube dechan egeñ. haben vnſere Jngeſiegele vor vnſeren gnedigen Heren von Mentʒe auch gehencket an diſen Brieff. Vnd Wir diſe nachgeſchribene Haubtlude vnd Geſellen der obgenanten Geſelſchafft mit namen Burckart von Nunecke, Heinrich Eckebrecht von Dörenckeym, Heinrich von Bubenhofen, Wylhalm von Halfingen Ritter. Frpetſch von Urbach, Huck von Bernecke, Fryederich von Dormontʒe, Frotʒ von Saſſenheym der Rode, Albrecht von Dormputʒ der Junge, Reinhart der Entʒberger, den man nennt Rir vnd ich Hein-

(C)

Heinrich Kemerer Ritter, Hans vom Stayn von Wunnenstayn, Hennel strauff von Landenburg, Heinrich von Syltingen, Hanß Truchseß von Hefingen, Henrich von Dormynz. Wbetzigman, Friederich von Enzberg, Fryetsch der Herter, Dyem von Tettingen, vnd Heinrich Reyffelin von Menßheim Bekennen vns als der obgeñ. vnser geselle Görge von Munecke vor sich vnd vns offgenoñien vnd den anlaß getan hat, daz wir darzu vor vns alle vnser gesellen vnd helffere vnsern gunst guten willen vnd gantz verhengnusse geben haben vnd geloben vnd sprechen auch daby zu bleiben vnd dem genug zu tun in aller der wise, als vorgeschriben stet. doch ane alle geuerde vnd argelist, ob daz were, daz dhainer vnser geselle die vorgeschriben stucke breche vnd oberfure wieder vnsern willen, daz vns andern, die das hielten, an vnsern eren daß nit schaden solte, doch also, daz wir dem oder denselben mit zu legen, oder in dhainerwise beholfen sin sollen ane alle geuerde vnd arglist. vnd han des alles auch zu Orkunde vnd vester sicherkeit mit namen wir dise vorgeschriben Burkart von Munecke. Heinrich eckebrecht von Dorenckein, Heinrich von Bubenhofen, Wilhelm von Halfingen Rittere, frytzle von Vrbach, Hugke von Bernegke, friderich von Dormynz, Rotfrotzk von Sassenheim, Albrecht von Dormynz, der Junge vnd Reinhart der Enzberger den man nennet Rix vnsere Ingesigele an disen Brieff gehangen. vnd Wir die vorgeschriben Heinrich Kamerer, Ritter, Hans vom Stayn, Hennel Streuff Henrich von Syltingen. Hanß Trochseße, Henrich von Dormynz, friederich von Enzberg, fryez der Herter, Dyeme von Tettingen, vnd Henrich Reiffelin. Wan wir vnser eygener Ingesiegel zu disen zoten nit by vns han, so erkennen vnd verbinden wir vns auch aller vorgeschriben stucke vnder der vorgen vnser gesellen Ingesiegel. Geben zu Pforkheim off Donrstag nach vnser Frauwentag der Liechtmisse nach cristi geburte Drutzehenhundert Jar vnd in dem Sehs vnd neuntzigistem Jare. Vnd als nu in denselben anlaßbriefen begriffen ist vnd geschrieben steet, daß die Haubtlude vnd Gesellen der geselschefte gemeyncrichen, die man nennet Slegeler, sollent vnd wollent mit gutem willen solche versigelte briefe. dar Inne vnd damit sie sich zusamen vereiniget vnd verbonden haben vor vns obgeñ dryer Heren legen, dieselben Haubtbrieff sie auch off disen hutegen tag als Datum des briefes spricht vor vns geleget hant. die wir auch eigentlich verhöret vnd vberhen haben. darzu haben wir auch vor vns genomen vnd verhöret vnsers gnedigen Herren des Römschen Kuniges Wenteslaw offen brieff mit siner Majestat anhangenden Ingesigel versiegelt, darInne er sich erkennet, daß dieselbe geselschafft Wieder ven vnd daz Riche groblich ist vnd daz er darumb dieselben Geselschaft hait abe getan vnd widerruffen in demselben sime kanglichen briefe. Vnd als wir die obgenanten briefe eigentlich verhoret haben, So han wir vns auch darzu erfaren an viel Heren Rittern vnd Knechten derselben vnd auch von vnser selbs Reten, Mannen vnd getrewen Rait vnd vnderwijsunge wir darvmb gehabt vnd Ingnde.

Beylagen.

genomen haben vnd nach den obgenanten anlaß briefen vnd nach den andern obgenanten briefen vnd nach dem geſetze daz Keiſer Carl der virde ſeliger gedechtnyſch zu rechte geſatzt hait vnd nachdem als wir vns erfaren haben als vorgeſchriben ſtet, ſo erkennen vnd ſprechen wir obgenanten dry Heren eindrechteclich zum rechten, daz dieſelben geſellen, die man nennet Siegeler dieſelben ire geſelſchaft mit eren wol abe getun mogen vnd wir ſprechen auch zum rechten daz ſie dieſelben geſelſchaft vnd ſoliche briefe die darüber gemacht ſint abe dun vnd von derſelben Geſelſchaft gentzlichen laſſen vnd ſie auch nit wieder machen ſollen ane alle geuerde. vnd ſol auch dieſelbe geſelſchafft zu ſtund abe ſin als vorgeſchrieben ſtet. als die anlaiß brieff daz auch eigentlich uzwiſent. Als auch in den Anlaiß briefen begriffen iſt, werd mit den zwein Steten Wormß vnd Spyre vzgetragen, daz ſie off ſolich verbuntenyſch, als yen die Haubtlude vnd Geſellen der obgenanten Geſelſchaft getan hant, verzihen vnd yen ire briefe wieder gebent, So ſollent die obgenanten Haubtlude vnd Geſellen derſelben verbuntnyſch von denſelben Steten ledig vnd yen in keine wiſe dauon nit me verbunden ſin.. des han wir obgenante dry Heren mit den obgen̄ zwein ſteten vnd auch mit den Heubtluten vnd geſellen der obgen̄ten Geſelſchaffte uzgetragen, alſo daz alle verbuntenyſch vnd gelobde zwiſchen den obgen̄ Heubtluden vnd Geſellen von derſelben Geſelſcheffte wegen an eime teyle vnd den obgn̄ten Zwein Steten an dem andern teile, es ſy vmb dienſt, Hülfe gelt zu geben oder anders gentzlichen abe ſin ſollent vnd ſollent auch die obgn̄ten Zwa ſtete den obgenanten Heubtluden vnd Geſellen iren brieff den ſie von der obgenanten Verbuntenyſch wegen von yen habent vnverzogenlich wieder geben. So ſollent auch die obgenanten Heubtlude vnd Geſellen iren guten verſiegelten brief den obgen̄ten zwein ſteten geben, daz ſie gen yen verzihen vnd der gelobde vnd der vereynunge vnd alles gelts, daz yen darumb werden ſolt, ledig ſagen vnd kein anſprache darumb nimmer an die obgenanten zwa ſtete vnd an die iren zu haben ane alle geuerde. Vnd wir obgenanten dry Heren han auch des obgen̄ Grafen Ebirharts von Wyertenberg an eyme teyle vnd den Haubtluden vnd geſellen der Geſelſchafft vorgen̄ an dem andern teile anſprache vnd entwert verhört, als die anlaſſe briefe uzwiſent vnd als auch in den anlaſſ briefen begriffen iſt, daz alle gefangen von beiden ſiten ſteen ſollent in vnſer obgen̄ drier Heren handen vnd von yen vnd von ir yglichem der gefengnyſche ledig geſaget vnd in vnſer dryer Heren Hande alſo geſtalt ſin ſollent ane alle geuerde. Des ſprechen wir alle dry Heren obgen̄ mit der mynne vnd entſcheiden, daz die bedeteile vnd ir yglicher alle ire obgenanten gefangen vnuerzuglich zu ſtunt ane geuerde alſo in vnſer Hant ſtellen vnd ſie ledig vnd lois ſagen ſollent off ein ſlecht alt orfeide vnd ob kein gefangen einer oder me in diſem gefengnyſche keinrley buntenyſch oder gelobde getan oder brief geben hette von deſſelben gefengnyſch wegen dieſelben briefe ſollent craſtloiß ſin vnd ſal man auch yen die wiederge-

(C) 2

ben vnd sol man auch den ober die der buntmysch ober gelobde zu stunt ledig sagen ane alle geuerde. Eß sollent auch alle brantschetzunge, gedyenge, schetzunge vnd vngeben gelt, ez sy verburget oder nit, vnd waz vorhanden vnd vngegeben waiz off den tag als der obgñ anlaß brieff gegeben wart vnd auch die burgen daruor von beiden siten ledig vnd loiß vnd gentzlich abe sin vnd hette yemand hiezwischen davon icht offgehaben ober ingenomen, daz sol derselb der daz getan hette vnuerzoglich wiederkeren vnd richten ane hindernisch vnd geuerde. Waß auch sterbe, Vesten, Glößere, dorffere, arme lute oder gute in diesem kriege gewonnen oder Ingenommen weren von bedenteilen, sie weren eigen Lehen offenhuße oder pfandt Sprechen vnd entscheiden wir obgñ dry Heren mit der myne daz man die denselben, der sie gewest sint vnverzogenlich sol wieder geben in diesen nehsten zwein menden nach datum dyß briefeß vnd vngehindert folgen laßen. Die sloße sin zubrochen oder nit in der maße vnd wesen als sie yzunt sint ane alle geuerde vnd in demselben rechten, als sie die vor disem kriege Inne gehabt hant vnd damit zu tun vnd zu laßen in allen rechten als vor ane geuerde. Auch sprechen vnd entscheiden wir obgenante dry Heren mit der myne, were ez ob yemant von den obgenanten bedenteilen ober wer in der sache verdacht gehaft oder bewant ist, eine Lehene sime Heren von des krieges ober von der Geselschefte wegen offgehen hette, dem ober denselben wann sie daz in diesem nehsten halben iare nach datum düß briefeß vorderent, den sollent ire Lehene Heren dieselben Lehen vnuerzogenlich ane geuerde wieder zu Lehen lihen in allermaßen vnd in allem dem rechten, als sie die Lehen vor von yen gehabt hant ane alle geuerde. Wann auch die Heubtlude vnd Geßellen der obgñ Geßelscheffte die in den Anlaßbriefen mit namen genennet sint vor sich vnd alle ir gesellen an eime teil den obgñten anlaß offgenomen vnd getan hant geen dem andern teile als der anlaßbrieff daz vzweißet. Auch sprechen vnd entscheiden wir obgenante dry Heren, were ez ob yemant von bedenteilen solichen frieden alß zu Pforzheim zwischen den obgenanten bedenteilen gemacht wart, als die obgñten anlazbrieff dauon zwisent vberfaren hette, daz sol ygwederteil, von dem daz vberfaren geschen were in disen nehsten zwein Menden nach datum dyß briefeß dem andern teil wiederkeren vnd richten mit der name ane geuerde. Were aber die name nit vorhanden oder were brant geschen, so sol daz gekert werden mit so viel werß ane geuerde vnd wonden ober noten nach gnaden vnd deß Landß gewonhait ane alle geuerde. Were aber daz vberfaren an gefangen, die sol man in den nehsten monde nach datum dyß briefeß ledig sagen ane vortzog vnd geuerde. Auch sprechen vnd entscheiden wir obgñ dry Heren, wer ez ob yemand von den obgñ bedenteilen in disem kriege in tröstungen angriffen ober beschediget wer werden, der oder die die die tröstunge geben vnd getan hetten mit briefen oder sost, sollent daz dem ober den die also in tröstunge angriffen oder geschediget worden weren, keren vnd richten in

diesen

Beylagen.

diefen nehſten zwein menden nach datum dyß briefeſ mit der name ane geuerde. Were aber die name nit vorhanden oder were brant geſcheen, ſo ſol daʒ gelert werden mit ſo viel werts ane geuerde vnd wonden oder boten nach gnaden vnd des Landes gewonheid ane alle geuerde. Were aber daʒ vbetfaren an gefangenen, die ſal man in dem nehſten manbe nach datum byß briefeſ ledig ſagen one vortzog vnd geuerde. Auch ſprechen vnd entſcheiden wir obgeñ dry Heren einbrechteclichen, daʒ hiemit ʒwuſſchen den obgenanten bedeuteilen, allen iren helffern vnd den iren vnd allen den die darvnder verdacht gehaft oder bewant ſin, eʒ ſin Heren Ritter oder Knechte Stette oder andere Edel oder Vnedel vmb alle obgenante geſchichte vnd ſchaben, waʒ ſich in dem obgenanten Kriege erlauffen hait vnd davon off irſtanden vnd geſcheen iſt, genßlich geſunet, verricht vnd ein ewig verʒieg ſin ſal vnd ſal daʒ alleʒ, daʒ hieuor in diſem briefe von vns vʒgeſprochen iſt vnd geſchrieben ſteet von bedenteilen getrulich veſte vnd ſtete vnverbrochenlich vollenfurt vnd gehalten werden ane hinderniſch vnd ane alle geuerde vnd argliſt. Welcher aber daʒ überfüre, von welchem teil daʒ were, eʒ wer einer oder me, der oder die ſolten daʒ vnuerßogenlichen keren, ſo daʒ an ſie geuordert werde von dem dem daʒ geſcheen wer ane geuerde. Wa aber der oder die die Kerunge nit deten, der oder die ſollent ſin Sunbruchich vnd ſol dem oder den von beidenteilen des nyeman ʒu legen, helffen oder fürberlichen ſin ane alle geuerde vnd ſollent doch dun vnd halten waʒ vorgeſchrieben ſleet. Des ʒu erkunde vnd beſler ſtedeſeit, So han wir obgeñ dry Heren onſer vglicher ſin Jngeſiegel an dieſen brieff tun hencken. Geben ʒu Brackenheim off donrſtag nehſt nach dem heiligen Oſtertage, als man ſchreib nach gots geburte duſent druhundert iar vnd in dem Sehs vnd Nuntzigiſtem iare.

Num. 12.

Verſchreibung der Stadt Grüningen vnd der Gemeinde ʒu Unter-Rieꝛingen ſich nimmermehr von der Herrſchafft Würtenberg ʒu entfrembden.
d. d. 26. Sept. 1396.

Wir die nachgeſchrieben Richter vnd Burger der Stat ʒu Grünin- Archival-
gen, als Wir hie nach mit Namen ſtan, vergehen offenlich Urkunden in
mit diſem Brieff vnd dun kunt allen den die diſen Brieff vmer ange- cauſa equa-
ſehent leſent oder hörent leſen, das wir vns von dem Hochgebornen ſtri. cap. I.
vnſerm Gnedigen Heren Grauf Eberharten von Wirtenberg noch Sect. I. n. 5.
von ſinen Erben noch von der Herſchafft von Wirtenberg nunter ge- pag. 5.
ʒiehen noch entfrembden ſullen noch wollen mit vnſern Liben, Wiben, Kinden noch
gutten, noch mit behaimen ſachen nech in behaime wiſe ʒu alle geuerde vnd haben
des gemainlich vnd vnſer iglicher Beſunder geſworn gelert apde ʒu den Hailigen

(E) 3   mit

Beylagen.

mit vffgebotten Dingern, das wir Oewerlich vnder der Herschafft ze Wirtenberg beliben vnd sitzen sullen vnd wöllen, vnd wa das vnser dehainer verbrech vnd das also nit stett hielt, es wer vnser ainer oder mer oder wir alle da Got vor sye, So sol vnser Liben vnd vnser gute vnd alles das wir ieso haben oder noch gewinnen, die des verbrochen hetten dem vorgenanten vnserm gnedigen Heren sinen erben vnd der Herschafft ze Wirtenberg da vor ainen gantzen monad verfallen sin gentzlich vnd gar vnd dieselben sullen denn sin Truwelos Erelos vnd mainaydig an allen Stetten vnd vor allen gerihten vnd sullen öwenclich verworffen vnd vertailt Lut sin vnd mag vns der vorgenant vnser Her von Wirtenberg, sin erben, ir Amptlut oder die iren vnser libe vnd vnser gut dar omb anvallen vahen vnd bekumern, wa sie kunnent oder mögent in Stetten in dorffern oder vff dem Lande, was es in aller Bast fügt vnd sol vns da vor nit schirmen dehainerlay gerlht geistlich noch weltlichs, noch kainerlay frihait Stett, Reht Burg, Reht gnade noch gebot der Fursten der Heren der Stett noch des Landes noch dehain gesetzt, Buntnust, Verainung, Geselschafft, Land-Reht, Landgeriht noch dehainerlay sach die Wir vom Bebsten Kaisern Küngen, Bischoffen Fursten Heren oder Stetten erlangen mochten oder ieso hetten noch ihsit das ieman erdenken kan oder mag oder noch erdaht möht werden. Vnd verjihen vns des alle vnd vnser iegelicher Besunder mit disem Brieff als wir mit namen hie geschriben sten, des Ersten Hans von Schekingen den man nempt Pfuser, auberlin Vollant, Sifride von Sahsenhain, Cunrat siegler, Drutwin Kretenacker, auberlin kung, Cunrat Wisewot, Haintz Hotter, Cunrat Möcklin, auberlin Hutlin, Hans Rottenschnider vnd Auberlin Gewinner alle zwölff Rihter ze Grüningen vnd wir dis nahgeschriben Merklin Spetinger, Cuntz von Menshain, Cunslin fuhser, Cunrat Gunther von Swibertingen, Dremlin Brotbeck, Henslin Röclin, Einhart am margt, Aulber Ludwig, Cunrat Renhart, Cunslin Loimp, Wernhern Frech vnd Cunrat Jäger die zwölffer ze Grüningen. Vnd wir dis nachgeschriben die gemainde mit Namen Renhart Schnider, Burkart Burk, Hans Stahel, Hans Klet vnd min sun, Hainrich Obeloisen, Drutwin von dem Kirchof, Auberlin Volande Schulmeister was vnd der Erber Arnolt Schefer vnd sin sun, Berhtolt, Cunslin Brader, Cunrat Riem, Auberlin Schertlin, Bens Meken Berhtoltin Man vnd sin stiessint, Auberlin Daps, Haintz Berchain, Helwig der Schnider, Ludwig Benkinger, vnd Aulber sin Bruder, Hug Daps, Haintlin von Hemingen, vnd sin sun der Ekel, Hans Satler, der alt Rise sin sun, Ruflin Rusfe, Ruff Vogel, Walthern Schnidern vnd sin sun Henslin Nurtinger Bede sin sun, Hains san, Cunrat Hetgern, Hans Orstal, Claus Lenken, Hans Schnider, vnd sin sun, Cuns Wißhar, Cunrat Kung, Henslin Hutlin, Cuns von Rüringen, Jacob Koch, Hans der Hessin sun, Berhtolt des Oellen sun von Eberdingen, Peter Hirt,

Beylagen.

Hirt, Hans Brechlin der Rudelsperger, Bentz Cuntzlen, der Stephan der Graman, der zeller, Auberlin Köchlin, Cuntzler Schnider, Cuntzlin Krosslin, Haintz von Will, der alt Sigloch sin sun, Hans der Messinbart der Hirt, der Kertzig, auberlin Rinwin der Spengler, Sitzline Jäcklin, Wegner, Auberlin krafft, Heintzlin Pfiffer, Berhtolt Koffmann, fritz Murer, Wernher Wißhar, der Niblungin sun, Bede Eberlin Murer, Haintzlin Kursenner, Auberlin der Spenglerin man, der Jung Herblin, Haintzlin Kubelin, Haintz Koch, Berhtolt Schumecher, Dyemen Benders sun, Auberlin, Claus Bender, der Hese, Drutwin Kettemackers sun, der Bruhster, Haintzlin ziegler vnd sin Sun Hensslin, Haintzlin Wennerlin, der strobel, Fritz Meiner der fruwe, Emlin von Hochdorff, Oettlin Vink, der Jung Schdlhas, auberlin Sigloch, der Schetzer schnlder, der Schubelin, Hainrich Mangolt, der Wannenmecher, der alt Brechlin, Hans Schilling, der Lutzlerin Dochterman, Hans Waler, Walther Brillenman, der Crafft, der alt Schetzer, Cuntz Herman, Claus Bietner, des Craffts Dochterman, Dornbuschelin der Bosch, Bachaplin, Hainrich Muller, der alt, Rufflin Funder, Hans zmerman, Hainrich Butner, Haintzlin Wisenfot, der alt Volkwin, Wernher Riser, der lang Dietrich, Hanman Pfutzers Dochterman, Auberlin Bentzinger, Auberlin Venus, Ruff Spittler, Küstin Funders sun, Bede au berlin, der Jung Daps, Hainrich Rott, Fridrich Schuchmecher, Cuntzlin Niblung, auberlin von Apcholtz, Hantz Bunger, Hans Blaufus, Bernolt Schifferlin, der alt Schifferlin, Lutze Wenner, Walther Bitzner, Cuntzlin Röclin, Bernhart Rot, der abzleher, Haintzlin Geßler, der Knol, Henslin von Velbach, Köllin Schnider, Vtzlin des Schifferlins sun Auberlin, Eberlin Gewinner, der Jung Rüsslin Funder, Hans Dyplin, Fritz Plerer, Tzem Dietrich Hiltbrant, Auber von Ruzingen, Auberlin ziegler, Cuntz Schultaiß Knecht, der Schletlin, Hans Götz, Haintz von Hemingen, Cuntzlin des Schultheisen Dochterman, Hainrich von Will, Walther Würstlin, der Cutman Kempf, der Wurmberger Auberlin, Schlitzer, der Knelling, Berlin Kursenner, Merclin Martz, Cuntzlin von Dam, Hans Pfutzer, Cuntzlin Brotbeck, der Oele von Hemlagen, Hainrich Klet, Haintz Etzel, Hug Daps, Bentz Fintenwurfel, Hainrich Nuntz, der Richen Götzin Dohterman Bentz, Haintz Hegnach, Cuntzlin Oettlin sin Bruder Gunther, der Wortwin, der Hiltbrant von Swiberttingen, Eberhart Murer, der Germid, Eberlin sin Dohterman, der Michel vnd der Kupelsch, der siberschedel, Stepfan Schuchmecher, der scheller kunslin scheler, fritz Metzer, Henslin Fulhaber, Herblin, Haintz Schelz, Arnolt der alt Hütter, Claus Weber des Nurtingers Dohterman, der Hab, Hans Bachmecher, Cuntz von Swiberttingen, Eberhart Fulhaber, Herman Furbrer, Dyem Zemrer, Hans Elseffer, der Kessel, Lutzlin Schmid, Haintz von Orwen, Oettlin Crystal, Hans Rurhart, Auberlin Kissing, der Nantz, Hanman, der Pfaffenbaus,

Beylagen.

hans, Herman Lutz, der Lötsche, Ebertin sin Dohterman, der Hailman, der Wernlin, Cuntz Eberwin, Walther von Geppingen, Henslin der Kempf, der Engel Henslin Geppingers Dohterman, maister Ulrich sin sun, Cunrat Renhart, Renhart sin Swager, Hans Hemser, Cuntz zumerman, Auberlin Wolff, sin Bruder, Cunrat sporer, Henslin Schuchmecher, Wollants sun, Heinrich vnd Bentz Rubelins sun, Cunrat Birker, Hainrich Kieser, der Snabelspatz, Haintz Kofman, Bentz von Dalnhusen, Eberhart Sailer, der Wollumschleher, Hans von Oedernheim, Cuntz der schmidin man, Cunrat smid sin stieffsun, der Madelger, Auberlin Wilde, Herman Christin, Walther Pfiffer, Burcklin schnider, der Mutschler, Hans Kelab, Cuntz Sattler, Scheslin. Bender, Herman Kieser, Walther der Helwigin Kneht, Hointz Hutters sun, Walthers Bruder, Cuntzlin der ziehmaister, der alt Kempf, vnd sin sun, Strowelin Haintzentin, Cuntzlin schnider, der Fritag, Auber ziegler Dohterman, sin Bruder, Hemslin Schnider, Wernher schalbas, Haintzman Koffman, Walther vff dem Stain, Haintz von Hochdorff, Haintz Niblung, der Pfister, der Michel, Ouem seman, der Dufflinger, Merklin Hag, Haintrich Hüglin, Hainztlin Trubenhofer, der zwibelman, Hans Seman, der alt Jenner, sin Dohterman, Haintz Cunrat Schaden, der schrayn, Brechlin Kursenuer, Cunrat Jöstin, Henslin Beder, der alt Klingelman sin sun, der Lang Peter, Cuntz Krof, Walther Beringer sin sun, Peter Birenseder, sin Dohterman, Lienhart der griff, Ulrich Wollenschleher, Cunrat Esslinger, der Rösen, Dietrich Drubenhofen, der Staimer, der sinslin, Sitz Weber, Cuntzlin Schetzer, Ruf Güss, Berbtolt Gutjar, Cuntzlin Brechlin, Henslin Rugwid, Henslin geburlin, Item die von Dalnhusen, des Ersten der Cuntzler, Ruff Strowelin, der Güss, Haintz Strolin, Hainrich Blaufus, Kunslins Dohterman, der Holzappel, Haintz Schauf, Cuntzlin Rudger, vnd Haintz Vogel. Item so sint diss die vsburger, Wernher Clain, Cuntzen sun von Obern Ruringen, Wernher Fildner von dam, Hainztlin Deninger vnd Hainzlin Rutzel. Vnd wir bis vorgeschriben Rihter vnd die zwölff vnd die andern Burger als wir mit namen alle hie vor geschriben sten verjenben och offenlich mit disem brieff, daz ie vnser ainer des andern Burg worden ist vnd hinder ainander gestanden sien mit der beschaldenhait, welcher vnder vns verbrech, Es wer ainer oder mer, So sien wir die andern dem vorgenanten vnserm gnedigen Heren vnd sinen Erben verfallen omb als vil och derselb oder dieselben ietzo ligens vnd farndes gutz habent vnd darumb ist ye globen der ietzo oder zu denselben zitten vnser Amptman ist sinen ainfeltigen worten an ayde vnd des zu ainer warren Urkunde, So geben wir dem obgenanten vnserm gnedigen Heren Graf Eberharten von Wirtenberg sinen erben vnd der Herschafft zu Wirtenberg disen Brief besigelt mit vnser Stet anhangendem Insigel vnd haben darzu gebetten bis erbern gaystlichen Heren Bruder Cunrat Kaschen Maister des Spitals zu Grüningen zu

Disen

disen zitten, daz er siner maisterschafft Jnsigel gehengt hat an disen offen brieff vnd Her Johansen von Wiltberg, Kircher zu disen zitten ze Grüningen, daz er sin aygen Jnsigel och gehengt hat an disen Brieff ze vrkunde aller vorgeschriben ding. Och han wir gebetten die vesten Edlen Knecht Cunrat Sefflern vnsern Burkherren zu disen zitten vnd Vndolfen von Hemingen, daz si ierun aignun Jnsigel och gehengt hant an disen offen Brieff zu ainem waren Vrkunde aller vorgeschriben ding vnd geding. Vnd wir die ietzgenanten Gaistlichen Heren vnd och Jch Cunrat Seffler vnd Vndolff von Hemingen Bekennen vns vmb vnsern aygun Jnsigel, daz wir die von Ernstlicher Bett wegen der erbern Richter vnd zwölfer vnd der Gemainde ze Grüningen gehengt haben an disen offen brief zu Gezugnuß vnd vrkunde aller vorgeschriben sach Rede ding vnd Geding. Der Brieff wart geben do man zalt von Cristi geburt druzehen hundert Nuntzig vnd Sehs Jar an Dinstag vor Sant Michelstag des hailigen Ertzengels.

Wir die Nachgeschriben von Vndern Rüxingen als wir mit namen hienach geschriben stan vergehen offenlich an disem Brief vnd vnder disen fünff Jnsigela die daran hangent, als daz war vnd stet ze haltent daz dar angeschriben stat vnd alle Artikel kain vsgenomen, vnd darvmb so han wir alle gelert ayd mit vffgebotten Vingern zu den Hailigen gesworn, des Ersten Jch Bernhart Kratzenbuch, Schulthais zu disen zitten, Haintz schnider, Harman Engel, Haintz Metzensun, Hanß Melwer, Cuntz Knoff, Burklin Humelin, Auberlin Hamburg, Cunrat Seman, Bentz Klotz, den man nempt Schraden, vnd Hans Emhart von Grüningen.

Num. 13.

Verschreibung Hugen von Berneck gegen der Herrschafft Würtenberg,
daß er wegen Erlassung aus seiner Gefangenschafft nichts wider selbige mehr thun wolle. d. d. 29. Octobr. 1396.

Jch Hug von Bernegg vergih offenlich vnt tun kunt menglichen mit disem Brieff allen den die in vmmer angesehenhend lesend oder hörent lesen, Als ich dez Hochgebornen mins gnedigen Herren Graf Eberharts von Wirtemberg gefangen gewesen bin vnd er mich von sinen gnaden ledig gelauffen haut, daz ich da liplichen zu got vnd zu den Hailigen einen gelerten ayde gesworn han mit vffgebotten Handen daz ich eweklich die Wyl ich lebe wider den vorgenanten minen gnedigen Herren Graf Eberharten von Wirtemberg noch wider sin erben noch wider ir nachkomen noch wider die Herrschafft ze Wirtemberg noch wider Jr diener noch wider die Jrn vngevarlich nümer gesin sol noch wil weder mit minem Lip noch mit minem gut noch mit worten noch mit werken noch mit Raten noch mit getaten weder haimlich noch offenlich noch in behein wise an all arglist an allgeuerde. Wär
(D)   ouch

auch ob der vorgenant min gnediger Herr Graf Eberhart von Wirtemberg oder
sin erben oder ir nachkomen oder ir diener oder die Jnn die Jnen ie versprechen
sidnd an mich vorgenanten Hugen von Bernegg etwas . . . . . hetten, warumb
das wäre oder von welhen sachen das käme, darumb sol ich in allweg rechts gehorsam ie sin recht ze tun vnd ze niemend vor dem vorgenanten minem gnedigen Herren Graf Eberharten von Wirtemberg oder vor sinen Räten oder Amptluten be-
him so mir es denn verkundent oder mich es haissent tun vngevärlichen an alles verziehen vnd an all widerrede. Ouch sol ich der vorgenant Hug von Bernegg wider diss vorgeschribne verbindung noch wider disen brief nümer getun noch schaffen
getan weder haimlich noch offenlich noch in dehain wise an all arglist vnd an all geuerde. Vnd sol vnd wil ouch alles das an disem brief geschriben stât gentzlichen
vnd vegliches besunder war stât vnd vest halten an all geuerde Vnd wäre auch
das der vorgenant min gnediger Herr Graf Eberhart von Wirteniberg oder sin
erben von bett wegen oder von welhen sachen das käme mir die gnad tun wolten
vnd mich des lebig seiten so an disem brief geschriben stât oder disen brief widergäbe
das sol alles weder trafft noch mabt han, Wan ich sol ewenglich diewile ich lebe
alles vnd iegliches besunder war stât vnd vest han vnd halten so an disem brief geschriben stautt, wan ich das doch liplichen zu gott vnd zu den hailigen gesworn han
als vorgeß ist vnd wär ouch ob ich der dehains verbräch, so an disem brief geschriben
stât, das got nit wolle, so bin ich erloss trüwloss vnd mainaydig worden Vnd ist
ouch denne darzu alles das, das ich han oder gewinne ainen gantzen manot vor dem
so ich verbrochen hett vnd trüwloss vnd mainaydig worden wäre dem vorgenanten
minem gnedigen Herren Graf Eberharten von Wirtemberg oder sin erben oder
der Herrschaft ze Wirtemberg gar vnd gentzlichen verzickt vnd verfallen sin, Also
das sie die vorgenanten gut allw furme ewenklich Jnne haben niessen besetzen vnd
entsetzen sullen vnd mügen als ander ir aigenlich gut än min vnd miner erben vnd
menglichs von vnsernwegen Jrrung vnd Hindernuss alles zu all arglist vnd zu all
geuerde, vnd des alles ze ainem waren vrkunde so gibe ich der vorgenant Hug von
Bernegg fur mich vnd min erben dem vorgen minem gnedigen Herrn Graf Eberharten von Wirtemberg vnd sinen erben vnd der Herschaft ze Wirtemberg disen
brief besigelten mit minem aigen anhangenden Jnsigel. Darzu han ich gebetten
Hansen von Giltlingen genant von Dotzingen ze Stuggart gesessen, Gumpolten
Hannsen Hainrichen Burkarten vnd Conraten von Giltlingen gebrüder vnd Gumpolten vnd Conraten von Giltlingen zu der Nurrenburg gesessen, das sie tru aigem
Jnsigel zu merer sicherhait ouch offenlich hand gehenkt an disen brief vnd ouch also
wär ob ich verbräch vnd nit hielte als vorgeschriben stât, das denne die vorgenanten min Oheim vnd guten frumd mich furome husen hofen ässen tranken noch ge-
uarlich hin schieben sullent in dehainen weg, wenne sie des ermant werdent zu all
geuer-

geuerde. Wir die vorgenante Hans von Giltingen genant von Dotzingen ?c Stuttgarten geseſſen, Gumpolt Hañs Haimrich Burkart vnd Conrat von Giltingen all
funf gebruder vnd Gumpolt vnd Conrat von Giltingen gebruder zu der Nuwenburg geseſſen verienthen offenlich an diſem brief, daz wir durch fliſſiger bette willen
des vorgenanten Hugen von Bernegg zu ainer waren gezugnuß aller vorgeſchriebner
dinge vnſre aigne Inſigel ouch offenlich gehenkt haben an diſen brief. Vnd ware ouch ob der vorgenant Hug von Bernegg verbrāche vnd mainaydig wurde vnd
nit hielte als vorgeſchribn ſtāt. daz denne wir In furome weder dſſen trānken huſen
noch hofen noch gefarlich hinſchieben ſullen noch wellen in behaine weg wenne wir
dez ermant werden an all argliſte vnd an allgeuerde. Der gebn iſt an dem nehſten Suntag vor allerhailigentag do man zalt von Criſti geburt druzehenhundert
vnd darnauch in dem Sechs vnd Nuntzigoſten Jare.

Num. 14. a.

Vrphede Burkarts von Reyſchach wegen ſeiner Gefangenſchafft.
d. d. 23. Junii 1398.

Ich Burkhart von Ryſchach ain Edelknecht vergich vnd tun kunt menglichen mit
diſem brief, als ich des Houchgebornen mins gnedigen Herren Grauff Eberhart von Wirtemberg gefangen geweſen bin vnd er mich von ſinen beſundern gnaden derſelben geſāngnuß ledig gelauſſen haut, daz ich da ſiplichen zu got vnd zu
den hailigen ain reht vrfeh geſtvorn han ainen rehten ayd mit gelerten worten vnd
mit vffgebottenn hannden daz ich dieſelben gefangnuß nimmer me geanden noch
gedfern ſol noch wil noch nieman von minen wegen weder mit worten noch mit
werken weder haimlich noch offenlich noch mit dehainen ſachen noch in dehain wiſe vngeuerlich. Vnd des ze vrkund So gib ich dem vorgenanten minem gnedigen
Herrn Graff Eberharten von Wirtemberg vnd ſinen erben diſen brief beſigelt mit
minem aigem anhangenden Inſigel vnd han darzu gebetten den fromen vnd veſten Bentzen von Horwdorff den Jungern, daz er ſin aigen Inſigel zu dem minen
gehenkt haut an diſen brief zu ainer waren gezugnuß al vorgeſchribn ding In
ſelb an ſchaden. Ich Bentz von Horwdorff der Junger vergich offenlich mit diſem
Brieff, daz ich zu ainer waren gezugnuß all vorgeſchribn ding min aigen Inſigel
zu des vorgenanten Burkhart von Roſchachs Inſigel gehenkt han an diſen brieff,
der geben iſt an dem nehſten Sunntag vor ſant Johannstag ze Sunnenwenden,
do man zalt von Criſti geburt Drutzehenhundert Jar vnd darnach in dem ahz vnd
Nuntzigoſten Jare.

Num. 14. b.

Num. 14. b.

Verglich der Reichsstädte Ulm, Eßlingen und Gmünd mit Herzog Leopold von Oesterreich, dem Bischoff zu Augspurg, Grav Eberharden zu Wirtenberg und den Graven zu Oetingen wegen Einführung guter Münzen. d. d. 6. Dec. 1396.

Wir die burgermaister Räte vnd alle burger gemainlich diser nachgeschriben des hailigen Römischen Reichs Stete mit namen Ulme Eßlingen vnd Gmünde Verjehen offenlich mit disem brieffe vnd tugen kunt allermenglich, als sich der Hochgeborne Furst vnd Herre Her Liupolt von Got gnaden Hertzog zu Oesterrich zu Stire ze Kernden vnd ze Krayn, graffe zu Torol ꝛc. vnd och der Erwirdig fürst vnd Herre, Her Burkart von got gnaden Bischoffe ze Augspurg vnd darzu die Edeln wolerborne Herren Her Eberhart Graffe zu Wirtenberg vnd Herr Ludwig vnd Herr fridrich Graffen zu Oettingen alle vnser lieb gnädig Herren von solichs vnmuglichs vnd grossen schadens wegen des Irig Lande vnd Lute In Swabn von bösen Münßen, die biß her gewesen sind gelittn vnd empfangen hand, mit vns ainer Münß veraint hand vnd vberkomen sind, also daz si Haller vnd schillinger schlahn wöllent, Mit namen die Haller, daz der ain Pfund vnd vier schilling haller gangen fur ainen vngrischen guldin vnd ain pfund vnd dry schilling haller fur ainen Rinischen guldin vnd der schillinger vier vnd zwaintzig fur ainen Vngrischen Guldin vnd dry vnd zwaintzig fur ainen Rinischen Guldin, vnd daz die Haller bestanden zu dem vierden vnd an der vfiate zwen vnd drissig vff ain Nurembergger Lote, So sulln die schillinger bestan zu dem dritten fur sich vnd an der vfiate vf die jalmarke hundert vnd viere schillinger daz ist vf ain Nurembergger Lot sibenbhalb schillinger vnd sulln och dieselbn Haller vnd schillinger wiß gemacht werden vnd och in solicher beschaidenhait, daz die vorgenanten Fürsten vnd Herren niht mer nemen ze schlagschatz, denn von jeder finen marke silbers ain schillinger Haller vnd von den schillingern von dem geschiften marcn drw orte ains schillingers ze schlagschatz, als och daz alles vnd wie diwselb Munß in andern sachen gehaltn vnd versorgt sol werden die brieffe die vns die vorgenante Fürsten vnd Herren gegeben hand aigenlicher vnd vollomenlicher vßwisend vnd sagend, Vnd wan wir vorgenante dry Richs stete mit solicher böser münß och also vast beschediget worden sien vnd wir daz of diß zit mit dehainen andern sachen, als nutzlich vnd als wol wistn ze verkomen als mit dem daz wir och an die vorgenante Munß tratn vnd stundn vnd daz wenn der vorgenanten Fürsten vnd Herren Lande vnd Lute vnd och gut an vns stiessen vnd wir vnd die vnsern neben vnd bi In vnd den Iren gelegen vnd vnter Inen vermischet sien, darumbe so haben wir vns jetzo gar beratenlich mit guten fursätzen vnserm gnädigen Herren dem Rinischen Kunge vnd dem

baill-

Beylagen. 29

hailigen Römischen Riche ꝛc, Eren vnd selb vnd den vnsern ꝛe nutze vnd ꝛe fromen mit den egenanten Fursten vnd Herren deʒ och verpflichtet vnd veraint, also daʒ wir in gelopt versprochen vnd verhaissen haben vnd versprechen mit disem brieffe, daʒ wir die egenanten Haller vnd schillinger In den vorgenanten vnsern stetn nemen sulln vnd wölln vnd daʒ och die Werung sulln haissen vnd sin alle diewile diʒ selbe Munß belib͞t vnd bestât an Korn vnd an Vssalt alʒ vorgeschriben stat und och alle die wile die vorgenanten vnser Herren die Fursten vnd och Herren dieselbn Munß mit alln andern stukn funden vnd artikeln versorgend vnd och vns ob deʒ not beschäch ʒu den Münßmaistern richtend vnd rechts gestattend nach deʒ vorgenanten brieffs tut vnd sag, den sie vns darumbe gegeben hand ane alle geuerd. Doch mit solichem Vnterschid vnd och mit segetan vßgenomen worten gedingden vnd beschaidenhaitn, wenne daʒ were, daʒ vns der vorgenant vnser gnädiger Herre der Römisch Kunge, oder ander sin nachkomen an dem Riche Romische Kaiser oder Kunige ainander Munß gäbend da mit Land vnd Lut versorget weren, daʒ wir denne furbaʒ niht mer verbunden sin solln bi der Egenanten Munß ʒe belibn noch die ʒe nemen In kainen wege, denne daʒ vns der brieffe den vns die vorgenanten vnser Herren die Fursten vnd Herren von der egenanten Munß wegen gegebn hand vnd och dirre gegenwurtig brieffe den wir darumbe widerumb gegebn haby furbaʒ genʒlich vnschädlich beliben haissen vnd och sin sol In alle wege ane alle geuerde. Vnd also habn wir vorgenante burgermaister Räte vnd alle Burger gemainlich der egn dryger stete gelopt bi vnsern guten trwn alle vorgeschriben sache getruwlich war vnd stät ʒe halten ʒe laisten vnd ʒe volleſurn ane alle geuerde nach diß brieffs sag vnd deʒ ʒe warem vnd offem vrkund, so haben wir Stete alle dry vnser stete aign Insigel essenlich gehenkt an disen brieffe, der gebn deʒ nehstn gutemtags nach sant Endres tag nach Cristʒ geburt dryʒehnhundert Jare vnd darnach In dem sechs vnd nvnzigsten Jare.

Num. 15.
Diploma **Grav Eberhards**, worinn die **Stadt Eßlingen** in dasjenige Bündnuß aufgenommen worden, welches er mit einigen andern Reichs-Städten gemacht. d. d. 9. Martii 1397.

Wir Graf Eberhard von Wirtemberg vrsehen vnd tun kunt offenlich mit disem Brieff, als wir vns durch Nuz vnd Frommen willen vnser Lande vnd Leute mit gutem Willen vnd wolbedachtem Sinne ʒu den Erbarn vnd wisen den Burgermeistern, Räten vnd Burgern gemainlichen diser nachbenempten deʒ heiligen Römschen Richs Stetten, mit namen Vlm, Nordlingen, Memmingen, Bibrach, Gemunde, Kempten,

Lunig d. L
conr. 2.
pag. 682.

Pful-

Pfullendorf, Dinckelspuhel, Kouffburen, Ysny, Putkirch, Aulen vnd Bopfingen beraint haben vnd was wir vns gen Jn verschrieben haben, als daz alles solich Brief die wir in darumb gegeben haben, angentlich vnd volkomenlich vßwisent vnd sagent, daz wir jetzo durch Bette willen der vorgenamten Richs-Stette die Erbern vnd wisen, die Burgermeister, Räte vnd alle Burger gemainlich der Stat ze Eßlingen in die vorgenante Verapnigung genomen vnd empfangen haben vnd versprechen ouch Jn bp vnsern guten Truwen vnd vf den Apde, den wir vormals darumb geschworn haben die egenante Verapnung vnd wej wir vns gen den egenanten Richsstetten verschriben haben, gen den Jrn getruwelich ze halten, ze laisten vnd ze vollfurn nach Lute vnd Sage der Brieff, die wir den egenanten Richs-Stetten dorumb geben haben ze glicher Wise vnd in allem dem rechten, als ob sie in denselben Brieven mit namlichen Worten begriffen weren vnd verschriben stünden vnd ouch dieselben Verapnung vnd Sache mit Jn angefangen vnd gemacht hetten ane alle Geuerde. Doch mit solichem Underschibe, wen wir den egenanten Richs Stetten vmb die drißig Spieße, als sie sich gen vns verschriben hand, zu sprechen, daß vns dann die Egenanten von Eßlingen Dry Spieß Raisigs Volcks zu denselben drißig Spießen ouch schicken vnd senden sullen vnd die vns ouch beholffen sin sullen alle dieroile die vorgenanten drosig Spieße bp vns sind vnd ze Dienst ligend, ane alle Geuerde. Vnd deß zo Urkunde vnd merer Sicherheit, so haben wir vnser aigen Jnsigel offentlich gehengt an disen brieff, der geben ist an dem nechsten Fritag vor Sant Gregorientag in der Vasten, da man zalt von Crists geburt drewzehenhundert Jar vnd darnach in dem sieben vnd nuntzigsten Jare.

Num. 16.

Vereinung der Churfürsten wider K. Wentzels Unternehmungen.
d. d. 2. Junii 1399.

De Gudenus Codex diplomat.
T. III. p. 646.

Wir van Gotz gnaden Johan des heilghen Stoils zu Mentze Ertzebischof, des h. Richs in duytschen Landen Ertzecanceller, Friderich, der heilgher Kirchen zo Colne Ertzebischof, des h. R. R. in Jtalien Ertzcanceller, Roprecht Pfaltzgreve by Ryne, des h. R. Oberster Drosset, und Hertzoge in Bevern; und Rodolf, zu Saßen und Lünenburgh Hertzoghe, Burchgreve zo Magdeburgh, Grave zu Brene, Whaltgreve zo Gassen, und desselben H. R. R. Ertzmarschalck. Bekennen und tun kunt mit disme Brieve, datz wir Gote zo lobe, der H. Kirchen und beme H. Roymischen Ryche zo Eren und zo fromen, und unssen, und den gemepnen Landen zo nutze und zo troiste, uns vesteclichen zusamen verbunden haben, unser lebe

tage

Beylagen. 31

tage by eynander zo blyben, in den Sachen vnd Artickelen als herna steit ge-
schreben.

Zo dem Jrsten, daß wir Herren obgenant in allen Sachen vnd Handelun-
gen, die die h. Kirche vnd den h. Stoil van Rome, als van des Babstdoms weigen, vnd die daz h. R. Ryche vnd vns Kurfursten, als van des h. R. R. vnd
vnser Kurfurstendome weigen antreffende sint, vesteclich, vnd in ganzen truwen
by eynander b:yben, vnd die samentlichen handelen sullen; Vnd vnser eynher .....
sal dayme nyet werden, doin, oder eynche Furdel suchen, ane die andern, noch
ane yren wissen, willen vnd gutduncken, in eyncher Wyse.

Vnd werez, daz yeman, wer der were, na deme h. Ryche stuende, ...
vnd sich des vnderwinden wulde aen vnser aln obgenanter Herren samentlichen
Wissen, willen vnd Verhencknyß, ez were mit Dyfariate, oder anders, in wil-
cher wyse daz were, darweder sullen wir ..... vestlichen syn; vnd daryo sall
vnser eyner aen die andern synen willen, gunst oder Verhengniß nyet doin noch
geben in eyncherleye wyse, ane allez geverde; Ez enwere dan, daz daz h. Ryche
leidich wurde, so sullen wir Herren vnd vnser iglicher besunder alz dan vnste Reiche
vnd Kur da ane behalten vnd haben, als yme daz zugehueret.

Queme ouch eynche Dadinge, Rede oder werbunge an eynche van uns ...
Herren van der Bur gescht. Stuke vnd Artickele weigen, daryo sal der Herre vnder vns den daz anqueme, nyt entliche antwurde geben, noch daryn eyncherleye
tun, aen des andern vnd vnser aller Wissen vnd Willen, Vnd waz wir alz dann
in den Sachen samentlichen zo rade werden zo doin, daz sullen wir samentlichen
doin, vnd vnser eyner nyet aen die andern. Ane allez geverde.

Vnderstuende ouch vnser Herre der Romische Konyng oder yeman van synen weigen; oder yeman anders, daz h. R. Ryche oder eynche syne zogeheurun-
ge zu smelen, abezobrechen, oder deme Ryche zo enstrempden vnd daz zo entleden;
darweder sullen wir .... syn, vnd sullen vnsern willen .... daryo nyt tun,
noch geben in eyne wose; Vnd were des gluch yet geschiet vur Datum dis Briefs
aen vnser wissen, willen vnd Verhencnisse, daryo sullen wir .... ouch nu vurbaz
keyne bestedouge, vnd sunderlichen die Sachen van des van Meylan weigen vmb
daz Land van Meylan, sullen wir nyet bestedigen.

In allen diesen ..... Stucken, Puncten vnd Artikelen sullen wir Herren
by einander blyben ...; Vnd werez, daz darumb yeman, wer der were, syne
Vngunst, vngenade, vnd argen Willen, ez were mit fyentschafte oder anders wie
daz zogienge, an vns smerlichen oder besunder leigen wulde, oder keerte; daz sal
vns Herren gluch sammetlichen antreffen; vnd sal vnser Eoure sich van deme andern sunder vertzoch daynne vnd darweder bystain, helffen vnd raden, mit Slossen,

Lan-

Landen, Luden, und mit sonre gantzer Macht getruwelich, als lange des noyt geschiet. Aen alrelepe indrach, wederreibe, Hinderniſſe und Geverde.
Alle und igliche dieſe ... Punte ... hain wir ... Herren vglicher
... deme andern gelobt bp unſern fürſtl. Truwen und Eren; und hain die lof-
lich jo den heilighen geſwoirn vglicher, deme andern, die wair, veſtlich, ſtede und
unverbruchlich zo halden, zo tun und zo vollenfuren; und darweder npet zo ſuechen
geiſtlich oder werntlich, in eynherleye woſe ...
Und des zo Urkunde und gantzer ſtedicheib halt vglicher van uns Herren obgenant ſyn Ingeſiegel an dieſen Brieff doin hencken. Geben zo Marpurgh na
Xpi gebutte druyzienhundert und in deme Nuyn und nuynzichſtens Jare. Uf dem
Mainbagh na unſers Herren Lychams dage.

Num. 17.
Als die Kurfürſten ſich zu andern Fürſten verbunden hant.
d. d. 1399.

Wenker
apparatus
Jur. publ.
pag. 7.

Wir von Gots Gnaden Johan des heiligen Stuls zu Mentze Ertzbiſſchoff des heiligen Römiſchen Rychs in dütſchen Landen Ertz-
cantzeler, Friderich der heiligen Kirchen zu Colne Ertzbiſſchoff des heiligen Richs in Italien ertzcantzler, Hertzog von Weſtualen ꝛc. Wernher
Ertzbiſſchoff zu Triere des heiligen Richs durch Welſchlande vnd des Konichrich
zu Aralab Ertz Cantzler, Ruprecht von Gots Gnaden Pfaltzgraue by Ryne des
vorgenanten heiligen Rochs oberſter Truchſetze vnd Hertzog in Beiern vnd Rudolff zu Saſſen vnd Lunenburg Hertzog, Burggraue zu Magdeburg, Graue zu
Preme, Pfaltzgraue zu Saſſen vnd des heiligen Römiſchen Richs Ertzmarſchall,
alle kurfurſten des vorgeſchriebenen heiligen Rychs, bekennen vnd bun kunt mit diſem brieffe, wan in dem heiligen Römiſchen Riche lange zyt her vil groſſer vnd
trefflicher gebrechen miſſehell vnd Irrunge uffſtanden vnd leuſen ſint, den zu we-
derſten vnd vmbe das daß heilige Römiſche Riche in ſinen Wirden vnd eren vnd
by ſinen rechten gehanthabt werde vnd bliben möge, ſo hant ſich die hochgeborn
Fürſten, Her Stephan Pfaltzgrafe by Ryne vnd Hertzog zu Beyern, Balthaſer
vnd Wilhelm gebrüder Marggrauen zu Miſſen vnd Lantgrauen in Doringen, Ludewig Pfaltzgraue by Rine vnd Hertzog in Beiern, Hermann Lantgraue zu Heſſen, Burggraue Friderich zu Nurenberg, Friderich, Wilhelm vnd Jerge gebruder vnd Friderich Marggraue Balthaſſar egenanten Sone alle Marggrauen zu
Miſſen vnd Landgrauen in Düringen zu vns obgenanten Kurfurſten verbunden
vmbe einen andern Römiſchen König zu erwelen vnd zuſetzen vnd mit andern Punten vnd articteln by vns vorgenanten Kurfürſten zu bliben vnd vns getruwelich
byzuſten

Beylagen.

bystendig vnd beholffen zu sin in denselben sachen alles nach Lute irs brieffs, den dieselben vorgenanten Fürsten vns obgenanten Kurfursten daruber gegeben hant. Vnd darumbe so han wir vorgenante Kurfursten samentlich vnd sunderlich Got zu lobe, der heiligen Kirchen vnd dem heiligen Römischen Rich zu Eren vnd zu frommen vnd vnsern vnd den gemeinen Landen zu nutze vnd zu troste vns auch wiederumb zu den obgenanten Fursten gemeinlich vnd Ir iglichem besunder verbunden vnd verbinden vns mit disem briefe in allermaß als hernach geschriben stet. zum ersten ob ymand wer der were sin vngunst vngnade vnd argen willen legen vnd keren wolte an die obgenanten fursten vnd sie leidigen vnd schedigen wolte von solichs vorgenanten verbunts vnd bystandes wegen mit Guntschafft oder anders, wie das zuginge samentlich oder besunder so sollen wir obgenante Kurfursten samentlich vnd besunder yn vnd ir iglichem darwider auch getruwlich mit Libe mit gute vnd mit Lande vnd mit Luten bygestendig geraten vnd beholffen sin vnd yn vnser solche zu teglichem Kriege schicken nach notdorfft vnd mogelicheit ane geuerde. Vnderstünde aber ymand wer der were die obgenanten fursten samentlich oder besunder zu oberziehen oder zu besitzen von des obgenanten verbunds vnd bystandes wegen, so sollen wir obgenante Kurfursten samentlichen vnd sunderlichen denselben vorgenanten fursten darwider auch getruwelich mit vnser gantzen machte beholffen vnd zuziehend sin furderlich ane alle geuerde, Vnd sollen vns in disen vorgeschriben sachen nit von yn scheiden sundern noch vssunen, dann wir sollen festiclich vnd getruwlich daynne by yn verliben vßgescheiden allerley argelist vnd geuerde. Alle vnd iglich dise vorgeschriben punte stucke vnd artickele han wir obgenante kurfursten vnd iglicher von vns den obgenanten fursten vnd iglicher von vns den obgenanten fursten vnd ir iglichem besunder globt by vnsern furstlichen truwen vnd Eren vnd hant die auch loplich zu den heiligen gesworn, globen sichern vnd sweren in craffte diß briefs, die ware, feste stete vnd vnuerbrochenlich zu halden zu tun vnd zu follenfuren vnd darwieder nit zu tun noch zu suchen geistlich oder wertlich zu eincherley wise sunder alle argelist vnd geuerde. Deß zu vrkund vnd gantzer stetikeit hat iglicher von vns obgenanten Kurfursten sin eigin Ingesigel an disen brieff dun hencken der geben ist zu Mentze do man zalte nach Cristi geburte Dusent Druhundert vnd in dem Nun vnd Nuntzigsten Jare.

Num. 18.
Als die andern Fürsten sich zu den Kurfürsten verbunden hant.
d. d. 1. Februar. 1400.

Wir von Gots Gnaden Stephan Pfaltzgraue by Rine vnd Hertzog in Beyern ꝛc. Balthasar vnd Wilhelm gebrüdere Marggraue

Ibid. pag. 21.

zu Mißen vnd Lantgrauen in Düringen, Ludewig Pfaltzgraue by Ryne vnd Hertzog in Beiern ꝛc. Herman Lantgraue zu Heſſen, Burggraue Friderich von Nurenberg vnd Friderich des egenanten Marggraue Balthaſars ſon auch Marggraue zu Meiſſen vnd Lantgrauen in Doringen. Bekennen vnd dun kunt mit dieſem briefe, Wan in dem heiligen Römiſchen Roche lange zyt her viele groſſe vnd treffeliche gebrechen miſſehel vnd irrunge vfferſtanden vnd komen ſint, den zu widerſten vnd vmb das das heilig Römiſche Riche in ſinen wirden vnd Eren vnd by ſinen rechten gehanthabt werde vnd bliben moge, ſo haben wir got zu lobe der heiligen Kirchen vnd dem heiligen Römiſchen Roche zu eren vnd zu fromen vnd vnſern vnd den gemeinen Landen zu nutze vnd zu troſt vns ſamentlichen vnd vnſer iglicher von vns beſunder verbunden vnd verbinden vns in crafft diß brieffes zu den Erwirdigen vnd hochgebornen furſten von Gots gnaden her Johan des heiligen Stuls zu Mentze Ertzbiſſchoff des heiligen Römiſchen Rychs in dutſchen Landen Ertzkantzeler, Hern friderich der heiligen Kirchen zu Cölne Ertzbiſſchoff des heiligen Römiſchen Richs in Italien Ertzkantzler, Hertzogen von Weſtphalen ꝛc. Hern Wernher Ertzbiſſchoff zu Triere des heiligen Römiſchen Rochs durch Welſchlande Ertzkantzler, Hern Ruprechten Pfaltzgrauen by Ryne des heiligen Römiſchen Richs Oberſten Truchſeſſen vnd Hertzogen in Beyern vnd Hern Rudolff Hertzogen zu Saſſen vnd zu Lunenburg des heiligen Römiſchen Richs Ertzmarſchalck, alle des heiligen Römiſchen Rochs Kurfurſten onſern lieben Hern Vettern, Oheimen vnd Neum in den ſtucken vnd articeln hienach geſchrieben, zu dem erſten vmb einen andern Römiſchen Konig zu erwelen vnd zu ſetzen vnd welend ſie dann einen zu eime Römiſchen Konige vß den geſlechten vnd gepurten von den Wapen von Beyern von Sahſſen, von Miſſen, von Heſſen, von den Burggrauen von Nuremberg oder den Grauen von Wirtenberg, ſo ſollen wir vnd iglicher von vns vorgenanten Herren by der Kure vnd by dem den ſie alſo nennen offnemen vnd zu eime Römiſchen Konig welen getruwlich vnd feſtlichen bliben vnd denſelben auch vnd nymand anders fur einen gewaren Rechten Römiſchen Konig vnd für vnſern rechten Herren nemen halten vnd haben in allen den Rechten Eren vnd wirden als einem rechten vnd gewaren Römiſchen Künige von rechte vnd gewonheit zu gehöret vnd geboret, vnd damit by yme vnd vnſern obgenanten Herren den kurfurſten auch beliben vnd yn getruwlich beholffen ſin, den by dem Riche als einen Römiſchen Könige zu behalten vnd zu handhaben mit Libe vnd gute vnd mit allem dem das wir vermogen vnd dauon nit fallen oder yn abeſtan in eincher hande wiſe noch vmb eincherhande ſachen willen die geſchehen ſind oder geſchehen möchten ſunder alle argeliſt vnd geuerde. Vnd wolte heruber oder darwider yemand wer der were nach dem heiligen Riche ſteen vnd ſich des vnderwinden es were Vicariate oder anders in welicher wiſe das were, darwider ſollen wir obgenante Herren ſamentlich vnd vnſer iglicher

beſun-

Beylagen. 35

beſunder mit den obgenanten vnſern Herren den kurfurſten getrurolich vnd feſticlich ſin vnd deme widerſten vnd ſollen yn dartzu helffen das zu keren vnd zu weren
mit Libe vnd gute, mit Sloſſen Landen vnd Luten vnd mit vnſer gantzer machte,
das das nit geſchee ober furgang habe in einche wyſe ane alle geuerde vnd argeliſt,
vnd wer es das vmb diſer vorgenanten ſachen willen yemand wer der were ſine vn-
gunſt vngnade vnd argen willen, es were mit fyntſchaffte oder anders wie das zugienge an die obgenanten Herren die kurfurſten ſamentlichen oder beſunder legen
wolte oder kerte das ſol vns obgenanten Herren ſamentlich vnd iglichem von vns
beſunder mit yn ſamentliche vnd ir igliche beſunder glich antreffen vnd wir ſollen
vns von den obgenanten kurfurſten noch einichem von Jn da Jnne nit ſcheiden vnd
iglicher von vns ſal by den obgenanten Herren vnd by Jre iglichem beſunder bell-
ben vnd yn ſunder Hertzog da Jnne vnd darwider byſtan raben vnd helffen mit
lybe vnde mit gute mit vnſern Sloſſen Landen vnd Luten vnd mit vnſer gantzer
macht getrurolich vnd feſticlich als lange des noit geſchicht ane allerley indrag Widerrede hinderniß vnde geuerde. Were aber das die obgenanten Herren die kurfürſten einen andern zu eime Römiſchen könige nennten offnenan vnd koren der nit
von der geburte vnd vß den geſlechten were die dauor ſint benand, ſo enſollen
wir von ſolicher verbuntniß wegen nit verbunden ſin by demſelben den ſie alſo koren der nit von den vorgenanten geſlechten were zu bliben als furgeſchriben ſtet,
wir wolten dan das gernetun oder derſelbe enrede dafur als fruntlich mit vns oder
dete vns als liebe das wir das gerne deten. Alle vnd igliche diſe vorgenante Punte ſtucke vnd Artickele han wir obgenanten Herren den kurfurſten vnd ir iglichem
beſunder globt by vnſern fürſtlichen truwen vnd Eren vnd han die auch liplich zu
den heiligen geſtworn, globen, ſichern vnd ſweren in crafft dys brieffs, die ware fe-
ſte ſtete vnd vnuerbrochenlich zu halden zu tun vnd zu ſollenfurn vnd darwider nit
zu tun noch zu ſuchen geiſtlich oder weltlich in eincherley wiſe ſunder alle argeliſt vnd
geuerde. Des zu vrkunde vnd gantzer ſtetikeit hat iglicher von vns obgenanten
Herren ſin Jngeſigel von ſiner rechter wiſt vnd willen an diſen brieff tun hencken,
der geben iſt zu Franckfurd vff dem Meine nach Criſti geburte duſent vierhundert
Jare vff vnſer Frauwen abent Liechtmeſſe genant Purificacio zu Latin.

Num. 19.
Erlängerte Verapnung zwiſchen Grav Eberhard zu Wurtenberg und
einigen Reichsſtädten. d. d. 23. Julii 1400.

Wir Eberhart Grafe zu Wirtemberg verjenhen vnd tun kunt offenlich, mit diſem briewe allen den, die Jn ymmer anſehend leſend oder hörend leſend, Wann wir aigentlich mercken vnd kundlich

Lunig R. A.
part. ſpec.
cont. 2. ſect.
4. p. 682.

(E) 2

erfunden haben, daß uß der vereynunge die wir bißher mit den Ersamen Wisen, vnsern besundern guten Freunden den Burgermeistern, Reten vnd allen Burgern gemeinlichen, Richen vnd Armen diser hie nachbenempter des Heiligen Römischen Richs Stetten mit namen Ulme, Esslingen, Rutlingen, Wile, Nördlingen, Biprach, Geminde, Dinckelspuhel, Pfullendorf, Koussburen, Bopfingen, Aulon, vnd Giengen gehept vnd gehalten haben vnd furbazzer halten sullen vnd wellen biß uf Sant Martins Tag der schierste kompt vnd darnach ein Jar das neste vns vnd gemainem Lande, Nutz, Fride vnd gemache gewachsen vnd gegangen ist: vnd das so haben wir beratenlich mit wolbedachtem Mute, Gott zu lobe, dem hailigen Römischen Riche zu Wirde vnd zu Eren vns selbe vnd gemainem Lande zu fride vnd zu Gemach dieselben vereynung gen den vorbenempten Richs Stetten erlengert, also das die zwischen vns vnd Jnen, nu furbaß nach den egenanten zweyn den ersten Sant Martins Tagen weren, beliben vnd besteen sol Syben gantze Jar, die dann darnach neste nacheinander volgend, mit allen Stucken, Puncten vnd Artickeln, als die brieve das besagent, die wir denselben Richs-Stetten daruber besigelt vnd geben haben, darinnen eigentlich begriffen ist, was wir vnd die vnsern Jnen vnd den Jren schuldig sien zu haltend vnd zu tunde, darby sol es auch furbaz die egenante zit vnd Jar beliben zu gelicher wise, als ob die egenanten Siben Jare die nach den ersten zwain Sant Martins Tagen allerschierste kommend, in denselben brieffen begriffen weren an alle Geuerde. Were auch, daß der allerdurchlüchtigest Fürste vnd Herr, Herr Wentzelaw von Gottes Gnaden Römischer Kunig rc. vnser gnediger Herre bazwischen von Tod abgienge oder daß in der egenannten zite beheiteriey enderung oder vmwerunge vfersstunde, also daß ein anderer zu Römischem Kunig oder Kaiser gesetzt wurde oder sich vffwürffe, daß es dann zwischen den egenanten Richs Stetten vnd den Jren vnd vns vnd den vnsern gen dem oder denselben beliben vnd besteen sol ze glicher wise, als von des egenanten vnsers Herrn Kunigs Wentzlaws wegen in den Briefen begriffen ist, die wir Jnen vnd sie vns ze beder site einander besigelt vnd gegeben haben vnd ouch von des Gelts wegen, das sie vns also geliehen hand ane alle Geuerde. Vnd also haben wir obgenanter Eberhart Grave zu Wirtemberg frylich vnd vnbetzwungenlich gesworn ainen gelerten Ayde zu Gott vnd zu den Hailigen mit vfgebotten Vingern das alles war vnd stät zu halten, zu laisten vnd zu vollfüren nach der egenanten der vorigen brieve vnd nach diß brieffes sage an alle geuerde. Vnd des zu Vrkund so haben wir egenanter Eberhart Grafe zu Wirtemberg vnser eigen Jnsigel offenlich gehenkt an disen brief der geben ist an dem ersten Frytag vor Sant Jacobs Tag, da man zalt von Christs Geburte in dem vierzehenhundertgestigen Jare.

Num. 20.

Num. 20.

Eynung Bischoffs Wilhelms zu Straßburg mit Grav Eberharden
zu Würtenberg. d. d. 10. Febr. 1402.

Wir Wilhelm von gotes gnaden Bischoff zu Strazburg veriehent vnd bunt kunt mit disem brieffe, daz wir fruntlich vnd gutlich einer guten Fruntschaffte uber ein komen sint mit dem Edelen Hochgebornen vnserme Lieben Oheim Eberharte Grafen zu Wuttenberg mit solcher bescheidenheit, als hernachgeschriben stet des ersten daz wir inen vnd alle die sinen schirmen vnd behelffen sin wellen vnd habent ouch geheissen alle vnsere ambahtlute, were ob dem vorgenanten vnserme Oheim von Wirtenberg vnd alle die sinen dehein zugriff beschee in vnserm Lande oder darin getriben oder gefuret wurde oder suß sie dehein kumbernisse anginge in vnserme Lande, daz wir dez weren sollent vnd darzu tun als obe ez vnser eigen sach anginge getruwelich ane alle geuerde vnd ane allez verziehen. Ez ist ouch geret von der strasen wegen die von Noppenowe hin ober walt gant. Vnd die das Kinzgental her vß gant vnd die gein Ettenheim gat fur Hornberg heruß daz wir die getruwelichen schirmen sullen vnd wellent allen den, so die strasen buwent vngeverlich. Wer ouch daz der vorgenant vnser oheim von Würtenberg deheine viende hette die sollent wir nit halten in vnsern flossen vesten noch in vnserm Landen, wenne wir oder vnser ambahtlute dez von ime oder von sinen ambahtluten geInnert werdent noch ensollen inen mit deheinen dingen zulegen weder heimelich noch offenlich. Wer ouch obe dem vorgenanten vnserme oheim von Würtenberg oder sinen ambahtluten oder den sinen kein gebruche oder gebreche in disen sachen anvielle, oder su buhte daz Inen nit genzlichen beschee von vns oder vnsern ambahtluten oder den vnsern, als do vor geschriben stat, So solte vnser Vogt von Ortenberg vnd dez obgenanten vnsers Oheims von Würtenberg Vogt von Rosenvelt zusamen riten vnd den gebresten fruntlichen miteinander uberkomen. Gedorffte aber vnser Vogt ander vnser ambahtlute darzu, die solte er besenden vnd soltent die die sache aber fruntlich ubertragen ane alle geuerde. Vnd dise vorgeschriben fruntschafft vnd Vereinunge sol zwuschent vns weren vnd bestan als lange biz daz Wir vnserme Oheim von Wurtemberg oder er vns die ab vnd uffsagen vnd nach demselben uffsagen so vnser einre dem andern also bette sol dieselbe fruntschaft vnd Vereynung zwuschent vns dennoch weren vnd bestan einen ganzen monat den nehsten dernoch in der masse als vorgeschriben stat allez ane argelist, vnde ane alle geuerde. Vnd dez zu Vrkunde so habent wir egenant Wilhelm Bischoff zu strazburg vnser Ingesigel offenlich dun hencken an disen brieff der gebin wart zu zabern an dem nehsten Fritage nach dem Wissen sundage in der vahsten Do man zalete von Cristus geburte vierzehenhundert iar vnd zwey Jor.

Num. 21.

Eynung Marggrav Bernhards zu Baden vnd Grav Eberhards zu Würtemberg wegen Abwendung aller etwan unter ihnen entstehenden Strittigkeiten. d. d. 2. Decembr. 1402.

Wir Bernhart von Gots Gnaden Marggraf zu Baden vnd wir Eberhart Graf ze Wirtemberg verjehen vnd bekennen vns offenlich an disem brief das wir durch fromen vnd nutzes willen vnser Land vnd Lute vnser selbs vnser diener vnd der vnsern gaistlicher vnd Weltlicher vns diser hernach geschriber Artikel vereinet haben des ersten das wir beid obgenante Herren mit vnsern Amptluten die wir ietzo haben oder hernach gewinnen schaffen sullen, das sy in diser nachbenempten zit ir dehain dem andern Herren vnder vns oder den sinen vngeuerlich dehain zugriff nit tun sol. Denn welches Herren vnder vns die clag were der sol das dem andern Herren vnder vns vor erberklichen furbringen vnd sol denn derselb Herr vnder vns dem das also verkunt vnd furbraht ist, die sinen darzu halten, sie sien edel burger oder geburen, das sy demselben clager recht widerfaren lauffen an allen furzog. Denn ist es ein Ritter oder ain edelkneht der clager ist, der sol ainen gemain man niemen usser des andern Herren vnder vns Rät, des denn der diener ist dem er zuspricht vnd sich an ainem rehten vf denselben gemain von Jme benügen lauffen. Welcher aber vnser obgenanter Herren Diener, der also nit gehorsam sin wolte So sol sich derselb Herr vnder vns des diener er ist, desselben furbas mer nit annemen vmb dieselben sach. Ist den der cläger ain burger oder gebur, die sullen reht von einander vordern vnd niemen Jn den Gerihten darJnne sy sitzend oder darJn sy gehörend. Hette auch beheiner der vnsern mit des andern tails icht zu schaffend von erb vnd Aigens wegen so soll das vsgetragen werden an den enden vnd stetten da das erb vnd aigen gefalen ist oder Jn dem geriht, da das hingehöret. Weres ouch sach ob vnder vns dehain der vnsern sin guts in nutzlicher stiller gewer gesessen wer von dem, den nieman bringen Irren noch engen sol denn mit ainem rehten. Ouch von gaistlicher Lut wegen die vns Herren obgenant zugehörent vnd zu versprechent stend ob den beheiner der vns zugehörte zusprechen wolte ober sy widerumb ouch iemant zu zesprechent hetten, So sol allweg der cläger ain gemainen niemen usser des andern Herren Rät vnder vns vnd sol yede Party dar zu setzen vnd das zu end vnd vsstrag komen lauffen nach dem rehten. Vnd wenn es ouch also zu solichem rehten keme als vorgeschriben ist So sol allweg zu baider site acht bann vnd todschleg still beliben ligen vnd hinban gesetzt sin. Weres ouch ob vnser obgenanter Herren dehainem vnsern dienern oder den vnsern oder die vns zuversprechen stundent, dehain vbergriff beschähe von dem andern Herren vnder vns vnd sinen dienern oder den sinen oder die Jm zuversprechen stündent, das doch nit sin sol. Die selben übergriff sullent allweg gefert vnd widergeben werden vnd sol den das vffgetragen werden vff die gemainen nach dem rehten Jn der maß als vorgeschriben ist. Ouch weret ob iemant dem andern verbrieft vnd vnlougenbar schuld schuldig were, die mag ieberman an den andern wol vordern nachdem als die schuld an ir selber ist. Diß vorgeschriben geschrift vnd fruntschafft sol weren vnd bestan vnd von vns beidrsite gehalten werden von datum diß briefs an biß vf den hailigen Obrosten tag je Wihennehte schierost komet vnd von demselben Obrosten tag vber zwap gantze Jare die nehsten nacheinander volgend Jn allermaß als vorgeschriben stat alles an all argliff vnd an all geuerde. Vnd bej zu warem vrkunde so haben wir obgenant beid Herren vnser ieglicher besunder sin aigen Jnsigel tun hencken an disen brief der geben ist zu Wyl der statt do man zalt nach Cristi geburt vierzehenhundert Jaur vnd zwap Jare an samstag nach sant Endrestag des hailigen zwölffbotten.

Num. 22.

Auszug Schreibens der Stadt Straßburg an die Stadt Metz wegen des Kriegs zwischen K. Ruprechten und dem Marggraven von Baden.

Vestram amicabilem prudentiam cupimus non latere, quod Dominus noster Romanorum Rex suam indignationem generoso domino Marchioni de Baden imposuit, pro eo, quod ut dicitur Idem Marchio Illustris Principis Domini Ducis Aurelianensis Vasallus effectus existat & propterea idem Dominus noster Rex à præfato Domino Marchione requisivit ut quavis dilatione semota feudum seu fidelitatem, ad quam eidem Domino Duci Aurelianensi teneretur, resignaret & ab illicitis theoloneis, quæ idem Dominus Marchio in dominio suo instituit, de cetero desisteret, ipsique Domino Regi de his talem cautionem præstaret ut præfatus Dominus Rex certus existeret, quod exinde nec sibi nec sacro Imperio quævis dampna exurgerent, quia cottidie ad notitiam dicti Domini Regis deduceretur, quod præfatus Dominus Marchio tractaret negotia Romano Imperio adversa. Et si Dominus Marchio talia præfati domini Regis ab eo requisita facere non curaret, Dominus Rex præfatus talia ab eo nollet nec posset ulterius sustinere & de illis ab eo Marchione habere respectum, ad quæ dictus Dominus Marchio valde humiliter dicto Domino Regi respondit, se fore innocentem & quod nihil adversus Dominum nostrum Regem aut Sacrum Imperium machinatus esset, quodque ratione ejus quod dicti Domini Ducis Aurelianensis Vasallus foret factus & specialiter ipsum Dominum nostrum regem proprio nomine nominatim excepisset. Et propterea ipse Dominus Marchio vellet contentari, quodque Principes

Wenker Collect. Archiv. p. 406.

Electo-

Electores & alii Imperii Principes certa hæc decernerent. Reduxitque ad memoriam Domini noſtri Regis de cognatione & hæreditaria colligatione, quibus ad invicem colligati exiſterent & ut ei propicius exiſteret, denote deprecando ſibique nihilominus ſcripſit, quod ſuos honeſtos conſiliarios ad ipſius Domini Regis conſiliarios ad oppidum Bruchſal ad Epiſcopatum Spirenſem pertinentem vellet transmittere ad habendos ibidem tales tractatus, per quos ſi fieri poſſet ipſe Marchio in Ipſius Domini Regis gratia valeret permanere & talium tractatuum dies placita fuit feria ſecunda proxima poſt Dominicam Lætare. Ibique ambarum partium conſiliarii convenerunt & infecto negotio ab invicem receſſerunt. Sicque deinde præfatus Dominus noſter Rex, Domini Epiſcopus Argent. & Comes Wittenbergenſis, Advocatus Imperii in Alſaria (*) & duo Domini de Lichtenberg adverſus Marchionem direxerunt greſſus ſuos. Et ipſe Dominus Rex ipſius Marchionis territoria ab infra ad partes ſuperiores, Epiſcopus Argentinenſis, Advocatus Imperii & Domini de Lichtenberg á ſupra ad partes inferiores, Comes vero Wirtembergenſis ipſa Marchionis territoria verſus Sueviam ignis incendio multipliciter devaſtarunt & deſtruxerunt & dampnificarunt, ad hæc Domicellus Maximinus Dominus in Rapelſtein, amici noſtri Kariſſ. Baſilienſes ac civitates Imperii in Alſatia opidum & caſtrum Geimer obſederunt & finaliter ceperunt &c.

(*) Reinhardus de Sickingen à Ruperto Palatino datus. vid. Schœpfl. Alſat. Illuſtr. T. II. p. 570.

Num. 23.

Auszug Schreibens Kayſ. Ruprechts an die Stadt Franckfurt, wegen ſeines mit dem Marggraven zu Baden führenden Kriegs. d. d. Munichawsheim Tercia feria poſt Dominicam Judica (4. April.) A. D. 1403.

Daß unſer zog uff den Marggraven von Baden vorgank hat und unſer Volke etwie vile itzunt uff yin ligent und yme ſin lant beſchedigent. So meynen wir ſelber und auch unſer Oheim von Würtemberg uff Morne Mitwoch auch in ſin Land ze ziehen und zu komen und vnſere Helffere und Volke hant dem Marggraven ein Stat angewonnen im Elſaſſ. Unſer Oheim Grave Johañ von Spanheim der Marggraven Muter Bruder hatte zuſchen Uns und dem Marggraven ein Richtung getedingat und hat uns die under ſeine und andern Ingeſigeln verſchriben geben und auch von etlichen unſern Reten von unſern wegen wiederumb verſchriben und verſigelt genomen und er ſprach, daz er dez von dem Marggraven Geheiß und Macht hette, und waz bez geſternt ein Tag zu Bruchſell daz zu voulnführen und zu enden und warn auch unſer Rete uff dem Tage der Richtung von Unſernwegen gentzlich zu volgen, als die verſchriben und verſigelt iſt, und der Margrave wolte da nit dabij verliben und iſt dez uſſgangen ꝛc.

Num.

Beylagen.

Num. 24. a.

Außzug zweyten Schreibens von Kayser Ruprechten an die Stadt Frankfurt, worinn er berichtet, daß Grav Hanmann von Bitsch bey Ihm auf dem Tag zu Bacharach gewesen und sich entschuldiget habe von der Sache wegen, als er zu dem Herzoge von Orliens geritten und dem verbündlich worden ist.

Auch hat unser Neve der Ertzbischoff von Colln einen gütlichen Tag zwischen Uns und dem Marggraven von Baden gemacht, der da sin sal von hüte Sonntag über acht Tage nehstkompt zu Wormße, darzu auch die von Straßburg, Mentze, Wormße und Spire ire erber Fründe schicken werden, wann sie uns auch lange zit darum nachgeritten sin und sich flißeclichen darunter gearbeit habn und der obgenant unser Neve von Colln meynt ye mit der Stedte Frunden den Marggraven daran zu wisen, daz er Uns und das Riche sicher mache von des Buntniß wegen, daß er dem Herzogen von Orliens . . . . auch sonsten due, waß er uns billich und von rechte tun sol.

Num. 24. b.

Außzug dritten Schreibens, darinn der Kayser meldet, daß er und seine Helfer mit dem Marggraven und seinen Helfern außgesöhnet sey. d. d. Wormatiæ Sabbato ante Dominicam Jubilate (5. Maji) Anno Domini Millecho quadringentesimo tertio, Regni vero nostri anno tertio.

Das Wir für Uns und die Unsern, unsere Helffer und die Iren mit dem Hochgebornen Bernharten Marggraven zu Baden unserm lieben Oheimen und getrüwen und den sinen allen, sinen Helfern und den Iren genzlichen verricht und gesünet haben, als der (*) ingeslossen zedel uswiset.

(*) Der eingeschlossene Zettel enthält nichts, als daß beede Theile mit ihrer Feindseligkeit gegen einander aufhören sollen.

Num. 25.

Kayser Ruprecht bezeuget, wie das Closter Herrenalb von Marggrav Bernhard von Baden ungekränkt bleiben solle. d. d. Petri ad Cathedram (22. Februarii) 1408.

Ex Besoldo ibid. n. XX. p. 171.

Wir Ruprecht von Gottes Gnaden Römischer Künig zu allen Zeiten meerer des Reichs. Bekennen vnd tun kund offenlich mit disem brieff, Als wir an den Hochgepornen Bernhart Marggraffen zu Baden, vnsern lieben Oheim vnd getruwen vnd hertwiderumb an vns

vns Vorzeiten etlich anspruch vnd vorderunge gehabt haben, die Wir von
bayden seytten an den Ehrwürdigen Friderich Ertzbischoff zu Cölln vnsern lieben
Neuen vnd Churfürsten gestelt hant vnd der auch gäntzlich vnd zu male an Ihme
bleyben sein, als wie er vns vnd den vorgenanten vnsern Oheim Marggraue Bernhart darumb entscheiden werden mit mynne oder mit rechte, vnd vns deß seine be-
sigellte Brieue daruber gebe, das wir das von beyden seytten vnnser yeglicher dem
andern gäntzlichen tun, halten vnd vollnziehen solt sonder einigen Vntrag, arglist
vnd geuerde, als das der Anlaß daruber begriffen aygentlichen vßwysset vnd als
wir in vnsern zuspruchen, so wir an den vorgenanten vnsern Oheim den
Marggrauen vff die zeit gethon haben, demselben vnserm Oheim vnnder
andern stuckhen zuegesprochen haben, von des Clowsters Herrenalb wegen,
das die in Jren Freyheiten, Dörffern vnd Leuten vberlestigt werden ꝛc. als das
dann in denselben vnsern zuspruchen begriffen ist, das der vorgesetzt vnser Neue
Ertzbischoff Friderich von Cölln in seinen besigellten brieuen, die er vns daruber ge-
sannt hat, vff den vorgenanten Artickel als von des Closters Herrenalb wegen vß-
gesprochen hat Jn massen vnd von wort zu wort als hernach geschriben stät. Item
als vnser Herr der Künig dem Marggrauen zuspricht von des Clowsters Herrenalb wegen, das dem Reich zuuersprechen stät, an iren freyheiten, Rechten, höffen, gütern, wellden, wayden, dörffern vnd Leuten uberlästige vnd beschernusse vnd
Hindernuße thue vnd sie täglich zu groblichem schaden bringe, darumb scheiden wir
sie also, das der Marggraue das Clowster Herrenalb by Jren Freyheiten, Rechten, Höffen, wellden, wayden vnd gütern vorgeschriben soll lassen bleiben. Vnd
deß zu vrkund hannd wir Künig Ruprecht obgenant vnser Künigliche Jnsigell an
disen Brieff thun hencklen der geben ist zu Haydelberg Nach Christi gepurt vierzehenhundert Jar vnd darnach in dem achten Jar vff Sant Peterstag ad Cathedram, vnsers Reichs in dem achten Jar.

Num. 26.

Kayser Ruprecht vergönnet dem Prälaten zu Herrenalb sein Closter
zu beuestigen. d. d. 7. Junii 1403.

Ex Besoldi
doc. rediv.
mon. Albæ
Dom. n. XIX.
pag. 171.

Wir Ruprecht von Gottes Gnaden Römischer König zu allen
zeytten merer des Reichs. Enbietten dem Appt vnd dem
Conuente vnsers vnd des heyligen Reichs Clowster Herrenalbe vnser
gnad vnd alles gut. Lieben andächtigen, als vnser vnd des heyligen
Reichs Clowster Frevenalb in disem Kriege, den wir jetzund
mit dem hochgepornen Bernhart Marggrauen zu Baden vnserm lieben
Oheim vnd getrüwen gehabt hannd onschuldiglichen verbrännt worden ist
vnd

Beylagen. 43

vnd vil wunderlicher Löuffe vnd vheynbschafft In disen Lanndē vmb vnd vmb find, daruon vnser Herre Gott zu vorderst vnd ouch Closter vnd gaistliche Leutte geōhncheret vnd onfürsichtiglichen beschädiget werden, daruor wir doch gerne sein wolten vnd das vnderstan nach vnserm vermögen, vnd wann Ir vnd das obgenant vnser vnd des hayligen Reichs Cloister Herrenalbe an sollichen endenn gelegen sinnde, das wir besorgen das von sollicher wunderlicher Löuffe vnd vheynbschafft wegen Ir vnd dasselbe vnnser vnd des heyligen Reichs Cloister ouch angegriffen, beschädigt vnd verderbt werden möchtenn, das vns zumale getruwlichen Laid wäre. Herumb so hayssen empfehlen vnd gebietten wir Euch vestiglichen vnd ernstlichen in krafft diß brieffs by vnsern vnd des heyligen Reichs hulden, das Ir das obgenant vnser vnd des heyligen Reichs Cloister Herrenalbe zu stund vnd vnuerzogentlichen mit Muren, Tornen, Gräben vnd andern bevestungen vnderstāndt zu bawen vnd zu beuesten, das Ir bester baß one schaden vnd verderbnusse verblyben vnd dem almechtigen Gott vnnserm Schöpfer in geruwem wesen vnd friden gedienen mögen. Vnd ob ouch yemand, wer der wer, an demselben buwe vnd beuestenunge vnderstiende zu uerhindern oder zu Irren, das Ir das allzeit an vns bringent, So wöllen wir Euch mit der Gotteshilffe darzu beholffen vnd geraten sein vnnd dieselben die Euch an demselben Buwe vnd bevestennunge hindern oder irren wolten, darzu weysen, das Ir sollicher hindernusse furbas von In überhaben verleydent. Vrkundt diß Brieffs versigelt mit vnserm Königlichen vfgedruckhten Insigell. Datum Haydelberg quarta feria infra octauam Pentecoste. Anno Domini Millesimo Quadringentesimo Tertio. Regni vero nostri Anno Tertio.

Num. 27.

Vereynung Churfürst Johanns zu Maynz, Marggr. Bernhards zu Baden, Grau Eberhards zu Württenberg, der Stadt Straßburg und etlicher Reichs-Städte in Schwaben. d. d. Marbach den 14. Sept. 1405.

Wir Johann von Gottes Gnaden des Heiligen Stuls zu Mentze Ertzbischoff, des heiligen Römischen Reichs in dütschen Landen Ertzkantzeler von eyme teyle: Wir Bernhard von demselben Marggraue zu Baden an dem andern teyle. Wir Eberhart Graue zu Wurtenberg am deme dritten teyle. Wir der Meyster der Rat vnd alle Burger gemeynlich der Stäte zu Strasburg, an deme vierten teyle, vnd wir die Burgermeister Rate vnd Burger gemeynlich in disen nachbenenten des heiligen Romischen Richs Stetten mit namen Vlme, Rutlingen, Vberlingen, Memmingen, Ravenspurg, Bibrach, Gemünde, Dinckelspuhel, Kouffburen, Pfullendorff, Ysny, Lutkirch, Giengen, Auluu, Bopfingen, Buchorn vnd Kempten an dem

Lunig Reichs-Arch. part. spec.cont.1, sect.2.p.37.

(F) 2   fünff-

fünfften teyle, tun kund allen den die yn sehen oder hören lesen, Wann wir mit gantzer Begirde geneigt sin zu friden vnd gemeinen Nutzen der Lande vnd das Witwen vnd Waysen, Riche vnd armen, Pilgerin, Koufflute, Lantferer vnd Kouffmanschafft, gottshuse vnd alle ander erber ynuersprochen Lute, sie sin Geistlich oder Wertlich, beschirmet werden, sicher seyn vnd desto basser by Gemache blyben mögen, so haben wir vns beratlich mit wolbedachtem mute Got vnd vnser Frauwen zu Lobe, dem heiligen Römischen Riche zu sterkunge zu Nutze vnd zu Eren vns selbs vnd den vnsern vnd gemeinen Lande zu Friden vnd zu Gemache zusamen fruntlichen vnd gutlichen vereiniget vnd verbunden vereinigen vnd verbinden vns auch ytzunt mit rechten wissen vnd mit crafft dises brieffes hyinnen biß auf vnser lieben Frawen Tag Liechtmeß genant zu Lateine Purificacionis Mariä den neheßten vnd darnach fünff gantze Jare, die neheßten nacheinander vmb Sache die sich nu furbas me von neuem erlauffen vnd sich vor datum dieses brieffes nit angefangen gesetzt oder bestellet sin einander getruwlich bygestendig beraten vnd beholffen zu sin in aller die Wise vnd Forme als hernach geschrieben steet. zu dem ersten nehmen vnd setzen wir vß den allerdurchluchtigsten fursten vnd Herrn, Herrn Ruprecht Römischen Kunig zu allen yten Merer des Reiches vnsern gnädigen Herren vnd dem Heiligen Riche sine Rete zu tunde, als dann vnser yglicher vorgenant Teil an dem Ryche in Erbarkeit vnd mit guten Gewonheiten herkomen ist, vnd doch also obe das were, daß er oder ymans anders, wer der were, vnser der vorgenanten Teile deheinen, es were von vnser der egenanten Herrn oder der Städte Teyle oder vnser diener oder die vnsern, die vns zuuersprechen stunden gemeinlich oder ein Teyle oder me vnter vns befunden an vnsern Froheiten, Briefen, Rechte, guten Gewonheiten oder an vnser Herrschafften, Lauden Luden oder Gute beschedigte off Wasser oder off Lande oder vns dauon tringen, tryben oder trengen wollte oder der vns oder die vnsern mit Macht vberziehen oder belegern wollte vnd sich derselbe teyl vnter vns, dem das also widerfure vnd beschehe, darumb bekennte in solicher masse als daß vns der vorgenanten Herrn einen oder vns dryen widerfure oder beschehe, wann sich dann derselbe Herre darumb obe er im Lande were, mit sechs siner Reten oder ob er im Lande nit were, sinen obersten Hauptmann oder deme er sin Land empfolhen hette, aber mit sechs sins Herrn Reten off yre Eyde erkennten, oder obe das vns vorgenanten Stedten zugangen were, wann sich dann yglich derselben Stedte Teile mit yren gesworen Reten off yre Ere vnd Eyde erkennten, daß vns oder die yren an den obgenanten Stücken Unrecht beschehen were oder beschehe, daß dann derselbe beschedigte Teyle, welcher vnder vns der were oder ist, vns den andern vorgenanten Teylen das wol verkunden vnd zu wissen tun mag selbs oder mit sinen gewissen botten oder mit brieffen vnd auch daroff vmb Hülffe manen, so sollen dann wir dieselben gemanten teyle deme beschedigten teyle dorumb vnverzogentlich

hulff-

Beylagen. 45

hulfflich ſin gein allen denen, die yn ſolchen Schaden zugezogen vnd getan hetten oder die mit Macht alſo off ſie gezogen weren oder belegert hette, oder die yn Stüre Hülff oder Rat darzu geben oder tetten in ſolcher beſcheidenheit, daß wir derſelben Kind darumb zu ſtunde werden ſollen vnd auch alle vnſer diener vnd die vnſern auch heiſſen tun vnd die mit angriffen beſchedigen vnd mit allen andern Sachen, die darzu gehörent, findlichen tun, als verre wir das erlangen oder erreichen mögen getruwelich vnd ane alle Geuerde, glicher wyſe vnd in allen den Rechten als ob yglich Teyl vnter vns beſunder das ſelbs anginge vnd yne ſelbs oder den ſinen widerfaren vnd beſchehen were. Vnd wann vnſer Ertzbiſchoffen Johann obgenant Schloſſe Land vnd Lute den andern obgenanten vier teylen etwas wyt entlegen vnd geſeſſen ſin, darumb wer es, daß vns die Sache oder der Schade angienge vnd die Sachen alſo geſtalt weren, daß ſie zum teglichen Kriege quemen, ſo han wir vns von den vorgenanten vier parthien in ſolicher Maße hindan geſetzt, alſo daß ſie vns zu vnſerme tegelichen Kriege, obe vns die Sachen angiengen, als vorgeſchriben ſtet oder wir yn, ob ſie die Sache angienge, in vnſere oder yre Slöſſer reyſige Lut zum tegelichen Kriege nit dürfften ſchicken, wir teten es dann gerne, dann wir andern obgenante vier Teyle haben vns deß vereyniget, die wile wir einander gelegen vnd geſeſſen ſin mit namen als . . Iſt das derſelbe beſchedigte teyl vnder vns des an vns die egenante drey Teyle begert, daß man ime zu der vorgenanten Hülffe einen reyſigen zůg zu tegelichem Krieg ouch liehe, ſo ſollen wir vorgenante Teyle alle vier nün vnd drißig Spieſſe zu Roſſe Erber vnd wolertzugeter Lute, ieglicher Spieß mit dreyen Pferden, darunter ein gewapneter Knecht ſin ſol, im Schloß, das dann dem Kriege allerbeſte gelegen iſt, vnd dahin er gemanet hette, zuſamen ſchicken vnd legen vnd die auch nach ſyner Manunge in vierzehen tagen den neheſten von Huſe vßryten vnd auch furderlich an dieſelbe ſtett gereyten ſolle ane alle geuerde, alſo doch, das zu deme minſten deſſelben Teyls Spieſſe, der da gemanet hette, als vil yme dann an der vorgenanten Summe Spieſe zu Antzal gebüren wirdet zu ſchicken, als hernach geſchriben ſtet, an derſelben ſtett dry Tage vorhin ſin ſollen ane alle Geuerde. Vnd ſoll auch yglich vorgenanter Teyl dieſelben Spieß ſchicken vnd haben off ſine ſelbs Koſten, Schaden vnd Verluſt ane alle geuerde, vnd doch alſo, das der manende Teyl demſelben vnſerm Volcke deß das yme alſo zugeſchicket wurdet, by yme redelichen feilen Kauff vmb yre Pfenninge ſchaffen vnd geben ſollen ane alle geuerde. Vnd ſollen auch alſo Wir die vorgenanten gemanete Teyl deme beſchedigten Teyl vnder vns mit der Hülffe in aller Wiſe, als vorgeſchriben ſtet, truwelichen vnd ernſtlichen beraten vnd beholffen ſyn als lange biß das derſelbe Schade Widderkeret, abgeleget oder verſunet vnd der belegerte entſchuttet würde ane alle geuerde vnd doch aber alſo, daß ſich yeglicher der vorgenanten Teyle vnder vns fünff teylen gein deme oder den wider den er

(F) 3 heiſſen

belffen wirbet, vorhin mit widerſagen erberclichen bewaren moge, vßgenomen alleine obe icht beſchehe, das ein Teyl ober me under vns ju friſcher Tat behabrn möchte, darju ſoll yglicher Teyl vnder vns den andern Teylen ſchuldig vnd verbunden ſin allen ſinen Ernſt getrumelich ju bewenden vnd darju ju keren, das das behaben werde vffrecht nach diſer Eynunge ſage ju glucher Wyſe vnd in allen Rechten, als obe es im ſelbs oder den ſinen widerfaren vnd beſchehen were ane alle geuerde, vnd ſollen auch das allen vnſern Voygten, Amptluben vnd dienern empfelen auch jutun one alle geuerde. Vnd wann das iſt, das wir obgenante vier Teyle die nune vnd driſſig Spieſſe ju der erſten Manunge einem Teyl vnder vns geſchicket haben, ſo ſollen wir von deheinem andern Teyle vnder vns von derſelben Spieſſe wegen juſchicken nit me gemanet werden, biß das derſelbe Krieg gentlich verrichtet wurdet, es were darm das wir vorgenanten Teyle alle viere das ſurbas mitteinander eindrechticlichen vberquemen, doch das ſuſt yederman dennoch in demſelben Kriege deme ober den die den Schaben getan hant, ſuntlichen tun ſollen in aller der Wyſe als vorgeſchrieben ſtet. Vnd an den vorgenanten nune vnd driſſig Spieſen ſollen wir vorgenanten Marggraue Bernhart ſechs Spieß haben, wir Grafe Eberhart von Wirtemberg acht Spieſſe, Wir die Statt Straßburg nün Spieſſe vnd wir des Richs Stette in Schwaben ſechtzehen Spieſſe vnd als dicke auch von der vorgenanten Sache gemanet wurdet, ſo ſoll vns vorgenanten Marggraue Bernharten die Manunge redelich verkundet werden geyn Baden, obe wir ſelbs da ſin ober vnſerme Veygt oder Schulthenſen daſelbs, obe wir ſelbs nit da weren vnd vns vorgenanten Grav Eberhart von Wirtemberg ju glicher Wyſe gein Stutkarten in die Statt vnd die Statt Straßburg deme Meiſter daſelbs ja Straßburg vnd vns des Richs Stetten in Schwaben geyn Vlme, deme Burgermeiſtere daſelbſt, die ſollen es dann den andern Stetten furbaſſer verkünden. Wurde man aber vns vorgenanten Johann Ertzbiſchoff alſo manen, die ju beſchedigen vnd anjugreiffen, die vns gelegen ober beſeſſen weren, als vorgeſchrieben ſtat, das ſoll man vns verkünden geyn Aſchaffenburg vnſern Vitzdum oder Keiner daſelbſt vnd wann auch alſo die Manunge an yglicbe vorgenante Statt kundtlich vnd wiſſentlich getan wurde, damitde ſoll der Manunge genug geſchehen ſin ane alle Geuerde. So ſoll auch vnſern vorgenanten fünff Teyle debeiner weder der Herren noch der Stette Teyl der andern Teyle Finde in vnſern Stetten, Slöſſern, Landen ober Gebieten wiſſentlich nit enthalten, weder ſpieſen, ejen noch trincken, huſen noch hofen noch dheine Bejug wider ſie liehen noch geben noch ſonſt geverlichen hanthaben noch hinſchieben, alſbalde yglicbe Teyl vnder vns des ynne oder gewar werdent ober von deme oder den andern Teylen darumb ermanet wurdet, getruwelichen vnd ane alle geuerde. Vnd was ſachen in diſen Eynungen mit Kriege ober Findſchafft geyn yemand anders anfahen ober verlauffen, darumb ſoll ſich dheim
Teyl

Beylagen.

Teyl vnder vns ane die andern Teyle wedder offinden, vffünen noch furwarten in dheine Weg ane der andern Teyle Willen vnd Gunst, dann das wir vorgenante Teyl alle funffe vmb vgliche solche fientschafft vnd Kriege, die sich in diser Eynunge angefangen vnd verlauffen hetten, nach Abgang diser Eynunge einander dennoch getruwlich sollen beraten vnd behelffen, biß solche fientschafft oder Kriege gentzlichen verricht vnd versunet wurden ane alle Geuerde. Were auch ob ymand begerte zu vns in dise Eynunge zu kommen, es weren Herrn, Rittere, Knechte oder Städte die wogent das bringen an welchem Teyl vnder vns vorgenanten fünff Teylen sie wollen vnd derselbe Teyl vnder vns soll dann den andern Teylen verkünden vnd Inen darumb einen getrumen Tag an eine Stadt, die vns obgenanten fünff teylen allergeleglichsten wer, bescheiden, so sollen wir egenanten teyle alle funff mit Namen vnser vglicher Herren Zwene siner Räte, wir die von Straßburg Drey vnsers Rats vnd wir die andern Stette in Schwaben auch Drey vnsers Rats mit vollem Gewalt darumb vnd dahin zusamen schicken vnd senden, die sachen eigentlichen einzunemen vnd zu verhören vnd auch darauff miteinander vbereinzukommen, obe die vnd wie die inzunehmen sin oder nicht, vnd wie sich dann da vnser Räte gemeinlich oder mit dem merer Teyl vereyniget, was darInnen zu lassen oder zu tun so, daby sol es bleiben. Es soll auch ydes vorgenante Teyl vnder vns den andern Teyle sich selbs vnd alle ire Glösser in dise vorgeschribne sachen zu allen iren Noten offen halten sich daraus vnd darInn zu behelffen vnd in darzu getruwlich geraten vnd beholffen sin ane alle Geuerde, doch das man sich vor geyn den mit Widersagen bewaren möge, als vorgeschrieben stet. Vnd wann wir vorgenanten Teyle alle fünff einander in der vnd allen andern sachen mit gantzen truwen meinen sollen vnd wollen das zu bestetigen vnd auch zu furkomen, das zwischen vns vnd den vnsern in zyt diser Eynunge icht zweyung oder Vnwillen offerstande, so haben wir vns des miteinander vnd geyn einander auch vereynet, welich Teyl vnder vns oder der vglichem Teyle zugehöret oder zu versprechen stet vns furbaß mit deme oder dem andern Teyle oder der yren vnd die yn zu versprechen stunden zu schicken oder zu tunde hetten oder gewinnen, das wir das mit fruntlichem Rechten alle wegen gein einander gutlichen oßtragen vnd verhandlen sollen in aller der Wyse als hernach geschrieben stet vnd ist deme also: Wer es ob wir obgenanter Ertzbischoff Johann, Wir Marggraue Bernhart vnd Graue Eberhart von Wirtenberg oder die vnsern, sie weren Edel oder Vnedel, Burger oder Geburslute ychte zu einander oder geyn einander zu fordern oder zu sprechen hetten oder gewonnen, das sol zuschen vns vßgetragen werden in aller der masse, als in der Eynunge, die wir Ertzbischoff Johann vnd wir Marggraue Bernhart beyderseyte miteinander han verschrieben ist vnd geschrieben stet vnd in solicher Maaße vnd Wyse sollen wir Ertzbischoff Johann vnd wir Eberhart Graue zu Wirtenberg das auch also haben an alle geuerde,

werde. Were es aber obe wir Marggraue Bernhart vorgenanter vnd wir egenanter Graue Eberhart von Wurtemberg oder die vnsern, sie weren Edel oder Unedel, Burger oder Geburs. Lüte ycht zu einander oder gein einander zu fordern oder zusprechen hetten oder gewonnen, das sol zuschen vns, denselben vnd den vnsern vßgetragen werden in aller der Wyse, als wir vns des in vnsern fordern Eynungen die zehen vergangne Jahr zuschen vns geweret hat, gegen einander verschrieben hetten, doch das darJnne auch Achte, Banne vnd Dodschläge hindan sollen gesetzet sin, als hernach geschrieben stet an alle Geuerde. Wer es aber, obe wir vorgenanter Ertzbischoffe, Wir Marggraue Bernhart oder wir Graffe Eberhart von Wirtemberg oder vnsere Diener, es weren Herren, Ritter oder Knechte oder andern die vnsern die vns zu versprechen stunden, ycht zu der gemeinen Statt Straßburg zu fordern oder zusprechen hetten oder gewonnen, darumb sollen wir vnd die vnsern als vorgeschriebn stet, einen gemeynen Mann nemen aus dem Rate zu Straßburg, welchen wir dann annemen wollen, vnd mit demselben sollen sie dann schaffen, das sich der des anneme vnd das tue, es were dann, das der das vngeuerlich vorhin verlobt oder versworen hette vnd das gesagen vnd gesprechen mochte uff sinen Eyd, so sollen wir vnd die vnsern aber eynen andern vß iren Reten an deßselben stat nemen in dem vorgeschrieben Rechten mit deme sie dann aber schaffen sollen, das sich der des anneme vnd derselb Gemeyn sol dann beiden Teylen darnach in vierzehen tagen bescheiden angeuerlich an ein Statt, die dann beiden Teylen allerbeste gelegen ist vnd off dieselbe zyt mag dann iglich Teyle zwene Schydemanne zu dem gemeynen Manne geben vnd setzen vnd die sollen dann da von einander mit komen ane alle Geuerde ee das sie die Sachen da vßrichten vnd entscheiden, obe sie mögen mit Mynne oder mit fruntschafft mit beider Teyle Willen vnd wissen oder obe das mit der Mynne nit gesin mochte, mit eime frundlichen Rechten beider Teile Klage Rede vnd Widerrede, es were dann ob der Gemeyne oder die Scheidelute vmb die Urtel einen Berad oder Bedencken nemen Drey Tage vnd sechs Wochen, als sytte vnd gewonlich ist, das mogen sie wol tun, doch also, das sie in derselben zyt vßsprechen vnd in Urteil den beiden Parthien verschrieben geben vnd auch sie darumb zu den Rechten sprechen; das sol beiden Parthien wol benügen vnd das eynander tun, also doch das der gemeyne vnd auch die Scheidelute die zu ime gesetzt werdent, das Recht darumb sprechen sollen off yre Eyde vnd sollen sie die Eyde, so sy vor der Statt oder yren Herren gesworn hetten off die zyt vnd in deme Rechten nit binden vnd sol mann auch beiden Teilen vnd wer mit iglichem Teyle rydet stehet oder get, zu denselben Tagen vnd in dieselbe Glosse. Friden vnd Geleyte geben dar vnd banne ane alle Geuerde vnd auch aber so das der dheiner den die Sachen angehen oder anrüren wurden, in Acht oder Banne weren oder Dodschläg begangen hette, das sol yme an deme Rechten zu keime Scha-

bra

Beylagen. 49

den kommen vnd nit vorgezogen werden, also das der Gemeine vnd auch die Scheidelute auff Achte noch vff Banne noch vff Dodschlege mit orteylen sollen. Vnd also glicher wyse gewonnen die obgenanten von Straßburg oder yre burger oder die yren ichte mit vns vorgenanten Herren eime oder vns allen dreyen selbs oder mit vnsern Dienern, es weren Herrn Ritter oder Knechte zu schicken oder zu tun, darumb sollen sie einen gemeynen Man nemen vß des Herren Raid, deme oder des Dienern sie dann zusprechen wolten vnd soll derselbe Herre vnder vns mit denselben synem Rat schaffen vnd bestellen, das sich der das auch anneme, es were dann, das sich der des auch vorhin verlobt vnd versworn hette vnd das off sine Eyde gesagen mochte als vorgeschriben stet, so sollen sie einen andern nemen in demselben Ratt der yn auch dann darumb Tage bescheiden soll als vorbegriffen ist vnd sollen dann wir vorgenante Herren vnd vnsere diener, welchem oder welchen sie dann zusprechen wolten, des Rechten darumb off denselben gemeinen vnd glychen zusatze verhengen vnd gestatten in allen den Puncten vnd sachen, als das hievor mit Worten eygentlich begriffen vnd vnderschrieben ist ane alle geuerde. Welcher Teyl aber oder welchs Teyls Dienere, Burgere oder arme Lute zu des andern Teyls Burgern oder armen luten nu furbaß me icht zu sprechen hetten oder gewonnen, das einhelliche Personen antrifft, darumb soll ein teyl dem andern nachfolgen in die Stette vnd Gerichte, da so dann gesessen sin oder darInne sie gehörent vnd sollen sich auch des Rechtens voneinander vor iren Amblüten vnd Richtern nach derselbe Städte vnd Gerichte Gewonheit vnd Rechte benügen lassen ane alle geuerde, also doch das iglich teyl vnder vns mit sinen Amblüten vnd Richtern schicken vnd bestellen solle, daß deme Cläger fürderlich Gericht vnd Recht nit verzogen wurde ane alle geuerde. So wollen dann furbaß wir vorgenante Ertzbischoff Johann, Marggrav Bernhart vnd Grave Eberhart von Wirtemberg vnd die vnsern, die vns zuversprechen stehent, des Rechten gein den obgenanten Richs Städten in Schwaben vnd gein den iren blieben vnd zu oßtrag kommen in aller der maße, als die Eynunge vßwiset vnd saget, biß wir egenanter Graff Eberhart von Wirtemberg mit In haben, vßgenomen allein das obe die vorgenante Richs-Stette oder die iren Rechts bedörffen wurden von vns egenanten Ertzbischoff Johann oder Marggrave Bernhart selbs oder von vnsern Dienern, es weren Herrn Ritter oder Knechte, darumb sollen sie dann einen gemeinen Mann nemen vß des Herrn Rät vnder vns deme oder des diemern sie zusprechen wollen, welchem sie dann wollent, mit deme wir auch dann bestellen sollen, sich des auch anzunemen, als were dann, das er das auch vorhin verlobet vnd versworn hette, als vorgeschriben stet, so mogent sie einen andern nemen als das hievor auch vnterschieden ist vnd sollen wir vnd vnsere diener, welchem oder welche sie dann also zusprechen wurden oder wolten, des Rechten off denselben gemeynen vnd einen glichen zusatz darum auch verhen-

(G)

hengen vnd gestatten in alle der Forme vnd maße, alß sich der obgenante vnser Oheim von Wirtemberg des vor sich vnd syne diener gein den obgenanten Richs Stetten off syne Räte verschriben hat ane alle geuerde. Dann furbas wollen wir die vorgenante von Straßburg vnd die egenanten Richs Stette des Rechten gein einander pflegen in solicher maße, was wir die von Straßburg oder vnsere Bürgere oder die vnsern zu den vorgenanten Richs Städten, Bürgern oder den yren das einzele Personen antreffen, Zusprechen gewonnen oder sie oder die yren widerumb gein die vnsern, das ein teyl dem andern nachfolgen solle in die Städte oder Gerichte da die gesessen sind oder darinne sie gehörent, vnd das auch mit Rechte erfordern vnd vßtragen in aller der Wise, als es vorbegriffen ist. Gewonnen aber wir vorgenante von Straßburg oder die vnsern ichtes zu der Vorgenanten Richs Städte einer oder me das eine gemeyne Statt angienge zu fordern oder yr beheine oder die yren widerumb zu vns vorgenante Stat Straßburg vnd das auch vnser gemeyne Statt angieng zu sprechen, darumb sol der clagend teyl vnder vns einen Gemeynen nemen vß der Statt Räte, da er zusprechen will vnd soll das dann off demselben gemeynen Mann vnd off elme iglichen zusatz vßtragen in aller der maße als vorgeschriben stet ane alle geuerde. Aber in den sachen allen ist sunderlich beredt vnd angefallen gut vnd die Teyle dheiner in Gewer gehabt han, das die bericht sollen werden an den Stetten, da sie dann gelegen sind, es sye dann in den Städten oder off dem Lande . . es were auch dann, das dasselbe gut von yemand zu Lehen gienge so sol es darumb ußgetragen werden von dem Lehen Herrn von dem das zu Lehen rüret ane alle geuerde. Vnd also sol mit namen vglich Teyl vnder vns vorgenanten funff Teylen, den die vn Zugehörn vnd zu versprechen stent nit verhengen noch gestatten deme oder den andern Teylen vnder vns deheinen Uber griff daruber zu tunde vnd sol auch das selb nit tan ane alle geuerde. Beschehe es aber darüber, so sol aber derselbe teyl, der den vbergriff getan hette den vbergriffenen Teyl das vnuerzogenlich schaffen Widerkert vnd widertan vnd das man darnach zu dem Rechten kome ane alle geuerde, doch das man mit demselben pfanden peintlich gefaren solle ane alle geuerde. Were es aber das yemand der vnsern der vorgenanten Teyle eine oder me Zugehörte oder zu versprechen stunde bey disen Rechten nit bleiben oder den vorgeschriben sachen vnd stucken nit genug tun wolten, so sollent wir die andern teyle demselben Teyle ob er das an vns begert mit ganzen truwen beholfen sin, biß das derselbe vngehorsam darzu bracht wird, das er diser dingen auch genugen tue ane alle geuerde. So haben dann wir vorgenanter Marggraf Bernhart vnd wir die vorgen Richs Städte in Schwaben vns deß vnd besundern Fruntschafft für vns vnd die vnsern gein einander auch vereint das vnser entweder teyl dem andern die sinen zu burgern nit innernen noch empfahen olle dann in der Forme vnd maße als die Eynunge vßwiset vnd saget, die wir egenan

Beylagen.

egenanter Graue Eberhart von Wirtemberg vnd wir obgen̄ Richs Stette vormals mit einander haben vnd zu glycher wyse, als obe dieselben Artikel in disem Briefe begriffen weren vnd verschrieben stůnden ane alle Geuerde. Vnd also geloben wir vorg:n̄ Ertzbischoff Johann, Bernhart Marggraue zu Baden Eberhart Graue zu Wirtemberg, Burgermeister, Räte vnd alle burger gemeinlich der obgenanten Stette Straßburg, Ulm, Rutlingen ꝛc. mit onsern guten trume vnd gesmornen Eyde die wir alle darumb lyplich zu Gote vnd zu den heiligen mit gelerten Worten, wir Ertzbischoff Johann mit vnser Hand off vnser Hertz geleget vnd wir die andern Teyle mit offgebottnen Vingern gelobt vnd gesworn haben dise Verepnunge die obgeschriben zyte vnd Jare getrumlich ware vnd stete zu halten, zu leisten vnd auch zu vollfuren ane alle argelist vnd geuerde nach Ahweisunge vnd dis briefs sage. Doch nemen wir Ertzbischoff Johann vnd Marggrad Bernhart vorgenante in dises Briefs Eynunge vß soliche Buntnusse vnd Eynunge als wir gein einander haben. So nemen wir Ertzbischoff Johann sonderlich vß dise hienach geschriebne Herrn vnd Stadt mit namen die Crohen vnd das Königriche zu Böhmen, die Erwirdigen Herrn Johann Bischoffen zu Würtzburg, vnd sinen Stifft, friderich Bischoff zu Eystedte, vnd die Hochgeborne fürsten Hern Johanns vnd Hern Friderich Burggraue zu Nurnberg, Hern Hermann Lantgraue zu Hessen, Ludwig vnd Friderich Grauen zu Oetingen, Symon Graue zu Spanheim vnd zu Vomden vnd die Ersamen Burgermeister Rete vnd Burgere gemeynlich der Stadt zu Mentze, vnsere lieben getruwen, mit den allen wir vor datum dises briefes verbunden syn. So nemen Wir Marggraue Bernhart vorgenant besunder vß die Pfaltz an dem Ryne, vnd die Hochgebornen Fürsten, Hern Ludwig, Hern Hansen, Hern Steffan vnd Hern Otten Gebrüdere Pfaltzgrauen by Ryn vnd Hertzogen in Beyern, des sollen wir vnuerbunden sin. So nemen wir Graue Eberhart von Wirtemberg vorgenant vß vnsern lieben Herrn vnd Oheime Hern Karle Hertzogen zu Lottringen, Hern zu Romanie zu Bone vnd Grauen zu Vgdemund, als ferre daß dieselbe Fürsten, Herrn, Süffte vnd Stedte, die wir also vßgenommen haben, als vorgeschrieben ist, vns obgenante dry Herrn, die Stadt zu Straßburg vnd die Richs Stedte in Schwaben by vnsern Froheiten vnd Gewonheiten als vorgeschrieben flet bleiben lassen. So nemen wir die obgenanten Meister, Rete vnd Burgere der Stadt zu Straßburg in diser Eynunge auch vß einen Bischoff vnd den Stifft Straßburg auch als ferre, daß sie die egenante dry Herrn, dis Stedte in Schwaben vnd vns by vnsern Froheiten Rechten vnd Gewonheiten bliben lassen als vorgeschriben ftet. So nemen dann wir vorgenante Graue Eberhart von Wirtemberg vnd wir die egenante Richs Stedte in Schwaben in diser Verepnunge vß mit Namen vnd besunder die Verepnunge die wir vor miteinander vnd mit andern Richs Stedten haben, darzu nemen wir die egen-

nanten von Straßburg aber vß die Verepnunge die wir haben mit vnsern Eydgenossen den von Basel vnd den von Sarburg also das vns vgllich Teil diser Vereynunge an denselben verepnungen nit schedlich sin solle, noch die dheines wegs ver-
seren ane alle Geuerde. Vnd des allen zu waren vnd offenem Vrkund haben wir
obgenante Herrn alle dry vnsere eigen Jngesigel vnd wir obgenant Städte alle
vnser Jngesigel offenlich gehencket an disen Brieff der geben ist zu Marbach an des
Heiligen Crutzes Tag zu Herbeste, als es erheet was, da man zalte nach Cristus
geburte vierzehenhundert vnd fünff Jare.

NB. Jn bises Bündnuß ist nachgehends auf den Sonntag nach Severi Tag d. i. den
24. Oct. 1406. die Stabt Speyr ebenfalls aufgenommen worden.

Num. 28.

**Notifications-Schreiben Ertzbischoff Johanns zu Maynz, Marggr.
Bernhards zu Baden und Grav Eberharden zu Wirttenberg an K. Ruprechten,
daß sie mit der Stadt Straßburg und etlichen Reichsstädten in Schwaben ein
Bündnuß zu ihrer Sicherheit errichtet. d. d. 18. Sept. 1405.**

Wenker
Appar.
Arch.
p. 286.

Vnsere vndertenige schuldige willige Dienste vwern Kunigl. Gnaden allezit zevor, Allerdurchluchtigister Fürste, gnediger Herre. Wir laß-
sen vwer Gnade wissen, daß wir mit der von Straßburg vnd etlich-
en Stette in Swaben erbern Frunden etliche tage hie zu Marpach byein-
ander gewesen vnd daselbs vwern Gnaden vnd dem heiligen Riche zu Lobe vnd
Wirden vnd vns, vnsern Stetten, Slossen, Landen vnd Luten vnd die vns vnd den
egñ. Stetten je versprechende stan zu Nutz, friden vnd gemach einer fruntlichen
Epnunge vberkomen vnd die mit einander angegangen sind, in derselben Epnunge
vnd Fruntschafften wir doch vwer Kuniglich Gnade vnd ander vnser Herrn vnd
Frunde vßgenomen haben. Als daß man vns by vnsern Herlichkeiten, Friheiten
vnd Rechten bliben lasse, als das die Briefe vßwisen, die wir vndereinander daruber geben han vnd bitten darumb vwer Kuniglich Gnad mit gantz vndertenikeit,
daß derselben vwern Gnaden solich vnser vnd der obgenanten Stette fruntlich Vereynunge zu willen behegelich vnd gefellig sye vns vnd sie doby hanthaben, schuren,
schirmen vnd ouch nit tun verhengen oder gestatten wellen, daß vns die von yman
uberfaren oder geletzet werde, daß wir vnd die egñ. Stetten dester getruwelicher
by solicher Fruntschafft bliben vnd vwern Kuniglichen Gnaden desto baß vnd fliß-
licher gedienen mögen, das wellen wir mit rechter vndertenikeit allezit vmb vwer
Gnade gern verschulden. Datum Marpach feria quarta post exaltationis sñ Crucis.

       Johann Ertzbischoff zu Mentz,
       Bernhart Marggraue ze Baden vnd
       Eberhart Graue zu Wurtenberg.

Beylagen. 53

Num. 29.

Verschreibung Pfalzgr. Ludwigs, Herzogs in Bayern mit dem Churfürsten zu Maynz, Marggr. Bernhard zu Baden, Grav Eberharden zu Würtenberg und den Reichsstädten. d. d. 27. Jan. 1407.

Wir Ludewig von Gottes Gnaden Pfalzgrave by Rine vnd Herzog in Bevern Bekennen offennlich mit disem Brieff, Als sich die Hochwürdigen vnd auch Hochgebornen fürsten vnd Herren, Her Johann des heiligen Stuls zu Mentze Ertzbyschoff, des heiligen Romischen Richs In tutschen Landen Ertzkantzler vnser Lieber Herre vnd frund, Her Bernhart Marggraue zu Baden vnd Eberhart Grafe zu Wirtenberg vnsere lieben Oheimen vnd darczu die Erbern vnd Wysen der Meister vnd Rate vnd alle Burgere gemeinlich der Statt zu Strasburg vnd auch die Burgermeystere Rete vnde alle Burgere gemeinlich des heiligen Römischen Richs Stette in Swaben, Mit namen Vlme, Rutlingen, Memmyngen, Boberach, Rafenspurg, Gemunde, Dinckelspuhel, Kempten, Kouffburen, Pfullendorff, Isny, Lutkirch, Giengen, Olun, Bopffingen vnd Buchorn Got vnd vnser lieben frouwen zu lobe dem heiligen Römischen Riche zu sterckung zu nutze vnd zu Eren Ine selbe vnd den Iren vnd dem gemeinen Lande zu fride vnd zu gemache vnd auch vmbe das das Wittwen vnd Weysen Riche vnd arme, Bilgerin, Koufflute, Lantferer, Kouffmanschafft vnd alle andere erbere Lute sie sien geistlich oder weltlich dester bass beschirmet mogend werden, zusamen verstricket vnd vereyniget haben einander getruwelich by gestendig beraten vnd behelffen zu sin sollich Jareczale vnd zytt, als die den in Iren vereynungebrieffen begriffen sint vnd dem sache die lsich furbass me vnd nuwem nach datum derselben Vereynungsbriefen erlieffen vnd davor nit angefangen gesetzet noch gestalt weren als das alles dieselben Ire vereynungsbrieffe eygentlich vswysend vnd darJnn geschrieben stet, In dieselben vereynungen wir yczund mit gutem Willen vnd mit Rate vnsere frunde vnd Rete von vnss vnd der vnsern vnd gemeyner Lande bessers nutzes fridss vnd schirms willen auch Willicklichen komen vnd Jngegangen sien vnd dar Jn auch vns das vorgenanten fürsten Herren vnd auch Stette genommen vnd empfangen hand, das wir in der vorgenanten vnsere Oheimen Marggraue Bernharts Graue Eberharts von Wirtemberg, der von Strassburg, vnd auch der Swebschen Stette teile sin vnd bliben sollen, also das wir vns nu furbas nach datum diss brieffs dirselben vereynunge mit yne getrosten behelffen vnsers Rechten erclagen erkennen vnd darumb manen mogen in aller der mass als die andern vorgenanten Fursten, Herren vnd Stette des gegeneinander haltend vnd tunt vnd sich in den obgenanten vereynungsbrieffen als lange das wert, des gegeneinander verschribn vnd verbunden hand one alle geuerde, vmb das so haben wir iczunde mit gutem Willen vnd mit wolbedachtem synne vnd mute den

egenanten fursten Herren vnd Stetten allen globte versprochen vnd verheissen, Glo=
ben versprechen vnd verheissen auch Jne das jetzunde mit rechter wissend vnd Crafft
diß Brieffs, das wir die vorgesetzten Vereynunge gegen yne allen vnd Jre yegcli=
chem besunder vnd auch gegen allen den die sie sider anfange der vorgeschribn vere=
ynunge darJn genomen vnd empfangen hand oder furbaß darJn nemen vnd em=
pfahen wurden, Es sien Herren oder Stette, die zytt vnd Jare, als lange diesel=
be vereynunge gemacht ist vnd weren sol in allen Jren stucken, meynungen, Wor=
ten, Punten vnd Articeln, als die verschribn ist. getruwelich ware veste vnd stete
halten sollen vnd wöllen in aller der maß als das dieselben Vereynungsbrieue uß=
wisend vnd sagend vnd zu glicher wise als ob wir dieselbe Vereynunge mit yne an=
gefangen vnd gemacht hetten vnd nemlichen by yne darJnn geschriben stunden
vnd vnser Jnsigel an dieselben vereynungs brieue gehangen hetten ane alle argell=
ste vnd geuerde, doch in söllicher massen, das sie vns vmbe beheime andere sache
schuldig noch verbunden sin sollent zu helffen, noch wir sie zu manend haben, dann
vmb sache die wir nu furbasser nach datum diß brieffs von nuwem zu schaffen ge=
wunnen vnd die vor datum diß Brieffs nit angefangen gesetzt oder bestalt sind, als
auch sie das yne selbs in dem Anfange derselben Jre vereynunge durch bessers fride
vnd fruntschafft willen gegen einander auch vßgesetzt vnd vß gedinget hand. Wer
es auch das an vns vorgeschriben Hertzog Ludewigen gemant kerne, es weren fursten
Herren oder Stette vnd gesunnen oder begerten in die obgeñ Vereynunge ouch zu
komen, das sollen wir alsdann vnuerzogenlich der egenant funff teilen eynem woell=
chem wir wollen verkunden vnd verschriben, So mogend dann dieselbn funff teile
darzutun vnd dem nachgeen als das die vorschribn vereynungsbrieffe ßwisent vnd
sagent, vnd wann die vorgeschribn vnser Oheime Marggraue Bernhart, Graff
Eberhart von Wirtenberg die von Straßburg vnd auch die Schwebschen Stette
in der teile wir sien sich gen einander in den obgeschribn vereynungs brieuen ver=
schriben vnd verbunden hant einander mit einer genanten summe Reisiger Spieß=
se beholffen zu sin, Also versprechen wir yne auch mit disem brieff, das wir yne
smie acht Spiessen guts Reysiges vnd wol erzugts Volcks, wann oder welichem
teile wir, ob wir selbs in Lande weren oder ob wir in Lande nit enweren vnser Pfle=
ger vnd Ambtman zu Nurenburg, dem wir dieselbe vnser Statt empfolhen het=
tent, nach der vereynunge sage gemant wurden ouch schuldig vnd verbunden sin
sollend vnd wollend zu helffend vnd yne die zu schickende vnd zu senden in der pxt
an die Stette vnd in aller der wise als die vorgenant vereynungs brieffe das vß
wisent vnd begriffen hand ane alle geuerde vnd als dann vnser Lant, Slosse, Lute
vnd ouch gute dem obgeñ vnserm Herren von Meintz vnd vnserm Oheim von Wir=
tenberg vnd Jren Landen Slossen Luten vnd guten vnd auch den Schwebschen
Stetten vnd den Jren etwaz baß gelegen sind vnd neher aneinander flossent, dann
                                                                                                den

Beylagen. 55

den andern v rgenanten fursten Herren vnd Stetten, vmb das so versprechen wir vne, ob wir oder die vnsern mit vne oder den Iren nu furbaß vßit zu schaffen hetten oder gewonnen warumbe daz were oder wie sich das fuget, das wir vnd die vnsern das allerwegen gegen vne mit fruntlichen Rechten vßtragen vnd verhandeln sollen In aller der wise, als hernachgeschriben stet, Mit namen gegen vnserm egenanten Herren von Meinße, als er vnd vnser vorgenanter Oheim Marggraue Bernhart sich des vermals gen einander verschribn vnd verbunden hand vnd gegen dem obgenanten vnserm Oheim von Wirtenberg vnd gegen den sinen vnd auch gegen den Schwebschen Stetten vnd den Iren in aller der maß als sich derselbe vnser oheim von Wirtenberg vnd auch die Schwebschen Stette des gegeneinander auch verschriben vnd verbunden habent. Wann sie vnd die Iren vns vnd den vnsern des selben nach der vorgeschribnen Ire Vereynunge sage also auch schuldig vnd verbunden sin sollend zu tunde ane argeliste vnd geuerde. Vnd in diser vorgeschribn vereynunge nemen wir vorgenanter Hertzog Ludewig vß die allerdurchluchtigsten fursten vnd Herren Hern Ruprechten Römischen König vnd Hern Karlen König zu Franckenrich, vnsere gnedige Herren die allerdurchluchtigst furstinn vnd frouwen frowe Elysabetht Koniginn zu Franckenrich vnsere gnedige frouwe vnd Swester vnd alle Ire Kinde, die Hochgebornen fursten Hertzog Steffan vnsern lieben Vatter Hertzog Wilhelmen vnd Hertzog Hansen Hertzogen zu Hollant vnsere lieben Vettern, alle dry Pfaltzgrauen by Rine vnd Hertzogen In Beyern vnd dazu die Hochgebornen fursten Johansen vnd Hern fridrichen Burggrauen zu Nurenberg vnser lieben Oheimen doch als verre vnd nit anders, ob die obgeschribn vnser Herren die Könige vnser frouwe vnd Swester die Königin vnd auch die andern fursten vnd Herren die wir vßgenomen haben die egenanten fursten Herren vns vnd auch die Stette diser Vereynunge by vnsern fryheiten Herkomen guten gewonheiten brieffen vnd Rechten die zyot nach vnser Vereynunge sage dise Vereynunge vßbliben lassen vnd also globen wir der vorgenant Hertzog Ludewig mit vnsern guten trumen vnd haben auch darumbe vnbezwungelich gesworn einen gelerten eyd zu den heiligen mit vffgebotten Vingern die obgeschriben Vereynunge vnd auch alles das daz hieuor an disem brieff geschriben stet die Zyot vnd Iare die vorgeschriba Vereynunge weren sol nach vnser Vereynunge, daz ist biß uu off vnser freuwen tag der Liechtmesse In Latine genant Purificacio Marie zu nehst vnd darnach vier gantze Iare die nehsten nacheinander getruwelich ware vnd stete zu halten zu leysten vnd zu vollenfuren ane alle argeliste vnd geuerde. Mit Vrkunde diß briefs daran wir vnser eygen Insigel offenlich gehenckt han, der geben ist zu Heylbrunnen an dem nehsten Durrtag nach sante Paulustag, als er bekert wart In dem Iare da man zalte nach Christi geburt vierzehenhundert Iare vnd darnach in dem Siebenden Iare.

Num. 30.

Num. 30.

Verschreibung der Stadt Augspurg wegen der Bündnus mit nachbenannten Fürsten und Städten. d. d. 20. Dec. 1407.

Wir die Burgermeister, Ratgeben vnd alle Burger gemainlichen der Stat zu Augspurg, bechennen offenlichen mit dem brief vor allermenglichen, Als sich die Hochwurdigen vnd auch Hochgebornen Fursten vnd Herrn Herre Johann des hayligen Stuls ze Mentz Ertzpschof ꝛc. Herre Bernhart Marggraue zu Baden vnd Herre Eberhart Graue zu Wirtemberg vnser lieb genadig Herrn vnd darzu die fursihtigen vnd weisen der Maister, der Rate vnd alle Burger gemainlichen der Stat zu Strasburg vnd ach die Burgermeister, Räte vnd alle Burger gemainlichen des hayligen Römischen Richs Stette mit namen Ulme, Rutlingen, Vberlingen, Memingen, Pybrach, Rauenspurg, Gemünd, Kempten, Dinkelspuhel, Kosbüren, Pfullendorf, Ysnin, Liskirch, Giengen, Aulon, Voppfingen vnd Vuchorn Got vnd vnser lieben frowen ze lob, dem hayligen Römischen Riche ze sterkung, ze nutz, vnd ze Eren In selb vnd den Jren vnd gemainem Lande ze frid vnd ach zu gemach vnd ach vmb daz daz Witiben vnd waisen, Rich vnd arm, pilgrin, Koflut, Lantfarer, Kosmanschatz vnd alle ander erber Lute, So sien gaistlich oder weltlich best baz beschirmt mügen werden, zesamen verstriket vnd verayniget haub ainander getrwlich by gestendig beraten vnd beholfen ze sind Sollich Jartzale vnd zit als die denne In Jren verayunungsbriefen begriffen sind vmb sach die sich furbaz wer von Nuwem vnd nach datum derselben verayunungsbriefen erliesen vnd davor niht angevangen gesetzt noch bestelt wären, alz daz allez dieselbn verayunung briefe aigenlich vsweisen vnd darume geschriben stat, Jn dieselben verayunung wir yetzo mit gutem willen vnd wolbedahtem sinne vnd mut von vnser vnd der vnsern vnd gemainen Lande bessers nutzen, friden vnd schirms willen ouch williklich chomen vnd getretten sein ach darein ach vns die vorgñt fursten, Herrn vnd ach stette genomen vnd enphangen hand, daz wir Jn der vorgüten vnder gendigen Herren Marggraf Bernhart vnd Graf Eberhartz von Wirtemberg vnd ach der von Strasburg vnd der Swäbischen Stette tailn sin vnd beliben sullen vnd wöllen, also daz wir vns nu furbaz nach Datum ditz briefs derselben verayunung mit Jn allen getröslen, behelfen vnd denne sunderlichen mit den vorgüten Swäbischen Reichsstetten vnsers rehten erclagen vnd darumbe manen mugen in aller der masse, alz die andern vorgüten Fursten, Herrn vnd ach Stette daz gegen ainander haltend vnd tund vnd sich in den obgnten Verayunungsbriefen ꝛc. ꝛc. Vnd diser vorgeschribn ding aller ze warein vrkunt so haben wir vnser Stat Jnsigel offenlich gehenkt an disen brief der geben ist an dem nehsten Zinstag vor sant Thomanstag vor Wihenachten des

haili-

hailigen Zwelfboten, da man zalt nach Cristi gepurt vierzehnhundert Jar und darnach In dem Sybenden Jare.

Num. 31.

Notariats-Instrument über Gr. Eberhards von Würtenberg Vermählung mit Burggrav Johannsen zu Nürnberg Tochter.
d. d. 27. Mart. 1406.

In gottes namen Amen. Wir Elsbeth von gottes genaden Burggräuin zu Nüremberg off ein vnd Wir Sifrid von desselben Gnaden Abbte des Goßhuß zu Elwangen Ougspurger Bistumbs Sanct Benedicten Ordens, Conrat Herre zu Gerolzegge vnd Hanns Truchsaß von Heßingen ein edelknecht zu den zilten verweser vnd Stathalter des Hochgebornen vnd Edelen Herren Herrn Eberharts Grauen zu Wirtemberg vnsers gnedigen Herrn als von diser nachgeschriben elichen Gemahelschafft vnd Hyrat wegen zu volbringend off dem andern teile bekennen vnd tund kunt offenbar mit disem offem brieff allen den die In sehend oder hörend lesen, das wir mit guter vorbetrachtung vnd gemeinem rat von derselben rechten vnd waren etlichen gemahelschafft vnd Hyrat wegen zwuschen vns Elsbethen vnd dem Hochgebornen Herrn Eberhart Grauen zu Wirtemberg vorgenant zu vollenden, vnd als wir Sifrid Abbt vorgenant In gegenwärtikeit des edeln Herrn Cunrat von Gerolzecke vnd Hannsen Truchsassen vorgemelt als vnser mittverweser vnd bystander dise sach durch vns volbracht gesetnut vnd verwilligt haben die obgenanten Durchsuchtigen frowen Elisbethen In verweser namen des vorgenanten Hochgebornen Herrn Eberharts Grauen zu Wirtemberg demselben nach der form vnd maß die vns beuolhen vnd verlihn ist, haben zugemehelt zu einer waren vnd rechten elichen gemahel vnd hußfrowen durch solich gnugsame eliche wort die man dann gebruchen sol zu volbringend ein rechte vnd ware ehe vnd damit behalten alle die recht sitten vnd gewonheit des Lands alsdann zu solichen sachen gewonlich ist zu tund, bartzu haben wir die obgemelten frow Elßbethen zu hand nach solichen worten begabet vnd bezeichnet mit einem guldin vingerlin das wir Ir an Jren vinger gesteckt habnd zu bestettung die obgemelten Gemahelschafft als billich ist. Vnd wir Elßbeth obgenant bekennen, das wir sollichs so obgeschriben stat mit guten sinnen vnd vernunfft vnbezwungen on vorche vnd on alle geuard sunder wolbedachtiglich vnd mit freyem willen, ouch durch rat des Durchluchtigen fürsten vnd Herrn Herrn Johannsen Burggrauen zu Nuremberg vnsern lieben Herren vnd Vatter haben den obgenanten hochgebornen Herrn Eberharten Grauen zu Wirtemberg in glicher maß zu einem waren vnd rechten elichen gemahel empfangen vnd vffgenomen durch rechte gnuszame eliche wort In person des Erwirdigen

(H)

digen Abbt Sifrids vorgenant denselben ouch zu begaben vnd bezeichnen mit einem guldin vingerlin als gewonlich ist, In maß als ob derselb min Her vnd Gemahel selb in eigner Perſon gegenwartig were zu einem rechten vnd waren zeichen vnd vrkund einer rechten vnd waren gemahelschafft yetzo volbracht, das aber soliche gemahelſchafft ſo yetzo volbracht ist durch perſonlichs abweſens wegen des hochgebornen Herrn Graue Eberharts von Wirtemberg hinfüro von menglichem vngehindert vnzertrent vnd vngeIrt ſunder ſtet veſt vnd vnzerbrochenlich gehalten werde, So haben wir Sifrid Abbt egenant vnſer gerechten hand gelegt vff onſer Bruſt vnd wir Cunrat vnd Hans vorgenant haben ouch vnſer ieglicher beſunder mit vff: erhebten vingern liplich gelert end geſworen zu Got vnd dem Jungſten Gericht vff des vorgemelten Graue Eberharts vnſers Herren ſele nachdem vnd vns von Ju bevolhen iſt, alles das war ſtet vnd veſt ze halten zu ewigen ziten vnd nichtzit darwider zu tund noch ſchaffen geton werden weder heimlich noch offenlich all argliſt vnd geuard herJnn gantz vnd gar vßgeſloſſen vnd hindan geſetzt. Vnd wir Johanns von gottes genaden Burggraue zu Nuremberg bekennen offenlich das alle obgeſchriebne Ding von anevang bis zu ende durch vnſern guten gunſt wiſſen vnd willen volbracht worden iſt vnd alſo vil an vns iſt ſo wollen wir daran ſinvnd darzu behoffen ſin, das ſoliche obgemelte ſach vnd In krafft dis brieffs veſtiglich vnd volkomenlich erhalten werde, vnd wollen ouch die Durchluchtigen fröw Elßbethen vnſer lieben Dochter getrulichen vnd vatterlichen vnderwiſen vnd hanthaben, das ſie den vorgemelten Hyrat vnd eliche gemahelſchafft volende vnd volbringe mit den werken. Vnd des zu warem vrkund gezugnuß vnd ſicherheit, ſo haben wir Johans Burggraue zu Nuremberg vorgenant fur vns vnd vnſer egenante tochter Elßbethen diſen brieff tun beſigelt mit vnſerm eigen Jnſigel wann ſie eigens Jnſigels nit hat vnd Wir Syfrid abbt Cunrat vnd Hanns vorgenant haben vnſere eigene Jnſigele ouch offenlich durch diſen offen ſchriber hienach benempt tun heucken an diſen brieff vnd damit ouch ſich ſelbs darunder namlich ze ſchriben vnd ſin offen zeichen daruff zu machen nach maß vnd form als dann gewonlich iſt. Diſe dinſt ſind volbracht vnd beſchehen zu der Nuwen Statt nach by dem waſſer genant Apſche In der groſſen burg daſelbs In dem obern ſal derſelben burg Wurtzburger biſtumbs dis Jars von Criſti geburt als man zalt vierzehenhundert vnd ſechs Jare. In dem vierzehenden Jare der keiſerlichen zinsjal vnd In dem andern Jare des allerheiligeſten In gott vatter vnd Herrn HerrnJnnocencien dem ſibenden Bapſt an den ſiben vnd zweintzigiſten tag des Mertzens In der ſechſten ſtund deſſelben tages oder nach daby In gegenwertikeit des durchluchtigen Fürſten vnd Herren Herr Fridrichs von gottes genaden Burggrauen zu Nuremberg, der Edelen Herren Herr Johannſen von Hohenloch vnd Hern Friderichs Schencken zu Limpurg der Strengen Ritter Hern Hanſen von Seckendorff den man nempt von Roſpach,

Wal-

Beylagen.

Walthers von Seckendorff genant von Stopphenhein, Hilpolts Burkartz vnd Erenfrids von Seckendorff vnd vil andern glaubhafften mannen zu disen dingen gerufft vnd gebetten.

Vnd Ich Cunradus Klingler von Herspurck ein priester Babembergers Bistumbs durch keiserliche mechtikeit ein offner schriber, als diß vorgeschribn Hyrat eheliche gemahelschafft vnd begabung der egenanten ee vnd ouch der eyde die beßmals gesworn wurden vnd anders so dann zumal beschehen sind als sie beschahen bin Ich gegenwertig gewesen mit den vorgenanten zugen vnd han solichs gesehn vnd gehört. Darumb durch bevelhnuß des durchluchtigen fursten vnd Herren, Hern Johannsen Burggrauen zu Nuremberg from Elsbethen siner tochter, des Erwirdigen In gott vatters vnd Herrn Hern Syfrids abbt, Hern Cunrats von Gerolzegk vnd Hansen Truchsassen vorgenant han ich diß offen Instrument gemacht vnd In ein offen form gesetzt vnd das mit minem gewonlichen offenn zeichen vnd minem namen vnd ouch mit der obgenanten Herren anhangenden Jnsigeln bezeichnet vnd befestiget als ich dann darzu durch sie erfordert vnd gebetten worden bin.

Num. 32.

Grav Eberhards von Wirtenberg Revers gegen der Stadt Lindau daß er die mit einigen Reichsstädten gemachte Eynung auch gegen dieselbe halten und vollführen wolle. d. d. 2. April. 1408.

Wir Eberhard Graf zu Wirtenberg bekennen offenlich mit disem brief, Als wir vns vor ziten Gott zu lob, dem heiligen römischen Reich zu Wurde vnd zu Eren, vns selb vnd gemeinem Lande ze nutz ze friden vnd ze gemach, vnd ouch vmb das das der Bilgrin, der Kofmann vnd die Landfarn die Kofmannschatz vnd all ander Erber vnd vnuersprochen Lut, so sien gaistlich oder weltlich best sicher gewandlen mügen mit den erbern vnd wisen den Burgermeister Räten vnd allen Burgern gemainlich des hailigen Römischen Richs Städten, mit Namen, Ulm, Rütlingen, Uberlingen, Memingen, Bibrach, Ravenspurg, Gemünd, Kempten, Dinckelspuhel, Kofburen, Pfullendorf, Isny, Lutkirch, Giengen, Aulen, Bopfingen vnd Buchhorn verainet haben einander getruwlich bygestandig berauten vnd beholfen ze sin nach Uswisung solicher Brief, die wir in darüber versigelt vnd gegeben haben vnd dieselb Verainung noch Wern sol biß of Sant Martins tag ze negst vnd wann nun das ist, das die Erbern vnd wisen der Burgermeister, der Raut vnd all Burger gemainlich, Rich vnd Arm der Stadt zu Lindaw zu vns vnd ouch zu den vorgenanten Richs Städten in die obgeschrieben vnser Ainung komen vnd getretten sind

Steinhofers Wirtemb. Chronik. p. 607.

sind vnd ouch die willenclich gelobt vnd gesworn hand zu Gott vnd zu den Hailgen mit gelerten Worten vnd vfgebottnen Fingern die getrewlich ze halten ze laisten vnd ze vollfuren an alle geuerde nach Vßwisung vnd Ordnung der brief, die denn vormals darüber gegeben sind, ze gleicher Weiß vnd in allem dem Rechten, als ob sie dieselbe Verainigung mit den andern vorgenanten Richs Stätten angefangen vnd gemacht hetten an all geuerd, darumb so haben wir der vorgenante Grauf Eberhart von Wirtemberg, ietzo mit gutem willen vnd wolbedachtem sinne vnd muet dem Burgermaister, Raut vnd Burgern gemainlich der Statt zu Lindow mit vnserm guten willen vnd vf den Aid den wir darumb gesworn haben, gelobt versprochen vnd verhaissen vnd versprechen mit disem brief, das wir die vorgeschribne Vereinung gen In nu furbaßhin die egeschribne zite mit allen Stucken, Puncten and Articeln alß dann dieselbe verainung vßwisent vnd sagent, die wir darüber vormals gegeben haben, getrewlich halten laisten vnd vollfuren süllen vnd wellen an all Argelist vnd geferde ze glicher wise vnd in allen den Rechten, als ob sollich Artickel die in den vorbrigen Briefen geschriben stend in disem gegenwertigen Brief mit Namen ouch begrifen weren vnd verschriben stünden, mit vrkund diß Briefs den wir In darumb besigelt geben mit vnserm aigen angehenckten Insigel, der geben ist an dem Suntag in der Fasten so man singt Iudica, do man zalt von Christi geburt vierzehenhundert Jar vnd acht Jar.

Num. 33.

Verschreibung eines Theils der Vestin Sterneck zu einem offenen Hauß gegen der Herrschafft Württemberg. d. d. 3. Aug. 1412.

Zunfg Reichs-Archiv Part. spec. cont. III. p. 145.

Ich Kun von Brandeck, Ich Hanns von Brandegg genannt Lamparter, Ich Hanns von Brandeck genannt Clain Hanns vnd Ich Volmar von Brandek genannt Wurm vergiehen offenlich vnd tun kunt allermenglich mit disem brief fur vns alle vnser erben vnnd nachkomenn allen den die disen brief ümmer angesiehent oder hörent lesen, das wir alle vnuerschaidenlichen vnd ainmuteglich zu den ziten vnd an den steten, do wir es wol getun mohten vnd wie das von Reht vnd von gewonheit vor ainem ieglichen Geriht vnd rihter gaistlichen vnd Weltlichen wol craft vnd maht haut haben sol vnd mag, dem Houchgebornen vnserm gnedigen Herren, Heren Eberharten Grauffen zu Wirtemberg sinen erben vnd nachkomen vnd der Herschafft ze Wirtemberg, bedencklich freilich vnd vnbezwungenlich offgeben vnd ingeben haben fur it reht aigen gut mit mund vnd mit hand vnd wie reht ist, vnd geben vn ietzo wissentlich vn vnd vff mit disem brief von vnser hand in Ir hand Sternegg die vestin vnsern tail, das ist mit namen wn Kun vnd Hannsen genant Clain Hanns Hus, wn Hannsen genant

Beylagen.

genant Lamparters Hus vnd von Volmars Hus vnd darzu was yendert oberal vſſwendig vnd Inwendig derſelben Veſtin Sterneck vnſern tailen gehört vnd gehören ſol, vnd ſunder mit allen nutzen rehten vnd zugehörungen, was yendert oberal darzu vnd daryn gehören ſol vnd mag von reht vnd gewonhait, es ſy an Luten oder an guten an äggern, Wiſen, holtze velde Waſſer waid an zwingen, an bannen nihtzit oberal vſſgenomen noch vergeſſen vnd wie man das alles mit ſunderlichen worten benemmen kan oder mag was in dem burgfrieden begriffen vnd gelegen iſt, alſo das der vorgenante vnſer gnediger Herr vnd ſin erben die vorgeſchriben veſtin ſterneck vnſern tail vnd waz darzu gehört mit aller zugehörung als vorgeſchriben iſt, Nu furbas mer eweglich fur ir reht aigen gut haben ſullen vnd ir reht aigen haiſſen vnd ſin ſol, vnd haben das getan von ſolicher gnad vnd hilff wegen, ſo vns der egenant vnſer gnediger Herr getan haut vnd noch furbas tun mag, vnd alſo haut der egenant vnſer gnediger her grauf Eberhart von Wirtemberg fur ſich vnd ſin erben vns vnd vnſern erben die beſunder gnad getan vmb ſolich getruw dienſt, So wir ym vnd ſiner Herſchafft zu Wirtemberg offt vnd dick getan haben vnd noch furbas tun ſullen vnd mügen, vnd haut vns die vorgenanten veſtin Sternegg vnſer tail mit aller zugehörung, als vorgeſchriben iſt, wider zu rehtem Manlehen gelihen Mannen vnd frowen Knaben vnd Töchtern, alſo doch daz der egenanten vnſer Herſchaft zu Wirtemberg allweg vnd eweglich ſo ain tail oder mer zu frowen namen gefielen Man vnd träger darumb gegeben werden ſullen nach Lehenreht vnd gewonhait, die ſoliche Lehen vnd gut tragen, Ouch ſol die vorgenant Veſtin Sternegg vnſer tail mit aller zugehörung des vorgenanten vnſers gnedigen Herrn Herrn Eberhart graufen zu Wirtemberg ſiner erben vnd der Herrſchaft ze Wirtemberg offen Hus haiſſen vnd ſin eweglich wider allermengluch nieman oberal vſſgenomen zu allen ziten vnd zu allen iren noten, wenn vnd wie dick ſy des begarnt vnd notdurftig ſint, doch vff iren Koſten vnd ſchaden, alſo daz wir der koſt behainen ſchaden haben ſullen, vnd ſullen alſo wir, vnſer erben vnd nachkomen die vorgeſchriben vnſer gnedig Herſchafft ze Wirtemberg ir erben ir diener amptlut vnd die Irn daryn vnd dar vß lauffen zu allen ziten eweglich wider aller mengluch wenn ſy des begarnt vnd an vns vorbrent mit yn ſelber oder mit irn geſwornen Raten Amptluten oder offenn briefen alles vngeverlich, Ouch haut vns die vorgenant vnſer herſchafft ze Wirtemberg gegunder vnſern burgfriden ze halten als wir den ietzo geſworn vnd gen ainander ver verſchriben haben vngeuerlich, Wär och ob wir vnſer erben oder nachkomen die vorgenant veſtin Sternegg vnſer tail mit ir zugehörung als vorgeſchriben iſt, wir alle oder vnſer ainer oder mer beſunder ſinen tail gen yemant verſatzen oder verkoſten wolten oder ſuſt von ſinen Handen gäben oder verſchuffen, wie daz wäre, So ſullen wir allwegen ſchaffen vnd vorhin verſorgen, daz derſelb oder dieſelbn allweg ſwern geloben vnd tuen vnd ouch brief geben glicher wiſe als

(H) 3 wir

wir getan vnd gesworn haben, denn wir daz nit tun sullen noch mügen so haben denn vorgetan vnd gesworn als vorgeschriben ist, vnd also haben wir egenanten Ich Kun von Brandegg, Ich Hanns von Brandegg genant Lamparter, Ich Clain Hanns von Brandeck vnd ich Volmar von Brandegg gesworn gelert ayd leyblich zu got vnd zu den hailigen mit offgebetten vingern, als vorgeschriben sachen so an disem brief geschriben stand fur vns, vnser erben vnd nachkomen war stet vnd vnverbrochenlich ze han vnd ze halten nach diß briefs sag vnd dawider numer ze tund in dehain wise alles an geuerde. Vnd des alles zu warem vnd offen vrkunde haut vnser iglicher besunder sin aigen insigel offenlich gehenkt an disen Brief, vnd haben darzu gebetten die fromen vnd vesten Fritzen den Sölren, Hannsen von Lustnow ze Geppingen gesessen, Hanns von Linstetten vnd Mänlochen von Linstetten das sy ire aigne Insigel zu gezugnuß aller vorgeschriben ding och offenlich gehenckt hand an disen brief, des och wir itzgenanten bekennen, daz wir vnsre insigel von bett wegen der egenanten von Brandegg zu gezugnuß gehenkt haben an disen brief vns selb ane schaden, der geben ist ze stutggarten an Mittwoch vor sant Oswaldstag do man zalt von Cristi geburt vierzehenhundert Jar vnd zwelff Jairen.

Num. 34.
Verschreibung deren von Brandeck, daß sie sich wegen ihrer Ansprache an die Stadt Rotweil wollen verzigen haben. d. d. 3. Aug. 1412.

Ich Kun von Brandek, Ich Hanns von Brandek genant Lamparter, Ich clain Hanns von Brandeck vnd Ich Volmar von Brandek genant Wurm tun kunt mit disem brief, als vnser Hochgebern vnser gnediger Herr Her Eberhart Grauf zu Wirtemberg mit den sinen für vns fur Sterneck die Vestin gezogen waz vnd die von Rotwyl Im zu lieb vnd dienst gehoiffen wolten haben, des verzihen wir vns fur vns vnd vnser erben gegen den egenanten von Rotwyle vnd Iren nachkomen von derselben sach wegen gar vnd gentzlich vnd vngeuerlich. Des zu Urkund haben wir vnsere Insigel gehenkt an disen brief, der geben ist zu Stutgarten an Mitwochen vor sant Oswaldstag do man zalt von Cristi geburt vierzehenhundert Jar vnd zwölff Jare.

Num. 35.
Einung Gr. Eberhards von Wirtenberg mit der Reichsstadt Eßlingen. d. d. 5. Nov. 1410.

Lunig Reichs-Arch. part. spec. cont. 2. fact. 4. p. 683.

Wir Eberhart Grafe zu Wirtemberg tun kunt mit disem Brief allermenglich, daß wir durch bessers Nutzens, Schirmes vnd Fribes vnser Land vnd Lute vns mit den Ersamen Wisen dem Burgermeister, Räte vnd allen Burgern gemeinlich Rychen vnd Armen der Statt zu Eßlingen verainet vnd verbunden haben dise nächste acht

Beylagen.

acht Jare, so nach einander nach datum diß Briefs kommend sind in der mauß also hernach stet, deß Ersten sollen vnd wollen wir sy mit guten Truwen meinen, noch wider sy nit sin, noch mit Jn zu Kriegen kommen, noch ir Viende in vnsern Schlossen Landen noch Gebieten wissentlich nit haben, husen noch hofen, noch sy keins wegs furschieben noch in zulegen die vorgeschriben zit vnd Jar vß getrulich an alle Geuerde. Were och, ob jemand, wer der were die egenanten von Eßlingen, ir Burger, die Jren vnd die Jn zu versprechent stent, Edel oder Vnedel, geistlich oder Weltlich angriff vnd beschädigte mit Mord, Raub, Brand, Nom, mit vnrechtem Wahen vnd widersagen oder andern Sachen mit Gewalt oder wider Recht, wie das beschehe: darzu sullen wir Jnen mit den vnsern, die denn der Getäte gelegen vnd gesessen sind, getrulich vnd vngevorlich beholffen sin mit zuziehen, mit nachvolen zu frischer Getat von einem Mittentag biß zu dem andern, so bald wir des innen oder gewahr werden oder vns oder vnsern Amptluten das von Jnen verkunt oder gemanet werden, vngeverlich, Vnd sullen ouch Jnen vnsere Sloß, Stette vnd Vestinen offen sin zu allen iren nöten wider menglich, sich daruß vnd darinn zu behelffen die vorgeschriben Jar vß on all Geuerde. Ouch wer es, ob die egenanten von Eßlingen, ir Burger vnd die Jren zu versprechen stend, mit Gewalt oder wider Recht vberzogen vnd besessen wurden, so sullen wir das getrulich helffen weren vnd darzu tun glicher Wise, als ob es vnser aigen Sach vnd Getat wäre vnd vns selber angieng, daß sollich Gewalt vnd Vnrecht widerstanden vnd abgetan werde an alle Geuerde. Wer es ouch, ob jemant, wer der were, den egenanten von Eßlingen, iren Burgern oder den Jrn vnd die Jn zu versprechen stend, vnglichs vnd wider recht täten, ziehen vnd die besitzen wurden oder wollten, dorzu sullen wir Jnen beholffen sin vnd Jnen zweyhundert gewapneter Mann zu Hilff vnd zu geleger schicken, die bey Jnen als lang ligen sullen vff vnsern Costen, biß sollich Vnrecht vnd Gewalt erfobert wirt, oder biß sich derselb an glichem Rechten von Jnen benugen lassen will, in der Mauß, als hernach von des teglichen Kriegs wegen geschriben stet vngevorlich. Vnd ob soliche Geleger weren, ob sie denn icht Sloß gewunnen, dieselben Sloß sollen vnd mögen sy in selber hoben vnd damit tun vnd lauffen nach iren Willen, doch daz sie versorgen sullen, daz uns, vnsern Dienern noch den Vnsern dhein Schad von desselben Gewinnens wegen vferstande, noch dovon komme vngevorlich. Vnd ob die egenanten von Eßlingen zu solichen Sachen vnd Gelegern vnsers Gezeugs vnd Wercklute bedurffen wurden, wenn sie vns denn darumb bitten vnd entbieten, so sullen vnd wöllen wir Jnen vnsern Gezüg vnd Werckflute darzu lihen vnd bruchen lauffen, doch daz wir dez keinen Schaden haben sullen vnd an vnser Schaden holen vnd wieder heim schicken sullen on all Geuerde. Wer es ouch, ob icht gefangen wurden, so die Getät der von Eßlingen wer ob wir oder die vnsern euch dabi weren, so sullen vnd mügen sie dieselben Ge-

fangen

fangen zu iren Handen niemen, doch das sie redlich gehalten werden nach Kriegs-
Recht vnd daß ouch derselben Gesangen behainer, so also gesangen wurden nicht
berechtet noch hingetan sollen werden dann mit vnserm Wissen vnd Willen, doch
daß gen denselben Gefangen allen versorgt werde, das vns, vnsern Dienern noch
den vnsern dehein Schad von Jnen surbaß mer beschehe noch widersar von der
Gesengnus wegen vngeuerlich. Were ouch, ob die egenanten von Eßlingen mit
Jemand wer der were, zu teglichen Kriegen kemen, also daz in nit recht vollgan
möchte oder so widerrechts betriegt wurden, wenn dann wir darumb vmb Hülf
von den egenanten von Eßlingen ermant werden mit Jrem offen versigeltem Brief,
so süllen wir in den nechsten vierzehen tagen nach Jr Manung bri vnser Rete schicken gen Nallingen, gen Wiler oder gen Dürnkain, dahin sie denn zwen uß irem
Rate, welche wir Jn benennen, ouch schicken sullen vnd wie dieselben fünff oder
der merer Teil vnder Jnen erkennen, womit vnd wie Wir Jnen zu demselben
teglichen Kriege behoiffen sin sullen, das sullen vnd wellen wir surderlich vnd getrulichen tun an all Geuerde, als lang biß der egenant von Eßlingen von dem oder den,
mit den so also zu teglichem Krieg kommen weren, recht widerfore oder sich dieselben an glichem Rechten benügen lassend vngevorlich. Vnd were ob der oder dieselben mit den so also teglichen Krieg hetten oder Jr Helffer dorzu bracht wurden,
daß sie sich an Glich oder an Recht benügen oder sich sus fruntlich mit Jn richten
vnd ußsinen laussen wolten vnd daz von Jnen nit ofniemen wolten, so sullen wir
aber dry vnser Räte vnd die egenanten von Eßlingen zwen Jres Rates, welche
wir Jn benennen, schicken uf ainen tag, der in von vns verkünt würd gen Nallingen, gen Wiler oder gen Dürnkain vnd wie sich dann dieselben sunff oder der
merer teyl vnder Jn aber erkennen, daß den egenanten von Eßlingen darinne uff-
zeniemend so, daß sullen so tun: täten sie des nit, so sien wir nicht schuldig in
surbaß von derselben Sach wegen ze helffen, alles vngeverlich. Were ouch, ob wir
von vnser vns selbst wegen unit den egenanten von Eßlingen icht zuspruch hetten
oder gewünnen in zeit diser Vereynung daß ein Person besunder oder mer angieng,
es waren Jr Burger oder die Jren oder die Jnen zu versprechen stend, so sien
geistlich oder weltlich, darumb sullen wir ainen gemainen Mann uß irem Rate niemen, derselbe gemain vnß balder site den Tag beschaiden soll, in vierzehen tagen
den nechsten, so das von vns an in ervordert würt, an gelegen stet vnd sal vnser
jetweder Teil ainen oder zwen erber Man zu dem gemain setzen vnd dieselben, der
gemain vnd die Schidlute sullen den nach Jr Verhörung versuchen, ob sy söllich
Sachen fruntlich vbertragen vnd gerichten mügen. Möchte das nit gesin, so sullen sy ein fruntlich Recht doruber sprechen vnd was ouch also von Jn oder von
dem merern Teyl vnder Jn zum rechten gesprochen wirt, daby sol es beliben vnd
getrulich gehalten werden vngeverlich. Were ouch, ob dehain vnser Diener, Bür-

g·t

Beylagen.

ger oder die vnsern oder die vns zu versprechen stend, so sien geistlich oder weltlich zu der egenanten von Eßlingen Burgern oder den Jrn, oder die Jn zu versprechen stend, zu Jr ainen oder mehr besunder icht zu sprechen hätten oder gewinnen, borumb sullen die Clager den oder denselben nach Form in des Gerichte, darinne so gesessen sind oder dorinn so gehörend vnd sol Juen der Amptmann daselbs ains vnverzogen glichen Rechten beholffen sin, vngevärlich. Ouch were, ob wir oder behain vnser Diener, Burger oder die vnsern oder die vns zu versprechen stind, so sien geistlich oder Weltlich, Edel oder Vnedel zu den egenanten von Eßlingen gemainliche vnd dass ein gantz Common angienge, icht zu sprechen hetten oder gewönnen: darum sullen wir ainen gemainen Man niemen vß Jrem Rate oder vß den Reten ze Ulme, ze Rotwile, ze Gemünde, ze Weilen oder ze Rütlingen, wederthalb wir wellen, ainen sollichen, der den jemal des gesworrnen Rats daselbst ist: denselben gemain wir den zu baider Siten bitten sullen vnd auch der Rate daselbs in das zu haißen, daß er vns Tag bescheide an sollich Stette die den vns baiden Tailn gelegenlich sind, zu demselben gemainen vnser ietweder Tail einen glichen zusatz, zwen oder dry setzen sullen vnd dieselben, der gemain vnd zusätze sullen den versuchen, ob sie sollich Sachen fruntlich gerichten mögen; möchte des nit gesin, so sollen sy ein fruntlich Recht darüber sprechen vnd was ouch von Jn oder dem merern Tayl vnder Jn also zu dem Rechten gesprochen wirt, dabi sol es bliben vnd gehalten werden vngevärlich. Doch ist berett vmb gefallen Erb vnd Gut, vnd die entweder tail in Gewer gehept hat, das die berechtet sollen werden vor den Gerichten, dorinn dieselben Erb vnd Gut gehören, es sye in Stetten oder vf dem Land, doch das alweg das Lehen dem aigen nachfarn sol. Vnd in solichem vorgeschriben Rechte sullen alweg Aucht, Benne, Todtschleg, Nom vnd Brand hindan gesetzt sin. Doch das Todtschleg, Nom vnd Brand alweg für zitlichen Schaden berechtet sollen werden, vngevorlichen. Were ouch ob wir, vnser Diener oder die vnsern oder die vns ze versprechend stend, den genanten von Eßlingen oder den Jrn oder die Jnen zu versprechen stend, beheinen Vbergriff täten, das doch nit sin sol, denselben Vbergriff sollen wir zu Stund schäffen widerkert vnd wider tun vnd dass man denne dornach dorumb zu dem Rechten kom. in aller der Wise, als vorgeschriben stet an all Geuerde. Were aber, ob behain vnser diener oder die vnsern oder die vns zu versprechen stend, solich vbergriff täten vnd nit widerkeren wolten als vorgeschriben stet, des oder derselben sollen nun vnd fürbaz nit ankiemen vnd den egenanten von Eßlingen wider Den oder dieselben beholffen sin, so wir des von inen ermant werden in der Mauß, als vorgeschriben stet, an all geuerde. Doch vßgenomen aller verbriefter Schuld vnd vnlaugenber Gült vnd ouch HubGelt, Vogt-Recht, Stür vnd Zinß, darzu sollen ietwederm Tail vnder vns alle sine Recht behalten vnd vßgesetzt sin, das das nicht vbergriff sullen haißen noch sin:

(J) also

also doch, daz die, die von solicher Sach wegen angrifen oder pfenden wurben mit denselben pfenden pfantlich gefarn süllen an all geuerde. Was Sachen oder Krieg sich auch vor datum diß Briefs angefangen oder gestellt weren, der süllen wir uns nit annemen, wir wellen es dann gern tun. Vnd in diser Verapnung nemen wir vorgenant Graff Eberhart, Graf zu Wirtemberg uß unsern gnedigen Herrn den Römischen König, die Hochgebornen Fursten, Herrn Steffan Pfaltzgrauen by Rine, vnd Hertzogen in Payern, Herrn Ludwigen, Herrn Johannsen, Herrn Steffan vnd Herrn Otten Gebrüdere auch Pfaltzgrauen by Rine vnd Hertzogen in Payern vnser lieben Herren vnd Brüder, Herrn Kareln Hertzog zu Luttringen vnd Herrn Fridrichen von Luttringen, Graff zu Wibemont sinen Bruder, Johansen vnd Fridrich Burggrauen zu Nuremberg vnser Lieb Schweher vnd Schwager vnd alle mit den wir Eynung vor datum diß Briefs gemacht haben, alß lang die werent vngevorlich. Were aber, daz wir in zit diser vereynigung mit jemant mer Eynung machten, daz sollen wir doch tun in solicher Maß, daz wir diß Verepnung darinne vßnemen vnd vorbehalten, als lang die werent, vngeuorlich. Vnd also geloben wir Egenanter Eberhart Graue ze Wirtemberg by vnsern guten Truwen diß Eynung vnd all vorgeschriben Stuck vnd Artickel ze haltend nach diß Briefs sag an all Geuerde. Vnd des zu waren Vrkund haben wir vnser Insigel offentlich gehengt an diesen Brieff der geben ist zu Stuttgart an Mitwoch vor Sant Martins Tag, da man zalt von Christi Geburt vierzehenhundert Jar vnd zehen Jare.

Num. 36.

Eynung zwischen Hertzog Ludwigen von Beyern Churfürsten und Grav Eberhard von Würtenberg auf fünf Jahre. d. d. 9. Nov. 1411.

Wir Ludwig von Gots Gnaden Pfaltzgraue by Rine des heiligen Römischen Richs Ertzruchses vnd Hertzog zu Beyern an einemteil, Vnd Wir Eberhart Graue zu Wirtemberg der Elter an dem andern teil: Bekennen vnd tun kunt offinbar mit disem Brieff fur vns vnd alle die vnsern vnd die vns zuversprechen stent, sie sin geistlich oder werntlich allen den die disen Brieff ansehent oder horent lesen. Want wir mit gantzer begirde geneiget sin zu friden vnd zu gemeinem nutze der Lande vnd auch das Wytwen vnd Weysen Ryche vnd arme Bilgerin Koufflute Lantferer vnd Kauffmanschafft Gotshuser vnd alle ander vnuersprochen Lute sie sin geistlich oder Werntlich beschirmet werden, sycher sin destebaß gewandelt vnd by gemache verliben mogen So haben wir vns mit wolvorbedachtem mute vnd rechter wissen dem heiligen Romischen Riche zu sterckunge zu nutze vnd zu Eren vnd selber den vnsern vnd den gemeynen Landen zu friden vnd Gemache

Beylagen.

mache fruntlichen vnd gutlichen miteinander vereyniget vnd vereynigen vns auch yetzunt mit rechter wissent in crafft diß Briefs mit vns selbs vnd allen vnsern Stetten Vesten Slossen Luten vnd Dienern von datum diß briefs an biß vff sant Martinstag nehstkompt vnd darnach fünff gantze Jare die nehsten nacheinander folgende in aller der maße als hernach geschrieben stet.. zum Ersten das wir die vorgeschrieben zwo gantze vß einander mit guten rechten vnd gantzen truwen meynen haben vnd halten vnd auch dieselben zwo miteinander nimet zu kriege noch zu vntschafft komen sollen noch wollen noch den vnsern der mit mechtig sin des gestatten in deheine wise ane alle geuerde. vnd ob yemand wer der were vns vorgenanten Herrn einen oder vnser Rete oder Diener oder die vnsern oder die vns zu versprechen stent sie sin geistlich oder wernlich angriffe oder beschebigte mit Morde mit Raube mit Brande mit vnrechtem fahen oder mit vnrechtem widersagen oder vns von vnsern Freyheiden rechten gnaden oder guten gewonheiden oder briefen, die Wir von Römischen Keysern oder Kunigen bißherbracht herlanget oder hervorben haben triben oder tringen wolte oder vns oder die onsern oder die vns zu versprechen stent, sie sin Geistlich oder Wernlich an vnsern oder yren Luten oder gutern beschebigte vff Wasser oder vff Lande oder mit machte vberziehen verbuwen oder belegern wollte, darunder sollen vnd wollen wir einander getruwelichen beraten vnd beholffen sin mit nachylen zu frischer getate mit zuruffen vnd zuziehen vnd mit allen andern sachen die darzu gehörent nach allem vnserm besten vermogen Glycherwise als ob vnser yglichen das selber anginge vnd auch vnser yglichem selber widerfaren vnd geschehen were alle geuerde vnd argeliste gentzlichen vßgescheiden. Wer es aber das solche Geschichte vnd sache also geschaffen vnd gestalt weren, das sie zu frischer getate vnd so kurtze nit mochtent herobert vnd vßgetragen werden oder ob vnser einer fust mit yemand zu Kriege vnd fintschafft komen wurde, darzu er des andern Hülffe bedarffte, Wann dann vnser eyner von dem andern oder ob vnser einer nit in dem Lande were von den den er syn sache empfolhen hette, darumb ermanet wirdet, mit gewissen botten oder briefen, so sal der vnder vns der also gemanet wirdet dem andern vnder vns von dem die manunge get zustunt in den nehsten viertzehen tagen nach der manunge sinen Widersagtsbrieff wider die er dann gemanet wirdet vnd darzu zwentzig mit gleuen schicken, der auch igliche vff das mynste einen gewapenten Knecht vnd dru Pferde wolertzuget haben sal. Die auch vff des kosten vnder vns den die geschicket werdent vnd vff des Schaden vnd Verlost der die schicket zu teglichem Kriege verliben vnd dem vnder vns dem sie geschicket werdent vnd von sinen Houptluten von jnen wegen getruwelichen beholffen vnd gehorsam sin sollen mit sinen Dienern zu ryten, wo es dann noit ist vnd son fiende anzugriffen vnd zubeschedigen vff die vnser einer den andern dann also gemanet hett. Doch also das der vnder vns des die manunge ist zuvor auch

vff

vff das mynſte zwentzig mit gleuen zu teglichem Kriege wider die vff die er gemanet hette geleget habe one alle geuerde. Vnd welcher vnder vns von dem andern alſo ermanet wurdet der oder die ſinen ſollent auch alſdann gein denſelben vff die alſo gemanet wirdet, deheinerley furworte friden ſune oder Richtunge nit vffnemen one des andern vnder vns der alſo gemanet hette oder ſiner Statthalter ob er nit in Lande were wiſſen vnd willen vnd wer es das gemant in ſolichen rotten ſchade geſchehen wurde darumb mann nach dem dieſe Eynunge vßgangen were einem vnder vns zuſprechen wurde, ſo ſal om der ander vnder vns nach vßgange dieſer Eynunge dennoch getruwelichen beholffen ſin in der maße als vorgeſchrieben ſtet als lange biß das das abgetragen vnd hingeleget wirdet ane alle geuerde. Wer es auch das ſoliche Geſchichte vnd ſache alſo geſtalt werden das man die mit der vorgenanten zal Gleuen nit herobern mochte vnd me Hulff darzu bedorffte, wann dann vnſer einer von dem andern darumb ermanet wirdet oder ob vnſer einer nit in Lande were von den den er ſin ſache empfolhen hette. Iſt dann die manunge vnſer Hertzog Ludwigs, So ſollen wir Graff Eberhart von Wirtemberg oder vnſer Statthalter ob wir nit in dem Lande weren vnſer Erbern Rete zu des obgenanten vnſers Hern Hertzog Ludwigs Reten in den nehſten Achtagen nach der manunge vff einen tag der vns dann benandt wirdet gein Gunßheim ſchicken. Iſt aber die Manunge vnſer Graue Eberharts von Wirtemberg ſo ſollen Wir Hertzog Ludwig oder ob wir nit in dem Lande weren vnſer Statthalter an vnſer ſtatt vnſer Erbern Rete zu des obgenanten vnſers Oheims von Wirtemberg Reten auch in den nehſten achtagen nach der manunge vff einen tag der vns dann benant wirdet gein Brackenheim ſchicken da zu rade zu werden vnd zu vberkomen was Hulff vnd gezuges man furbaß darzu bedorffe vnd notdorfftig ſy vnd wes man dann von beyden ſyten eynmuticlichen zu rate wirdet vnd vberkomet nachdem dann dieſelbe ſache an ir ſelbs geſchaffen vnd geſtalt iſt das dann auch dieſelbe hulff in einem Moned nehſt darnach volleygen vnd follenzogen werden, ſal vnd mit derſelben Hulff ſal auch alſdann vnſer iglicher dem andern vnuerzuglichen zuziehen vnd beholffen ſin in aller der maſſe als vorgeſchriebenn ſtet, Glicher wiſe als ob das vnſer iglichs eygen ſache were vnd auch vnſer iglichen ſelber anginge, als lange vnd als vil biß das ſoliche angriffunge Beſchedigunge vnd ſache gentzlichen vnd gar herobert vnd abgeleit werden ane alle geuerde. Vnd weres das mann alſo zu felde ligen vnd beſeß haben wurde, welches vnder vns dann die manunge iſt, Gewonne der oder die ſinen mit des andern vnder vns Hulffe, wie das dann zugienge da vnſer diener von beyden ſyten by waren ycht Sloſſe oder gefangen, mit denſelben Sloſſen vnd gefangen mag der vnder vns des die manunge iſt gefaren vnd tun wie er wil one des andern vnder vns irrunge vnd Widerrede, Doch alſo das er die gefangen nach Erbers Kriegs gewonheit halten vnd die auch one des andern

Wiſſen

Beylagen.

Wiffen vnd willen nit töden laffen, noch die gewonnen Sloffe brechen fal vnd daz auch vnfer iglicher als wol darynne verforget werde als der ander. Es follent auch die obgenante zyt gantz vß vnfer igliches Sloffe dem andern offenn fin sich darus vnd darynne zu behelffen gein weme eß dann nott geschicht vnd vnfer iglicher fal auch bestellen das man dem andern vnder vns vnd den sinen allezyt als dicke sich das geburet redelichen feylen kauff darynne gebe vmb einen zitlichen pfennig ane geuerde. Es sal auch vnfer keyner die obgenante zyt gantze vß des andern oder der sinen offen finde, darumb dann vnfer iglichem wißenlichen ist in sinen Stetten Sloßen oder Landen nit enthalten, essen oder trencken noch yn sust geleibe darynne geben oder zulegunge tun in beheime Wise ane alle geuerde. Weres auch daz yemand wer der wer einen vnder vns an sinen Sloßen Stetden oder Lande mit gewalt vberziehen vnd beschedigen wolte, darzu sollen vnd wollen vnfer iglicher dem andern getruwelichen mit gantzer macht zuziehen das heißen weren bygestendig vnd beholffen sin glicher wise als ob vnfer yglichen das selber anginge ane alle geuerde. Weres auch das wir vorgefs Herren in zyt difer Eynunge icht Zufpruche gein einander gewonnen, die sich nu furbaß von nuwem verlieffen vnd vor datum diß Brieffs nit angefangen hetten, es were von vnfern oder der vnfern wegen oder die vns zuuerfprechen stent, sie weren geistlich oder werntlich dorumb sollen wir dannoch nit zu kriege noch zu fintschafft komen. Dann ist der zufpruche vnfer Hertzog Ludwigs an den obgenanten vnfern Oheim von Wirtemberg, so sollen wir einen gemeinen Manne nemen vß sinem Rade der eß vor auch getan vnd nit verlobt noch verfworn hat vnd vnfer ytweder teil sal zwene oder dry zu demselben gemeinen setzen vnd was die oder der merer teil vnder yn darumb sprechent zum rechten nach Anspruche vnd widerrede, ob sie vns suft fruntlichen nit miteinander vberein brengen mochten, daby sal eß bliben vnd von vns beidenteiln gehalten werden getruwelich vnd one alle geuerde. Vnd derselbe gemeyne, der also offer des vorgenanten vnfers Oheims von Wirtembergs Reten genomen wirdet sal vns tage bescheiden gein Brackenheim vnd sal dann das zu dem tengesten nachdem so das dem gemeynen verkundet wirdet vßgetragen werden in dryen tagen vnd Sechs Wochen vnd das nit lenger vertzogen werden ane alle geuerde. Glicher wise were der zuspruche vnser Graff Eberharts von Wirtemberg an den vorgenanten vnfern Herren Hertzog Ludwigen, so sollen wir einen gemeinen Manne nemen vßer sinen Reten, der eß vor auch getan vnd nit verfworn noch verlobt hat vnd sal dann derselbe gemeyne der also vßer vnfers Herren Hertzog Ludwigs Reten genomen wirdet vns tage bescheiden gen Sunßheim in die Stot vnd sol dann auch vßgetragen werden in der zyt vnd in der maße als vorgeschribn stet ane alle geuerde. Weres auch ob vnser vorgenanter Herren Rete oder Diener einer oder me an vnser vorgenanten Herren einen icht zu sprechen gewonnen oder ob vnser Rete oder Diener

(J) 3   anein-

aneinander icht zusprechen gewonnen das sal vßgetragen werden vff einen gemeinen vnd an den stedten vnd auch in der zyt, als von vns Herren vorgeschriebn stet. Eß were dann von Lehens wegen, das sal berechtet werden an den stetden, do eß dann hingehöret vngeuerlichen, doch so mag vnser iglicher dem mann zusprechen wurde sin machte vff solche tage schicken die sache zu berechten darumb man yn dann zuspricht. Weres auch das vnser vorgenanter Herren Armenlute an vnser Diener icht zusprechen gewonnen, das sal auch vßgetragen werden vff einen gemeinen vnd an den stedten vnd in der zyt als von vnsern dienern vorgeschrieben stet ane alle geuerde. Eß were dann daß eß Erbe vnd Eygen antreffe, das sal vßgetragen werden an den Gerichten darynne die Gutere gelegen sint vnd weres das eß Lehen antreffe so sal eß vßgetragen werden vor den Herren von den die gutere zu Lehen rurent. Were aber das deheine vnser Diener zu des andern vnder vns Herren Burger oder Gebure icht zusprechen oder zuschaffen gewonne, derselbe Diener sal demselben Burger oder Gebure nachfaren an die stetde vnd in die Gerichte, da sie dann gesessen sint vnd da sal yn dann der Schultheiß oder Amptmann daselbs one verziehen rechtes gestatten vnd beholffen sin. Gewonne aber deheine vnser Diener an ein gantze gemeinde icht zusprechen, das sal vßgetragen werden vff einen gemeynen vnd in der maße als vorgeschriebn stet. Gewonne auch deheiner vnser Burger oder gebure mit des andern Herrn vnder vns Burger oder Gebure icht zu schaffen sie weren vnser, vnser Rete oder Diener, so sal ir einer dem andern nachfaren in die Gerichte, darynne sie dann gesessen sint oder darynne sie dann gehörent, vnd sal yn dann der Amptmann daselbs vnuerzuglichen rechtes gestatten vnd yn des beholffen sin gineinander ane geuerde. Weres auch das vnser diener Lute oder vnbertan in der zyt vmb Erbe oder vmb eygen icht gein einander zusprechen oder zuschaffen gewonnen das sal von beidenteiln vßgetragen werden an den stetden vnd in den gerichten, da dann dieselben guter gelegen sint vnd darynne sie gehörent vngeuerlichen. Eß sal auch in den vorgeschrieben rechten Achte vnd Banne, Brant vnd Dotslege stille ligen vnd an keinen Rechten furgezogen werden vngeuerlichen, Wol mag man das furjuhen vnd für einen billichen schaden berechten ane alle geuerde. Eß sal auch iglicher vnder vns vorgenanten Herrn sinen Rate darzu halten welche also vnder yn zu gemeynen Mannen genomen werdent, die eß vor nit verlobt noch verswaren habent, das dieselben das tun vnd sich der sache annemen vnd der Ende vnd Vßtrag geben in der maße als vorgeschrieben stet, so dicke des dann notdorfftig sin wurdet ane geuerde. Weres auch, das vnser vorgenanter Herren Rete Diener Burger oder gebure zu solichen rechten nit komen ober by solichen vßspruchen so dann der gemeyne vnd die zu ym von beidenteiln gesetzt wurden vßsprechen wurden, nit bliben wolte derselbe Herre vnder vns des dann derselbe were, der baby also nit bliben wolte sal sich des dann furbas nit annemen

in

in beheinen weg an alle geuerde. Vnd sal auch gein demselben Achte vnd Banne nit hinban gesetzet werden. Alles das hieuor geschrieben stet Haben wir die obgenanten Hertzog Ludwig vnd Graff Eberhart von Wirtemberg vnser yglicher dem andern versprochen geret vnd globt mit guten truwen vnd rechter warheit getruwelichen veste vnd stete zu halten zu vollnfuren vnd zutun vnd auch darwider nit zu suchen noch zutunde, heimelichen oder offmbar durch vns selbs oder yemant anders in beheinerwise Alle geuerde vnd argeliste gentzlichen vßgescheiden. Vnd in diser Verbuntniß vnd Eynunge Haben wir Hertzog Ludwig obgenant vßgenomen den Allerdurchluchtigsten fürsten vnd Herren Hern Sygmund Römischen Kunig zu allen zyten merer des Richs vnd zu Ungern ꝛc. Kunig vnsern gnedigen lieben Herren vnd das heilige Romische Riche, die Erwirdigen in Gotte Vetter Hern Johann zu Mentze, Hern friderich zu Collen vnd Hern Wernher zu Triere Ertzbischoffe vnsere liebe Herren Oheim vnd Mitkurfursten, Hern Albrecht Bischoff zu Babenberg vnsern lieben Oheim, die Hochgebornen fursten Hern Johans vnd Hern Stephan Pfaltzgrauen by Rine vnd Hertzogen in Beyern vnsere lieben Brudere vnd Hern Karlen Hertzogen zu Luchtringen vnsern lieben Swager, die Ersamen Wisen Meistere vnd Rete der Stedte Straßpurg, Hagenauwe, Colmar, Wißenburg, Sletzstat, OberEhenheim, Keispersperg, Mulhusen, Rasheim, Dorinckelm vnd Geilse vnd die Stedte Spire Heilpronn vnd Wimpfen mit den wir vor in Eynunge sin, So haben wir Graue Eberhart von Wirtemberg vßgenomen den allerdurchluchtigsten fursten vnd Herren Hern Sygmund Romischen Kunig zu allen zyten merer des Richs vnd zu Ungern ꝛc. Kunig, vnstern gnedigen lieben Herren, die Hochgepornen fursten vnser lieben Herren vnd Bruder Herrn Karlen Hertzogen zu Luchtringen vnd Hern friderich sinen Bruder, die Hochgebornen fursten vnsern lieben Sweher Johansen Burggrauen zu Nuremberg vnd Friderichen Burggrauen zu Nuremberg vnsern lieben Swager, die Erbern Wisen Burgermeister Rete vnd gemeinde der Stedte Straßpurg, Rotwil Eßlingen vnd darzu die Swebschen Stede mit den wir in Eynunge sin nach vßwisunge derselben Eynunge. Vnd des alles zu Orkunde vnd vestem gezugniß so haben wir Hertzog Ludwig vnd Graue Eberhart von Wirtemberg obgenant vnser yglicher sin eygen Ingesigel an diesen Brieff tun hencken der geben ist zu Heydelberg off den Montag vor sant Martins des heiligen Bischofstag In dem Jare als man zalte nach Cristi geburte viertzehenhundert vnd Eylff Jare.

Num. 37.

Num. 37.

Grav Eberhard zu Würtenberg erläßt der Stadt Dornstetten wegen erlittenen Brandschadens auf 20. Jahr alle Steur und auf 25. Jahr alle Schatzung nebst dem freyen Zug. d. d. 7. Febr. 1415.

Wir Eberhart Graue zu Wirtemberg tun kunt menglich mit disem brieff für uns vnd vnser erben, wenn vnser lieb getruwen die von Dornstetten gar schädlich vnd swärlich verbrunnen sind, vmb das so denn wider geburwen vnd da sedelhaft wesen vnd bester bas by einander beliben mügen, So haben wir den selben von Dornstetten richen vnd armen vnd allen iren nachkomen solich gnad getan vnd tuen in die wissentlich In kraft diß brieff, also das sie vns noch vnsern erben In disen nechstkünftigen zwaintzig Jaren dehein Stur nit geben sollen; dann wir In die die vorgeschriben Jar gentzlich abgelauffen haben, Wir ensullen so ouch In disen nechstkunfftigen funf vnd zwaintzig Jaren nach Datum diß Brieffs mit schatzen vnd sagen sie ouch die vorgeschriben Jar gentzlich aller Schatzung fry, doch also das alle die so ze Dornstetten sich hüslich vnd heblich setzent vnd da zymernt ire Huser vnd gesäß als sie vor gehabt hand vngeverlich, die sullent die vorgeschriben fryung haben vnd der geniessen, welle aber des nit tetten noch tune woltent, dieselbe noch Jre guter gienge die fryung nit an vnd sollten ouch der nit geniessen. Die vorgeschriben von Dornstetten vnd all Jr nachkomen sullen ouch eweclich vnd alletzt einen fryen abzog han one vnser vnser erben vnd aller menglich von vnser wegen Jrrung Hindernuße vnd Widersprechen alles one arglist vnd geuerde. Des zu warem vrkund geben wir In disen brieff versigelt mit vnserm eygen an hangenden Jnsigel der geben ist zu Stuttgarten an Donrstag nach vnser lieben frowen tag Liechtmesse Anno Domini MCCCC°. decimo quinto.

Num. 38.

Aynung Gr. Eberhards zu Würtenberg mit der Reichsstadt Eßlingen. d. d. Thomæ 1418.

Lunig Reichs-Arch. cont. 2. sect. 4. p. 685.

Wir Eberhart Graf zu Wirtemberg rc. tun kunt mit disem brief allermenglich daß wir durch bessers nutzes, Schirms vnd Fri des willen vnser Land vnd Lute vns mit den Ersamen, Wisen dem Burgermeister, Rat vnd allen Burgern gemainlich Richen vnd Armen der Stett zu Eßlingen verainet vnd verbunden haben dise nechsten acht Jar, so nach einander nach datum diß briefs kommend sind in der maß, als hernach geschriben stet. Des ersten sullen vnd wellen wir sie mit guten Truwen mainen noch wider sie nit sin, noch mit Jn zu Krieg komen, noch ir Viende in vnsern Slossen,

Lan-

Landen noch Gebieten wißiclich nit halten, husen noch hofen, noch sie keinesweegs fürschieben noch inen zulegen, die vorgeschriben Zit vnd Jar vß getruwlich vnd one alle geuerde. Vnd wir sollen vnd wellen die vnsern zu den von Eßlingen in Ir Statt zu In vnd von In wandeln vnd ir Gewerbe triben laßen vnd in daz nit verbieten, als lang diß verapnung weret on alle Geuerde. Were ouch, ob jemand, wer der were, die egenanten von Eßlingen, ir Burger, die Iren vnd die In zu versprechen stend, Edel oder Vnedel, geistlich oder weltlich angriff vnd beschädigte mit Mord, Roub, Brand, Nom, mit vnrechtem vahen vnd widersagen oder andern Sachen mit Gewalt oder wider Recht, wie das beschehe, darzu sullen wir Inen mit den vnsern, die denn der Getäte gelegen vnd geseßen sind, getrulich vnd vngevorlich beholffen sin mit zuziehen, mit nachylen zu frischer Getat, von einem Mittag biß zu dem andern, so bald wir deß innen oder gewahr werden oder vns oder vnsern Amptluten daz von Inen verkünt oder gemanet werden vngeverlich. Vnd sullen ouch Inen vnsre Sloß, Stette vnd Vestinen offen sin zu allen iren nöten rc. (das vbrige ist fast von Wort zu Wort gleichlautend mit der im Jahr 1410. gemachten Apnung mit gedachter Stadt Eßlingen) Vnd in diser Verapnung nemen wir Eberhard Graf zu Wirtemberg uß die allerdurchlüchtigsten Fürsten, vnser gnedig Herrn, Herr Sigmunden Römischen Künig zu allen zeiten Merer des Richs vnd zu Hungorn rc. Kunig, Herrn Wenzlowen, Künig zu Beheim, vnsern Herrn den Hertzogen von Burgundien, von den wir belehnt sin, die Hochwirdigen vnd Hochgebornen Fursten vnser Lieb Herrn vnd Oheim, Herrn Johann zu Meintze, Herrn Dietrich zu Cölln Ertzbischoffen, Herrn Ludwigen Pfaltzgrave by Rine des Heyl. Römischen Richs Ertz-Druchseß vnd Hertzog in Bayern, Reinharten Hertzog zu Gulich vnd zu Cleve, Herrn Ludwigen Hertzog in Baiern vnd Graf zu Mortenl, Herrn Heinrichen Hertzogen in Baiern, Herrn Ernsten vnd Herrn Friderich Hertzogen zu Oesterreich rc. die ersamen Wisen die Statt Ulm vnd ander Reichs-Stette in Schwaben, die zu in gehören vnd dortzu die Statt Straßburg, Rotweil vnd Rütlingen rc. vnd deß zu warem Vrkund haben wir vnser aigen Insigel offentlich tun hencken an disen brieff, der geben ist zu Kircheim an Sante Thomas des heiligen zwelff Botten Abend, do man zalt von Christs geburte vierzehenhundert vnd dornach in dem achtzehenden Jar.

Num. 39.

Verschreibung Grav Eberhards zu Würtemberg, daß er dem Röm. König nicht wider die Stadt Eßlingen bepstehen wolle. de eod. dato.

Wir Eberhard Graf zu Wurtemberg rc. bekennen vnd tun kunt mit disem Brief, als wir vns mit wohlbedachtem Mut durch gemeines   *Lunig d.L p. 687.*

(K)

nes Nutz und Fridens willen der Lande mit den Ersamen und weysen dem Burgermeister und Rate und allen Burgern gemeinlich der Statt zu Eſſlingen vereint haben einander getrewlich beraten und beholfen zu ſin nach des Eynungsbriefs Lut und Sag, den wir Jnen darüber beſigelt und gegeben haben, darinne aber wir den allerdurchlüchtigſten Fürſten und Herren, Herrn Sigmunden, Römiſchen Künig zu allen ziten Merer des Richs und zu Ungarn ꝛc. Künig unſern gnedigſten Herrn uſgenomen haben. Wann aber ſich wohl erfindet, das die Egenanten von Eſſlingen darwider nit ſind, dann daß ſy dem Egenanten unſerm gnedigen Herrn dem Römiſchen Künig willig ſind zu tun was ſie im billich tun ſollen nach Jren Freiheiten und Rechten, als ſie mit guter Gewonheit herkomen ſind. Darumb ſo haben wir den vorgenanten von Eſſlingen jetzund gelobt, verſprochen und verheiſſen und verſprechen auch Jn mit diſem brieff uff unſer Eyde, wäre es, das der egenant unſer Herre der Kunig oder Jemand anders von ſinen wegen die egenanten von Eſſlingen darüber bekriegen angriffen oder beſchedigen wollte, und ſin Ungnad an ſie legen, daß dann wir noch behaln der unſern wider die vorgenanten von Eſſlingen, noch wider die Jren, alle diewile die vorgenant Eynung weret, nit ſin, noch tun ſullen noch wellen in behelnen Sachen an alle Geverde, vnd ſullen auch dorzu die egenanten von Eſſlingen und die Jren in unſer Stette wandlen und werben laſſen und in Koſte umb ir Pfenig darauß laſſen geben und zufüren ane alle Widerrede. Vnd was auch irs Gutz in unſern Stetten und Sloſſen lege oder were das ſol alles ſicher ſin on alle Geverde. Were aber das uns der vorgenant unſer Herre der Kunig darumb zuſprechen wurden und meinte daß wir das nit tun ſolten, ſo ſollen Wir Jm darumb Recht bieten uff unſer Hrren die Kurfürſten und erkennten ſich die dann gemeinlich oder mit dem Mertayl nach des vorgenanten unſers Herren des Künigs fürlegung und nach unſer Widerrede zu dem Rechten, daß wir das nit tun ſollen, daben ſol es auch dann blibten und ſol die vorgeſchriben Vereynung nit angen. Aber alle die Wile und des Recht von unſern Herren den Kurfürſten nit uſgeſprochen iſt, ſo ſol es beliben by dem alß vorgeſchriben ſtet. Und wer es, daß die vorgenanten unſer Herren die Kurfürſten gemainlich oder mit dem Mertail erkanten und zu den Rechten ſprächen, das wir dem Egenanten unſerm Herrn dem Kunig wider die vorgenanten von Eſſlingen ſollen beholffen ſin, das mögen wir dann wol thun, alſo daß es die vorgenante Verannung nit angen ſol, doch mit ſolichem Underſchid, daß wir noch behein der unſern darnoch wider die vorgenanten von Eſſlingen noch wider die Jren nit ſin noch tun ſollen in einem Monat dem nechſten darnach an all Geverde. Vnd was auch dennoch der Egenanten von Eſſlingen und der Jren gutz in unſern Stetten und Sloſſen were, das ſol allewegen ſicher ſin, wie lang der Krieg weret, biß daß ſie das wol haim und an Jr gewerſam bringen mögen one alle Geverde. Vnd ob

Beylagen. 75

so haben wir obgenanter Eberhart Graf zu Wirtemberg gelobt by guten Truwen
und uf unsern Eyde alle vorgeschriben Sach getruwlich war und stätt zu halten
und zu vollefüren nach diß brieffs sage, one alle Geverde. Und deß alles zu wa,
rem und offen Urkunde, so haben wir unser Jnsiegel offentlich tun hencken an di,
sen brieff, der geben ist zu Kirchen uf Sant Thomas des heyligen zwölffbotten Tag
nach Christs Geburt, als man zalt vierzehenhundert und achtzehen Jaure.

Num. 40.
Grav Eberharts zu Würtenberg hinterlassener Gemalin Frau Henrietten im Namen ihrer Söhne Erstreckung obiger Berechnung mit der Stadt Eßlingen. d. d. Dienstag nach Laurentii 1419.

Wir Heinrietta Grevin zu Wirtemberg vnd zu Mumpelgart,   Lonig ibid.
Witwe, in Namen und anstatt des hochgebornen Ludwigs und   p. 688.
Ulrichs, Gebrüdere Graven zu Wirtemberg unser lieben Sune be,
kennen und tun kunt offenbar mit disem brieff, wann der Hochgeborn Herr Eber,
hart Grav zu Wirtemberg unser lieber Herre und Gemahel seliger Gedechtnus
mit den Erjamen und Wisen Burgermaister und Rate und allen Burgern ge,
meinklichen der Statt zu Eßlingen und Sie mit Im wiederumb ein fruntlich Ver,
eynung uffgenomen hetten nach Vßwisung der brieff von beiden Siten darumb
übergeben und wir nu auch geneigt sin von unser Sune wegen uns gnediglich und
fruntlich mit In zu halten, darumb so haben Wir in Namen und an statt derseli
ben unser Sune für sich, Ir Diener, Amptlüt und die Iren und alle die In zu
versprechen sten, sie sien geistlich und Weltlich, die egenanten Eynung, die unser
lieber Herre und Gemahel selig vorgenant mit den egenanten von Eßlingen gehabt
und wie er sich damit gegen Juen verschriben und verbunden hat mit allen Arti,
ckeln, Hilff, Manungen und andern Puncten nichtz vßgenomen nach Vßwisung
der brieff, die die egenanten von Eßlingen von dem obgenanten unserm lieben Herrn
und Gemahel seligen derüber in hand und die zit und Jar ganz uß, als dieselben
brief begriffend, getruwlich und vesteclich zu halten und dawider nit zu sin oder zu
tun in kainen Wege alles one alle Geverde. Und des zu waren und vestem Ur,
kund haben Wir unser Jnsigel offentlich tun hencken an disen Brieff, der geben ist
an Dienstag vor Sante Laurencyen Tag nach Christs Geburt, als man zalt vier,
zehenhundert und neunzehen Jar.

Num. 41.

Verspruch der Reichsstädte Ulm, Rotweil, Gmünd ꝛc. daß sie allen den Städten, welche nicht in der Vereynung mit ihnen stehen, und sie in der Vereynung mit Gräuin Henrietten ausgenommen haben, wider Würtenberg keine Hülf thun wollen. d. d. Thomæ 1419.

Wir die Burgermaister Räte vnd alle Burgere gemeinlich diser nachbenempten des hailigen Römischen Rychs Stette Mit namen Ulme, Rotwyle, Gemünde, Bybrach, Kouffburen, Kempten, Wyle, Pfullendorf, Giengen vnd Aulun. Bekennen vnd tuen kunt offenlich mit disem Briefe, Wan das ist, das wir vns durch gemeins nutze, Friden vnd Fromen willen der Lannde mit gemainem Raut vnd wolbedachtem mut Mit der Hochgebornen Frowen Frow Henrieten Gräfin zu Wirtemberg vnd ze Mympelgart mittwen vnd och mit den nachgeschriben Iren vnd der Hochgebornen Grauff Ludwigs vnd Graff Ulrichs Grauen zu Wirtemberg gebrüder Irer Sune ouch vnsr gnädigen Herren Räten mit Namen den Wolgebornen Edeln Vesten vnd Erbern. Hertzog Ulrichen zu Tegg, Graff friderich von Helffenstain, Graff Rudolffen von Sultz, Graff Hainrichen von Lewenstain, Hern Steffan von Gundelfingen, Hern Johansen von Lymbern, Hertzog Raynolten von Ursingen, Hern Albrechten vnd Hern Heinrichen von Rechberg von Hohenrechberg, Hern Fridrichen von Fryberg, von Stußlingen, Hern Johansen von Stadigun Hofmaister, Hern Wernhern Nothaften, Hern Chunraten von Stamhain, Hern Herman von Sachsenhain Rittern, Hainrichen von Giltlingen dem eltern, Hannsen Truchsessen von Hefingen dem eltern, Hansen Sturmfedern, Rudolffen von Pfalhain, Ulrichen von Liechtenstain, Gumpolten von Giltlingen, Hansen von Sachsenhain, Rudolffen von Fridingen, Volmarn von Mansperg, Burkarten von Gerringen, Albrechten von Nrenegg, Berchtolden von Sachenhain, Gotfriden von Menshain, Fritzen von Liebenstain, vnd Haunsen Truchsässen von Bichishusen In namen vnd an statt der egenan vnsr Herren Graff Ludwigs vnd Graff Ulrichs von Wirtemberg verapnet vnd verpunden haben ainander des besten getruwelich beraten vnd beholffen zu sin nach lut vnd vßwysung solichs Verapnungbriefes von uns daruber gegeben vnd besigelt. Vnd als aber wir In der vorgenanten verapnung nemlich vßgenomen haben alle Rychs-Stette, darumbe das denne die vorgeschriben vnser Herren von Wirtemberg vnd ir egenanten verweser an Irer statt sehen vnd verstan mugen, das wir Si obgot-woll mit Truwen maynen vnd vns gen In getruwelich bewysen wöllen. So haben wir der vorgenant vnsr Herren von Wirtemberg Verwesern von Iren wegen vnd an Irer stat das yetzo gelobt versprochen vnd verhaissen vnd versprechen mit disem briefe by guten truwen, Also ob geschäche das der Rychs-Stette die denne

yetzo

Beylagen.

setzo mit vns nicht in aynunge sind behaime die obgenant vnser Herren von Wirtemberg oder die Iren in der jtz der obgeschriben verapnung befriegen, angryffen oder beschabigen wurden oder wölten, wie sich das fügte, oder warumbe daz beschäche, das denne wir vorgenante Rochs-Stette noch dehain der vnser denselben Stetten wider die dickgenante vnser Herren von Wirtemberg noch die Iren dehain hilffe noch julegung tun, Sunder daz wir darumbe wider dieselben vnser Herren von Wirtemberg noch die Iren, alle die wyle die vorgenant Verapnung weret nicht sin, noch schaffen getan werden sullen mit behaimen sachen, an behainen stetten noch in kainen wege ane alle geuerde. Vnd Sullen ouch darzu die vorgenant vnsr Herren von Wirtemberg vnd die Iren in vnsern Slossen, Lannden vnd gebieten wandern vnd werben laussen vnd In darus Cost vnd Spos vmbe Ir Pfeining laussen geben vnd zufuren ane alle Geuerde. Vnd was ouch der egenant vnser Herren von Wirtemberg oder der iren gut in vnsern Stetten vnd Slossen läge vnd were, das sol alles sicher sin, wie lang solich Kriege vnd vnwillen weroten alle arglist vnd geverde hier Inne gentzlich vsgescheiden. Alle vnd yeglich vorgeschriben stucke geloben wir war vnd state je halten gelob vnd in aller der masse, als wir die vorgenant Apnung zu halten gelopt haben ane alle geuerde. Vnd des alles zu warem vnd offnem Vrkunde, So haben wir vorgenante RochsStette gemainlich vnd vnser yeglich besunder Irer Stat gemain ansigel offentlich tun hencken an disem Brief der geben ist vff Sant Thomas des hailigen zwelfsbotten tag vor Wyhennechten, des Jars do man zalt nach Christi vnsers Herren gepurt. Viertzehenhundert vnd In dem Nuntzehenden Jaren.

NB. Gleichen Inhalts haben sich die vorbemeldte Städte gegen Gr. Ludwigs und Ulrichs von Württemberg Räthen verschrieben. d. d. Matthiä 1433.

Num. 42.

Grav Rudolphs von Sultz Revers, daß er im Namen der Graven von Württemberg die Reichs- und Böhmische Lehen von K. Sigmunden empfangen habe. d. d. 25. Oct. 1419.

Wir Grav Rudolff von Sultz bekennen vnd thun kunt offenbar mit disem Brieff allen den die ihn sehen oder hören lesen, daß wir komben sind für den allerdurchleuchtigsten Fürsten vnd Herrn, Herrn Sigmund, Römischen Kunig, zu allen zeiten Merer des Reichs vnd zu Vngern, zu Beheimb, Dalmatien, Croatien Kunig, vnserm gnedigen Herrn an statt vnd in Namen der wolgebornen meiner lieben Herrn, Hern Ludwigs vnd Hern Ulrichs Graven zu Württemberg, der Wolgebornen Frawen Heinrica zu Württemberg vnd zu Mumpelgard Grävin, Irer Muter, des Erwirdigen in Gott Vat-

Lunig Corp.
Germ. diplom. P. I.
p. 1431.

ter Herrn Seyffrieds, Abt zu Elwang, Herzog Ulrichs von Teck, Graff Fridrichs von Helfenstein, Albrechts von Rech,erg, Hansen von Stadigon Ritter, Hofmeisters vnd ander der vorgenanten von Wirtemberg vnd Frauen Heinrietta Räte, als der Machtbrief, den wir darauf vnserm vorgenanten gnedigem Herrn dem Römischen Kunig vbergeben haben, clerlichen inhalt, den vorgenanten Herrn Ludwig vnd Ulrich zu Wirttemberg Graven vnd Erben, als Ir getrewe Lehentrager Ir Lehen, die von dem heiligen Römischen Reich vnd auch der Cron zu Beheimb zu Lehen rüren vnd die von Iren Fordern Grafen zu Wirttemberg an sie komben sind vnd dise jetzt in Gewer vnd beseise haben, von dem vorgenantem vnserm gnedigem Herrn dem Römischen vnd zu Beheim Kunige zu Lehen zu empfahen, Nue hat der vorgenante vnser gnediger Herr der Römisch Kunig vnser demutig Vitt angesehen, die wir an seine Gnad von der egenanten Graven zu Wirtemberg, Irer Mutter vnd Irer Räth wegen vleißiglich gethan haben, vnd hat vnß als Irem getrewen Lehentragern alle vnd Jeglich der vorgenanten meiner Herrn Ludwigs vnd Ulrichs Grauen zu Wirttemberg, Lehen, die Ju von dem Reich vnd auch der Chrobn zu Beheimb gebüren zu empfahen gnebiglich verlichen, alsdann der Lehenbrief vnß daruber gegeben klerlichen ausweiset, darumb an statt der vorgenanten Ludwigs vnd Ulrichs Grauen zu Wirttemberg, Irer vorgenanten Muter, vnd anderer Irer Räte, der vollen Gewalt vnd Willen wir darzu haben, Haben wir gewonlich Glübbe vnd Apde gethan, als solcher Lehen Recht ist, vnd globen bey vnsern guten Trewen, rechter Wissen vnd in krafft dits Briefs dem vorgenantem vnserm gnedigen Herrn, dem Römischen Kunig, als ein Lehentrager an vnserer vorgenanten Herrn, Irer Muter vnd an Irer Räte statt mit solchen Lehen, biß die vorgenanten Grauen zu Wirttemberg oder Ir einer zu seinen Tagen kumbt oder Mundbar wird, als Lehens Recht ist, gewertig zu sein vnd seinen Frowmen zu schaffen vnd schaden zu wenden vnd alles das zu thun, das ein Lehrmann seinem Lehen-Herrn von Rechts wegen pflichtig ist zu thun, alle Geuerde genzlich vßgeschiben, vnd des zu vrkunde vnd besserer Sicherheit haben wir mit der vorgenanten Frauen Heinrieta vnd Irer Räte Willen vnserm vorgenanten gnedigem Herrn dem Römischen Kunig disen Brief gegeben versigelt mit vnserm eignen anhangendem Jnsigel, der geben ist auf dem Neuen Hauß in der Bulgarey bey dem Pfninthor nach Christi geburth vierzehenhundert Jahr vnd darnach in dem neunzehenden Jahr des negsten Donnerstags vor Sant Simonis vnd Judä, der heiligen zwölfbotten tag.

Num. 43.

Num. 43.
Auszug aus Christian Wurstisens Baßler Chronik
Lib. IV. cap. 24. pag. 243.

Marggrave Bernhart zu Baden ward in gedachtem vier vnd zwentzigsten jar mit denen von Freiburg vnd Breisach stössig von wegen etlicher neuwer zöllen, so er in den Herrschafften Hochberg vnd Höchingen angerichtet, deßgleichen das er seinen Leuten, die sie ihm (als er hargegen klagt) in Versprüch vnd zu Burgern annemen, ihr Haab vnd Gut nicht nachfolgen liesse, darzu auff dem Rhein gwalt treib, das dem Pfaltzgrauen vnleidlich.

Diser spennungen halb war zwüschen dem Fürsten vnd den Pundsverwandten manche Tagleistung gehalten, aber nichts friedlichs ausgerichtet worden. Deßhalb sich der Stetten Pundt mit Pfaltzgraue Ludwigen, dem Bischoff von Speir vnd der Herrschafft Wirtemberg mit grosser Macht wider den Marggrauen erhube.

Basel hat in disem Heerzug achthundert zu fuß, deren Hauptleute waren J. Balthasar Rot vnd Eberhart von Hiltalingen, genant Ziegler, item 250. Pferdt mit Herr Burkart ze Rhein, Ritter, ihrem Hauptmann. Vnder diser anzahl waren im Sold Herr Rudolff von Ramstein Frey mit 15. Pferden, Burkart Mönch, Hans Mönch, Hans von Ramstein Edelknecht, einer von Wessenberg, einer von Maßmünster, Alexius ze Rhein, Hans von Flachslande, Hans von Lauffen, Friderich Fröuwler, Hug Spitz, Peter zum Wind, ein jeder mit fünff Pferdten.

Dise alle fuhren in acht Schiffen mit einem Gwerff gehn Straßburg, welche tausend zu fuß vnd hundert Pferdt darzu gabe, die schlugen sich zu den übrigen Pundtsgenossen, verbrennten Rastatt vnd etliche Dörffer, legerten sich endtlich für Mülberg vnd Graben, schossen vnd wurffen in die Vestungen, die aber darinn lagen, gaben dem Feinde mit Ritterlicher gegenwehr nichts bevor, also das sie die Pundsverwandten bey drey Wochen auffhielten. Darzwüschen wurden die Baßler mit den Straßburgern im Veldläger stössig der Prouiandt halben, das sie andern Brot vnd Speiß verkauffet, ihnen aber vmb gelt nichts geben wollen, inmassen das sie mit ihnen geschlagen hetten, wo nicht Pfaltzgraue Ludwig geschieden.

In disen dingen kame Dietrich Ertzbischoff zu Cöln, Johannes Bischoff zu Wirtzburg, vnd Albrecht Graue zu Hohenloe, in Nammen der Key. May in das Leger der Vnderhandlung zu pflegen, welche auch angehnds Höwmonats zuwegen brachten, das sich die Heersgenossen abthedingen liessen vnnd die Spennungen auff etliche Mittel-Personen gesetzt wurden.

conf. Joh. Heinr. Rahn Eydgenoßische Geschichts-Beschreib. pag. 174.

Num. 44.

Num. 44.

Revers der Stadt Villingen, als sie sich in Grav Ludwigs zu Wirtemberg Schutz und Schirm ergeben hat. d. d. Allerheiligen 1406.

Wir der Burgermaister Raute Burger vnd die gantze gemainde gemainlich Rich vnd Arme der Statt zu Dilingen Bekennen vnd tund kunt offembar mit disem brief. Als vns der Hohgebornne Herre Hr Ludwig Graue zu Wirtemberg vnser gnediger lieber Herre von des durchluhtigen Hohgebornnen Fursten vnd Herren Hern Fridrichs Hertzogen zu Oesterrich zu Styre zu Kernden vnd ze Krain, Graue zu Tyrol ⁊c. och vnsers gnedigen lieben Herren erbte vnd besunder Fruntschaft wegen die sunder gnade getan vnd vns vnd das vnser In sinen vnd der Herreschaft zu Wirttemberg schirme genedenclich genomen vnd emphangen haut. Doch hat sin gnade dar Inne vßgenomen die vorgent vnser gnedig Herreschaft zu Oesterrich das sin gnade vns nit wider die schirmen sol als banne davon der Briefe den Wir von sinen gnaden versigelt inne haben aigentlicher vßwiset: des bekennen wir mit disem brief das wir dem vorgenanten vnserm gnedigen Herren vnd der Herreschaft von Wirtemberg vnd den Iren In allen Iren Kriegen geschefften nötten vnd sachen also dick sů ons darumb anrüffen des bedurffen oder begerend werdent, getrulich bygestendig berratten vnd beholffen sin süllend vnd wellend gen aller menglich niemman vßgenomen, denne allain vnser gnedig Herrschaft von Oesterrich vorgenant vnd die Iren, mit allem dem das wir vermügend zu gucher wise vnd In aller der masse, als ob vns das selbe angieng vnd vnser selbs sache vnd geschefte wer an gewerde. Wir sullen vnd wellen ouch dem obgenanten vnserm gnedigen Herren Graue Ludwigen vnd der Herreschaft zu Wirttemberg vnd den Iren die Stat Vilingen offen halten zu allen Iren nötten vnd geschefften vnd su vnd die Iren oder welich Ir gnad von Iro wegen dahin schicket, allezit dar In vnd baruß laussen, sich dar In vnd baruß zu behelffenn wider allermenglich vßgenomen vnser gnedig Herrschaft von Oesterrich vnd die Iren also dick, das der vorgenant vnser gnediger Herre vnd die Herreschaft zu Wirttemberg bedurffend vnd notdurftig werdent vnd vns das der vorgenant vnser gnediger Herre Graue Ludwig oder sin oder der Herreschaft zu Wirtemberg Hofmaister mit irem versigelten brief verkundend an gewerde: doch haben wir hierinne vßgenommen vnd nemmen ouch mit disem brief uß vnser gnedig Herrschaft von Oesterrich, das wir dem obgenanten vnserm gnedigen Herren vnd der Herreschaft zu Wirttemberg vnd den Iren wider dieselbe vnser gnedige Herrschaft von Oesterrich vnd den Iren nit hilfflich sin noch vnser Statt offen halten sullen an gewerde. Vnd solich Verschribund sol beider siete weren, beston vnd getrulich gehalten werden biß vf sant

Mar

Martinstag nehst somme vnd von demselben Sant Martinstag jeden gantze Jare die nehsten nauch einander volgende vnd darnauch also lang biß ain tail dem andern das ein halb Jar zuvor mit sinem offem versigelten Brieve vssagt, alles on geuerde. Vnd diß alles zu vrkunde So hand wir die vorgenanten von Villingen vnser gemainer Statt secrete Jnsigel offenlichen gehenckt an disen briefe, der geben ward vf allerhailigen abend des Jars do man zalt von Cristi geburt Tusend vierhundert zwaintzig vnd In dem Sechsten Jaren.

Num. 45.

König Sigmund empfiehlet Frauen Henrietten von Mömpelgard, Grävin zu Würtemberg das Closter Königsbronn für Gewalt und Unrecht zu schützen. d. d. Mittwoch nach Letare 1431.

Wir Sigmund von gottes gnaden Römischer König zu allen zeiten merer des Reichs ꝛc. Empieten der wolgebornen Heinrica von Mumppelgarten, Gräffin zu Wurtemperg, vnser lieben Mumen, vnser gnad vnd alles gut. Wolgeborne liebe Mume, vnß ist von wegen des Ersamen Johanns Abbts des Closters zu Konigsbronne, Grawes Ordens Jn Augspurger Bistumb gelegen, vnsers lieben Andächtigen furbracht mit Clage vnd erzelet. Wiewol er vnd sein Closter zu Königsbronnen von vnser vorfaren am Riche sälliger Gedechtnuß Römischen Kaysern vnd Königen manigfeldiclich begnadet vnd nemblich von dem Allerdurchleuchtigisten Fursten vnd Herren Kayser Carl vnserm Herrn vnd Vatter sälligen gefreit vnd begnadet sind, die wir Jn auch bestettigt haben, so werdent sie doch schwerlich daruber beschwerdt vnd oberladen, mit Hunden, Pferdten, Waidenleuten, diensten vnd gebotten, daß Jn daß zuvil schwer ist vnd in dheinen wege nit leiden noch getragen mögen, vnd wenne er vnd sein Convent des zu stunden nit willig gewesst sind, So ist es nun darzu komen vnd geschehen, das die Reuter vnd geraisigen Leute zu zwayen malen freffenlichen mit gewalt vnd gewapneter Hand, als wir vernomen, Jn das egenamt Closter gefallen sind vnd habend daselbst geraubet, genomen vnd zustöret, was da gewesen ist, Kelche, Bucher, messgewand, bete Plunder vnd allen Haußrath hinweg gefiert, vnd ist laider niemand, der sich anneme demselben Closter zu Hilffe oder schützung zu komen, also das kain Convent me da ist, dann zwen oder drey brüder wannnblen daselbst vß vnd Jne, vnd der Gottsdienst ist gar zustöret vnd gehindert, der etwan loblichen vnd groß daselbst gewesen ist, Solichs vns billichen wider vnd laid ist vnd vns darzu zu thun gepürt, Wann wir nu denselben Abbt sein Convent vnd Closter zu Königsbronne vnd Jre Leute vnd guter vormals in vnsern vnd des Reichs sunderliche Schutz vnd Schirm empfangen vnd

Besold docum. rediv. tit. Königsbronn n. X. pag. 656.

genomen haben, und sie doch durch andere unser, und des Reichs sachen, und geschäfften willen, selber allwege, als In dann wol not were, nit beschirmen mögen, So ist dir solich Closter also gelegen, das wir ein gut getruwen haben, das Du und din Amptlute demselben Closter wol mögest zu hilff komen, darumb begeren wir von dir mit gantzem fleisse, und geben dir auch vollen gewalt und gebieten dir auch von Römischer Königlicher macht, ernstlich und vesterlich mit disem briefe, das du dir dasselb Closter, mit seiner zugehörung lassest empfohlen sein den vorgenanten Appt und Conuent an unser Statt, fur unredlichem gedrang und Beschwerung fur Raub, Name, Zerstörunge und schaden und fur gewalt und unrecht, so ferne du magst, getrewlich und vestiglich schützest, schirmest, und handhabest und das deinen Amptleuten zu thun schaffest, das der Gottesdienst daselbst wider uffgericht und gehalten werde, daran thustu uns besunder Liebe und wolgeuallen und wir wöllen auch das geneblichen gegen dir erkennen, und das soll treten, biss uff unser wolgefallen, Mit urkundt diss briefs versigelt mit unser Königlichen Mayestat Insigel. Geben zu Nurnberg, nach Christi gepurt vierzehenhundert Jar und darnach in dem ains und dreissigsten Jare am nechsten mittwochen nach dem Sontag Letare, In der vasten, unnser Reiche des hungerischen in dem vier und viertzigsten des Römischen in dem ain und zwaintzigsten und des Bohemischen In dem allfften Jaren.

Num. 46.

Freyheitsbrief der Stadt Schiltach wegen des freyen Zugs und ihrs vergöunten Wochen= und Jahrmarkts. d. d. 13. Mart. 1430.

Wir Ludewig Graue zu Wirtemberg x. bekennen und tun kunt offembar mit disem brieff, Wann unser armenlute zu dem Stettlin Schiltach und ouch uff etlichen gutern zu Schiltach gehörig gesessen vast zu Armute gekomen und abgegangen, ouch die Maren am Stettlin vast gebresthafft, busselig und die güter zergangen sint, darumb das sie nu ouch das Stettlin und die Güter bestebaß wider gekomen und zu beliblichem stat gesetzt werden mogen, So han wir den vorgenanten unsern armen Luten die zu dem Stettlin oder uff den Gutern darzu gehörig und sitzend und sint und hienach zu ewigen ziten dar In oder daruff komen oder sitzen werdent fur uns und den hochgebornen unsern lieben bruder Ulrichen Grauen zu Wirtemberg und unser bryder erben die Freyheit und gnad getan und gegeben, tun und geben ouch den armenluten zu dem Stettlin und dem Flecken zu Schiltach und den höfen und gütern darzu gehörig und Jren nachkomen fur uns, den vorgenanten unsern bruder und unser erben sölich Freyheit und gnad als hernachgeschriben stet, das ist also, das die unsern und die uns zugehörn wol gen Schil

Schiltach oder vff die güter die dartzu gehörent ziehen mögent vnd welche die vnsern sich also gen Schiltach oder vff die guter dartzu gehörig ziehent vnd ouch alle die die yetzund da sint, mogent sich wol wider vnder vns ziehen vnd setzen, wa oder in welche Statt oder Dorffer sie wollent vnd niendert anderswar, Welche sich aber gen Schiltach in das Stettlin oder vff die guter dartzu gehörig mit dem Iren setzent vnd ziehent, die mit vnser sint, noch das zugehören, wenne dieselben nit met da sin oder beliben wollent, So mogent sie wol mit Wib vnd Kinden vnd allem dem Iren von Schiltach oder den guetern dartzu gehörig ziehen, wahin oder vn der Welche sie wollent one vnser, vnser erben vnd nachkomen vnser amptlute vnd menglichs von vnsern wegen Ierung vnd Hindernusse one geuerde, doch das die die also gen Schiltach oder vff die guter komen werdent vnd wider dauon ziehen wollent vns dauon tun sollent, als dann derselben Statt vnd der guter Herkomen vnd Recht ist, alles one geuerde. Wir haben ouch den obgenanten vnsern armen luten zu Schiltach dem Stettlin die yetzund da sint oder hienach In kunfftigen zu ten dahin koment furbas gefryet vnd begnadet befryen vnd begnaden sie mit disem brieff, das sie nu furbas zu ewigen zyten einen Wochenmarckt alle Wochen vff den zinstag vnd einen Iarmarckt iärlich vff Iacobi haben vnd halten sollen vnd mögent. Vnd dise obgeschriben gnad vnd Fryheit wollen wir den obgenanten von Schiltach vnd den die zu Schiltach gehören vnd Iren nachkomen fur vns vnd den obgenanten vnsern Bruder vnd vnser erben vnd nachkomen nu furbas zu kunfftigen vnd ewigen zyten halten vnd sie daby beliben lassen geuerd vnd arglist herInne gantz vsgenomen vnd des zu vrkund han wir vnser Insigel offenlich getan hencken an disen brieff, der geben ist zu Nurtingen an Montag nach Reminiscere Anno Domini MCCCC°. Tricesimo.

Num. 47.

Freyung der Statt Schiltach wegen der Müntze, daß sie ire Steur in der Müntz geben sollen, welche um Stuttgard gäng und geb ist.
d. d. 7. Dec. 1431.

Wir Ludwig Graue zu Wirttemberg ꝛc. bekennen vnd tun kund offembar mit disem Brieff fur vns vnd den Hochgebornen vnsern lieben Bruder Vlrichen Grauen zu Wirtemberg vnd vnser erben, als vnser lieb getruwen die armen lut zum Stettlin Schiltach den dörffern, höffen vnd Wälern dartzu gehörig Ir stür zins vnd gült mit Strasburger werung bissher bezalt haben vnd bezalen sollen. Wann sie nu vast zu Armut gekomen vnd abgegangen sint, das sie ir Ierlich stür vnd zins nit wol geben können vnd darumb so haben wir In solich gnad getan vnd tun In ouch die fur vns den vorgenanten vnsern Bruder vnd vnser erben wissentlich mit disem brieff, das wir von Jn diß nechstkünftigen zweintzig Jar nachainander der Münß die vmb Stutgarten geneme vnd gebe ist, als menig Pfund nemen sollen vnd wollen als menig pfund sie vor an Strasburger muntze vnd werung geben hond one geuerde. Vnd wenne die nechstkunftigen zweintzig Jar vßgekomen vnd verruckt sint, So sol diser brieff tod vnd krefftloß vnd vns vnsere recht als vor geben diß brieffs behalten sin alles one geuerde. Vnd beß zu warem ob sem vrkunde hon wir vnser eigen Jnsigel geton hencken an disen brieue, der geben ist zu Kirchen an Frytag nach sant Nielaustag Anno Domini MCCCL°. Tricesimo primo.

Num. 48.

Lehenbrief Heinrichs von Gültlingen um die gegen das Burgstal Hürgenstein zu Lehen gemachter Güter zu Entringen. d. d. 24. nach Ulrici 1431.

Wir Ludewig Graue zu Wirtemberg ꝛc. bekennen vnd ton kunt offembar mit disem brieff für vns vnd den hochgebornen vnsern Lieben Bruder, Vlrichn Grauen zu Wirtemberg, das wir Heinrichn von Gültlingen, Burckarts von Gültlingen seligen Sune, Hurgenstein das burgstal mit siner zugehörde, das er von vns zu Lehen gehapt hat, geeignet vnd zuerkösen gegundt habn, eygnen vnd günden Jm das also zu verkösen mit disem brieff für vns vnd den vorgenanten vnsern Bruder vnd vnser erben, vnd dawider so hat vns derselbig Heinrich von Gultingen für sich vnd sin erben zu eigen gegeben alle sine güt, zins vnd gülte, die er in zwingen vnd Bennen zu Entringen ligen hat, also das er vnd sin erben dieselben güt, zins vnd gulten von vns vnd vnsern erben vnd der Graffschafft zu Wirtemberg nu furbas mer Ewicklich zu rechtem manichen empfahen vnd haben sullnt, nach Lut des brieffs den wir darvm von Jm haben, dar Jnne die vorgeß güt zins vnd gultn von Stuck zu Stuck eigentlich beschriben stont vnd wir haben Jm die vetzgenanten Guter, Zins vnd gulten zu Entringen mit allen vnd yeglichen Jren Rechten Nutzen vnd zugehörden zu einem rechten Manlehen geluhen mit worten vnd mit handen, als ist vnd gewonlich Lehen sint zu Lihn vnd was wir Jme von vnsern vnd des obgenanten vnsers Bruders wegen bilich vnd von Recht daran lihen sulln vnd mögn vnd lihen Jm die mit disem brieff, doch vns vnsern Erben vnd Mannen vnser Recht behalten vnd vns daran vnschuldig vnd er sol vns davon ton vnd gebunden sin als Lehenman sinen rechten Lehen-Herren von Jrem Lehen schuldig vnd pflichtig ist yetzond by dem eyde, den er vns her vm liplich zu gott vnd den heiligen gesworn hat on alle geuerde, vnd des zu vrkund hon wir vnser Jngeß gel ton henken an disen brieff der geben ist zu Nürttingen an Dornstag nach Sant Ulrichs tag Nach Cristi geburtt als man zalt vierzehenhundert drißig vnd ein Jare.

* Lunig Reichs-Arch. part.spec.contin.III. p.231. vnd in der Ritterſch. Deduction contra Wirtenb. peto Laubfaß. Beyl. 27. wird des Heinrichs von Gültlingen Lehen-Revers vorgelegt.

Num. 49.

Versicherung Grav Ludwigs vnd Ulrichs zu Wirtemberg gegen Pfalzgrav Ludwigen von Bayern, daran zu seyn, daß die Graven von Zollern ihn an dem Besitz der Burg vnd Stadt Hechingen vnd des Dorfs Meßingen nicht irren sollen. d. d. 6. Jan. 1432.

Wir Ludwig Graue zu Wirtemberg Bekennen vnd ton kunt offembar mit disem brieff allen den, die In ansehent oder horent lesen, alz der hochgeborne Furste vnd Herre Her Ludwig Pfaltzgraue by Rine des heiligen Romischen Richs Oberster Truchsess etc. vnser lieber Herre vnd Sweher Hechingen burg vnd statt vnd Meſſingen das dorff mit Ir zugehörungen von dem Hochgebornen Fürsten vnserm Lieben Oheim Marggrauff Jacob von Baden vmb solich sume geltes darumb es Jme dann von Grave froderich von zolre genant der Oetinger vnd graue Fryten von zolre dumher zu Straßburg gebrudern In pfandes wise gestanden hat vnd zu sinen handen bracht hat, des versprechen gereden vnd geloben wir Incrafft diß brieffs getruwlichen dar fur zu sin vnd zuverwaren, das der Edel grauff Ytelfritze von Hohenzolre oder yemand anders die mit jne als lange der obgenant vnser lieber Herre vnd Sweher Herzog Ludewig der Pfaltzgraue die vorgenant Burg vnd statt Hechingen vnd Meſſingen das dorff mit Ir zugehorungen Inne vnd zu sinen handen hatt, dar zu nit griffen leidigen oder bescheidegen sölle In dehein wise vnd ob das were das der vorgenant graue Ytelfritze oder yemand anders zu den vorgenannten Slossen Burg vnd stat Hechingen vnd Meſſingen oder Iren zugehörungen griffen oder beschedigen wurde, So sollen vnd wollen wir Ludewig graue zu Wirtemberg dem vorgenanten vnserm lieben Herren vnd Sweher Herzog Ludewig mit vnser Ritterschafft Landen vnd Lüten vnd aller vnser gantzen macht darwider getruwlichen beholffen vnd beratten sin den vorgenanten graffe Ytelfritzen vnd ander die darzu griffen werden darzu zu bringen, das das dem obgenanten vnserm lieben Herren vnd Sweher abgetragen vnd gekeret werde zu glicher wise vnd In aller der masse alz ob vns vorgenantem graue Ludwig von Wirtemberg das selber geschehen were alle geuerde vnd arglist gentzlich vßgescheiden. Vnd des zu Urkunde vnd vestem gezugnuſse So haben Wir Ludwig graue zu Wirtemberg obgenant dem obgenant vnserm lieben Herren vnd Sweher Herzog Ludewig dem Pfaltzgrauen

grauen disen brieff geben versigelt mit unserm anhangendem Ingesigele, datum Bretheim In festo Epiphania Domini Anno ejusdem Millesimo quadringentesimo Tricesimo Secundo.

Num. 50.

Verschreibung Grav Ludwigs zu Wirtemberg gegen Marggrav Jacob von Baden, daß er der Losung zu Hechingen und Messingen statt geben wolle.
d. d. 17. Jan. 1432.

Wir Ludewig graue zu Wirtemberg Bekennen und ton kunt offembar mit disem brieff allen den die In sehent oder horent lesen, als der hochgeborn furste und Herre Her Ludewig Pfalzgraue by Rine etc. unser lieber Her und Sweher Hechingen Burg und statt und Messingen das dorff von dem Hochgebornen Jacob Marggraue zu Baden unserm lieben Oheim umb soliche summe gelts (*), als Ime die von den grauen von Zolre stunden, gelöset und uns die furbaß umb dieselben summe geltes versetzet und Ine gegeben hat, des versprechen geretten und geloben wir fur uns, Graue Ulrich von Wirtemberg unsern Bruder und alle ander unser erben mit guten truwen In crafft diß brieffes das wir und dieselben unser erben dem obgenanten unserm Oheim Marggraue Jacob von Baden und sinen erben der Losung an Hechingen und Messingen gehorsam sin und statt tun sollen und wollen nach lute des brieffs den Im der vorgenant unser lieber Herre und Sweher daruber gegeben hat all Geuerde und Argelist genzlich uβgescheiden und des alles zu urkunde und vestem gezugnuß so haben wir unser eigen Ingesigel fur uns und unser erben an disen brieff gehangen, der geben ist uff sant Anthonien des heiligen Bichters tag Anno Domini M°CCCC°XXXII.

(*) Dise Summe war 2980. Gulden.

Num. 51.

Verschreibung Grav Ludwigs zu Wirtemberg, daß er Grav Itelfrizen von Zollern Hechingen Burg und Stadt über Zwey Jahre wieder geben solle. d. d. Freytag nach Erhardi (11. Januarii) 1432.

Wir Ludewig graue zu Wirtemberg etc. Bekennen und tun kunt offembar mit disem brieff, Als der Hochgeborne furste und Herre Her Ludewig Pfalzgraue by Rine des heiligen Römischen Reichs Oberster Druchsäß und furseher der Lande des Rines zu Swaben und des frenckischen Rechten und Herzog in Pevern zwuschent dem Hochgebornen Jacoben Marggrauen zu Baden unserm lieben Oheim und uns zu Brettheim betedingt hat, das derselb unser Oheim Marggraue
Jacob

Beylagen.

Jacob dem vorgenanten vnserm lieben Herrn vnd Swoher Hechingen vnd Mess-
fingen mit Ir zugehörde fur sovil Geltes als es Im stett, mit namen acht vnd zweintzig hundert vnd achtzig gulbin In pfandswise Inegegeben hat, die die nechsten
zwey Jare zu sinen Handen Inne zu haben vnd vns die furbaß zu vnsern handen
zu geben, als dann das die brieff eigentlicher besagent die wir darumb zu beider site haben bes geredten geloben vnd versprechen wir mit disem brieff fur vns vnd vnsern lieben bruder Vlrichen Grauen zu Wirtemberg vnd vnser erben das wir dem
wolgebornen Ytelfritze grauen zu zolre vnserm lieben Oheim oder sinen elichen Su-
nen die von der Muter grauen oder frowen genoß sint Hechingen Burg vnd statt
mit Ir zugehörde von vnser lieben Frowen tag Liechtmeß nechstkompt ober zwey
Jare die nechsten zu Iren handen geben vnd antwurten sollen vnd wollen one Intrag Widerrede vnd one geuerde. Es were dann das das hiezwuschent gelöset
wurde nach lute der brieff darüber zu Brettheim vff der heiligen dryer Küng tag
nechstvergangen gegeben. Wir sollen vnd wollen ouch dem vorgenanten vnserm
lieben Oheim graue Ytelfritzen oder sinen vorgenanten erben von Hechingen mit
siner zugehörde die gülte nutzung vnd velle die vber die amptlute vnd Knechte die
obgenant zite geuallent geben vnd volgen lassen, doch als wir das gelte vorgeluhen
haben, damit man Hechingen vnd Messingen gelöset hat, was sich da der sume
triffet uber das das Messingen gestanten ist, das ist nemlichen zwey Tusent hundert vnd drissig gulbin das graue Ytelfritz vnd sin erben vns vnd vnsern erben die
schuldig sin vnd ve von zweintzig gulbin einen gulbin zu gülte das sich an einer Sume Hundert vnd Sybenhalben gulbin triffet alle dieruile vns die schuld vnbezalt
vßstett geben sollent, als er sich dann des In einem schuldbrieff den wir darumb
von Im haben verschriben hat, so sol vns vnd vnsern erben Messingen mit siner
zugehörde zu vnsern handen werden vnd beliben, were aber ob zu Losung keme
nach lute der brieff darrüber gegeben so sollen vns vnd vnsern erben die vorgenanten acht vnd zweintzig hundert vnd achtzig gulbin darumb die losung an Hechingen
vnd Messingen geschicht werden vnd sollen wir Graue Ytelfritzen oder sinen erben
alzdann den schuldbrieff binuß geben, wann sie vns darnach vmb die schuld vnd
gülte nit mer schuldig sin sollent geuerde vnd arglifte in allen vorgeschriben sachen
gentzlich vßgescheiden vnd des alles zu warem vrkund han wir vnser eigen Insigel
tun hencken an disen brieff der geben ist zu Stutgarten an frytag nach sant Erharts-
tag Nach Cristi gepurt als man zalt vierzehenhundert drissig vnd zwey Jare.

Num. 52.

Num. 52.

Deren von Stuttgard erhaltene Gnad ihre Kinder, welche sich wider ihrer Eltern Willen verheuraten, enterben zu dörfen.
d. d. Pauli Bekehr. 1432.

Wir Ludwig Graue zu Wirtemberg ꝛc. bekennen und tun kunt offembar mit disem brieff, wann uns unser lieb getruwen der Vogt die Richter und Burger gemeinlich unser Stat zu Stutgarten furbracht hond wie sie von unsern vordern seligen begnadet werent worden, wehn sich Ir eins kind es wer ir ains oder mer verenderte und zu der heiligen Ee griffe one sines Vatters oder Muter wissen und wider Iren willen das dann dieselben sin Vatter und muter oder Ir eins ob eins vor dem andern abgienge dasselb oder dieselben sine Kinder wol enterben möchtent, des sie ouch brieff gehabt habent, die sie aber verloren haben und haben uns gebetten in solich löblich gut sach und gewonheit zu ernuwern zu bestetigen und zu krefftigen, also haben wir solich ir bett gütlich erhöret und ernuwern krefftigen und bestetigen den obgenanten von Stutgarten und Iren nachkomen fur uns und unsern lieben Bruder Ulrichen Grauen zu Wirtemberg und unser beider erben, Wenn das wer das sich der vorgenanten unser burger und hindersessen zu Stutgarten kinder eins oder mer wieuil der were zu der heiligen ee griffe und sich veränderte mit ainem elichen gemächid one sines Vatters und Muter und wider Iren willen oder das sich derselben unser Burger und Hindersessen Kinder eins oder mer gegen Vatter und Muter oder gegen Ir einem verhandelte und verwürckte mit solichen sachen, darumb sie von Vatter oder Muter billich zu enterben werent, das dann desselben oder derselben Kind Vatter und Muter sie beide oder Ir eins nach des andern tod dasselb oder dieselben Ire kind wol enterben und Ir gut das denselben kinden zugefallen und worden solt sin an ander end durch gott oder durch Ir selen Heiles willen oder andern iren kinden oder fründen geben und ordenen mögen, doch das solich geben und ordenen das Vatter und Muter oder Ir eins ob eins vor dem andern abgienge tun würden nit geschee noch geton werd usserthalb unser Herschafft und das uns unserm lieben Bruder und unsern erben unsere recht zu den guten behalten sin und das man dauon tue alsdan by denselben guten gewonlichen und herkomen ist und des zu urkund so hon wir unser Insigel fur uns und den vorgenanten unsern lieben Bruder und unser beider erben offentlich tun hencken an disen brieff der geben ist zu Nürtingen an sant Pauls aubend als er bekert ward anno Domini MCCCC Tricesimo secundo.

Num. 53.

Beylagen. 89

Num. 53.

Grav Ludwig zu Wirtemberg nimmt den Weyh-Bischoff zu Costenz
in seinen Schutz und Schirm. d. d. 18. Maji 1432.

Wir Ludwig Graue zu Wirtemberg ꝛc. Enbieten allen Fürsten Grauen fryen Herren Ritter Knechten Stetten und besunder allen den die durch unsern willen tund und lassend unsern fruntlichen Dienst grus und alles gut zuvor. Wir lassen uch wissen das wir den Erwirdigen unsern lieben besundern Herrn Johans Bischoff von Cosarya unsers lieben Herrn und Oheims Bischoffs zu Costenz Suffraganyen in unsern Schirm und besunder gnad dise nechstkünfftigen vier Jar genomen und empfangen haben. Herumb so bitten wir uch all und unwer yeglich besunder fruntlich mit gantzem ernst, das Ir uch den vorgenanten Hern Johansen empfolhen wollend lassen sin und in und das sin durch uwer Land und gebiet unbekumert sicher ritten farn und wandeln lassen wollend, das wollen wir umb uch und uwer yeglichen besunder fruntlich verdienen und mit gutem willen verschulden, und des zu Urkunde haben wir unser Ingesigel offenlich geton hencken an disen Brieff der geben ist zu Nurtingen uff den Sontag Cantate Anno Dñi MCCCC°XXX secundo.

NB. Diser Schutzbrief ist zu Stuttgard am Sambstag vor Cantate 1435. wieder in der nemlichen Form und hernach zu Waiblingen am Freytag vor Pfingsten 1439. auf fünf Jahre ernewert worden.

Num. 54.

Einungsbrief Grav Ludwigs zu Würtemberg, als er denen Speten
erlaubte ihre lehenbare Burg Hohenheim an dem Spital zu Eßlingen zu verkaufen, dagegen sie ihm ihr Dorf Aicheuloch zu eygen gegeben um solches als Lehen hinfür zu besitzen. d. d. 28. Jan. 1432.

Wir Ludwig grauen zu Wirtemberg ꝛc. bekennen und tun kunt offenbar allermenglich mit disem brieff für uns und den Hochgebornen unsern lieben Bruder, Ulrichen Grauen zu Wirtemberg und für alle unser beider erben, nachkomen und unser Herschafft zu Wirtemberg, als Hohenhain die Burg mit aller zugehörunge Es syen Acker Wosen, Holtz Veld, Wasser Weid Huser, schuren, garten, zinse gult lut und gut und alle andere zugehörunge dartzu gehörig nutzit uße genomen von uns und unser Herschafft zu Wirtemberg zu Lehen gerürt hat und gegangen ist, Also ouch das der veste Aulbrecht Spätt unser Hoffmeister und lieber getruwer an sin und siner gebruder statt mit namen Dietherrs und Hansen Spätten wegen von uns zu lehen empfangen und ingehapt habent, Also so hand uns
(M) die

die vorgenanten Aulbrecht, Dietrich vnd Hans spdten gebruder ernstliche vnd vlissiglichen gebetten, das Wir In vnd Jren erben vnd nachkomen solich vorgeschriben Lehen mit namen Hohenhain mit siner zugehörde, als obgeschriben statt zu eigen geben vnd machen, So wollen sie vnd vnsern erben vnd vnser Herschafft dafur vnd dagegen ir aigen dorff mit namen Aichenloch zu Lehen machen an statt des vorgeschriben Lehens, das doch besser ist den Hohenhain, das obgeschriben Lehen, Also so haben wir Ir ernstliche vnd vlissig bette getruwe dienst, die sie vnd Ire vordern vnd vnsern vordern dicke vnd vil geton habent vnd noch in kunfftigen zyten wol tun mogen vnd ouch vnser vnd vnser Herschafft nutz dar Inne angesehen, Denn sie haben vns das vorgenant Jr eigen dorf aichenloch mit siner zugehörde zu aigen gegeben vnd das wider von vns vnd vnser Herschafft zu Wirtemberg zu rechtem mannlehen empfahen vnd wir haben ouch das vorgenant Hohanhain mit siner zugehörde tun schriben vß vnserm Sal vnd Lehenbuch vnd das vorgenante Dorff Aichenloch mit siner zugehörde dafur vnd an des Statt Ju vnser Sal vnd Lehenbuch geton schriben, vnd wir haben In solich obgeschriben lehen vnd gůter mit namen Hohanhain mit siner zugehörde als obgeschriben statt geaigent vnd aigen Inne ouch das mit Crafft diß brieffs In vnd allen Jren erben vnd nachkomen and allen den die solich obgeschriben gůter furer me zu ewigen zyten Jnnhabent fur vns, alle vnser erben nachkomen vnd vnser Herschafft zu Wirtemberg vnd wir verzichen vns ouch mit Crafft diß brieffs also uff das fur vns vnd den obgenanten vnsern lieben Bruder Ulrichen grauen zu Wirtemberg, vnser beider erben nachkomen vnd vnser Herschafft zu Wirtemberg aller der recht vorderunge vnd ansprache, die wir von Mansschafft vnd Lehenschafft wegen darzu gehebt habent, alles vngeverlichen. Des alles zu Vrkunde So haben wir vnser Jnsigel fur vns vnd den vorgen vnsern lieben Bruder vnd vnser erben offenlich geton drucken an disen Brief, der geben ist zu Nurtingen an Mentag ver vnser lieben Frowen Liechtmeß Nach Cristi gepurt als man zalt vierzehenhundert drissig vnd zwey Jare.

Num. 55.
Lehen-Revers der Späten gegen Gr. Ludwigen vnd Ulrichen zu Würtemberg um das Dorf Aichenloch. d. d. 26. April. 1432.

Ich Albrecht Spätt Hushofemeister miner gnedigen Herren von Wirtemberg vnd Ich Hanns Spätt gebrüder, Bekennen vnd tun kunt offenbar mit disem brieff, als die hochgebornen Herren Hern Ludwig vnd Hern Ulrich gebrüder grauen zu Wirtemberg vnser gnedig Herren die besunder gnad getan vnd vns die burg Hohenhein mit Ir zugehörd als die Lehen von Iren gnaden gewesen ist, geeigent

eigent vnd gen dem Spittal zu Eſſlingen zu verkouffen gegönnet hand nach des
brieffs ſag vns von Jn darüber gegeben, deß bekennen wir daz Wir den vorgenanten vnſern gnedigen Herren, Herrn Ludewigen vnd Hern Ulrichen gebrüdern
Grauen zu Wirtemberg Jren erben vnd der Herſchafft zu Wirtemberg für vns
vnd vnſer erben dawider zu rechtem eigen gut vff vnd Jnne gegeben haben mit
hand vnd mit mund zu den zyten vnd an den Stetten als daz billich vnd von recht
krafft vnd macht hat, haben ſol vnd mag vnd geben Jn ouch alſo zu rechtem eigen mit rechter wiſſen mit diſem brieff Aichenloch vnſer Dorff vff der Alb gelegen
mit Vogty gerichten zwingen bennen Luten guten Sturen zinſen gülten, Ackern,
Wiſen, Holtze velde waſſer wunne vnd weyde vnd aller gewaltſame vnd zugehörung nichts vßgenomen vnd alſo hand vns die obgenanten vnſer gnedig Herren
ouch die gnad getan vnd hand vns daz vorgenant dorff Aichenloch mit ſinen rechten nutzen vnd zugehörden Jnmaſſen vnd vorgeſchriben ſtett zu einem rechten Manleben geluhen mit worten vnd mit handen alz dann ſitt vnd gewonlichen Lehen ſind
zu lihen, doch Jn vnd Jren erben Jre recht behalten vnd Jn daran vnſchedlich,
vnd ſie ſollent ouch daz vns vnd vnſern Lehenserben zu einem rechten manleben lihen, Alz dicke ſich daz gepuret vnd alſo ſol daz vorgenant Dorff Aichenloch mit
ſinen rechten nutzen vnd zugehörden nu furmer ewenclich von den egenanten vnſern
gnedigen Herren Hern Ludewigen vnd Hern Vlrichen gebrudern grauen zu Wirtemberg Jren erben vnd der Herſchafft zu Wirtemberg zu rechtem manlehen rüren vnd empfangen werden alz andere Jre manlehen, vnd wir ſollent Jnen dauon tun vnd gebunden ſin alz dann Lehensman Jren Lehenherren von Jren Lehen
ſchuldig vnd vflichtig ſind zu tunde by den eyden die wir Jn herumb liplich zu gott
vnd den heiligen geſworn han, alles one geuerde, vnd deß alles zu warem offen
vrkunde han wir vnſere eigen Jnſigel fur vns vnd vnſer erben gehenckt an diſen
brieff der geben iſt an Samſtag nach Sant Georyentag anno dńi MCCCC
Triceſimo ſecundo.

Num. 56.

**Bundnuß Gr. Ludwigs vnd Vlrichs zu Würtenberg uf den Landfrie-
den mit der Stadt Eſſlingen Reutlingen vnd Weil. d. d. Jacobi Abend 1434.**

Wie Ludewig vnd Wir Vlrich Gebrüdere Grauen zu Wurtemberg ꝛc. bekennen vnd tun kund offenbar mit diſem brief,
wann das iſt, das uſſer der tugend des fryden ander Tugend
wachſent vnd flieſſent, dardurch Gott manigvalteclich gelobt,
Land vnd Leut beſchirmet werden vnd daß allermencklich vnbekumbert belli-
bet, vnd daß ouch der Bilgrin, Lantfarer, Kauffmann vnd Kauffmannſchafft
vnd alle ander erber vnd vnverſprochen Lut, ſie ſyen geiſtlich oder weltlich beſter
ſichter

Dant de pace
publ. pag.
90. ſeq.

Beylagen.

ſicher gewandlen mugent, darumb ſo haben wir gar beratenlich mit gutem fürſetzen wolbedachtem mut vnd rechter wiſſen dem allmechtigen Gott vnd ſiner lieben Mueter Marien zu Lobe dem heiligen Römiſchen Ryche zu Wirde vnd zu Eren vnd gemainem Land zu nutze zu ſriben vnd zu gemache vns mit vnſer beiden Landen Lüten vnd den vnſern vnd die vns zuverſprechen ſten, ſie ſyen geiſtlich oder weltlich, zu den Erſamen Wyſen Burgermeiſtern, Roten vnd allen Burgern gemeinlich diſer nachbenempten des heiligen Römiſchen Ryches Stetten mit Namen Eſſlingen, Rutlingen vnd Wile in ſolicher maß, alß hernachgeſchriben ſtet vereinet vnd verbunden: by dem erſten, ſo haben wir In verſprochen vnd verhaiſſen, ob jemand wer der were die vorgenanten Ryche-Stette gemeinlich oder Ir eine oder mer beſunder oder ir burger, diener oder ander die Iren geiſtlich oder weltlich Perſonen, Edel oder Vnedel, die In zuverſprechen ſten, angriffe oder beſchedigte mit mord mit robe mit brande, mit vnrechtem vahen oder mit vnrechtem widerſagen oder ſie von Iren guten Gewonheiten, Friheiten, rechten, gnaden oder brieven, die ſie von Römiſchen Kaiſern oder Kungen bißher bracht erlangt vnd erworben hant, triben oder tringen wolte oder es were an Iren Sloſſen, Lüten oder guten mit gewalt oder widerrechts vf waſſer oder vf Land, das dann wir mit vnſern Landen vnd Lüten vnd wer zu vns gehört, In darzu getrulichen ſollen vnd wöllen beraten vnd beholffen ſin, alßbald wir, vnſer amptlute oder die vſſern des innen oder gewar werden oder von In oder von den, den der ſchad widerfaren vnd geſcheen were oder von jemand anders von iren wegen darumb zu friſcher getat gemant werden mit nachylen mit zuruffen vnd mit allen andern ſachen die darzu gehören nach allem irem beſten von einem mittemtag biß zu dem andern zu glicher wiſe vnd in aller der maſſe, alß ob vns das ſelbs angieng vnd das das ſelb geſcheen vnd widerfaren were one alle geuerde. Ouch wellich Herrn Ritter vnd Knechte oder ander vnſer diener, die dann Land oder Lüt hand, diſer eynung von manung vnd ylens wegen zu friſcher getat von den vorgenanten Ryche-Stetten genieſſen vnd zu den Iren warten wöllent, die ſollent geloben vnd ſweren in einem halben Jaure dem nehſten nach anegang diſer eynung In vnd den Iren widerumb ſolicher manung vnd nachylens zu friſcher getat, als vorgeſchriben ſtett, auch ſtatt zu tunde vnd den ſolichs ylens zu friſcher getat von den egenanten Ryche-Stetten vnd den Iren geworten vmb Ir ſelbs eigen ſachen alb die von vnſer oder der vnſern wegen dorrürten. Doch ob ſie ymands anderen Helffere weren oder wurden alß vmb fremd ſachen, das nit ir eigen Ding were, dorrürten vnd dorinne ſie in offenen Kriegen vnd angelaſſen vintſchafften begriffen weren oder wurden, darumb vnd darinne ſollen In die egenanten Ryches-ſtett noch die Iren, als vorbegriffen iſt, ſolches ylens zu friſcher getat nicht ſchuldig noch pflichtig ſin in deheim wiß an alle geuerde. Aber wellich Herrn, Ruter vnd Knecht oder ander

vnſer

Beylagen. 93

vnser Diener sich deß begeben vnd solichs pfens zu frischer getat weder geniessen, noch entgelten wölten, gegen denselben sol es vmb ander Hilf vnd puncten vnser vnd vnser Diener vnd die vnsern antreffende beliben nach vßwisung diser vereinung ane geuerde. Were es aber sach, das solich obgenant geschicht vnd angriff also geschaffen vnd gestalt weren, das sich zu frischer getat nit soltent noch möchtent erobert vnd vßgetragen werden vnd die vorgenanten Rychs Stett meintent, das Wir In furbas bilfflich sin solltent vnd wir meintent, das sich der oder die, die dieselben Rychs Stett bekriegen wöltent, so verglichen erbietent, das wir in der Hilff nit pflichtig werent, so sollen wir einen gemeinen nemen vß der egenanten Rychs Stett reten, zu dem soll yeclich teil drye setzen vnd nit darunter vnd erkennent sich die oder der mererteil vnder In, daß wir In solicher Hilff nach lut diser eynung pflichtig sin, So sollen wir In furbaß helffen vnd vier mit Glenen zu Roß erber vnd wolerzugeter Lute on alle geuerd schicken vnd senden vnd solich erkennen soll geschehen in vierzehen tagen den nechsten nach dem vnd wir von den egenanten Rychsstetten von In selb oder Jren gewisen botten oder brieven vmb solich Hilff gemant werden: So sollen ouch die vier mit Glenen nach solichem erkennen in acht tagen den nechsten von Huße vßryten vnd och fürderlich volle ryten an die Stett, die vns von den vorgenanten Rychs Stetten benennet vnd verkündet werden vnd Jren Houptluten, die In von der Stett wegen zugegeben werden, vf die vind zuryten vnd sie zu beschedigen gehorsam sin, vngeverlich: vnd dieselben vier mit Glenen, die in also zu dienst geschickt werdent, sollent och das tun auf vnser selbs costen schaden vnd verlust, als lang biß solicher schad widerkert vnd abgeleit wirdet, ane alle geuerde. Beschehe es aber, daß die sach als hefftig vnd mechtig würde oder were, daß man sie mit der zal des obgenanten volkes nit erobern noch vßgetragen möchte vnd daß die vorgenante Rychs Stette meintent, daß sie vnser Hilff furbas vnd über die obgenanten Sumen Glen bedörffen vnd notturfftig weren vnd vns dorumb manten, so soll vns aber ein gemeine vß der egenanten Rychs Stett Reten genomen vnd dorzu von beidenteilen gesetzt werden, innmassen als vorgeschriben stet vnd wie sich die oder der merer teil vnder In vf ere vnd eyde erkennen, was hilff man furbas dorzu notturfftig sye, nachdem vnd dann dieselb sach an ir selbs gestalt vnd geschaffen were, dieselb Hilff soll auch dann in einem Monat dem nechsten darnach volgen vnd beschehen vnd sollen wir auch damit zuziehen vnd zukeren vnd ouch In beraten vnd beholffen sin in aller der wiß, so vorgeschriben stett vnd als ob das vnser eigen sach were, alß lang, biß daß solch angriff aber erobert vnd abgeleit werdent, ane alle geuerde. Vnd were es, daß man also von der vorgenanten geschicht wegen zu velde ligen vnd beseß haben würde, were denn das die vorgenanten Rychs Stett oder die Jren, als vorgeschriben stet, mit der vorgenanten Hilff, so die manung ir were, vnd von Jren wegen dannen

(M) 3

nen gienge, ocht Sloß oder gevangen gewunnent oder oberkement, mit denselben Slossen vnd gevangen mögen sie geforen vnd tun, wie sie wöllen an vnser vnd der vnsern Irrung vnd Widerrede: doch also, was gevangner mit solicher vnser Hilf, als obgeschriben stet, von den vnsern in redlicher Vindschafft niderlegen vnd gevangen wurden, dieselben gevangen sullent sie halten nach Kriegsgewonheit vnd doch also, das sie versorgen sullent, so sie best mögent, one alle geuerde, das vns vnd den vnsern dehein schad davon mer versttand noch widerfar an alle geuerde, doch das die vorgenanten Rychs Stett vnd die Iren, als vorgeschriben stet, was kosten vnd schaden daruber gienge vnd wachsen würde, von Gezüge oder werkflute wegen, vorgeben, vsrichten vnd bezalen söllent vns vnd den vnsern on vnserm schaden, doch also beschaidenlich, ob das were, das sie vnsers oder der vnsern, welich denn den sachen allerbaßt gelegen weren, gezügwerk oder werklute dorzu bedörffen wurdent, vnd vns dorumb beten vnd manetent, das wir in dann den oder die dorzu fürderlich lihen sollen vnd den ouch sie holen vnd wider an die stette, da sie in holen, antwurten söllent on vnser vnd der vnsern schaden vngeuerlich. Wann auch wir von den vorgenanten Rychsstetten oder den iren, als vorgeschriben stet, vmb Hilff gemant werden, es, das in von vns vmb Hilf zugesprochen were, so söllen wir in doch mit der egenanten Hilff getruwlichen beraten vnd beholffen sin vnd ouch In die schicken vnd zusenden, wie doch das were, das wir vf dieselbe zu selbs zu schaffen hetten: also das mit Namen die erst Manung alleweg vorgen vnd der gnug gescheen sol ane alle geuerde vnd doch mit solichem vnderschid, wiewol das were, daß die erst manung vnser were, were dann ob jemand die vorgenanten Rychs Stette, die Iren oder die In zuversprechen sten mit gewalt oder widerrechts vberziehen oder belegern wolte, das dann wir, ob Wir von In darumb ermant werdent, mit vnser gantzen macht darzu ziehen söllent dem helffen ze widersten glicherwise, als ob es vnser eigen sach were vnd vns selbs angienge. Were auch ob jemand In, den Iren vnd die In zuversprechen sten vnredlich vindschafft oder schaden zuzuge oder zuziehen wurde, Wann dann wir von In ermant würden, so söllent wir derselben vinde vnd Ir Helffer wider sie werden vnd denselben vintlichen tun mit allen sachen, die darzu gehören, zu glicher wise, als ob es vns selbs angienge. Were aber das wir meintent, das sich die vorgenanten Richs Stette gegen den, die sie also befriegentent oder in vintschafft zuzugent, nit so vollecklichen zu recht erbuttent, das wir In der Hilff pflichtig sin söllend nach lut diser ordnung, so söllent wir einen gemeinen nemen, vß der egenanten Richs Stett Reten, zu dem sol Jeglich teyl drye setzen vnd nit dorunder vnd erkennent sich die oder der mererteyl vnder In vf ere vnd eyde, das wir in der Hülf nach lut diser ordnung pflichtig sin, so söllend wir auch zu stund von irentwegen denselben entsagen vnd ir Helffer wider sie werden vnd in helffen inmassen als vorgeschriben stet: also doch, daß alleweg der er-

sten

Beylagen.

ſten manung, als vorgeſchriben ſtet, gnug geſchehen vnd der nachgenden manung ouch nachgegangen werden ſoll: in der maß, als vor erlut hat, alles getrůwlich one alle geuerde. Vnd das erkennen ſol ouch geſcheen in vierzehen tagen den nechſten vnd nachdem vnd die manung vnd die hilff geſcheen iſt. Ouch wenne die vorgenanten Stett vmb hilff, als vorgeſchriben ſtet, gemant hond vnd ſie denne zumal hauptlute des Kriegs ſint, ſo ſollent ſie als dicke es ſich geburet, verſorgen, ſo ſie beſt mögend, vngevörlich, daß niemand, der des kriegs nit ſy, beſchediget werde. Es ſollent ouch den vorgenanten Rychs Stetten vnd den Iren, als vorgeſchriben ſtet, all vnſer Stett, Veſten, vnd Sloß vmb all vorgeſchriben ſachen, darumb in hülff erkennet wurdet, offen ſin, ſich daruß vnd dar Inne zubehelffen one alle geuerde. Dorzu ſollen wir, vnſer amptlut noch die vnſern der vorgenanten Rychs Stett, noch der Jren vinde vnd die ſie wider diß vorgeſchriben verevnung angriffen, in vnſern Stetten, Veſten, Sloſſen vnd gebieten nit enthalten, huſen noch hofen, weder ſpiſſen, äſſen, noch trencken noch beheinen gezüg wider ſie lihen noch geben, noch ſuſt geuerlich banthaben, noch hinſchieben in dehain wiß ane alle geuerde. Were es auch, daß die vorgenanten Rychs Stette vnd wir mit In mit yemand zu krieg kement als vorgeſchrieben iſt, ſo ſollen wir In vnd den Iren nach diſer Vereynung vßgenge dennoch beraten vnd behoilffen ſin in aller der wiſe, ſo vorgeſchriben ſtet biß das der krieg genzlich verrichtet vnd geſünet wurdet one alle geuerde. Ouch ſollen wir vorgenanten Ludewig vnd Ulrich Grauen zu Wirtemberg vnd die zu vns gehören, als vorgeſchriben ſtet, vns vmb dehein ſach, die ſich von diſer Vereynung wegen verlouffen würde, mit niemand vßſünen, ſriben noch furworten in dehein wiß one der obgenanten Rychs Stett willen one alle geuerde. Vnd vmb das diſe Vereynung von beiden ſiten in gutem willen vnd on zweiung deſte baß beliben vnd beſten möge, ſo haben wir den vorgenanten Rychsſtetten das ouch verſprochen vnd verheiſſen, was wir oder vnſer diener, es weren Grauen, Herrn, Ritter oder Knecht, Burger oder andern die vnſern, ſie weren Edel oder vnedel vnd die vns zuverſprechen ſtünden zu der vorgenanten Rychs Stette burgern oder dienern oder zu Jren armenluten oder andern den Jren vnd die In zuverſprechen ſtünden vnd die doch in guten alten beſetzten geſwornen Gerichten geſeſſen ſint, zu ſprechen zu clagen oder zu vordern hetten oder gewünnen, was oder worumb das were, das wir vnd wer zu vns gehöret, als vorgeſchriben ſtet, In borumb nachfaren ſollen an die Stett vnd in die Gericht, darinn ſie dann geſeſſen ſint oder darinn ſie gehöret vnd da recht von In ſuchen vnd nemen vor Jren Schultheiſſen oder Amptluten, vnd wir ſollen vns ouch des rechten da vnd was vns mit vrteyl vnd recht da erteilt würde, wol benügen laſſen, alſo doch, das die vorgenanten Stett vnd die Jren mit denſelben Jren Schultheiſſen, Amptluten vnd Richtern ſchaffen ſöllent, das yns vnd den vnſern als vorgeſchriben ſtet, fürderlich

derlich gerichtet vnd recht nit verzogen werde one alle geuerde. Beschee es aber, das wir vorgenante Ludewig vnd Vlrich Grauen zu Wirtemberg ober deheim vnser diener burger oder ander die vnsern sie weren geistlich oder weltlich oder die vns zuuersprechen stünden Jchzit zu den vorgenanten Rychstetten Jr einer oder mer selber oder das ein gantze Commun vnd Statt gemeinlich angienge oder zu Jren dienern oder andern den Jren vnd die nit in besetzten gesworenen gerichten gesessen weren, zu sprechen zu clagen oder zu vordern hetten oder gewünnen, vmb das haben wir vns für vns vnd die vnsern die vns zugehören vnd zu versprechen sten mit den egenanten Rychstetten vereinet verschriben vnd verbunden, das wir vnd ouch die vnsern, welche dann das angende oder nottürfftig wurde, darumb zu gemeinen Luten vß der egenanten Rychs-Stette Reten, welich wir oder die vnsern, als vorgeschriben stet, wöllen oder die dann den sachen allerbest gesessen vnd gelegen sint, wol nemen mögen vnd mit dem oder denselben sollent ouch dann die Ret derselben Stett oder Statt schaffen vnd bestellen, das sich die des annemen vnd beiden teylen darumb tag bescheiden in aller der maß, so hienach geschriben ist. Es were dann ob der beheiner, die also zu gemeinen genomen werdent, das vngeuerlich vor verlobt oder versworen hettend, nit zu tunde. Vnd sol auch dann dieselb sach zu gelegen tagen berechtigt werden, ouch in der wiß, so hernach geschriben stet. Also were das die sach vns vorgenannten Ludwigen vnd Vlrichen oder welichen der vnsern das angen vnd beruren wirt, so sollen wir oder die vnsern, als vorgeschriben stet, das der vorgenant gemeinen Manne einem welichem wir dann wollen vnd der dann den sachen vff die zit allerbest gesessen ist, verkunden vnd den bitten vnd manen, das er vns des tag bescheide, so sol ouch dann derselb gemein mann by dem eide nach der manung in vierzehen tagen den nechsten beiden theilen vnuerzogenlich tag bescheiden in ein Statt, sie sye dann vnser oder der egenant Richstette vnd die dann den sachen allerbest gelegen ist: vnd vf dieselben zit mag dann Jetweder teil einen, Zwen oder Drei schidmann zu dem gemeinen Mann setzen vnd geben vnd die sollent dann voneinander nit kommen, es das sie die Sach da vsrichtend vnd entscheident, ob sie mögent mit minne vnd mit fruntschafft mit beiderteil willen, oder ob das mit der minne nit gesin möchte mit einem fruntlichen rechten nach beiderteil Clag, red vnd widerred vnd deß sol auch dann beid teil wol benügen, also doch das der gemein vnd die schidlute, die zu ime gesetzt werdent, das recht darumb sprechen sollent vf ir eyde ane alle geuerde. Vnd sol auch man beidenteilen vnd wer mit iglichem teil ritet, fert oder gat zu denselben tagen vnd in dieselben Gloß, frid vnd geleit geben der vnd bannen one alle geuerde, vnd doch aber also ob der teil beheiner den die Sach angen oder anruren würde, in aucht oder in banne werent, das in das an dem rechten zu deheinem schaden komen vnd nit furgezogen werden sol. Vnd das auch der gemein Mann noch die schidlut vf aucht, noch vf

Dan

Man nit vrteilen sollent, vnd welicher oder welich also vnder den vorgenanten Richs Stetten Reten der oder die das vor nit versworn hettund als vorbegriffen ist, zu gemeinen genommen oder erwelt werden, der oder die sollent sich deß nit sperren noch widern by den alden vngeuerlich. Wolt aber Ir deheiner der das vorher nit versworn oder verlobt hett, sich des widern oder sperren, so sollent doch die Ret der Stett oder Stat den derselb der also zu gemeinen erkorn wurde, zugehörte, mit dem oder denselben schaffen, daß sie das tun in der wise, so vor vnd nachgeschriben stet one alle geuerde. Were es aber ob der oder die die also von vns oder den vnsern zu gemeinen genomen wurden, vff solich zyt von ehaffter not wegen zu solichen sachen nit gekomen mochten, so sollen vnd mögen wir oder die vnsern alle zit, ob wir wöllen, wol einen andern oder ander usser der egenanten Rochstette nemen an der oder des statt In der wiß so vorbegriffen ist, welichen oder welich wir wöllen, mit dem oder denselben auch denn die obgenante Rychs-Stette aber schaffen vnd vstragen sollent, das sich der oder die deß annement vnd das tun in allem vorgeschriben Rechten one alle geuerde. Doch ist beredt vnd angeuallne Erb vnd gut vnd die entweder teil in gewer gehabt hat, daß sie sollen berechtiget werden an den Stetten, da denn die von den sie geuallen sint, gesessen vnd Burger gewesen sint, one geuerde. Dorzu sollent die vorgenante Rochstette vnd all die Jren die In zu versprechen sten gen vns obgenanten Ludewigen vnd Ulrichen Gebrüdern Grauen zu Wirtemberg vnd gen allen vnsern dienern, Es seyen Grauen, Herren Ritter oder Knecht, Stett, Burger oder ander die vnsern vnd ouch wir vnd die vnsern vnd die vns zuuersprechen steud gen In widerumb jetweder teil von beiden siten gen dem andern by siner geruweten stillen nutzlichen gewer, als er die biß vf disen heutigen tag ingehabt herbracht vnd besessen haut geruweclich beliben vnd sol jetweder teil von baiden siten vnder vns den andern dauon nit bringen oder treiben, dann mit einem fruntlichen Rechten in aller der wise so vorgeschriben stett ane alle geuerde. Doch were daß ein teil dem andern oder jemand vf welichern teil das were dem andern vf dem andern teil, wer der were zuspreche vmb gut, das er meinte ingehabt haben, oder daß er Jnne hette vnd derselb teil meinte, daz er dieselben gut inne hette vnd daß das sin Jnhabend gut were, also das jeglich teil meinte, der ander solle im nachfaren nach der spnungs Sag, solicher spann, als dick das zu schulden komet, soll vff einem gemeinen mit glichem zusatz gelutert werden, welicher teil dem andern nachfaren sol zum rechten nach der spnung sag, vnd vf das sollen wir auch mit vns selbs vnd mit allen den vnsern die vns zu versprechen sten, schaffen vnd fügen, daß den vorgenanten Rochstetten noch den Jren, als vorgeschriben stet, dehein vbergriff daruber widerfar, noch beschehe one alle geuerde. Beschehe es aber daruber so sollen wir denselben vbergriff vnuerzogenlich schaffen widerkert vnd wider getan werden vnd daß man dann darnach zu dem recht-

rechten kom in der wise so vorgeschriben stet an alle geuerde. Doch vßgenommen
aller verbriefster schuld vnd vnlougenbar gült vnd ouch hubgelt, vogtrecht, Zinß
vnd zins, darzu sollent jettwederm teil von beiden syten alle Ir recht behalten vnd
vßgesetzet sin, daß das nit vbergriff sollent heissen noch sin, also doch, daz die die
von solicher sachen wegen angriffen oder pfenden wurden mit denselben pfanden
pfantlich gefern sollen one alle geuerde. Wir haben auch den vorgenanten Richß-
stetten verheissen, daß wir noch die vnsern deheinen derselben Richßstette noch irer
Diener noch Burger, es syen Grauen Herrn Ritter oder Knecht noch dehein Irer
Stette noch irer Burger vnd wer Ju zuuersprechen stet, arm Lute ab dem Lande
in der zit diser vereynung zu Pfalburgern nit innemen noch empfahen sollen one
geuerde. Wir noch die vnsern, als vorgeschriben stet, sollen auch die vorgeschriben zit der vorgenanten Stett noch der Iren, als vorgeschriben stet, vnuerrechnet
Amptlute oder die in fluchtsamy versworn oder verburgt hettent, zu Burger auch
nit Innemen noch enpfahen one alle geuerde. Beschee es aber daruber wann dann
der oder die, der dieselbe gewesen werent, das ußbringent vnd erwisent in der
Statt, da sie dann zu Burger empfangen werent, in solicher maß das ein Graue
oder Herr den oder die mit sinem Amptmann, der vf die zit von sinenwegen, besetzet vnd entsetzet, bestellen mag, also daß er schwere einen gelerten eyde zu den heiligen mit vffgebottnen vingern, das der mann sines Herrn vnuerrechneter Amptmann sye, der oder dieselb person, Es sye dann frowen oder Mannes namen sinem
Herrn fluchtsamp versworn oder verburgt habe, ain Ritter oder Knechte oder ein
ander erber Mann mit sin selbs eyde vnd wo Ir yeglichem zwen erber vnuersprochen mann die des auch sweren gelert eyde vnd daß In das kund vnd wissend sye,
daz auch dann damit der Besatzung genug beschee sye vnd solicher bestellung sollen
wir vnd die vnsern den vorgenanten Ryche Stetten vnd den Iru verhengen vnd
gestatten on alle geuerde: doch das die erwisung beschee in Jarsfrist dem nechsten nachdem, als die zu Burgern empfangen were vnd alle geuerde. Vnd welicher vnuerrechneter Amptman versworn oder verburgt person also besetzet wirdet,
alß vorgeschriben stet vmb den oder die sollen noch wollen darnach wir noch die
vnsern vns furbaß nicht mer annemen vnd wir sollen auch den oder die nicht lenger
by vns enthalten weder hufen noch hoben dann einen Monat den nogsten darnach
vn all geuerde. Es were dann ob dieselben personen ain genant Summ gelz versworn oder verburgt hettend, wen sie dann die gericht vnd bezalt hettend, die mochten wir vnd die vnsern dan furbaß wol zu burgern schirmen vnd enthalten: Besunder so haben wir den vorgenanten Rochstetten versprechen, were ob wir oder
dehein der vnsern jemand zu burget oder zu diener innemen oder empfiengen in der
zyt diser vereynung mit den die vorgenanten Stett Ir eine oder mer offen stöß oder
krieg hettend oder den sie gelt schuldig werent vnd daß sich vor datum diß briefs

der

Beylagen.

verloffen hette, angevangen oder gemacht were, daß wir der dekeinen darumb wider die vorgenante Stett nit schirmen noch in beholffen sin sollen, als lanng die vorgenant verepnung weret ane alle geuerde. Were es aber, das jemand der zu vns gehöret oder vns zuuersprechen stet, by dem Rechten nit beliben noch disen vorgeschriben stucken vnd sachen genug tun wollten, so sollen wir den vorgenanten Rochsstetten vnd den Jren gegen dem oder denselben mit gantzen truwen beholffen sin nach diser verepnung sag, biß daß die dartzu gebracht werdent, daß die den Dingen genug tuend one alle geuerde. Sust sollen wir vorgenante Ludewig vnd Ulrich gebrüder Grauen zu Wirtemberg vnd all vnser diener, Es sien Grauen, Herren, Ritter Knechte, Stet, Burger oder andern die vnsern, sie sien geistlich oder weltlich vnd die vns zu versprechen sten gen den vorgenanten Rochsstetten vnd gen allen den Jren die in zuuersprechen stend, beliben by allen vnsern Glossen, freyheiten, brieven, vogtyen, guten gewonheiten, gerichten vnd rechten, als wir, vnser Diener vnd die vnsern alß vorgeschriben stet, die bishero bracht vnd genossen haben one alle geuerde, vßgenomen alleine der fluch vnd articel die diser brif wiset vnd begriffen hat, die sollent getrulich von vns vnd den vnsern gehalten werden one alle geuerde. Vnd sol auch dise Verepnung vf Sant Mathistag des heiligen zwelff botten nechst kompt anvahen vnd zwischent vns bydersot weren vnd auch macht haben von dem selben Sant Mathistag dru gantze Jaur die nechsten nacheinander volgende ane alle geuerde. Were aber daß wir mit jemand anders, wer der were, mehr epnung machten, das sollen wir doch tun in solicher maß daß diß Verepnung der Jnne vßgenomen vnd vorbehalten sol werden an alle geuerde. Doch so nemen wir obgenanten Ludewig vnd Ulrich gebrüdere Grauen zu Wirtemberg in diser Verepnung vß den allerdurchluchtigosten Fürsten vnd Herrn, Herrn Sigmunden Römischen Kaysers, zu allen ziten merer des Rochs vnd zu Vngern, Beheim, Dalmatien, Croatien x. Kunig, vnsern allergnedigosten Herrn vnd die Hochgebornen Fürsten Herrn Ludewigen Pfaltzgrauen by Rine, des heiligen Römischen Richs Ertzdruchsessen vnd Hertzogen in Beyern vnsern lieben Herrn vnd Swehere, vnsern Herrn den Hertzogen von Burgundien, Herrn Otten auch Pfaltzgrauen by Rine vnd Hertzogen in Beyern, Herrn Friderich Hertzogen zu Osterrich, Herrn Ludewigen Pfaltzgrauen by Rine vnd Hertzogen in Beyern vnd Grauen zu Moertang vnd Hern Heinrichen Pfaltzgrauen by Rinne vnd Hertzogen in Beyern, vnd die ersamen wisen die Stat Ulme vnd ander Rychsstette in Swaben die zu in gehörent vnd mit vns in epnung sint. Vnd also geloben wir vorgenant Ludewig vnd Ulrich gebrüder Grauen zu Wirtemberg vf die eyde, die wir berumb gesworn haben diß Verepnung vnd all vnd jeglich vorgeschriben sachen dir egeschriben zit vnd Jaur vß war vest vnd stet getruwelichen zu halten vnd zu volfüren nach diß briefs sag alle argelist vnd geuerde gantz vngeslossen vnd sollen auch dartzu schaffen mit allen

(N) 2

allen vnsern Vogten vnd Amptluten in allen vnsern Sloßen, Stetten vnd Dörffern da besetzte Gericht sind, daß sie diß Vereynung von vnsern wegen auch swern zu halten als vorgeschriben stet an alle geuerde. Vnd wenne oder wie dick ir Jeglicher vfrygten vnd vßwandern würde, daß der iglicher by sinem eyd mit etwan bestelle vnd verlaß, ob es dazwischent not als von der egenanten Rychestette oder der Iren wegen als vorbegriffen ist, gemant wurde, das der vnd die der Veraynung an Ir statt mit nachylen zu frischer getat vnd anderm nachgangen vnd gnug tuen, glich als ob der oder dieselben Amptlute anheimisch weren vnd darinne dehein sumnuße beschee vngeuerlich. Alß dick auch derselben vnser Vögte vnd Amptlut einer oder mer entseher würdet oder von tod abgiengen, welche dann an ir statt gesetzt wurdent, das die deß auch sweren als vorgeschriben stet an alle geuerde. Vnd deß zu warem vrkunde so haben wir vorgenante Ludewig vnd Ulrich gebrüdere Grauen zu Wirtemberg vnsere eigne Ingesigel offenlich tun hencken an disen brieff, der geben ist zu Stutgart an sant Jacobs aubent des heiligen zwölff botten nach Christi gepurt als man zelt vierzehenhundert drißig vnd vier Jaure.

Num. 57.

Verschreibung Albrecht Sölers von Richtenberg, Wolfens von Halfingen, und ihrer Mitverwandten wegen einer an einem Würtembergischen Unterthanen begangenen Entleibung. d. d. 29. Jan. 1435.

Archival-Urkunden in causa Iquaestr. r.I.p.217.

Ich Albrecht Sölre von Richtemberg, Ich Wolff von Halfingen, Ich Wilhelm zimerer vnd Ich Geory Vogt von Holzgerringen Bekennen vnd tun kunt offembar mit disem Brieff, Als Wir einer der Hochgebornen Herren, Herrn Ludewigs vnd Herrn Ulrichs Gebrüder Grauen zu Wirtemberg vnser gnedigen Herren armman von Oningen abe Libe getan hab vnd darumb in derselben vnser genedigen Herren vngnad gekommen sin vnd ouch darumb ainen Hindergang (*) hinder die egenanten vnser genedig Herrn geton haben, also das sie vns darumb heissent tun vnd bessern gen Gott vnd gen Inen selbs das Wir dabij beliben wollen vnd vns die obgenanten vnser genedig Herren zu bessern entscheiden hand, das wir dritthalb Pfund Geltes oder für ain Pfund Geltes zweintzig Gulden boß uff Sant Johanstag Baptisten nechstkompt geben sollent bis an ein Gotzgab vnd almusen zu legen zu Stutgarten da der armman begraben ist nach rate vnser vorgeh gnedigen Herren vnd des erslagen fründe vnd das wir In Sechs Jaur die nechsten dienen vnd die zot nit wider sie sin noch tun sollen, doch so mögen wir einem andern Herren oder einer Statt

(*) Hindergang thun heißt zu einem Außspruch hinterseben, zu gnädigem Belieben stehen, compromittieren. conf. Halthaus gloss. med. ævi pag. 913.

Statt in der zu dienen, doch also, das Wir sie vnd was Wir Jn pflichtig sin
von des dienst vnd diser Verbündnusse wegen gegen Jn vßneinen, des bekennen
wir als sich fur dritthalb Pfund Gelts funfftzig Gulden geburet das vnser yeglicher
sin anzal mitnamen dryzehendhalben Guldin vff Sant Johans Baptisten tag
nechstkompt gen Stutgarten in die Cantzly geben vnd bezalen sol vnd wil one Verzug vnd on schaden die antzulegen, Jnmassen als vorgeschriben stet. Wir gereden
vnd versprechen euch mit dissem Brieff das wir Sechs Jaur die nechsten nach datum diß brieffs wider die obgenanten vnser gnedig Herren Hern Ludewigen vnd
Hern Vlrichen Gebrüder Grauen zu Wirtemberg nit sin noch tun sollen Sunder
wir sollen Jn die Sechs Jaure vß, wenne vnd als dick sie ons in vnser Behusung
oder da wir vnser Wonung haben, schriben vnd manent darnach one verzug zu
Dienst kommen erzügt so wir beste mögen an die end die ons benent werden vnd Jn
getrüwlichen dienen vnd erwarten doch so mögen wir einem andern Herren oder
einer Statt dienen vnd doch also, das wir vnser gnedig Herren von Wirtemberg
vorgenant vnd ouch solicher Dienst vnd verbündnuß der wir Jn pflichtig sin der-
Jnne vßnemen sollen alles one geuerde vnd wenne die Sechs Jaur hin vnd vßge-
gangen sint, so sol diser Brieff tod vnd ab sin geuerd vnd argelist hierJnn gantz
vßgescheiden vnd des alles zu warem vrkund hant vnser yeglicher sin eigen Jnsigel
offenlich gehenckt an disen Brieff der geben ist an Mentag vor vnser lieben Fro-
wentag Liechtmeß nach Cristi gepurt als man zalt vierzehenhundert drissig vnd funff
Jaure.

Num. 58.

Absagbrief Grav Ludwigs vnd Vlrichs von Wirtenberg gegen Wolfen Hürning von Sunßheim und ihren Helffern. d. d. 7. Oct. 1435.

Wolf Hürning von Sunßheim, vns hand die von Vlm vnd ander des heiligen
Richs Stett der vereinung zu Swaben die mit vns vnd den von vier Jn
einung sint geschriben, wie das du vnd ander von dinen wegen den von Vlm vnd
Jn von Freuwegen vintschafft zuziehent oneruolgt des rehten vnd habent vns solicher eynung darJnne wir dann mit Jn sint, ermant, vnd darumb so wisse das wir
mit vnserm Land vnd Luten derselben Stett helffer wider dich, din helffer helffershelffer vnd die vwern sin wollen vnd wir wollen ouch von der vetzgenanten Stett
wegen din, diner helffer, helffers helffer vnd der vwern vinde sin vnd ziehen vns Jn
Jre friden vnd vnfriden vnd wellen des vnser vnd der vnsern ere gegen die dinen
helffern helfferschelffern vnd den vwern mit disem vnserm offenn brieff bewart han
vnd des zu vrkund han wir vnsere eigne Jngesigele getan drucken zuruck vff disen
brieff.

brieff, der geben ist zu Stutgarten an frytag vor sant Dyonisien tag, anno domini MCCCC Tricesimo quinto.

NB. Dise Graven haben unter disem Dato auch Diethern Landschaben von Steinach dem Jüngern abgesagt.

Num. 59.
Absagbrief obbemeldter Graven gegen Jacob Stuben.
d. d. 7. Oct. 1435.

Jacob Stub, als du und din helffer unsern diener Fritzen von tiplingen und die unsern, die er von uns in pfandes wise innehaut bekriegent und schedigent wider gliche und billiche recht der er sich gegen dir zu ere und zu red t mer dann volkleclichen erborten haut, Also wisse das wir mit unserm Lande und Luten desselben unsers dieners fritzen von Ziplingen helffer wider dich din helffer helffers helffer und die Iren sin wöllen, und wir wöllen ouch von des egenannten Frytzen wegen din und derselben diner helffer, helffers helffer und der Iren vinde sin und ziehen uns in sin friden und unfryden und wöllen des unser und der unsern ere gegen dir dinen helffern helffers helffern und den Iren mit disem unserm offem brieff bewarret han, und des zu urkunde han wir unsere eigene Ingesigele geton drucken zuruck uff disen brieff, der geben ist zu Stuttgarten an frytag vor sant Dyonisien tag Anno Domini MCCCC Tricesimo quinto.

Num. 60.
Urkundungsbrief Gr. Ludwigs und Ulrichs zu Wirtemberg an den Erzbischoff zu Maynz, daß er und die seinige ihr Haab und Gut von Diethers Landschaden, Wolffen Hurnings, Jacob Stuben und Conrads von Hohenriet Gütern sundern und sie an ihrer Feinde Verfolgung nicht hindern.
d. d. 27. Oct. 1435.

Dem Hochwirdigen Fursten in Gott Vatter und Herren, Hern Dietrichen Erzbischoffe zu Menze &c. unserm lieben Herren und Oheim Embieten wir Ludwig und Ulrich gebrüdere Graven zu Wirtemberg unsern fruntlichen willigen dienste alletzit zuvor, lieber Herre, Es bekrieget Diether Lantschade von Steinach der Jung und sin helffer die ersamen wisen Burgermeister Räte und die Burger gemeinlich zu Ulme und ander des heiligen Rychs Stette die mit Inen und mit uns in eynung sint von Wolffen Hurnings von Sunßheim wegen wider gliche billiche rechte, derselben Stette helffer wir wider Diethern und sin helffer von eynung wegen worden sint, So bekrieget Conrat von Hohenriet der Jung und etliche desselben Conrats helffer unsern diener Fritzen von zipplingen und die unsern die er

von

Beylagen. 103

von vns in Pfandes wise Jnnehat auch wider gliche billiche rechte von eines knechts wegen genant Jacob Stube vnd sint die gebotte vnd rechte von fritzen wegen gewesen, also das sich fritz erbotten hat gen Jacob Stuben, er wolle Jm tun vor dem hochgebornen Fürsten vnd Herren Herrn Otten Pfaltzgrauen by Rine vnd Hertzogen in Bayern vnser lieben Herren vnd Swager oder vor dem Hochgebornen vnserm lieben Oheim Jacoben Marggrauen zu Baden vnd der peglichs Reten die er zu Jm nympt oder vor vns vnd vnsern Reten was er Jm von eren vnd rechtes wegen pflichtig werde vnd wolt Jm das widerrechte hinban gestellet haben, das Fritzen von Jacob Stuben verschlagen ist, desselben Fritzen von Zipplingen vnsers Dieners Helffer wir ouch worden sint, dorumb so vordern vnd kunden wir uch abe mit disem offenn Brieffe, was ir oder die unsern teils vnd gemeins mit den vorgenanten Wolffen Hurning, Diether Lantschaden, Jacob Stuben vnd Conraten von Hohenriet Jren Helffern Helffers Helffern oder den Jren hand, es swent Sloß lute oder gute, das ir das von Jn sundernt vnd ziehend Vnd mit sunderheit ob vns vnsern Helffern oder den vnsern geburte die obgenanten Wolffen Hürning, Diether Lantschaden, Jacob Stuben vnd Conraten von Hohenriet Jr Helffer, Helffershelffer oder die Jren an iren Slossen Luten oder guten zu schebigen vnd vnser vpende vnd das Jr zu bekumbern oder bartzu zu griffen, wie sich das baysches te, das wir, vnser Helffer vnd die vnsern daran von uch vngehindert vnd vngeschediget aller sachen syen vnd beliben vnd das ouch ir vnsern vpenden iren Helffern, Helffershelffern noch den iren wider vns vnser Helffer, noch die vnsern an vnser vpende teyle, Sloß Lute vnd gute dehein hilffe zulegunge furschube noch bystand tuent, noch den vnsern zu lande gestattent, als wir uch des dann wol getruwen. Dann geschee des nicht, were es dann das ir oder die vnsern des an vnsern teilen ycht schaden nement oder empfiengent vnd wie sich das machete, des meinten wir vnd die vnsern vnbestebingt zu sin vnd zu beliben vnd uch oder den vnsern darvmb vnd daruber weder von eren vnd Rechtes wegen nichtzit schuldig oder pflichtig zu sin in dehein wise. Geben vnd mit vnsern Jngesigeln zurucke versigelt zu Stutgarten an sant Symon vnd Judas abend der heiligen Zwölff botten Anno Dñi MCCCC Tricesimo quinto.

Desgleichen yn solicher wyse vnd vff die zite als die vorgenant Abschrifft Jnnehalt, ist auch Hertzog Ludwigen dem Pfalzgraven mines Herrn Swehern abgekündet worden. Item Hertzog Otta, dem Byschoff zu Triere vnd zu Spire, vnd verschiedenen Edelauten.

Num. 61.

Num. 61.

Werſich Bock von Staufenberg verſchreibt ſich gegen der Herrſchafft Würtemberg mit ſeinem Theil der Veſtin Jungholz nicht zu ſeyn, noch ihre Feinde darinn zu enthalten. d. d. 24. Jul. 1437.

Ich Werſich Bocke von Stöffemberg bekenne vnd tun kunt offembar mit diſem Brieff, als vyentſchafft, Spenne vnde zweyung geweſen ſint zwiſchen den Erſamen Wyſen Burgermeiſter Rate vnd allen burgern gemeinlichen der Statt zu Ulme vnd iren Helffern Helffers Helffern vnd den Iren vff ein vnd Wolffen Hürningen von Gunßheim als eim Höptſacher vnd dem veſten Dieterich Lantſchaden von Steinach als ſinem Helffer vnd andern Iren Helffern Helffers Helffern vnd den iren vff die anderſite onde die beide Parthyen darumb zu einem gütlichen Dag fur minen genedigen Herrn Herrn Wilhelm Byſchoff zu Stroßburg gen Oberkirche gekomen, aldo ôch beide Parthyen ſollicher vintſchafft gerichtet vnd abgetragen worden ſint noch Lute der Richtungsbriefe daruber gegeben Vnd wann nu die Hochgebornen Herren Herrn Ludewigk vnd Herrn Ulrich gebrüder Grauen zu Würtemberg min genedige Herrn zu ſollicher Vintſchafft als Helffer der vorgenanten von Ulme vnd Ich als ein Helffer der vorgenanten Dieterich Lantſchaden vnd Wolffen Hürnings ôch gewant geweſen ſyen vnd nu min genedige Herrn von Würtemberg vnd die Iren In minen teile deß Schloß Jungholz der vyentſchafft halb geſchediget worden ſint, Vnd darumb So han Ich den egenanten minen genedigen Herrn von Würtemberg geredt gelobt vnd verſprochen, gerede, gelobe vnd verſprich In ôch by guten truwen mit diſem briefe das min teil deß ſchloſſes Jungholz wider die vorgenante min genedige Herrn von Wurtemberg Ire Herſchafft vnd alle die Iren niemer mere geſtu noch getun ſoll ſöllen noch wöllen In dehein wiſe niemands wider ſie aldo enthalten huſen noch houen alle die wyle Ich oder min erben denſelben teile zu Jungholz Inne haben geuerde vnd argeliſte her Inne gentzlich vßgeſcheiden, Vnd der vorgeſchriben Ding zu merem vrkunde mich zu beſagende So han Ich min eigen Inſigel gehenckt an diſen brieff, vnd zu merer gezugniſſe So habe Ich gebetten den obgen̄ minen genedigen Herren von Stroßburg, das er ſin Ingeſigell zu dem minen an diſen brieff gehencket hat, Vnd Wir Wilhelm Byſchoff zu Stroßburg Erkennen vns das wir von bette wegen des vorgen̄ Werſich Bockes von Stöffemberg vnſer Inſigel haben heiſſen brencken an diſen brieff, der geben iſt zu Oberkirch vff Mittewoch deß heiligen zwölfbotten-tauñt Jacobs obend In dem Jore Als man zalte noch Criſti geburte duſent vierhundert dryſſig vnd Syben Jore.

Num. 62.

Num. 62.

Vereinung der Ritterschafft S. Georgen Schilds in Ober- vnd Nider-Schwaben mit den Graven Ludwig und Ulrichen zu Würtemberg.
d. d. Ascens. Christi 1437.

Wir nachbenempte Hanß Conrad von Bodman, Marquard von Schellenberg, baid Ritter: Albrecht von Hürnhein, Hauptlüt und gemeinlich und sonders alle fürsten, Grafen, Herrn, Ritter und Knecht der Ritterschafft in Schwaben der Vereinigung mit Sant Jörgen Schilt, der Parthenen in dem Högöu, zu Ober-Schwaben an der Thunau und zu Nidern Schwaben an der Thunau bekennen und tun kunt offenbar mit disem Brief allen den, die ihn ansehend oder hörend lesen: Wann Wir mit gantzer Begir geneigt sind, Wapsen, Rich und Arm, Bilgrim, Kofflüt, Lantfarer und Koffmanschafft, Gottshüser und alle ander unuerfprochen Lüt, sie sin Geistlich oder Weltlich, beschirmet werden, sicher sitzen, dester baß gewandern und by gemach verbliben mögen: So haben Wir uns mit wolbedachtem Mut und rechter Wissen, dem Heiligen Römischen Riche zu Wirden und zu Eren, dem Heiligen Ritter Sant Georien zu Lob und zu Nutz vns selber, der Vnsern und gemeinen Landen zu Friden und zu Gemach mit den Hochgebornen Herrn Ludwigen und Herrn Vlrichen, Gebrüdern, Grafen zu Wirtemberg ꝛc. vnsern gnedigen Herrn fruntlich und gütlich verainet verschriben und verbunden, verschreiben, verainen und verbinden uns zu In mit rechtem Wissen in krafft diß briefs in der Maaß, als hernach geschriben stet: des Ersten, ob jemand Wer der oder die wärend unsere gnädige Herrn von Wirtemberg, ir diener, die iren, die In zugehören und zuversprechen steent, Geistlich oder Weltlich, angriffen, beschedigen oder sheinerley zugriff an libe oder an Gut, wie sich die fügen, tun würden, sie besitzen, belagern, oder überziehen alles mit Gewalt ohnervordert vnd vneruolgt Gerichts und Rechts, daß wir dann gemeinlich und iglicher insonders mit sambt aller, vnd iglicher den sinen, die Im zugehören vnd zuversprechen sten mit gantzer Macht, so bald Wir, vnser Ambtlüt oder die vnsern des ermant oder sunst erindert werden oder vernemen von einer stet zu der andern zu frischer Getatt nachylen vnd solche Name uffrecht behalten, zuziehen vnd darzu tun sollen, glücher Wiß alse ob sollich Sach vnser gemeinlich oder vnder vns ains sonderbare allein wäre getruwlich vnd vngeverlich: Vnd welich vnsers gnädigen Herrn diener oder Prälaten sollichs vlens zu frischer Getatt geniessen wollen, die sollent vnsern Houptlüten oder dem, dem sie das empfehlent mit Truwen geloben vns vnd den vnsern deßglich hinwiderumb och zu frischer Getatt zu ylen getrulich one geverde. Aber welich diener vnd Prälaten sich deß begeben vnd sollich vlens ze frischer Getatt weder gee niessen

Lunig Reichs- Archiv Part. spec. cont. I. sect. 2. p. 56.

(O)

nieſſen noch entgelten wollen, gegen denſelben ſol es umb ander Hülff und Punkten
der Eynung Ir diener und die Irn antreffend, dennoch bliben und gehalten werden nach Ußwiſung diſer Eynung one Geuerde. Item Wir ſollen und wollen
och unſern gnedigen Herrn von Wirtemberg, Iren dienern, den Iren, die In zugehören und zuverſprechen ſten, zu glichen billichen Rechten behoſffen und beraten
ſin, alſo, ob ſie von ymand zu befriegen oder zu binden unberſtanden werden wider
glich billich Recht, oder ob In von jemand umb Ir redlich Vorderung glich billich Recht verzogen wurd und nit gedihen möcht, dieſelben unſer Gnädige Herren
nach irem redlichen Ervordern, das ſie des erſten darinne mit glichen billichen un-
bedingten Rechten zu bietten tun ſollen, ſollen und mögen von wegen ir ſelbs, Ir
diener, Prälaten, der Iren, die In zugehören und zuverſprechen ſteen an den Hopt-
mann zu Ober Swoben an der Thunow uß den nachbenempten, mit Namen uß
der Parthye zu Nider Swaben an der Thunau Herrn Hannſen von Stadion
Rittern Hopten zu Wappenheim, des Heiligen Richs ErbMarſchalck Hannſen von
Knöringen und Hannſen von Weſterſtetten, genannt Schopp. Item uß der Parthye zu Ober-Swaben an der Thunau Herrn Marquarten von Schellemberg
den Jungen, Herrn Clauſen von Urkbach beid Ritter, Bentzen vom Stein und
Petern von Fryberg zum Yſſenberg. Item und uff der Parthye in dem Hegöu
Herrn Hannß Conratten von Bodmann, Herrn Conratten von Schellemberg, Herrn
Heinrich Druchſeſſen von Dieſſenhoven, alle dry Ritter und Wolffen von Jungen-
gen, uff jglicher Parthye einen und den Vierdten uß welicher Parthye ſie wollen.
Und Wir von derſelben unſer gnedigen Herrn von Württemberg Räte mit Namen, Graf Eberhart von Kirchberg, Grafe Hannß von Werdenberg, Herr Gau-
dengen von Rechberg, Herr Herrmann von Sachſenheim, Herr Wolffen von Zül-
lenhardt, alle dry Ritter, Hannſen Truchſeßen von Bichißhuſen, Hofmeiſtern,
Albrechten Späten Huß Hofemeiſter und Fritzen von Ziplingen dry uff einen benanten Tag in vierzehen Tagen den nechſten nach ir Manung gen Urach vorn und
kemen: Sollich Manung ſoll dann derſelb Hoptmañ von Ober-Swaben den
andern Zwayen Hoptlüten on verziehen von ſtunden verkünden ſich darnach wiſſen
zu richten und zu beſtellen, der Manung alſo genug zu thund. Und weß ſich dieſelben Siben oder der mer Tayl under In, ob Wir dem klagenden Teile Hilff
ſchuldig ſigen oder nitt zu yglichem male uff ir Eyd herkennen, daby ſollen beide
Tail beliben und dem vollenclich als hienach geſchriben iſt, nachkemmen ungedwer-
lich. Item und wenn In alſo und wie offt Hülff erkannt und zugeſagt wird, ſo
ſollen Wir In zu täglichem Krieg ſchicken zehen Edel mit ſampt Sechzig Pferden
gewappent und wol erzugt mit Pferden und Harnaſch und daß der Edlen jglicher
mit mer dann einen Knaben habe und ſellent Inen die ſchicken gen Geppingen, Urach
oder Bablingen in der dryer Schloß eins, in welches wir dann gemant werdent

in

Beylagen. 107

in einem Monat dem nechſten nach ſolcher Herkantnuß ungevarlich. Ob aber von den Sibnen oder dem merrern Teile nach Geſtalt der Sach alſo vil nit notdürfftig ſin und minder zulegen und zuſenden bekant wurd, ſollen Wir nach ſolichem ir Herkantnuß in vorgeſchribner Maß zu tund pflichtig und gebunden ſin, doch uff unſers gnädigen Herren von Wirtemberg Koſte mit Futer und Male, als ſie dann Futer und Male andern Iren dienern gebend, die bo In ligend, ungeverlich und uff vnſern Schaden. Und wir ſollen ſolichs nit reugen umb dheinerley ſach willen und In über die ſchen Edel, als vorſtat, zuſenden nit gebunden ſin noch pflichtig ungevärlich. Und welche alſo zu täglichem Krieg geſchickt werden, die ſollen den Houptlüten uff die Vind zu ritten vnd die zu ſchädigen gehorſam und gewertig ſin getrumlich und nit von In riten on Urlob der Hopt lüt ungeverlich. Item vnd ob wir in unſern Kriegen Sachen und Geſchäfften unſer gnedigen Herrn von Wirtemberg zuge und Werckluite bedörffen wurden, dieſelbe ſollen ſie uns zu lihen gebunden ſin, doch alſo, das wir die mit unſrer futrung und uf unſer Koſten und Schaden holen und widerum an die Ende, dannen wir die holen, füren in iren zuge, den ſie uns darlihen und ſchaden, ob In icht Schadens an Büchſen geſchehe, bezalen ſollen, dann ſoliches nit anderſi, denn uff unſern Koſten und Schaden geſchehen und gelihen werden ſoll. Wäre aber, daz vnſer gnädig Herrn von Wirtemberg in dem zu hartt ſin und den Zuge oder Schaden zu hohe anſchlahen wollten, ſo ſoll es ſteen by den geordneten Sybner, der vier von unſer Gnädigen Herrn von Wirtemberg Räten obgenant und dry von den Partheen darzu, als vorſtatt gegeben und genommen werden ſollen. Und wie die oder der mer Teyl uff ir Eyde herkennen, was wir vnſern Gnädigen Herrn von Würtemberg für ſolichs geben und tun ſollen, das ſollen und wollen wir thun one verziehen und ohne Geverde. Item und wird ſich fügen, daz unſer Gnedig Herrn von Wirtemberg von ir ſelbs wegen, Ir Diener, der Iren und die In zuverſprechen ſtend, yemand von den ſo glicher billicher Rechten nit bekomen möchten oder die ſie wider glich billich Recht bekriegten nach Erkantnus der Sybnen beziehen und ſich für ein Gloß legen und vns In deß beholffen und beraten zu ſind, vordern würden: Sollen aber die Syben In vor und nachgeſchribner Maß genomen werden uff ir Eide zu erkennen, wie ſtarck zu Roß und zu fuß Wir zu In oder für ſollig Gloß komen ſollen, das ſollen wir alſo vollenclich nach ſolicher Ir Herkantnuſſe, doch darinne angeſehen Geſtalt, Gelegenheit und Herkomen der Sach halten und one Intrag tun und uff ir Koſt und unſern Schaden in der obgenanten zit volleziehen getrulich und ongevarlich. Item würden och dheinerley Gloß, wann die Sach und Klag unſer gnedigen Herrn von Würtenberg und wir by In oder den Iren im Velde vor ſolichem Gloß redren, gewunnen und erobert, daſſelbe Gloß ſoll denſelben unſern gnedigen Herrn von Würtemberg zugehören und beliben. Ob aber ſie von vnſer Manung

(O) 2

wegen

wegen zu uns für ein Sloß komen, Krieg, Sach und Klag unser wären und daß selbe Sloß dann gewonnen und erobert wurd, das soll uns zugehören und beliben. Oder ob unser Gnedige Herren von Württemberg söllich gewonnen Sloß uns zugehörend zu haben wolten, was sie uns dann an Gelt für solich Sloß zu geben und sie daz zu haben pflichtig sin sollen zu Herkanntnuß der Sibnen in vorgeschribner Maß darzu genomen zu setzen: doch wenne sich die Süben herkennt hand, was unsere gnedige Herrn von Wirtenberg umb sollich Schloß hinuß geben sollen, das sie darzu sten und das darumb nemen oder das lassen mögen, welches sie wollen, ungeverlich. Würden och in söllichen Kriegen Burger oder Geburen, die schatzbar wären, von welchem Teile daz wäre gefangen, dieselben Gefangen sollen nach dem Kriegs Gewonheit ist dem zugehören und beliben, die sie gefangen haben ungeverlich. Ob aber baid Parthyen oder Ir Gesellen miteinander als in Zusätzen oder sunst in andern Außlegen im Velde und die Sach und Krieg unser Gnedigen Herrn von Wirtenberg wären, und sollich Burger oder Geburen gefangen wurden, dieselben Gefangen sollen unsern Gnedigen Herren von Wirtenberg zugehören. Wäre aber die Krieg und Sach unser, so sollen, ob sellich schatzbar Burger oder Geburen also gefangen wurden, die Süben in vorgeschribner Maß genemen werden uff ir Ende zu herkennen, wie söllich gefangen oder Schatzgelt geteilt werden solle. Und was also durch den merern Teyl herkant wird, daby sollen beide Teil benügig beliben und das von In also vollanzogen werden und gehalten ungeverlich. Würden aber ranßig, Edel oder Unedel alßdann gefangen, dieselben Gefangen alle sollen der Party, der die Sach, Klag und Krieg wären, zugehören. Und soll dieselbe Partye dieselben Gefangen als Kriegs Herkommen ist, in Gangknuß halten: Und das ob von Irer Widerstand oder Vinden von uns beiden Partyen oder einer sonders Edel oder Unedel gefangen würden oder wärn, das dann ein Edler gegen dem andern doch nach glichen billichen Dingen und ein armer Knecht gegen dem andern ungeschätzt ledig gelassen werden sollen. Und soll derweder Party deheinen Ranßigen nit ledigen lassen, dann mit Willen und Wissen der andern Party ungevärlich. Item ob och beide Teil also in Krieg und Vintschafft kämen, mit wem das wäre, und so ferre daz die zu berechtigen zusvär sin wolten oder wären. So soll darinne ein Richtung, frid oder gütlichen Anstand uffzunemen oder die abzuschlahen an den Sächern des Kriegs nit sten, sondern nach Herkantnuß der Sibner in obgeschribner Maß darzu genomen und gevordert, fürgenomen werden. Und weß sich dieselben Syben oder der mer Teyle darinn herkennen, daby sollen alle Teyle, sonder auch die Sächer des Kriegs beliben und des ein gantz begnügen haben ungeverlich. Wäre och das wir beide Partyen mit yemand zu Krieg kämen als vorgeschrieben ist, so sollen wir einander nach diser Eynung Außgang dannecht beholfen und beratten sin in aller der Wyse, als vorgeschriben stet biß die Sach

erobert

Beylagen.

erobert und gerichtet würden one geverde. Sich sol och enweder Teile gegen yemand ufzsühen, frieden oder fürworten, dann mit des andern Teils under uns Willen und Wissen ungeverlich. Item es soll och enweder Teile, Ir diener, die Jren und die Jn zuversprechen steen, des andern Teils Vind, so bald Jn die verkündet und zu wissen geton oder sie selbs gewar werdent, in allen und jglichen Jren Slossen, Stetten, Mercktten, Dörfern und Gebieten wissentlichen nit enthalten, hussen noch hoven, essen, trencken, noch gesarlich hinschieben, Hilffe sürderung noch Bystand nit tun noch och deweder Teile noch die sinen für den andern Teyle noch die sinen niemand wer der wäre dhein Geleit, Trostung noch Sicherheit nit geben, sondern Im sollichem sinen Vinde an wellichen Enden er die ergriffe rechts gestatten und one Intrag schöpffen, geen und folgen lassen getruwlich und one geverde. Es sollen auch dise Eynung gantz uß unsere Schlösser, der wie dann von beiden Partyen überkämen, den Sachen und Kriegen, die uns begegnen, allergelegniß zu sind, einander offen sin, sich darin und daruß behelffen nach Netturfft ungeverlich. Doch sollen die uß und pnryten werden, geloben dem Schloß nit schedlich zu sind, ungeverlich. Och sol die Party, in der Slosse sie ligen werden, bestellen, das sie vailen Koff finden um einen zulichen Pfenning, alles ohne Geverde. Item es sollen och hierunne alle alte sachen gantz hindangesetzet und uffgenomen sin und soll ein ait sach heissen, was vor Anfang der Eynung zu Krieg, zu kuntlicher Wintschafft oder zu redlicher Vorderung komen ist ungeverlich. Item es soll och deweder Partye Jr diener die Jren noch die Jn zu versprechend stend umb deheinerlai sach willen beheineswegs wider einander nit sin, och ein Parthy Jr diener die Jren noch die Jnen zu versprechen siend umb deheinerley Sachen willen deheins wegs die zit der Eynung irs inhabenden Guts nit entweren, sondern so by Jr stillen inhabenden Gewer gütlich beliben lassen ungeverlich. Item gewunnen och unser gnedig Herrn von Wirtemberg, Ji Rät, Diener, die Jren und die Jn zu versprechen sind, Geistlich oder Weltlich zu gemeiner Ritterschafft aller Parthyen einer Partye, welche das wäre oder zu einem Herrn oder Gesellen derselben Partyen nach dato der Eynung icht zu sprechen, sollen und wollen wir Jn vor einem Gemeinen, den der klagend oder betraut Teile uß den vorgenanten unsern Partyen darzu geordneten, von welcher Party Jn der gevellig wurd oder wör, nemen mag mit glichem zusatz in der nachgeschribnen Zit tun, was wir Jn mit Recht zu tun pflichtig werden und von iglicher Partye soll des zusatzes under drin nit sin, es wer dann baider Teile Wille, so möchten sie sollich's mindern oder mern ungeverlich. Gewonnen auch unser gnedig Herrn von Wittenberg, Jre Räte, Diener, die Jren oder die Jn zuversprechen siend, Geislich oder Weltlich nach dato der Eynung zu unser eins oder mere Burgern oder armen Lüten icht zusprechen, von den sollen sie sich an Recht vor den Richtern und Gerichten, darJnne sie gesessen sind, und darJnne

(O) 3

ſie gebrend gnedencklich vnd gütlich benügen lauſſen, daſelbs In och ein fürderlich Recht widerwaren, beſchehen vnd geſchöpft werden ſoll vngevarlich. Doch wäre, das ein Erb von einem Edlen auf den andern geviele, das ſoll berechtigt werden in vergeſchribner Maß uff einem gemeinen mit gleichem zuſatz. Geviele aber ein Erb von einem Burger oder Armen uff den andern, das ſoll berechtigt werden in dem Gericht, da das Erb gevallen iſt. Vnd umb aigen, Zinß, Gült vnd Ehafft, da ſoll das Lehen dem aigen nachvorn vngevorlich. Deßgleichen wiederumb gewunnen vnſer gemein Geſellſchafft ainer Partye under vns, welche das wäre, vnſer Geſellen einer oder mere, die vnſern, die vns zuverſprechen ſtend, Gaiſtlich oder Weltlich nach date der Eynung zu vnſern gnedigen Herrn von Wirtenberg oder Ir einem icht zu ſprechen, ſollen vnd wollen Wir vns von Jren Gnaden vor Jren edeln Räten ains Rechten benügen laſſen, doch das ſolich Recht in der zyte, als hernach geſchrieben ſtet, zu Vßtrag gebracht vnd lenger nit verzogen werde, ongevorlich. Item Gewunnen wir aber alſo gemeinlich, ein Partye ſonders, vnſer Mitgeſellen einer oder mer, die vnſern vnd die vns zuverſprechen ſind zu behainen vnſer gnedigen Herrn von Wirtenberg Räten, Diener oder Prälaten, die Jn zu verſprechen ſint, icht zu ſprechen, wollen wir vnd ſollen vns an Recht vor ainem Gemeinen, den der klagend Teyle vß Jren Räten, welchen er will, nemen mag, mit glichem Zuſatz gütlich benügen laſſen, vnd ſoll das Rechte in der genanten zyt, als hernach geſchrieben iſt, zu Vßtrag gebracht vnd zu dem Gemeinen under Dreyen von veglichem Teile nit geſetzt werden, ime Maß als davor geſchrieben iſt engeverlich. Gewonnen aber gemain Ritterſchafft, aller Partyen, ein Partye ſonders, vnſer Mitgeſellen, die vnſern vnd die vnß zugehören, vnd zuverſprechen ſtend, Geiſtlich oder Weltlich zu vnſer gnedigen Herren von Wirtenberg Jrer Räte oder Diener Burger oder armen Lüten icht zu ſprechen, von den ſollen Wir Recht vordern vnd nemen vor den Richtern vnd Gerichten, darinne ſie geſeſſen ſind vnd darinne ſhe gehören, doch umb Erb, Aigen, Zinß, Gült vnd Ehafften, ſoll ein Vßtrag, als vorſtat, beſchehen vngevarlich. Doch in allen zuſprüchen, hindangeſetzt alles das, das ſich vor datum diß Briefs gemacht vnd verloffen hat, es ſy gevordert oder nit. Dann behain Partye der andern, nech behainer dem andern darumb nit ſchuldig ſin ſoll diſer Eynung halb zu Recht zu ſteen, vngeverlich. Vnd were, das vnſer gnedig Herrn von Wirtemberg, Jr Räte Diener oder die Jren ſo ſy alſo rechtigen würden, yemand von vnſern Geſellſchafften erbitten möchten by Jnen Zuſtand, das ſollen wir gönnen vnd dieſelben daran nit irren alles one Geverde. Item vnd welche alſo zu Gemeinen genomen werden, gegeben geordnet vnd genennet, dieſelbe ſoll die Partye, daruß ſie genomen vnd geordnet worden wären, ſich der Sach annemen, gelegen Tag zu ſetzen vnd in der benanten Zyte den Vßtrag zu geben, wyſſen vnd halten, ſonder ſie Jr Ayde der zyte gantz erlauſſen ongevorlich.

Beylagen.

lich. Es wäre dann, daß der, der also zu Gemeinen genommen wird, sölichs zuvor verlobt oder verschworn hette, So sol der vorderend Tayl einen andern uß den obgenanten Partyen oder Räten, der das thue, nemen und dem nachgeen, als vorgeschriben stet. Item Wir gemeinlich yetlich unser Partye sonders, unser Mitgesellen, die unsern und die uns zuversprechen sind, söllen auch und wollen unsern Gnedigen Herren von Wirtenberg, Jren Dienern, den Jrn und die Jn zuverspreᷝchen stend, so sin Geistlich oder Weltlich deheinen Ubergriff an Lüten, noch an Gut nit tun: ob es aber beschee, das doch nit sin sol, so bald danne der Hoptman von der Partye, der ubergriff bescheen wäre, söllich Ubergriff bekert zu schaffen ervorᷝbert würd und gemant, wellen wir und söllen das fürderlich tun oder geton werden schaffen. Wäre aber das der der den Ubergriff getan hätte, meinte, das das nit ein Ubergriff wäre, so sol vor den Siben gelütert werden mit Recht, ob das ein Ubergriff sige oder nit. Wird dann erkannt, das das ein Ubergriff ist, so sol er den bekeren one Schaden und dem mit dem er also zu schaffen hat, fürbaß zu sprechen und die Sachen handeln mit Recht nach diser Meinung sag ungevarlich. Und sölich Ußtrag der Rechten als vorgeschriben stet, söllen gescheen, Ende und Ußtrag nemen in sechs Wochen und dryen Tagen den nechsten nachdem und der Gemein genommen und sich die sach von den Partyen anzunemen gebetten würdet, Es were danne, das sich das des Rechten halber lenger verziehen würde one Geverde. Und in allen vorgeschribnen Rechten söllen Aucht und Bänn stille ligen und nit fürgezogen werden. Und was darinne gesprochen wirt, daby söllen bald Partyen beliben, Es werd dan von den, die das Recht sprechen söllen, mit Urtayle fürbas gewisset. Und die das Recht sprechen söllen, söllen das allweg tun uff ie Ayde. Es söllen auch in allen vorgeschribnen Sachen, darumb Erkantnus von den Sibnen geschehen solle, von dem Taile, deß die Manung und Klag ist, drye und von dem andern Tail vier von den verordneten vorgenant und in derselben Maß gesetzt und genomen werden ungevarlich. Wäre auch, das umb den Zuspruch zu tund spenne wurden, also, das iglicher meint, er wäre Kläger, umb denselben Punᷝcten haben wir uns baidern site gewyset, daß die Partyen, die dann also spennenhand, darumb an gelegenen Ende zusammen komen söllen und sich ains Gemeinen verainen, vor dem und glichem Zusatz mit Recht erkennen zu lassen, welcher Taile under Jn Kleger und zusprecher sin solle. Und welcher also Kleger bekant wirt, so soll dem Ußtrag des Rechten fürbaßer nachgegangen werden nach diser Eynung sag. Fügte sich och, das unser gnedigen Herrn von Wirtenberg diener ainer oder mere, sich an söllichen Rechten, als vorstatt, nit benügen laußen und auch andern sachen nach Lute diser Eynung nit nachkomen wollte, deß oder derselben Diener söllen sich unser gnedig Herrn nit annemen, sondern uns wider den oder dieselben getruwlich beraten und behelfen sin als lang biß der oder die gehorsamb werdent
und

Beylagen.

und tund, daß sy nach diser Eynung Sag tun sollend alles on Geverde. Sunst sollen wir bayd Parthyen und alle vnser Diener, es sigen Grafen, Herren, Ritter oder Knechte, Stette, Burger oder andern die vnsern, sy sigen Gaistlich oder Weltlich und die vns zuversprechen stent, beliben by allen vnsern Glessen, Froheiten, Brieven, Vogtyen, guten Gewonheiten, Gerichten und Rechten, als Wir, vnser Diener und die Vnsern, als vorgeschrieben stät, die bißher bracht und genossen haben on all Geverde, ußgenommen allein die stuck und Artickel, die diser Brieve wyset und begriffen hat, die sollen getruwlich von vns und den vnsern gehalten werden ungevarlich. Vnser gnedig Herren von Wirtemberg haben auch gantz vßgenommen, wäre, ob vnser Gnediger Herre und Mitgeselle, Bischove Heinrich zu Costentz oder sin Pfaffheit zu Jn oder den Jren vnd die Jn zu versprechen stenden, vcht zusprechen hetten oder gewonnen, das Gaistlich sach anrürte, das sy Jnen darumb nach diser Eynung sag fürzukomen nit schuldig sin sollen. Danne sie daran dise Eynung nit binden noch irren sol ungevarlich. So soll och vnser dehainer Tayle fürbasser zu nyemand verainen noch verbinden, er nem dann darinn diß verainung gantz und Luter uß ungevarlich. Doch hierinne vßgedingt, daß sich yeglicher Teile zu den Fürsten, so er vßgenomen hett, als hernach geschrieben stet, sonder vnser gnedig Herren von Wirtemberg zu den Stetten nemlich Rütlingen, Essingen und Wile fürter wes eynen und binden mögen unvergriffen der Eynung ungevarlich. Wir die Hoptlüt und gemein Ritterschafft mit Sand Jcorien Schilde nemen, setzen und sliessen in diser Eynung geutzlich vß und hindan den Allerdurchlüchtigsten Fürsten und Herrn, Herrn Sygmunden Römischen Kayser zu allen Ziten Merer des Richs und zu Hungarn, zu Böheim, Dalmacien, Croacien ꝛc. König ꝛc. vnsern allergnedigsten Herren. Und darnach die durchlüchtigsten fürsten, vnser gnedig Herren, mit den Wir in Eynung sind, mit Namen Herrn friderichen Marggraven zu Brandeburg, des Heiligen Römischen Richs Ertz Camerer und Burggrave zu Nürnberg, Herrn friderichen und albrechten, sine Süne. Herrn Ernsten, Herrn Albrechten und Herrn Adolphen Gevettern alle dry Pfaltzgraven by Ryne und Hertzogen in Payern und des heiligen Richs Stetten nemlich Schauffhausen, Vberlingen, Buchhorn, Ratolffzelle und Diessenhoven, zu den Wir och in Eynung hafft sind, als lang und dieselb Ahnung werd, der genug zu tund. Vnd Wir sollen och fürbaß mit denselben Stetten nit in Ahnung kommen, wir nemen dann diß Eynung darinne uß ungevarlich. Ouch nemen wir hierinne vß die Burgfriden vnd weß wir vns vor date diß briefs verbriefft, versworen und gelopt haben ungevarlich. Wir sollen och fürbaß dehainen Gesellen mer innemen, er gelobe dann zuvor uff den Eyde, den er uns swert, diß Ahnung zu halten: Es soll och dehain vnser Houptmann siner Mannschafft nit abtretten, der an sin Statt kommen sol, er hab denn zuvor auch gelopt alles deß verbunden zu sind und zu tund, des der

vor-

Beylagen.

vorbrig verbunden gewesen ist on Geverde. Und also haben Wir obgenanten Hauptlüte, alle und yeglich Fürsten, Grafen, Herren, Ritter und Knechte der Ritterschafft mit Sand Jeorien Schilte für uns alle, die unsern, die uns zugehören und zuversprechen stend, Gaistlich und Weltlich, diß Pündnuß und Verapnung mit allen und yeglichen Iren Puncten, Stücken Artickeln und Begryfungen von datum diß briefes an biß uff Sand Jeorien Tag nechst kompt und dannenhin zwey Jare die nechsten nacheinander folgende mit Truwen gelopt in Aydes Wise getruwlich zu halten und zu vollefürende alles on aller(e)y Liste und Geverde. Und des alles und yeglichs insonders zu warem vestem Urkunde statter und vester und redlicher Versorgnus und Sicherheit haben Wir Houptlüte obgenante und zu yeglichen zwen von siner Parthye mit Namen von dem Hógowe Wir Grafe Johans von Tengen, Grave zu Nellenburg, Lantgrave im Hegowe und in Madach rc. und Heinrich von Randegg Ritter. Von Obern Swaben an der Thonawe, Beuß von Stein zu Einrachingen und Hanns von Fryberg zu Achstetten. Und von Nidern Swaben an der Thonawe, Diepold Güß Ritter und Hanß von Westerstetten, den man nempt Schoppe, unser yeglicher von behvlnuß wegen gemainer Ritterschafft sin aigen Inngesigel an den Brieve hencken lauffen, darunder wir uns gemeinlich und sonders aller und yeglicher hierinn begriffner Stück, Punct und Artickhel offennberlich zubesagen mit rechter Wissen und in krafft diß Briefes verbinden, der geben ist zu Stuttgarten uff dem heiligen Uffart Abend des Jars als man zalt von der Geburt unsers lieben Herrn Jhesu Christi Tusend Vierhundert Dryßig und in dem Sybenden Jaren.

Num. 63.

Lantfrid Gr. Ludwigs vnd Ulrichs zu Wurtenberg mit des Reichs Städten Eſſlingen, Reutlingen and Weyl. d. d. Ulrici 1437.

Wir Ludewig und wir Ulrich Grauen zu Wurtemberg rc. gebrüder bekennen vnd tun kunt offenbar mit disem brief allen den die in ansehent oder hörend lesen, Wanne wir eigentlich mercken und gar kuntlich befunden haben, daß uß der Vereynung, die wir bißher mit den ersamen Wysen Burgermeistern vnd Röten vnd allen burgern gemeinlich richen vnd armen diser nachbenemten des heiligen Römischen Richs Stetten mit namen Esslingen, Reutlingen vnd Wyle gehebt vnd gehalten haben vnd die anvieng vnd gemacht ward an Sant Jacobs aubent des heiligen zwelf botten anno domini millesimo quadringentesimo tricesimo quarto vnd die auch noch furbas weren soll vnd wir halten sollen vnd wöllen biß off Sant Mathis tag des heiligen zwölff botten der allerschierist kompt, vns vnd gemeinem Lande zu nutz, friden vnd gemach

Den de pace publ.part.1. c.12.p.87.

(P) gewach-

gewachsen vnd gegangen ist. Vnd des haben wir jetzo gar berattenlich mit wolbedachtem mut Gott vnd vnser Lieben Frowe zu Lobe, dem heiligen Römischen Riche zu Wirden vnd zu Eren vns selbs vnd gemeinem Lande zu nutz, friden vnd gemach dieselben vereinung gen den egenanten Rychs Stetten williclich erlengert,
also das die zwischen In vnd vns zu furbas nach Sant Mathistag des heiligen
zwelff botten, der allerschierst kömpt, weren beliben vnd besten sol funff gantze Jare die dann allernechste nacheinander komment vnd volgende sind, mit allen stucken,
puncten vnd artickeln, als der vorberig Einungsbrief des besaget, den wir denselben Richssletten als vorbegriffen ist, darüber besigelt gegeben haben, darinne eigentlich begriffen ist vnd geschriben stet, was wir vnd die vnsern In vnd den Iren
schuldig syen zu halten vnd zu tund, daby sol es ouch furbas die obgenante zit vnd
Jaure vß beliben zu gelicher wise, als ob die obgeschribne fünff Jaure, die denn
nach Sant Mathistag allerschieriß nacheinander komend in demselben briefe begriffen weren one alle Geuerde. Vnd also geloben wir vorgenant Ludwig vnd Vlrich gebrüdere Grauen zu Wurtemberg, uf die eyde die wir herumbe gesworn haben, das alles war vnd stät zu halten nach des egenanten vordrigen eynungsbriefs
vnd och nach diß briefs Lutt vnd sag geuerde vnd arglist hierinne gentzlich vßge-
schlossen. Vnd des zu warem vrkunde so haben wir vorgenanten Ludewig vnd Vlrich Gebrüdere, Grauen zu Würtemberg vnsre eigene Ingesigele offenlich geton
hencken an disen brieff der geben ist zu Stutgarten an Sant Vlrichstag nach Christi geburt, als man zalt viertzehenhundert dryssig vnd Syben Jare.

Num. 64.

Mandat Pfalzgr. Otten an die Lehenleut der Herrschafft Bulach,
worinn er sie ihrer Pflichten erläst und ihnen befiehlt von den Grauen von Würtenberg ihre Lehen zu empfangen. d. d. Samßtag nach Michaëlis 1440.

Reichsständ.
Archival-Ur-
kunden in
causa equestri
T. I. pag. 18.

Wir Ott von Gottes Gnaden Pfaltzgrave by Rine vnd Hertzog
in Beyern ꝛc. Entbieten Conraden von Hailfingen, Heinrichen vnd Conraden von Gültlingen, Helfrichen von Nuwenstatt vnd
allen andern vnsern Mannen, Burgmannen vnd Lieben getreyen, die
dann von vns belehnt gewesst sind von wegen der Herrschafft Wildberg vnd Bulach mit Irer zugehörunge, Vnsern Gruß vnd lassen uch wissen, das
wir die vorgenant Vnser Herrschafft Wilperg vnd Bulach mit aller ihrer zugehörunge nichts vßgenomen vnd besunder mit aller Mannschafft, Burgmanschafft, und
Lehenschafften verkaufft vnd ewiglich zu kauffen geben haben den Wohlgebornen
vnsern lieben Swegern Ludwigen vnd Ulrichen Gebrüdern Grafen zu Wittemberg vnd Iren Erben alles nach Inhalt solichs Kaufbriefs darüber geschriben und

ver-

Beylagen.

verfigelt. Vnd darumb so bitten,heissen vnd befehlen Wir uich alle vnd jgliche besunders In krafft dieß brieffs das Ir nu hinfüro zu ewigen zyten alle ürer Lehen, es sein Manlehen, Burgmanlehen oder andere Lehen, wie dan die Namen geben mögen und zu der vorgenannten Herrschafft Wilperg vnd Bulach gehörent vnd hererüreut, von den vorgenannten vnsern Lieben Stwegern von Wirtemberg oder Iren Erben empfahent, habent vnd tragent, als dicke sich das gepüret, heischen und not siu würdet. Vnd Wir sagen daruff für Uns vnd vnsere Erben uich alle vnd ürer jglichen besunder aller ürer Gelübde, eyde vnd verbuntniß, so Ir vnß dann von der vorgemelten Lehen wegen verbüntlich gewest sind gäntzlichen lebig, quitt vnd louß vnd haben des zu Vrkunde vnser Ingesiegel tun hencken an disen Brieff, der geben ist zu Heidelberg off Samstag nach Sant Michels tage des heiligen Ertzengels Anno Domini Millesimo Quadringentesimo Quadragesimo.

Num. 65.
Eugenius Papa Romanæ Ecclesiæ gratias agit Comitibus de Wirtenberg pro auxilio Oratori suo ad Principes Germaniæ misso præstito adversus quosdam latrones ipsum captivantes & spoliantes. d. d. 29. Aprilis 1440.

Eugenius Episcopus seruus seruorum Dei Dilectis filiis Nobilibus Viris Ludovico & Ulrico fratribus comitibus de Wittemberg salutem & Apostolicam benedictionem. Commendamus condignis laudibus magnificentiam vestram pro tam laudabili opere vestro & nobis summe grato quod ita feruenti animo & pio ostendistis pro liberatione dilecti filii Magistri Jacobi de Oratoribus Decretorum Doctoris Cubicularii & Oratoris nostri. Retulit enim nobis & Collegio venerabilium fratrum nostrorum sante Romaɴ. ecclesie Cardinalium quomodo ipse reuertens ad præsentiam nostram post peracta negotia per Nos sibi commissa captus fuisset in via per quosdam Domicellos latrones vestra prudentia ob singularem fidem & devotionem quam gerit ad nos & apostolicam sedem manu potenti liberauit eum de carceribus & manibus impiorum, dixit etiam quod magnam quoque laudem meretur, quomodo de vestro dedistis sibi valorem eorum que ei fuerunt ablata & benigne ipsum in omnibus tractauistis, pro quibus rebus regratiamur vobis ex corde. Fecistis quidem virtuose & laudabiliter & prout decet bonos ac fideles & catholicos principes & amantes justiciam cum vindicastis iniquitatem etiam extra vestrum territorium commissum. Ex hoc, reddimur obligati vobis parati semper ad omnia que sint grata Magnificentie vestre, Dat. Florentie anno incarnationis dominice millesimo quadringentesimo quadragesimo, tertio Kal. Aprilis Pontificatus nostri anno decimo.
Inscriptio: Ja. Bonion.
Dilectis filiis nobilibus Viris Ludovico & Vlrico fratribus comitibus de Wittemberg.
                             Poggius.

Num. 66.

Num. 66. a.

Literæ Cardinalium Romanæ ecclesiæ, quibus Comitibus Wirtembergiæ gratias singulares agunt pro adjutorio Legato Apostolico contra latrones quosdam nobiles præstito. die 29. Martii. 1440.

Miseratione divina Episcopi, Presbyteri & Diaconi Sanctæ Romane ecclesie Cardinales Magnificis & Potentibus Dominis Ludovico & Ulrico Comitibus salutem in domino sempiternam. Intellecto ex relatu venerabilis Decretorum Doctoris Dñi Jacobi de Oratoribus dñi nostri Pape cubicularii & tunc ad nonnullas partes Almanie Nuncii & Oratoris ejusdem quantum Excellentia vestra circa liberationem persone ipsius Domini Jacobi, qui per nonnullos latrunculos captus in via foret, cum reuerteretur ad Curiam & suis bonis omnibus spoliatus ob deuocionem singularem quam ad eundem dñum nostrum & sedem aplicam gerere comprobamini, fueris efficaciter operata, ita ut etiam manu potenti ipsum de illorum manibus eripuerit & ideo dñus noster & nos de tante vestre fidei integritate gauisi Rem tam seriam & tantis principibus dignam suma dignacione dignissimam judicauimus. Unde post ipsius domini nostri pape gratas oblationes & laudes, que vestre Excellentie suis literis porriguntur, nos etiam eidem vestre Excellentie videmur non immerito obligari. Quare habetis Collegium nostrum & in comununi & in particulari semper ad omnia grata vestra atque placita obligatum de tanto beneficio vestre Excellentie omnimodas gratias referendo, partes nostras obsequiosas & promptas ad omnia semper beneplacitis vestris accomoda cordialiter offerentes. Valete semper in XSto feliciter. Datum Florentie die XXVIIIj. Marcii MCCCCXL.mo.

Inscriptio.

Magnificis & potentibus dñis Ludouico & Ulrico Comitibus de Wirtemberg, amicis nostris carissimis.

Epī
Pbrī   } sanctæ Romani ecclīe Cardinales.
Diaconi

Num. 66. b.

Indultum Felicis papæ, quod Abbas Laureacensis possit portare mitram & alia pontificalia. d. d. 4. Aug. 1440.

Felix Epūs seruus seruorum dei dilectis filiis Wilhelmo abbati & Conuentui monasterii Laureacensi Ordinis Sancti Benedicti Auguslleni. dioc. Salutem & apostolicam benedictionem. Exposcit deuotionis vestræ sinceritas & religionis promeretur honestas, ut tam vos quos specialis favore dilectionis prosequimur, quam dictum

mona-

Beylagen. 117

monasterium dignis honoribꝰ & singularis prærogative gratiis attollamus. Cum itaque sic exhibita nobis pro parte vestra petitio continebat presatum monasterium à primeva ejus fundatione à pluribus imperatoribus & regibus pro multarum personarum Sustentacione sufficienter & opulenter dotatum & erectum ac alias inter cetera illarum partium monasteria plurimum insigne existat, nec non inibi regularis obseruancia pluribus retroactis temporibus viguit & adhuc viget ac ad illud Christi fideles illarum partium propter plurimarum reliquiarum ostensionem ibidem existentium singularem gerant affectum, preoptauerintque Nobiles Comites de Wirtemberg ipsius monasterii propter ipsius notabilitatem Abbatem pro tempore insigniis pontificalibus insigniri pro parte vestra nobis fuit humiliter supplicatum ut abbati dicti monasterii pro tempore existenti, quod mitra annullo & aliis pontificalibꝰ insigniis tempore celebrationis divinorum uti, rec non solempnem benedictionem super populum post missarum vesperorum & matutinarum & aliorum diuinorum officiorum solempnica in dicto monasterio aliisque locis ipsi monasterio subjectis & ad que inuitatus fuerit concedere dignaremur. Nos igitur hujusmodi supplicacionibus in hac parte inclinati tibi Wilhelmo & successoribus tuis dicti monasterii abbatibus, qui erunt pro tempore ut mitra annulo & aliis insigniis predictis libere uti, nec non in monasterio & locis supradictis benedictionem solempnem hujusmodi elargiri possitis & ualeatis dummodo in benedictione hujusmodi aliquis Racus antistes aut sedis apostolice legatus non fuerit, Felicis recordacionis Alexandri pape IIII. que incipit Abbates &c. & aliis constitutionibus apostolicis aliis contrariis nequaquam obstantibus auctoritate nostra tenere presentium indulgemus. Volumus autem quod per hoc ordinario loci nullum prejudicium generetur. Nulli ergo omnino hominum liceat hanc paginam nostre concessionis & uoluntatis infringere uel ausu temerario contraire. Si quis autem hoc attemptare presumpserit indignacionem omnipotentis dei & beatorum petri & pauli apostolorum ejus se nouerit incursurum. Datum basilee II. Non. Augusti à natiuitate dñi millesimo quadringentesimo quadragesimo pontificatus nostri anno primo.

Jacobus de Bramburga.   P. R. Malherbe XXV.

Num. 67.

Verschreibung Josen vnd Conrads von Hornstein vnd anderer die Einnahm der Burg Straßberg gegen den Graven von Würtemberg nicht zu rächen. d. d. 12. Sept. 1442.

Wir dise nachgeschribñ mit namen Jöß vnd Cuonrat von Hörnstain Cuonrat schärp von fröbenberg vnd cläß schwertschnider bekennen vnd tund kunt offenbar mit disem brief, alß die hochgebornen Herren Her Ludwig vnd Her Ulrich gebrüder Graffen zu Wirttemberg ꝛc. vnser gnädig Herren für schelsberg das schloß gezógen sind von entpfelhens wegen des allerdurchluchtigesten Fursten vnd Herren, Hern Fridrich romischen kungs zu allen ziten merers des richs Herzogen zu Oesterrich zu steyr zu kernden vnd zu krayn, Graffe zu Tyrol ꝛc. vnsers des allergnädigesten Hern spenne vnd vintschafft halb zwyschend dem erwirdigen Fursten Ju gott vatter vnd Herren Hern Petern Boschoff zu Oegspurg vnd ettlichen den sinen vnd eidsen schwarzschnider entstanden vnd die egenanten vnser gnädig Herrn von Wirtemberg das vorgenant schloß gewunnen vnd ingenommen händ, wann aber der vorgenant vnser gnädigester Herre der romisch Kunig zwischend dem egenanten vnserm Herren von Oegspurg vnd dem schwartzen schnider vnd allen den so von baiden parthyen darzu gewant sind ain richtung uff ainen rehtlichen vstrag getän vnd gemacht vnd vnsern gnädigen Herrn von Wirtenberg vorgenant gebotten hät mir josen von Hornstain das schloß wider Jne zu geben doch off gelubde vnd apde sólich geschiht nit zerechen als dann siner kunglicher gnäden brief das Jnne haltet des bekennen wir obgenanten Jóß vnd Cunrat von Hörnstain, cuonrad schärp von frödenberg vnd cláß schwärzschnider für vns vnd alle ander die tail vnd gemäin an schatzberg hand vnd zu vnser der obgenanten geschiht vnd sachhalb gewandt oder darvnder verdacht sind das wir sólich rihtung gegen dem egenanten vnsern gnädigen Herren von Wirttenberg Jren räten dienern vnd den Jren vnd die Jnen ꝛe versprechen ständ vnd och allen den die von Jren wegen darzu gewandt oder verdäht sind getrulich halten vnd och der obgenanten geschiht halb vnd was sich darvnder gemacht vnd verlóffen hät mit jnen geriht sin wellend, dann wir vnd ander vnser gemainer vnd alle die so darzu gewandt oder verdaht sind sóllend solich vorgenant geschiht vnd sach mit vns selbs noch mit dem schloß schätzberg gegen dem egenanten vnsern gnedigen Herren jren räten dienern den jren vnd die jnen zu versprechen ständ vnd och allen den die von jren wegen darzu gewandt oder verdäht sind nimer geäffern noch gerechen weder mit geriht gaistlich noch weltlichem noch on geriht weder mit worten noch wercken räten noch gerätten haimlich noch offenlich noch das schaffen getan werden jn dehain wise dan das ain gerihte geschlichte sach ist vnd sin sol als vorgeschriebn stät, alles ön geuerde alles das hieuor geschriben stät geredet geloben vnd versprechen wir obgenamtn jóß vnd cunrad von Hörnstain Cunrat schärp von frödenberg vnd cláy schwartz schnider war stäte vesle vnd vnuerbrochelich zu halten für vns vnd die darzuo gewandt vnd verdäht sind vnd dawider nit ze sinde zu suchende noch zerund in dehain wise by den aiden so wir herumb liplich zu gott vnd den hailgen gesworn hand geuerde vnd argeliste jn allen vorgeschriben sachen ganz vßgenommen vnd des alles zu warem vrkunde haben wir vorgenanten jóß vnd cuonrad von hörnstain vnd cuonrad schärp von frödenberg vnseru aignu Jnsbgel offenlich gehenckt an disen brief vnd wön ich cláß schwarz schnider aiges Jnsbgels nie han, so hab ich erbetten den pestern ꝛengher haimrichen von hörnltingen

das

Beylagen.

daz er doch Jm vnd sinen erben vnschädlich sin Jnsygel och offenlich gehenckt hat an
disem brief bey ich jetzbenempter hainrich von hörnlingen beken̄ getan von siner bett
wegen Geben an der nåhsten mittwochen vor deß hailgen crutzes tag alz es erhöhet
ward nach cristus gebuzt viertzehenhundert vnd in dem zway vnd viertzigosten jare.

Num. 68.

Verschreibung Gr. Ludwigs vnd Ulrichs zu Würtenberg, daß sie die
Reichsstädte Eßlingen, Reutlingen, Heylbronn, Rotweil, Weyl vnd Wimpfen
in die mit etlichen andern Reichsstädten gemachte Eynung aufgenommen haben.
d. d. 24 vor Mar. Magdal. 1445.

Wir Ludwig vnd wir Ulrich gebrüdere Grauen zu Wurtenberg rc. Dan d. 1.
bekennen vnd tun kunt offenbar mit disem brief, als wir vns mit pag. 88.
vnsern Landen, Luten vnd den vnsern vnd die vns zuversprechen steen, zu
den ersamen Wysen Burgermeistern Reten vnd allen burgern gemeinlich diser
nachbenempten des heiligen Römischen Richs Stetten mit namen, Ulme, Nördlingen, Halle, Gemunde, Dinckelspuhel, Roufbúrren, Werde, Kempten, Lutkirch,
Giengen, Aulon vnd Bopfingen vereint vnd wes wir vnd gen Jn von einung wegen verschriben haben. dieselb Vereynung noch weren vnd besteen sol hinnen bis vf
Sant Vitstag nechstkompt vnd dornach ein gantz Jare das nechste, alß dann das
alles die brief, die wir Jnen vnd Sie vns boruber gegeben vnd versigelt haben eigentlich bzwiznt vnd sagent: Also bekennen wir mit disem brieue, das wir mit
gutem willen der egenanten RichsStette vnd noch Rate vnser Rete die Ersamen
wisen Burgermeister, Räte vnd alle Burger gemeinlich Rich vnd arme diser nach-
genempten des Hailigen RichsStette mit Namen, Eßlingen, Rutlingen, Heilpronn,
Rotwil, Wile vnd Wimpfen vnd die die Jnen zuversprechen steen zu den obgenanten Richs Stetten in die vorgeschriben vereynung ingenomen vnd empfangen haben vnd geloben ouch vf die Ande die Wir der vorgeschriben vereynung gesworn
haben die obgeschriben vereynung vnd was wir vns gen den vorgeschriben Richs-
stetten von eynung wegen verschriben vnd verbunden haben die egeschriben zite vnd
Jare vß vmb sachen die nu hinfúro von nuwem verlauffent ongeuerlich gen den
vorgenanten von Eßlingen, Rutlingen, Heilpronn, Rotwile, Wile vnd Wimpfen,
gegen den Jren vnd den die Jn zuverfprechen steen ouch getrulich zu halten zu leisten vnd zu volfuren nach Lute vnd begriffung der brief, so wir den vorgenanten
Richs Stetten oder die egenanten vereynung vormals gegeben haben vnd zu glicher wise vnd ouch in allem dem Rechten, als ob die vorgenanten von Eßlingen,
Rutlingen, Heilpronn, Rotwile, Wile vnd Wimpfen mit namlichen worten in
denselben vereynungsbriefen begriffen weren vnd verschriben stúnden vnd auch dieselben

selben vereynung mit Inen angevangen hettent one alle geverde. Vnd deß zu merem Vrkunde han wir vnser eigene Ingesigele offentlich getan hencken an disen brieff der geben ist an Dornstag vor Sant Marien Magdalenentag nach Christi geburt, als man zalt vierzehenhundert vierzig vnd dru Jare.

Num. 69.

Verschreibung Berchtolden von Sachsenheim vnd seines Sohnes, wie auch Balthasars vnd Georgen vom Neuenhauß gegen Gr. Ulrichen zu Würtenberg wegen der Lehenschafft vnd Oeffnung zu Neuenhauß. d. d. 13. Oct. 1443.

Ich Berchtold von Sachsenhain vnd ich Hans von Sachssenhein sin Son Ich Balthasser vnd Ich Geory vom Nuwenhus Bekennen vnd tun kunt offembar mit disem brieff, als der Hochgeborn Herr Her Vlrich Graue zu Wirtemberg zc. vnser gnediger Herre vns vff hut gen Stutgarten gemant vnd gevordert hat zu recht fur sin Lehenman von diser nachgemeldten stuck wegen das Gloß zu dem Nuwenhus antreffend vnd wir aber denselben vnsern gnedigen Herren durch vns vnd vnser fründ gebetten haben, das er vns des rechten darumb erlassen wölle, daruff wir ouch geredt vnd versprochen haben, Gereden vnd versprechen mit disem briue derselben stuck halb des ersten als min Balthasers Vatter selig etlich teil zu dem Nuwenhus versetzt hat mit den, den er die versetzt hat, sol vnd wil ich schaffen vnd daran sin, das sie die von dem vorgenanten minem gnedigen Herren zu Lehen empfahen hiezwischent vnd wihennecht nechstkompt vnd In der Manschafft vnd Offnung halb des Gloß sweren vnd tun als sich dann der Lehen vnd Offnung halb zu tun gebüret, Alsdann sin gnad meint das bise nachgeschriben articel in dem burgfriden des vorgenanten Sloß billich begriffen werden, Herumb söllen vnd wöllen Wir in den vorgenanten Burgfriden setzen vnd vns verschriben, das vnser deheiner niemand wer der sye In dem vorgenanten Gloß zu dem Nuwenhus nit enthalten solle noch mag, Es mög dann ber den wir oder vnser einer alda enthalten wollen, Ere vnd Recht bieten, sin vnd nachkomen zu nemen vnd zu geben, zu geben vnd zu nemen an gelegnen glichen vnd billichen enden. Wir sollen vnd wollen ouch In denselben Burgfriden setzen vnd vns verschriben die öffnung in dem vorgenanten Sloß dem vorgenanten vnserm gnedigen Herren vnd siner Herschafft zu halten Inmaß wir das sinen gnaden zu tund gesworn haben vngevurlich, doch so ist her Inn beredt worden, solichs an vnsern gnedigen Herren zu bringen vnd ob Im das gevallen wil, So sol dem nachgekomen werden, Ob im aber solichs nit gevallen wolt, So sol Im sin gerechtikeit behalten sin alles one geverde. Vnd des zu vrkunde So han ich Berchtold von Sachsenhein fur mich vnd minen Son vorgenant vnd ich Balthaser vnd Ich Geory vom Nuwenhus fur vns selbs vnsere ei-

gene

gene Infigele offenlich gedruckt zu end difer geschrifft In difen brieff der geben ist an Sonntag vor Sant Gallentag Anno Domini Millesimo quadringentesimo Quabragesimo Tercio.

Num. 70.

Abfagbrief Grav Ulrichs zu Wirtemberg gegen Ammann, Rath und Gemeind zu Schweitz wegen Kayfer Friderichs. d. d. 24. vor Dionysii (den 8. Oct.) 1444.

Ulrich Graue zu Wirtemberg ꝛc.

Wiffent Amman Rat vnd die ganz gemeinde zu Swytz das wir vwer vnd aller der vwern vnd aller der die offenlich mit vch in hilff vnd puntnuß fint, vinde fin wöllen von bette vnd manutig wegen des allerdurchluchtigeften Fürsten vnd Herren, Herrn Friderichs Römifchen Königs zu allen ziten merer des Richs Herzogen zu Oefterrich, zu Styr, zu Kernden vnd zu Krain vnd Grauen zu Tyrol ꝛc. vnfers allergnedigeften Herren, vnd wir wollen ouch vnfer ere mit difem vnferm offenbrieff gegen vch allen vnd yeglichem Infunderheit den folichs berurend ist, bewart haben vnd ziehen vns in des obgenanten vnfers allergnedigeften Herren des Römifchen Königs ꝛc. Fride vnd Vnfride So fchierft vns der verkündt wirdet. Geben vnder vnferm zuruck vffgedruckten Infigel zu Vflingen an Dornftag vor fant Dyonifius tag, Anno ꝛc. XLIIII.to.

Num. 71.

Abfagbrief Grav Ulrichs zu Wirtemberg Helfer wider die von Schweitz. de eod. dato.

Wir dife nachgefchriben mit namen Sigmund Graue zu Hohemberg, Graue Eberhart von Kirchberg, Wernher von zymmern fry, Herr Ulrich von Rechberg zu Hohenrechberg, Herr Eberhard von Fryberg zu Ahftetten Rittere, Steffan von Emershouen, Wilhelm von Wellwart, Wolff von Nunhufen, Hanns notbafft der elter, Conrat von Hohenriet, Berchtold von Sachfenheim, Rudolff von Buwftetten, Ulrich von Rechberg der jung, Hanns von Kaltental, Peter Harandt, Pfoft von Nuneck, Conrat vom Stein, Hanns Tumm von Nunburg der elter, Welff von Tachenhufen, Paule vom Stein, Spfeit von zünhart der Jung, Fridrich von Wrtingen, Bernolt von Sachfenheim, Ernfrid von Schechingen, Rudolff von Fridingen, Hanns von Ramfperg, Eberhart von Friberg der junger, Anfhelm fulhin, Michel von der breiten Landemberg, Ludwig von Werdnow, Hanns von Tierberg, Jos von Hornftein, Georg Schilling, Wilhalm von Nulant, Burkart

(Q)

farb Bonbaft, laſſent uch den amman Ratt vnd die gantz gemeinde zu Stoytz wiſſen, das wir mit allen vnſern gebrōten knechten die wir yetzo haben vnd fūro vber komen, uwer vnd aller der uwern vnd aller der die offenlich mit uch in hilff vnd puntnuß ſint, vinde ſin wollen von wegen des Hochgebornen Herren Herrn Ulrichs Grauen zu Wirtemberg ꝛc. vnſers gnädigen Herren vnd wir wollen in ſinem friden vnd vnfriden ſin vnd des vnſer ere gegen uch allen vnd yglichen Inſunderhait, den ſolichs berurend iſt, mit diſem vnſerm offenbrieff bewart han, vrkund diß brieffs verſigelt mit vnſer vorgenanten Steffan von Emershouen, Syfrids von Zulnhart vnd Eberhart von Friberg Inſigele der wir andern alle vns zu diſer Zit mit Jnen gebruchen vnd diſer Dintſchafft darunder bekennen, Geben zu Oplingen an Dorſtag vor ſant Dioniſiustag anno ꝛc. XLIIII.to.

Num. 72.

Beſchwerungsſchreiben Marggrauens von Baden vnd Grav Ludwigs und Gr. Ulrichs zu Würtemberg wegen außbleibender Kayſerl. Hülfe.
d. d. 10. Mart. 1446.

Allerdurchluchtigſter Fürſt, allergnedigſter Herre, uwern königlichen gnaden ſind vnſere vndertenige willige dienſte gehorſamclich allzyt bereyt. Als der Hochgeborn Fürſt, Her Albrecht Hertzog zu Oſterrich ꝛc. uwer gnaden bruder heruff in diß Lande komen iſt, hat uns uwer königlich gnade geſchrieben vnd begert, das wir demſelben uwerm bruder hilff vnd byſtande gein uwern vnd des huſes zu Oſterrich vynden, den eydtgenoſſen tun wolten, darzu hat uns der benannt uwer bruder deßglichen zutund gebetten vnd vns geſagt, wie Jne uwer Königlich gnade Jn ſollichen Kriegen in Deheln wegk verlaſſen, ſunder Jm vnd vns hilff vnd zuſchupp tun wolte, Uff ſollich uwer königlichen gnaden ſchriben vnd vertröſtung haben wir den vorgemelten uwern vyenden den eydtgenoſſen vnnſer vyentſchafftbrieue zugeſandt, vnd Jne von uwernwegen abgeſagt, des wir bißher mercklichen groſſen ſchaden an lutten vnd guten gelitten haben vnd teglich loden, Nu hetten wir vns ſollicher ſwerer vnd dötlicher kriege nit vnderwunden, noch vns damit beladen uff vnſers ſelbs vermögen vnd darlegen ſolten wir das uff ſollich vorgemelt vertröſtung nicht gethan haben, nachdem vnd wir als dir, die uwerer vnd vnſerer widerſacher macht herkennen vnd wol wiſſen das vns allein das zu ſwer geweſen were, Soddemale wir aber uff uwer königlichen gnaden ſchriben uwer vnd uwers bruders vertröſtung Jn gutem wol getruwe komen ſyen in ſolich Kriege die vns teglich ye better vnd ſwerer werden, So bitten wir dieſelbe uwer königlich gnade vnd ermanen uch ſollicher vertröſtung, ſo vns durch uwer gnade vnd uwern bruder geſchen iſt, Jr wollent ans on alles verziehen uwer hilff vnd zuſchupp Jn diſen Sachen zufügen, damit

wir

Beylagen.

wir uwern vnd vnsern vyenden widderstant getun mögen, als uwer königlich gnade des uch vnd vns schuldig vnd pflichtig zutund ist, wann geschee des nit, so besorgen wir, das uwer gnade vnd wir darumb einen solichen bruch lyden müsten, der uwern gnaden vnd vns vnwidderbringlich were, das wollen wir dannoch umb die selbe uwer königlich gnabe vnderteniglich mit willen vnd gern verdienen. Geben zu Tuwingen an Donstag nach dem Sontag Inuocauit In Anno ꝛc. XLVI.

Jacob Marggraff zu Baden ꝛc.
vnd Graue zu Spanheim.
Ludwig vnd Ulrich Grauen zu Wirtenberg ꝛc.

Num. 73.

Grav Ludwig zu Wirtemberg gibt dem Stifft zu Herrenberg, welches er kürzlich von neuem errichtet, verschiedene Freyheiten. d. d. 17. Dec. 1446.

Wir Ludewig Graue zu Wirtemberg ꝛc. Bekennen vnd tun kunt offembar mit disem Brieff allen den die In ansehent lesent oder horent lesen. Wann wir von Ordenung vnd schickung des Almechtigen ewigen Gottes darzu geborn sint vnd von vnsern eltern off vns gekomen ist vnser vndertan lande vnd lute beyde geistlich vnd Weltlich zu regieren, zu versehen vnd vßzurichten, dadurch sin göttlich gnad vnd alles himelsch here gelopt vnd geeret werde, Wiewol nu das also ist, So sint wir doch mit sunderheit geneigt, das wir die die zu göttlicher Vbung vnd dienst gewidemt sint In fryden vnd guten ruwen gern behalten woltent vnd herumb so haben wir dem Collegium vnser gestifft des Probsts der Corherren vnd Vicarien, die wir in vnser Statt zu Herremberg durch vnser, aller vnser vordern vnd nachkomen heiles willen von nuwem gemacht vnd geordent habent derselben Stifft zu Eren, zu nutze vnd zu Gemach gegeben vnd geben fur vns vnd alle vnser nachkomen mit guter vorbetrachtung vnd wiser lute Rate die Fryheit vnd die Recht, als sie hienach geschriben steen, Zo dem ersten, das weder wir noch kein vnser nachkomen, noch vnser oder vnser Statt zu Herremberg Vogt Schultheiß oder Amptmann kein gericht oder gebott sol haben vber die gestifft vnd vber die vorgenanten den Probst die Corherren vnd die Vicarien noch weder Ir libe noch gute, damit wir sie gestifft haben, noch sollen sie nit besweren mit Sturen mit wachen mit herbergen noch mit keinerschlaht dienst one alle geuerde. Hette aber oder gewunne Ir deheiner gut, die Stürbar oder dienstbar werent, die sol er versturen oder verdienen, als recht vnd gewonheit ist von denselben guten. Dornach were, das der burger deheiner oder ir gesinde mit dem gestifft, dem Corherren oder mit den vicarien clag oder anspruch hettent oder gewunnent, die sollent das Recht von Inen nemen vor dem Probst vnd sol sie des benügen, deßglich widerumb, were ob der Stifft, die

Beylagen.

Cerherren oder Vicarien clag oder anspruch hettent oder gerunnent zu den burgern vnd Jrem gesinde, die sollent das Recht von Jnen nemen vor dem Schultheissen vmb solich sach, darzu geben wir der geflisst alle die Recht mit den Burgern zu haben vnd zu niessen an weyden, an wegen an holtz vnd an strassen als denselben vnsern burgern vngeuerlich. Darzu wollen wir, setzen vnd geben euch freilichen der geflisst die freyheit, wa der Prebst der Cerherren oder der Vicarien det etwer stirbet, was gutes der hat oder lasset, das er damit erlebt hat, geordent, gesetzt oder geschaffet, das sol also beliben, sturb aber er also, das er damit nit gesetzt oder geordent hette, So sol, wenne von dem gut die redeliche Gulte, die er gelten solte, vergolten werden, das oberig beliben der geflisst vnd sollen wir noch kein vnser nachkomen oder vnser Vogte, Schultheiß oder Amptmann sie daran nit irren noch beswerren alles oue geuerde vnd des alles zu steter vnd ewiger vrkunde vnd sicherheit, So haben wir vnser eigen Jngesigel offenlich getan hencken an disen brieff, der geben ist zu Prach an Samstag vor sant Thomastag des heiligen zwolffbotten nach Cristi gepurt als man zalt vierzehenhundert vierzig vnd Sechs Jare.

Num. 74.

Urkund des Raths zu Villingen gegen Grav Ulrich zu Würtenberg, daß Hanns von Rechberg vor demselben den in der Urthel erkannten Eyd abgelegt habe. d. d. Freytag vor Antonii. 1450.

Dem Hochgebornen Herren Grauen Ulrichen, Grauen zu Wirttemberg *c. vnserm gnedigen Herren Entbietten Wir der Schulthaiß, der Burgermeister vnd der Rath der Statt Villingen vnnser willig vnnderthenig Dienst vnnd tun Ewern Gnaden zu wissen, das der Edel vnd veste Junckher Hanns von Rechberg vonn HohenRechberg vff den Donderstag vor dem hailigen Palmtage des Jhars als man zalt nach Christus gepurth Vierzehenhundert vnnd in dem Acht vnd Vierzigsten Jhare vor vnns Jnn offnem Rat den Aide, als Jme vor des hochwürdigen geistlichen Fursten vnd Herren, Herren Friderichs Abt des Gotthauß Jnn der Reichenow LehensRichter vnd Lehenmannen nach laut derselben vfgangen vnnd gesprochnen Urthail von des Kauffs wegen Gamertingen gethon hatt, des sagen wir vff vnser Ayde, So Wir vnserm gnedigen Herren von Oesterreich vnd der Statt Villingen geschworen haben vnnd als hoch vnd wir ain Warhait billich sagen sollenn, vnd gebürte vns hierumb noch me ain Warhait zu sagen, mochten vnd wollten wir auch tun. Zu Urkunde geben vnd mit vnser Statt Secret dememinbern anhangendem Jnsigel versigelt deß nechsten Freitags vor Sanct Anthonyen tag deß Jhars als man Zalt nach Christus gepurth vierzehenhundert vnnd Jnn dem Funffzigstenn Jhare.

Num. 75.

Num. 75.

Verschreibung der S. Georgen Gesellschafft gegen Gr. Ludwigen zu Wirtemberg, daß sie seine Diener seyn wollen. d. d. Georgii. 1447.

Wir diß nachgeschriben Johanns Graue zu Werdemberg, Herre zu dem heiligen Berg, Georg Abbte des Goßhuses zu Salmenswy, ler, Eberhart Graue zu Werdemberg, Graue Hainrich von Tengen, Graue zu Nellenburg, Lantgraue In Hegow vnd In Madach ꝛc. Wernher von Zymern Froherre zu Meßkirch, Burkart von Randegg, des Hohenstifftes zu Costentz Thumherre, Wilhelm von Grunemberg, Eberhart Trochseß zu Walpurg, Conrat von Schellemberg, Hannß von Klingemberg, Burckart von Homburg, Hainrich von Randegk, Berchtold von Schellemberg, Thüring von Hallwilr, alle acht Ritter Hannß von Bodmen der elter, Bentz von Kunsegg zu Allendorff, Thüring von Hallweiler der elter, Frischhanns von Bodmen, Conrat von Fridingen, Wolff von Jungingen, Rudolff von Brandegg, Wilhalm von Homburg, Conrat von Homburg, Hainrich von Klingemberg, Jacob von Fridingen, vnd Wolff von Haggelbach Bekennen vnd tun kunt offembar mit disem brieffe, das wir alle vnd Jeglicher besonnder diener worden sin vnd Sonnder wir Abbte Georg Räte vnd dienner des Hochgebornen Herren Herr Ludwigs Grauen zu Wirtemberg und zu Mumppelgart vnnsers gnedigen Herren vnd vnnser Jeglicher besonnder haut auch demselben vnserm gnedigen Herren gelobt vnd gleben mit disem brieffe Im getruwlichen zu warten vnd zubienen, als ander sin Diener vnd er sol vns ouch hanthaben vnd schirmen, als annder sin Diener vngeverlich. Wir, die vnsern vnd die vns zuersprechen steen Sollen vnd wellen ouch recht geben vnd nemen gegen den Fursten vnd Herrn vnd ouch den stetten mit der vorgenant vnser gnediger Herre In aynung ist, Jren Räten, Dienern, Burgern, den Jren vnd die Jnen zu versprechen steen vnd ouch alles das halten vnd tun, des sich der obgenant vnnser gnediger Herre gegen Jnen von siner Diener wegen zu halten In denselben Aynungbrieffen verschriben haut alles one geuerde, Vnd des zu Vrkund haben wir Johanns Graue zu Werdemberg, Graue Hainrich von Tengen, Frischhanns von Bodmen vnnd Wolff von Jungingen von vnser aller stißiger bette wegen Jeglicher sin aigen Ingesigel an den brieffe hencken lauffen, darunder wir vns gemainlich vnd Sonders den Stucken von vns In dem brieffe geschriben getruwlich nachzukomen In crafft des brieffes verbinden, der geben ist vff Sant Georien tag des hailigen Ritters vnd marterers des Jars als man zalt von der gepurt Cristi dusent vierhundert viertzig vnd Jnn dem Sibenden Jaren.

Num. 76.

Num. 76.

Verschreibung Gr. Ludwigs zu Wirtemberg gegen dem Gottshauß Blaubeuren wegen des Schirms. d. d. 16. Febr. 1448.

Ex Besold doc.
rediv. n. X.
pag. 340.

Wir Ludewig graue zu Wirttemberg vnd zu Mumppelgart ꝛc. Bekennen vnd thun kunt offembar mit disem Brieue fur vns vnd vnser erben vnd nachkomen, Als wir Gerhusen, Ruck vnd Plawenstein die vestinen vnd die Stadt Blawburren mit Dörffern Wysern vnd aller Zu vnd Ingehörung vnd och die Castvogthye vnd die gewaltsamen vber das Closter Blauburren Lute vnd gute darzu gehörig ains rechten steten vnd owigen kofs erkofft haben vmb den wolgebornen vnsern lieben Oheim Graue Conraten grauen zu Helffenstain nach Lute des kofbriefs den wir darumbe haben. Wann nun die Erwirdigen vnser liebe andechtig vnd besunder der Abbte vnd sin Conuent sich gegen vns demuttenklich In gantzer gehorsamkait erzögt vnd vns vnd vnsern erben vnd nachkomen huldung gethon gesworen vnd sich gegen vns Verschriben vnd bekennt hond vns vnd vnsern erben vnd nachkomen fur Ir Recht schirmer vnd Castvogt zu haben vnd furbaß keinen andern schirmer herren noch Castvogt zu suchen weder haimlich noch offenlich gaistlich noch Weltlich sust noch so In behainen wege als das von alter herkomen Ist vnd sin sol vnd das alles solich brieus die sie vns darüber gegeben hond volkomenlich lutend vnd sagend vnd vmb solichen Iren vliß vnd gutwillig gehorsamkait haben wir dem vorgenanten gotzhus Abbte vnd sinem Conuente widerumbe die gnade erzögt vnd gethon, erzögen vnd thugen In mit krafft diß briefs, das wir sie vnd das vorgenant ir Gottshus vnd och alle Ir nachkomen gnediklichen vnd getrüwlichen sollen vnd wollen beliben lassen by Iren Fryhaiten vnd guten gewonhaiten, Als sie dann by dem vorgenanten Graue Conraten von Helffenstain vnserm lieben Oheim, vmb den wir sie als vorgeschriben stätt erkofft haben, bisher beliben sind vnd er das uff vns bracht hat, Sunder wir sollen vnd wollen Ir getruwer schirmer haissen vnd sin one alle argelist vnd gewerde. Vnd vmb das sie vnd Ir Gotteshus aller gutter sachen, der sie wol wurdig sind, deßbaß erharren mügen, So sichern vnd fryen wir In die hienach benempten Dörffer mit Luten vnd mit guten mit namen Machtelßhaim, Süssen, Ringingen, Rottenacker vnd Erstetten das wyler was sie vnd Ir gotzhus da hond mit Ir zugehörde das wir noch vnser erben noch nachkomen daran nicht Irren noch bekumbern sollen noch wollen noch behainerlay gewaltsamy noch Recht daruber haben sollen zu gebietten weder von Vogthye noch von behainerlay annder Zwangsain wegen wie man die mit namlichen worten erdencken kan oder mag, Also das sie mit Namen aller gebott fry vnd sicher sin sollen In der mas als sie danne by dem

vorge-

Beylagen. 127

vorgenanten graue Conraten herkomen sind, denn allain vßgenomen den Kirchensatz zu Ringingen vnd des gewonlichen alten Vogtrechts der Kirchen zu Süssen, die sollen vns vnd vnsern erben vnd nachkomen werden gefallen vnd beliben als die von alter herkomen sind one alle geuerde. Dar zu so haben wir vns yetzunt mit gutem willen fur vns vnd vnser erben vnd nachkomen mit dem Abbte vnd sinem Convent des vorgenanten Closters vnd gen allen iren nachkomen gutlich veraynet, also were das wir oder vnser erben oder nachkomen nu furbas meer mit den egenanten Herren dem abbte vnd Convent oder mit Jren nachkomen, Oder sie oder ir nachkomen mit vns vnsern erben vnd nachkomen von der vorgenanten gut wegen, namlich Machtelßhain Süssen Ringingen Rottenacker vnd Erstetten das Wyler das alles mit Luten vnd gutten vnd als wir Jn das gefryet haben als vor stätt dehainerlay stöß Zwayung oder Jrrung gewunnen das Got nit enwolle, So sollen vnd mögen der vorgenant Abbte sin Couent oder ir nachkomen zween vsser vnsern erbern vnd Edeln Reten niemen, desglichen wir ouch thun söllen vnd mügen Sunder ouch zwen vsser vnsern erbern vnd Edeln Retten niemen vnd zu den Zwaynen die sie genomen hond setzen. Die vier vnser Rete als dann vns beyderseyt nach notdurfft verhören vnd dann darnach versuchen, ob sie vns der spenne halp gutlichen obertragen mügen, were aber des nit, so söllent sie vmb die verhörten sprüch des Rechten zwuschent vns mechtig sin vnd was sie oder der meerteil vnder Jn mit Recht erkennent vnd ussprechent darby sol es bestön vnd beliben vngeuerlichen, were aber das sie nit ains oder ain meers vnder yn gemachen möchten, So söllen die vier vnser Rete die von vns vnd Jn zu den sachen genomen sind oder werdent, gewalt vnd machthon vß den andern vnsern erbern vnd Edeln Retten ainen gemainen zu erkiesen zu niemen vnd zu erwelen vnd was denne aber durch sie vnd den gemainen oder dem meerti tail vnder Jn gutlich oder rechtlich erkennt vnd gesprochen wirdet nach vnser beyder tail clag antwurt Rede vnd widerrede do sol es by beliben, Also das das von vnserm yetwederm tail nit gewegert gezogen noch furbas bracht sol werden weder uff gaistlich noch uff Weltlich Lute noch gerichte noch an dehain ander statt mit dehainen sachen noch in dehainen wege one alle argelist vnd geuerde, vnd wir söllen vnd wöllen die vorgenante vnser Rete die zu den vorgenanten Dingen von vns oder Jn genomen, erwelt oder gekern werdent der ayde uff die Zit die sie vns gesworn hond von der sachen wegen vnd der sachen halp lebig sagen one alle arge list vnd geurde. Vnd des zu Vrkunde hon wir vnser aigen Jnsigel offenlich thun hencken an disem brieue der geben ist zu Brach an Frytag vor dem Sonntag Reminiscere nach Cristi geburt als man zalt vierzehenhundert vierzig vnd acht Jare.

Num. 77.

Num. 77.
Heinrich von Lynne Freygrav zu Waldorp vnd Bodelswinghe ernennt
denen von Jeurbach einen Tag vor dem Freyengericht zu Waldorp auf Conrads Schencken von Winterstetten Klag zu erscheinen.
d. d. 18. Maji. 1445.

Wossel Schultiffen Dorfmeister Richter Gericht ordelspreker deß Gerichtes zu furbach mijt namen vnd jo namen Hans hein, Heinrich schaff der elter, Oberlin menlin, der elter, Hans hut, heinrich hut gebruder, Erhart Stump, hans seerlin vnd vort alle bey gegn der Inwoner synt deß vurgeschriben Dorffes Mans Personen de jo Jren Dagen komen synt vßgescheiden geistliche Lude, So als ich uch gewarnt vnd geladen han van Clage wegen deß Erbern vnd Vesten Junckher Conrait Schencken van Wynterstetten darumb dat yr eme meyneydich loweloiß truweloiß werden vnd worden synt vnd eme syn geriicht vnd recht Erue habe, vnd guet entweldigen mit vorrederey vnd vren meyneyden bey dem burgenanten Conrait Schencken Cleger van Geriichts vnd anders wegen verbunden vnd schuldich synt, dey em got verleynt hefft, der y en also affhendich machen willen weder Got, Ere vnd recht vnd aller verdulchniß Inlendescher Geriicht, darumb ich uch eynen rychtlichen plichtbach geschreuen vnd van Keyserlicher macht In Crafft myner breff gelecht vnd gesetzet hain vp datum diiß breffs, deß y alles nicht geachtet and deß hylgen Rychs ouersten friengericht freuelichen versmait hebn, darumb syt yr dem hilgen ryche In brouch vnd pene geuallen vnd dey procurator van wegen deß burg. Clegers heuet myt rechten ordeln de Clage vnd hobet sach vp uch gewunnen vnd behalden vnd dat jo kost vnd allen schaden als deß hylgen Rychs offenbaeren friengeriichtes recht ist den deß vurstehenden Conrait Schencken vollmechtig procurator geachtet vnd gerumet vnd behalden hait vp veirhundert rinische ouerlensche gulden darumb gebeden ich uch noch van Keyserlicher vnd Romcklicher gewalt vnd macht myns Ampts dat ir deß nett en laissen yr komen mot uwers selffs lyue jo Waldorp an den frienstoil deß nesten Donrestdages Na onser leuen vrauwen dage Assumptionis nestkomende na datum diiß breffs jo rechter rychtijnt Dages vnd boin dem friengericht vurgenant vmb brouch vnd pene vnd den Clegern vnd dey Clagen myt rechte jo boin hebn als myt rechten ordeln vp uch gewunnen is. Gesche deß nicht vnd wurden mynes gebodes jo dem andern male vngehorsam, So moest ich vnd andre frigreuen ouer uwe lyue vnd Ere ryehten als deß hilghen ryehs recht were dat uch swerlichen vallen vnd konten moecht, dar Wüsst uch weyßlichen Na jo ryehten vnd dat swair gerieht jo verhoeden Geschreuen onder mynem Ingesigel deß andern Dinstdages Na dem Pinrstdage Anno dni ꝛc. XLquinto.

Heinrich von Lynne frigreff jo Waltorp
vnd Bodelßwinghe.

Num. 78.

Num. 78.

**Urthelbrief von dem freyen Stul zu Bruninckhusen, daß keiner von
Grav Ludwigs zu Würtemberg Unterthanen und Zugehörigen einen andern
für kein ausländisch Gericht laden solle und Grav Ludwig die Uebertretter
straffen könne. d. d. Zinßtag nach Laurentii. 1449.**

Wir Conraid van Lyndenhorst Erbgreff der Keyserlichen Kameren der Graeffschafft der Stadt Dortmunde vnd friegreff des hilghen Romischen Richs
vnd der friengraffschafft darselffs, Hinrich van Londenhorst Junckgreff der Keyserlichen Kameren der Graeffschafft der Stad Dortmunde vnd friegreff des hilghen Romischen Rychs vnd der friengraeffschafft darselffs syn son, Wilhelm van
der Zungher Friegreff der Keyserlichen Kameren der Stad Dortmunde, Diderich Ploigher In der frienkrummen graesschafft ic. friegreff vnd Arnd Cleynsmyt
ju Velgoste ic. Fryegreff dont kunt vnd bejugent fur allen Fursten heren Grauen
Edeln Baronen Ritteren, knechten, Amptluden, Voigten, Richteren, Stetten vnd
sus allen guten Luden vnd sunderlinz allen Ersamen friegrauen vnd echten rechten
frienscheffen des heilghen Roemischen Rychs daz Wir off datum diß brieffs be-
saissen stat vnd sluß ben frienstull ze brunynchhusen In der krummengraesschafft gelegen wyt vrtale vnd rechte gespannender banck zu richten In des heilghen richs
heymlichen achte nach frienstuls rechte, vnder Konix banne vmb etliche sachen deß
hilghen richs friegerichte antreffende zu erlutteren vnd zu erclerende, Als sich das
nach frienstuls rechte gebort, darfur vns komen vnd erschenen ist, der Ersame Heinrich Murer verwer zu Esslingen, Eyn echt recht friescheff des hilghen richs, diener
des Hochgeborn Heren Hñ Ludewighs Grauen zu Wirtemberg vnd Heren zum
Mumpelgarten vnd joghede durch sonen gewunen vorsprecher vnd liess lesen Eyn
offen Liedegans procuratorium off Pergament geschrieben myt des Hochgeborn
Heren Hñ Ludewighs Grauen zu Wirtemberg vorstr. Jnsiegell versiegelt vnd alß
daz procuratorium ober daz gerichte gelesen verhort vermerckt verstanden, ouch Ledegans was an pergamenten schriften siegele sunder Cabuc Rasur oder Lastermail,
So bad Heinrich murer procurator vorgenant Eyns rechten vrtails, ob daz procuratorium Jcht volmechtig krefftig vnd bundigh syn vnd bliven solte In dem rechte ob was darumb recht so, Daz Vrtail saten Wir an eynen echten rechten frienscheffen des heilghen Rychs der nach anwisinghe der Ritterschafft, dingplichtigen
vnd vmstandern des friengerichtes daruff wisenden für recht, Nachdem vnd daz procuratorium Ledegans sy an pergamente, schriften, siegele, sunder Cabuc Rasur off
Lastermail, so sy daz nach frienstuls rechte bundig mechtig, krefftig vnd von werde,
vnd alsdat procuratorium volmechtig erkant was, So offende Heinrich Murer
procurator vorstr. durch sonen gewunnen vorsprecher vorgenant, Wie daz der Hochgeborn

(R)

geborn Her, Her Ludewig Graue zu Wirtemberg vnd zu Mumpelgarten durch alle
syne Lande vermyte synen Amptluden, Voigten, scheltheissen, Richtere, Alle syner
Wertlichen Gerichte bestalt vnd ernstlichen enfolen hette, Idermañe nach gewon-
nuß vrtail vnd erkentnisse der gerichte, gerichts vnd rechtes zu gestaten vnd zu wie-
derfaren laissen, daruff so bad der egnant Heinrich Murer procurator vorstr. Syns
rechten vrtails vnder Konig banne In namen vnd von weghen des obgenanten vnsers gnedigen Hern Ludewigs Grauen zu Wirtemberg ꝛc. Wer eynich man, der
syner gnaden volschuldighe zubehorighe Loff eighen wer, hinder In, In syner gnade Lande besessen der boven soliche gebote des rechten verstr. eymande anders syner
hinderseßen oder die syn gnaden zu versprechen stant, vor andere außwendighe
Wertliche Gerichte heischede, besweerde oder verhodete, ob syn gnade der oder den
die sulichs deten, darumb In dem rechten icht mochte schuldighen, straiffen oder
straiffen laissen nach syner Lande ghrichts rechte, ob was darumb recht sy, das Vrtail saßen wir friegrauen vorstr. An eynen echten rechten schittborbighen frienscheffen des hilghen Rychs der nach Anwisunge der Ritterschafft, dingpflichtigen vnd
vmstenderen des friengerichts daruff wisete fur recht, Wer eynich man der dess obgenanten vnsers gnedigen heren Hern Ludewiges Grauen zu Wirtemberg vnd zu
Mumpelgarten volschuldighe zubehorighe Lyffeighen wer hinder Jne In syner
Gnade Landen besessen, der boven solich gebott des rechten eymande anders syner
gnaden hinderseßen oder die synen gnaden zu versprechen staent vor andere außwendighe Wertliche gerichte heischen besweren off verboden dete den oder die daz sulichs deten, die mochten Im rechte syn gnade darumb woll schuldighen, straiffen
oder straiffen laissen nach syner gnaden Lande ghrichts rechte, der ober die das also getan hetten off noch deende wurden en mochten dann wisen off bibrengen mit
warhafftigen kunden vnd kuntschopfen, oder myt gnugsamelichen zughe, daz dem
oder den gerichts off rechts geweighert vnd an siner gnade gerichte rechtlois gelaissen Wer Wurden, dess stunde em oder en zu genyessen. Alle disse vorstr. articku-
le, puncte orbell vnd rechte synt zugelaissen besledigot vervolgt besat vnd gevulbert
van dem ganßen vmstande vnd gingpflichtigen nach des friengerichts rechte dar wir
vnser orkunde off entfangen hayn als recht ist, dar vort vrtail vnd recht vff gegangen is, nach frienstuls rechte daf inen disser gewiseten vrtale off keyner ander stede
wederachten ober wiederspreechen sole noch moghe by solicher swarer peene als darzu gehort vnd by konig Banne, darumbe vnß ouer vnd ane weren Ersame fremo
Ritterschafft myt nemen Die vesten Junckeren Ditherich von Wickede slather disses
vorst. henden frienstuls Euerhart vnd Hinrich von Wickede gebrudere syn sone,
Vrederich Norrentyn, Joban vnd Ernst van Menghede genant Oeslhoue gebrudere, Eberhardt van der Quele, Diderich van Meilecke, Cost van Albynchouen,
Hughe van der Legghe, Rotgher van Galen, Godicke siurck, Diderich van vasshuse
genant

genant die deme, Alle echte rechte schiltbordighe friescheffen vort Johan Tretstoch, Engelbert van Holte, gnant koster, Herman tit, Hinrich loppen Reynold van Stipell, Gobell Wernemars, Albrecht Schulte, Johan Hacke, Euert ter Westen Diderich ter westen, Diderich Potman vnd Diderich Greueken eyn gesworn frpurone deff vorstr. gerichts vnd vill mer echten rechten frieschessen des heilghen Romischen richs geachtet vff hundert vnd mer, vnd diss alles zu merer vestnusse haint wir Conraid vnd Hinrich syn soen Erbgrauen der keyserlichen Kameren, der Graeffchaffte der Stad Dortmunde vnd friegraue des heilgen Romischen Richs ꝛc. Wilhelm van der zungher friegreff der keyserlichen kameren vnd friengraffchafft zu Dortmunde, Diderich Ploigher In der frienkrumengraffchafft ꝛc. friegreff vnd Arnd Cleynsinpt zu Volgpste ꝛc. friegreff von gerichts vnd vnser Ample wegen eyn Jtlicher van vnff syn eighen Jnsiegell an diffen brieff gehangen vort bekennen vnd bezughen wir Diderich van Wickede stuplher Eberhart vnd Hinrich van Wickede syn soen, Vrederich norrentyn Johan vnd Ernst van Menghede gnant Oesthoue gebruder Eberhardt van dem Ouete, Diderich van Meisecke, Rotgher van Galen Johan tretstoch, Engelbert koster vnd Herman tit alle vorgenant, dat Wir hir mpt oeuer vnd ane waren horten vnd saghen dat alle vorsteende puncten ordell vnd artickell sich ergangen vnd gescheyn synt so vorgeschrieben steit vnd diss alle; zu merer vestnusste vnd getugnisse der warheit hapnt Wir vnse Jngesigele mede by der vorstr. friegreuen Jngesiegell An dpsen brieff gehangen datum et Actum Anno Domini Millesimo quadringentesimo quadragesimo nono feria tercia proxima post beati Laurencij martiris.

Num. 79.

Heinrich Murers Verzeichnuß, was er für Ausgaben zu Erhaltung einer Urthel an dem Gericht zu Brüningshausen gehabt.

Jtem mins gnedig Heren sach hat kost LXX. Gulden.
 Jtem als man an das Gericht rait verzert man iiij. Gulden xiij. wis (albus) mit den v. Grafen, die an dem Gericht saffen.
Jtem ain fursprechen vnd zu Vrkund ain Gulden.
Jtem den Umstendern xxv. wis dum zu vertrinken.
Jtem als wir wider von dem Gericht kamen ain Gulden um Win.
Jtem Wilhalm von der Junger friegraf zu Dortmund v. Gulden.
Jtem Didrich Pfloger frigrav v. Gulden.
Jtem Arend Kleinschmid iiij. fl. ain Gulden für die Zerung.
Jtem Eberhart und Haimrich von Wickede jettichem ij. Gulden um Versigeln und das so mit riten an das Gericht.

(R) 2   Jtem

Item aber haben viiij. verſigelt vnd ſind mit an das Gericht geritten, han ich yetlichem ain Gulden geben um verſigeln vnd vom riten.
Item ij. Gulden von dem brief zuſchriben.

Num. 80.

Urtelbrief des Weſtphäliſchen Gerichts zu Waldorpe, daß kein Würtenbergiſcher Unterthan wiſſend werden, noch einen andern vor den Weſtphäl. Gerichten vornehmen ſolle, auch Gr. Ludwigs wiſſende Räthe und Freyſchöpfen einen ſolchen Uebertretter ſtrafen können. d. d. 30. Nov. 1449.

Wir Hinrich von Lindenhorſt Erbgreff der Keyſerlichen Kameren der Graefſchafft vnd der Stades Dortmunde vnd frigreue des heilghen Romiſchen Rychs vnd Diderich Ploigher In der frienkrumengraſſchafft 2c. frigreue Thun Tunt vnd beżuget ouer mitz diſſen brieue Fur Allen furſten, Heren, Grauen, Edeln Rittern Knechten Stetten Amptluten, Richtern, Voigten Schultheiſſen die frieſcheſſen ſynt vnd ſus allen Erſamen friegrauen vnd frieſcheffen des hilghen richs, daz wir uff datum diſſ brieffs beſaiſſen ſtat vnd ſtul den frienſtul zu Waltorpe gelegen myt vrtaill vnd rechte geſpannener banck zu richten In deſſ hilghen Rychs heymlichen achte uber lyff vnd ere vnder konig Banne nach frienſtuls rechte vnd etliche ſache dat hilghe riche antreffende je verluttern vnd zu ercleren Als ſich dat Im rechten gebairt dar fur vns komen iſt der Erſame Hainrich murer Eyn echt recht frieſcheff des heilghen Rychs dienet vnd procurator des Hochgeborn Heren Hern Ludemighs Grauen zu Wirtenberg vnd zum Mumpelgarten, Als er daz myt ynen offen Liebegantzen volmechtigen procuratorio van Werde erkant beẑugede vnd beuiſede als recht iſt, Vnd der obgenant procurator offende vber gherichte durch ſynen gewunnen vurſprechen, Wie daz der obgenante vnſer gnedigher van Wittemberg durch alle ſyner Gnaden Lande ſtette, merckte, wibbolte, dörffer ſynen Amptluten Voigten ſchultheiſſen vnd Richtern helfflich vnd veſtlich geboten vnd habe tun gebieten An alle ſyner gnaden wertlichen Gerichten Idermau vmb ſyn Clagbe vnd anſpraichen nach gevonyſſe vnd erkentniſſe der gherichte gerichte vnd recht widerfaren ze laiſſen ſo als der gerichte recht iſt, Vnd der obgenant Hainrich murer procurator vorgenant Bad darumb Eyns rechten orbeils van des obgenanten vnſers gnedigen Herren van Wirtemberg wegen, Ob eineh man der des vorgenanten vnſers gnedigen Heren van Wirtemberg oder ſyner Diener, oder die en zu verſprechen ſtent volſchuldig zubehorich lyff eighen wer In ſyner Gnaden Lande beſeſſen hynabe an die Weſſeliſche gerichte queme vnd one vrſob wiſſend wurde vnd bouen ſoliche gebotte deſſ rechten vorgenanten einghen von deſſ obgenanten vnſers Heren von Wittemberg ſyner diener der ſynet oder die Inen ze verſprechen ſtent fur ander

vſwen-

Beylagen.

vßwendige weerlliche gerichte heymliche oder offenbare heisschede verbotede off be-
schwerede, Ob die wissenden vnd friescheffen vber den oder die solichs reden icht richten moghen nach Jrer erkentnisse vnd so recht ist, waz darumb recht sy. Daz vrtail satzen wir An eynen echten rechten schildbordighen frienscheffen desß heilighen
Richs, der genck vß vnd bereyt sich myt der Ritterschafft dingpflichtigen vnd vm-
stendern desß friengerichts vnd quam weder Jn vnd wisete fur recht vnder Konix
Banne Wer eymand die vnsers Hern, Herrn Ludwigs Grauen zu Wirtemberg
vnd zu Mumpelgarten oder syner gnaden biener oder die Jnnen ze versprechen steent
volschuldig zubehorig Loffeighen wer vnd Jn syner Gnaden Lande besessen hynabe
An die Westfelische queem vnd one vrlob wissend würde, der oder die daz hilghe
Kayserliche friegerichte vnd Konix heymliche achte also beloghen betroghen vnd
meynedig wurden, dar mochtener syner Gnaden wissende redde vnd frieschessen woll
oder richten, so recht ist desß friengerichts, Vnd wer also van dem obgenanten vnsers Hern van Wirtemberg syner gnaden diener vnd die Jnnen zu versprechen stent
vulschuldigen zubegorigh eigenen luten vßwendighe Wertliche gerichte suchte heym-
lich oder offenbare bouen sotane gebotter vnser her von Wirtemberg dan getan hait,
auch bouen daz, daz der oder die nicht rechtloiß gelaissen wern An den gerichten
dar sey gesessen weren vnd dingpflichtig gewesen syn den mochten die obgenante vnser here von Wirtemberg vnd die syne wollstraissen vnd ouer sie richten laissen so
syner gnaden Lande recht ist. Alle disse vorsteende ordele erkentnisse vnd wisunge
des rechten synt zugelaissen bestediget veruolgt nit wiederachtet vnd vort beurkunde
Als recht ist vnd ouch besatz myt den Rittermetzigen frienscheffen vnd dingfspflichti-
gen des vorsteenden friengerichts dar vrtail vnd recht vff gewiset vnd erkant wart
daz men desß rechten vnd gewieseter vrtail off keynen andern steden nit wiederachte
moghe noch solle by solicher swarer peen Als darzu geholet vnd by Konix Bane.
Hir were myt vnssouer vnd ane die vesten vnd fromen Diderich van Wickede, Eberhart vnd Heinrich van Wickede syn sone Ernest vnd Johan van Mengheder gnant
Osthoue, brederich norrentyn, Lonys swicker, Cost von Oldinckhouen, Johan tretfloch, Engelbert Kuster, Johan platvoiß Herman von tiß, Johan Rebigt, Johan
preyn, Marckquart Holste, Hinrich schardenberg, Rotgher Soist, Michell van
Wangen, Heinrich Steynbuss eyn gesworn fryfrone des vorsteenden gerichtes vnd
vill mer echter rechter frierscheffen genug geachtet off hundert vnd mer vnd diss alles zu waren orkunde vnd merer zugnisse der warheit haynt wir Hainrich Erbgreff
vnd Diederich beide friegrauen vorgenant vnser Jngesiegele von gerichts vnd vnser
ampte wegen An dissen brieff gehangen. Vort entfennen wir Diderich von Wickede, Eberhart vnd Hinrich van Wickede gebruidere, Ernest vnd Johan Osthoue
gebroider vrederich Norrentyn, Cost von Oldinckhouen, Johan tretfloch, Engelbert Kuster, Johan platvoiß vnd Herman tiß daz wir hier mede by ouer vnd an dem

(R) 3 gericht-

gerichte warent hortent vnd sahent, daj alle vorsteende artickele ordell vnd rechte sich also ergangen haben als oben geschrieben steit. Vnd deß alles ju merer zugnisse der warheit haynt wir vnse Jngesiegele by der vorgenamten erbgrawen vnd friegrawen Jngesegl An dissen breiff gehangen. Datum Anno Dñi Millesimo quadringentesimo quadragesimo Nono feria quinta proxima post beatorum Sywidonis et Jude Apostolorum.

Num. 81.
Absagbrief der Reichsstädte gegen Marggrav Albrechten zu Brandenburg. d. d. 9. Julii 1449.

Hochgeborner Furst vnd Herre Herr Albrecht Marggraue zu Brandeburg vnd Burggraue zu Nuremberg. Uns haben vnnser gut freunde vnd puntgenossen Burgermaister Rate vnd gemaynde der Stat zu Nurmberg mit den wir Jn freuntlicher Verayntung sein, aber furbracht, wie Jr Jn ain Veintschafft gesetzt habent vnd dabey hören lassen, was rechten si sich gegen euch erbotten haben vnd vns darauff vmb Hilff gemanet. Wann vns nu Jre rechtgebott völlig vnd gnugsam sein bedunchen vnd dabey vernemen, das Jr sulch rechtgebott von Jn nicht auffnemen wollent, auch vnsers allergnedigsten Heren des Römischen Königs gebotte vnd Jrt rechtgebott verachtet vnd so darüber mit Mom vnd prantt beschedigt habt, darvmb So wollen wir von der vorgenanten vnnser frunde von Nurmberg wegen umer vnd umer Helffer vnd Helffers Helffer vnd der umern veindt sein vnd wie sich die sachen sulcher veintschafft halben nu furo machen werden, des gegen euch, den umern vnd umern Helffern vnd Helffers Helffer vnnser ere mit diesem offen brief bewart haben vnd ziehen vns bes in der vorgenanten vnnser frunde von Nurmberg friden vnd vnfriden vnd bedorffen wir dheinerlei bewarnuse vnser erm mere die wollen wir euch mit diesem vnnserm offen absagbrieffe gnugsamlich getan haben vnd ju vrkund von vnser aller wegen vntter vnser der von Vlm Jnsigel besigelt, des wir andern dißmals mit Jn gebrauchen vff Mittwoch nach sand kylianstag anno ꝛc. XLIX.

Des heiligen Römischen Reichster Augspurg, Ulm Eßlingen, Rewtlingen, Nördlingen, Rotmburg, auf der Tawber, Hall, Schafhawsen, Memmyngen, Rorweil, Rauensburg, Gemünd, Haylpreunnen, Bibrach, Dirckelspubl, Weerde, Weyl Pfullendorff, Wynpssen, Windshaim, Weissenburg, Rauffbewern, Kempten, Wangen, Jsenin, Luttkirch, Giengen, Awlen, Boppfingen vnd Ratolffzell.

Beylagen. 135

Num. 82.
Abſags-oder Feindsbrief Grav Ulrichs zu Wurtemberg gegen der Stadt Eßlingen wegen eines neuen Zolls und zweyer entleibten Perſonen.
d. d. 5. Aug. 1449.

Ulrich Grave zu Wirtemberg ꝛc.

Wiſſent Burgermaiſter Raute vnd Gemaind zu Eſſlingen Als Ir ainen nuwen Zoll In vnwer ſtat vfgeſetzt vnd damit vnſer Land vnd ſtraß auch alle kouffmanſchafft hert vnd ſwer beſweret hand der Zoll vns vnſerm Land ſolchen ſchaden bringt das wir den durch groſſe notdurfft nit erliden mugen vnd haben vch darumb vor vnwern puntsgenoſſen Vlm vnd ander ſtett Rauffrund gutlich erſucht, auch darnach zu andern gutlichen tagen vor dem Hochgebornen furſten vnd Herrn Herr Hainrichen pfaltzgrauen by Rine Hertzog in nydern vnd obern Bayern vnſerm lieben Herrn vnd Swehet den zoll abzutun, es hat bisher nit mugen verfahen. Es iſt auch ain vnſer armknecht von etlichen die uwer Statt werren vor Im beſloſſen hand an den werren ermurdet vnd vom Leben zum tode gebracht worden vnverſchulter Dingen, dieſelbe nach der Geſchichte wider von ſtundan In uwer Stat gegangen ſind, die ſelbiget auch ainer uwer burger vnder uwer Stat thore verwartet hat das ſi die geſchicht beſter ee mochten volbringen. Etlich die euwern ſind ſölchs von etlichen den vnſern erJnnert worden. Ir hand euch aber zu dhainem laide der ſachen nye bewiſet, des Ir vch doch ſelbs ob wir vns vnd die vnſern darinn nit wolten angeſehen haben, nicht ſchuldig weren zuverachten als jetzo mer dann anderthalp Jar beſchehen iſt. Vns iſt auch kurtzlich vß uwer ſtat vnd als wir vernemen wider daron ain vnſer armman von uwer ſtat beſtelten ſoldner erſlagen vnd vom Leben zum tode gebracht worden vnverſchulter Ding, da Ir auch billich gen den vnwern zu getun hetten, das dem Laide glich were, Wir haben das och nie verſtanden, verſtet ouch ob gott will menglich wol das vns das von uch vnlidelich iſt, herumb ſo wollen wir uwer vnd der vnwern vind ſyn vnd des vnſer ere gen uch vnd den vnwern mit diſem vnſerm offem brief gewart han zu vrkund mit vnſerm zuruk vffgetruckten Inſigel beſigelt Geben zu Stutgarten an zinſtag nach ſant Peterstag vincla anno MCCCCXLVIIIJ.

Num. 83.
Eberhart Holdermann zu Eßlingen ſchreibt Grav Ulrichen zu Würtemberg ſein Lehen auf. d. d. 6. Aug. 1449.

Hochgeborner Her Her Ulrich Graue zu Wirtemberg, als Ich Eberhart Holderman Burger zu Eſſlingen von uwern gnaden bishar zu Lehn gehept hab
ettli-

etliche guter nach Lut der briefn darum gegeben vnd Jr nu den fürſichtigen vnd
wyſen Burgermaiſter Rete vnd Burgern gemainlich zu Eſſelingen minen liebn
Herren vnd gutn frunden ain offenn vintſchafft geſait hautt, darumb ſend Jch uwern
gnaden ſolich Lechn vnd min Huldung deßhalb getan vff mit diſem minem offen brief
biß zu end vnd richtung des kriegs, Alſo ob Jch wider uwer gnad oder die uwern
Jn diſem krieg itzt furnem das uwern gnaden zu ſchaden komen wurd, das Jch hier
mit min Er bewart haben wil. Zu urkund hab Jch min aigen Jnſigel zu end der
geſchrifft gedruckt Jn diſen brief der gebn iſt off Mittwochn nach Oſwaldi Regis,
Anno Dñi MCCCC quadrageſimo nono.

Num. 84. a.

**Melchior von Horckheim ſagt als Burger zu Gmünd Grav Ulrichen
von Würtemberg, ſo lang der Krieg währet, ſeine Lehen auf. d. d. 29. Aug. 1449.**

Dem Hochgebornen Herren Herren Ulrichen Grauen zu Wirttemberg tun ich
Melchior von Horckom zu wiſſen, als Jr den fürſichtigen Erſamen vnd wyſen Burgermaiſter vnd Rate der Stat Nurenberg Jren Helffern vnd zulegern
oder puntgenoſſen ain vientſchafft geſagt haben vnd aber die Erſamen vnd wyſen
Burgermaiſter Rate vnd gemainde der Statt zu Gemunde min Herren vnd guten frunde mit den egenanten von Nuremberg Jn ſruntlicher verainung vnd punt-
nuſſe ſind vnd Jch egenanter Melchior von Horkom off biß ytze der obgenanten
von Gemunde Burger bin vnd ſich nu ſolliche vientſchafft zwuſchen Juch vnd Jnen
vnd beſunder der von Gemunde verlaufft vnd verloffen hat, die mir ane Zwyfel getrulich laid iſt vnd waz ſich biſher verloffen hat alles mithalb an min wiſſen geweſen vnd hinder mir beſchechen iſt, das ich ſchryb als hoch vnd teur als Jch ain warhait ſagen ſol als ain Jeglich Boberman Wann mich die obgenanten min herren
vnd frunde die von Gemunde biſher müſſig vnd mit dem kriege gantz vnbelaben
gelaſſen vnd mich nu off hut mit worten erſucht haben, das Jch muß wyder Juch
ſin, Nu iſt Juch wol wiſſend das ich Juwer Lechenman bin beſunder Lechen trage
miner mutter Anna ſträſſerin Jorgen von Horkom ſäligen elicher witwen, darumb
So Jch verbenanter Melchior von Horkom von mins obgenanten Burgerrechts
wegen zu Gemunde wyder Juch tun vnd ſin muß, So ſagen ich Juch ſolliche Lechen vnd tragſchafft der Lehen vnd min Huldung Juch deßhalb geton off mit diſem
minem offen briefe biß zu ende vnd richtung des Kriegs, alſo ob ich wider Juch
oder die Juwern Jn diſem krieg yetzt furnem das Juch zu ſchaden komen wurd
das ich hier mit min ere bewart haben wil. Zu urkunt habe ich min aigen Jnſigel
offenlich getruckt Jn diſen briefe vnder die geſchroffte vnd han darzu erbetten die
Erſamen vnd wyſen die obgenanten min Herren vnd frund Burgermaiſter vnd Rat

zu

zu Gemunde, das sy Ir Statt Insigel och offenlich In disen briefe zu dem minen getruckt habet zu ainer waren gezjugknuß der obgeschrieben sachen vnd doch In selb vnd Ir Statt ane schaden, Der geben ist an frytag nach sant Augustins tag Anno Dñi MCCCCXLVIIII°.

N.B. Das Lehen ist ein Hof zu Hinter-Kirnberg gewesen.

Num. 84. b.

Kayser Friderichs Commissarien Schreiben an Gr. Ulrichen zu Wirtenberg, daß zwischen ihm und der Stadt Eßlingen ein gütlicher Tag auf Quasimodogeniti zu München gehalten werden solle wegen ihrer Liebde.

d. d. 9. Febr. 1450.

Von Gottes Genaden Wir Friderich Ertzbischoff zu Saltzburg, Legat des Stuls zu Rome, Wir Silvester Bischoff zu Kyemsse vnd Wir Albrecht Pfaltzgraf by Rhyne, Hertzog in Bayern vnd Grave zu Vohburg, vnnd wir die hernachgeschriben Hanns von Rotperg vnd Meister Virich Reberer baider Rechten Liceneiat Empieten dem W. lg. pornnen Virichen Grauen zu Wirtenberg, vnserm guten freund, Oheim vnd lieben Herren vnser freundschafft vnd dienst mit gutem willen. Als von der Vindtschafft, Vehde vnd krieg wegen so schwarlichen zwischen Ewer vnd ewer Helffer ains vnd. den Ersamen Burgermeister Rath vnd Burgern der Stat zu Eßlingen vnd Iren Helffern des anderntheils sind teglichen getriben vnd geüept worden, der Aberdurchleuchtigst Fürst vnd Herr, Hern Friderich Röm. König zu allen zeiten merer des Reichs, Hertzog zu Oesterreich ꝛc. vnser allergnedigster Her vnns zu seiner Kö. Gnaden Commissarien Anwälden vnd machtpotten gesetzt, geordnet vnd vns des zuuerfahen vnnd anzunemen ernstlich ermanet vnd gepotten hat, wie das seiner Kö. Gnaden Comission vnd gewaltbrief darumb vßgangen volliglichen innhalten, von wort zu Wert also lutende : Wir Friderich von Gots gnaden Rö. König zu allen zyten merer des Reichs, Hertzog zu Oesterreich, zu Styr, zu Kernten vnd zu Krain, Graue zu Tirol ꝛc. bekennen vnd thund kunde allermenglich von der vindtschafft vnd krieg wegen die sich gemacht vnd erhept haben zwischen dem Hochgepornen Albrechten Marggrauen zu Brandenburg vnd Burggrauen zu Nurmberg vnserm lieben Oheim vnd Fürsten vnd seiner Helffern eins vnnd den Ersamen Burgermeister Rath vnd Burgern der Stat zu Nurnberg vnd dem Edlen Courabten Herren zu Heidech vnsern vnd des Reichs lieben getrewen vnd Iren Helffern des anderntheils vnnd dann aber zwischen dem Eerwurdigen Dietrichen Ertzbischoffen zu Mentz, des heyligen Rö. Reichs In Germanien ErtzCantzler, vnserm lieben Neuen vnd Churfursten, dem Hochgepornen Jacoben Marggrauen zu Baden vnserm lieben Oheim vnd Fürsten vnd dem Wolgepornen Ulrichen Grauen zu Wurtemberg vnserm vnd des Reichs lieben getrewen Ir Jedem

(S) vnd

Beylagen.

vnd seinen Helffern ains vnd vnsern vnd den Reichs Stetten, den sie vnd Ir Jeder Vehde vnd Vyndtschafft zugeschriben haben vnd derselben Stett Helffere, auch des andern theil. Wie vngern wir die sehen ist denselben Parthyen vnd andern wissentlich, wan Wir vnsern Ernst vnd flyß dar Jnn gethon vnnd alle mügliche weg furgenomen haben, damit als wir hoffen sollicher Vnrath vermitten vnd vnderstanden worden were, So aber das nit hatt mögen geheissen, dann das sich sollich krieg von tag zu tag mit vindtschafft, Rome, Brand, Wüstung vnd zuerstörung der Land vnd Thoudschlagen merren vnd zunemen, vnd wa die nit furkomen werden, das dardurch gemein Teutschland an Irer Macht vnd stande Jn vnuberwindtlich schäden vnd verderben fallen möchten, darumb Wir noch höhern vnd grössern flyß vnd vermögen thun wöllen, damit als wir hoffen solich krieg vffgehaben vnd die vorgenanten Parthyen mit Jren Heissern vnd bystern Jn frid vnd Ainigkeit pracht werden vnd gesatzt, vnd darumb so haben wir mit Rat vnd zeitiger vorbetrachtung vnns furgenomen vnd zu vnsern Commissarien vnd Anwaldte hierüber gesatzt die Ehrwurdigen Friderichen Ertzbischoffen zu Saltzburg Silvestern Bischoffe zu Kymisse, vnser Lieb andachtig vnd Furstlen, den Hochgebornen Albrechten Pfaltzgrauen by Rheine vnd Hertzogen in Bayern, vnsern lieben Oheim vnd Fursten vnd den Edlen vnd Ersamen Hannsen von Neitberg vnd Meister Ulrichen Rieberern Licentiaten in geistlichen vnd Kayserlichen Rechten vnnsere Räth vnd Liebe getrewen vnd den volkhomen Macht vnd gewalt gegeben vnd geben Jn mit disem brieff das sie alle fünff, vier oder drey, wellich die sind vnder Jnen Jnsonders an vnser Stat vnd Jn vnserm Namen zwischen den vorgenanten Parthyen vnd allen andern, die seydher Jn solich krieg komen weren oder noch komen wurden gutlich tag furnemen, setzen vnd zu sollichen tägen dieselben Parthyen verhören vnd wer darzu notturfftig ist vnd sein wurdet, eruordern, heischen, beruffen vnd darzu zekhomen vnd Jr machtpotten zuschicken gepieten sollen vnd mögen zuuersuchen mit thädingen vnd andern zimlichen mitteln vnd wegen nach Jrem versteen, ob sie die Paethyen vmb Jr zwitracht vnnd Krieg mit einander verrichten, vereinigen oder bestand vnd friden zwischen Jn bereden vnd machen mögen, oder ob das nitt gesin möcht denselben Parthyen an vnser Statt vnd Jn vnserm Namen vmb Jr zwitracht vnd krieg gutlich vnd rechtlich tag fur vns zu setzen zubescheiden vnd damit zwischen Jnen frid vnderbillichen penen vnd solich tage vor vns zu suchen zu gebieten vnd sunst alles anders hier Jnne furzunemen zuhandlen zu tun zu bestiessen zu verpenen vnd zugebieten das zwischen denselben parthyen allen vnd yeglichen vnd irn Helfern vnd Hellfers Helffern zu sollicher richtung amicfait vnd friden furderlich vnd notdurfftig sein wirdet vnd das wir selbs tun sollten vnd möchten. Vnd besunder geben wir denselben vnnsern Commissarien hiemit volkemen gewalt, das so sambt oder sunder als vorsteet allen vnd yeglichen Partheyen vnd alln andern die sy zu sollichen

tagen

Beylagen.

tagen beyschen beruffen vnd eruordern werden vnd jrn machtbotten zu denselben gesagten tagen dabej vnd wider von dann biß an Ir vnd ir yeds gewarsam vnnser vnd des Reichs gelaitt vnd sicherhait geben vnd zuschreiben sullen vnd mugen vnd den partheyen auch anndern vnsern fursten, Herrn, Steten vnd vndertanen wer die sein zugebieten vnder swärn vnd billichen penen solich vnnser gelaitt vnd sicherhait vesticlich vnd getrewlichen zu hallten, Auch ob das notdurfft sein wurd anndern weilichen wirdickaiten wesens vnd states die sein, die des kriegs nit wärn, trefflich vnd vnder penen zugebieten das sy vnd die Jenen die zu solichen tagen durch die vorgenanten vnser Comissarj geuordert vnd verbott werden von vnsern wegen mit Jrn Leuten gelaytteend vnd schaffen gelaitt zu werden, als des notdurfft sein wirdet. vnd das so auch dartzu alles das furnemen tun vnd gebiettn sullen vnd mugen das zu solicher vnser sicherhait vnd gelaitt, domit das gehaltn vnd nit verbrochen werd notdurfftig vnd hilfflich sein wirdet, wann solich vnser sicherhait vnd gelaitt, das die vorgenanten vnser Comissarj vnd anwellte gemeinlich vnd sunderlich als vorstett den partheyen vnd andern gebend vnd zuschreibend, auch was so sunst in den sachen vnd zwischen den partheyen vnd annbern, die des Kriegs nit wärn, furnemend, taydingend, berichtend, besliessend, tund, verpenen vnd gebietend, wellen vnd setzen wir von Romischer koniclicher macht volkomenheit, das ain yeglicher vnd yeglich des gehorsam seien vnd das das krafft vnd macht hab vnd bestee von allen vnd yeglichen partheyen, irn Helffern vnd Hellffershellfern vnd von allen den, die von denselben partheyen dartzu bewand vnd darunder verdacht sind stät vnd vest gehalten vnd volfurt werde vnd wir wellen auch das alles vest vnd stät hallten gleicherweise, als ob das durch vnsselbs furgenomen beslossen getan verpenet vnd geboten wäre, wär auch sach, das sich begeben wurd, das die vorgen vnnser Comissarj gemainlich vnd sunderlich hier Jnne annders vnd mer gewalts notdurfftig sein wurden wann hieuor begriffen ist, denselben gewalt mit welicherlay forme der notdurfftig sein wirdet geben wir denselben vnsern Corinssarien auch gemaintlich vnd sunderlich yetz alsdann vnd dann als yetz von Romischer Kuniclicher macht vnd mainen vnd wellen, das der also hier Jnne gannz vnd volkomen gemerket vnd verstanden werd, als ob der mit solichen worten vnd in der forme aussprechenlich hier Jnne begriffen wäre vnd geschrieben vnd gebieten auch allermänniclich hiemit das niemants hiewider rede noch disen vnsern gewalt anders wann genug vnd volkomen bedeut außleg vnd verstee, als ain yeglicher vnd yeglich vnser huld wellen haben vnd vnser vnd des Reichs swäre vngnad vermeyden, mit vrkund diß briefs versigelt mit vnserm kuniclichen anhanngendem Jnsigel, Geben zur Newnstat an Sant Steffanstag in weyhnechtueertagen nach Crists geburd vierzehenhundert vnd Jm funfzigisten vnd vnsers Reichs Jm zehenden Jare. Solicher hievorbegriffner Kuniclicher Comission macht vnd gewalts Wie vns zu gehorsam seiner koniclichen gnaden verwilliget vnd an-

(S) 2

genu-

genomen haben, Setzen vnd benennen ew auch darauf fur ew vnd ewer helffere vnd
helffers Helffere durch krafft des vorgemelten Koniclichen Comission vnd machtbriefs
an stat vnd in namen besselben vnsers allergnadigsten Herren des Römischen Konigs den Sontag als man in der hyligen kirchen singet quasimodogeniti schirst kunf-
tig ew vesticlich vnd ernstlich von Römischer koniclicher macht wegen der wir vns
hier Jnne gebrauchen gebietend, das Jr auf denselben Sontag an der Herberg zue
München seiet, desgleichen die von Esslingen auch mit voller macht vnd gewalt tun
vnd daselbs sein sulln, also das auf den Montag darnach nachstvolgend also zwischen banden parthenen tag gehalten werd:n, So dann wellen wir zu balderseitt in
den sachen handlen vnd geuarn nach lautt der obgemelten Kuniclichen brieue vnd
Comission vnd vleisse tun, doburch solich kriege in dem hyligen Reiche mit der
Hilff gottes aufgehebt vermiten vnd die parthenen auch das Reich in frid still vnd
ainickeit gesetzt vnd gebracht werden vnd vmb das sich nit zimbt, das durch solich
krieg vnd veintschafft die vorberurten gesatzten tage zu hallten in einich wege sunder
vnsicherhait halben verhindert oder geirret sollten werden, So gebietten wir ew durch
vorgemelte Römische Kunicliche macht vns volliclichen dar Jnne gegeben vesstig-
lich vnd ernstlich bej vermeydung vnsers egenanten allergnadigsten Herren des Römischen Konigs swarn vngnaden das Jr solich koniklich gelaitt vnd sicherhaitt so
wir dann hiemit brieflich schicken, stät vnd vnzerbrochen halttet vnd vnd des ewrn
ansagbrief bej disem vnserm botten furderlich zueschicket, damit wir da der andern
parthenen verkunden mugen vnd sich die darnach zu solichen tägen zu komen dester-
bas wissen furgesehn sein, wann wir in allwege in den sachen hanndlen vnd volfarn
wellen, als sich das dann auf die vorgemelten kuniclichen Comission vnd machtbrief
zu gemainem nutz vnd frid dem heiligen Reich vnd nach gelegenhait der sachen ge-
puren wirdet in gleicher lautt wir vnser brieue der anndern parthenen als kunic-
lich Comissarj vnd machtbotten auch zugeschickt haben, darnach wisset ew zu richten. Geben mit vnser vorgenanten kuniclichen machtboten aufgedruckten Jnsiglen
zu München an montag nach Sant Dorathen tag anno domini rc. quinquagesimo.

Num. 85.

Schirmsbrief Kayserin Eleonore für Mechtilden, verwittibten Herzogin von Oesterreich und gebohrner Pfalzgräuin am Rhein. d. d. 23. Aug. 1466.

Wir Leonor von gots gnaden Römische Kaiserin zu allentzeitin Mererin des
Reichs, zu Hungern, Dalmatien, Croatien rc. Kunigin, Herzogin zu Oesterreich, zu Steir, zu Kernden vnd zu Krain, Grauin zu Tyrol rc. Embieten allen vnd
yeglichen Curfursten Fürsten, Geistlichen vnd Weltlichen, Prelaten, Grauen, freyen,
Herren, Rittern, Knechten, Haubtleutten, Landvögten, Vögten, Phlegern, Schult-
haissen,

haiſſen, Burgermeiſtern, Landrichtern, Lehenrichtern, Richtern, Reten, Burgern vnd gemeinden vnd ſuſt allen andern vnſern vnd des Reichs vnderthanen vnd getrew‑ en, in was wirde, ſtatte oder weſens die ſein, den diſer vnſer brieue gezeigt vnd fuerbracht wirdet, vnnſer gnad vnd alles guet. Erwirdigen Hochgebornnen Eiſa‑ men Edeln vnd Lieben getrewen, Wir begern an Ew all vnd ewr yeden beſunder mit ernſtlichem gantzem vleiß bittende, Ob yemand wer der oder die weren der Hochgebornen Mechtilden Ertzhertzogin zu Oſterreich ꝛc. Wittib vnſer lieben Sweſter vnd Furſtin Icht getzalt oder Vnrecht zu tun zuziehen oder Sy ſonſt in einich vnpillich wege bringen oder beſwern wolten, wie ſich das fuegete, das Ir dann ſolhs nicht geſtattet, Sunder Ir das von vnnſern wegen vorſeyet bis an den Aller‑ durchleuchtigiſten Furſten vnſern lieben Herrn vnd Gemahel den Römiſchen Kai‑ ſer ꝛc. vnd vns, Auch ſelbs der benanten vnſerer lieben Sweſter kainerlay beſwer‑ nuß nicht zuziehet, tuet, noch den ewrn ze tun geſtattet, in dhain weiſe, wann wir dieſelb. be vnſer liebe Sweſter vnd Fürſtin von ſunnder lieb vnd freuntſchafft wegen, ſo wir zu Ir in vnſer ſunder gnad ſchutz vnd Scherm genomen vnd emphangen haben, dar‑ an ertzaigt Ir vns ſunder darchnem vnd gut wolgenallen, das wir gegen euch allen vnd ewr yedn inſonderhait gnedichichen erkennen vnd zu gut nicht vergeſſen wellen. Geben zu der Newnſtat an Sambſtag vor ſand Bertelmeſtag des heiligen zwelf‑ poten, Anno dñi ꝛc. LXVJ. vnnſers Kaiſertumbs im funfzehenden vnd des Kunig‑ richs zu Hungern Im achten Jarn.

          Ad mandatum proprium dñe Imperatricis
            Panthaleon Rueff vice Cancellarij.

Num. 86.

**Grav Ulrichs zu Würtenberg Entſcheid zwiſchen ſeiner Vormunds‑
Söhne Statthaltern und der Reichsſtadt Heylbronn wegen ihres gefan‑
genen Burgers. d. d. 1. Maj. 1451.**

Wir Ulrich Graue zu Wirtemberg furmunder ꝛc. bekennen mit diſem brieue, Als Spenn und zwayung geweſen ſint zwuſchent vnnſern Statthaltern vnd lieben getruwen von wegen der hochgebornnen vnſer lieb Vettern Ludwigs vnd Eberhards gebrudere Grauen zu Wirtemberg vnd zu Mumppelgart ꝛc. off ein vnd den Erſa‑ men wiſen Burgermeiſter vnd Raute zu Heylpronn off die andern ſiten antreffend Hannſen Eyerer Iren burger, Als der In des Hochgebornnen Ludwigs Grauen zu Wirtemberg vnd zu Mumppelgart vnſers lieben brudere ſeligen gedechtnus ge‑ feit gevangen worden iſt vnd darumb beideteil vns gutlicher tag vor uns zu ſuchen ver‑ volgt vnd ſie nu darumb off hut hie zu Stulgarten vor vnſern Reten tag geleiſt haub, die haub mit beideteil wiſſen vnd willen die ſach gutlich abgeredt vnd betedingt In‑

maſſen als hernach geſchriben ſtet des erſten das ſich die von Heylpronn von Hannſen Eyrers wegen vnd derſelb Hanns Eyrter ſelber begeben vnd abgeton hand all Vorderung vnd zuſpruch die ſie des Vorgemeldten geleitshalb zu vnſerm Bruder ſeligen vnd ſinen Kinden vnſern lieben Vettern gehapt hand oder furo haben mochten, Es ſy vmb geuencknus verluſt, pferit, Harneſt oder ſchaden darunder gelitten nichtit vßgenomen, dann das alles gantz ab ſin ſol, So ſollen die vorgenanten vnſer Statthalter als ſie ſich des zutund begeben hand den von Heilpronn vnd Hannſen Eyrern Item burger geben zweyhundert Guldin Rmiſcher hiezwuſchent vnd pfingſten nehſt konfftig fur ſolich vorgenant geſchicht vnd heruff hand beidteil beJachtet das ſie diſer ſachhalb vmb alles das das ſich darunder gemacht vnd verloffen hat gericht vnd geſlicht ſin ſollen alles on all geuerbe zu vrkund mit vnſerm anhangenden Inſigel verſigelt. Geben zu Stutgarten an ſant Walppurgen tag Nach Criſti gepurt als man zalt vierzehenhundert funfftzig vnd ein Jaure.

Num. 87.

Petermanni Clævis conceſſio tabellionatus & notariatus in territoriis Grangenſi, Paſſavant & Claravallenſi ab Ulrico Comite de Wirtenberg.
d. d. 12. Nov. 1452.

Nos Ulricus Comes de Wirtemberg, tamquam tutor & legitimus adminiſtrator corporis & bonorum nobilium & potentum dominorum Lodewici & Eberhardi fratrum Comitum de Wirtemberg & de montiſpelligardo patruelium noſtrorum notum facimus univerſis & ſingulis quod nos confidenter de ſenſu probitate & induſtria dilecti clerici noſtri petermanni clæwin de grangis apud montem pelligardi commorantem Ipſum petermannum ſolum & in ſolidum fecimus & conſtituimus facimus & conſtituimus nomine predicto notarium & tabellionem generalem noſtrarum terrarum & villarum de peſſouani de clareualle ſupra Dubium & de grangis. Damus & concedentes quo ſupra nomine per preſentes eidem petermanno ſoli ſiue ejus legitimo comiſſario ſuper hoc per eundem Petermannum eligendi & deponendi & non alteri plenariam generalem & liberam poteſtatem ac mandatum ſpeciale literas contractum quoſcunque ſub ſigillo dictorum territoriorum recipiendi, levandi, groſſandi, Regiſtrandi & prothocolorandi, faciendi & conſcribendi teſtes & attiſaciones recipiendi actus quolcunque legitimos. Faciendi teſtamenta, ordinationes legata codicillos & decidentium extremas voluntates recipiendi & conſtituendi & omnia & ſingula faciendi & ordinandi, quæ officium tabellionatus ſpectant & ſpectare poſſunt & debent de Jure vel conſuetudine. Super quibus omnibus & ſingulis ſupra notatis & predictis & ea tangentibus ipſo petermanno ſeu ejus legitimo Comiſſario ſuper hijs per Ipſum petermannum eligendo & comittendo & non alteri vices noſtras commiſimus & comittimus preſentium tenore ſolito juramento Intibus (Intelligentibus) fieri per ipſum

Beylagen. 143

Ipſum petermannum preſtito In cuius rei teſtimonium ſigillum turorie noſtræ &c. Ex
caſtro tuwingen duodecimo die Menſis novembris Anno &c. LSecundo.

Num. 88.

Eynung Pfalzgraue Friderichs Churfurſten mit Gr. Ludwigen vnd
Gr. Eberharden zu Würtenberg. d. d. 27. April. 1453.

Wir Friderich von gottes gnaden Pfalzgraue by Rine ꝛc. vnd Hertzog In Beyern Bekennen vnd tun kunt offembar mit diſem brieff, das Wir fur vns vnd den hochgebornnen Fürſten vnnſern lieben Sun Hertzog Philips pfalzgrauen by Rone ꝛc. dem almächtigen gott zu lob vnſern Landen Lüten vnd vndertanen zu nutz gut vnd frumen vns mit den wolgebornnen vnſern lieben oheimen Graue Ludwig vnd Graue Eberhart Grauen zu Wirtemberg vnd zu Mumppelgart In ein fruntlich eynung getan vnd verbunden haben, Tun vnd verbinden vns dar Ine In krafft diß brieffs funff Jaur die nechſten nacheinander volgen, die vff datum diß brieffs angangen ſint als hernach geſchriben ſtett, zum erſten ſollen vnd wollen Wir Hertzog Friderich vnd vnſer Sune Hertzog Philips die obgenanten Zit die vorgenant vnſer oheim Graue Ludwig vnd Graue Eberhart mit guten rechten vnd ganntzen truwen meinen haben vnd halten vnd ouch dieſelb Zit mit In nymer zu krieg noch zu vintſchafft komen noch den vnſern des wir mechtig ſint das zutun geſtatten In deheim wiſe ans alle geuerde, vnd ob yemand were der were die obgenanten vnſer oheim Jr Rete Diener oder die Jren die Jnen zuverſprechen ſtend Sie ſin geiſtlich oder weltlich angriffe oder beſchedigte, darwider ſollen vnd wollen wir Jnen getruwlich berauten vnd beholffen ſin mit nachylen zu friſcher getaut mit Zujiehen vnd allen andern ſachen die darzugehörn, Solich name vnd angriff vnd die die das getan hetten vffzuhalten vff recht, wa wir oder vnnſer amptlut des ermant oder gewar werden nach vnnſerm beſten vermögen glicher wiſe als ob vns das ſelbs angieng vnd vns ſelbs geſchen vnd widerſaren were one alle geuerde, Were auch das yemands were der were die obgenanten vnſere oheim von Jren Fryheiten, rechten, Gnaden, guten gewonheiten oder brieffen, die ſie von Römiſchen Keyſern vnd Königen biß her bracht erlangt oder erworben haben Triben oder dringen oder mit macht ober ziehen verburwen oder belegern wollte oder ob ſie ſuſt mit yemande oder yemand mit Jn zu krieg oder zu vintſchafft komen wurden vnd das ſie ir widerparthy des Rechten vor vns vnd vnſern Reten gehorſam ſin wolten vnd vns das oder ob wir nit Jn Land weren vnnſern Statthaltern zuſchriben vnd vns oder vnſer Statthalter ermanen Jn zu helffen wider Jr widerparthy vnd derſelben helffer, wolt denn Jr widerparthy ſolich recht vor vns vnd vnſern Reten nit vffnemen, ſo ſollen wir vnd vnſer Statthalter den egenanten vnſtern oheimen In dryen wochen nechſt nach der
manung

manung unsern widersagsbrieff vnd dargu sunffzig werlicher Reisger gewappenter
darunder zum mynsten ein edelman sin soll, der Jt hauptman sy schicken uff vnser
Oheim costen vnd uff vnsern schaden vnd Verlust, die ouch alsdann by vnsern Oheimen zu täglichem krieg, wa sie die hinbescheiden sollen beliben, Jn vnd Jren haupt-
luten getruwlich gehorsam vnd beholffen die vinde wider die sie geschickt sin zu suchen
anzugriffen vnd bescheiden, doch also das vnser oheim zuuor ouch auff das mynste
funfftzig redlicher gewappenter zu täglichen krieg wider die sie vns gemant gelegt
hetten vnd alsdann sollen wir oder die vnnsern mit den wider die wir gemant sin vnd
die vnsern geschickt han beheinerley furwort, friden, söne oder Richtung nit offne-
nemen one vnser obeymen vorgenant oder der Jren die des Jr macht hetten wissen
vnd willen vnd wer es das Jn solichen Reisen oder kriegen yemand schad geschee
wie sich das macht, darumb nach vßgang oder in zit diser eynung den egenanten vnnsern Oheimen zugesprochen wurde, So sollen vnd wollen wir Jn dar Jnn getruwlich beholffen sin Jn der maß als vorgeschriben stett, alslang biß das abgetragen
vnd hingelegt wirdet ane alle geuerde, Weres auch das solich geschickt vnd sach
also gestalt wurden, das man die mit der vorgenanten zal der gewappent nit erobern möcht vnd mer hilff dargu bedörffte obre ob vnser oheim mit Gewalt von Jren
Vinden vbertzogen wurden oder das sie ire Vind vberziehen wolten, So sollen vnd
wollen wir Jn nach vnserm Vermögen beholffen sin alles vngeuerlich vnd Weres
das vnser oheim Also zu feld ligen vnd beseß haben würden, Gewinnen sie dann mit
vnser hilff vcht Sloß oder gefangen mit denselben Slossen vnd geuangen mögen sie
gefaren vnd tun, wie sie wollen, doch das sie die gefangen nach eebers Kriegsgewon-
hait halten vnd die one vnnsern wissen vnd willen nit tötten lassen auch die gewonen
Sloß nit brechen sollen vnd vns glich sich selbs dar Jnn versorgen sollen vnd ob vcht
Hab gewonnen würd, die an ein Burt Gehört, die sol auch an die Burt komen vnd
gegeben werden, Weres auch das ein gemein Zug von vns vnd vnsern oheimen
geschee vnd dar Jnn Sloß gewunnen oder Lutt gefangen vnd hab genomen wurd,
das sollen wir vnd vnser Oheim gegeneinander gemein halten vnd handeln. Es sollen auch die obgenanten zit gantz vß vnser Sloß den egenanten vnsern oheimen zu
allen Jren sachen vnd geschäfften, die sie selbs beruren vnd darumb sie mit Recht
vor vns benüget offen sin sich daruß vnd dar Jn zubehälffen gen wem es dann not geschicht getruwlich vnd vngeuerlich, Wir sollen auch bestellen, das Jn vnd den Jren
alletzit vnd alsdick sich das geburt redlicher veiler kauff dar Jnn gegeben werde vmb
ein Zitlichen Pfenning one geuerde. Wir sollen vnd wollen auch die zit vß der obgenanten vnser Oheim oder der Jren offen Vind darumb vns wissentlich ist oder verkundt wirdet Jn vnsern Slossen Stetten oder Lannden nit enthalten, Etzen oder
trencken noch Jnen sust geleit darinn geben oder zulegung tun noch vnsern Dienern
vnd den die vns zu versprechen sten, der wir mächtig sin das gestatten zu tun Jn dehein

Beylagen.

heim wise one alle geuerd, werte das yemau were der were die egenanten vnser oheim an Jren Glossen vnd Land mit gewalt uberzichen vnd bescheiden wolte, darzu sollen vnd wollen wir Jn getrewlich vnd mit ganzer machte beholffen sin zu ziehen vnd das helffen weren glicher wise als ob vns das selber angieng one alle geuerde. Weres auch das in zit diser eynung wir ycht zuspruch gegen den obgenanten vnsern oheimen gewunnen die sich nu furbaß von nuwem verlieffen vnd vor datum diß brieffs nit angeuangen hetten, es were von vnsern oder der vnsern wegen oder die vns zu versprechen sten, sie weren gristlich oder weltlich, darumb sollen wir dannocht nit mit vnsern oheimen zu krieg oder zu vintschafft komen dann wir sollen einen gemeinen man Wappens genos vß vnser Oheim Reten nemen der es vor nit verlobt noch versworn hat vnd sol vnser yeglicher teile zwen zu demselben gemeinen sezen vnd was die oder der merteil vnder Jn darumb sprechent zum rechten nach anspruch vnd Widerrede, ob sie anders vns die Parthyen sust nit fruntlich geeinen mögen, dabn sol es beliben vnd von Beidenteiln gehalten vnd nit furbaß gezogen werden getrewlich vnd one alle geuerde. Vnd derselb gemein den wir also vß vnser Oheim Reten nemen der sol vns tag bescheiden gen Weihingen vnd das sol dann zum lengsten nachdem es dem gemeinen Verkundt wirdet vßgetragen werden in dreyen tagen vnd sechs Wochen vnd nit lenger verzogen werden, Es were dann das sich das Jn rechten Geburt one alle geuerde. Weres auch, das vnser oheimen ir Ret Diener oder ander die Jeren were die weren zu vns oder den vnsern einem oder mer ycht spruch hetten oder gewunnen nach datum diser eynung, das sollent sie vns wissentlich machen, So sollen wir alsdann vnserm Oheimen oder den Jren die eidger sin die vnsern zu den sie spruche haben vor vnsern Reten ble wir darzu bescheiden zu recht stellen vnd so uilergen lassen, als recht wirdet Jn Drien Tagen vnd Sechs Wochen vngeuerlich, doch ob derselben einer oder mer Jn offener Aucht oder bann weren, dasselb sol Jn Jm rechten nit furgehalten werden, vnd ein yeglicher dem man zusprechen will, Mag sin Macht vff solich tag schicken, die sach zu berechtigen, darumb was Jm bann zuspricht, Weres auch das vnser Armlut an vnser Oheim Diener ycht zu sprechen gewunnen, das sol auch vßgetragen werden off einem gemeinem mit glichem Zusaz vnd an den enden vnd in der Zit, als vor von den Dienern geschriben stett one alle Geuerde, Es were dann das es eygen vnd erb antreff, das sol vßgetragen werden nach der Herren Landsgewonheit Jn des Land solich erb vnd gut gelegen ist. Vnd weres das es Lehen anträff, so sol es vßgetragen werden vor des Herren Lehenmannen von dem die Guter zu Lehen rüren, Weres aber das vnser Diener oder geistlich Personen die vns zuversprechen sten zu vnser oheim oder der Jren Burgern oder geburen ycht zu sprechen oder zu schaffen gewunnen, darumb sollen sie denselben burgern oder geburen nachfaren in die Stett vnd in die gericht, da sie dann gesessen sint, daselbst Jn der Schultheiß oder Richter glich furderlich vnd

(T)
punct

vnderzogenlich recht ergen vnd widerfaren laſſen ſol, als recht iſt, Es wer dann das
ſolichs Gült, hubgelt vnd zinß antreff, die off des gutern ſtünden, der der clager wer,
damit ſol es gehalten werden nach des Herren Landsgewonheit, darinn dieſelben
Guter gelegen ſind, Gewinnen aber vnſer Diener oder geiſtlich perſonen die vns zu
verſprechen ſten an ein gantz gemeine ycht zu ſprechen, darumb ſollen dieſelben Recht
von Jnen nemen vor dem Herren oder ſinen Reten In des Land die gemeinde ge
legen iſt. Gewinnen auch vnſer oder vnſer Rete oder vnſer Diener Lut oder vnder
tan In zit diſer eynung nyt vnſer oheimen, iren dienern, Lutten vnd vnderzan vmb
erb oder eygen ycht zuſprechen oder zu ſchaffen, das ſol zugetragen werden an den
Stetten vnd in den gerichten, da dann dieſelben güter gelegen ſin vnnd daryn ſie ge
hören vngeuerlich. Es ſol auch in den vorgeſchribenRechten Zucht vnd ban Braub
vnd totſleg ſtillingen vnd in keinem Rechten furgezogen werden, wol mag man das
furzihen vnd für einen billichen ſchaden berechtigen one alle geuerde. Gewinnen
auch vnſer oder vnſer Rete oder vnſer diener burger oder gebur mit egenanten vnſer
oheim oder ir Rete oder ir diener burger oder gebur Jcht zuſchaffen, ſo ſollen ſie Jn
nachfaren in die Gericht, darinn ſie ſitzen oder gehören, da ſol In der Auptman
vnverzog Rechts helffen one geuerde. Weres auch das einer oder mer die Todſleg
oder ander ſchadlich ſachen begangen vnd vff Jn hetten In vnſern Landen, Ge
richten vnd Gebieten betretten, auch vnſer Richter vnd Schultheys von yeman
der vnſern oheimen zuſtunde, vmb recht angerufft wurde, da ſol den clagern glich
furderlich recht zu denſelben manſlehern vnd vbeltätern gedihen vnd widerfarn
gelaſſen werden als recht iſt. Wir ſollen vnd wollen ouch vnſer Rete, wölicke al
ſo vnder Jn zu gemeinen mannen genomen werden vnd die es vor nit verlobt noch
verſworn haben, vermögen vnd willigen, das dieſelben das tunb vnd ſich der ſachen
annement vnd den end vnd vſtrag gebend In maſſen als vorgeſchriben ſtett, So
dick des notdürfftig ſin wirdet one geuerde. Weres ouch das Rete Diener burger
oder gebur zu ſolichen Rechten nit komen noch by ſolichen vſſpruchen So dann ein
gemeiner vnd die zu Jn von beydenteyln geſetzt vſſprechen werden, nit beliben oder
ſich wider ycht das diß eynung Inhelt ſetzen vnd dem nit nachgen wolten, So ſollen
wir vnd des oder derſelben die alſo nit by den ſpruchen bliben vnd den nachgen wol
len furbas nit annemen In Deheinen weg, Sonder Jr widerparthyen wider dieſel
ben beholffen ſin, alſo lang biß der oder die gehorſam werden vnd tun das ſie nach
diſer eynung ſag tun ſollen vnd ſol ouch gen denſelben, die vngehorſam ſind, Auch
vnd bann nit hindangeſetzt werden one geuerde vnd weres das ſpenn wurden vmb
den zuſpruch, das yeglicher teile meynte er were clager vmb den ſelben puncten, ſin
wir vnd vnſer oheim geeint das die parthyen die ſpenn hand darumb an gelegen ende
zuſamen komen ſollen vnd ſich glicher gemeiner Lut vnderſten zu vereinen vor den mit
glichem zuſatz mit recht erkennen zu laſſen, wölicher alſo vnder In clager vnd zu
ſprächer

sprächet sin solle. Were aber das sie sich solicher gemeiner Lut nit vereinen mochten, So sol der Herre onder Jn Jn des Lannd das gut gelegen darumb der span ist einen gemeinen vß stuem erbern Raut geben, die sach off den mit einem glichen zusatz aber mit Recht vßzutragen Jnmassen als vff den gemeinen vorgeschriben stett, vnd wölicher also clager erkannt wirdet, das sol dann dem vßtrag des rechten furbaß nachgegangen werden nach diser eynung sag, vnd wir Hertzog Friderich obgenant gereden vnd versprechen wir fur vns vnd vnsern Suße Hertzog Philips vorgenant by vnsern fürstlichen wirden vnd Eren alles das das in diser eynung von vns geschriben stett die obgenanten zit vnd Jaur vß getruwlich war vnd stät zu halten zu leisten vnd zu Volefüren vnd ouch darwider nit zusuchen noch zu tun heimlich oder offenlich durch vns selbs oder yeman andern von vnnsern wegen Jn keinen weg alle geuerd vnd arglist gentzlich vßgescheiden. Wir solen vnd wollen ouch dartzu mit allen vnsern Vögten vnd Amtluten Jn allen vnnsern Slossen vnd Stetten bestellen, das sie diß eynung von vnsern wegen auch sweren vnd halten als vorgeschriben stett one alle geuerde. Vnd wir Hertzog Fridrich nemen Jn diser eynung vß vnnsern gnedigen Hern den Römischen Keyser, die Erwirdigen in Gott vettere. Hern Dietrich zu Cöln vnd Hern Jacob zu Trier Ertzbischoff, Hern Rupprecht vnsern bruder, herrn Ludwige vnd dern Albrecht vnnser Vettern Pfaltzgrauen by Rine vnd Hertzoge in Beyern, Hern Albrechte vnnsern bruder, Hern Sigmunde vnsern Oheim Hertzogen zu Osterrich, Hern Anthonie zu Bamberg, Hern Gottfrid zu Wirtzburg, hern Reinhart zu Worms, herrn Reinhart zu Spir bischoue, die burgman zu Fridburg vnd zu Geünhusen, des heiligen Richstett nemlich Spir, Ulm, Nuremberg, Rutlingen, Windsheim, Kempten, Nördlingen, Wil, Wisemburg, Giengen, Dinckelspuhel, Alnu, Rotemburg an der tuber, vnd Wempffen vnd die Richstett Jn die Landuogtye zu Elsaß, gehöret. Vnd des zu vrkund so han wir vnser Jnsigel an disem brieff tun hencken der geben ist zu Heidelberg an fritag vor sant Walpurgen tag als man zalt Nach cristi geburt tusent vierhundert sunfftzig vnd dru Jaure.

Num. 89.

Verschreibung Wolfen von Tachenhusen gegen Graue Ulrichen zu Würtemberg vmb die Lehenschafft, Oeffnung vnd Thurn zu Kaltental. d. d. 29. Jan. 1453.

Jch Wolff von Tachenhusen Bekenn vnd tun kant offenbar mit disem brieff für mich alle min erben vnd nachkomen Allen den die Jn sehend oder hörent lesen, Als der Hochgeborn Herre Herr Ulrich Graue zu Wirtenberg ıc. min gnediger Herre mir von besundern gnaden wegen zu rechtem öwigem eygen ergeben hat das Sloß Kaltental mit dem graben vnd ouch mit dem garten der darzu gehört vnd des

Beylagen.

by dryen tagwercke vnd der gelegen ist an dem Sloß vnd stoffet an sin Schüren vor dem Sloß vnd dartzu ouch die Krutgärtlin vnd die Bom vff dem graben die bißher zu dem Sloß gehört haben vnd dartzu gemessen sint vngeverlich, doch also mit dem vnderscheid das das vorgenant Sloß Kaltental siner gnaden vnd siner erben offen hus hinfur heissen vnd sin sol, ouch das Ich alle min erben vnd nachkomen dasselbe Sloß mit dem graben vnd garten als vor stet von sinen gnaden, sinen erben vnd siner Herschafft zu Wirtemberg zu rechtem manlehen vnd In manlehenswise haben vnd empfahen sollen wie dann das In dem brieff den sin gnad mir darumb gegeben hat eygentlich begriffen ist, darumb so gerede gelob vnd versprich Ich vorgenanter Wolff von Tachenhusen für mich, alle min erben vnd nachkomen das vorgenant Sloß Kaltental mit aller siner zugehörung hinfur ewiglich In eren vnd gewonlichem buw zu haben one des egenanten vnsers gnedigen herren herrn Ulrichs grauen zu Wirtemberg vnd siner erben schaden vnd ouch demselben minem gnedigen Herren sinen erben vnd nachkomen ein ewig öffnung In dem vorgenanten Sloß Kaltental wider allermenglich nitmand vßgenommen zu halten, also das Ich alle min erben vnd nachkomen den vorgenanten minen gnedigen herren alle sin erben vnd nachkomen vnd Ir gesworen Räte Diener vnd Ampflute die vns dann wissentlich sind vnd redlich verkundt werden von Iren wegen daryn vnd darus zu allen iren nöten vnd geschäfften lassen sollen vnd wollen so dick vnd wann Inen das not geschen wurdet vnd sie des begeren one alle widerrede, doch vff iren kosten vnd schaden, also das Ich min erben vnd nachkomen der kost keinen schaden haben sollen vnd ouch den armenluten zu Kaltentale allerwegen In Kriegen so in des not tüt sich selbs mit Irem viche vnd dem Iren In dem egenanten Stoße zu Kaltentale zu gonden zu enthalten als vorher ouch gescheen ist one geuerde, Ouch so sollen Ich alle min erben vnd nachkomen dasselb Sloß zu Kaltental mit den graben vnd garten als hievor stet vor dem obgenanten minem gnedigem herren herrn Ulrichen zu Wirtemberg sinen erben vnd siner Herschafft zu Wirtemberg zu rechtem manlehen vnd nach manlehens Recht haben tragen vnd empfahen, So dicke das zu vellen kompt vnd wie sich geburt, Alß dann sin gnad mir das yetzo zu rechtem manlehen gelihen vnd darInn sin siner erben vnd siner Mann Recht vorbehalten hat vnd ich darum sinen gnaden gelobt vnd liplich zu gott vnd den heiligen gesworn han das zu rechtem Manlehen als dann das recht manlehen ist vnd sin sol von sinen gnaden vnd siner Herschafft zu haben vnd Im dauon zu tun vnd verbunden zu sinde alles des das ein Man sinem rechtenLehen Herren von sinen Lehen schuldig vnd pflichtig ist zu tund vnd ouch die öffnung des vorgenanten Sloß zu halten wie vor dauon geschriben stet getrúwlich vnd one alle geuerde vnd nimer darwider zu sinde noch zu tund durch mich selbs oder ander In keinen wege, Sunder wann sich geburen wurdet das ich mine erben oder nachkomen das vorgenant Sloß Kaltentale mit dem als vor stet von Im oder sinen erben vnd siner

Her-

Herschafft zu Wirtemberg empfahen werden, als wie ouch allezite So dick sich das nach LehensRecht heischet tun sollen, So sollen vnd wollen ich alle mine erben vnd nachkomen allwegen damit globen vnd sweren die öffnung an dem vorgenanten Sloß zu halten als Ich yetzo geton han vnd In der maß als vorgeschriben stett, Als dick ouch Ich min erben oder nachkomen hinfur das Sloß Kaltental mit siner Zugehörung von dem obgenanten vnserm gnedigen Herren sinen erben vnd Ir Herschafft zu Wirtemberg zu Lehen empfahen werden vnd die egenanten Oeffnung nit Schwurent zu halten So sollen doch wir des dennocht verbunden sin zu tun by vnsern eyden vnd Inmassen als vorgeschriben stet vnd Ich vnd min erben sollen vnd wollen ouch dem obgenanten vnserm gnedigen Herren vnd sinen erben mit dem Turn zu kaltental In dem Schloß gewarten vier Jaur die nechsten Ir geuangen daryn zu behalten, Inmassen als sie die bisher darIn behalten hond, alles one alle argelist vnd geuerde, vnd des zu warem vrkunde So han ich min eygen Insigele offenlich gehenckt an disen brieffe vnd darzu gebetten die vesten Wolffen von Nunhusen contaten vom Stein von Klingestein Hofmeistere vnd Conraten von Tierberg, das sie Ire Insigele vnb merer gezugnuß willen der obgeschriben Dinge vnd doch Inen one schaden ouch offenlich gehenckt hond an disen brieffe, der geben ist an Mitwoch vor vnser lieben Frowen Liechtmeß nach Cristi geburt als man Zalt vierzehenhundert fünfftzig vnd funff Jaure.

Num. 90.

Revers Gr. Ulrichs, Ludwigs vnd Eberhards zu Wurtemberg gegen der Reichsstadt Reutlingen wegen ihrer Aufnahm in das mit etlichen Städten gemachte Bündnuß. d. d. 27. Dec. 1455.

Wir Ulrich Graue zu Wirtemberg ꝛc. vnd wir Ludewig Graue zu Wirtemberg vnd zu Mumppelgart ꝛc. von vnser selbs vnd des hochgebornen vnsers lieben bruders Eberharts Grauen zu Wirtemberg vnd zu Mumppelgart wegen der noch vnder sinen Jaren vnd tagen ist, Bekennen vnd tun kunt offembar mit disem brieff, als wir vor etwielangem mit den Ersamen wisen Burgermeistern Reten vnd gemainden diser nachbenempten des hailigen Richs stetten mit namen Ulme, Gemund, Giengen vnd Aulen In ein fruntlich Verschribung vnd Ainung kommen sind nach lut der brieff daruber begriffen, der Datum wiset uff sant Johans des hailigen Touffers Aubent Nach der geburt Cristi Tusent vierhundert fünfftzig vnd funff Jaure vnd nun mit wolbedachtem Mute rechter wissen ouch mit Raut vnser Rete vns mit vnser baider Landen Luten vnd den vnsern vnd die vns zuuersprechen sten sie syen geistlich oder weltlich mit den Ersamen wisen Burgermeistern Reten vnd allen burgern gemeinlich der statt zu Rutlingen, ouch In aynung verschriben

vnd

vnd getan haben In aller der maß, wie Wir vns dann zu den obgenanten stetten getan vnd verschriben haben, dann des mer als hernach geschriben stat, dem ist also, das wir noch die vnsern als vorgeschriben stet die vorgeschriben zit diser Aynung der von Rutlingen noch der Iren als vorgeschriben stet, vnuerrechnet Amptlut oder die In fluchtsame versworn verlopt oder verburt hetent zu burger nit Innemen noch empfahen sollen one alle geuerde.

Beschee es aber darüber, wann dann der oder die, der dieselben gewesen weren das ysbringent vnd erwisent in der statt da sie dann zu burger empfangen weren In sollicher maß das ein Graue oder Herre den oder die mit sinem Amptmann der vff die zit von sinen wegen besetzt vnd entsetzt bestellen mogen also das er swere ainen gelerten aid zu gott vnd den hailligen mit vfgebotten vingern, das der man sins Herren vnuerrechneter Amptmann sye, der oder dieselb person, es sy frow oder mannes namen sinem Herren fluchtsame versworn, gelopt oder verburgt habi, ain Ritter oder Knecht oder ain ander erber man mit sin selbs ayd und nach ir yeglichem zwen erber vnuersprochen man die des ouch sweren gelert aybe vnd das In das kunt vnd wissent sye, das ouch dann darmit der besatzung gnug geschehen sye, vnd sollicher bestallung sollen wir vnd die vnsern den vorgenanten von Rutlingen vnd den Iren als vorgeschriben stet verhengen vnd gestatten one alle geuerde, doch das die erwisung beschee In Jaresfrist dem nechsten nauch dem, als die zu burgern empfangen weren one alle geuerde. Vnd welher vnuerrechneter Amptman, verschworn, verlopt oder verburgt person also besetzt wirdet, als vorgeschriben stet vmb den oder die selben sollen noch wollen darnach wir noch die vnsern vns furbaß nicht met anniemen vnd wir sollen ouch den oder dieselben nicht lenger by vns enthalten weder husen noch hofen, dann ainen Manat den nechsten darnach vngeuarlich, Es were dann ob dieselben personen ain genant Some gelts versworn oder verburgt hetten, wann sie dann die gericht vnd bezalt hettent, die mochten wir vnd die vnsern dann furbaß wol zu burger schirmen vnd enthalten. Were aber das etlich vnser Diener, Es werent Grauen, Herren, Ritter oder Knecht oder ander die vns zuuersprechen sten sich des articels von der burger wegen pnzuniemen nit begeben woltent gegen denselben sol die von Rutlingen an dem end vnd vmb das stuck die aynung nit binden vngeuarlich. Wann nun die vorgenant fruntlich Verschribung vnd aynung zwüschen vns vnd den vorgenanten stetten Vlme, Gemunde, Giengen vnd Aulun begriffen weren bessten vnd macht haben sol von dem vorgenanten datum sant Jehans aubent fünff Jaure die nechsten nach ainander volgend So gereden vnd versprechen wir vergenanter Vlrich Graue zu Wirtemberg vnd Wir Ludewig Graue zu Wirtemberg vnd zu Mumpelgart rc. fur vns selbs vnd den obgenanten vnsern bruder Graue Eberharten, dieselben Verschribung vnd aynung vnd ouch das so in disem brieff begriffen ist, die vorgenanten zit vnd Jaur vß gegen den von Ruttlingen vnd den Iren vnd die

Juch

Jnen zuuerſprechen ſteen gaiſtlich oder weltlich mit allen ſtucken puncten vndſartickeln, es ſye von pfens von Hilff manung oder anders wegen was dann die vorgemeldt aynung,von Wort zu Wort begrift zu halten vnd der getrewlich ſvnd ene alle geuerd nachzukomend zu glicher miß vnd Jn aller der mauß als ob die von Rutlingen Jn derſelben aynung mit namen begriffen vnd vff die zyt mit den vorgenanten ſteten darynn komen weren by den gelupten, So wir dann herumb an ander ſtatt gegeben haben, alles one geuerd vnd des zu vrkund ſo haben wir Graue Vlrich obgenant vnſer Jnſigel fur vns ſelbs vnd wir Graue Ludewig och vnſer Jnſigele fur vns vnd den vorgenanten vnſern bruder offennlich tun hencken an diſen brieff, der geben iſt an ſant Johannis tag Jn den Wohnnechten nach Criſti gepurt als man zalt Tuſent vierhundert funfftzig vnd funff Jaure.

NB. Die Stadt Reutlingen hat dagegen einen Revers mutandis mutandis gleichen Jnhalts ausgeſtellt unter eben diſem Dato.

Num. 91.

Extractus Gerichts-Protocolls zu Schorndorf in Sachen Grav Ulrichs zu Würtenberg und ſeines Gewalthabers Hannß Schwindels, Vogtes zu Göppingen Klägers wider Agnes Großbergerin, Rudolphs von Baldeck Wittib.
d. d. 16. Jan. 1456.

Nota vff Frytag nechſt nach Hylarn Anno ꝛc. L Sexto Jſt komen fur gericht der Erſam vnd Wyß Hanns Schwindel Vogt zu Göppingen an ſtatt vnd namen des hochgebornen Hrn Hrn Vlrichs Greue zu Wirtenberg vnſers gnedigen Hrn vnd vordert ainen furſprechen, der Jm alſo von dem vogt erlaubt ward als recht iſt, vnd nam alſo zu Jm Albrecht Sutlern richter ꝛc. vnd wolt hinclagen zu der frowen von baldeck die ouch alda gegenwurtig was vnd mit Jr Cunrat von Saſſenheim, der nun vſſerhalb dem rechten mit vil worttten die er do rett, dann ſie deheinen furſprechen nieman wolt, nach denſelben worktten vordert der vorgenant Hanns Schwindel, Vogt ꝛc. an ſtatt vnſers gnedigen Herrn aber ſinen furſprechen als vor, Alſo ſprach Cunrat von Saſſenheim, Lieber Vogt du macht clagen was du wilt, wir wollen hin weg gen vnd ſprach zu der von Baldeck, Frow ſtund vff wir wollen gen hinweg vnd giengen alſo von dem rechten vnerloupt des richters ober das das er Jr gebott vnd nach rufft je beliben vnd je antwurten. Nachdem vordert aber der vogt durch ſinen furſprechen an ſtatt vnſers gnedigen Hrn, Er hoffte ſie ſolt rechtlich vnderwyſt werden das ſie antwurten ſolte, alſo vnder rettend ſich der vogt vnd die Richter vnd rett das Gericht, Sie ſeſſend da als die gehorſamen vnd wer do keme dem muſtend ſie tun als die gehorſamen, vnſer gnediger Herr hette ſinen Amptman da der wyſſe wol, was er dar zu tun ſolte, vnd off das ſchickt der
Vogt

Vogt zu Ir dry von dem gericht vnd den gebuttel vnd ließ sie bitten die dry Richter, das sie antwurten wolte, vnd ob sie nit antwurten wolte, so solte Ir der gebuttel bieten by tusend Gulden ze antwurten von vnsers gnedigen Hern wegen, das sie alles also veracht vnd sprach zu den dryen Richtern, Bittend wir die vögt baid, das sie die sachen in guttem an sten lauffen wollen, Ich hon bottschafft geton zu vnserm gnedigen Hrñ, der wil ich also warten bis vff Samstag zu Nacht nechst kompt, also woltend baid Vogt solichs nit tun vnd diß Ir der Vogt aber gebietten vff frytag zu nacht das sie solte antwurtten vff morgens samstag vnd das was der Dryt Recht tag vnd vff den selben samstag Schickt der Vogt aber zu Ir Dry von dem Gericht vnd den gebuttel vnd ließ sie aber bitten, das sie antwurtte als vor, vnd ob sie das von gebett nit tun wolte, Solte Ir der gebuttel aber bieten by tusend gulden zu antwurten, das sie ouch verachtet vnd gab zu antwurt, sie were franck vnd hette einen grosten Jn Ir vnd hette Ir vermussst nit, Man hette ouch Ir die Nacht gewacht, wolte es beliben lauffen by der antwurt die sie Jnnen an dem frytag gegeben hette.

Nota vff den genanten Samstag nechst darnach Jst aber für vns kommen der Ersam vnd Woß Hanns Schwindel Vogt zu Göppingen an statt vnd namen vnsers gnedigen Herren vnd vorderet einen fursprechen, der Jm also erloupt ward alsdan recht ist vnd nam also zu Jm Albrecht Suttern richter x. vnd clagt hin zu Agneß Gaißbergerin sie were vnsers gnedigen Herren Hinderseß vnd beschlusse sie mit dürr vnd mit nagel als ander die sinen zu Schorndorff, dar von hette sie sich vnderstanden vnserm gnedigen Herren Jr Lib vnd gut zu entfremden vnd zu solichem als vnserm gnedigen Hrñ fur were kommen, So hette sie vor erbern Lütten geret vnd gesprochen sie were nit vnsers gnedigen Herren, hette Jm ouch weder geloupt noch geschworn vnd wolte einen andern Hrñ vnd schirmer suchen, dar by man wol verstan mocht, das sie sich vnderstanden hett vnserm gnedigen Hrñ Jr Lib vnd gut zu entfremden, ouch vber das, das sie sich des vor etlichen Jarn bezeben geloubt vnd verschriben hett Jr Lib noch gut vnserm gnedigen Hrñ nit zu entfremden Nach Jnhalt einer geschrifft So in der Burger laden alhie gelegt worden ist vnd noch dar Jn lytt vnd begertten dieselben Geschrifft zu verhören, Sagtend ouch es were ain herkomen alhie zu Schorndorff, Was brieff oder zedel Jn der Burger Laden kemen, Sie weren besigelt oder vnbesigelt, So hettend sie doch so vil krafft als ob sie besigelt weren. Darumb so hettend dry bydersmann yetweder einen schlussel zu der Laden vnd mochte deheiner on den andern vber die Laden, hofft vnd getruwet der Vogt, Es solte mit recht erkennt werden, das sie vnrecht geton hett, vnd darumb vnserm gnedigen Hrñ vellig werden solt, Also das sie vnser gnediger Herr strauffen mocht Jn allem dem Jrem nach siner gnaden willen, behuben ouch vnserm gnedigen Hrñ vor, ob sin gnad ettwas mer zu clagen, das er das wol tun mocht.

Nota

Beylagen.

Nota vff Mentag nechst darnach Ist aber fur vns kommen Hanns Schwindel Vogt zu Göppingen an statt vnd namen vnsers gnedigen Hrn vordert aber streu Fursprechen als recht ist vnd hieß den reden, wie das er Vogt die frowe von Baldeck an Samstag nechst darvor beclagt hett, die wolltte nit antwurtten vnd verzuge das uff ein bottschaffte der sie von vnserm gnedigen Hrn warttend wer vnd begert also von merers grümpffs wegen vnsers gnedigen Hrn, ob sie noch hut bÿ tag antwurten wolt vnserm gnedigen Herren vmb die zuspruch die sin gnad zu Ir hette, doch so solte das vnserm gnedigen Herren an sinen rechten nit schaden, was sich vormals von der gebott wegen so sie vbergangen hett, gemacht hette, also schickt der Vogt aber zu Ir Drÿ von dem Gericht, ließ Ir solches verkunden vnd sagen, vff solichs antwurtt sie vnd sprach, sie lege in grosser Kranckheit vnd wie Cunrat von Gassenheim geantwurt hett von iren wegen, darbÿ wolt sie es lauffen bessen vff solichs rette aber der vorgenant Hanns Schwindel Vogt ꝛc. an stat vnd namen vnsers gnedigen Herren durch sinen fursprechen als vor vnd des mer, vnser gnediger Herre hette Ir ain gewiß Bottschafft geton zu sinen gnaden zu komen, das hett sie verachtet vnd nach demselben sich vnderstanden Ir Lib vnd gut vnserm gnedigen Herren zu entfremden, Sin gnad hett Ir darnach ain sicherheit zugeschriben zu sinen gnaden vnd wider an Ir gewarsami, das hett sie ouch verachtet, vber solichs ouch das ain Brieff In der Burger Laden lige, der da In hielte, das sie Ir lib vnd gut vsser vnserm gnedigen Hrn nit entfremden solte, hette sie sich solichs dannoch vnderstanden zutun, also Ir Lib vnd gut vsser vnserm gnedigen Herren vnd vsser sinem Land zu entfremden vnd wer denselben Brieff nit verstanden hett, mocht In noch hören, Dar zu sie alle gebott von gerichts wegen das erst das ander vnd das brytt ßch verachtet hett, hofft vnd getruwet der Vogt es solte mit recht erkent werden, das sie vngehorsam gewesen vnd vnrecht geton hett vnd solte vnserm gnedigen Hrn darvmb bußvellig werden, also das sin gnad sie mochte strauffen an allem dem Iren nach siner gnaden willen.

Also nach der clag so vnser genediger Herr zu der frowen von Baldeck geton haut, So haut sich das Gericht ainhelliglich herkent vnd vff ir aud zu recht gesprochen, das die frow von Baldeck vnrecht geton habe, In dem das sie die gebott deß Amptmañs verachtet habe, Aber sÿd dem mal vnd sie ain frowen bild sÿe, So sulle Ir der Amptmann ainen gerumpten recht tag setzen vnd verkunden von hut datum vber fierzehen tag, vff denselben tag sie vff die clag, so vnser genediger Herr zu Ir geton hat, antwurtten sulle, vnd ob sie solich antwurt Kranckheit halb Irs Libs nit getun mocht, So sulle sie ainem andern vollen gewalt geben ze antwurtten, vnd ob sie antwurtte, so solt darnach geschechen das recht wer, vnd ob sie nit antwurten wolt, so solt darnach aber geschechen das recht wer vff frytag nechst vor conuersionis pauli anno ꝛc. LVI.

(H) Num. 92.

Num. 92.

Extract Protocolli des Gerichts zu Schorndorf in Sachen Grav Ulrichs zu Württemberg wider Agnes Geyßbergerin Rudolfs von Baldeck Witwe wegen ihrer Landsäßigkeit. d. d. 14. Febr. 1456.

Zu wissen das uff hut Samstag nechst vor Invocauit Anno ꝛc. L Serio fur Vogt vnd ganz Gericht zu Schorndorff kommen sind der fursichtig vnd wyß Hanns Schwindel der zyt vogt zu Göppingen an statt vnd namen des Hochgebornen Herren Hrñ Ulrichs Greuen zu Wirtemberg ꝛc. vnsers gnedigen Herrn an einem vnd frow Agnes Geyßbergerin Herrn Rudolffs von Baldecks Ritters seligen eliche Witwe an dem andernteil vnd stund dar der benempt Hanns schwindel Vogt ꝛc. vnd klagt hin zu der yz genanten frowen durch sinen angedingten fursprechen mit namen Albrecht Suttern, wie das die fraw von Baldeck vnsers gnedigen Hrñ Libaigen vnd ain burgerin were, hette sie ouch beschlossen mit türr vnd mit nagel als ander siner gnaden armen lutt alhie zu Schorndorff vnd zu zytten, als sin gnad die Richtung mit Walthern von Urbach tun wolt, do hette sin gnad nach Jr geschickt, do wolte sie nit zu sinen gnaden kommen, darnach schickte er siner gnaden Hoffmeister vnd ander siner gnaden Rett her gen Schorndorff die soltend mit Jr gerett hon von den sachen, also were sie hin weg gefarn vnd hette ir Lib vnd gut vsser vnserm gnedigen Herren entfremdt, darnach were vnser gnediger Herr selber personlich her gen Schorndorff kommen vnd hette Jr geschriben durch eine gewisse bottschafft zu sinen gnaden zu komen, Jr ouch in demselben brieff ein fry sicher gelait zu sinen gnaden vnd wyder an Jr gewarsami zugeschriben, das sie ouch verachtet hett, vber solich das sie vnserm gnedigen Hrñ als ander burger vnd hindersessen zu Schorndorff verbunden were sinen gebotten gehorsam zu sin, also hette vnser gnediger Herr nach Jr gestelt vnd sie zu sinen handen gebracht vnd hette sie mit recht fur genomen vnd begerte nutzt von Jr dann rechts an den enden do sie dann seßhafft were vnd zu dem Ersten Recht tag wolte sie nit antwurten, Zu dem andern ouch, Zu dem drytten Rechttag hiesse Jr der vogt gebietten by tusend gulden zu antwurten, vnd zu dem vierdten Recht tag biesse er Jr aber gebietten by tusend guldin ꝛc antwurten, das sie alles verachtet vnd nachdem vorbert der Vogt ain vrteil, was sie vnserm gnedigen Herñ dar vmb schuldig were, das sie also vngehorsam were gewesen vnd siner gnaden bott verachtet hett, also gebe ainhellig vrteil das die frow von Baldeck vnrecht geton hett Jndem das sie die gebott vnsers gnedigen Herren verachtet hett, hofft vnd getruwet der Vogt, sie solte vnsern gnedigen Hrñ vmb die zway tusend guldin verfallen sin vnd vmb die houpt sach So solte sie vnserm gnedigen Hrñ bußfellig werden, also das sie vnser gnedig Herr straffen mochte an allem dem Jren nach siner gnaden willen vnd were es ain mann so solte er Jm sellig werden, das sin gnad Jn straffen mecht

an

Beylagen.

an lib vnd an gut, aber sy einmal vnd sie ain frowen bild were. So solte sie sellig werden, also das sin gnad sie mochte strauffen an allem dem Jtem nach siner gnaden willen. Uff das stund dar die benempt frow von Baldeck vnd antwurt durch Iren angedingten fursprechen mit namen Albrechto Alber, als der Vogt zu Jr klagt het von vnsers gnedigen Herren wegen, wie das sin gnad sie beschlossen het mit dürr vnd mit nagel, als ander siner gnaden armen lüt mit vil worten ec. Sagt, wie die frow von Baldeck vor ytzten vor vnserm gnedigen Herren der zu Göppingen tod were, den gott genedig sin wolle, Ju ain fry hand geben were Junckhere Rudolffen von Baldeck, der darnach Ritter wurde, getruwete sottennlich vnd sie also geben were worden zwungencklich Ju ain fry hand von vnserm gnedigen Hrn selig. Ain Gericht were als wiß vnd erkente sich vnd wyse sie mit Jrem spruch für vnsers gnedigen Hrn gnad vnd für siner gnaden erber Rett, do wolte sie sinen gnaden antwurtten vmb das vnd vmb ander stuck, was sin gnad zu Jr zu sprechen hett, getruwet ouch man solte sie daby lauffen beliben wann man nieman vnsern gnedigern Hrn vnd siner gnaden Rett buß her abgeschlagen hett. Uff das Rett aber der Vogt von Göppingen an statt vnsers gnedigen Herren durch sinen Fursprechen als vor vnd des mer, Als die frow geantwurtt hett durch Jren fursprechen, wie das sie vor ytzten Ju ain fry hand geben were worden, hoffte sie solte hiemit antwurtten mit vil wortten ec. das werent wort, die mochtend sin oder mochtend nit sin vnd ob das also were vnd des ouch kuntschafft hette, so lege ain brieff in der Burger Laden, dar Ju sie sich verschriben hett by trü vnd ayd, das sie Jr lib vnd gut vsser vnserm gnedigen Herren nit entfremden solt vnd begertten denselben zu verhören, derselb brieff geben were worden nach Herr Rudolffs von Baldeck Ritters sellign abgang, die frow von Baldeck hette ouch bißher allwegen hie mussen antwurtten menglichem der zu Jr Rechts begert hatt, Als ander burger vnd burgerin, hoffte vnd getruwete, sie solte Antwurtten uff die klag nach dem vnd vor Recht worden were nach Jnbalt der letzsten vrtail, vnd das das war were, So hette sie sich allewegen gewert gegen Waltern von Urbach Jrem tochtermann vnd hette Jm nyegert wöllen gerecht werden, dann allein hie zu Schorndorff, dar by sie vnser gnediger Herr geschirmt vnd gehandhabet het, dar vß die vindschafft zwyschen vnserm gnedigen Herren vnd Walthern gewachsen were, dar zu so hette sie allen wegen bißher vnsern gnedigen Hrn angeruffe, das er sie by Recht hie behielt, als ander Burger vnd Burgerin, hofft vnd getruwet sie solte Jm Antwurten von vnsers gnedigen Hrn wegen vff sin klag allhie zu schorndorff. Uff das rett aber die frow durch Jren fursprechen, als vor vnd des mer, als albrecht sutter das gerett hett, er hoffte sie solte antwurtten vnserm gnedigen Herrn vff die klag, wann es were Recht worden, das sie antwurten solt ec. die frow stunde da vnd antwurte, dann sie spreche sie were Ju ain fry hand gegeben worden von vnserm gnedigen Hrn der zu Göppingen

(U) 2   tod

tod were dem Got genedig sin wolte. Sie hette ouch sober her Jre kind ouch Jn fry hend gegeben v. zeJrt vnsers gnedigen Herren vnd menglichs von siner gnaden wegen, hoffte vnd getruwete sie solte Rechtlich gewysen werden für vnsern gnedigen Hrn vnd für siner gnaden Erber Rett, do wolte sie antwurten war vmb sin Gnad zu Jr zu sprechen hett vnd begert darumb einer vrtail, vff das hat Jm das Gericht ain bedencken genomen rc.

Num. 93.

Gr. Ludwigs zu Wirtemberg Expectanz-Decret für Augustin Gerolet auf die Caplonen zu Dürrenzimmern. d. d. 9. Maji 1454.

Wir Ludwig Graufe zu Wirttemberg vnd zu Mumppelgart rc. Bekennen offenlich mit disem Brieff fur vns vnd den Hochgebornen Eberharten Graffen zu Wirttemberg vnsern lieben Bruder, der noch vnder sinen Jaren vnd zu sinen tagen nit komen ist vnd tuen kund allermenglich. Durch Hannsen von Sachsenhein vnsern Vogt zu Brackenheim vnd lieben getruwen Ist an vns gelangt, das Pfaff Bertholdt Gröslin Capplon zu Durrenzymern mit den Jaren des altars beladen sye, das er dehain meß mer gehaben mug noch han solle, durch das die armenlut zu Durrenzymern des gotzdienst an dem end Mangel vnd gebruch haben, danne das sie die Meß mit ainem andern Priester müssen mieten vnd mit schaden fursehen laussen vnd die armenlutt sten im Begerung vnd bitten wanne der obgenant Pfaff Bertholt Gröslin mit tod abgienge, das wir alsdanne nachdem vns die Lehenschafft der Capplonie zustett zu sihen, die augustino Gerosettin gnediglich geruchen zuverlihen, So wolle er b'irzit vnd pfaff Gröslin in lib vnd in Leben sige, die messe mit messe han fursehen vnd tun was ainem fromen priester gepure zutun, deshalben wir bewegt sint worden, Sonnder och dar Jnne angesehnen der armen lut ernstlich gebette vnd habn den vorgenanten Augustiner Gerosetten gnediglich begnadet vnd begnaden Ja mit disemBrieff, Also wanne der vergenant Pfaff bertholdt Gröslin mit tod abget, das wir Jm alsdann die Capplonye fur annder zu fügen vnd gnedigsich lihen wollen vnd sihen Jm die letzunt als vil des Jm rechten krafft hat, haben sol vnd mage, yedoch das er die messe vnd Capplenie fürsehe vnd der vnd den armenluten genug tue, als er sich des erbetten hat alles vngevarlich, des zu vrkund rc. datum Drach an Dornstag nach des hailgen cruetzag Inventionis anno rc. Liiij.

Num. 94.

Ejusdem Expectanz-Decret für Johannsen Mörlin auf die Pfarrkirche zu Asperg. d. d. 27. Julii 1454.

Wir Ludewig Graue zu Wirttemberg vnd zu Mumppelgart rc. Bekennen essenlich mit disem Brieff fur vns vnd den Hochgebornen vansern lieben Bruder Eber-

Beylagen. 157

Eberharten graffen zu Wirttemberg vnd zu Mumppelgart der noch vnder sinen Jaren vnd zu sinen tagen nit komen ist. Als vorzitten vnser altvordern Loblicher vnd seliger gedechtnus vnnserm lieben besonndern Hannsen Schillingen den man nempt plapphart von sondern gnaden wegen die sie zu Im gehabt hand onnser kirchen zu Asperg gnediglich gelihen hand sinen Leptag vnd nit lennger vnd als derselb Hanns schilling die vorgenannten Kirchen mit dem ersamen Pfaff Johannsen Mörlin als mit ainem vicarien besetzt vnd Im ain nemlich Corpus von der kirchen Jerlichs zu geben gestimet hat. Als vile als sechzehen malter rocken, XVI malter dinckels XVI malter habernn, viij. simri schmaltzet, alles Gröninger meses, iiij. estinger eymer Wins, zwen karch mit Höw vnd darzu die kleinen minutt. Wann sich nun der vorgenant pfaff Johanns mörlin mit aller redlicher erberkeit mit vnsern armen Luten gehalten hat, das sie vns in gantzer demutickeit gebetten hand, wann der vorgenant hans schilling mit tod abgee vnd vns die kirch zuuerliehen heimfalle, das wir oder ob Wir die einem anndern verlihen wurden, wer der were, in alsdann by der vorgenanten vicary der vorgenanten kirchen sin Lebtag gnediglich geruchen beliben zu lauffen mit dem Corpus als nu dann das von dem vorgenanten Hanns schillingen gestimet geschöpft vnd gegeben ist. Also habn wir angesehen redlich, erber wessan des vorgenanten pfaff Hannsen Mörlins, ouch vnser armenlut zu Asperg ernstlich gebetten, vnd wellen also den vorgenanten pfaff Johannsen Mörlin nach abgang Hannsen schillings mit dem vorgenanten Corpus vff der vorgenanten vnser kirchen sinen Leptag als ainen vicarien haben han vnd beliben laussen, lausen In beliben conformieren vnd bestättigen In mit disem briefe, Es were ouch dann das er sin wessan in vnerberkeit stellen oder furnemen wolt vnd das sich alsdann das redlich erfande, So sol er vns der Vicary abtretten vnd disen vnsern brief wider zu vnnsern banden herus geben alles ongeuerlich, vnd des zu warem vrkund haben wir vnser Insigel offenlich tun hencken an disen brieff der geben ist zu tüwingen an samptztag nach Jacobj apostoli Anno Domini MCCCCL quarto.

Num. 95.
Grav Ludwigs Freiheitsbrief, welchen er der Stadt Calw wegen ihres neuen Rathauses vnd Jahrmarkt gegeben. d. d. 5. Aug. 1454.

Wir Ludwig Graue zu Wirttemberg vnd zu Mumppelgart rc. Bekennen offenlich mit disem brieff fur ons vnd den hochgebornen Eberharten grauen zu Wirttemberg vnd zu Mumppelgart rc. vnnsern lieben bruder der noch vnder sinen Jaren vnd zu sinen tagen nit komen ist vnd fur vnser baider erben, das wir wolbesonnen vnd betrachtet haben das nutzlich vnd bequemlich furnemen So vnser lieb getruwen die burger gemainlich rich vnd arm vnser statt zu Kalb getan vnd ain nuw raut vnd

Kaufhus vff Iren aigen Cossten vnd Schaden dem gemainen man der alsdann pfleget die märckt zu suchen zu nutz vnd frommen geburen hand, Sonnder ouch das Ir Statt vnd Ir Jar vnd wochenmarckt geoffet werden zu legen vnd nit abniemen. Wiewol sie nun das mit Ihr fursichtickait wolbetrachtet vnd besonnen hand, das solich ir furnemen In kunfftig zitt Iren nachkomen zu nutz vnd zu frommen wol gedienen mage, noch dennocht So versten vnd brüfen wir wol, das sie den vorgenanten burn one vnser gnad gunstlich vnd mercklich furdrung nit wol erliden vnd getun können, vnd darumb so haben wir fur vns vnd den vorgenanten vmsern lieben bruder vnd fur vnser baider erben vnd nachkomen den vorgenanten vnsern lieben getruwen den burgern armen vnd richen der statt zu Kalw vnd allen iren nachkomen die sonnder gnad getan vnd die freyheit gegeben, Geben In mit vrkund vnd kraft bis briefs, das sie die nutzung die von dem vorgenanten raut vnd koufhus Immer ewiglich werdent vnd gefallen Innemen vnd die zu vnd In ir Statt mit wissen vnd willen vnser Amptlut daselbs nutz vnd frommen keren vnd bewennden vnd die mit kuntschaft vnser amptlut zu Kalw an der statt verburen sollen doch vns vnsern erben vnd nachkomen die kornschüttin vff dem vorgenanten Raut vnd Kaushus vorbehalten, das die vns ewiglich zu nutzen zu niesen vnd zu bruchen zu aller vnser nodtuest zugehören vnd beliben sol one der burger widerrede. Vnd wir begnaden fur vns vnser erben vnd nachkomen die vorgenanten burger rich vnd arm der vorgenanten vnser statt zu Kalb vnd alle Ir nachkomen,also das nun furohin zu ewigen zitten ain ieglicher Gast vnd der burger zu Calw ist vnd an den Kirchwihinen das ist an den Jarmarckten ain statt nimpt,von derselben statt geben one widerred vier schilling haller vnd der burger zu Kalw dry schilling haller. Welicher aber nit ain statt nimpt vnd nit vber vier tuch hat, der sol geben von ieglichem tuch vier heller vnd von ainer ballen zwillichs oder ains tuchs zwen heller, Es sy ain burger oder vsman vnd welche schlower fail hand vnd statt niemend, die söllent geben von jeder statt ain schilling heller vnd die nit statt niemend, das sol stan an vnserm emptmann vnd dem burgermeister, was die niemendt, doch das nieman beschätzt werde vnd das ist dem burger vnd vsman, Item ain Löwer von ainer statt an der Kirchwihin der vsman zwen schilling heit vnd an den messen ain schilling halr vnd der burger des halbteils minder, Item die schuchmacher an der Kirchwihin ain jeglicher vsman achtzehen helr an den messen ain schilling halr vnd der burger halbs als vil. Item die saltzer an der Kirchwihin ain schilling halr vnd an den messen acht Helr der vsman vnd der burger halbs als vil. Item von ainer Schiben Salt abzustossen vnd vfzusetzen, wenn das geschicht, der Keuffer zwen hele vnd der Verkeuffer ouch als vil, er sy burger oder vsman, Item von einem schilling vsen zu welicher zyt das ist abzustossen vnd vfzusetzen, der keufer zwen halr vnd der Verkäufer ouch als vil, sie sigen burger oder vsman. Item von einer Tunnen häring abzustossen vnd vfzusetzen der keuffer ain schilling helr vnd die Verkeufer ouch
als

als vil die vsman vnd die burger halb als vil. Item von einem hundert bernisch Leders, der keufer ain schilling haller, vnd der Verkeufer ouch als vil. Die vsman vnd die burger halbs als vil. Item von frucht zu messen. Er so burger oder vßman der Verkeufer vom malter ain Heller vnd der keuffer desglich ouch ain Hellr. Item von einem Metzelbanck zway pfund Helr, vnd des zu warem vrkund haben wir vnser aigen Insigel fur vns vnd den hochgebornnen vnsern libn bruder offenlich tun hencken an disen brief der geben ist zu Turwingen an mentag nach sant petters tag ad vincula nach Cristi gepurt Als man zalt Tusent vierhundert funftzig vnd vier Jare.

Num. 96.

Grav Ulrichs der Stadt Kircheim gegebenen Privilegium vber den
Kleinen Zoll und Gretgeld. d. d. 29. Augusti. 1455.

Wir Ulrich Graue zu Wirtemberg ꝛc. bekennen vnd tun kunt offenbar mit disem brieff fur vns vnd vnser erben, das wir gutlich haben angesehen vnd betrachtet olich vndertenig vnd getruw dienst, darinn wir vnser lieb getruwen Vogt Richter vnd burger gemeinlich vnser Stadt zu Kirchein vnder teck gelegen alwege, willig vnd vnverdrossen funden haben vnd furo zu fonden getruwen vnd haben darumb vnd von sundern gnaden wegen Inen vnd allen iren nachkomen Recht vnd redlich gegeben vnd ergeben vnser marcktzoll in derselben vnser Stat zu Kirchein den man nempt den cleinen oder den abrissenden zoll vnd ouch das Husgelt daselbs von Saltz korn oder anderm, das man dann nempt Gretgelt, Wie vnser vordern seliger gedächtnus vnd wir das bisher ingehabt vnd genossen haben, geben vnd ergeben ouch Inen vnd iren nachkomen das fur vns vnser erben vnd nachkomen mit rechter wissent in krafft diß brieffs, also das sie vnd alle Ir nachkomen nu furohin zu ewigen ziten den vorgenanten Marcktzol vnd das Gretgelt als vorgeschriben stet Inhaben nutzen niessen besetzen vnd entsetzen vnd damit tun vnd lassen sollen vnd mogen nach Irem Nutz vnd besten one vnser, vnser erben vnser Amptlute vnd menglichs von vnsern wegen Irrung hindernuß vnd Intrag, doch so sollen sie mit solichen Zollen vnd ouch mit dem Gretgelt als vorstet niemands besweren noch das grösser oder anders machen, Sunder das halten vnd beliben lassen wie herkomen ist vnd ouch vns vnd vnsern erben sust an andern vnsern zollen vnd gerechtikeiten one schaden alles vngeuerlich vnd sie vnd alle ir nachkomen sollen ouch vns vnsern erben vnd nachkomen alle Jaur jerlich vnd eins yeglichen Jars besunder vff sant Jörgen tag acht tag vor oder nach ongeuerlich dauon richten geben vnd vnserm Vogt zu Kirchein den wir zu yeglicher zit da haben, von vnsern wegen antwurten Sechs vnd zweintzig pfund heller guter vnd genemer one alle Irrung Intrag oder widerrede vnd gentzlich one allen vnsern schaden vnd als die egenanten von Kirchein vns ein hofstat zu vnserm nutzen kern-
bus

hus by dem kouffhus gelegen gegeben, die sie vmb druhundert pfund heller erkoufft hond darumb sollen vnd mögen sie vnd Jr nachkomen dasselb kornhus vff dem grund was vnder dem andern boden ist, vßgenomen den kelr ob wir den machen wurden bruchen vnd niessen nach Jrem Nutz vnd gefallen one vnser vnser erben vnd vnser amptlut vnd allermenglichs Jrrung, alles one alle arglist vnd geuerde vnd des zu vrkund So hon wir vnser eygen Jnsigel offenlich tun hencken an disen brieff der geben ist zu Stutgarten an zinstag nach Sant Bartholomeus tag des heiligen zwolffbotten Nach Cristi geburt als man zalt viertzehenhundert funfftzig vnd funff Jaure.

Num. 97.

Feindsbrief der Graven zu Würtemberg gegen Gr. Hannsen von Werdenberg. d. d. 2 vor Michaelis, 1456.

Ulrich Graue zu Wittemberg rc. vnd Ludwig Graue zu Wirtemberg vnd zu Mumppelgart rc. geuettern,

Graue Hanns von Werdenberg, Als wir vor ettwie langem durch din gemahel für vnsern allergnedigsten Herren den Römischen Kaiser von Jrs vätterlichen vnd mütterlichen erbs wegen furgenomen worden syen, des vns dann siner Kayserlichen gnaden furheischungbrieff zugesandt ist, Haben wir dir vnd ouch diner Gemahel geschriben vnd och der Verschribung, So Jr dann deßhalb gegen vns versigelt getan vnd die zu halten fur vch selbs, unser erben vnd nachkomen vnd meniglichs von uwerntwegen by eren vnd truwen an eins Rechten eids statt gelopt, ouch als Jr vch vff dem Hoffgericht zu Rottwile, wie da recht ist, solichs alles vertzigen vnd vffgeben habend, ermant vnd vch gebetten solich furniemen Abzutund, Hast du vns geantwurt, dir sye vmb solich verschribungen nit zu wissen vnd begert zu gelegen tagen zuschicken, dich die hören zu lassen, Haben wir also vnser Reten gen Ehingen geschickt vff Zinstag nach sant Ulrichs tag nechst vergangen vnd den solichen obgenanten Verschribungen geloupfliche vidimus gegeben, dich die lassen zuhören, Da dir die sint verlesen worden, Hast du den nit wöllen gelouben vnd die gantz verachtet, Sonder begert, dich die Rechten brieff vnd din sigel sehen zu lassen, das wir ouch vmb mer vnsers gelimpffs willen getan vnd mit solichen brieffen vnser Rete wider zu tagen gen Ehingen geschickt haben, Vnd als du solich brieff vermerckt hast, Haben die genanten vnser Rete aber an dich begert den nachzukomen vnd die zuhalten, ouch daran zu sinde, das das obgenant furniemen, So din gemahel gegen vns getan hat, abgetan werde, Hast du daruff ein bedencken genomen vnd vns grant vurt, daran wir nit mögen versteen, das solichs dins willens sye, dann du erbuttest dich Rechtes. Des wir meynen pnezugeten nit schuldig soen, Nachdem du dich ge-

gen

Beylagen.

gen vns der sachhalpp In vergeschribner maaß verschriben vnd solich verschribung vff dem Hoffgerichte zu Rottwyle, das doch das oberest gerichte In disem Lannde, bestättigt Confirmiert vnd als da Rechte vffgeben ist, Alsdann sölichs die brieff eigentlich Innehalten, dem nachzukomen, Hetten wir wolgemeint du dir selbs schuldig werest gewesen, das aber nit ist gescheen, Sonder dich hat an dem, das du sölicher brieff geloupplichs vidimus am anefang verachtet hast nit benügt, du hast vns an dem gropplichen gesmecht mit geudrlicher besehung der brieff, die du gegen dem Liecht gehabt vnd besehen hast, ob die nit geschaben syen, och mit den Sigeln, die du vff Cedel abgetruckt vnd gegen dinen Sigeln, so an den brieffen haugen, gehebt hast, des wir meinen Billich von dir vertragen weren, vnd das dir solichs geudrlichs Hersuchens gegen vns nit nott getan hette, Dann wir darJnn nit anders versteen können, dann das du Jn meynung gehabt habest, das wir ettwas geudrde oder valschs mit den brieffen fürgenomen wolten haben, des doch vnser vordern vnd wir bißher vn jeschuldigt vnd solicher smach von menigklichem vertragen beliben syen der vns von dir vnlidenlich ist. Darumb so wisse, das wir hin vnd der dinen vnd aller der die dir zuuersprechen steen, vinde sin wöllen vnd wöllen des vnser ere gegen dir vnd Jnen mit disem vnserm offenn brieffe bewart han, der des zu vrkunde mit vnserm Zu Ruck vffgetruckten Jnsigeln versigelt vnd geben ist an frytag vor sant michels tag anno dni MCCCC quinquagesimo Sexta.

Num. 98.

Gebottsbrief Gr. Johannsen von Sulz an Hannß Wähinger, Urthailsprecher zu Sulz, daß er Gr. Uleichen von Würtemberg um 10000. fl. auf Gr. Ulrichen des Jüngern von Helfenstein Güter Anleiten solle.
d. d. 1. Dec. 1457.

Wir Graue Johanns von Sulz Hoffrichter von des allerdurchluchtigisten Fursten und Herrn, Hern Fridrichs Römischen Kaisers, zu allen güten merers des Richs, Hertzogen zu Oesterrich, zu Styr, zu Kernnten und zu Crain, Graven zu Tyrol ꝛc. Unsers allergnedigisten Herren Gewalte an siner statt uff sinem Hofe zu Rotwil, Embieten dem Ersamen Wisen Hannsen Wähinger ainem Urthailsprecher des vorgenanten Hofgericht vnsern Grus vnd tun dir kunt, das der Hochgevorn Herr Her Ulrich Graue zu Württemberg ꝛc. vnser gnediger Herr, Uff dem Hofe zu Rotwil von dem Wolgepornen Ulrichen Grauen zu Helffenstain dem jungen als verr geclegt, das er Jn mit vrtail vnd mit rechtem Gerichte in die Aucht des Hofs zu Rotwil geton vnd verschriben hat, vnd das Jm Anlaiten off sins Güters ertailt worden ist. Vnd darumb von des obgenanten vnsers allergnedigisten Herren des Römischen Kaisers gewalte, So gebieten wir dir vestlich das du den vorgenau-

nanten Herrn Ulrichen Aulaitest uff des egenanten offenn verschriben Achters Gütere, wa er dich bewiset umb zehenn Tusend guldin minder oder mer. Wann
tätest du des nit und käme das von dir zu clag, man richte darumb zu dir nach recht.
Geben mit vrtail mit des Hofgericht zu Rotwil uffgedrucktem Jnsigel besigelt am
Donrstag nechst nach Sannt Andrestag Anno domini Millesimo quadringentesimo
quinquasimo Septimo.

Num. 99.

Schirmbrief Gr. Ulrichs von Wirtenberg wider Gr. Ulrichen von
Helfenstein den jüngern, jenen auf alle des von Helfenstein habenden
Güter zu handhaben. d. d. 11. April. 1458.

Den Hochwirdigen Fursten vnd Herren Herrn Petern der hailigen Römischen
Kirchen Cardinal vnd Bischoff zu Augspurg, Herrn Dietrichen Ertzbischoff zu
Mentz des hailigen Römischen Richs durch Germanien, Herrn Johannsen Ertzbischoff zu Cölln des hailigen Römischen Richs durch Ytalien, Herrn Johannsen Ertzbischoffen zu Trier des hailigen Richs durch Gallien ErtzCantzlern,
Herrn Johannsen Bischoff zu Wirtzburg, Herrn Reinharten Bischoff zu Spir,
Herrn Reinharten Bischoffen zu Wormss, den durchluchtigen vnd hochgepornen
fursten vnd Herren, Herrn Fridrichen Pfaltzgrave by Rine, des hailigen Römischen Richs ErtzTruchsäs vnd Hertzog in Bayern, Herrn Albrechten Ertzhertzogen
zu Osterrich zu Stir zu kerdten vnd zu Crain, Grauen zu Tirol rc. Herrn Albrechten vnd Herrn Ludwigen pfaltzgrauen by Rine vnd Hertzog in Nider vnd in Obern
Bayern rc. Herrn Albrechten Marggraue zu Brandemburg vnd Burggraue zu
Nuremberg, Herrn Carle Marggraue zu Baden rc. vnd Graue zu Sponheim
Vnd den fursichtigen Ersamen vnd Wisen Burgermaistern Räten vnd allen Burgern gemainlich der nachbenempten Stett mit namen Augspurg, Ulm, Hailtpronn
vnd Gmünd, Embietten wir Graue Johanns von Sutz Hofrichter von des allerdurchluchtigisten Fursten vnd Herren Herrn Friderich Römischen Kaisers zu allen-
ziten Merers des Richs, Hertzogen zu Osterrich zu Stir zu kernden vnd zu Crain,
Grauen zu Tirol rc. vnsern allergnedigisten Herren gewalte an siner statt vff sinem
hofe zu Rotwil vnser berait willig vnd fruntlich dienst vnd grus vnd tuen uch kunt,
das der hochgeporn Herr Her Vlrich Graue zu Wiertemberg rc. vff dem Hofe zu
Rotwil von dem Wolgepornnen Graue Vlrichen von Helffenstain dem Jungen
als verr geclagt, das er Jn mit vrtail vnd mit rechtem Gerichte in die Aucht des Hofs
zu Rotwil geton vnd verschriben hat vnd das Jm Aulaitin vff sine Gutere ercailt,
darvff Er ouch also geanlait worden ist, Mit namen vff alle sine Sloss, Stett,
Dörffere, Lut Zins Gült vnd gütere mit allen Jren rechten herlichaiten vnd zugehör,
den,

Beylagen.

den, Auch vff sine pferidt Harnasch vnd ander sin gutere ligende vnd varende Lehen vnd aigen, vnd gemainlich vff was er hat, furo oberkompt, wie das alles genant gehaissen oder geschaffen ist benempt vnd vnbenempt nuzit vßgenomten, vnd die Anlaitin hat Er vff dem allem befessen als recht ist, darnach ist Im ertailt, das man In daruff in nutzlich gewer setzen vnd Im Schirmer daruber geben solte, des ist Er ouch also in nutzlich gewer gesetzt worden vnd die nutzlich Gewer hat Er vff dem allem ouch besessen als recht ist, Als dann solich reblich besigelt gerichtzbrieue daruber gegeben das alles luter ynhaltend vnd besagend vnd vff das alles ist dem vorgenanten Hern Vlrichen grauen zu Wirttemberg ꝛc. vff disen tag datum dis briefs als wir von dem hofe zu Rotwil an der offenn froen Kaiserlichen straß zu gericht gesessen sind nach vnser frage mit gemainer gesamneter Vrtail als recht ist ertailt worden das Er die vorgeschriben Sloss Stett dörffere, Lut zins stuck vnd gut alle sonder vnd samend mit allen Jren rechten nutzen gewaltsamin vnd zugehörden wol angriffen sol vnd mag, es sige mit versetzen oder mit verkouffen mit vermachen oder mit hingeben frunden oder kanntluten durch Gott oder durch Ere oder Jm selber vnd sinen erben die behaben. Vnd was er damit tut oder tun will, nu oder hienach in kunfftigen ziten, das alles sol vnd mag gut crafft and macht haben gentzlich vnd in allweg, Es vordert vnd begert ouch Her Vlrich Graue zu Wirttemberg ꝛc. vmer heruber zu Schirmer, des sind Jr Im vor vns mit vrtail als recht ist heruber zu Schirmern gegeben worden. Vnd darumb von des obgenanten vnsers allergnedigsten Herren des Römischen Kaisers gewalte So gebieten wir uch vesticlich das Jr den egenanten Hern Vlrichen Grauen zu Wirtemberg ꝛc. vff die vorgeschriben Sloss, Stett, Dörffer Lut zins stuck vnd gut alle sonnder vnd samend mit allen Jren rechten nutzen gewaltsamin vnd zugehörden schutzend vnd schirmend vnd Jn daby hanthabend vesticlich vnd getruwlich, das er daran habend sige vnd das ouch Jr einen anderen darinne nit je wort haben noch Im das offenandern verziehend, Wan täten Jr des nit vnd käme das von uch zu clag, Man richte darnach zu uch. Vnd herumb ze offem vrkund ist des Hofgerichtz zu Rotwil Jnsigel mit vrtail offenlich gehenckt an disen brief, Geben an Zinstag nechst nach dem Sonnentag, als man in der bailigen Kirchen gesungen hat Quasimodogeniti, Nach Cristi gepurt viertzehenhundert vnd acht vnd funfftzig Jare.

Num. 100.

Gr. Ulrich erlaubt die neu Pfrund S. Antonii in der Pfarrkirche zu Brettheim in die andere Pfründen zu theilen. d. d. 12. Martii. 1456.

Wir Ulrich Graue zu Wirtemberg ꝛc. bekennen vnd tund kunt offenbar mit disem brieff, als zu Prettheim In der Pfarrkirchen der wir ein Castvogt sin

sin (*) ein nuw pfrund in der Ere sant Anthonyen gestifft, die doch mit nutzen nit begabt ist so gnüglich das die einen erbern Priester ertragen mög, dartzu sint auch die nutzungen der andern Caplonyen vnd pfründen in der selben kirchen so clein, das sich die priester daruff nit wol statlich ernern vnd Gott emsiglich gedienen mögen, deßhalb vns die burger vnd armlut zu Pretheim gebetten hand der obgemeldten nuwen Pfrund nutzung an die andern pfrunden wenden zu lassen nach gestalt der Pfründen vnd zimlichen billichen Dingen. Wann wir nu sunder geneigt sin zu fürderung vnd merung des diensts gottes, darum vnd vmb das die ander priester vnd caplon der pfrunden in der obgenanten pfarkirchen zu Pretheim ir erber narung destbaß gehaben vnd dem almechtigen got dest emsiglicher vnd vlissiglicher gedienen mögen, So haben wir vergondt vnd vnsern gunst vnd willen gegeben, das die nutzungen der obgenanten nuwen pfrund sant Anthonyen an die andern pfrunden nach gestalt Jeglicher pfrund vnd glichen billichen dingen verwendt vnd gegeben werden, gonden vnd erlouben ouch das vnd geben vnsern gunst vnd willen dartzu fur vns vnd vnser erben mit disem brieff alles one alle geuerde, vnd des zu vrkund so haben wir vnser Insigel offenlich tun hencken an disen brieff der geben ist zu Stuttgart an fritag vor Jubica anno ꝛc. LVj.

(*) Disen Kirchensatz hat Gr. Eberhard von Würtenberg anno 1310. von Gr. Otten von Zweybrücken um 300. Pf. Hlr. erkaufft.

Num. 101.

Gr. Ulrich zu Wirtemberg macht Wernher Lutzen das Dorff Scharnhausen und das Burgstal halb zu einem Eigenthum. d. d. 16. Julii. 1456.

Wir Ulrich Graue zu Wirtemberg ꝛc. bekennen vnd tun kunt offenbar mit disem brieff als Conrat Ruch vnser Kuchinmeister selig von vns vnd vnser herschafft zu Lehen gehapt hat Scharnhusen das Dorff vnd burgstal halb mit aller zugehörung vßgenomen die vogtey des stabs, das vngelt vnd das gericht, das vnser eigen ist, daselb yetzgemelt Lehen nu Wernher Lutz vnser Vogt zu Stutgarten vnd lieber getruwer von Conrad Ruchen seligen nachkomen erkofft vnd zu Im gebracht hat nach lut siner kouffbrieff Im darumb gegeben, das wir angesehen haben manigualtig getruw Dienst die vns derselb Wernher lutz vnser vogt getan hat vnd füro tun sol vnd mag vnd haben Im vnd allen sinen erben das vorgeschriben Lehen gefröet vnd geeignet vnd freyen vnd eignen ouch Im vnd sinen erben das also fur vns vnd vnser erben mit rechter wissend vnd in crafft dis brieffs vngeuerlich vnd des zu Vrkund So han wir vnser Insigel offenlich getan hencken an disen brieff der geben ist zu Stuttgart an fritag nach Margrethe anno dñi MCCCC_Vj.

Num. 102.

Beylagen.

Num. 102.

Grav Ulrich zu Wurtenberg verleyhet einigen Burgern zu Gmünd
das Bergwerck zu Wart im Nagolder Amt. d. d. Mittwoch nach Ulrici (7. Jul.) 1456.

Wir Ulrich Graue zu Wirtemberg ꝛc. bekennen vnd tun kunt offenbar mit disem brieff, das wir recht vnd redlich verlihen haben Heintzen Deckern, Clausen Ebnern vnd Heinrichen Kitzing Burgern zu Gemünd vnd Jren erben das bergwerck zu Wartt ob der erben vnd vnder der erben vnd sunder nach Bergwerck's recht vnd wir verlihen in das in craft diß briefs was wir in dann daran von rechts wegen vnd billichen verlihen sollen, also das sie darauff vnd darzn Jn slahen vnd ingraben mogen nach Jrem allerbesten vermögen nutz vnd fromen vnd als Bergwerck's recht syt vnd gewonhait ist, Es sy mit schüttung oder burren nichts vßgenomen on alle geuerde darzu wir sie schutzen schuren vnd schirmen sollen nach vnserm besten vermögen vnd darumb so haben vns die obgenante gelobt vnd zu den heiligen gesworn vnser vnd vnser Herschafft schaden zu warnen vnd fromen zu werben one geuerde vnd ouch zu geben von dem vorgenanten Bergwerck vnd gruben das zehendteil, alßdann Bergwerck's recht ist getruwlichen on all widerred vnd geuerde, Es is gold, silber oder gestein oder was metall oder Ertze vß dem vorgenanten Bergwerck vnd Gruben kompt vnd funden wirdet nichts vßgenomen vnd wann sie oder Jr erben vns oder vnsern erben das Bergwerck wider vfgeben wollen, das sollen sie tun mit ainem pfund pfeffers vnd wem wir das furo lihen, der sol vns ain pfund pfeffers zu hantlon geben one all geuerde, vnd des zu vrkunde haben wir vnser eigen Jnsigel offentlich runhencken an disen brieff der geben ist zu Stutgart an mittwoch nach sant Uleichs tag Nach Cristi gepurt als man zalt vierzehenhundert funffzig vnd Sechs Jare.

Num. 103.

Grav Ulrich zu Wurtemberg erlaubt der Stadt Stuttgard ein eigen
Rathhauß zu bauen vnd übergibt derselben das Zoll- vnd Hausgeld nebst
der Waag vnd Waag-Geld. d. d. Vigil. Andrex. 1456.

Wir Ulrich Graue zu Wirtemberg ꝛc. bekennen vnd tun kund, offenbar mit dissem brieff, als vnnser Burger Rich vnd arm vnd gantz gemaind zu Stuttgarten biß her gerechtikait in vnsern Rauthusern daselbs zu Stutgarten gehabt haben das Saltz vnden darJn zu stellen vnd die zoll vnd husgelt davon zu nemen, Solcher gerechtikeit die vorgenanten von Stuttgarten durch vnser begerung ouch vmb druwhundert Gulden, die sie vns zu hilff an dem bw der mullin zu Berg zu geben verheissen hetten vnd die wir Jnen abgelauffen, vnser rauthuser an dem vorgenanten vnd erlaufen hond, allso das sie ein eigen huß darzu buwen vnd bruchen sollen vnd mögen, das sie ouch ytzo zu buwen willen haben, des haben wir vorgenanten Vlrich Graue zu Wirtemberg den vorgenanten vnsern burgern vnd gantzer gemainde zu Stutgarten vnd iren erben vnd nachkomen zugesagt vnd versprochen, gereden vnd versprechen ouch In crafft diß briefs fur vns vnser erben vnd nachkomen, das sie ir erben vnd nachkomen das vorgenant Ir huse so sie ytzo buwen vnd machen werden nusuro zu ewigen zeiten zu dem Saltz vnd ander it nottorfft bruchen vnd die zöll, huß gelt vnd anders was sich gepurt daruon nemen sollen vnd mögen one Irrung vnd intrag vnser vnser erben vnd menglichs von vnser wegen vngeuerlich. Darzu haben wir für vns vnd vnser erben den egenanten von Stutgarten vnd iren erben vnd nachkomen mit gutem willen vnd vß sunder gnaden bewegt lediclich vnd eigentlich ergeben fur vns vnser erben vnd nachkomen die wag vnd das waggelt so wir bißher in vnsern rauthusern zu Stutgarten gehabt vnd genossen haben die furo in dem vorgenanten Irem huse ouch zu nutzen vnd zu niessen ewenglich mit allen anhängen vnd zugehörengen wie die genant sin ouch on Intrag allermenglichs vnd daruff sol ouch das vorgenant huse, so die von Stutgarten ytzo buwen werden mit allem begriff vnd allen zugehörden vnd der Saltzoll, das husgelt vnd die wage als vor stett zu ewigen zitten gantz frye vnd vnberkümert sin vnd beliben fur alle Schatzung Stur, dinst, frondinst vnd alle anden beschwerung wie man die offsetzen oder nemen möcht vnd gar nichtzit daruff setzen erhöhen noch schlahen wenig noch vil, Daby Wir vnser erben vnd nachkomen sie ir erben vnd nachkomen truulich vnd vestenlich beliben lassen sollen vnd wöllen alles one geuerde vnd des zu vrkunde, so haben wir vnser Insigel fur vns vnser erben vnd nachkomen offenlich geton hencken an dissen brieff der geben ist zu Nirtingen an Mentag sant Andreas des heiligen zweifftbotten aubent Nach Cristi gepurt als man zalt virtzehenhundert funffzig vnd Sechs Jar.

Num. 104.

Gr. Ludwig zu Wurtenberg schenkt seinem Knecht Vergenhansen das Schloß Itenbrug unter vorbehaltner Oeffnung ec. d. d. 23. Aprilis 1455.

Wir Ludewig Graue zu Wirttemberg vnd zu Mumppelgart ec. Bekennen vnd tun kunt offembar mit disem brieff, daß wir fur vns vnd den hochgebornen Eberharten graffen zu Wirttemberg vnd zu Mumppelgart ec. vnsern lieben bruder der noch vnder Sinen Jaren vnd zu Sinen tagen nit komen ist, vnd vnser baider erben Vergenhannsen vnserm Knecht vmb getruwen dienst willen, die er vnserm lieben Herren vnd Vatter loblicher vnd Seliger gedechtnus vnd vns etwa lang getan hat vnd furo wol tun sol vnd mage die gnad getan vnd jm sinen erben vnd nachkomen vnser Hus jn vnserm Dorff üttenbruck gelegen mit dem Graben fur recht aigen geben

geben vnd ergeben haben, Geben vnd ergeben Jnen das ouch alſo mit diſem brieffe, Alſo das er ſin erben vnd nachkomen das furohin ewiglich one vnſer, vnſer erben vnd mengliche von vnſerntwegen ſumpnus, Jrrung vnd Jntrag Jnhaben nutzen nieſſen beſetzen entſetzen vnd damit tun vnd lauſſen Sollen vnd mögen als mit anderm irem aigentlichen gut, doch ſo haben wir hier Jnne vßgenomen vnd vorbehalten das das vorgenant Huß zu ewigen ziten vnſer vnſer erben offen hus ſin ſol, das wir vnd die vnſern vns darus vnd dar Jn gegen allermenglich behelffen mögen, doch nit anders, dann vff vnſern Coſten. Der vorgenant Bergenhaus vnd ſin erben Sollent ouch das genant hus gegen niemant verſetzen verkouffen oder ſuſt in dehain wiß Jn kain ander hand verendern, dann mit vnſerm, des genanten vnſers bruders vnd vnſer erben gunſt willen vnd wiſſen alles one geuerde. Dem vorgenanten Bergenhannſen ſinen erben vnd nachkomen, die dann das vorgenant hus Jnnhand, ſol auch holtz ungeuerlich zu brennen vnd zu zünen als andern mayern zu ütenbruck g. geben werden, vnd des zu warem vrkund haben wir vnſer aigen inſigel offenlich gehenckt an diſen brieffe, der geben iſt zu Brach an ſant Georien des heilgen ritters tag anno dñi MCCCCLV

Num. 105.

Grav Ludwig ſchenkt dem Stifft Herrnberg die Kirch vnd den Kirchenſatz zu Gärtringen vnd erläßt ihnen einige Zehenden ꝛc. d. d. 22. Dec. 1456.

Wir Ludewig Graue zu Wirttemberg vnd zu Mumppelgart ꝛc. bekennen vnd tun kunt offenbar mit diſem brieff fur vns vnd den Hochgebornen Eberharten zu Wirttemberg vnd zu Mumppelgart ꝛc. vnſern Lieben Bruder der noch vnder Sinen Jaren vnd zu Sinen tagen nit komen iſt vnd vnſer erben. Wann vns von Gott dem allmechtigen vil Weg uffgetan ſint darburch wir wol zu gnaden komen mögen vnd aber vnder den gar furnemen geachtet wirdet wa man gotzhüſer vnd geiſtlichkeit begaubet. Darumb veran vnd gottes des almechtigen ſiner lieben mutter Marien vnd alles himelſchen heeres auch vnſern altuordern Seliger gedechtnus vnd vnſer ſelben hails willen vnd das der Gotzdienſt geuffet vnd gemertt werd. So haben Wir für vns vnd den vorgenanten vnſern Lieben Bruder Graff Eberharten vnd vnſer baider erten den wirdig vnd erſamen vnſern beſondern dem Bropſt vnd den Cappittelherren vnd allen jren nachkomen vnſer geſtifftes zu Herremberg vnd demſelben vnſerm Stiffte lediglich gegeben vnd ergeben Jnen jetzo in krafft diß Brieffs die kirchen vnd den kirchenſatz zu Gärtringen die vns dann mit jr zugehörd biſher zugeſtanden ſint vnd ouch damit die funftzig malter Dinckels die vns jerlichs von dem zehenden zu Huſen worden ſint vnd die zwolff pfunt halr, die vns die vorgenanten probſt vnd cappittelheren vnd der ſtifft zu Herremberg biſher e ch Jerliche zu ſture gegeben hand vnd zu richten vnd zu geben ſchuldig geweſſen ſint,

alſo

alſc das die vorgenant kirchen vnd kirchenſatze mit Ir zugehörde, Nun furohin ewiz‐
lichen Innhaben nutzen vnd nieſſen die beſetzen vnd lihen, ouch die genanten funftzig
malter Dinckels von dem obgenanten zehenden Zunemen bruchen vnd damit tun
vnd lauſſen Sollen vnd mögen, Als mit andern des ſtiffts güttern, Sonder vns
och die egenanten zwolff pfund halr Sture furohin zu geben nit mer ſchuldig ſin
Sollen, daran vngeſumpt vngeIrt vnd ongehindert von vns vnſern erben vnd
menglichem von vnſernetwegen, denn wir jnen die vorgenanten kirchen vnd kirchen‐
ſatz, ouch die funftzig malter dinckels vff vnd vnzgegeben vnd ſie der egenanten zwolff
pfund Haller Quit ledig vnd lous geſazt haben vnd Sagen ſie ouch der jetzo quit
ledig vnd lous mit Ingeben der egenanten kirchen vnd der funftzig Malter Dinckels
in kraft dis briefs, doch hier Inne vßgedingt, das die obgenanten armenfut zu Gdr‐
tringen von dem Bropſt vnd cappittelheren vnd Ir nachkomen mit ainem prieſter
der ein ſolich kirchſpel zuuerſehen wiſſe vnd wolverſehen möge verſorget, ouch dem‐
ſelben prieſter ain billich gewonlich corpus, das er ſich betragen vnd erneren möge
geben ſollen, als ſie dann Gott dem almechtigen darumb ontwurten wöllen, alles
vngeuerlich, vnd des zu warem vrkund haben wir onſer Inſigel offenlich getan hen‐
cken an diſen brieff der geben iſt zu Urach an Mitwoch vor dem heiligen Criſtag
nach Criſts gepurt als man zalt Tuſend vierhundert funftzig vnd Sechs Jare.

Num. 106.
**Abſagbrief Hornecks von Hornberg, Amtmanns zu Weinſperg, gegen
Grave Ulrichen zu Württemberg. d. d. 18. Aug. 1457.**

Wiſſendt Wolgeborner Herre Grave Ulrich von Württemberg, daz Ich uwer
gnaden vyendt ſin will vnd aller der uwer, Lannde vnd Lutde vnd was üch zu‐
uerſprechen ſteet, ſunder aller der die uch in diſen ſachen Hilffe vnd Rate Byſtann‐
de gethun haben oder thun vnd die In uwern Sloßen vnd futter ſin nyemandt
vßgenomen, on Conradt von Hohenrictt vnd Burckhartt von Waimerßhuſen ꝛc.
myne liebe Swögern, vmb das die uwern mit namen Schaffbanns vnd andere myns
Ampts vyent werden ſin wieder gott, ere vnd recht, ſolchs er gethun hat vßer unſem
Sloſſe vnd Caſten ꝛc. Auch daz ir mir daz myn angewonnen vnd mit gewalt vor‐
haltend vnbewart vnd mir vnrecht thund alls ſich mit Warheit wol erfinden ſoll,
Auch das Ir uwern Pfeyffern vrlaube gegeben hand, das will ich min ere gen uch
vnd gein allen den wie obgeſchrieben ſteet wol bewart han, deßglychen alle min ge‐
brochen Knechte die ich itzund han oder gewin In diſer Vehde. Bedarfft ich mee
bewarung wolt ich auch hiemit gethun haben, Geben vnder mynem Ingeſigele vff
Samſtag vor Sant Bartholomeus tag, anno ꝛc. L ſeptimo.

Hornegk von Hornberg Amperman zu Winſperg.

Uwer gnade wolle den uwern nach Lutde myns Brieffs ſolche myn vyentſchafft
verkunden, dann wurde In ſolchs nit kunt gethun, ſo iſt die ſchulde uwer ꝛc.

Num. 107.

Num. 107.

Urkund, daß Gr. Ulrich von Helffenstain der älter Gr. Ulrichen zu Würtemberg den Eyd, den er wegen der inhabenden Theile an der Herrschafft Wisenstaig zu thun sich erbotten, gütlich nachgelassen. d. d. 15. Sept. 1459.

Wir dise nachgeschriben des Hochgebornen unsers gnedigen Herren Herr Ulrichs Grauen zu Wirtemberg furmunders rc. Räte Mit namen Sigmund Graue zu Hohemberg, Bernhart von Burstetten, Probst zu Denckendorff, Albrecht Tumm von Nünburg, Hermann von Eptingen, Rittere, Hanns Harscher der elter, Anthony von Emerßhofen Swartzfritz von Sachssenheim, der elter Vogt zu Nuwemburg, Wolff von tachenhusen Hushofmeister, Albrecht truchfis von Buchishusen, Heinrich Spet von Tummow und Wolff Schilling Bekennen und tun kunt offembar mit disem brieff, Als vormals ein Urteil zwüschent dem vorgenanten unserm gnedigen Herren von Wirtemberg vnd dem Wolgebornen unserm lieben Oheim vnd Herren Graue Ulrichen Grauen zu Helffenstein dem eltern ergangen vnd erkent ist, das vnser gnediger Herr von Wirtemberg etlich Recht vnd eyde tun solle nach lut der urteil der datum wiset uff donrstag nach dem heiligen pfingstag nechstuergangen, darumb vnser gnediger Herre einen tag her gen Stutgart gesetzt vnd vns darzu bescheiden hat, also sin wir uff hut zu recht gesessen vnd stund Dar der vorgenant vnser gnediger Herr von Wirtemberg vnd nam zu fursprechen den wirdigen vnd hochgelehrten meister Johannsen Landemburg Doctor vnd Kirchherr rc. der redt bedingt als recht ist, Sin gnad vnd vnser Oheim vnd Herr Graue Ulrich von Helffenstein obgenant weren vmb etlich ir Spenn Jn recht gestanden, darumb ein urteil ergangen were, die er begert zu hören vnd als das geschach, Redt er, wir verstunden wol, wie sinen gnaden einen eyde zu tun erkent were, also stund sin gnad gegenwertig vnd wolt vnd mocht sölichem rechten nach lut der urteil nachkomen wie sich gepurt vnd begert Jm des vnderscheid zu geben wie er dem solt nachkomen, darwider stund dar vnser Oheim vnd Herr Graue Ulrich von Helffenstein der elter vnd nam zu fursprechen den Ersamen Meister Melchiorn von Tischingen Licenciat rc. der bedingt sich ouch als recht ist vnd redt, wie sich vnser gnediger Herre sin recht zu tun nach lut der urteil erbotten hett, hetten wir wolgehört, vnd diewil er allewegen flis gehapt hett vnd noch haben wolt vnserm gnedigen Herren wolgeuallen zu bewisen, So wolt er sin gnad sölichs eybs zu sweeren oder zu tun vertragen vnd darff begert vnser gnediger Herr von Wirtemberg Jm diser ding rechtlich urkunde zu geben, das wir zu geschrieben billich erkanten vnd haben darumb vnd des zu urkunde Sinen gnaden disen brieff gegeben versigelt mit vnser Bernharts von Burstetten probst zu Denckendorff Albrecht Tummen Ritter vnd albrecht Truchsessen Jnsigeln der wir andern vns dißmal mit in gebruchen, Geben zu Stutgart

(Y) an

an Samstag nach des heiligen Crutztag Exaltacionis Nach Cristi gepurt als man zalt Viertzehenhundert fünfftzig vnd Nun Jare.

Num. 108.

Anlaß zwischen Ertzbischoff Dietrichen von Mayntz, Hertzog Ludwigen dem schwartzen von Bayern und Graven zu Veldentz und Graven Ulrichen zu Wirtenberg gegen Pfaltzgr. Fridrichen Churfürsten wegen ihrer mitteinander gehabten Strittigkeiten auf den Bischoff zu Eystett und Ertzhertzog Albrechten von Oesterreich.
d. d. 12. Julii 1459.

Von Gottes gnaden Wir Stephan von Nardinis des heiligen Stuls zu Rom Prothonotarius vnd Referendarius, Heinrich Senfftleben Thumbdechant zu Breßlaw vnd ander vnsers heiligen Vater des Bapsts Sendtboten, Sigmund Hertzog zu Oesterreich ec. vnd Johanns Pfaltzgraue by Rine vnd Hertzog in Baiern bekennen offenlich mit disem brief, als etlich Irrung Spenne vnd Zwitrecht zwischen den Hochwirdigen vnd Hochgeborn Fursten vnsern lieben Herrn freund Oheim vnd Vetter Herren Dietherren erwelten des Stiffts zu Meintze vnd Hern fridrichen des heiligen Romischen Reichs ErtzTruchsessen vnd kurfursten Pfaltzgraue bey Reyn vnd Hertzogen in Bayern vnd aber zwischen demselben Hertzog fridrichen Pfaltzgrauen ec. vnd dem Hochgebornen fürsten vnserm lieben Herrn Oheim vnd Vetter Hern Ludwigen Pfaltzgrafen bey Reyn Hertzogen in Bairn vnd Grafen zu Veldentz vnd dem Wolgebornnen vnserm lieben freundt vnd oheim Ulrichen Grafen zu Wirtemberg auferstanden sind, das wir die auf den Erwirdigen In Gott Vatter vnd den Hochgeborn fursten Herrn Johannsen Bischoffen zu Eystett vnd Hern Albrechten Hertzogen zu Oesterreich ec. beteydingt haben, Also wie dieselben Partheien durch sie In iren Irrungen Spennen vnd zwitrecht gutlich oder rechtlich entschaiden werden, das Sie dabey gentzlich beleiben vnd dem nachkomen sollen getreulich vnd ongeuerlich, darauf haben wir Johanns Bischoffe vnd Albrecht Ertzhertzog ec. vns der sachen angenomen vnd mitsambt dem Hochgebornen fursten vnserm lieben Herren vnd Swager Hern Ludwigen Pfaltzgrauen bey Rein, Hertzogen in Nydern vnd Obern Bairn des benanten vnsers Herrn vnd Swagers Hertzog fridrich Pfaltzgrauen ec. Hierinn gemechtigt vnd wir sollen vnd wollen den vorgenanten Partheien einen tag setzen, denen wir Inen auch hiemit auf des heiligen Creutztag Exaltacionis nagstkünfftig her gen Nurnberg benennen vnd bestymen vnd wir sollen sie der gemelten Irer Spenn vnd Irrung mit vnserm gutlichen oder Rechtlichen Spruch entschaiden vnd alsdann des vnsern Spruchbrief den partheien vbergeben vnd dabey sol es auch beleiben vnd Sy sollen sich des gen einander halten vnd dem nachkomen vnd genug tun getreulich vnd an alles geuerde. Vnd es sollen darauff alle Vnwille vnd vngunst, wie sich die zwischen den obgenanten partheien

Beylagen. 171

thelen begeben vnd gemacht haben genhlich ab vnd hingelegt sein vnd was gefangen von denselben partheien were gefangen worden, dieselben gefangen Sollen auf eine slechte gewonlich alte vrseth vngeuerlich onentgeltnus ledig gezelt werden auch ge= treulich vnd an geuerde. Des zu Vrkunt haben wir obgemelt vndertaydinger vn= sere Jnsigell an disen Brief hengen lassen. Vnd wir obgenant Spruchlewt Jo= hanns Bischone vnd Albrecht ErzHertzog zu Oesterreich ꝛc. Auch wir Ludwig Her= tzog zu Nydern vnd Obern Bairn Bekennen das wir vns des vorgemelten Her= tzogs fridrichen Pfaltzgrauen gemechtigt vnd dafur gut sein wollen, was die oben an disem Brieff geschriben stet vnd haben des zu Vrkundt vnser Jnsigell zu der offtgenanten Vndertaydung Jnsiaell an disen brieff auch hengen lassen der geben ist zu Nuremberg an Mentag nach Sannd Koliantag nach Cristi geburd da man zalt Tausend vierhundert vnd darnach Jn dem Newn vnd funfzigsten Jare.

Num. 109.
Richtung und Gutlicher Vertrag zwischen Pfalzgrav Fridrichen und Gr. Ulrichen zu Würtemberg wegen der 3000. fl. Zinnß auf den Zöllen zu Mantzem und Oppenheim ꝛc. d. d. 14. Sept. 1459.

Von Gottes gnaden Wir Jehanns Bischoff zu Costett vnd Albrecht ErtzHertzog zu Osterrich zu Stor zu Kernden vnd zu Krain, Graue zu Tyrol ꝛc. Beken= nen offenlich mit disem brieff von solicher Spenn zwitracht vnd Jrrung wegen so zwuschen dem Hochgebornnen Fursten Hern Fridrichen des heiligen Richs Ertz= druchsessen vnd Kurfursten, pfaltzgrauen by Rin Hertzogen Jn Beyern vnd dem Welgebornnen Vlrichen Grauen zu Wirtemberg vnserm lieben Hern Frund Swa= ger vnd Oheim Sich erhebt vnd gemacht haben, derselben die petzgenanten parthy by vns Jn der gutlicheit bliben sind, wie wir sie darumb entscheiden, das sie gentz= lich daby beliben vnd stet halten sollen vnd wollen getrewlich vnd on geuerde, also haben wir durch seid einikeit vnd guten willen, zwuschen denselben parthyen zu behal= ten sie vmb etlich Jr Spenne zwitracht vnd Jrrung entscheiden, Sprechen auch Jn der gutlicheit zwuschen Jnen das die Teding zwuschen Hertzog Fridrichen Pfaltz= grauen egenanten vnd Grauen Vlrichen von Wirtemberg von der dryer Tusent guldin wegen Jerlicher zinß, die der welgebornnen frowen Margeethen Grewyn zu Wirtemberg desselben Graue Vlrichs gemahel vmb Jr Hyratgut vnd Morgenga= be off den zöllen Oppenheim vnd Monheim zu der Pfalz gehörend verschriben wa= ren geschehen sind absin vnd die brieff darumb vßgangen zu der benanten frowen von Wirtemberg hannden, Nichtzwuschen vnd sant Micheletag schierst sollen wider= geantwurt werden vnd dieselben dru Tusent guldin Jerlicher Zinß sollen Jr nu hinfuro mit der vssender gulte volgen vnd Jn Jren zitten nach Jnnhalt der Ver= schrie

schribung die sie vor darumb hat, bezalt werden vnd dieselb Verschribung by kref=
ten bliben, Ob aber die abgetan wer, Sol sie darumb, das sie der habhafftig sy
gnugsamlich mit nuwer Verschribung versorgt werden, vnd es sollen die obgemelten
parthy vmb solich Ir Irrung vnd Sperru, wie die hievor gemeldet sind, gentzlich
gericht vnd geslicht sin, darumb dehein vorderung noch zuspruch zu einander nit mer
haben, noch die enndern oder essern In dehein wise alles getruwlich vnd one geuer=
de, vnd des zu vrkund haben wir vnsere Insigel an disen Brieff tun hengen, der
geben ist zu Nurnberg an des heiligen Crutztag Exaltacionis nach Cristi gepurt do
man zalt Tusent vierhundert vnd darnach In dem Newn vnd funfftzigsten Jare.

Num. 110.

**Schreiben Ertzbischoff Diethers von Maintz, Hertzog Ludwigen von
Veldentz, Marggr. Albrechten von Brandenburg vnd Gr. Ulrichen zu Würtem=
berg an Hertzog Ludwigen zu Bayern um Vollstreckung des Nürnberger
Entscheids. d. d. 26. Octobr. 1459.**

Vnsern fruntlichen dienst zuvor. Hochgeborner Fürst Lieber besunder freund, Vet=
ter, Oheim vnd Swager. Nachdem ein bericht vnd teyding zu Nurnberg
geschehen, die dann zu Vollziehung gegen vnd von allen teylen mit hantgebenden tre=
wen gelobt, versprochen, auch verschriben vnd versigelt ist, vnter anderm Innhal=
tende, das die Statt Werde durch ewer Lieb In allermasse als Ir die eingenomen
habt zu des Erwirdigen vnnsern besundern frunds des Bischofs zu Eystetten han=
den frey vnd lediglich ein vnd vbergeantwurt soll werden, der die furtter vnnserm
allergnedigsten Herren dem Romischen Keyser zu Heinrichen des heiligen Romi=
schen Reichs Erbmarschalck Ritters Hannden oder wem sein Kyserlich gnade das
beuelhen wurd vberantworten soll rc. Als aber dieselb Stat Werde durch den ge=
nanten vnsern frund von Eystett dem jetzgemelten Heinrichen Marschalck vber vnd
eingegeben ist, Sein Ire Freiheit Quittancien vnd ander briue verhalten vnd nicht
vbergeben werden. Als auch des andern stuck halben die von Dinckelspuhel be=
rürende beredt vnd betaidingt worden ist, ob ewer lieb vmb sollich mit vnserm al=
lergnedigsten Herrn dem Romischen Keyser nicht eynig wäre, das Ir dann vff des
heiligen Creutztag Exaltacionis nechstvergangen sulich Verschreibung vnd briue
vberantwurten solltent, daruber furo notturfftige Verschreibung geschehen sind mit
verwilligung der taidingsleut, das alsdann dieselben briue den von Dinckelspuhel
oder Jrer botschafft vbergegeben werden sullen, das auch noch bißher nit vollzogen
ist, So sin Spruchbriue vorhannden der Wir ewer Liebe hiemit Abschrifft zusen=
den Inhaltende, was vns Diethern Erwelten zu Ertzbischof zu Mentz vnd vns Her=
tzog Ludwigen rc. Grauen zu Veldentz vnd den vnsern, Auch vnnser Graf Vlrichs

von

von Wirtemberg ꝛc. Gemahelm zuſteen, gedeyhn vnd widerfarn ſol, des vns noch
kein Vollcziehung iſt geſcheen, vnd nachdem ewer Liebe das, das vnnſerm Allergnedigſten Herren den Römiſchen Keyſer vnd des heiligen Reichs Stette berüret für
euch ſelbſt vnd was vnſern freund, Vettern, Oheym vnd Swager den Pfaltzgrauen
antriffet ſur In als der, der ſich ſein angenomen hat vnd dafur gut iſt mit hantgebenden trewn wie vorgeſchribn ſtet gelobt vnd verſprochen, Euch auch des, das den
Pfaltzgrauen beruret In einem ſundern brieue verſchriben habt, gutlich ermanend
vnd bittende dar ob zu ſein damit die vorbenanten ſtuck nochmals vnuertzogenlich
vollenthan auſgerichtet vnd den nachgegangen werde, das wollen wir zuſampt der
Pillicheit vmb ewr Liebe verdienen vnd begeren des ewr furderlich vffrecht vnd auf-
richtig antwurt vnd Vollcziehung der ſach. Geben zu Höchſt vntter vnuſer aller
Inſigeln verſigelt am freitag vor Simonis et Jude Anno ꝛc. LVIIIJ.

Num. III.

Erinnerungs-Schreiben Erzbiſchoff Dieterichs zu Mainz, Herzog
Ludwigen zu Velkenz, Marggrav Albrechten von Brandenburg und Grav Ul-
richen zu Würtenberg an Herzog Ludwigen zu Bayern um Vollſtreckung des
Nürnberger Entſcheids. d. d. Mithwoch vor Nicolai. 1459.

Vnſern fruntlichen Dienſt zuvor, Hochgeborner fürſt, beſunder lieber Fründ, Vetter, Oheim vnd Swager, Wir haben uwer lieb nechſtmals in einem vnſerm
brieff des datum heldet vff Fritag vor Symonis et Jude nechſtverſchinen geſchriben vnd etlicher ſtuck halb, die vns nach Inhalt der Richtigung zu Nürnberg geſcheen noch nit volzogen ſind, erJnnerung getan vnd uch mit gütiger ermanung vnd
bett erſucht darob zu ſind, damit ſolich vnfolgegen ſtuck voltrn vfgericht vnd dem
nachgegangen werde, wie dann ſelichs dieſelb vnſer ſchrifft an uch geſcheen mit vol-
ligerm Inhalt begrifſet, Zwiuelt vns nicht, uwer Lieb hab das alles wolvernomen,
Wir ſin euch bißher In guter Meynung geſtanden In ſollichen ſolte die billigkeit
angeſehen ſin, damit das alſo durch uwer Liebe verfüget worden were, bes aber
nicht geſcheen, noch euch vns vff das gemelt vnſer ſchriben von uch einich antwure
wer den iſt, das vns nicht vnbillich befreundet, doch wie dem allem, ſo ſteet abermal
vnſer gutlich ermanung an dieſelben uwer Liebe zu betrachten vnd anzuſehen die
Pflicht vnd was Ir in der obgedachten Richtigung für uch ſelbs vnd ech für das,
das dem hochgebornen furſten vnſerm freund Vettern Oheim vnd Swager den
Pfaltzgrafen berüret vnd antrifft, ſur ſin Liebe, Als der der ſich ſin angenommen
hat vnd dauor gut iſt mit hantgebender truw an eidsſtat gelobt, verſprochen vnd
verſchriben habt vnd baran ſin oder ſelbs tun, damit nochmals ſelichs alles vnuertzogenlich poſtun vff das vns nit not ſin werde uch deßhalb wyter zu beclagen das
wir

wir dann wa das nit furkomen würd mit verfolgung der Richtigung vnser Notturfft halb nicht vermiden möchten, wiewol wir es nit gern tun vnd fast lieber vertragen sin wolten Jn getruwen Jr werdent des darzu nit komen lassen, das wollen wir zusampt der billicheit gern früntlich vmb ûwer Lieb verdienen vnd vns vnverfurderlich vfrecht vnd vfrichtig Antwurt vnd volziehung der sach geben. Geben zu Mergentheim under vnser aller Jnsigel versigelt vff Mitwoch vor sant Niclas des heiligen Bischoffs tag Anno dñi ꝛc. LIX°.

Num. 112.

Anderwertiges Schreiben obgedachter vier Fürsten an die Ritterschafft, Städte und Landschafft Herzog Ludwigs von Bayern wegen obiger Sache. de eod. dato.

Von Gots Gnaden Diether ꝛc. Ludwig ꝛc. Albrecht ꝛc. vnd Ulrich ꝛc.

Vnsern gunstlichen Grus zuuor, Ersamen liebe besundern. Uns zwiuelt nicht Jr habent wol gehört vnd verstanden wie ein Richtigünt zwuschen den hochgebornen Fursten vnsern besundern Frunden Vettern oheim vnd Swager, Hern Fridrichen Pfaltzgrafen by Rine vnd Hertzogen in beyern ꝛc. vnd Hern Ludwigen ouch Pfaltzgrafen by Rine vnd Hertzog in Nidern vnd Obern beyern an einem vnd vnser anderseits sachen halp vnsern allergnedigsten Hern, den Römischen Keiser ꝛc. darJn wir Marggrafe Albrecht von siner Keiserlichen Gnaden wegen gewandt sind vnd vns andere von vnser selbs sachen wegen jnsunderheit beruerende am nechsten zu Nuremberg gemacht vnd beslossen ist. Jn solicher Richtigung sich dann der vorgenant vnser frund, Vetter Oheim vnd Swager Hertzog Ludwig vnsers frunds, Vetters, Oheims vnd Swagers Hertzog Fridrichs ꝛc. gemechtiget vnd fur sin Lieb gut worden ist, Auch fur sich selbs vnd denselben Hertzog Fridrichen mit hantgebenden truwen an eids stat gelobt versprochen, Sich auch des das den Jetzgenanten Hertzog Fridrichen beruret Sunderlich verschriben hat. Vnd nachdem in viel stucken derselben Richtigung kein volziehung gescheen ist, haben wir dem obgedachten vnserm frund Vettern Oheim vnd Swager Hertzog Ludwigen vor etlichen tagen geschriben vnd Jn der vnvollzogen stuck erinnert, Auch daby sin Liebe mit gutiger erinamung vnd bett ersucht darob zu sind, damit den nachmals Volziehung gescheen vnd nachgegangen werde, wie dann das dieselb vnser schrifft volliglicher begriffet, der schicken wir uch ein abschrifft herJn verslossen Aber vns hat das noch bisher by derselben ínerLiebe nicht mögen furtragen, So ist vns ouch daruff von Jm kein Antwurt worden, doch haben wir Jm Jetzund aber deßhalben tun schriben, als Jr in der jnligenden Coppyen vernemen werdent vnd schicken uch daby ouch abschrifft der Spruchbrieffe, die off die richtigung gescheen sind

sind und wie sich unser fründe vetter Oheim und Swager Hertzog Ludwig für Hertzog Fridrichen obgenant mit verschriben hat, an uch alle und Jede besunder mit gantzem ernst und vlis gutlich begerend und bittend den obgenanten unsern frunde, Vettern, Oheim und swager Hertzog Ludwigen mit billicher anhaltung und furkomens willen grosser nachrede und unrat zu underwisen, das er für sich selbs und och unsers vorgenanten frundes Vettern Oheims und Swagers Hertzog Fridrichs halben, des er sich dann gemechtigt sur In zur worden ist und das alles mit handg benden truwen an eydes statt gelobt versprochen und verschriben hat, daran seyn, damit die unvollzogen stuck alle der er sinen und och Hertzog Fridrichs halb In unserm schriben erinnert ist unuertzogenlich durch In und Hertzog Fridrichen oder In selbs als den der dafür gut ist und das wie vor stet gelobt hat, vollentan ussgerichtet und dem nachgegangen werd, als uns nit zwiuelt Ir fur billich und gebürlich schätzen, auch solichen guten Wils In dem by siner Liebe ankeren, damit uns ferrer klag nit not tue, das wollen wir umb uch alle und yeden nach sinem stat gunstlich beschulden und in allem gut gern und gnediglich erkennen begerent hieruff uwer verschriben Antwurt. Datum xc.

Num. 113.
Abrede zwischen Maynz, Veldenz, Brandenburg und Wirtemberg,
wie sie den Krieg wider Chur-Pfalz anfangen und fortsetzen wollen.
d. 1. Julii. 1459.

Item uff Mitwoch sant Ciriacustag (den 8. Aug.) Im Veld zu sinde und uff Fritag dauer die vndebrieff zu oberantwurten gen Heidelberg und uff Mitwochen vor demselben fritag die Iren zu Aschaffenburg mit den vndebrieffen haben.

Item Mentz sol haben achthundert Pferd zu Offenheim uff Sonntag nach Kiliani schierst mit Wägen und anderm geschickt, das in ein Veld gehört, daselbst sie unser Herr der Marggraue In sinen costen annemen und des morgends von dannen ferrer füren und gebruchen sol nach siner nodurfft.

Item besglichen sol Hertzog Ludwig von Veldentz vierhundert pferit an dasselb ende uff den genanten Sonntag also gerüst schicken, die in obgeschribner massen angenomen und gebrucht werden sollen.

Item Wirtemberg achthundert pferit zu suchtwangen uff den fritag nach sant Kilianstag zu haben, die sollen daselbs angenomen und gehalten werden In allermassen als Mentz und Veldentz.

Item es sol ir keiner sin schicken uff den andern vertziehen.

Item

Item ob der Pfalzgraue Herzog Ludwigen von Obern vnd Nidern Beyern wolt zuziehen vff den Marggrauen, So sollen Mentz, Veldentz vnd Wirtemberg mit gantzer macht dem Marggrauen zu Hilff zuziehen vnd getruw hilff vnd bystand tun, deßglich ob Hertzog Ludwig der dryer einen vberziehen vnd dem Pfaltzgrauen zu Hilff komen wurde, Solt der Marggraue mit gantzer macht Jn zuziehen vnd in also getruw hilff vnd bistand tun.

Item geschee es, das byanen zu der erstreckung Mentz, Veldentz oder Wirtemberg von dem Pfaltzgrauen Jn dem als der Marggraue gen Hertzog Ludwigen zu veld lyt, vbertzogen wurde, So sollen die andern zwen die vnder in nit vbertzogen weren, dem vbertzogen zu hilff mit gantzer macht zuziehen vnd getruwen bystand tun.

Item so die fursten vnd herren gen dem pfaltzgrauen vff Ciriaci schierst in das veld ziehen werden, Sol Jn der Marggraue Jre Ruter, die sie Jm zugelegt hetten one verziehen wider schicken vnd sie verlegen biß an die end da er sir angenomen hett.

Actum Mergentheim am Sonntag nach petri et paulli apostolorum Anno domini MCCCC Quinquagesimo nono.

Num. 114.

Auszug Schreibens von Meyntz, Veldentz, Brandenburg vnd Wirtemberg an Pfaltzgr. Fridrichen um Vollziehung des Nürnberger Entscheids. d. d. 24. Febr. 1459.

Müllers Reichstags-Theatr. 3te Vorstell. c. 27. p. 763.

Hochgeborner Fürst, Herr Friderich Pfaltzgraue by Rine ꝛc. Als Jr dem Hochgebornen fursten Hern Ludwigen Pfaltzgrauen by Rin, Hertzogen in Bayern vnd Grauen zu Veldentz vnserm lieben Nefen Swoher vnd Swager vnd vns von Gottes Gnaden Diethern Erwelten vnd bestetigten des Stifft zu Mentze, Kurfursten, Albrechten Marggrauen zu Brandenburg vnd Burggrauen zu Nurmberg vnd mir Ulrichen Grauen zu Wirtemberg Jn einem vwern brief des datum stett vff mittwochen Nach dem heiligen Jarstag nechst vergangen geschriben habt, haben wir vns tun lesen vnd vermerckt ꝛc. ꝛc. ꝛc. ꝛc. Als Jr dann schribent Jch Graue Ulrich von Wirtemberg vnd min liebGemahel sin mit uch gericht vnd vmb etliche Gebrechen veranlasset fur minen Herrn vnd frunde den tutschen meistere dem ich nit nachkomen sol sin vnd min Gemahel vnd ich haben vns gegen uch vnd Hertzog Philippsen vertzigen vnd begeben dru Tusent minder achtzehen gulden gelts vnd meinen bas es billichen daby belib ꝛc. Nu nie vnd durch was gestalt das darzu komen ist, bedarffe dißmals nit erclerunge dan das ist meniglichem offen vnd vnuerborgen. Es mag auch

auch Warliche von mir nit gesagt werden, das ich ichtzit darunter gehandelt oder gethun habe dann billichs vnd als mir wol gezimpt, dann nachdem Ich vnd die minen von hornegken vnd andern vsser uwer vnd der Pfalz Sloßen vnd der Inne manigualtiglichen gerobet vnd beschedigt wurden mit brand totslag sahen namen vnd In andere wege als daz noch in teglicher vbung ist, Ouch als Ir uch fur Heilsprunne als ich das furnemen gegen Wildern zu strauff der Robery vnd beschedigung mir vnd den minen darjn vnd daruß zugefügt. hett gethan gegen mir schickten, In solcher gestalt, daz wol zuuersten was, ob Ir das mochtendt gewandt han, das Ir des gutwillig gewesen weren So was der vnd ander sachen halb nin notturfft mich des vffzuhalten, als Ich mich dann darzu etlichermaßen geschickt hette, Indem ich von dem Hochgebornen fursten minen lieben Herrn vnd Oheim Herrn Albrechten Ertzhertzogen vnd Herrn Sigmunden Hertzogen zu Osterrvche vnd zu Styr, Herrn Johannsen Pfaltzgraffen by Rine vnd Hertzogen in Bayern vnd andern Erstlich ersuchet vnd gebetten ward mit den fursten vnd Herrn vnser Parthy euch zutagen gen Nurnberg zu schicken, des Ich Inen zu Eren vnd gefallen tätt vnd als uff demselben tag von den obgenanten vnd andern fursten vnd Herrn als vndertenigen mangerley gesucht vnd getedingt wurde, wurd den minen furgehalten, das ich Inen die Richtigung ouch wolt willigen, So solten Ir miner lieben Gemahel geben vnd erfolgen laßen die obgemelten dru Tusent gulden mit erganger ußstender gült, vnd wiewol die minen dauon gantze kein Vorderung täten, als In das nit von mir empfolhen was, So wart doch das solicher maß an sie gebracht, das sie an Rate funden das vffzunemen damit nit hinderung oder Irrung geschehe In der richtung die daselbs zu nutze Cristenlichem glouben vnd gemeiner Land getroffen ward, So ist ouch an mir nit erwunden dem vstrag vor dem tutschen meister nachzugeen, Sunder an uch, dann ich hette das allwegen gern ende gehabt, als das wol min notburfft wäre gewesen. Vnd als Ir dann schribt, uch hab wunder, das wir gethören schriben In der menschen gemüthe zu bringen, das wir der dinge mit uch sollen gericht sin vnd das solichs ein richtung sy, die uch binde 2c. Nachdem Ir uch noch bißhere richtung zu vollentziehen nit gepflegen habent Ist nit vngloublich, das Ir uch des wie vorstett verwundert habt, aber wäre uch mit friden der Landen sanfft vnd der Lande vffrure zu meyden vermeint, als Ir furgebent vnd würde ouch von uch betracht In was guter meynung die tedingßlut einsteils von Bäpstlicher gewalt vnd beuelhe darzu geschickt vnd einsteils von uwern nechsten vnd höchster Hoffnung hillfliches bystants gesippten frunden solliche Richtung vnd entscheid zu befridung der Lande vnd entladung mercklichs Lastes, der die zit gegen uch vnd den uwern als funtlich ist mechtiglich angestalt vnd fur augen was furgenommen vnd die vnder Iren Insigeln mit hantgebenden truwen vnd eidespflicht fur uch verschriben haben, vnd das sie solichs doch in keinen weg, als wol mercklich ist, getan hetten,

(B)

ten, Sie weren dann in solichem Wissen vnd glouben gegen uch gewest, das dem von uch on alle Jntrege vnd vffzuge vfsichelich nachkomen vnd durch einen jeden vernunfftigen vnpartheyischen Menschen fur ein bestendig erber richtung zu achten vnd zuhalten gesetzt solt worden sin, So were uch vil mögelicher zuberwundern thörren gedencken zu vnderston uch derselben richtung vnd entscheid vnbündig zu machen vnd die zu krafftelofikeit vnd anders dann bestendig in der lute verstentnuß zubringen, darzu ouch ettwas mere dann zuuil von uch zubefremden ist, die redingslute soliché Jrs getruwen willens vnd furnemens Jn gutem glouben fur uch beschehen zu vnderston so fursetzlich bedacht muß zuuerschimpfiren, niachtloß zu setzen vnd mit solicher müntz zubelonen. Jr enhabt ouch Jn urer schrifft kein schreiben gehabt zu setzen, wie wir vns keins bestants einicher richtung versehen, Sunder vns an dem bracht, da wir es mit verrer zu Nurmberg tretten zu bringen Jn wolgevallen genügen lassen haben sollen, das mussen wir zu uwerm ergetzel vffzulegen gönnen, Wir haben vns aber nie an nichts benügen lassen, Sunder an einer nutzlichen erlichen richtigung, die Ere vnd nutz uff ir tregt vnd allen parthyen vff unser syten darinne verwannt erlich vnd nutzlich gewesen vnd noch ist, vns ouch nit allein mit brachte, Sunder eins Erwirdigen vnd hochgebornen mechtigen fursten gelub mit hantgeben den truwen an eides stat vnd mit briefen vnder Jren Jnsigeln daruber vffgangen das zuhalten versorgen lassen vnd möcht vns das gehalten werden als wir vns des zugeschehen billich versehen haben vnd noch versehen, das lutet baß dann uwer schmehe wort die mer zu uffrure der Lande reitzen dann die dinge bozulegen mit einer volkomen vergnügunge derselben richsunge, vß dem wol abzunemen stett, wo wir geneigt gewesen wern zu uffrure vnd Verderbnus der lande, als Jr wol werent, so Jr des Volge on Widerstant erlangen möchtent hett sich wei anders ersunden als das dann ouch vnser schicklicheit zu der zeit von vns gesehen als Lanndkundig vnd vffembar ist das vast anders zu erkennen geben vnd ist nit sunder euch von menigli chem wol zuuermercken, hetten wir zu der zit einichen zwiuel an vollenziehung der richtung gehabt, wir wolten vns vnsers furnemens zu der zyt gegen uch wol zu notdurfft in ander wege gebrucht haben, So aber vnser gut meinung in den dingen von uch anders uffgelegt vnd Jn brachtsmise spotlich dargeben wirdet, mussen wir das mit dem zitlauff gewerden lassen. Jr meldent ouch in uwern schrifften, wo vns disputieren hett furgetragen mögen ettwas mer dann in der richtung begriffen ist zu erlangen, wir hetten dis nit verspart, schriben wir noch als vor, das disputierens in derselben richtigung nit not sey, Angesehen allen was nit mere begeren, dann das man vns das halte das dan luter vnd mit hauntgebenden truwen an eydesstatt gelobt verschriben vnd versigelt ist vnd keiner Disputation bedarff. Wer aber begeret wider das zuthun vnd nicht zu halten, das mit hantgeben truwen gelobt verschriben vnd versigelt ist, der suchet zu disputieren vnd dispensieren. Welchem tail das

ist

Beylagen.

ist zuzumessen wurdet sich in den vergangen vnd nachvolgenden hendeln wol finden, deßhalben Ir uwer smehe wort billich versparet hettend. Vnd als Ir schribt vnder anderm, wie Ir uwer Rete in keiner andern meinung gen Nurmberg geschickt habt dann ob iemants den Ir das gebetten hettet, dohin komen weren den zu widerbieten, were nicht not gewesen einen Geistlichen fursten, einen Grauen vnd uwern Canhler darumb dahin zu schicken, wann solich hett wol ein bott mit einem brieff oder ein geringer bottschafft geendet. Vnd als Ir gar nahe by dem ende uwers langen vnbestenliches schribens vns fur ein vnbillicheit anziehent das wir geschriben haben uch in Hertzog Philipps Landen kein hilff wider vns zuthunde, uff solichs das wir nicht gedrungen werden zu nottwere desselben hertzog Philipps Ires rechten Hern lande lute vnd sie zubeschedigen, das wir doch billich getan haben, Nachdem Hertzog Philipps vnser frund vnd nicht mundig ist, Solt das vnbillicheit vff Jns tragen, so hetten Ir billich vermitten den vnsern zuschriben das kein klein nechlich vff Jm hatt vns hilff zuthunde. Vnd als Jr uch mit wol verleugten rechtbotten vermeint zuhelffen vnd uch dadurch glimpff zu schöpffen ꝛc. vff der Pane sind Jr vor mer gewest, uch so vnd wann Ir die sache bis an die vffrure der Lande vermutwillet, alsdann viel zuerbieten vnd wann die sachen daruff gefasset, Jn richtung bracht vnd entscheiden sind nicht destminder vff uwern betrangen zuuerleiben, das durch uwern widerteiln clagens vnd forderung alsdan also wol vnd ouch mere not gewest ist, dan vor. Das solichs nu deßgleichen ouch Jn disen sachen uwers fursatz sye ergibt sich in uwerm hantieren so schinbarlichen das es des keins vnderwysens bedarff, wann nachdem Jr uch Jn recht erbiettet vnd doch teglich in vbunge stot vns vnd die vnsern zubeschedigen ouch solche scharpff vnrechtlich vnwesentlichkeit mit verdachten mute vff vns ettlichen vnd die vnsern Jn den dingen das wir bes von uch vnbesorgt gewest sind zu halten vnd die uwern zuschicken, die vnsern niderzuwerffen, ouch meremaln vnsern binden, so sie vff vnserm vnd der vnsern schaden gewest sind, hindergehalten haben, die vnd ander uwer hendele zuschriben verdrieß geberen vnd vor Jn disen Landen von keinem fursten, ouch vnder dem Abel vast seltsam, vnd nachdem sie werre vom rechten scherolich zuhören sind, So ist darus wol zu briefen vnd mercklich abzunemen, das Wort vnd Werck von uch mit der tat geübet vnd vßgeschriben nicht glich Sunder allein verflucht sind, ouch dadurch zu entschütten des das Jr entsehet uch zu Widerstant fur ougen sin vnd ist nit Sunder hettent Jr so groß Neigunge zum rechten Jnmassen Jr Ju uwern schrifften furgebt, Jr liessent uch nit Jn solichen vngimblichen wercken tatlich erkennen, Sunder werent gehorig der versigelten vnd gelobten richtung vnd entschleiß obgenant zu vollenziehen vnd den so vil an uch were nachzukomen, hettent Jr dann icht an vns zu fordern, So wir darumb ersucht werden, wolten wir uch gloych billichs vßtrags nicht weigern vnd vngern rechtens vorfin, aber uch uwern willen mit vnserm vn-

(Z) 2   tre-

treglichem schaden zu settigen vnd vns mit vwern wytlöufftigen gebetten vnd solichen vwern schrifften vnd vßzügen von vnd offter dem das Ir vns Innhabt des offtgemelten entscheids zu thun sot zufuren lassen, sen wir nit pflichtig noch zu tun In willen, Sunder gezimpt vns das vnd ist billicher vns selbs daby nach vnserm vermögen zu hanthaben, dann versehenlichen ist wo wir das tätten vnd dann einiche vrteile oder spruche In den sachen ergiengen die uch nicht geuellig wären, Ir wurdent aber von denselben glich als disem vnd andern vor ergangen steen vnd fürtern verzugk mit vßflüchten vnd behendikeiten suchen damit wir des vnsern allzot hindersteIlig bliben vnd der dinge kein entschafft gemacht werde, darumb wir es by vnsern vorgeenden schrifften vnd antworten Ir beßhalben empfangen habt noch als vor besteen vnd bliben lassen In getruwen Ir werdent uch bedencken vnd dem Inhalt der richtung volge thun, Mag vns aber nicht von uch gebyren, sind wir vns selbs schuldig vnser bestes zu briefen vnd off Wege zugedencken darburch wir den sachen neher komen mochten, Sind ouch sunder zwiuels die meynung der vnparthyschen solle vnd werde solche vwer furnemen vnlobelich schetzen vnd uch darinne keinerlei zulegung hilff oder bystant thun, alsbann das einem jeden liephaber des friden vnd der gerechtikeit zu thun wol gezimpt, Sich ist ouch von uch billich nit zubefremden vwer vil vnd groß verwundern das von uch in vwerm schriben manigualteiglich gesetzt vnd bestimpt wirdet, Angesehen das man gemeinlich sprichwort, wer sich uß oder darzugeben das Im selber vnd den luten anderskundig ist, nit erscheinet, der mag wunder sagen In vnzwiuelichem getruwen So das von uch betrachtet were worden, des wunderns wer von uch erkant zusetzen kein not geweßt, Sunder betten uch des In uch selbs wol anders dann vwer schrifft begrifft one verwundern entscheidenn, Es wer dann das Irs den vnfundigen vwers handels vnd beßwillen des daburch by den glymoff zuerschöpffen getan hetten, das aber von uch Nachdem vnd Ir selbs woll anders wissen ouch wol mercken möchten, das es uch von den kundigen verachtet vnd vns gegenschrifft den vnfundigen des mit der warheit ander anzögung vnd emplöfung tun wurd billicher vermitten were. Datum vff den Sonntag Esto mihi Anno dñi ꝛc. Sexagesimo.

Num. 115.
Grav Ulrichs zu Wurtenberg Sicherheitsbrief fur das Closter Maulbronn vnd dessen Güter. d. d. 7. Marcii 1460.

Wir Ulrich Graue zu Wirtemberg ꝛc. Bekennen vnd tun kunt offembar mit disem brieff das wir Got dem almechtigen zu lob vnd vmb des emssigen Gottsdiensts willen der stetiglich volbracht wirdet in dem Closter zu Mulenbronn sant Bernharts ordens von Citel In Spirer Bystumb gelegen den Erwirdigen Andechtigen

tigen Hern Bachtelben Appt den Pryor vnd gantzen Conuent deſſelben Cloſters zu Mulnbrenn Ir Gotzhus ouch alle vnd yeglich Ir Dörffer Wiler Höfe Lut vnd gut, och der iren gut, wa ſie die hand furo den Krieg vß darInn wir mit dem hoch geborne furſten vnd Herren Hern Fridrichen Pfaltzgrauen by Rine vnd Hertzogen in Beyern ſyen geſichert vnd gefridet haben fur vns vnſer Helffer, Helffers helffer vnd die vnſern, Sunder für Dietrich Späten, Hannſen von Stein vnd ander vnſer Diener, die vmb ir eigen oder ander ſachen willen dann von vnſern wegen des Pfaltzgrauen Wind worden ſin, Sichern vnd friden ouch ſie, ir Cloſter, die iren vnd das ir als vorgeſchriben ſtet wiſſentlich vnd In krafft diß brieffs. Wer ouch ob Swartzſritz von Sachſſenhein der Jung oder ander die des Pfaltzgrauen oder des Gotzhus zu Mulnbrenn vmd vnd nit vnſer Helffer oder Diener ſint, diſe vnſer Sicherheit nit halten wolten oder wurden vnd ſich ouch an vßtrags rechtz vor vns vnd vnſern reten von dem Appt vnd Gotzhus zu Mulnbrenn vnd den Irn nit benugen laſſen welten, So ſollen vnd wollen wir denſelben diſen obgenanten Krieg vß kein zulegung oder hilff tun, Sie ouch jn vnſern Gloſſen Stetten vnd gebieten nit halten jn keinen weg, alles one alle Argliſt vnd geuerde vnd des zu vrkunde haben wir vnſer Inſigel offenlich tun hencken an diſen brieff, der geben iſt zu Lentzingen an Donrſtag nach dem wiſſen Sonntag zu Latin Jnvocauit genant Nach Criſti gepurt als man zalt Xiiijc vnd Sechtzig Jar.

Num. 116.

Schreiben Pfaltzgr. Ruprechten an Hertzog Ludwigen von Beyern, daß er Gr. Ulrichs und des Marggraven von Brandenburg feind und des Churf. Fridrichs Helffer werden ſolle. d. d. 11. Martii 1460.

Vnſern fruntlichen Dienſt vnd was wir Liebes vnd guts vermögen zuuor, Hochgeborner furſte lieber Vetter, In abeweſen des hochgebornen furſten vnſers lieben Bruders Hertzog Friderichs des Pfaltzgrauen fügen wir vwer Liebe zu wiſſen, das vnſer lieber Swager Her Ludwig Lantgraue zu Heſſen dem obgenanten vnſerm lieben Bruder dem Pfaltzgrauen mit Duſent Pferden zu helffen kummen vnd Hertzog Ludwigs grauen zu Veldentz ſyendt worden vnd vnſers bruders helffer iſt vnd jnbe vnd gute zu vnſerm Bruder ſetzen wil, deßhalb vnſer Bruder ſich mit ettlichen Rittern vber Rine zu dem Lantgrauen gefüget hat In meynung gegen ſinen feinden furzunemen vnd zuſchaffen vnd ſteen vnſers Bruders ſachen von den gnaden gottes wol, Nu iſt Graue Ulrich von Wirtemberg Hertzog Ludwigs von Veldentz Helffer worden vnd dann etliche deſſelben von Wirtemberg Helffer haben des Cloſters Mulbrenn Dorffere etliche Inngenommen vnd das Cloſter gebrantſchatzt vnd dann mit ſinem zuge furhant hat vnſers Bruders Ampt zu Wonſperg

sperg zubeschedigen vnd vnsern Bruder In sinem furnemen zu verhinder n. So
ist Marggraue Albrecht von Brandenburgs feindßbrieff offnechten spate here gein
Heydelberg kummen, darInn er HertzogLudwigen von Veldentz Helffer vnd auch
fur sich selbs vnsers Bruders fiendt wirdet vnd darumb von vnsers Bruders des
Pfaltzgrauen wegen Bitten wir uwer Liebe mit ermanung aller fruntschafft, das
Ir des egemelten vnsers Bruders Helffer widder Marggraue Albrechten vnd dem
von Wirttemberg vnd auch widder Hertzog Ludwigs fiendt werden vnd des uwer
fiendßbrieff forderlichen vberschicken vnd die sachen gein Marggraue Albrechten
furnemen als sich Inn fientschafft geburet vnd sunderlich wolle uwer liebe uwer
Heuptlute zu Heydenheim forderlichen stercken mit eynem merglichen reysigen ge-
zuge vnd Ine ernstlich beuelhen gein den von Wirtemberg fiendtlichen zuthun vnd
Ine tegelichen zu suchen off das des von Wirttemberg reysiger gezug sich teylen mus-
se, das alles wolle uwer Liebe selbs zum besten furnemen vnd bedencken, was uch,
vnserm Bruder vnd dem Huse zu Beyern daran gelegen ist, des vnd alles guten
vnser Lieber Bruder vnd Wir uwer Liebe gentzlichen getruwen vnd Bitten des uwer
beschriben Antwort. Datum Heydelberg vff Dinstag nach dem Sonntage Reminiscere Anno Domini ꝛc. Sexagesimo.

Ruprecht von gots gnaden pfaltzgraue by
Ryne Hertzog zu Beyern, Dumprobst ꝛc.

Num. 117.

**Außschreiben Hertzog Ludwigs zu Beyern an den Churfürsten zu Cölln
und andere Stände des Reichs wegen seiner mit Marggr. Albrechten von Brandenburg habenden Vehde. d. d. 21. Martii 1462.**

Vnsern freuntlichen Dienst zuuor Erwirdigister in got besunder lieber Herr vnd
frund, Wir tund uch zuwissen, das Herr Albrecht marggraf zu Brandenburg vnd Burggraue zu Nuremberg In vergangen zyten vnsern vndertan Edeln
vnd vnder, ouch Jr hab vnd gut In vnserm Furstenthum vnd Landen gesessen vnd gelegen über vnd wider vnser vnd Jr herkomen vnd gerechtigkeit ouch vnser gutlich
ersuchung vnd völlige rechtebott mit dem Landgericht des Burggrafthums zu Nurmberg mermals hat lassen furnemen bekumbern vnd beswerren doch vnbilichen vnd
vns daburch vnser oberkeit vnd gerichtzwang ouch vns vnd den vnsern vnser vnd Jr
herkomen vnd gerechtikeit zu benemen vnd zuentzichen vnd so er nu dauon nit abstel-
let vnd ouch die sach in der beredtnuß In dem nechstvergangen Sumer zwischen vns
vnd Jm zu Nuremberg beschehen nit wil gezogen begriffen noch betedingt haben, als
er dann off Martini nechst zu Eger vor dem Durchluchtigen Fursten vnserm lieben
Hern vnd Frund dem Kung von Behem vnd ouch In diser vasten zu Nuremberg
vor

Beylagen. 183

vor ettwe vil furſten, Grauen Herrn Ritter vnd Knecht vnd andern mermals of:
fenlich ſelbs geredt hat. Vnd wie wol wir von anbeginne vnd Jngang vnſers Re-
giments, Got dem allmechtigen zu Lobe dem heiligen Rich zu Eren vnd vmb gemains
nuß willen der Lande allweg zufrid vnd ainikeit geneigt ſind vnd demnach weder mit
Coſt noch Arbait geſpart, Sunder emſſigen fliß furgekert haben durch des heiligen
Richs furſten Stett vnd andern, die dann ieß zu zyten gen einander Jn Spennen
vnd zwitrechten geſtanden ſind vereinigt vertragen vnd krieg vnd vnrat darburch
vermitten vnd verkommen wurden, jedoch ſo Marggraf Albrecht von dem vorberurten ſinem vnbillichem furnemen nit ablaßt, So ſind wir vns vnſern Landen vnd
Luten ſchuldig vn) pflichtig vns der notwere dagegen zugebruchen, des Marggrauen
vnbillichen vnd geweltiglichs furnemens uffzuhalten, vnſere gericht vnd gerichtzwang
zu beſchußen vnd zu ſchirmen vnd die vnſern auch Jr hab vnd gut by vnſern vnd
Jren Gerichten Oberkeit Herkommen vnd gerechtikeiten die dann die vnſern ſondern vnd dem löblichen Huß von Bayern vor ettweuil hundert Jaren Ee das burg-
grafſthum vnd Landgericht zu Nurnberg geweſen vnd uffgeſaßt iſt vnd Loblichem
ſtam vnd Wurden herbracht ſind zu hanthaben vnd zubehalten, vnd darumb ſo ſind
wir des genanten Marggrafin ſind worden nach lut vnſer ſindsbrief des wir uch ab-
ſchrifft hiemit ſennden, Alſo wellet ſolich obgemelte redlich vnd ergrunde vrſach
die vns faſt billich zu der berurten ſechte bewegt haben zu herße nemen vnd daby bedencken das das gemelt vnſer furnemen wider das Lanndgericht nit allein vnſer ſunder ouch uwer vnd ander anſtoſſenden furſten Grauen Herrn vnd dar Jnn der Stete ſach als wol als vnſer iſt, Angeſehen das der Marggraf die uwern vnd die Jrn, ouch
der minen vnd der Jrn hab vnd gut nit allein uff dem Lannde Sunder ouch in den Stetten geſeſſen vnd gelegen mit dem Landgericht furnimbt bekumbert vnd beſwert vnd
darburch vnderſtet die uwern ouch Jr hab vnd gut vnder ſinen gerichtzwang zu bringen vnd uch uwer oberkeit gericht zwang herkomen froheit vnd gerechtigkeit zu enziehen
vnd darumb ſo bitten wir uch mit fruntlichem fliß, das Jr betrachtet, wo ſolichem des
Marggrauen furnemen nit widerſtand beſchech, das uch vnd vns, ouch vnſer beiden vn-
tertan Jn kunftigen ziten daruon vnrats wachſen vnd entſten mochten vnd dem zube-
gegnen vnd dawider hilff vnd byſtand tut, Ob uch aber ſolichs diſer zit nit gemaint wäre,
des wir doch nit hoffen wider vns vnſer helffer vnd helffers Helffer nit for, vnd ouch wo
Jr der ſache rede hört zu dem beſten vnd glimpflichſten verantwurtet, als wir uch
dann der vnd aller fruntſchafft gentzlich vertruwet vnd wir ſolich ſechte Jn keiner andern meinung furgenommen habent dann darburch frid vnd Ru zu erlangen vnd vns
vnd die vnſern by vnſern vnd Jren loblichen herkomen vnd gerechtikeiten zu hanthaben vns gewalts vnd vnrechtens uffzuhalten das wir dann mit der hilff des almechtigen goß ouch vnſer Herrn, frund vnd vnſer aigen macht dermaſſen hoffen zu-
tuu darburch nit allein vns vnd den vnſern Sunder ouch uch vnd den uwern zu-
hant

hanthabung uwer vnd vnser herkomen frÿheit vnd gerechtikeit fruchtbarkeit vnd nuꜩ wachſſen wurdet vnd ob deßhalb eincherleÿ vffrur In dem heiligen Rich entſtet, des ſind nicht wir Vrſach Sunder der Margrafe durch ſin vnbillich furnemen mit landgericht das wir dann vff zuuerſicht gebuldet haben das er daruon ſolt geſtanden ſin das er dann nit getan vnd vns darburch zu der nottwere gedrungen hat als Ir dann ſelbs wol verſtet vnd offenbar vnd Lanndtkundig iſt, das alles wollet von vns In der guten meinung verſten vnd halten, als wir es uch dann onzwÿfel zu wiſſen tun, das wollen wir vmb uch gern fruntlich verdienen, bittend des alles uwer guttig verſchriben Antwurt bÿ diſem botten, datum Lanndßhut an Sonntag Judica In der Vaſten anno ſexageſimo.

Ludwig von Gottesgnaden Pfalzgraue bÿ Rin Herzog in Nider vnd Ober Beÿern ꝛc.

In ſolcher form hat er ouch geſchribn bÿ dem botten dem Biſchoff von Spÿr, Item der Statt Worms, Item der Statt Spÿr, Item der Statt Cölln, Item der Statt Franckfurt, Item dem Biſchoff von Trier, Item dem Biſchoff von Mentz vnd der Statt Mentz.

Num. 118.

Ausſchreiben an das Reich des Biſchoffs von Eyſtetten, daß Herzog Ludwig ſeine Lande feindlich angegriffen, weßwegen er von dem Reich Hülfe begehrt. d. d. 8. April 1460.

Den Hochwirdigſten, Erwirdigen, Hoch vnd Wolgebornen Erſamen vnd Wiſſen vnd Jeglichen des heiligen Reichs geiſtlichen vnd Weltlichen kurfürſten, fürſten Grauen Burgermeiſtern vnd Reten den diſer vnſer brieffe furkomet Embieten Wir Johanns von gots gnaden Biſchoff zu Eyſtett vnſer willig fruntlich dienſt vnd gunſtlichen gruß zuuor vnd tun uch zuwiſſen mit waynenden herzen clagend, das der hochgeborn furſt Herzog Ludwig In nidern vnd Obern Bayern ꝛc. vnſer vnd vnſers Stiffts vinde worden iſt vmb vrſach vnnſern lieben Herren vnd geuattern Marggraue Albrechten von Brandemburg antreffend, der ſie Jren Rechtlichen Vßtrag In der Richtung In dem vergangen Summer zu Nuremberg zwuſchen Jnen gemacht miteinander haben, darumb das wir vns zu ſin hilff nit haben geben wöllen oder Im verſprochen ſtill zu ſiꜩen, Wiewol wir geantwurt haben, das wir gern der Krieg darzu wolt nit gewandt wären wolten müſſig gen, doch es vns ſin vindsbrieffe vff den heiligen Palmtag geantwurt wurde, hat er vns den merteil vnnſer Dörffer hieumb berouben, beſunder die heiligen Gotzhuſer vnd kirchen plundern laſſen, dar Jm wir dem Allmechtigen gott an den heiligen Sacrament vnd bildung der Heiligen groß Vnere iſt bewiſt worden. Er iſt ouch am

Men-

Beylagen. 185

Mentag gestern mit sinem Höre hieher für unnser Statt gezogen, hat die sturmen lassen, darJnn die vnnsern grosse not gelidten haben, den doch der Almechtig gott uß verdienen vnsers Heiligen Patron, sant Wilibolds geholffen hat, das sie vff das mal Jn Jr wör kecklich bestanden sind vnd der vinde etweuil vmbgebracht haben, doch mit schaden zweyer vnser verstett vnd wann wir etwelang vnnsers allergnedigsten Herren des Römischen Keysers Brieffe an uch lutent gehabt, die wir doch Jm besten bißher vßzusenden verhalten vnd vns solichs vber die Richtung huwer zu Nuremberg geschehen nit versehen haben vnd wiewol sin Keyserlich meyenstatt Nur ein Vrsach als von schwebischen Werde wegen darJn meldet, sin wir Jn vnzwiuenlichen wolgetrumen wa dieselb sin Keyserlich meyenstatt des bericht were, das vns Jetzund so gewaltiglich zustet, Er hett das auch gemeit, dauon bitten wir uch alle vnd yeglichen Jnbesunder mit alem fliß vnd ernst, Jr wollent ansehen solich vncristenlich fürnemen, das vns von dem benanten Hertzog Ludwigen beschicht vnd wellent vns vnd vnnserm Stifft mit egenantem vnserm Herren vnd Gevatter Marggraue Albrechten Jn disen noten zu Rötung zuziehen vnd also vnrechtlich nit verderben lassen, daran bewißt Jr one zwiuel dem vorgenanten vnserm allergnedigsten Herren dem Keyser dienstlich gefallen vnd wir wöllen das mit vnserm Stifft in ewig zit williglich verdienen vnd erkennen, Begeren des uwer tröstlich Antwurt. Datum Eystett an zinstag nach dem heiligen Palmtag Anno Domini u. Seragesimo.

Num. 119.

Befelch Grav Ulrichs zu Würtenberg an etlich Clöster vnd Capitul
seines Lands Gott um Sieg wider die ketzerische Böhmen vnd Hertzog Ludwigen von Bayern zu bitten. d. d. 15. April 1460.

Vnsern fruntlichen grus zuvor, Andechtiger lieber getruwer, Als sich Hertzog Ludwig von Nidern vnd Obern Bayern mit grosser mengi volcks von Beheim vnd sust für Eystet gelegert vnd vnderstanden hat die zu Sturmen vnd zu nöten, vnd ist des in steter Vbung, Wann sich nu die Beheim so vncristenlich halten mit dem das sie erber Priester Jn Jren Kirchen erstahen, die Greber der totten vffgraben, die heiligen Sacrament vßschutten vnd enteren, Sunder yetzo uff den heiligen Palmtag sind sie in ein Kirch gelessen, hand das heilige Sacrament vßgeschutt, als der Priester die Junge Lut damit gericht hat vnd umb Zynliche wort des Priesters, als das sie gotes vnd des Sacraments schonen vnd nit also veronerer solten, hand sie den priester vnd etweuil des volcks in der kirch erslagen mit andern vil groben handlungen Solichen zu widerstand vnd die Stat Eystet ouch den fromen Bischoff daselbs vnd ander erber ritterschafft vnd armlut, der vil darJn ist zu retten, hat der hochgeborn fürst vnser lieber Herre vnd Swoher von Brandeburg furgenom-

(A a)

nommen mit hilff des almechtigen mit Hertzog Ludwig vnd sinem Volck sunder wider die ketzer zu stritten vff Montag nechstkompt als ein erstlicher furst, dartzu wir In einen treffentlichen getzug zu Roß vnd zu fuß geschickt haben In ganzer Hoffnung Got der Almechtig werd vns vnd vnser parthy gluck sig vnd hilff ertzoigen, darumb bitten wir uch ernstlich In uwerm closter emssige gotzdienst zuuollebringen mit messe singen vnd lesen Crutzgengen vnd andern guten wercken vnd darinn Got anzuruffen vnd zu bitten vnser parthy Sig vnd gluck seliglich zuuerlihen, das wollen wir fruntlich vmb uch verschulden, Geben zu Stuttgarten an zinstag nach dem heiligen Ostertag anno rc. LX.

Num. 120.

Manung der Pfälzischen Gefangenen sich zu Stuttgard zu stellen und ohne Erlaubnus Gr. Ulrichs nicht zu weichen. d. d. 3. Maji 1460.

Strengen vnd vesten Hoptlut, Herrn, Ritter vnd Knecht vnd ander, die vff Mitwoch nechstvergangen (30. April) von wegen des hochgebornen fürsten vnd Herrn Herrn Fridrich Pfaltzgraue by Rin vnd Hertzog in Bayern im felt by der geschicht zwuschent uch vnd etlichen des Hochgebornen vnsers gnedigen Herrn Herrn Ulrichs Grauen zu Wirtemberg Herrn Rittern Knechten vnd andern ergangen gewesen sint. Ich Conrat vom Stein von Klingenstein vnd ich Wolff von Lachenhusen Hofmeister, Hoptlut. der obgenanten geschicht Tun uch zu wissen, das wir von etlichen des obgenanten vnsers gnedigen Herrn von Wirtemberg Dienern die by der Geschicht gewesen sint bericht werden, etlich vnder uch syen durch sie in der obgenanten Geschicht zu gesencknus vnd selbsicherheit gedrungen, darumb so manen wir uch dieselben, die also solich sicherheit geton hand, derselben sicherheit vnd gesanchnus mit disem brieff von des obgenanten. vnsers gnedigen Herrn von Wirtemberg wegen, das ir uch in achttagen den nechsten stellent gen Stutgarten In die Herberg zu der kron In sicherheit vnd gewalt des vorgenanten vnsers gnedigen Herrn von Wirtemberg vnd von dannen nit kement, dann mit wissen vnd willen siner gnaden oder der sinen den er das befilcht vnd wie sind on zwiuel, welch vnder uch solich sicherhait hand geton. Ir werdent uch stellen halten vnd tun, als uch gepur, Geben vnd mit vnsern Insigeln zu end birr geschrifft besigelt an des heiligen Crutztag Inventionis anno dñi MCCCC Sexagesimo.

Num. 121.

Beylagen. 187

Num. 121.

Manung von seiten Pfaltzgraue Fridrichs an die Würtenbergische zu Beylstein gefangene sich zu Heydelberg zu stellen. d. d. 5. Maji 1460.

Wir Friderich von gots gnaden Pfaltzgraue by Rine Hertzog in Beyern des heyligen Romischen Riche Ertztruchsesse vnd Kurfurste kunnden allen vnd iglichem es sin Grauen Hern Ritter Knechte oder andere die by der Geschicht die sich off Mitwoch nechstvergangen Jme velb by bilstein zwischen den vnsern vnd den jhenen die Graue Vlrich von Wirttemberg gewant off den tage Jme Velde off siner sytten gewesst sin gemacht vnd begeben hast, Als ettlich der vnsern off den gemelten tage zu gefengnusse des gemelten Graue Vlrichs bracht sin, werden wir gleublich vnderricht von den vnsern, das off denselben tag Jn solcher geschicht auch ettlich off des gemeltten Graue Vlrichs sytten gerecht von den vnsern gesichert vnd gefangen worden sin, dieselben alle vnd igliche es sin Grauen Hern Ritter Knechte oder ander die off den benamten mittwoch gefangen worden sin erfordern vnd ermanen wir mit disem vnserm offen brieff, das sie sich solcher gefengnisse nach zu stont vnd zu angesicht diss brieffs stellen wollen gein Heydelberg Jn Conrart Flörn vnsers Burgers daselbst offen wirtshuffe darJnne zu verliben vnd darus ane vnsern wissen vnd willen nit zu kohen vnd herinne zu tun als eym iglichen der ritterlichs gemuts ist zusteet vnd Jn was stats vnd wesens der sin mag geburlich ist. Orkunde diss brieffs versiegelt mit vnserm zu Ruck offgetruckten Jngesiegel datum Heydelberg off mondag nach dem Sondag Jubilate Anno ꝛc. Sexagesimo.

Num. 122.

Auszug aus der Erbeynung zwischen Marggr. Carln zu Baden und Gr. Uleichen zu Würtenberg.

Item als das Westvelisch Gericht bishher offt vnd dick ist misbrucht zu vntuglicher beswerde, costen vnd schaden, der gegen den es ist furgenomen, Han wir vns gegen eynander auch verpflicht also, durch wen gegen vnser yedes Reten. Dienern, vndertanen oder schirmsluten. geistlichen oder weltlichen das gemelt Westvelisch gericht were oberhinfur wurde gebruch ober vnd wider das dieselben nit vor der Ladung weren oder wurden wissentlich hersucht vnd angelanget mit fordrung zu ere vnd recht zu antwurten vnd gnug zutund vor dem vnter vns vnd sinen Reten zu dem sie sint gewant Rats. Dienst schirms oder aederer vndertemikeit. So sol vnser yeder des ändern Rete, Diener, schirmsflüte vnd die sinen wider sollich die also das gericht bruchtend vnd wer sich Jr anneme nach allem Vermögen schirmen getruwlich das zuveren vnd abzustellen, als were es vnser yedes selbs Sach. Item vnser yeder

(A a) 2 der

der sol auch In brüderlicher trüw, liebe vnd früntschafft vnd von beete wegen die
yeglicher an den andern yez, vnd ßißlich hat getan den andern vnd sine Rete vnd dienere, die er yezund hat vnd hinfur vffnymet, auch sine Lande Landschafften, Lüte
vnd gute In Stetten vnd vff dem Lande, was er der hat vnd fürbasser redlich an
Jne komen, In sinen schirm empfahen vnd dieselben alle auch die, die sust in des andern vnder vns schirm sind vnd sin werden, sie sient geistlich oder weltlich, als sin selbs
lib, sine Rete, Dienere, Lande, Lüte vnd gute getrüwlich nach gantzem vermögen
schirmen vnd handthaben vor gewalt vnd vnrechten vnd zu den rechten, als die hievor
bestymmet sind vnd von sollich schirms wegen sol dem schirmherren von den Landschafften die er In schirm empfahet Jars vff sanct Martins des Bischoffs tag oder
In achttagen vngeuerlich darnach werden gegeben Sechshundert guter Rynischer
guldin. Item vnser dheinteil sol eynicher buntnus, eynung, bruderschafft, Gesellschafft noch Jcht ander verpflicht mit dheynem Konig, Fürsten, gemeynem adel
oder Stetten Ingeen noch was des vor were, erstrecken Es geschee dann mit des
andern vnder vns kuntlichem wissen vnd gutem willen. Item vnser yeder sol hie-
zwüschen vnd dem Sontag Invocauit nechstkunfftig von sinen Reten vnd Dienern,
die er yezt hat, Innemen glubde an eyde statt, das sie dem andern vnder vns Jrem
schirmherren alle dail sie alß Rete vnd dienere werdent sin, getrüw sin wollen Jne vor
sinem schaden zu warnen, sinen frommen zu werben, vnd ob sich in der zeit, als sie
Rete vnd dienere werdent sin, begeben sachen, das sie darumb zu dem obgemelten
vßtrag zu geben vnd zunemen gehorsam sin wollen vnd das sie auch nach Jrem vermögen mit Rat vnd Dat on widerrede vestiglich vnd getrüwlich wollen helffen handhaben alles vnd yedes das, das In disem brief steet geschrieben, ob vnser eyner selbs
oder der sinen, das gott wende oder sust yemands anders dawider teten oder tun
wolten In eynem oder mee stucken, vnd was vnser yederteil kunfftiglich Rete vnd
dienere wirdet offnemen, den sol er In Jr glubde vnd eyde binden auch zutund, was
In disem Articlel steet geschrieben. Item vnser yeder sol dem andern In zweyen
Monaten den nechsten verkunden sine Rete vnd Dienere, was er der hat, vnd so er
dann furbasser Rete vnd Dienere vffnymet, das sol er dem andern teil allemal In
Monatsfrist darnach zu wissen tun. Item welichem teil siner Rete vnd Dienere
werden abgeen, es sy durch vffsagen oder todes abgang oder endung siner bestellung,
das sol aber derselb vnder vns dem andern verkunden in Monats frist nachdem Im
der abgang kundt wirdet. Item vnser yedes vndertanen sollen für sie vnd Jre erben vnd nachkommen dem Herren der sie In vorgeschribner wise In schirm empfahet, globen vnd sweeren, als Jrem schirmherren getrüw zu sind sinen schaden zu
warnen vnd frommen zu werben vnd mit sinen Reten, Dienern, Landschafften vnd
schirmlüten In früntlicher gemeynsamy, handel vnd wandel zu haben vnd zutund.
Vnd auch das sie mit allem Jrem vermögen on widerrede vestiglich wollen helffen
hant-

handthaben alles vnd redes das, das In disem brieff geschriben steet, ob vnser eynesselbs oder der sinen, das gott wolle wenden oder sust yemands anders darwider tetten oder tun wolten In eym oder mer stucken. Item der obgemelt schirm vnd die glubde vnd eyde von den vndertanen zugeschehen, sollen allemal In sunff Jaren werden erneuwert zwuschen ostern vnd pfingsten.

Num. 123.

Grav Ulrich Bestetigungs-Brief einer Meisterin in der Clausen zu Owen. d. d. 12. Jan. 1460.

Wir Ulrich Graue zu Wirtemberg ꝛc. bekennen vnd vergehen offenlich fur vns vnd vnser erben das wir der geistlichen swester barbaren etwann clusnerin zu hermaringen durch pett vnd furdernuß der wolgebornen Frow Angnes von Helffenstein geborn von Winsperg wittwe vnser lieben gevatterin ouch begeren vnd anbringen dero von owen zu der clusen daselbs gnad bewisen habend vnd bewisent Jr der-In crafft diß brieffs, also das Sie in der genanten clusen des gemelten flecken owen Jr leptag vnd zit als ein meisterin beliben vnd sin sol, Solich cluse mit sampt ir Inwonenden clusnerin ouch sich selbs wesenlich vffrechtlich erberclich vnd eins abgescheiden geistlichen lebens würckens vnd vbent, Hinfuro diewil zu Gott gnad vnd das leben git daselbe bewisen erscheinen vnd erzeigen sol, als wir in solichs wol getruwen, Ob sich aber gebe, das in kunfftigen ziten die gemelt swester solichs oberfur vnd an eim oder mer enden das zerbrech vnd etwas vnfug tribe als in Ir cluse oder an den genanten clusnerin verhangte vnd vngestrafft liesse, das doch nit sin sol vnd der amptman vnd gericht zu Owen solichs fur vnd an yns precht, Erfunden wir dann das solichs vnzimlichen gehandelt vnd beschehen wer, alsdann vnd sust nit, haben vnd mugen wir die gemelten swester barbaren vnd meisterin vß der obgeschriben clusen vertriben vnd der meisterye alda entsetzen alles ungeuerlich vnd des zu vrkund haben wir vnser Jnsigel offenlich tun hencken an disen brieff der geben ist zu Stutgarten am Samstag vor sant Hilarientag Nach cristi gepurt xiiij°. vnd LX. primo.

Num. 124.

Bessarion Cardinalis dispensat Comitem Vdalricum de Wirtenberg & ejus uxorem Margaretham de Sabaudia, quod ignorantes in tertio gradu affinitatis matrimonium contraxerunt. d. d. VI. Idus Martij. 1460.

BESSARION Miseratione diuina Episcopus Tusculan. Sancte romane ecclesiæ Cardinalis Nicenus. vulgariter nuncupatus, nec non in partibus Alemanie & Germaniæ locisque omnibus in eildem partibus sacro imperio subiectis apl̄ice Sedis Legatus. Dilectis nobis in Xp̄o Vlrico Comiti in Wirtenberg & Margarite de Sabaudia mulieri

Beylagen.

Conſtantien. Dioc. Salutem in domino ſempiternam. Ap'lice Sēdes prouidentia circumſpecta perſonarum excellentium conditiones & ſtatum prouide conſiderans nonnulla eis interdum benigne concedit, que alias juris ſeueritas interdicit. Sane petitio pro parte veſtra nuper nobis exhibita continebat, quod vos alias ignorantes tertio affinitatis gradu inuicem eſſe coniunctos matrimonium inſimul per uerba legittime de, preſenti contraxiſtis illudque carnali copula conſummaſtis ac prolem inde ſuſcepiſtis. Poſtmodum vero per alterius prudentiam ad veſtram peruenit notitiam, quod impedimento tertii gradus affinitatis hujuſmodi obſtante in hujuſmodi ſic contracto & conſummato matrimonio remanere non poteſtis diſpenſatione ap'lica deſuper non obtenta & ſi diuortium inter uos fieret grauiſſima exinde ſcandala poſſent veriſimiliter exoriri. Quare à nobis humiliter petiiſtis, ut vobis de opportune diſpenſationis gratia prouidere miſericorditer dignaremur. Nos itaque qui more benevoli partis quietem & commoda cupimus Singulorum veſtris in hac parte Supplicationibus inclinati, quod non obſtante impedimento predicto in ſic contracto & conſumato matrimonio libere & licite remanere poſſitis, auctoritate ap'lica tenore preſentium diſpenſamus, prolem exinde ſuſceptam & in futurum ſuſcipiendam legitimam decernendo. Datum Norimberge Bambergén dioc. Sexto Idus Martij. Anno dñi Milleſimo quadringenteſimo Sexageſimo. Indictione octaua. Pontificatus Sanctiſſimi in Xpo patris & dñi noſtri domini Pij diuina prouidentia pape Secundi Anno Secundo.

E. Oldoynus.

Num. 125.

Extractus Urthels des Würtembergiſchen Hofgerichts in Sachen Gr. Ulrichs zu Wirtenberg wider Gr. Conrad von Fürſtenberg, Hannß Jacob von Bodmen und andere von der Ritterſchafft im Hegöw. d. anno 1461.

Und ſaſſen zu Recht Sigmund Grav von Hohenberg, Wolff von Sachenhauſen, Hofmeiſter, Conrad vom Stein vom Klingenſtein, Hofmeiſter, Heinrich Spät von Zumnaw, Antonj von Emershofen, Wilhelm Hertter von Hertneck, Hannß von Werdnaw der älter, Ludwig von Graffneck, Wolff Schilling, Caſpar von Kaltental, Heinrich von Werdnau, Wernher Nothafft der Elter, und Georg Dörner von Dürnow.

Und ſtunden dar Georg von Abſperg, Doctor, Georg Kayb von Hohenſtein, Berchtold von Stein und Wernher Lutz Vogt zu Stuttgart als Anwält ihres gnädigen Herrn Ulrichen Graven zu Würtenberg und mit ſeinem vollen Gewalt. Und namen zu Fürſprechen Hannſen Truchſeſſen von Bichißhuſen, der bedingt Fürſprecher: Recht und was er durch Recht ſollte, und redt, der vorgenant ihr gnädiger Herr von Wirtemberg hett Herrn Hanns Jacoben von Bodman, Herrn Wilhelm von Honburg, Ritter, Sigmunden von Honburg, Hannß Jacoben von Bod-

Bodman, Ulrichen von Jungingen, Heinrich von Rischach und Burckarten von Rischach bestellt zu Jm ein Jar zu dienen, nach lut eins brieffs, deß Abschrifft er hat zu hören. Deßglichen hett sin Gnad Grav Conrat von Fürstenberg zu Diener bestelt, der nit in dem brief begriffen und doch daron gangen were, das er glich als die andern und als ob er in dem brieff were begriffen, bestelt und sin abredung sin lassen wolt. Nun hett Jr gnediger Herr als ein Kayserlicher Hauptmann sie mit andern geschickt mit des heiligen Richs Banier zu irem Herrn von Brandenburg wider Hertzog Ludwigen von Bayern, da dannen weren sie geritten one Willen ires gnedigen Herren, das wer siner Gnaden unbequem gewesen und hett ihm Schaden gebracht und kosst, sie werden in Recht schuldig im die Ritterbestallung zu dienen nach lut des bestallungbrieff und Jm den Kosten und schaden, den er des hett gelitten oder noch werd liden, ablegen. Darwider stunden dar Herr Grave Conrat von Fürstenberg, Herr Hanns Jacob von Bodman, Herr Wilhelm von Honburg Ritter, Sigmund von Honburg, Hanns Jacob von Bodman, Ulrich von Jungingen, Heinrich von Rischach und Burckard von Rischach und namen zu Fürsprechen den Wolgebornen Hern Grave Heinrichen von Lupfen, der bedingt sich auch nach Recht und Gewonheit und redt unter andernm, wie daß Grav Conrat von Fürstenberg mit Gr. Ulrichen zu Wirtenberg selbst in beysein Wolffen von Tachenhusen geredt habe, er mocht Jm das Banier empfelen oder nit, würden die Sachen die Hertzoge zu Osterreich oder die Jren berüren, so wolte er abrüten, deßglichen die andern auch hetten geredt rc. zu dem hatt Grav Ulrich zu Wirttenberg durch seine Anwalt lassen reden, wie vor, Er noch keiner der sinen weren der Herre von Oesterreich Feind nit, hett auch Grave Conraten noch die andern nit uff oder wider sie oder die Jren geschickt, sonder als Kayserlicher Hoptman wider Hertzog Ludwigen von Bayern mit des heiligen Richs Banier und hett Jnen nie angemuttet wider Hertzog Albrecht oder Hertzog Sigmunden von Oesterrich nach gemand der Jren zu sinde, darum meint er sie weren unbillich abgeritten rc.

Num. 126.

Vermerckt die Zusprüch, So unser allergnedigster Herr der Röm. Keyser zu Hertzog Ludwigen von Beyern hat.

Zum ersten antreffent Werd (Donauwerd) das er unerfolgt aller Recht durstlich mit gewalt Jn sin gewaltsami bracht dem Rich entzogen und wider recht und die gemein Reformation gedrungen gehebt und darumb sin Keys. Gnaden und das Rich nit verlaghafft gemacht hat.

Zum andern hat Hertzog Ludwig us eignem mutwillen und one alle erfolgung des Rechten wider gemein geschribne Recht die Reformacion und gulden bull der

Krieg

Krieg fehd vnd vintſchafft gebrucht Im heiligen Rich darumb er mercklich kerung vnd Wandel ſiner K. G. vnd dem heiligen Rich ſchuldig iſt.

Zum dritten von des biſchoffs von Eyſtett wegen den er zu vnbillicher Verſchribung wider des heiligen Richs Oberkeit, friheit vnd herkomen gedrungen vnd betzwungen vnd dem ſtifft mercklich ſchaden zugefügt vnd gen dem heiligen Rich ſich hoh verhandelt hat.

Zum vyerden von Dinckelſpuhel wegen, die er ouch bezwungen vnd genött gehabt hat zu ettlichen vnbillichen verſchribungen wider all Recht.

Zum fünfften das er Juden vß ſinen Landen vertriben vnd Ir gut genomen, Jüdiſch Synagog vnd ſchul vnerloubt zerſtört hat zu mercklicher beſwerung des Richs kamer dahin ſie gehören.

Zum ſechſten das er an der Jüdiſcheit zu Regenſpurg mercklich Irrung tut von der kunigs ſtur die ſin gnad vff ſie geſlagen, vormals gehebt vnd dartzu ſundere geſrite von des Richs wegen ſin K. G. gerechtigkeit hat.

Zum Sybenden, das Hertzog Ludwig vnſerm allergnedigſten Herren dem Röm. Keiſer ſin Vintſchafft zugeſagt vnd mengerley verdrieß ſinen K. gnaden vnbillich beroiſet, freyenlicher fürſleg Inzug vnd Zugriff gebrucht hat vnd der andern wider ſin K. gnad verholffen, damit ſin K. M. hoch geleidiget, dardurch ſich dann vil vffrur Im heiligen Rich zuuerhinderung gemeins nutz vnd ſeiden begeben haben.

Zum achtenden, das Sich Inſunderheit Hertzog Ludwig ein vnrechten Helffer Hertzog Albrechts wider vnſern gnedigſten Herrn den Röm. Keiſer gemacht hat vnd mit Hörzugen durch die ſinen in ſiner K. gnaden Land Oſterrich getzogen vnd darinn menigfeltiglich ſiner K. G. vnd och Land vnd Luten mit Roub mort brand vnd In ander vnzimlich Weg mercklichen groſſen ſchaden getan hat.

Zum Nunden das Hertzog Ludwig Heinrichen Span, der in bottſchafft vnſers gnedigſten Herrn des Keiſers In das Rich geriden iſt durch die ſinen vff frver des Rychs ſtraſſen vnbewort vnd wider Recht fahen vnd herttiglich wanitten, vnd an andere end gefangen füren hat laſſen.

Item Hertzog Ludwig hat laſſen Erber, auch lauffent vnd Ridtend botten ſo von Furſten geiſtlichen vnd weltlichen vnd des Richsſtetten geſchickt worden ſin in den Keiſerlichen Hofe off dez Richs ſtrauſſen vnd in ſine geſloſſen vnd Stätten durch die ſinen verbietten, fahen vffhalten, Ir brieff nemen, offen vnd in menig weg bekumern laſſen wider all gemeine rechte, friheit, vnd ſicherheit ſollichen botten Inſunderheit durch Recht geben.

Item Hertzog Ludwig hat ouch ſich verbunden mit andern ſiner Keyſ. Gnaden widerwertigen on Recht vnd on all erloubnuß vnd wiſſen ſiner K. Gnaden, des Im nicht zimpt, Sunder damit wider ſinen eyd vnd pflicht, damit er ſiner k. gnaden

vnd

Beylagen. 193

vnd dem heiligen Rich verpunden ist, Recht vnd der gulden bull sich groß verhandelt hat.

Item Hertzog Ludwig hat Marggraue Albrechten gedrungen von sinen Keys. brieffen vnd Gerechtikeiten vom heiligen Rich herrürend mit gewalt vnd vnersucht vnd vnerfolgt aller Rechten. Dann wa er jendert gen jemand, es were gen sin Keys. gnaden oder die Marggrauen grauen oder ander Jcht zuspruch vermeint hett zu haben vnd das er Recht als sich gebürt gesucht hett, dar Jnn solt sich sin K. G. offtrechtlich gehalten haben, als Röm. Keyser zugehört vnd wer Jm nicht not gewesen mutwillig eigen Durstigkeit, Nach gewalt gedrangs vnd vnrechtens als manigfaltiglich von Jm geschehen ist zu gebruchen.

Item Hertzog Ludwig hat Graue Ulrichen von Württemberg auch Jn vnbillich Weg anders dann recht ist gedrungen zuuerachtung der Oberkeit vnd gewaltsam des heiligen Richs.

Item als er sine Lehen vnd Lehenspflicht vffgesagt hat, dieselben Lehen hat er noch Jnnen vnd dauen siner Keiserlichen gnaden schaden getan, getrurot sin Keys. gnad dieselben Lehen sollen zu billich siner Keys. gnaden vnd dem heiligen Rich ledig sin, das er ouch der gar vnbillich nach sinem Handel vnd ergangen dingen gebracht vnbegnadeter vnd vnbelehnter.

Item Hertzog Ludwig hat über früntlichs ersuchen etlicher Kleinat, nemlich als des gulden Krug vnd der becher vom König Lasslawen sich vnderwunden vnd meint eins satzs sich darJnn zu behelffen der Jm sol beschehen sin, Jst wol wissentlich, wie es dieselb zite vmb König Lasslaws Regierung alter vnd besatzung gestanden ist, wie och solich verkumernuß der kleinet wider merklich verschribung der Fursten von Oesterrich, Auch dieselben Kleinet nit allein König Lasslawen gewesen, Sunder des gantzen Huß Oesterrich sin, daruff er fruntlich gewarnet worden ist, getruwet sin Keys. gnad er sol solich Stuck vnd kleinat siner keys. gnaden als regierenden Fürsten vnd erben lediglich wider geben vnd folgen lassen one siner Keys. gnaden vnd des fürstenthumbs schaden mit pflichtlicher kerung vnd abtrag.

Item Hertzog Ludwig hat euch Jnnen etlich Keiserlich vnd ander kleinet von Wielent Kayser Sigmunden herrurend, die siner Keys. gnaden vnd dem heiligen Rich zugehörn, begert sin Keys. gnad ouch darob zu sin das die siner Keyserl. Gnaden one Jntrag zu sin vnd des heiligen Richs Handen geantwurt werden.

Vnd sol besser luterung der vorgemelten Artickel sin Keiserlich gnaden wa das zu Schulden kompt nach notdurfften die zutun mügen dauon vnd dartzu zu setzen vorbehalten sin one geuerd.

(B b)   Num. 127.

Num. 127.

Bulla Papæ Pii II. aggravationis & excommunicationis adverſus Dietherum de Yſenburg Electum Maguntinenſem & confirmationis Comitis Adolphi de Naſſau in Archiepiſcopum ejusdem eccleſiæ Maguntinæ.
d. d. H. Januarii. 1461.

PIUS Epiſcopus Serus Seruorum dei. Ad perpetuam rei memoriam. Paſtoris eterni, qui pro ſalute humani generis ſe in precium immolari non abnuit, vices, quamvis immeriti gerentes in terris partes noſtre ſolicitudinis adhibemus, ut ouibus cuſtodie noſtre commiſſis commoda pacis adueniant & errantes ad ſemitas iuſtitie redeant, per quas gradientes vitam conſequantur eternam, circa illos vero, qui ſedis Apoſtolice atque noſtra reuerentia prorſus abjecta contra debitum honeſtatis & juſtitie calcitrare ac eccleſiarum temporalia loca rapere & occupare eorumque habitatores & incolas labefactare perfidis eorum conatibus moliuntur, ſententiam ueritatis Amplectimur, qua ſi nos oculos vel pes ſive dextra ſcandalicauit, manus à compage corporis præcidi mandatur, Cum melius ſit his membris carere in ſeculo quam cum illis eterna ſupplicia introire. Dudum ſiquidem Dietherum, qui ſe electum Maguntinén appellabat ſuis exigentibus demeritis & enormibus exceſſibus per eum perpetratis Eccleſia Maguntinenſe & omni iure, ſi quod ſibi in ea competere poſſet de fratrum noſtrorum conſilio priuauimus & priuarum eſſe declarauimus atque ab illa amouimus & ab omni vinculo, quo illi tenebatur, abſoluimus Capitala prepoſitos Scholaſticos, Cuſtodes; Camerarios, Caretores, Theſaurarios omneſque & ſingulos prelatos quocunque nomine cenſerentur Canonicos, Vicarios perpetuos & temporales Altariſtas ipſius eccleſie ac tocius dioceſis Maguntinenſis omnes denique Vaſallos, ligios, Caſtrenſes ac ſimplices officiarios omnes cujcunque ſtatus aut condicionis eſſent Seabinos ciuitatum ac oppidorum, villarum fortaliciorumque omnium Burgimagiſtros Conſules eorumque rectores quocunque cenſerentur nomine ac ſubditos univerſos & ſingulos ejsdem eccleſie Maguntinenſis dicto Diethero in nulla re obediencie vinculo teneri & à Juramento ſi quod ei preſtiterant liberos & abſolutos eſſe decernentes & mandantes eiſdem & eorum cuilibet ſub excommunicationis pena, quam ipſo facto contravenientes incurrant ne de cetero ipſi Dietheto aut ſuis procuratoribus in aliquo reſponderent parerent uel intenderent, ſed ipſum Dietherum tanquam *morbidam pecudem* & *peſtilentem beſtiam* ubique deuitarent ipſique eccleſie tunc vacanti de perſona dilecti filii Adulphi de Naſſaw Electi & confirmati Maguntin. tunc canonici dicte Eccleſie de comitum genere procreati, cujus ſanguis usque ad Imperii cacumen aſcendit de eorundem fratrum noſtrorum conſilio per alias noſtras litteras providimus, ipſumque predicte Eccleſie Maguntinen. prefecimus in Archiepiſcopum & paſtorem prout in noſtris ſuper his confectis litteris, quarum tenores Ac ſi illi de verbo ad verbum inſerti forent, præſentibus haberi volumus pro expreſſis plenius continentur.

Cum

Cum autem, ſicut nobis innotuit, licet Idem Adolphus Electus & confirmatus Maguntinenſis vigore proviſionis per nos de perſona ſua, ut premittitur, facte, quorundam Caſtrorum, opidorum, Villarum & terrarum ad predictam Eccleſiam Maguntinēn. ſpectantium profeſſionem fuerit aſſecutus, ac dilecti filii Capitulum dicte Eccleſie & clerus eiuitatis Maguntinēn. ſibi obedienciam & Reuerentiam preſtiterint & gratia domini & etiam exigente iuſticia ſperet omnimodam poſſeſſionem bonorum dicte eccleſie adipiſci. Nichilominꝰ idem Dietherus premiſſis noſtris literis ſibi intimatis & illarum habita noticia poſſeſſionem ipſiꝰ eccleſie nec non aliorum Caſtrorum Villarum opidorum & bonorūm eiusdemque occupata detinet, minime euacuare curauit neque curat, immo his non obſtantibꝰ dictus Dietherus & nonnulli ſui in hac parte fautores & ſequaces, quorum uie perverſe ſunt & quorum nomina nobilitatem & qualitatem preſentibus haberi uolumus pro expreſſis ciuitatem Maguntin. & nonnulla, alia Caſtra opida Villas & loca ad predictam Eccleſiam ſpectancia manu armata nuper inuadere illarumque perſonas, non parcendo earum qualitati ſexui uel etati, capere ſpoliare & diverſis damnis atque iniurlis afficere preſumpſerunt, prout preſumere non ceſſant, ipſumque Dietherum priuatum, excommunicatum irregularem adjuvant, defendunt & pro huiusmodi defenſione commodiore & aptiori facienda alia Caſtra & opida ad predictam eccleſiam Maguntinenſem pertinencia violenter detinet occupata in proviſionis noſtre & apoſtolice ſedes contemptum & grauem jacturam eiusdem eccleſie Maguntinenſis, plericioſum quoque exemplum plurimorum. Nos igitur nolentes nec velle debemus aut ſalus conſciencia poſſumus tantam dei & eccleſie offenſam tanquam nepharios & odibiles exceſſus, quibos pacis bonum exulat, diſcordiarum materia ampliatur, relinquere impunitos, ſed providere uolentes ut alii timore perterriti proſilire ad ſimilia pertineſcant, Auctoritate apoſtolica tenore preſentium In uirtute ſancte obediencie & ſub aliis cenſuris infra ſcriptis Dietherum ſuosque fautores & ſequaces omneſque alios & ſingulos eis Auxilium Conſilium uel favorem publice vel occulte directe vel indirecte ſeu quouis alio queſito colore uerbo uel facto præſtantes tam eccleſiaſticos quam ſeculares & laicales cuiuſcunque dignitatis eciam Archiepiſcopalis, Epiſcopalis, Ducalis uel Comitalis, nobilitatis, ſtatus, preeminentie, gradus, ordinis vel condicionis fuerint & quos preſens tangit negocium in virtute ſancte obediencie & ſub aliis cenſuris ſententiis ac penis infra ſcriptis, quas contumaces eo ipſo incurrant primo Secundo Tertio Canonice & peremtorie monemus & requirimus quatenus infra decem & octo dierum ſpacium a die affixionis preſentium ualvis alicujus ex Eccleſiis infra ſcriptis Inmediate conputandorum, quorum ſex pro primo, ſex pro ſecundo & reliquos ſex pro tercio & peremptorio termino & canonica monitione eis aſſignamus, Dietherus videlicet vacuum & expediram ipſius Eccleſie Maguntinēn. omniumque Caſtrorum, opidorum, Villarum & locorum ad ipſam Eccleſiam Maguntinū. ſpectantium præfato Adulpho tradat & aſſignet ac de damnis propterea paſſis tam Adulpho quam ſibi adherentibus integre ſatisfaciat, præ-

fatoꝭ

fatoque Adulpho obedientiam & reuerentiam debitas & devotas, Vasalli vero & sub-
diti ejusdem ecclesie Maguntin, consueta seruitia & jura sibi exhibeant, Nec non Adhe-
rentes Ipsi Diethero ejusque fautores & sequaces ac sibi Consilium ac fauorem prestan-
tes hujusmodi ut a premissis cessent, Nec non Castra opida Villas terras & loca qua-
cunque dicte ecclesie, si qua occupant vel occupata detinent eidem Adulpho etiam
restituant & consignent cum affectu, faciantque & permittant eundem Adulphum Electum & confirmatum vel procuratorem suum rjus nomine plena & pacifica reginiinis
& administracionis bonorum dicte ecclesie possessione gaudere, fructus quoque red-
ditus & prouentos mense sue Archiepifcopalis Maguntin. sibi integre reddant & resti-
ruant, quod si forsan Dietherus & alii premissi omnia & singula predicta non adimple-
uerint aut neglexerint uel distulerint contomaciter adimplere seu contra ea uel aliquod
ipsorum per se uel alios fecerint uel venerint quoquomodo Nos contradictores quos-
libet & rebelles eisque dantes Auxilium Consilium uel fauorem publice vel occulte
directe uel indirecte singulariter singulos predictorum decem & octo dierum Canonica monitione premissa pro nunc prout extunc excommunicamus & anathemizamus,
Capitula uero ecclesiarum suspendimus à diuinis Ipsasque ecclesias Autoritate apostho-
lica interdicimg in his scriptis & si quod deus auertat ipsi has tremendas censuras per
alios decem dies sustinuerint, nos illos extunc aggrauantes & reaggrauantes omnesque cum illis participantes similibus vinculis Innodantes omnes & singulos gracias
priuilegia dispenfaciones & indulta quecunque eis ab Apostolica se ac Romanis imperatoribus concessa & presertim habendorum Altarium portatilium & confessionalium
quod ab eorum cunctis Inreseruatis sedi apostolice semel uel pluries In aliis suteai
casibus quotiens fuerit oportunum absolui & plenariam omnium uel tertie partis pun-
ctorum in mortis articulo remissionem aut votorum uel penitenciarum mutationem
habere possunt, nec non super etatis ac natalium ac irregularitatum ac quibusvis aliis
defectibus nec non super incomparibilibg in sin ul vel etiam in comendam obtinendis
beneficiis ecclesiasticis dispensationes de non residendo in eisdem beneficiis & perci-
piendis eorum fructibus & per alios visitandi ecclesias monasteria locaque personas
procuratrionesque propterea debitas eciam in pecunia numerata recipiendi indulta,
nec non magistratuum doctoratuum, licencie & baccalariatus in quibusuis litterarum
facultatibus graduum concessiones auctoritate & tenore predictis revocamus cassamus
& Irritamus & clericos apostasuis beneficiis ecclesiasticis, laicos autem feudis hono-
ribus Insigniis & preeminenciis quibuscunque per eos obtentis priuamus ac ad ea obti-
nenda nec non interessendum Electioni Imperatoris consiliis prelatorum & principum
perpetuo inhabilitamus eorumque subditos & vasallos à prestatione cujuscunque ho-
magii & vasallagii Ac à vinculo Juramenti cujuscunque fidelitatis, quo illis astricti sunt
& obligentur perpetuo absoluimus & liberamus, Nec non Civitates terras villas &
alia loca quecunque In quibg Dietherus & alii premissis censoris ligati moram trahant
jiel ad quem ipsos aut aliquem eorum declinare contigerit, ecclesiastico supponimus
inter-

Beylagen. 197

interdicto inibi etiam tridus postquam inde discesserint districtissime obseruando. Et demum si Dietherus & alii predicti á tam damnata mente infra alios decem dies Innuediate sequentes non resiliant, nos attendentes, quod filii superbie tradendi sunt Sathanæ patri eorum eis omnibus & singulis ita deum eiusque vicarium spernentibus sicuti maledicti fuerint Dathan & Abiron, quos terra sustinere non potuit sed uiuos degluturit, ita ut descenderint ad infernum uiuentes Et sicut Judas Scarioth traditor nostri redemptoris, qui etsi penitens abiit, tamen & suspensus crepuit medius & possedit agrum dei de mercede iniquitatis, Sic in eternum maledicimus & perdet eos dominus velociter propter adinuentiones eorum pessimas omnesque & singulas has presentes earumque transumpta à locis ubi per earum Executores affixa fuerint tollentes & alias eorum executionem impedientes eisdem sententiis & maledictione innodamus presentesque litteras post decem & octo dies à tempore affixionis huiusmodi pro earum plena executione sufficere decernimus & alios viginti dies predictos nisi Dietherus & alii rebelles predicti mandatis nostris eisdem paruerint Idque notorie publicauerint & se fecisse certificauerint ex nunc prout extunc excommunicatos anathematizatos suspensos interdictos priuatos inhabilitatos & maledictos esse & pro talibus haberi euitari & denunciari absque ulla desuper vocatione vel cause cognitione presata auctoritate declaramus & nunciari & in quibuscunque ecclesiis etiam parochialibus publicari volumus & mandamus. Preterea ut bonis & fidelibus tranquillitatem seruemus & pacem ac prauorum iniquitatibus, animarum periculis personarum excidiis aliisque multiplicibus dispendiis atque iacturis queamus cum deo possumus salubriter obuiemus, eadem Auctoritate districtius Inhibemus ne aliqua persona ecclesiastica uel mundana cuiuscunque dignitatis eciam Archiepiscopalis Episcopalis, Ducalis, Comitalis status preeminentie ordinis vel conditionis fuerint eisdem Ditthero & aliis rebellibus adhęrere fauere vel cum ipsis aliquid tractare ordinare vel aliquod ministerium exercere, quinimo pro viribus probibere ne quis eis panem vinum bladum carnes equos curros balestas lanceas aut alia arma ostentibilia uel defensibilia uel quecunque alia victualia pecunias merces receptum passagium uel transitum per eorum terras passus territoria aut res aliquas, que in eorum commodum cederent, valeant deferre portare dare concedere vel mutare aut ab eis predas seu quecunque alia bona rapta entiere vel alias qualitercunque recipere aut alias eis in premissis fauere quoquomodo presumant, quinimo illis pro posse resistant. Alioquin omnes & singulos qui contra huiusmodi inhibitionem venire aut attemptare presumpserint tan quam fautores eorundum rebellium sentenciam excommunicationis incurrere volumus ipso facto eorumque terras & loca quelibet interdicto ecclesiastico subiacere, Absolucionem vero ac relaxacionem & reconciliacionem censurarum & penarum predictarum nobis & successoribus nostris Romanipontificibus canonice intrantibus duntaxat reseruamus decernentes dictos contumaces auctoritate quarumcumque eciam specialium vel generalium litterarum apostolice sedis vel legatorum eius absolui aut reconciliari non posse nisi de toto tenore presencium &

(B b) 3 ipso-

ipsorum rebellium excessibus specialiter ipse littere fecerint de uerbo ad uerbum mentionem. Ut autem presentes nostre Littere ad Dietheri & aliorum premissorum nec non aliorum quorum interest noticiam deducatur, eas ualuis Argentin. & Spiren. ecclesiarum affigi uolumus & mandamus, que earum sonoro preconio contenta in illis publicabunt Mandantes Venerabilibus fratribus nostris Archiepiscopo Coloniensi Et episcopo Argentin. ac dilectis filiis Treueren. & Argentin. ecclesiarum decanis motu simili, quatenus ipsi uel duo aut unus eorum per se uel alium seu alios sub excommunicationis pena, quam ipso facto si contrafecerint, incurrant postquam presentes nostre littere eis aut eorum alteri presentate fuerint illas & in eis contenta solemniter publicari facere debeant & eos obseruant faciantque inviolabiliter obseruari ut Dietherus & alii predicti & quorum interest quod ad illorum noticiam non peruenerint nullam possint excusacionem pretendere aut ignoranciam allegare, cum non sit uerisimile, quod existat incognitum id, quod tam patenter omnibus publicatur. Ceterum motu & auctoritate predictis volumus & decernimus, quod transsumpto presentium manu alicuius publici notarii subscripto fides in judicio & extra adhibeatur sicut presentibus Litteris adhibetur, si forent exhibite uel ostense. Nulli ergo omnino hominum licet hanc paginam nostre monicionis requisicionis excommunicationis anathematizationis suspensionis interdicti aggrauationis reaggrauationis innodacionis reuocacionis, cassacionis irritacionis, priuacionis & liberationis, absolucionis suspensionis declaracionis uoluntaris mandari, Inhibicionis reseruationis & constitucionis infringere uel ei ausu temerario contraire. Si quis autem hoc attemptare presumpserit indignacionem omnipotentis dei & beatorum petri & pauli apostolorum eius se nouerit incursurum. Datum, Rome apud Sanctum petrum Anno Incarnacionis dominice Milesimo quadringentesimo sexagesimo primo Sexto Idus Ianuarii pontificatus nostri Anno quarto.

Regi

Register
der Beylagen, wo sie erleutert werden.

Nro.
1. Kaysers Wenylaus Bestetigung aller Würtemb. Graf- und Herrschafften, Freyheiten, Rechten und alten guten Gewohnheit. n. d. d. 17. Jun. 1792. pag. 3
2. König Wenzlaw erläst männiglich in Schwaben alle Schulden, welche sie den Juden schuldig gewesen. d.d. 16. Sept. 1390. p. 3
3. Königs Wenzlaw Verordnung, daß diejenige, welche von ihren Juden-Schulden freygesprochen worden, und die ihnen sie solche Gnad angesetzte Summa Gelds nicht abgetragen, solcher nicht geniessen sollen. d. d. 17. Sept. 1390. p. 3
4. Graf Eberhards zu Württemberg dem Closter Adelberg gegebene Zollbefreyung durch sein Land. d. d. 28. Jun. 1392. p. 4
5. Richtung Herzog Leopolds von Oesterreich zwischen Marggrav Bernhard zu Baden und Grav Eberhard zu Württemberg eines, sodann den Reichsstädten Costanz, Überlingen, Ravenspurg, St. Gallen, Lindau, Wangen und Buchorn andern Theils. d.d. 2. Jul. 1395. p. 11
6. Quittung Ullrichs von Steinfels gegen Grav Eberharden zu Württemberg daß er wegen empfangner Schäden bezahlt sey. d. d. 25. Jan. 1395. p. 12
7. Wie der Römische König Wenzlaws die Gesellschaft der Schlegeler verbotten. d.d. 27. Nov. 1395. p. 14
8. Buntnus etlicher Fürsten wider die Gesellschafft der Schlegelern. d. d. 18. Dec. 1395. p. 15
9. Bericht Hermann Müllers der Stadt Strassburg Diener an den damaligen Städt- und Ammeister daselbst. d. d. Dominica ante Michaelem. p. 16
10. Verschreibung Wolfen von Stein gegen Gr. Eberhard zu Würtemberg seine Gefangenschafft und militirten Brandschaden an der Herrschafft und deren Unterth. und Zugewandten auf keine Weise zu rächen. d.d. 25. Sept. 1395. pag. 16

11. Nro. Richtung indem inter drey Fürsten zwischen Grav Eberhard von Württemberg und der Schlegel-Gesellschafft. d. d. 6. April 1396. p. 19
12. Verschreibung der Stadt Grüningen und der Gemeinde zu Unterrieringen sich nimmermehr von der Herrschafft Württemberg zu entfreunden. d. d. 26. Sept. 1396. p. 19
13. Verschreibung Hugen von Berneck gegen der Herrschafft Württemberg, daß er wegen Erlassung aus seiner Gefangenschafft nichts wieder selbige mehr thun wolle. d.d. 29. Oct. 1396. p. 20
14.a. Urphede Burkards von Neyschach wegen seiner Gefangenschafft. d. d. 23. Jun. 1398. p. 21
14.b. Verglich der Reichsstädte Ulm, Esslingen und Gmünd mit Herzog Leopold von Oesterreich dem Bischoff zu Augspurg, Grav Eberharden zu Würtemberg und den Graven zu Oetingen wegen Einführung guter Münzen. d. d. 6. Dec. 1396. p. 22
15. Diploma Grav Eberhards, worinnen die Stadt Esslingen in dasjenige Bündnuß aufgenommen worden, welches er mit einigen andern Reichsstädten gemacht. d. d. 9. Mart. 1397. p. 25
16. Vereinung der Churfürsten wider Kayser Wenzels Unternehmungen d. d. 2. Jun. 1399. p. 30
17. Als die Churfürsten sich zu andern Fürsten verbunden bunt. d. d. 1399. p. 30
18. Als die andern Fürsten sich zu den Kurfürsten verbunden bunt. d. d. 1. Febr. 1400. p. 31
19. Erlängerte Verainung zwischen Grav Eberhard zu Württemberg und einigen Reichsstädten. d. d. 29. Julii. 1400. p. 32
20 Ey-

I. Register.

Nro Conung Bischoffs Wilhelm zu Straßburg
20 mit Grav Eberharden zu Würtenberg.
d. d. 10. Febr. 1402. p. 37

21 Cpnung Marggrav Bernhards zu Baden
und Grav Eberhards zu Würtenberg wegen Abwendung aller etwan unter ihnen
entstehenden Streitigkeiten. d. d. 2. Dec.
1402. p. 38

22 Außzug Schreibens der Stadt Straßburg
an die Stadt Metz wegen des Kriegs zwischen Kayser Ruprechten und dem Marggraven von Baden. p. 40

23 Außzug Schreibens K. Ruprechts an die
Stadt Franckfurt wegen seines mit dem
Marggraven zu Baden führenden Kriegs.
d. d. Munichawsheim tercia feria post Dominicam Judica. (4. April.) A. D. 1403. p. 40

24b. Außzug zweiten Schreibens von K. Ruprechten an die Stadt Franckfurt, worinn
er berichtet daß Gr. Hannman von Bitsch
bey ihm auf dem Tag zu Bacherach gewesen und sich entschuldiget habe von der
Sache wegen als er zu dem Hertzoge von
Orliens gerieten und dem verbindlich worden ist. p. 40

24b. Außzug dritten Schreibens darinn der
Kayser meldet daß er und seine Helffer mit
dem Marggraven und seinen Helffern ausgesöhnt sey. d. d. 5. Maj. 1403. p. 40

25 K. Ruprecht bezeuget, wie daß Closter
Herrenalp von Marggrav Bernhard von
Baden ungekränkt bleiben solle. d. d. 22.
Febr. 1408. p. 41

26 K. Ruprecht vergönnet dem Prälaten zu
Herrenalp sein Closter zu bevestigen. d. d.
7. Jun. 1403. p. 41

27 Verenung Churfürst Johanns zu Maynz
Marggr. Bernhards zu Baden, Gr. Eberhards zu Würtenberg der Stadt Straßburg und etlicher Reichsstädten in Schwaben. d. d. Nurbach d. 14. Sept. 1405. p. 43

28 Notifications-Schreiben Ertzbischoff Johanns zu Maynz Marggr. Bernhards zu
Baden und Gr. Eberhardes zu Würtenberg
an K. Ruprechten, daß sie mit der Stadt
Straßburg und etlichen Reichsstädten in
Schwaben ein Bündniß zu ihrer Sicherheit erichtet. d. d. 14. Sept. 1405. p. 44

Nro Verschreibung Pfaltzgr. Ludwigs Hertzogs
29 in Bayern mit dem Churfürsten zu Maynz,
Marggr. Bernhards zu Baden, Gr. Eberharden zu Würtenberg und den Reichsstädten. d. d. 27. Jan. 1407. p. 47

30 Verschreibung der Stadt Augspurg wegen
der Bündnuß mit nachbenannte Fürsten
und Städten. d. d. 20. Dec. 140*. p. 47

31 Notariats-Instrument über Grav Eberhards von Würtenberg Vermittlung mit
Burggrav Johannsen zu Nürnberg Tochter. d. d. 27. Mart. 1408. p. 48

32 Gr. Eberhards zu Würtenberg Revers gegen der Stadt Lindau daß er die mit einigen
Reichsstädten gemachte Cynung auch gegen dieselbe halten und vollführen wolle.
d. d. 2. Apr. 1408. p. 50

33 Beschreibung eines Theils des Bestin
Sternels zu einem offenen Hauß gegen der
Herrschafft Würtenberg. d. d. 3. Aug.
1412. p. 54

34 Verschreibung deren von Brandeck, daß
sie sich wegen ihrer Ansprache an die Stadt
Rothweil wollen vergleichen haben. d. d. 3.
Aug. 1412. p. 54

35 Cnung Gr. Eberhards von Würtenberg
mit der Reichsstadt Lindau. g. d. 4. Nov.
1410. p. 56

36 Cnung zwischen Hertzog Ludwigen von
Bayern Churfürsten und Gr. Eberhard
von Würtenberg auf 5. Jahre. d. d. 9.
Nov. 1411. p. 57

37 Gr. Eberhard zu Würtenberg erläßt der
Stadt Dornstetten wegen erlittenen Brandschadens auf 20. Jahr alle Steur und auf
25. Jahr alle Schatzung nebst dem freyen
Zug. d. d. 7. Febr. 1415. p. 58

38 Cpnung Gr. Eberhards zu Würtenberg
mit der Reichsstadt Eßlingen. d. d. Thom.
1418. p. 72

39 Verschreibung Gr. Eberhards zu Würtenberg, daß er dem Römischen König nicht
wider die Stadt Eßlingen beystehen wolle.
de eod. dato. p. 73

40 Gr. Eberhards zu Würtenberg hinterläßt
seiner Gemahlin Frau Henrietten zu Raben ihrer Söhne Erziehung obiger Vereinung

J. Register.

Nro.
... mung mit der Stadt Eßlingen. d. d. Dienstag nach Laurentii. 1419. p. 80
41 Versprach der Reichsstädte Ulm, Rotweil, Gmünd ic. daß sie allen den Städten welche nicht in der Vereynung mit ihnen stehen, und sie in der Vereynung mit Grav Henrietten ausgenommen haben, wie der Würtenberg keine Hülff thun wollen. d. d. Thomæ. 1419. p. 81
42 Grav Rudolphs von Sulz Revers daß er im Nahmen der Graven von Würtemberg die Reichs- und Schwäbische Lehen von K. Sigismunden empfangen habe. d. d. 26. Oct. 1419. p. 83
43 Auszug aus Christian Wurstischs Baßler Chronick. Lib. IV. c. 24. p. 243. p. 94
44 Revers der Stadt Dillingen, als sie sich in Grav Ludwigs zu Würtemberg Schutz und Schirm ergeben hat. d. d. Allerheiligen. 1426. p. 99
45 König Sigmund empfiehlet Frauen Henrietten von Mömpelgard, Gräfin zu Würtemberg das Closter Königsbronn für Gewalt und Unrecht zu schützen d. d. Mittwoch nach Lätare. 1431. p. 111
46 Freyheitsbrief der Stadt Schiltach wegen des freyen Jugs und ihre vergönnten Wochen und Jahrmärkts. d. d. 13. Mart. 1430. p. 116
47 Freyung der Stadt Schiltach wegen der Münze daß sie ihre Strus in der Münze geben sollen, welche am Stuttgardt gäng und gäb ist. d. d. 17. Dec. 1431. p. 116
48 Lehenbrief Heinrichs von Gültlingen um die gegen das Bergstal Hürgenstein zu Lehen gemachte Güter zu Carringen. d. d. 24 nach Ulrici. 1431. p. 120
49 Versicherung Grav Ludwigs und Ulrichs zu Würtenberg gegen Pfaltzgr. Ludwigen von Bayern, daraus zu seyn, daß die Graven von Zollern ihn an dem Berg der Burg und Stadt Hechingen und des Dorfs Möhingen nicht irren sollen. d. d. 6. Jan. 1432. p. 121
50 Verschreibung Gr. Ludwigs zu Würtemberg gegen Marggrav Jacob von Baden, daß er der Losung zu Hechingen u. Möhingen statt geben wolle. d. d. 17. Jan. 1432. p. 121

Nro. Verschreibung Grav Ludwigs zu Würtemberg, daß er Grav Diethegen von Zollern Hechingen Burg und Stadt über 2 Jahr wieder geben solle. d. d. 17. Jan. 1432. p. 121
52 Derer von Stuttgardt erhaltene Gnad ihre Kinder welche sich wider ihrer Eltern willen verheurathen enterben zu dürfen. d. d. Pauli Bekehr. 1432. p. 122
53 Grav Ludwig zu Würtemberg nimt dem Weyhbischoff zu Costenz in seinen Schutz und Schirm. d. d. 18. Maj. 1432. p. 123
54 Eigentumsbrief Grav Ludwigs zu Würtenberg als er denen Speiern erlaubte, ihre Leheubare Burg Hohenheim an den Spital zu Eßlingen zu verkauffen, dagegen sie ihm ihr Dorf Achenloch zu eigen gegeben um solches als Lehen hinfür zu besitzen. d. d. 28. Jan. 1432. p. 126
55 Lehen Revers der Spoten gegen Grav Ludwigen und Ulrichen zu Würtemberg um das Dorf Michenloch. d. d. 26. Apr. 1432. p. 126
56 Bündnuß Grav Ludwigs und Ulrichs zu Würtemberg uf den Landfriden mit der Stadt Eßlingen, Reutlingen und Weyl. d. d. Jacobi Abend. 1432. p. 129
57 Verschreibung Albrechts Sölers von Richtenberg, Wolfens von Halftingen und ihrer Mitverwandten wegen einer an einem Würtembergischen Unterthanen begangenen Entleibung. d. d. 19. Jan. 1435. p. 132
58 Absag Brief Grav Ludwigs und Ulrichs von Würtenberg gegen Wolfen Hirning von Sunßheim und ihren Helfern. d. d. 7. Oct. 1435. p. 132
59 Absag Brief obbemelter Graven gegen Jacob Studen. d. d. 7. Oct. 1435. p. 132
60 Psündungs Brief Gr. Ludwigs und Ulrichs zu Würtemberg an den Erzbischoff zu Mantz, daß er und die Seinige ihr Haab und Gut von Diethers Landschaden, Wolfen Hirnings, Jacob Studen und Contrads von Hohenriet Gütern sundern, und sie an ihrer Feinde Verfolgung nicht hindern. d. d. 27. Oct. 1435. p. 133
61 Versich Bock von Staufenberg verschreibt sich gegen die Herrschafft Würtenberg mit seinem Theil des Weilin Jungholz nichts zu

E 5   seyn

I. Register.

seyn, noch ihre Feinde darinn zu enthalten. d. d. 24. Jul. 1437. p. 133
Nro. Vereinung der Ritterschafft S. Georgen
62 Schilds in Ober- und Nieder-Schwaben mit den Graven Ludwig und Ulrichen zu Wirtemberg. d. d. Ascens. Christi. 1437. p. 136
63 Landfrid Grav Ludwigs und Ulrichs zu Wirtenberg mit des Reichs Städten Eßlingen, Reutlingen und Weyl. d. d. Ulrici 1437. p. 136
64 Mandat Pfaltzgrav Otten an die Lehenleut der Herrschafft Pulach, worinn er sie ihrer Pflichten entlässt und ihnen befiehlt von den Graven von Würtemberg ihre Lehen zu empfangen. d. d. Samstag nach Michaelis. 1440. p. 142
65 Eugenius Papæ Romanæ Ecclesiæ gratias agit Comitibus de Wirtemberg ir gratias singulares agunt pro adjutorio Legato Apostolico contra latrones quosdam nobiles præstito adversus quosdam latrones ipsum captivantes & spoliantes. d. d. 29. Apr. 1440. p. 143
66a. Literæ Cardinalium Romanæ Ecclesiæ, quibus Comitibus Wirtemberg ir gratias singulares agunt pro adjutorio Legato Apostolico contra latrones quosdam nobiles præstito. d. d. 29. Mart. 1440. p. 143
66b. Indultum Felicis Papæ quod Abbas Laureacensis possit portare mitram & alia pontificalia. d. d. 4. Aug. 1440. p. 144
67 Verschreibung Josen und Conrads von Hornstein und anderer die Einnahm der Burg Strassburg gegen den Graven von Würtenberg nicht zu rächen. d. d. 12. Sept. 1442. p. 155
68. Verschreibung Grav Ludwigs und Ulrichs zu Wirtenberg daß sie die Reichsstädte Eßlingen, Reutlingen, Heilbronn, Rotweyl, Weyl und Wimpfen in die mit etlichen andern Reichsstädten gemachte Eynung aufgenommen haben. d. d. ♃ vor Mar. Magdal. 1443. p. 159
69 Verschreibung Berchtolden von Sachsenheim und seines Sohns wie auch Balthasars und Georgen von Neuenhauß gegen Gr. Ulrichen zu Würtenberg wegen der Lehenschafft und Oeffnung zu Neuenhauß. d. d. 13. Oct. 1443. p. 159

Nro. Absagbrief Grav Ulrichs zu Wirtenberg
70 gegen Ammann, Rath und Gemeind zu Schweitz wegen Kayser Friderichs. d. d. ♃ vor Dionysii. (d. 8. Oct.) 1444. p. 161
71 Absagbrief Gr. Ulrichs zu Wirtenberg Helffer wider die von Schweitz. de eod. dato. p. 161
72 Beschwerungsschreiben Marggravens von Baden und Gr. Ludwigs zu Wirtenberg wegen ausbleibender Kayserlicher Hülff. d. d. 10. Mart. 1446. p. 168
73 Gr. Ludwig zu Wirtenberg gibt dem Stifft zu Herrenberg, welches er kürtzlich von neuem errichtet, verschiedene Freyheiten. d. d. 17. Dec. 1446. p. 175
74 Urkund des Rechts zu Billingen gegen Gr. Ulrich zu Wirtenberg daß Hauß von Rechtberg vor dem eben den in der Urthel erkandten Eyd abgelegt habe. d. d. Freytag vor Anton. 1450. p. 179
75 Verschreibung der S. Georgen Gesellschafft gegen Gr. Ludwigen zu Wirtenberg daß sie seine Diener seyn wollen. d. d. Georgii 1447. p. 181
76 Verschreibung Gr. Ludwigs zu Wirtenberg gegen dem Gottshauß Blaubeuren wegen des Schirms. d. d. 16. Febr. 1448. p. 182
77 Heinrich von Lynne Freygraf zu Waldorp und Bobelswinghe ernennet denen von Feurbach einen Tag vor dem freyen Gericht zu Waldorp auf Conrads Schealen von Winterstetten Klag zu erscheinen. d. d. 18. Maj. 1445. p. 184
78 Urtheilbrief von dem freyen Stuhl zu Brunthusen, daß keiner von Gr. Ludwigs zu Wirtenberg Unterthanen und Ingehörigen einen andern für kein ausländisch Gericht laden solle, und Grav Ludwig die Uebertretter straffen könne. d. d. Dienstag nach Laurentii. 1449. p. 184
79 Heinrich Aureæ Verzeichnuß was er für Ausgaben zu Erhaltung einer Urthel an dem Gericht zu Bräuningshauen gehabt. p. 194
80 Urtheilbrief des Westphälischen Gerichts zu Waldorpe daß kein Wirtenbergischer Unterthan wissend werden, noch einen andern vor den Westphälischen Gerichten vernehmen solle, auch Grav Ludwigs wissende Nichte

und

I. Register.

und Freyschöpfen einen solchen Uebertretter
straffen sollen. d. d. 30. Nov. 1449. p. 185
Nro. Absag-Brief der Reichsstädte gegen Marg-
81 grav Albrechten zu Brandenburg. d. d. 9.
 Jul. 1449. pag. 186
82 Absage oder Feindsbrief Gr. Ulrichs zu
 Würtenberg gegen der Stadt Eßlingen wegen eines neuen Zolls und Zweyer entleibten Persohnen. d. d. 5. Aug. 1449. p. 187
83 Eberhard Holbermann zu Eßlingen schreibt
 Grav Ulrichen zu Würtemberg sein Lehen
 auf. d. d. 6. Aug. 1449. p. 187
84a. Melchior von Horkheim sagt als Burger
 zu Gmünd Gr. Ulrichen von Würtenberg,
 so lang der Krieg währet, seine Lehen auf.
 d. d. 29. Aug. 1449. p. 187
84b. Kayser Friderichs Commissarien Schreiben an Gr. Ulrichen zu Würtemberg, daß
 zwischen ihm und der Stadt Eßlingen ein
 gütlicher Tag auf Quasimodogeniti zu
 Dilucken gehalten werden sölle wegen ihrer Gebre. d. d. 9. Febr. 1450. p. 190
85 Schirmsbrief Kayserin Eleonore für Mechtilden verwittibt Herzogin von Oesterreich
 und gebohrner Pfalzgräuin am Rhein.
 d. d. 23. Aug. 1466. p. 197
86 Gr. Ulrichs zu Würtenberg Entscheid zwischen seiner Vormunds-Söhne Statthaltern und der Reichsstatt Hailbronn wegen
 ihres gefangenen Burgers. d. d. 1. Maj.
 1451. p. 204
87 Petermanni Clevis concessio tabellionatus
 & notariatus in territoriis Grangensi Passavant & Claravallensi ab Ulrico Comite de
 Wurtemberg. d. d. 12. Nov. 1452. p. 207
88 Eynung Pfalzgrav Friderichs Churfürsten mit Gr. Ludwigen und Gr. Eberharden
 zu Würtenberg d. d. 27. Apr. 1452. p. 214
89 Verschreibung Wolffen von Lachenhusen
 gegen Grave Ulrichen zu Würtenberg um
 die Lehenschafft, Oeffnung und Thurn zu
 Kaltensol. d. d. 29. Jan. 1455. p. 215
90 Revers Gr. Ulrichs, Ludwigs und Eberharts zu Würtemberg gegen der Reichsstatt
 Reutlingen wegen ihrer Aufnahm in das
 unterthänigen Städten gemachte Bündnuß.
 d. d. 27. Dec. 1455. p. 216

Nro. Extractus Gerichts-Protocols zu Schorn-
91 dorf in Sachen Gr. Ulrichs zu Würtenberg
 und seines Gewalthabers Hans Schwai-
 bels Vogten zu Göppingen Klägers wider
 Agnes Greßbergerin Rudolphs von Balbeck Wittib. d. d. 16. Jan. 1456. pag. 219
92 Extractus Protocoll des Gerichts zu Schorndorf in Sachen Gr. Ulrichs zu Würtemberg wider Agnes Greßbergerin Rudolfs
 von Balbeck Wittwe wegen ihrer Landsäs-
 sigkeit. d. d. 14. Febr. 1456. p. 219
93 Gr. Ludwigs zu Würtenberg Expectanz-
 Decret für Augustin Grotel auf die Capla-
 ney zu Dittenzimmern. d. d. 9. Maj. 1454.
 p. 221
94 Ejusdem Expectanz-Decret für Johannsen
 Mörlin auf die Pfarr-Kirche zu Asperg.
 d. d. 27. Jul. 1454. p. 222
95 Gr. Ludwigs Freyheitsbrief, welchen er der
 Stadt Calw wegen ihres neuen Rathhau-
 ses und Jahrmarkt gegeben. d. d. 5. Aug.
 1454. p. 222
96 Gr. Ulrichs der Stadt Kircheim gegeben
 Privilegium über den kleinen Zoll und
 Geet-Geld. d. d. 29. Aug. 1455. p. 223
97 Heimbsbrief der Graven zu Würtenberg gegen Gr. Hannsen von Werttenberg. d. d.
 vor Michaelis 1456. Ulrich Grave zu
 Wirtemberg &c. und Ludwig Grave zu Wir-
 tembergund zu Mumppelgard &c. gevatern.
 p. 225
98 Gebottsbrief Gr. Johannsen von Sulz an
 Hanns Wähinger, Urtheilsprecher zu Sulz,
 daß er Gr. Ulrichen von Würtenberg um
 1000. fl. auf Gr. Ulrichen des Jüngern
 von Helffenstein Güter anlaisten solle. d. d.
 1. Dec. 1457. p. 229
99 Schirmbrief Gr. Ulrichs von Wirtenberg
 wider Gr. Ulrichen von Helfenstein den
 Jüngern, jenem Anfalle des von Helfenstein
 habende Güter zu handhaben. d. d. 11.
 Apr. 1458. p. 229
100 Gr. Ulrich erlaubt die neu Pfründs Antronia
 in der Pfarrkirche zu Brettheim in die andern Pfründen zu theilen. d. d. 18. Mart.
 1456. p. 230
101 Gr. Ulrich zu Wirtemberg macht Wernher
 Ee 2 Luym

I. Register.

Lußen das Dorf Scharnhausen und das Burgstal halb zu einem Eigenthum. d. d. 16. Jul. 1456. pag. 229

Nro. Gr. Ulrich zu Würtemberg verleyhet ein
102 gen Burgern zu Gemünd das Bergwerk zu Wort im Nagolder Amt. d. d. Mittwoch nach Ulrici 1456. (7. Jul.) p. 230

103 Gr. Ulrich zu Würtemberg erlaubt der Stadt Stuttgardt ein eigen Rathhauß zu bauen, und übergibt derselben das Zoll- und Hausgelt nebst der Waag und Waag-Gelt. d. d. Vigilii Andreæ 1456. p. 230

104 Gr. Ludwig zu Würtemberg schenkt seinem Knecht Vergenhausen das Schloß Jetenburg unter vorbehaltner Oeffnung ic. d. d. 23. Apr. 1455. p. 230

105 Gr. Ludwig schenkt dem Stifft Herrenberg die Kirch und den Kirchensaß zu Gärtringen, und erläßt ihnen einigen Zehenden ic. d. d. 22. Dec. 1456. p. 231

106 Absagbrief Herm. Oswen Herrnberg, Amtmanns zu Weinsperg, gegen Gr. Ulrichen zu Würtenberg. d. d. 18. Aug. 1457. p. 244

107 Urfund daß Gr. Ulrich von Lyssenstain der älter Gr. Ulrichen zu Würtemberg den Eyd, den er wegen der inhabenden Theile an der Herrschafft Wiesensteig zu thun sich erbotten, gäntzlich nachgelossen. d. d. 15. Sept. 1459. p. 247

108 Anlaß zwischen Ertzbischoff Dietrichen von Maynß, Hertzog Ludwigen dem Schwartzen von Bayern und Graven zu Veldenß und Gr. Ulrichen zu Würtenberg gegen Pfaltzgr. Fridrichen Churfürsten wegen ihrer miteinander gehabten Strittigkeiten auf den Bischoff zu Eystätt und Ertzhertzog Albrechten von Oesterreich. d. d. 12. Julii 1459. p. 248

109 Richtung und gütlicher Vertrag zwischen Pfaltzgrav Fridrichen und Gr. Ulrichen zu Würtenberg wegen der 3000. fl. Zinnß auf den Zöllen zu Mannheim und Oppenheim. d. d. 14. Sept. 1459. p. 250

110 Schreiben Ertzbischoff Dietherts von Maynß, Hertzog Ludwigen von Veldenß, Marggr. Albrechten von Brandenburg und Gr. Ulrichen zu Würtemberg an Hertzog Ludwigen zu Bayern um Vollstreckung des

Nürnberger Entscheids. d. d. 26. Octobr. 1459. pag. 251

Nro. Erinnerung Schreiben Ertzbischoff Diete-
111 richs zu Maynß, Hertzog Ludwigen zu Veldenß, Marggr. Albrechten von Brandenburg und Gr. Ulrichen zu Würtenberg an Hertzog Ludwigen zu Bayern. um Vollstreckung des Nürnberger Entscheids. d. d. Mittwoch vor Nicolai. 1459. pag. 251

112 Anderwärtiges Schreiben obgedachter vier Fürsten an die Ritterschafft, Städte und Landschafft Hertzog Ludwigs von Bayern wegen obiger Sache. de eod. dato. p. 251

113 Abrede zwischen Maynß, Veldenß, Brandenburg und Würtenberg, wie sie den Krieg wider Churpfalß anfangen und fortsetzen wollen. d. d. 1. Julii. 1459. p. 252

114 Außzug Schreibens von Maynß, Veldenß, Brandenburg und Würtenberg an Pfaltzgr. Fridrichen um Vollziehung des Nürnberger Entscheids. d. d. 25. Febr. 1460. p. 259

115 Gr. Ulrichs zu Würtenberg Sicherheits-brief für das Closter Maulbronn und dessen Güter. d. d. 7. Mart. 1460. p. 260

116 Schreiben Pfaltzgr. Ruprechten an Hertzog Ludwigen von Bayern, daß Gr. Ulrichs und des Marggraven von Brandenburg Feind und des Churfürst Friderichs Helffer werden solle. d. d. 11. Mart. 1460. p. 260

117 Außschreiben Hertzog Ludwigs zu Bayern an den Churfürsten zu Cölln und andere Stände des Reichs wegen seiner mit Marggrav Albrechten von Brandenburg habenden Fehde. d. d. 21. Mart. 1460. p. 261

118 Außschreiben an das Reich des Bischoffs von Eystetten, daß Hertzog Ludwig seine Lande feindlich angegriffen, werwegen er von dem Reich Hülffe begehrt. d. d. 9. Apr. 1460. p. 261

119 Befelch Gr. Ulrichs zu Würtemberg an ediliche Clöster und Capitul seines Lands Gott um Sieg wider die schwärtze Bohem und Hertzog Ludwigen von Bayern zu bitten. d. d. 15. Apr. 1460. p. 262

120 Manung der Pfältzischen Gefangenen sich zu Stuttgard zu stellen, und ohne Erlaubnuß

I. Register.

muß Gr. Ulrichs nicht zu weichen. d. d. 9.
Maji. 1460. pag. 264
Nro. Mahnung von seiten Pfalzgrave Fridrichs
121 an die Würtembergische zu Beystein Gefangene sich zu Heydelberg zu stellen. d. d. 5.
Maji. 1460. p. 264
122 Außzug auß der Erbeynung zwischen
Marggr. Carln zu Baden und Gr. Ulrichen
zu Würtemberg. p. 269
123 Gr. Ulrichs Bestätigungsbrief einer Mel-
sterin in der Clausen zu Owen. d. d. 12. Jan.
1460. p. 272
124 Bessarion Cardinalis dispensat Comitem
Udalricum de Wirtemberg & ejus uxorem
Margaretham de Sabaudia, quod ignorantes in tertio gradu affinitatis matrimonium contraxerunt. d. d. VI. Idus Marij.
1460. p. 273

Nro. Extractus Urtheils des Würtembergischen
125 Hofgerichts in Sachen Gr. Ulrichs zu Würtenberg wider Gr. Conrad von Fürstenberg, Hanß Jacob von Bodmen und andern von der Ritterschafft im Hegow. d.
anno 1461. p. 277

126 Zuspruch, welche der Römische Kayser
zu Hertzog Ludwigen von Beyern hatte.
p. 278

127 Bulla Papæ Pii II. aggravationis & excommunicationis adversus Dietherum de Ysenburg Electum Maguntinensem & Confirmationis Comitis Adolphi de Nassau in
Archiepiscopum ejusdem ecclesiæ Maguntinæ. d. d. 8. Januarii. 1461. p. 280

Zweytes Register.

Adel anbfäßiger muß für seines Herrn
Schulden stehen 11
·· lehnet sich wider die Fürsten auf 15
·· Rechtsachen der Außträgen entschieden 24
·· wird von seinem Landesherrn geschätzt 162
·· Würtemb. gute Neigung gegen dem-
selben 170
·· ist von den Stadtgerichten frey 219
Adelberg Cl. Zollfreyheit 4
·· bekommt etliche Kirchensätze 222
Aberspach Dorf erkauft 71
Aechter, zu bewahren Freyheit 59
Abelfingen, Oeffnung 53
Aich, Gülter erkaufft 42
Aichenloch zu Lehen gemacht 126
Aichelberg Grawen von Helfenstein zum
Wohnsitz gegeben 174
Albrecht Marggr. zu Brandenburg Krieg
mit Bayern 261. 265
·· zerfällt mit dem König in Böhmen 250
·· erhält von dem Kayser Freyheiten 251
·· muß die Belagerung Gundelfingen
aufheben 265
Albingen, Dorf, erkauft 159
Altenburg, Dorf erkauft 159

Altenried, Gerechtigkeiten erworben 173
Altensteig Thurn, die Oeffnung daselbst 20
Andeck, Schloß erkauft 182
Anna Gr. Jörin an Gr. Philipp zu Katzenel-
bogen vermählet 73. 80
·· mißvergnügte Ehe und Wohnung zu
Waiblingen 257
Antonia Gemahlin Gr. Eberhards stirbt 47. 64
·· ihr Sigill 64
Anweiser in Gerichtshändeln gebraucht 269
Arpenzeller Krieg 42
Arminiaken nehmen Mömpelgard ein 160
·· haussen übel in teutschen Landen 161
Baden, Marggr. Bernhards Eyrung
mit dem von Gunow 4
·· mit Gr. Eberh. zu Würtemb. 20
·· Krieg mit Gr. Eberharden 26
·· anderwertige Gränz-Stritte 28. 34
·· berboht sig wegen neuer Unruhen 37
·· viele vergebliche Tagsatzungen 38
·· Vergl. wegen Stritigkeiten mit
Würtenberg 39. 94
·· Krieg mit K. Ruprechten 39
·· Uneinigkeit mit Oesterreich 50
·· Stritigkeiten mit Würtemb. 57. 93. 234

II. Register.

Baden, Rårht Marggr. Jacobs 134
- - steht Oesterreich bey wider die Eydgenossen 170
- - Bündnuß mit Würtemb. wegen der Raubereyen 171
- - nimmt die Stadt Eßlingen in Schutz 221. 235
- - Vorzug der Graven von Würtemb. vor den Marggraven 226
- - Bündnuß mit Gr. Ludwigen zu W. 231
- - Gr. Ludwig vergleicht sich mit demselben 235
- - Krieg mit Gr. Ulrichen 235
- - wird in ein gutes Vertrauen verwandelt 235
- - und Würtemb. nehmen beede Lande in ihren Schutz 268
- - Verbindung durch Vermählungen 269
- - Bündnuß mit Gr. Eberharden 270
Bahlingen Stadt und Amt erkauft 42
- - gehörte den Herzogen von Järingen ibid.
Basel Kirchenversamlung 124
Bayern bekommt einen böhmischen Landvogt 4
- - Anspruch darauf an Würt. übergeben 5
- - Wilhelm, Herz. Reichsverweser 124
- - Bündnuß mit Gr. Ludwigen 214
- - und mit Gr. Ulrichen 215
- - Herzog Ludwig sucht die Freundschafft mit Würtemb. zu erhalten 258
- - Gr. Ulrichs vergeblicher Zug wider ihn 261
- - Feindschafft mit Marggr. Albrecht von Brandenburg 251. 261
- - Herzog Ludwig zerreißt Kayserl. Privilegien 251
- - dessen Bündnuß mit Gr. Eberhard 271
- - warnet Gr. Ulrichen für den Krieg mit Pfalz und Bayern 275. 276. 281
- - beschwert sich über den Kayser 277. 280
- - und der Kayser wider ihn 278
- - Krieg mit Gr. Ulrichen 281. seq.
- - anscheinender Friede 284
Beisen Dorf, erkauft 60. 69
Bempflingen Dorf zum Theil erkauft 182
Berckheimer Holz erkauft 131
Berg, Weyler, Mühlin daselbst erbaut 230
Berg, Closter Vogtey erkauft 177
Berghülen Pfarr errichtet 231

Bergwerk zu Wart verliehen 130
Berneck, (Hugens von) Verschreibung wegen Rebellion 20
Bernhard, Marggr. zu Baden bezeugt sich unnachbarlich 92. 94
- - wird deßhalb bekriegt 93
Besenfeld, Dorf, erkauft 97
Besetzen, was es sey und wie es geschehen 216
Besitzung den Peinl. Gerichten abgethan 127
Beylstein bey Gr. von Helfenstein eingegeben 209. 227
- - Würt. bekommt Strittigkeit deßwegen 227
- - von Würtemb. wieder eingenommen 228
Bietigheim Theil erkauft 52
- - Brücke über die Enz erbaut 231
Bilfingen, Dorf, verpfändt 53
Bildnüsse der Graven von Würtemb. 74
Bisenauer Hof eingetauscht 182
Blamont Grav macht Forderung an Würt. 173
Blappart eine Art kleiner Münze 138
Blaubeuren Stadt und Amt zum Kauf angetragen 135
- - würcklich erkauft 175
- - Closter Schutz und Vogtey bestätigt 181
- - zu Lehen empfangen 270
Blutbann, die Gr. von Würtemb. das bamit belehnet 141. 213
- - zu Falkenstein erkauft 149
- - durch einen Lehenträger verwaltet, daher Herr selbst die Reichslehen empfangen 213
- - empfangt Gr. Eberhard 270
Bock von Staufenberg Fehde mit Würt. 107
Bodelshausen, aufgetragen Lehen 54
Böhmen für Ketzer gehalten 253
Böhmische Lehen geliehen 82. 215. 253
Böblingen Wittum-Sitz 79
Böringen Dorf erkauft 71. 159
Bombasten von Hohenheim alte Lehenleut 52
Bodelshausen erkauft 208
Bündnuß mit etlichen Fürsten wider Pfalzgr. Friderich 240. 241. 252. 257. 267
- - mit König Podiebrad in Böhmen 249
- - mit Baden 268. 270
- - wider die Schlegeler 14
- - mit den Reichsstädten vorträgl. 432. 71. 89
- - mit dem Bischoff zu Straßburg 37
- - wider K. Ruprechten 43

Bünd-

II. Register.

Bündnuß mit der Stadt Lindau · 49
,, mit der Stadt Eßlingen 55. 71. 80. 127. 136
,, mit Pfalzgr. Ludwig · 56. 136
,, mit etlichen Fürsten wider die Schweitzer · 161. 171. 191
,, mit Baden und Pfalz · 231
Bonlanden Dorf Würt. Lehen · 41
,, erkaufft zur Helffte · ibid.
Brandenburg, Händel mit Bayern und Pfalz · 257
Braitenholz, Dorf, erkaufft · 172
Brettheim, Kirchensatz daselbst gehört Württenb. · 230
Brühem Weyler erkaufft · 164
Bubenhofen (Wolffen) Würt. Diener · 84
,, hat Händel mit den von Gerolzeck 84. 86
Buchau, Statt-Lehen an Württ. verpfändt · 173
Buchenberg, Weyler erkaufft · 164
Bulach, Ambt erkaufft · 141
Burgstall, was es seye · 119
Calw, Rath und Kauffhauß erbaut · 222
,, Marien Ordnung · ibid.
Castelnsdogner Ges Philipp heurathet Anna Gräfin Würtenb. · 80
Clöster sind schuldig ihrem Schirmherrn Geld vorzustrecken · 11
,, und Mägde zu halten · 147
,, schlechte Zucht · 272
Closterbronn, Vogtey erkaufft · 177
Costanz, Kirchenversammlung · 57
,, Suffraganeus in W. Schutz genommen · 122
Cunweiler, Dorf erkaufft · 156. 172
Dachtel, Dorf, Kirchensatz und Güter erkaufft · 70. 103
Degerschlacht, Dorf, erkaufft · 159
Dehem, was es seye · 156
Diepoltsburg, Vestin, untertragen Lehen · 53
Dinkelspüll von Bayern eingenommen 251. 219
Dornach, Dorf, erkaufft · 62
Donauwerth von Bayern eingenommen 251. 278
Dornstetten bekommt den freyen Zug · 58
Dürnau zum Theil erkaufft · 103
Dinkelgriff, was es seye · 217

Eberhard, der Gräner stirbt · 1
Eberhardt Grav, der Milde tritt die Regierung an · 1
,, reyßt nach Nürnberg und Prag · ibid.

Eberhard, empfangt die Reichs- und Böhmische Lehen · 1
,, wird Oesterreichs Diener · 23
,, nimmt die Graffschafft Mömpelgard in Besitz · 26
,, Krieg mit Baden · 26
,, seine Räthe · 28
,, zum Kayserthum tüchtig erkannt 29. 31. 33
,, seine Gemahlin Antonia stirbt 47. 64
,, vermählt sich wieder · 48
,, schlechter Zustand seiner Schatzkammer 51
,, besucht das Costnitzer Concilium 57. 59
,, stirbt · 62
,, sein Leichen Begängnuß · 63
Eberhard der Jünger vermählt sich mit Henrietten von Mömpelgard · 25. 73
,, tritt die Regierung an · 65
,, Krieg mit Pfalzgr. Otten · 65
,, empfangt die Reichs Lehen · 69
,, stirbt · 69. 73
,, seine Kinder · 73
,, unzeitige Ehe · 73
Eberhard der bärtige gebohren · 166
,, Vormundschafft Gr. Ulrichs über denselben · 236
,, tritt die Regierung an · 253
,, Bündnuß mit Pfalzgr. Friderich · 265
,, stifftet Frieden zwischen Pfalz und Württemb. · 266
,, sitzt zu Gericht in einer Sache dero Häuser · 169
,, empfangt seine Lehen · 270
Eberhard der Jünger gebohren · 177
Eberstein, Burg, von Wler. angesprochen 39
Echterdingen zum Theil erkaufft · 53
Edilenta s. Abel
,, wie sie aus der Gefangenschafft erlassen 17
,, sind landsässig · 38
Eleonoren, Kayserin, Sigill · 197
Elisabeth, Gr. Ulrichs zweyte Gemahlin 164
,, stirbt · 201
Elisabeth Grävin zu W. schlechte Aufführung · 51. 65
,, stirbt mit Hinterlassung vieler Schulden · 106
Elisabeth, ihre Tochter, an Baden und hernach an Bayern vermählt. · 104

Eli

II. Register.

Elisabeth, Heyrath mit Gr. Hannß von
 Werdenberg 105
Elwangen, Stifft in Würtenb. Schutz 95
 ,, zwispeltige Wahl macht Gr. Ulrichen
  vieles zu schaffen 209
 ,, erster Propst daselbst 209
 ,, sucht von Gr. Ulrichen wider Bayern
  vergebliche Hülfe 284
Enden (von) Fehde mit Würtenb. 60
Enningen zum Theil erkaufft 98. 155. 236
Ensingen Dorf erkaufft 142
Entzlingen, Dorf, verpfändt 53
Enterbung der Kinder wird erlaubt 122
Enttringen, Güter zu Lehen gemacht 180
Enzberg Edelleute 16
Erbdiener, ministeriales 113
Erdmanhausen, Dorf erkaufft 94
Etzlingen Kirchensatz erkaufft 70
Eßlingen Bündnuß mit Würtenb. 25. 72. 80
 ,, in den Schutz aufgenommen 55
 ,, ihre Rechte von dem Kays. angesprochen 72
 ,, legt einen neuen Zoll an und bekomt
  deßwegen Krieg mit Würtenb. 186 seq.200
 ,, leyden darinn grossen Verlust 190
 ,, Friede gemacht 192
 ,, Zufuhr wird verbotten 200
 ,, in Badischen Schutz genommen 221. 235
Eychstett Bischoff muß sich an Bayern er-
  geben 261. 277
Eydgenossen, Krieg mit Oesterreich und
  Zürch 160
 ,, fällt Würtenb. sehr beschwerlich 168
 ,, Anstalten zu diesem Krieg 169
 ,, Friede gemacht 170
Fehde mit Jörgen von Enden 60
Feldennoch, Weyler erkaufft 156
Feurbach Gemeinde für Westphälisch Ge-
  richte geladen 181
Flözingen Dorf erkaufft 159. 182
Freye Zug verbotten 115
Freyheiten bestetigt und erläutert 69
 ,, wider die Westphälisch Gerichte 181
Friderich (Kayser) Händel mit Bayern 274
Friderich, Pfaltzgr. nimmt seinen Vetter
  Philippsen an Kindsstatt an 205
 ,, mischet sich in V. Vormundschafft 206. 211
 ,, macht ein Bündnuß mit Gr. Ludwi-
  gen 213. 214

Friderich, macht sich viele Feinde 213
  siehe Pfaltzgr. Friderich
Fürsten geben ihres Stands Personen
  Beysteur 117
 ,, Rechte in Gerichts-Händen 179
Fürstenberg (Heinrich Gr. von) Würtenb.
  Diener 220
 ,, (Conrad) mit dem Reichs-Panier zum
  Reichsheer geschickt 281
 ,, verläst das Reichspanier 283
Fürwort, was es heisse 195
Gärtringen Kirchensatz an Herrenberg
  überlassen 231
Gamertingen erkaufft 177
Gechingen, Kirchensatz und Güter erkaufft
  70. 102
Geistl. Güter eignen sich die Graven zu 174
 ,, den Steuren unterwerfen 210
Gemmingen (Diether von) Fehde 137
Georgen Gesellschafft Bündnuß mit Würt.
  135. 163. 208
 ,, in Gr. Ludwigs Diensten 180. 181. 204
Georgen (Sanct) Pagtey zum Theil er-
  kaufft 159. 182
Gerber Ordnung 222
Gerichte beschworne und besetzte 13
 ,, fremde Freyheiten darwider 37
 ,, hohe und nidere 3. 4
Geroltzeck, Krieg mit demselben 4
 ,, Friede erfolgt nach vielen Waffenstill-
  ständen 88
 ,, werden zu Dienern angenommen 89. 182
 ,, (Georg von) Burger zu Eßlingen 187
Gernsbergerin, als eine Leibeigne wegen
  Abzugs vor Gericht gezogen 218
Giengen, Bayerische Rechte daselbst 27
Gmund handelt wider den Landfrieden 6
 ,, wird mit Würtenb. außgesöhnt 7
Göppingen nebst Sauttgard eine Künstlatt 21
Gößlingen Burg bey Rotweil 9
Graben belagert 93
Grävenhausen erkaufft 156
Graven Würtenb. Landsaßen 101. 163
Gröningen fällt von Gr. Eberhard ab 12. 19
Grußlingen ein Theil des Gerichts erkaufft
  97. 222
Güldten Alders Ursprung 74
  Gült

II. Register.

Güldingen, Eb:Jeu, ihre Händel mit
  Baden   26
Güldingen Dorf, Stab ist strittig   68. 69
  erkaufft   164
Güterstein Stifft errichtet   143
Gundelfingen, Stadt, Wittumsitz   7
  Pfandschafft   83. 126. 173
Häfner, Haulach, erkauft   157
  Hittingen, Herrschafft erkaufft   178
Hand, das Zeichen der Haller-Müntz   117
Hausen ob Fröna, Dorf, erkauft   159
Hechingen an Baden verkaufft   90. 130
  von Würtenb. in Besitz genommen   91
  Händel beßwegen mit Baden   93. 120
  wird Würtenb. zugesprochen   94
Hegnach (Grossen) auffgetragen Lehen   54
Hämertingen, Dorf zum Theil erkauft
                                        131. 155
Heimliche Gerichte in Würt. eingeführt   186
Heimsheim Städtlein belagert   16. 137
  Oeffnung verschrieben   138
  Thele erkaufft   156. 211
Heinrich, Grav von Würt. gebohren   180
  Stammvater des Herzogl. Hauses
  Würtenb,   201
Henriette von Mömpelgard Vermählung   25
  lebt in uneiniger Ehe   73
  übernimmt die Vormundschafft   77. 81
  Krieg mit Gr. Fridrichen von Zollern   91
  Ansprach an Hechingen   93
  vergleicht sich mit ihren Söhnen we-
    gen vorgeschossener Gelder   96
  übernimmt die Regierung in Abwesen
    ihres Sohns   111
  bekommt Verdrüßlichkeiten mit ihren
    Söhnen   153
  vergleicht sich mit denselben   154
  stirbt   159
Helffenberg Schloß erkaufft   223. 232
Helffenstein (Ulrich) Würt. Hauptmann   193
  Krieg mit Würtenb. ibid. 208. 228.   232
  Graven in grosser Armuth   209. 227
  (Ludwig) Händel mit Würtenb.   239
Heistenstein (Ulrich Gr. von) Strittigkeit
  mit Gr. Ulrichen zu Würtenb.   246
Helm, offene, wann sie auffgekommen   156
Hemmingen, Dorf, zum Theil erkauft   179

Herkommen und Gebrauch   70. 73
Herrenalb Cl. von Baden verfolgt   37. 41
                                       93. 120
  Würtenb. Schutz   60. 81. 99
Herrenberg, Ansprach von Margg. von
  Hochberg   28
  Stifft errichtet   143
  erlangt grosse Freyheiten   174
  mit Schenkungen bereichert   231
Heydenheim Herrschafft erkaufft   186
  wieder verkauft   203
  von Gr. Ulrichen erobert   282
Heylbronn gezüchtigt von Würtenb.   191
  Vergleich wegen gefangenen Bürgers   204
  Zehenden Gr. Ulrichs Gemahlin ver-
    pfändt   233
Hiltenburg an Würt. verpfändt   173
  Händel deßhalben mit Helffenstein   208
Hiltrißhausen Zehend dem Stifft Herren-
  berg geschenkt   231
Hochberg, Margraven machen Ansprach
  an Wilet. wegen Herrenberg   28
Höchstett, Würtenb. verpfändt   7
  Höfingen Burg erobert   16. 20
  zum Theil erkaufft   103
Hörnstein, Vestung   55
Hohe Gerichte dem Blutbann entgegen ge-
  setzt   141
Hohenberg Grafschafft den Reichsstädten
  verpfändt   165. 195
  die Einlösung der Graven von Würt.
    gestattet   165
  Erzherzogin Mechtild verpfändt   197 seq.
Hohenheim Lehen   126
Hoheneck (Phil. von) Würt. Feind   232
Horneck, Würtenb. Feind   244
Hornberg (im Schwarzwald) Schloß zum
  Theil erkaufft   97. 156. 176
  Gr. Lutwig damit belehnet   212
Hornberg, Vestin bey Calm zwischen Würt.
  und Baden gemeinschafftlich   34
Hornsteinische Fehde   154
Hoffingen Dorf erkaufft   71
Hürgenstein Würtenb. Lehen   119
Hürniaische Fehde   132
Hundersingen Dorf verpfändt   52
Hussen-Krieg   102. 111. 174

D b   Jem-

II. Register.

Jetenburg, Burg erkauft 208
- - an die Bergenhausen verschenkt 230
Itzig und Rottenheim W. Lehen verkauft 131
Juden, Wucher ist ihnen verlust
- - werden von den Reichsstädten geschupt 3
Jungholz Veslin, Verschreibung 133
Jungingen, Dorf, verpfändt 52
Joitental, Wolfen von Tachenhausen geliehen 315
Kappenzipfel ein Sigszeichen 261
Karpfen, Herrschafft erkauft 159
- - Gr. Ludwig damit belehnet 212
Rattenacker, Dorf erkauft 177
Killer, Weyler, verpfändt 52
Kinder dörffen sich ohne elterlichen Willen nicht verheurathen 122
Kirchheim (Stadt) Zollgerechtigkeit 223
- - von Ulr. Welsliz angesprochen 273
Kirchensachen, Gewalt der Obrigkeit darinn 272
Köngen, steinerne Brücke über den Neckar 207
Kohlberg, Hof daselbst verursacht Kriegsrüstung 273
Krieg, Schuldigkeit der Unterthanen darinn 274. 275
Krumenhard Weyler erkauft 208
Laichingen Güter erkauft 52
Landestheilung 145. 148
- - behalten doch viele Gemeinschafft 158
Landsasser, wer sie gewesen 83
Landfrieden zu Eger 12
- - Abtheilung nach Craysen 12
Landgerichte aufgehoben 35
Landsassen können auch Grafen seyn 101
- - zur Landesrettung verbunden 114
Landschad, (Diether) Feindschafft 132
Landschafft, erste Spuren davon 137
- - sind die Städte des Lands in eigem Verstand 138
Landvogtey in Schwaben einem Böhmen gegeben 156
Longenalb Dorf erkauft 5
Lauffen Burg und Stadt zum Theil verpfändt 123
- - an andern Theil erkauft 137
Lehensempfangungen der Würtenb. Erbenlaut

Lehen, Geistl. und Weltliche 36. 61. 147. 199. 213
- - sind zugehört eines Landes 119
- - dörffen nicht verändert werden ohne Vorwissen des Lehenherrn 158
- - kan ein Höherer von einem geringern nicht tragen 202
Lehenseyd muß der Vasall selbst ablegen 100
- - des Mannen 102
Lehengericht, nidergesetzt 158. 178
Lehenleute nicht nur zur Landesrettung verbunden 114
- - ihr Recht bey Belehnungen vorbehalten 179
- - gehören zu einer Herrschafft 147
- - werden abgetheilt 152
Lehenträger für fürstenmäßige Herrn gegeben den Lehenherrn 178. 202
Lehen in Gerichts-Händeln 269
Limbach Vestin wird Lehen 71
Leipheim Herrschafft verpfändt 120
- - an Ulm verkauft 173. 209
Leistungsrecht 11. 177
Liechtenstein, (Hinter) Burg erkauft 173
Lobenrod erkauft 208
Löwenseig, Schloß verpfändt 83
- - zu Lehen aufgetragen 84
Löwenstein Grafschafft nimmt Gr. Ulrich zu Würt. in Anspruch 206
- - seiner Gemahlin verpfändt 210. 233. 234
- - fällt Chur-Pfalz heim 233
- - letzte Graf 233
Lorbach, Würtenb. Lehen 71
Lorch, Abt bekommt Vorzüge 144
Ludwig Pfalzgr. nimmt sich der Würtenb. Lande an 79. seq.
Ludwig, der ältere Gr. zu Würt. stehet unter der Vormundschafft 78
- - Verlobung mit Mechtilden Pfalzgräfin 79
- - tritt die Regierung an 98
- - Beylager 139
- - macht sich dem Päpstl. Hof beliebt 142
- - theilt das Land mit Gr. Ulrichen 144
- - stehet Oesterreich wider die Schweizer bey 161
- - trägt die größte Last des Kriegs 165
- - stirbt 196
- - seine Sigillen 196
Ludwig der jüngere gelobt frey 141

II. Register.

Ludwig der jüngere ist mit der Sicht behafftet und dessen Cur 167
, , tritt die Regierung an ohne zu regieren 24
, , sein Insigel 2. 1
, , Räthe sind Gr. Ulrichen zuwider 221
, , stirbt 236
Lupfen Herrschafft erkaufft 159
, , Gr. Ludwig damit belehnt 212

Marcklissina, von wem sie gegründet 122
, , Margreth von Cleve, Gr. Ulr Gemahl. 163
, , von Savoyen, die dritte Gemahlin 210
, , Händel wegen ihres Zubringens 233. 369
, , dispensation wegen der Ehe 272
Marien-Würz wehin 83
Margether Bund gemacht 43
, , mit dem Kayser zuwider 44
Martins-Sigel. vid. Schlegel-Geschafft.
Marnsweyler erlaufft 164
Maulbronn, Cl. Anlehnung an Würt. 8
, , muß Gr. Ulr. Brandschatzung geben 260
Maynz Bündnuß mit Würt. 43. 162. 237
, , Händel mit Pfaltz. Friedrichen 259
, , zwenspänige Wahl daselbst 279
Majorennität der Grafen zu Würt. 252. 253
Mansenburg, Vestin, offen Haus 52
Mechtild Pfaltzgräbin mit Gr. Ludwigen verlobt 79
, , Beylager 129
, , bekommt Göblingen und Sindelfingen zu einem Wittum 129
, , wird Wittwe 196
, , vermählt an Albrecht von Oesterreich 197
, , Händel mit Sigmund von Oesterreich 197
, , stirbt 198
Mechtild Prinz. von Würtemb. an Hessen vermählt 197. 211
Mechmul, Gr. Ulrichs Gemahlin verpfründt 210. 213. 271
Mendelbeuren Hof, als ein verschwendetes Leben eingezogen 132
Messingen an der Steinlach verpfändt 60. 89. 132
, , auch an Baden verkaufft 90
, , gibt Anlaß zu Strittigkeit mit Baden 93. 121
Meßletten Dorf erkaufft 71
Mömpelgard Graffschafft übergibt Henriette ihren Söhnen 114

Metz pelt. wird Gr. Ludwig überlassen t 59. 177
, , muß von den Armiuiaken viel leyden 160
, , an den Dauphin übergeben 160
, , welcher es wieder übergibt 162
Mönch (Hanns) Würtenb. Hauptmann 260
Mönßheim, Burg und Dorf verkaufft 53
, , wieder eingelößt 156
Montschorung, was es seye? 245
Mottenheim Dorf verkaufft 131
Muckensturm. Burg, angesprochen 39
Mühlberg belagert 93
Mühlhausen im Kirchensatz dem Stifft Göppingen geschenkt 155
Mündigkeit der Grauen, wann sie angefangen 98
Müntz schlechte Anfang grosser Verwirrungen 21
, , Ordnung von den Fürsten gemacht 21
, , Strasburger besser als andere 116
, , Ordnung mit den Reichsstädten 116
, , Zeichen der Würtenb. Müntz 117
Müntzrecht bestetigt 3. 36.
Muntleute aufzunehmen verbotten 117
Murer (Heinrich) Weihb. Frenichoff 184. 185
Murhart, Closter von Pfaltz angesprochen 234
, , Chur-Pfaltz begibt sich dessen 234

Nauclarus, siehe Bergenharius
Necren Dorf erkaufft 171
Neuenhauß im Craichgau, Lehen und Oeffnung 158
Neuschatel (Gr. Johann) macht Anspruch an Würtenb. 173
Neuhausen (Häfner) Güter erlaufft 42
Nibelspach Weyler erkaufft 156
Nürnberg, Krieg mit Albrecht von Brandenburg 186
, , Landgericht verursacht Krieg 262. 251
Nürnberger Entscheid, zwischen Pfaltz und Würtenb. 248. 250 252. 258. 265

Ober-Eßlingen zum Drittel erkaufft 53
Oberhausen, Lehen 54
Oeffnungsrecht in den Reichsstädten 13
, , ist nützlich 52
Orschelbronn (Ober) zum Theil erkaufft 103
Oesterreich, Bündnuß mit Würt. 14. 23. 195
, , Krieg mit den Schweitzern schlecht geführt 162. 168

D 2

II. Register.

Oesterreich, mit den Reichsstädten	195
Ostheim, Dorf gemeinschafftlich	35. 52
Ott, Pfalzgr. dessen Krieg mit Würtenb.	65
" wird verglichen	67
" mit Zollern	66
Ottenhausen Dorf erkaufft	71
Owen Clausnerin daselbst	272
Päpstlicher Cämmerer beraubt	143
Peinliche Gerichte dörfen nicht mehr besitzen	127
St. Peter (Closter) Stifftung und Güter	209
Peterzell erkaufft	164
Pfalburger verbotten	127. 128
" hart bestrafft	195
Pfalzgravenweyler erkaufft	97
Pfalzgr. Friderichs Vormundschafft macht Unruhe	205
" Strittigkeit mit Gr. Ulrichen	233
" macht sich viele Feinde	240
" sucht Händel an Gr. Ulrichen zu W. 243. 254
" deren Entscheidung neue Unruhen macht	248. seq.
" Beschwerden über den Pfalzgraven	258
" Krieg zwischen ihm und Gr. Ulrichen bricht aus	259
" seine Leute werden bey Helfenberg geschlagen	261
" will den Nüenberger Entscheid nicht halten	250
" sucht Zertrennung Würtenbergs	254. 255. seq.
" Bündnuß mit Gr. Eberharden	265
" Friede mit Gr. Ulrichen	266
" neue Händel mit Veldenz	274
" werden beygelegt	276
" grosse Begierde nach Würtenb.	283
Pfeln Burg und Weyler erkaufft	164
Pferde verbotten zu haben	15
" Schäden ersetzt von den Herren	114. 127
Pfintz, Weyler erkaufft	136
Pfullingen wird abtrünnig	19
Pfuserische Händel	163
Philippine, Gräfin zu Würt. an Gr. Jacob von Horn vermählt	257
Piewelsheim zum Theil erkaufft	221
Plienspach, Güter erkaufft	268
Podiebrads König in Böhmen Einung mit Gr. Ulrichen	249

Privilegium de non evocando	69. 101
" nutzer die Westphäl. Gerichte	184. seq.
Räthe Würtenbergische	77. 81. 193. 241
" werden zur Vormundschafft gezogen	81. 206
" Badische	134
Ravenspurg Statt von Würt. belagert	10
Ravenstein, Burg auf dem Albuch	7
Rechberg (Hanuß von) W. Hauptmann	281
" dessen Kühnheit im Schreiben	232
Rechberghausen Oeffnung	53
Riechtensteit, Vesin erkaufft	19
" wieder verkauft	207
" Oeffnung und Widerlosung vorbehalten	201
Regalien durch das Herkommen erworben	2. 36
Reichslehen werden bestetigt	69
" zum erstenmal empfangen	70
" ein Lehenträger damit belehnet durch einen Reichsverweser	81
" ausserhalb des Reichs empfangen	82
" deren Verzeichnuß dem Kayser gegeben	99. 140
" Eydes-Formul	100
" Lehenseyd muß dem Kayser selbst geschehen	101. 141
" Eyd dem Lehenträger abgelegt	141
" Lehen-Gerichte	176
" empfängt Gr. Ludwig ob er schon nicht regiert	212
" Lehenseyd von Gr. Ulrich dem Marggr. von Baden abgelegt	238
" empfängt Gr. Eberhard	270
Reichs-Panier den Reichsverwesern anvertraut	124
" dessen Würkung	125. 271
" schickt Gr. Ulr. zu den Reichsheer	277. 281
" wird mißbraucht	281
Reichsstädte Krieg mit Würtenb.	9. 180
" wird beygelegt	11
" Bündnuß mit W. 13. 51. 72. 80. 157. 215
" wollen K. Wenzeln nicht entgegen seyn	32
" ihre Rechte ihnen von dem Kayser angefochten	72
" Mainz-Ordnung mit Würtenb.	116
" Bündnuß mit Pfalz	157
" Krieg mit Oesterr. wegen Hohenberg	195

Reichs-

II. Register.

Reichsstädte wollen nicht wider Herzog
　Ludwig beschützen 264
Reichstag wo er die Armenialen 161
Reichsverweser Herz. Wilh. von Bayern 124
Reyschach (Eustach) gefangen 21
・・verläßt das Reichs-Panier und wird
　zur Verantwortung gezogen 283
Reussenstein Vesun, Oeffnung 139
Reuten und gehen, macht zu einem Handel
　süchtig 71
Reutlingen in Würt. Schutz genommen 127
・・bestraft von Würtenb. 191
・・Bündnuß mit Würtenberg 215
Riexingen, kommt in die Schlegel-Gesell-
　schafft 12. 19
Ritterschafft, hier sie gewesen 196
・・im Hegew, Bündnuß mit Würtenb. 163
Rommelshach, Dorf, erkauft 159
Roraw, Burgstal erkauft 182
Rosenfeld, Stadt verpfändt 9
Roßwag, Vestin ein Maulbronn verpfändt 8
Rottweil Stadt, Krieg mit Würtenberg 9
・・Hofgericht, davon werden die Staben
　befreyt 101
Rutmerspach erkauft 156
Ruprecht wird Kayser 33
・・hält einen Reichstag zu Augspurg 36
・・Zug nach Italien ibid.
・・eignet sich Reichsgüter zu 43
・・Bündnuß wider ihne 43
・・sucht den Marpacher Bund auszuheben 44
・・seine Besorgnuß vor K. Wenzeln 47
・・stirbt 56

S.

Sachsenheimische Vehde 96
Sai, was es heisse 195
Schafau, Stadt Eynung mit der Geor-
　gen Gesellschafft 139
Schalyburg, Lehen gehört ehemals den
　Herzogen von Järingen 41
Schambach, Weyher erkauft 208
Scharnhausen, Dorf Lehen 230
Schapberg Burg eingenommen 154
Schultheiß werden im Wappen eingeführt 74
Schilltach Stadt wird festung 9. 11. 27
・・kommt in Abgang 115
Schießburg, Vestin, verpfändt 12
Schlacht, worin nur ein Mann bleibt 203

Schlacht, unglückliche bey Pfederäheim 264
Schlauckdorf, Burg, Lehen 207
Schlegel-Kriegs Anfang 12. 15
Schlegel-Geschlecht afft theilt sich in Crayse ein 12
・・werden auch Martino Vögel genennt ibid.
・・wird vom Kayser verbotten 14
・・Bündnuß wider dieselbe ibid.
・・derselben Hauptleute 16
・・Glieder werden überall verfolgt 16. 21
・・suchen eine Aussöhnung 17
・・ihre Mitglieder 17
・・wird ihres Bündnuß mit Worms und
　Speyr erlassen 18
・・wird ganz zertrennt 21
・・Baden nimmt sie in seinen Schutz 37
Schlierbach, Dorf zum Theil erkauft 258
Schorndorf, Stadt, Widdum Gr. Ulrichs
　dritte Gemahlin 210. 233
Schott, Amtmann zu Weinsperg schlägt die
　Würtenb. Völker 262
・・wird geschlagen und gefangen 263
Schramberg, Vesung an Würt. überlassen 159
Schwabspergische Händel 94
Schwau, Kepler erkauft 156
Schwenningen, Dorf erkauft 159. 182
Selbsthülfe, wann sie erlaubt 128
Sickenhausen, Dorf erkauft 159
Sickingen, Dorf, aufgetragen Lehen 54
・・(alten) erkauft 182
Sigmaringen an Werdenberg verpfändt 61. 106
・・Leibzoll eingeführt 183
・・mit einer Belagerung bedrohet 225
・・an Werdenberg eigenthumlich über-
　lassen 227
Sigmund, Kayser reyst durch Würtenb. 146
・・stirbt 146
Simeyheim Würtenb. Lehen 120
・・an Herrenalb überlassen ibid.
Syxtlin, Propst zu Herrenberg 174
・・Streit wegen der Fastenspeisen ibid.
Städte verbinden sich für ihren Herrn 11
・・begeben sich in die Schlegel-Gesellschafft 12
・・werden in wichtigen Sachen zu Rath
　gezogen 237. 238
Staufenberg, Vestung belagert 107
・・Verschreibung gegen Würtenb. 135

　　Dd 3　　　　　　　　　Stein,

II. Register.

Stein, Dorf, aufgetragen Lehen 54
Stein, (Wolff von) Hauptmann der Schlegler 116
Steinrain, aufgetragen Lehen 54
Sterneck, Veßm, zu Lehen aufgegeben 54
Stetten am Heuchelberg Güter eingetauscht 141
Stoll, Staufenberg. Ganerb 131
Straßburg Stadt belagert 4
 , , Münz besser als ander 116
Strazzeln, Dorf verkauft 52
Strubische Fehde 112
Stuttgardt, Frauentz in der Stiftskirch gestiftet 84
 , , Freyheit wegen Enterbung der Kinder 112
 , , bleibt in der Landestheilung gemeinschafftlich 145
 , , Stiftskirch erbaut 201
 , , von Gr. Ulrichen gebessert 230
 , , eigen Rathaus erbaut 230
Sulgen, Losung an Würt. überlassen 159
Sulz, (Gr. Rudolph von) Würtemb. Lehenträger 82
Sulz, Stadt belagert von Pfaltzgr. Otten 68
 , , wieder von Württemb. belagert 85
 , , die Oeffnung daselbst versprochen 85. 89
 , , vierter Theil an Würtemb. überlassen 89
Sulzfeld, Hof daselbst erkaufft 156
Tailfingen, 3ter Theil eingetauscht 141
 , , ein Theil erkaufft 182. 236
Talheim, Burg, aufgetragen Lehen 55
 , , Dorf erkaufft 172. 182
Teck, Herrschafft von Ulr. Welzlin angesprochen 273
Tellingen Vogtey erkaufft 159
Tennach, Weyler erkaufft 156
Testamente zu machen eine Freyheit 174
Teufel, Burger zu Reutlingen 159
Thamm, Dorf bekommt eine eigne Pfarr 231
Thieringen Dorf erkaufft 71
Tobel, Dorf erkaufft 156
Trochteltfingen, neue Meß gestifftet 61
 , , Pfandschafft 173
Truchses von Höfingen gestrafft 80
 , , von Waldburg Würtemb. Dienere 157
Tußlingen Burg und Dorf erkaufft 172
Tuttlingen verpfändt 171

Valkenstein Herrschafft erkaufft 159
 , , Gr. Ludwig damit belehnt 212
Vayhingen Schloß verpfändt an die von Wunnenstein 51
Velden, Krieg mit Pfaltz 258
 , , Gr. Ulrichs Burgschafft 266. 275
 , , mit Pfaltz ausgesöhnt 276
Vergenhannsen Geschlecht 231
Veringen Herrsch. an die Gr. von Werdenberg überlassen mit Vorbehalt der Losung 227
Uflirch, Kir Consatz an das Stifft Stutgard verkaufft 174
Dillingen Stad. kommt in Würt. Schutz 99
Ulrich V. von zu Würt aud. (u. Regierung gezogen 125
 , , volljährig erklärt 144
 , , Vermählung mit Margreth von Cleve 144
 , , Landestheilung 145. 148
 , , ziehet Oesterreich bey wider die Schweitzer 161
 , , solle die Arminiacken abtreiben 161
 , , Bündnuß wider die Schweitzer 162
 , , seine erste Gemahlin stirbt 164
 , , seine 2te Gemahlin Elisabeth von Bayern 164. 201
 , , ist ein Westrhdl. Freyschöff 185
 , , Krieg mit Eßlingen und den Reichsstädten 186
 , , wird beygelegt 192
 , , Krieg mit Helfenstein 193. seq.
 , , Bündnuß mit Brandenburg u. Baden 195
 , , Vormundschafft über Gr. Ludwigen 198. 211
 , , dessen Land übel verheert 200
 , , dessen Bildnuß in dem Herrenhauß 202
 , , dessen dritte Gemahlin 211. 233
 , , Unzufriedenheit über Gr. Ludwigs Hälfte 220
 , , Streitigkeit mit Pfaltzgr. Friderich wegen seiner Gemahlin Zubringen 233
 , , Vormundschafft über Gr. Eberharden 236. seq.
 , , Krieg mit Pfaltzgr. Friderich 250. 251. 255
 , , und mit Hertzog Ludwig von Bayern 251
 , , wird, dadurch in grosse Verlegenheit gesetzt 265

Ulrich

II. Register.

Ulrich leistet Burgschafft für Ludwig von
   Veldentz   266. 275
" " Päpstl. dispensation wegen seiner dritten Ehe   272
" " wird wieder in Krieg mit Pfalz verwi-
   ckelt   275
" " v. Bayern bäfilt gewarnet   275. 276
" " Krieg mit Bayern   276. 281
" " übernimmt die Hauptmannschafft   278
" " kommt Hertzog Ludwig von Veldentz zu
   Hülff   275
" " bezeuget keinen Ernst wider Bayern   288
Vogtey, was sie seye   30
Volljährigkeit der Graven zu Würtenb.   98
Vormundschafft führt die Grävin Henriette
                                     77. 81
" " wird von Lothringen strittig gemacht   78
" " Gr. Ulrichs über Gr. Ludwigen und
   Eberharden   198. 206
" " Vormundschaffts Sigill   200
" " Gr. Ludwig endigt sich, ohne daß er
   zur Regierung kommt   211
" " Räthe geben Gelegenheit zu Beschwer-
   den   220
" " Gr. Ulrichs über Gr. Eberharden   236
" " auf einem Landtag ihm zuerkennt   237
" " von dem Kayser bestätiget   238
Urbachische Händel mit Würtenb.   216
" " werden berglichen   220
Urslingen Hertzoge machen Anspruch we-
   gen Schiltach   27
" " Reinold Hertzog   86. 157
" " stirbt als der letzte seines Geschlechts 176

W. dann sind die Clöster zu halten schuldig 147
Waldau Burg erkaufft   164
Waldeck Burg erkaufft   70
Waldenstein Burg und etlich Dörfer einge-
   löst   130
" " zu Lehen gegeben   231
Wapp u. Würtenb. verbessert   74
Warner in Gerichtshändeln gebraucht   269
Wechsler verpflichte angenommen   23
Wegscoll zu kupfen erkaufft   159
Weinbannung Anfang in Würtemb.   230
Weitenburg Schutz erlibert   165
Weil, Beim wird Lehen   71
Welschin (L.Luch) maßt sich des Hertzog-
   thums an   273

Wentzlaus Kayser wird abgesetzt   39
" " bekommt wieder Hoffnung zum Kayserthum   47. 48
" " belehnt Gr. Eberharden mit den böh-
   mischen Lehen   70
Werdenberg Vormundschafft Gr. Eber-
   harden aufgetragen   61
" " Händel mit Würtenb.   224
Westphälische Gerichte werden bekannt
                                    183. 185. 268
" " in Würtenberg zu brauchen verbothen
                                          184. 185
" " Freyheit darwider   185
Weyl, Stadt in Würtenb. Schutz genommen   127
Weyler, bey Mariazell verkauft   208
Weyler zum Stein, Gericht erkauft   208
Wibern (Ganerben) bezeugen sich feindlich 212
" " Belagerung wird abgewendet   212
" " wird zerstört   241
Widmann, Propst zu Stuttgart   174
Wiel. ndstein, Veslin   14
Widberg, Herrschafft erkauft   142
" " macht Verdruß zwischen Grävin Hen-
   rietten und ihren Söhnen   152
Wisenstaig an Württ. verpfändt   173. 179
" " und an die Reichsstadt Ulm   180. 193
" " wird belagert   193
" " die Ulmische Pfandschafft kommt an
   an Würtenb.   194. 208
" " Händel deßhalb mit Helfenstein   208
Wissende Räthe hat Gr. Ludwig   185
Wolfschlugen Hof ehemalig Lehen   172
Würtenberg ist im Verschlag zum Hertzogthum   58
" " in Kriegssprengel eingetheilt   67
" " wird getheilt   144
" " Freyheit wider Westphäl. Gerichte
                                              185
" " Graven Vorzug vor den Marggraven
   von Baden und andern Graven   226
Würtzburg, Gr. Ulrich will dem Bischoff
   nicht mehr thun   187
Wunnenstein (Wolf von) Gr. Eberhards
   Feind   50
" " wird ausgesöhnt   51

II. Register.

Ottenbrug, Schloß an dem Bergenhaussen verschenkt ... 230
Zinnß, höol versprochen ... 7
Zoll, grösser und kleiner ... 4
, , abreissender oder kleiner ... 223
, , Landsfile sein Kays. Vorrecht ... 231
, , zu Mannheim und Oppenheim Gr. Ulrichs Gemahlin verpfändt ... 233, 234
Zollern, Krieg mit Pfalzgr. Otten ... 66
, , mit Würtenberg ... 89
, , Bündnuß mit Gerolzeck ... 90
, , Schloß belagert, und geschleifft ... 91

Zollern, Eitelfrit (Grav von) Würtenb. Diener ... 92
, , Würtenbergischer Feld-Hauptmann ... 108
, , Verschreibung nicht wider Würtenb. zu seyn ... 223
Zülnhard (Siegfrid von) beraubt einen Pfäffl. Schmerer ... 143
Zürch, Krieg mit den Eydgenossen ... 160
Zwifalten Burg und Dorf den Speten gegeben ... 155
, , Closter in Würtenb. Schirm ... 273

Anweisung
der Figuren, wo sie zu finden und erleutert werden.

Fig. 1. ⎫
Fig. 2. ⎪
Fig. 3. ⎬ sind auf der ersten Leiste des Vierten Abschnitts und ist deren
Fig. 4. ⎪ Erleuterung zu sehen
Fig. 5. ⎭
    Fig. 1. · · · pag. 63.
      2. · · · ibid.
      3. · · · ibid.
      4. u. 5. · · · pag. 65.

Fig. 6, ist auf der Leiste des Fünften Abschnitts und durch einen Feh-
Fig. 7. ⎫ ler mit Fig. 7. bezeichnet.
Fig. 8. ⎬
Fig. 9. ⎪ sind auf der Leiste des Fünften Abschnitts und stehet ihre
Fig. 10. ⎪ Erleuterung.
Fig. 11. ⎭
    Fig. 6. u. 7. · · · pag. 74.
    Fig. 8. 9. u. 10. · · · pag. 196.
    Fig. 11. · · · pag. 236.
Fig. 12. ist auf der V. Tab. und erleutert · · · pag. 119.
Fig. 13. ist auf der V. Tab. · · · pag. 198.
Fig. 14. item. · · · pag. 200.
Fig. 15. item. · · · pag. 231.

Anweisung für den Buchbinder.

Tab. I. gehört zu pag. 1.   Tab. IV. gehört zu pag. 196.
Tab. II. - - pag. 65.   Tab. V. - - pag. 00.
Tab. III. - - pag. 144.

www.ingramcontent.com/pod-product-compliance
Lightning Source LLC
Chambersburg PA
CBHW051156300426
44116CB00006B/330